Die Königlich Sächsische

Subhastationsordnung,

enthaltend

das Gesetz, betreffend die Zwangsversteigerung
und die Zwangsverwaltung unbeweglicher Sachen, vom 15. August 1884,
die zugehörige Ausführungs-Verordnung vom 16. August 1884,

und

das Gesetz, betreffend die Kosten der Zwangsversteigerung und der Zwangsverwaltung unbeweglicher Sachen, vom 18. August 1884,

erläutert von

Rud. Schurig,
Oberlandesgerichtsrath.

Leipzig,
Verlag von Veit & Comp.
1884.

Druck von Metzger & Wittig in Leipzig.

Vorwort.

Das zeitherige Zwangsversteigerungsverfahren war für die Gerichte ein ziemlich einfaches, dagegen für die Betheiligten mit mancherlei Nachtheilen verknüpft. Das neue Verfahren sucht diese Nachtheile auszuschließen oder wenigstens erheblich zu mindern, ist aber in Folge dessen komplicirter geworden. Die Durchführung jener Absicht hat die Aufnahme von Bestimmungen in das Gesetz nothwendig gemacht, welche dem an die zeitherigen einfachen Subhastationsbestimmungen gewöhnten sächsischen Juristen auf den ersten Anblick fremdartig erscheinen und das Einarbeiten in das neue Gesetz erschweren werden. Die vorliegende Arbeit hat den Zweck, dieses Einarbeiten zu erleichtern und auf solange, als die betheiligten Kreise mit den neuen Bestimmungen noch nicht vollständig vertrauet sein werden, als Leitfaden zu dienen. Ein Mehreres konnte der Verfasser schon um deswillen nicht bieten, weil jener Zweck einigermaßen nur dann zu erreichen war, wenn das Buch noch vor dem Inkrafttreten des Gesetzes erschien. In Folge dessen war die der Arbeit zugemessene Zeit im Verhältniß zu der Reichhaltigkeit des zu bewältigenden Materials eine so knappe, daß der Verfasser nur auf die hauptsächlichsten Gesichtspunkte Rücksicht nehmen konnte und auch hierbei nur auf kurze Andeutungen sich beschränken mußte. Die Praxis wird sehr bald die Unvollständigkeit dieser Arbeit und die Nothwendigkeit einer weiteren Bearbeitung des Stoffes durch eine berufenere Feder erkennen lassen. Der Verfasser bittet, solchenfalls das vorstehends Gesagte berücksichtigen zu wollen.

Dresden, am 6. September 1884.

Inhalts-Verzeichniß.

I. Das Gesetz, betreffend die Zwangsversteigerung und die Zwangsverwaltung unbeweglicher Sachen vom 15. August 1884.

VII. Ausführung des Verkaufs.

Fünfter Titel.

Bestimmungen für besondere Fälle.

Zweiter Abschnitt.

Zwangsverwaltung.

Schlußbestimmungen.

II. Das Gesetz, betreffend die Kosten der Zwangsversteigerung und der Zwangsverwaltung unbeweglicher Sachen.

III. Beispiele.

Das Gesetz,

betreffend

die Zwangsversteigerung und die Zwangsverwaltung unbeweglicher Sachen,

vom 15. August 1884

und

die zugehörige Ausführungsverordnung

vom 16. August 1884.

Einleitung.

Der Entwurf zu dem gegenwärtigen Gesetze wurde dem Landtage von 1883/84 vorgelegt mit folgenden

Allgemeinen Motiven:

Ein umfassendes Gesetz über das Verfahren bei der Zwangsversteigerung von Immobilien fehlt in Sachsen. Das Verfahren richtet sich nach Bestimmungen, welche sich in einer größeren Anzahl zum Theil älterer Gesetze zerstreut finden. Die Praxis ist nicht in allen Punkten constant und übereinstimmend. Der im Jahre 1865 der Landesvertretung vorgelegte Entwurf einer Civilproceßordnung für Sachsen umfaßte auch das Subhastationsverfahren. Als mit Rücksicht auf die inzwischen in Aussicht getretene Reichsgesetzgebung auf dem Gebiet des Proceßrechts die Verabschiedung jener Proceßordnung aufgegeben wurde, war noch ungewiß, ob sich die Reichs-Civilproceßordnung auf das Verfahren bei der Zwangsversteigerung von Immobilien erstrecken werde, und es war daher damals nicht die geeignete Zeit, eine umfassende landesgesetzliche Regelung dieses Verfahrens in's Auge zu fassen. Der Abschluß der Reichsproceßgesetzgebung aber, welche das Verfahren auch fernerhin den Landesgesetzen unterstellt ließ, fand wieder den Beginn von Arbeiten zur Vorbereitung einer Codification des bürgerlichen Rechts für das Deutsche Reich vor, wozu inmittelst das Gesetz vom 20. December 1873 die Competenz begründet hatte.

Bekannt ist die in der neueren Fachliteratur vielfach behandelte Frage, ob es den elementaren Grundsätzen des Pfandrechts und den berührten volkswirthschaftlichen Interessen entspreche, wenn der Zwangsverkauf eines Grundstücks zu jedem Preis, also ohne Rücksicht darauf stattfinden darf, ob die den Ansprüchen des Gläubigers, der sie herbeiführt, im Range vorangehenden hypothekarischen Forderungen vom Kaufpreis gedeckt werden oder nicht, und wenn man mit dem Zwangsverkauf die für diese Forderungen bestehenden Hypotheken auch insoweit zum Erlöschen kommen läßt, als deren Tilgung von den Gläubigern nicht begehrt wird. Die hierüber bestimmenden Normen gehören dem materiellen Recht an, und auch das Deutsche bürgerliche Gesetzbuch wird hierauf bezügliche Bestimmungen enthalten müssen. Die bezüglichen Grundsätze sind aber auch für die Construction des Versteigerungsverfahrens in wesentlichen Punkten maßgebend. Angesichts der im Gange befindlichen Vorarbeiten für eine Gesetzgebung über das bürgerliche Recht konnte es daher an und für sich nicht unbedenklich erscheinen, eine umfassende Landesgesetzgebung über dieses Verfahren Platz greifen zu lassen, bevor Gewißheit in Betreff der Art und Weise der reichsgesetzlichen Regelung jener beiden materiellrechtlichen Punkte gewonnen sei. Für Sachsen mußten sich diese Bedenken mit Rücksicht darauf, daß unser noch nicht lange in Kraft stehendes Bürgerliches Gesetzbuch die dem bisherigen System des Zwangsverkaufsrechts entsprechenden Normen beibehalten hat, um so stärker geltend machen, wenn man, wie es der Fall ist und im Folgenden begründet wird, das Aufgeben dieser Normen für das Zweckmäßigere ansehen zu dürfen glaubte. Denn es liegt darin ein tiefer Eingriff in die berührten Interessensphären, der nicht rathsam sein kann, wenn nicht zu erwarten steht, daß das Deutsche bürgerliche Gesetzbuch keine Normen bringen werde, welche zu einer Rückkehr zu dem jetzigen System nöthigen. Unter dessen Beibehaltung aber eine Neuregelung des Verfahrens dessen ungeachtet Platz greifen zu lassen, daß die damit verknüpften Nachtheile sich in sehr eindringlicher Weise bereits fühlbar gemacht haben, konnte in Ungewißheit hierüber ebensowenig für rathsam erachtet werden, denn immerhin mußte einerseits mit Rücksicht auf die, auch außerhalb Sachsens erkannten, Nachtheile dieses Systems das Verlassen desselben im Deutschen bürgerlichen Gesetzbuch als das Wahrscheinlichere angesehen werden, während andererseits ohne wesentliche Modificationen des bisherigen Verfahrens eine bezügliche Gesetzgebung auch dann nicht erfolgen konnte, wenn man dabei in Betreff jener beiden Punkte an dem Bisherigen festhalten wollte, jede wesentliche Aenderung des Immobiliar-Zwangsversteigerungsverfahrens aber Voraussetzungen des Realcredits berührt und wiederholte Aenderungen größere Nachtheile im Gefolge haben können, als die zeitweilige Beibehaltung eines unrichtigen Systems.

In der besprochenen Beziehung ist indessen die Sachlage durch das neueste Vorgehen der Preußischen Landesgesetzgebung über die Immobiliar-Zwangsversteigerung eine andere geworden. Das Preußische Gesetz vom 13. Juli 1883 hat den Grundsatz des Zwangsverkaufes zu jedem Preis und des Erlöschens aller durch den Kaufpreis gedeckten Hypotheken, der, wie in Sachsen, auch in dem bei weitem größten Theil der Preußischen Monarchie in Geltung gestanden hat, verlassen und bestimmt, daß der Zwangsverkauf nur dann stattfinden darf, wenn die der Forderung des beantragenden Gläubigers im Range vorangehenden Ansprüche, die auf dem Grundstücke lasten, durch den Kaufpreis vollständig gedeckt sind, und daß die ihm vorgehenden Hypotheken des Zwangsverkaufes ungeachtet bestehen bleiben. Nach diesem Vorgange ist, vorausgesetzt, daß die Folgerichtigkeit jenes Grundsatzes und das practische Bedürfniß einer Rückkehr zu demselben sich nachweisen und zur Anerkennung bringen läßt, eine starke Gewähr dafür gewonnen, daß derselbe auch im Deutschen bürgerlichen Gesetzbuch entweder als der allein gültige aufgestellt oder doch als nach Maßgabe der Landesgesetze zulässig werde anerkannt werden. Bei dieser Sachlage hat das vorerwähnte Bedenken gegen eine alsbaldige entsprechende landesgesetzliche Regelung des Verfahrens kein ausschlaggebendes Gewicht mehr.

Ganz abgesehen aber von den Nachtheilen, welche speciell der Grundsatz des Zwangsverkaufs um jeden Preis und des Erlöschens aller Hypotheken im Gefolge hat, ist das Bedürfniß einer alsbaldigen Neuregelung des Verfahrens durch Landesgesetz schon aus dem Grunde als vorhanden und als ein dringendes zu bezeichnen, weil das jetzige Verfahren sich auf der Grundlage des früheren Sächsischen Processes entwickelt hat und die Beibehaltung desselben neben der auf ganz anderen Principien beruhenden Civilproceßordnung in vielfachen Beziehungen zu Unzuträglichkeiten und Schwierigkeiten geführt hat, in einzelnen Beziehungen sogar in Folge der veränderten organisatorischen und sonstigen geschäftlichen Einrichtungen überhaupt nicht mehr streng durchführbar ist. Die Praxis hat sich zwar, wie erwartet werden durfte, über die entstandenen Lücken, z. B. in Betreff der Behandlung der Rechtsmittel, in einer den Grundsätzen der Gesetzesanalogie entsprechenden Weise hinweggeholfen. Allein Zweifel und Ungewißheiten walten immerhin ob, und von zahlreichen Gerichten ist deshalb, sowie auch wegen des mannigfach Veralteten in dem bisherigen Verfahren, an welchem festzuhalten die einschlagenden Gesetze aus früheren Zeiten nöthigen, der alsbaldige Erlaß einer vollständigen Subhastationsordnung als wünschenswerth bezeichnet worden.

Die bedeutendsten Abweichungen des Entwurfs vom bisherigen Subhastationsrecht wurzeln in dem Verlassen der jetzigen Normen des bürgerlichen Rechts in den beiden vorstehend hervorgehobenen Punkten. Der Entwurf läßt, wie das erwähnte Preußische Gesetz, einerseits den Zwangsverkauf nur dann zu, wenn die der Hypothek des betreibenden Gläubigers im Range vorangehenden hypothekarischen Forderungen vollständig gedeckt sind, und schützt andererseits die älteren Gläubiger in ihrem Hypothekenbesitzstand.

Die Argumente juristischer Natur, welche für eine solche Gestaltung des Subhastationsrechts sprechen, lassen sich, wenn man sich an die Natur des Pfandrechts als eines dinglichen, auch dem Dritten gegenüber wirksamen Rechts und an seinen Zweck hält, nicht beanstanden.

Zweck des Pfandrechts ist die Befriedigung des Pfandgläubigers aus dem Pfande. Das Bürgerliche Gesetzbuch erkennt dies im Allgemeinen in § 369 und speciell in Bezug auf die Hypothek in § 424 an, woselbst als die Wirkung der Hypothek die Befugniß des Gläubigers bezeichnet ist, Zwangsversteigerung des verpfändeten Grundstückes zu seiner Befriedigung zu verlangen.

Der Zwangsverkauf um einen Preis, welcher die der Hypothek des betreibenden Gläubigers im Range vorangehenden Ansprüche nicht deckt und von welchem daher auch dieser Gläubiger Nichts erhalten kann, läßt den Zweck der Zwangsversteigerung unerreicht, hat also keinen anderen Erfolg, als den, daß der Schuldner um sein Grundstück kommt und die mit besserem Recht als der Antragsteller versehenen Hypothekarier, soweit der Kaufpreis ihre Ansprüche nicht deckt, um ihr Pfandrecht gebracht werden. In der Mehrzahl der Fälle läuft dies factisch auf den Verlust ihrer Ansprüche überhaupt hinaus, denn wenn es der Schuldner einmal zum Zwangsverkaufe seines Grundbesitzes hat kommen lassen müssen, sind der Regel nach auch seine sonstigen Vermögensverhältnisse so beschaffen, daß die persönliche Forderung ebenfalls werthlos ist. Eine solche Gestaltung der Verhältnisse liegt ganz außerhalb des Zweckes der Zwangsversteigerung.

Die Hypothek giebt nur ein Recht an dem Werthsantheil des Grundstücks, welcher nach Deckung der Vorhypotheken übrig bleibt, und der Zwangsverkauf ist nicht Selbstzweck, sondern Mittel zur Befriedigung des betreibenden Gläubigers aus dem Werthsantheil, an welchem er ein Recht hat. Ebensowenig darf die Herbeiführung des Zwangsverkaufs als Zweck der Verpfändung des Grundstückes betrachtet werden. Der Zweck der Verpfändung ist nur die Sicherstellung der betreffenden Forderung durch den betreffenden Werthsantheil des Grundstückes für den Fall seines nothwendig werdenden Zwangsverkaufs, und die Verpfändung kann kein Recht auf den Verkauf geben, wenn dadurch der sicherstellende Werthsantheil des Grundstückes nicht realisirt, andere Pfandgläubiger aber um ihr besseres Recht gebracht werden. Im Wege der Zwangsvollstreckung werden Hypotheken allerdings meistentheils nicht zum Zwecke einer Sicherung der ausgeklagten Forderung, sondern zu dem Zwecke erworben, um mit Hilfe der Zwangshypothek zum Zwangsverkauf des Grundstücks zu gelangen. Allein auch in diesem Falle ist der Zweck des Verkaufs nur die Befriedigung des Gläubigers aus dem von seiner Hypothek erfaßten Werthsantheil des Grundstückes. Andere Zwecke, welche der Gläubiger bei dem Erwerb einer Zwangshypothek verfolgt, wie z. B. die Herbeiführung der Chance, das unter Benutzung ungünstiger Conjuncturen zum Verkauf gebrachte Grundstück unter dem Werth zu erstehen und nach dem Eintritt besserer Conjuncturen mit Vortheil weiter zu veräußern, liegen außerhalb des berechtigten, dem Inhalte des Pfandrechts entsprechenden Zweckes der Zwangshypothek, welcher durch die besseren Rechte der vorlocirten Pfandgläubiger begrenzt ist.

Ob ferner die durch den Kaufpreis gedeckten Forderungen anderer Pfandgläubiger, als die des betreibenden, vom Ersteher bezahlt, oder ob die betreffenden hypothekarischen Schulden unter Erhaltung der Hypotheken in Anrechnung auf den Kaufpreis übernommen werden, berührt die rechtlichen Interessen des betreibenden Gläubigers, der nur Befriedigung wegen seiner eigenen Forderung zu beanspruchen hat, überhaupt nicht. Einen Anspruch auf sofortige Zahlung des Betrags ihrer Forderungen im Falle des Zwangsverkaufs können die anderen Pfandgläubiger nicht aus dem Zwangsverkauf, sondern nur aus ihrem eigenen Pfandrecht herleiten, also nur dann erheben, wenn ihre Forderung fällig und demzufolge der Anspruch auf Befriedigung aus dem Grundstück gegen den bisherigen Eigenthümer begründet ist, und zwangsweise dazu zu gelangen, können sie nur dann beanspruchen, wenn die processualen Voraussetzungen des Zwanges gegen den Eigenthümer vorliegen. Die Schuldübernahme Seiten des Erstehers schmälert ihre Rechte ebensowenig, wie eine Schuldübernahme Seiten des Käufers bei dem Verkaufe aus freier Hand. Einen Eingriff in die Rechte der Pfandgläubiger enthält vielmehr der jetzige Zwang für alle Inhaber der durch den Kaufpreis gedeckten Hypotheken, die Zahlung ihrer dadurch sichergestellten Forderungen ohne Rücksicht darauf geschehen lassen zu müssen, ob deren Zahlung oder der Fortbestand der bisherigen Kapitalanlage ihren Interessen entspricht. Ist letzteres der Fall, so kann der Gläubiger nach dem jetzigen System seinem Interesse in correcter Weise nur dadurch beikommen, daß er auf den auf seine Forderung ausfallenden Theil der Erstehungsgelder verzichtet und sich von dem Ersteher eine neue Hypothek bestellen läßt. Ein Recht darauf hat er indessen nicht, und wenn der Ersteher freiwillig darauf eingeht, so kann es, sofern nicht auch mit allen übrigen betheiligten Pfandgläubigern ein anderes Arrangement getroffen wird, nur dergestalt geschehen, daß die neubestellte Hypothek den Rang hinter der Erstehungsgelder-Hypothek auch dann erhält, wenn die betreffende ursprüngliche Hypothek den Vorrang vor der anderen gehabt hat. Nach den angestellten Erhebungen ist nur in 23,2 % der in der Zeit vom 1. October 1879 bis zum Schluß des Jahres 1882 in Sachsen vorgekommenen Zwangsversteigerungsfällen durch Vereinbarung herbeigeführt worden, daß in Ansehung eines Theils der Erstehungsgelder an Stelle der Baarzahlung eine fernere Haftung des Grundstückes getreten ist. Außerdem bedingt das jetzige System für den Fall, daß der Ersteher den Kaufpreis nicht alsbald in ungetrennter Summe, sondern in mehrjährigen Terminen ratenweise erlegt, eine Beeinträchtigung der rechtlichen Interessen der Pfandgläubiger insofern, als der im Range nachstehende auch die verfallenen und weiter auflaufenden Zinsen von seiner Kapitalforderung erst nach Abstoßung der vorangehenden Kapitalforderungen erhalten kann, unter Umständen also mehr als drei Jahre darauf warten muß — eine empfindliche Störung der Einkommensverhältnisse für weniger Bemittelte, welche wegen Bestreitung ihres Lebensunterhalts auf den regelmäßigen Eingang der Zinsen ihres in Hypotheken angelegten Kapitals angewiesen sind.

Wenn, wie in dem weitaus größten Theil der anderen Deutschen Länder, auch in Sachsen der Grundsatz zur Geltung gekommen ist, daß der Nachhypothekarier den Zwangsverkauf des Pfandgrundstücks um jeden Preis, also selbst dann durchsetzen könne, wenn der besser berechtigte Gläubiger dadurch um sein Pfandrecht kommt, und daß der ganze Kaufpreis, auch insoweit er zur Deckung der Vorhypotheken gereicht, baar bezahlt werden müsse, so erklärt sich dies nur durch die frühere Zulassung der zahlreichen stillschweigenden Hypotheken, über deren Existenz die Gerichtshandelsbücher keinen Nachweis lieferten und deren Ermittelung im Zwangsversteigerungsverfahren selbst nicht stattfinden konnte. Die Ungewißheit der Hypothekenverhältnisse ließ eine den Rechten der Vorhypotheken Rechnung tragende Beschränkung des Zwangsverkaufs nicht zu und machte ihn ohne gleichzeitige Beseitigung aller am Grundstück bestehenden Hypothekenrechte unmöglich.

Schon die Erläuterte Proceßordnung v. J. 1724 wollte das System der stillschweigenden Hypotheken beseitigen, das Mandat vom 24. September 1734 stellte es jedoch wieder her.

Dagegen hat einer Neuregelung des Subhastationsrechts in den beiden berührten Punkten unsere Grund- und Hypothekengesetzgebung vom Jahre 1843 mit ihrem consequent durchgeführten Ingrossationssystem die Wege geebnet, welches die Gesammtheit aller Rechtsverhältnisse, die durch den Zwangsverkauf eines Grundstücks berührt werden, dauernd in Liquidität erhält und damit die früherhin durch das Bestehen stillschweigender Hypotheken bedingte Nothwendigkeit, den Zwangsverkauf wie einen Particularconcurs zu behandeln, vollständig beseitigt hat. Bei der verhältnißmäßigen Einfachheit der damaligen Credit- und sonstigen wirthschaftlichen Verhältnisse darf es nicht befremden, daß nicht schon zu jener Zeit die Möglichkeit und Rathsamkeit einer Rückkehr zu dem dem Wesen des Pfandrechts entsprechenden Grundsatz der unbedingten Wahrung der Rechte der vorangehenden Pfandgläubiger bei dem im Interesse des nachstehenden Gläubigers stattfindenden

Zwangsverkauf in's Auge gefaßt worden ist. Dies mußte, entsprechend dem Grundsatz gesunder Gesetzgebungspolitik, daß auch das theoretisch anfechtbare Gesetzesrecht nur im Fall eines nachweislichen practischen Bedürfnisses geändert werden darf, einer späteren Zeit vorbehalten bleiben, nachdem der Wandel der Verhältnisse das practische Bedürfniß hervorgerufen oder erkennbar gemacht haben werde.

Jetzt ist das Bedürfniß vorhanden. Die neuere Gestaltung der wirthschaftlichen Verhältnisse hat auch den Grundbesitz nicht unberührt gelassen. Der Realcredit ist vielfach in einer früher nicht gekannten Weise ausgenutzt worden, der Grundbesitz ist Object verunglückter Speculationen gewesen, auch der auf andere Ursachen zurückzuführende Ruin wirthschaftlicher Existenzen hat in zahlreichen Fällen zu zwangsweisen Besitzwechseln unter den ungünstigsten Conjuncturen geführt, und die dabei, zum Theil mit in Folge der Zulässigkeit des Zwangsverkaufs um jeden Preis, eingetretenen Verluste haben das Bedürfniß des Verlassens des gegenwärtigen Systems zu Tage gelegt. Allerdings zwar kann dessen Umgestaltung nur zu einem kleinen Theil zur Besserung der ungünstigen Verhältnisse beitragen, welche auf die Lage des Bodencredits zurückzuführen sind. Der unwirthschaftlichen Ueberspannung des Bodencredits, welche die persönliche Leistungsfähigkeit der Grundbesitzer zurückbringt und demzufolge auch den Besitzstand an guten Hypotheken Störungen unterwirft, wird dadurch nicht vorgebeugt. Ob dem gegenwärtigen „Ueberschuldungsrecht" selbst wirksame Schranken gezogen werden können,[1] muß die Zukunft lehren. Aber die ruinösen Folgen der Ueberlastung des Grundbesitzes, denen jetzt die Besitzer selbst und die Pfandgläubiger, und zwar vorzugsweise gerade diejenigen Pfandgläubiger, deren Beleihungen innerhalb der Grenzen des gesunden Bodencredits liegen und welche in ihrem Hypothekenbesitzstand zu schützen das öffentliche Interesse fordert, zum Vortheil dritter Personen, insbesondere anderer Gläubiger ausgesetzt sind, welche die Creditbedürftigkeit des bis zum rechten Maße oder darüber hinaus bereits mit Schulden belasteten Grundbesitzers in ihrem Interesse ausnützen, können damit allerdings auf das richtige Maß beschränkt werden.

Die Wiederkehr solcher allgemeiner wirthschaftlicher Katastrophen, wie sie eine nicht lange zurückliegende Vergangenheit gebracht, ist zwar für die nächste Zeit nicht zu erwarten. Von Zeit zu Zeit indessen kehren sie, wie die Erfahrung gezeigt hat, immer wieder, und die Lehre der Vergangenheit geht für die Zukunft verloren, wenn sie nicht prophylaktisch nutzbar gemacht wird. Ferner darf nicht unberücksichtigt bleiben, daß derartige Calamitäten, wie sie die jüngst vergangene Zeit in allgemeiner Ausdehnung mit sich gebracht hat, auch bei im Allgemeinen oder durchschnittlich normalen Verhältnissen partiell in so großem Umfange eintreten können, daß den bei Aenderung der bestehenden Gesetzgebung vermeidbaren Schäden vorzubeugen geboten erscheint. So kann z. B. der zeitweilige Niedergang eines örtlich vorherrschenden Industriezweiges eine so nachtheilige Einwirkung auf die Geschäfts- und Creditverhältnisse in den Centren dieser Industrie im Gefolge haben, daß darin der Anlaß zu zahlreichen Subhastationen mit einem dem

[1] Vergl. Die Incorporation des Hypothekencredits v. Dr. Schäffle, Tübingen 1883.

Druck der Zeitlage entsprechenden ungünstigen Ergebniß liegt, welches den zeitweilig bedrängten Schuldner, der sich nach Ueberwindung der Geschäftsstörung hätte erholen können, für immer ruinirt und seine Pfandgläubiger um gute Hypotheken bringt, deren Realisirung bei augenblicklicher ungünstiger Conjunctur zu suchen, dem das eigene Interesse verstehenden Geschäftsmann fern gelegen hätte. Auch andere Ursachen können Störungen herbeiführen, deren Folgen den Wohlstand ganzer Ortschaften auf längere Zeit hinaus zurückzubringen geeignet, durch Beseitigung der irrationellen rechtlichen Möglichkeit der Subhastation um jeden Preis aber in beachtlicher Weise einzudämmen sind. Einen Beleg liefert der 1878 ausgebrochene Concurs zum Vermögen des Vorschußvereins zu Roßwein, von welchem fast alle Gewerbtreibende in Roßwein und Umgegend in Mitleidenschaft gezogen worden sind. In Folge der in ihrer rechtlichen Bedeutung nun erst zur allgemeinen Erkenntniß gelangten solidarischen persönlichen Haftbarkeit von etwa 880 Personen für ein Deficit von etwa 3 Millionen Mark und in Folge der dadurch in der dortigen Geschäftswelt entstandenen Panik fanden Scheingeschäfte zur Hinterziehung des bedrohten ganzen Vermögens, Arrestschläge zur Sicherstellung der Ansprüche aus der Solidarhaft in erschreckendem Umfange, Concurse und insbesondere auch Subhastationen in großer Anzahl statt, bei denen werthvolle Grundstücke zu Schleuderpreisen hingegeben werden mußten.

Gegen den Grundsatz, daß der Zwangsverkauf eines Grundstücks nicht stattfinden dürfe, wenn der erlangte Kaufpreis nicht den Gesammtbetrag der der Forderung des betreibenden Gläubigers im Range vorangehenden Ansprüche vollständig deckt, ist eingewendet worden, daß dadurch die Beleihung eines mit Hypotheken bereits belasteten Grundstücks erschwert, insofern also der Realcredit beeinträchtigt werde. Dies trifft für den Fall zu, daß schon der Betrag der bestehenden Hypotheken den creditwürdigen Werthstheil des Grundstücks erreicht hat. Allein darin liegt keine Beeinträchtigung des gesunden Realcredits, den die Gesetzgebung zu schützen hat und der auf der Voraussetzung beruht, daß das Grundstück einen das darauf Creditirte sicherstellenden Werth haben und dauernd behalten werde. Die Erhaltung dieses gesunden Realcredits fordert, daß das Gesetz den Creditgeber, der seine Kapitalien durch Ausleihung gegen Hypothek nutzbar machen will, nach Möglichkeit vor deren Verlust schützt, soweit die Hypotheken innerhalb des voraussetzlich bleibenden und demzufolge wirklich creditwürdigen Grundstückswerths liegen. Die Speculation auf die factische Möglichkeit, mit Hülfe einer schlechten, außerhalb dieser Werthsgrenze liegenden, sei es im Wege der Zwangsvollstreckung oder gegen wucherische Vortheile erworbenen Hypothek bei einer zu ungünstiger Zeit erzwungenen Versteigerung das Grundstück unter dem Werth auf Kosten der vorangehenden Gläubiger zu erstehen, kann wohl den ungesunden, schließlich zum Ruin des Schuldners führenden Realcredit fördern, muß aber den gesunden ganz im Allgemeinen beeinträchtigen, insofern dadurch für den Fall des Verkaufs zu ungünstiger Zeit auch die guten Hypotheken gefährdet werden. Es ist auch von keinem Belang, daß jeder Pfandgläubiger das formelle Recht hat, zur Verhütung des Verlustes seiner hypothekarischen Forderung durch eigenes Bieten den Kaufpreis auf einen dieselbe deckenden Betrag zu treiben und nöthigen Falls das Grundstück für sich zu erstehen, denn nicht Jeder,

der sein Vermögen in Hypotheken angelegt hat, vereinigt in seiner Persönlichkeit und seinen sonstigen Verhältnissen die Voraussetzungen einer vortheilhaften Verwerthung des damit belasteten Grundstücks. Die Gefahr, daß bei Festhaltung jenes Grundsatzes ein überlastetes Grundstück unverkäuflich sein würde, während der Eigenthümer mit Rücksicht auf die Ueberlastung kein eigenes Interesse oder wegen sonstiger Mittellosigkeit nicht die Füglichkeit hat, es nutzbringend zu bewirthschaften, liegt ferne, denn unter solchen Verhältnissen würden auch die Zinsen von den innerhalb der richtigen Werthsgrenze darauf haftenden Kapitalien unbezahlt bleiben und das Interesse des ersten Hypothekengläubigers die Zwangsversteigerung erfordern, der den Verkauf um jeden Preis herbeiführen kann.

Bei unseren Verhältnissen wird es kaum vorkommen, daß ein mit Hypotheken belastetes Grundstück zur völligen Werthlosigkeit herabsinkt und daher selbst dem ersten Hypothekarier das Interesse fehlen kann, eine zwangsweise Veräußerung herbeizuführen. Möglich ist es allerdings, daß unter Umständen durch die Persönlichkeit und sonstigen Verhältnisse des zeitweiligen Eigenthümers eine dauernde völlige Ertragsunfähigkeit eines Grundstückes herbeigeführt werden kann und demzufolge der Eintritt eines zwangsweisen Besitzwechsels ohne Rücksicht auf den damit verbundenen Hypothekenverlust nicht als Nachtheil angesehen werden kann, vielmehr schon an und für sich von Vortheil ist, weil dadurch der Fortbestand einer wirklichen Caducität abgewendet wird. Abgesehen davon aber, daß bei solcher Sachlage der erste Hypothekarier ein Interesse an der zwangsweisen Herbeiführung eines Besitzwechsels haben oder, wenn dies nicht der Fall, seine Hypothek um ein Billiges einem Nachhypothekarier zu cediren bereit sein wird, kommt in Betracht, daß in derartigen Fällen der Regel nach auch ein öffentliches Interesse besteht, welches den Besitzwechsel fordert. Dem öffentlichen Interesse trägt für derartige Ausnahmefälle die Specialbestimmung in § 180 des Entwurfs (§ 182 des Ges.) Rechnung.

Den Fällen einer wirklichen Unverkäuflichkeit des Grundstückes unter den im Entwurf gesetzten Bedingungen stehen diejenigen gegenüber, in denen nach dem jetzigen Recht der Zwangsverkauf unter dem Zeitwerth zum Nachtheil der Inhaber von Hypotheken, welche noch innerhalb der Werthsgrenze stehen und bei unterbliebenem zwangsweisen Eigenthumswechsel einen Werth behalten haben würden, zum Ruin des Schuldners und zum Vortheil von Speculanten oder überhaupt von dritten Personen stattfinden kann, welche ein Anrecht auf den Vortheil nicht haben. Die, zur Zeit wenigstens, durch gesetzliche Maßregeln nicht zu beseitigende unbeschränkte Belastbarkeit des Grundbesitzes über seinen bleibenden Werth hinaus zur Herbeiführung von Eigenthumswechseln mit solchem Erfolge zu mißbrauchen, gewährt das jetzige Subhastationsrecht die leichteste Handhabe. Einem solchen Mißbrauch wird durch die Beschränkung des Zwangsverkaufs auf den Fall, daß der Antragsteller ein wirkliches, und zwar ein rechtliches, durch sein Pfandrecht am Grundstück sichergestelltes Interesse daran hat, wirksam vorgebeugt, und indirect wird dadurch die Belastung mit Hypotheken erschwert werden, welche bis an die äußerste Werthsgrenze und darüber hinaus gehen, erfahrungsgemäß häufig gegen wucherische Vortheile genommen werden, das Grundstück wegen der unverhältnißmäßigen Zinsenlast für den Eigenthümer selbst ertragsunfähig, ihm eine rationelle Bewirthschaftung unmöglich machen und damit auch das eigene Interesse an Einsetzung aller Kräfte zur Erhaltung seines Besitzes nehmen, außerdem zu Erpressungen gegen den in seiner Existenz bedrohten Schuldner und als Mittel zu schwindelhaften Tauschoperationen benutzt werden.

Die Statistik über die Zahl und die Ergebnisse der vorkommenden Subhastationen liefert Zahlen, deren Höhe, bei aller Vorsicht in den Schlußfolgerungen, als starker Beleg dafür gelten muß, daß das in Geltung stehende Subhastationsrecht der Herstellung normaler Verhältnisse nicht förderlich sein kann.

Nach der in der Zeitschrift des Königl. Statistischen Bureaus 26. Jahrgang 1880 S. 169 ff. enthaltenen Zusammenstellung haben in den Jahren 1877 bis 1879 im Königreich Sachsen 4 785 Subhastationen von Grundstücken von einem Taxwerth stattgefunden, der sich auf jedes der drei Jahre mit je 37 943 808 ℳ repartirt. Ein annähernd gleiches Ergebniß hat die neuerdings vom Justizministerium angestellte Erhebung auf die Zeit vom 1. October 1879 bis Ende des Jahres 1882 geliefert. Darnach haben in diesem Zeitraume 4 463 Subhastationen stattgefunden. Der Taxwerth der versteigerten Grundstücke repartirt sich auf das Jahr mit etwa 32 500 000 ℳ Die Taxe dieser Grundstücke betrug bei

244	=	5,4 %	bis zu	1 000 ℳ		
1 408	=	31,6 %	über	1 000	bis zu	5 000 ℳ
927	=	20,8 %	"	5 000	" "	10 000 "
1 181	=	26,5 %	"	10 000	" "	30 000 "
607	=	13,6 %	"	30 000	" "	100 000 "
96	=	2,1 %	"	100 000 ℳ.		

Unter den Sachen, in denen die Zwangsversteigerung stattgefunden hat, befanden sich

1 214 = 27,2 %, in denen der Kläger ein Hülfspfandrecht an dem Grundstück erlangt hatte,

2 562 = 57,4 %, in denen dem Ersteher eine hypothekarische Forderung an dem Grundstück zustand, und unter den letzteren 2 562 Fällen befanden sich

222 = 8,6 %, in denen des Erstehers Forderung durch das Meistgebot vollständig,

1 733 = 67,7 %, in denen die Forderung nur zum Theile, und

607 = 23,7 %, in denen die Forderung auch nicht zu einem Theile durch das Meistgebot gedeckt war.

Man darf annehmen, daß in dem weitaus größten Theil dieser 607 Fälle auch die Forderung des dem Ersteher vorangehenden Hypothekariers wenigstens theilweise leer ausgegangen ist.

Belastet waren die in der Zeit vom 1. October 1879 bis Ende 1882 versteigerten Grundstücke, abgesehen von Nebenforderungen an Zinsen und Kosten sowie von rückständigen öffentlichen Abgaben und Reallastenbeträgen, mit

123 203 020,89 *M* Hypothekenkapitalien, während sich die Summe aller erlangten Meistgebote nur auf
63 237 935,00 *M* belief, so daß anscheinend
59 965 085,89 *M*
Kapitalforderungen ungedeckt geblieben sind. Die Ziffer erhöht sich um den Betrag der Versteigerungskosten, sowie der rückständigen Abgaben, Reallastenbeträge und Nebenforderungen an Zinsen und Kosten, die aus den Erlösen zu decken waren. Erfahrungsgemäß indessen sind derartige Rückstände in der Mehrzahl der Fälle von keiner erheblichen Höhe. Dagegen mindert sich die Ziffer, wenn man in Anschlag bringt, daß ein Theil der verlorenen Kapitalforderungen auf einer Mehrzahl der zur Versteigerung gebrachten Grundstücke ungetheilt gelastet hat, bei einem jeden derselben aber zum vollen Betrage in Ansatz gekommen ist. Inwieweit dies der Fall, läßt sich mit Hülfe des zu beschaffen gewesenen statistischen Materials nicht genau zur Ziffer bringen. Aus den von einigen Gerichten gelieferten Nachweisen läßt sich ein Rückschluß auf das Verhältniß bei anderen Gerichten mit Sicherheit nicht ziehen, da in einigen Landestheilen der geschlossene, in anderen der aus einer Mehrzahl von walzenden Grundstücken zusammengesetzte Grundbesitz überwiegt. Man greift indessen sicher nicht zu niedrig, wenn man den Procentsatz, der mit Rücksicht auf das Mitverpfändungsverhältniß von der gedachten Ziffer in Abzug zu bringen ist, auf 25 veranschlagt. Bemißt man zugleich den Betrag rückständiger Abgaben, Zinsen zc. auf etwa 5 Procent, so verbleibt nur ein Deficit von etwa 32 Millionen, und davon muß man noch den nicht zur Ziffer zu bringenden Betrag der Forderungen in Abzug bringen, die zwar vom Erlöse nicht gedeckt, gleichwohl aber um deswillen nicht als verloren oder wenigstens nicht als ganz verloren angesehen werden können, weil der Forderungsinhaber der Ersteher war. In diesem Fall ist der Hypothekenverlust nur ein nomineller. Auch bei Berücksichtigung dieses Factors aber bleibt der Verlust an Hypothekenkapitalen, der alljährlich in Folge von Zwangsversteigerungen eingetreten ist, ein sehr bedeutender und eine starke Mahnung, durch eine an und für sich rationelle Umgestaltung des Subhastationsrechts die Zulassung des Zwangsverkaufs auf die Fälle zu beschränken, in denen er ein Ergebniß hat, welches zu wenigstens theilweiser Befriedigung des in seinem Pfandrecht wurzelnden Anspruchs des betreibenden Gläubigers führt, ohne die besseren Rechte der vorangehenden Hypothekarier zu beeinträchtigen.

Die hauptsächlichsten Gesichtspunkte, welche bei der Construction des Verfahrens im Auge behalten worden, sind:

Vermeidung jeder unnöthigen Belästigung der Hypothekarier durch Auferlegung eines Zwanges, sich in das Verfahren Behufs Wahrung solcher Rechte einzumischen, welche auf Grund dessen, was aus dem Grund- und Hypothekenbuch und aus den Grundakten mit Liquidität hervorgeht, von Amtswegen berücksichtigt werden können,

Beschaffung eines möglichst vollständigen Ueberblicks über die vom Ersteher zu übernehmenden Verbindlichkeiten, insbesondere der sofort zu leistenden Zahlungen, einige Zeit vor dem Versteigerungstermin, damit die Kaufslustigen in die Lage kommen, sich schon im Voraus mit den

Hypothekariern in Vernehmung zu setzen und in Betreff der den beiderseitigen Interessen am besten entsprechenden Art und Weise der Abwickelung des Verkaufsgeschäfts vorläufige Verhandlungen zu pflegen, welche für die der Verhandlung im Versteigerungstermin vorbehaltene definitive Festsetzung der Kaufsbedingungen als Grundlage dienen können,

unbeschränkte Zulassung vertragsmäßiger Abänderung der gesetzlichen Kaufsbedingungen, soweit es mit dem Erforderniß ordnungsmäßiger und unverzögerter Erledigung des Verfahrens und den rechtlichen Interessen Dritter vereinbar ist,

Berichtigung aller Rückstände an Kapitalzinsen und dergleichen wiederkehrenden Leistungen aus dem im Versteigerungstermin zu zahlenden Theil des Kaufpreises alsbald nach Rechtskraft des Vertheilungsplans.

Die Art unserer Grundbuchführung, die Gerichtskundigkeit der den Hypothekeneinträgen zu Grunde liegenden Rechtsgeschäfte, insbesondere auch aller Nebenabreden in Betreff der Verzinsung und Kündigung der Forderungen u. s. w., gestattet, durch Vorlegung des Anmeldetermins für diejenigen bei Abwickelung des Verkaufsgeschäfts zu berücksichtigenden Momente, über welche die Gerichtsakten keine Auskunft geben, die definitive Feststellung aller Einzelheiten im Versteigerungstermin dergestalt vorzubereiten, daß auf Grund des Gerichtskundigen, der erfolgten Anmeldungen und der Verhandlungen im Versteigerungstermin ohne Weiteres, insbesondere ohne nachträgliche Erhebungen und Parteiverhandlungen, wegen Vertheilung des erlangten Kaufpreises und sonst wegen Abwickelung des Veräußerungsgeschäfts Disposition getroffen werden kann.

Eine Bemerkung ist noch über das System vorauszuschicken, welches bei der Aufstellung des Entwurfs in Bezug auf die Gruppirung seiner einzelnen Bestimmungen befolgt worden ist.

Eine Scheidung der Dispositionen, welche dem materiellen Recht angehören, von den Vorschriften, welche das vom Gericht einzuhaltende Verfahren und die Betheiligung der Interessenten betreffen, ist von Vortheil und, soweit möglich, angestrebt.

Bei dem untrennbaren sachlichen Zusammenhang indessen, in welchem beiderlei Bestimmungen in vielen Punkten miteinander stehen, konnte die Scheidung nicht vollständig durchgeführt werden. Einzelne materiellrechtliche Bestimmungen haben den Vorschriften über das Verfahren und einzelne die Procedur betreffende Vorschriften den materiellrechtlichen Bestimmungen an- oder eingefügt werden müssen, um die aus dem Zusammenhang erhellende Intention klarzustellen und Wiederholungen zu vermeiden.

An sich ferner ist es zweckmäßig, die Vorschriften über das Verfahren in derselben Reihenfolge aneinander zu schließen, in welcher sich die Vorgänge im Verfahren aneinander knüpfen. Allein einzelne besondere Fälle erfordern eine zusammenhängende Behandlung und Vorschriften, welche für verschiedene Stadien des Verfahrens wirksam werden, so daß sich bei einer Einschaltung solcher besonderer Vorschriften in die allgemeinen Vorschriften über das in der gewöhnlichen Maße sich abwickelnde Verfahren die chronologische Reihenfolge der Vorgänge nicht festhalten läßt.

Die Berathung in der ersten Kammer erfolgte auf Grund schriftlichen Deputations-Berichts (Referent: Senatspräsident Degner). Der allgemeine Theil des Berichts lautet folgendermaßen:

Die Vorlage zerfällt in zwei Hauptabtheilungen, von denen die eine die Zwangsversteigerung, die andere die Zwangsverwaltung betrifft.

A. Die Zwangsversteigerung betreffend:

I.

§ 104 des Gesetzes vom 6. November 1843, die Grund- und Hypothekenbücher und das Hypothekenwesen betreffend, bestimmte, daß, wenn ein Grundstück im Concurse oder außerhalb des Concurses Schulden halber nothwendigerweise gerichtlich versteigert wird, die darauf haftenden Hypotheken erlöschen, die Forderungen zahlbar werden und das Grundstück frei von jeder anderen Hypothek, als der wegen der gestundeten Erstehungsgelder vorbehaltenen auf den Ersteher übergeht. Nach § 424 des Bürgerlichen Gesetzbuchs kann der hypothekarische Gläubiger, wenn die Forderung ganz oder zum Theil fällig ist, zu seiner Befriedigung die Zwangsversteigerung des verpfändeten Grundstücks verlangen, welche nach § 452 dieses Gesetzbuchs zur Folge hat, daß mit der Eintragung derselben sämmtliche auf dem Grundstücke haftende Hypotheken erlöschen.

Diese Grundsätze, auf denen es beruht, daß der betreibende Gläubiger das Recht hat, das Pfandgrundstück ohne Rücksicht auf seine Befriedigung zur Zwangsversteigerung zu bringen, verläßt der Entwurf und geht im Anschlusse an das Preußische Gesetz vom 13. Juli 1883 zu dem Prinzipe über:

daß zwar die Zwangsversteigerung auf Antrag eines jeden hypothekarischen Gläubigers, auch des nachstehenden, erfolgt,

der Zuschlag aber nur auf ein Gebot ertheilt werden darf, welches den Gesammtbetrag der der Forderung des betreibenden Gläubigers im Range vorgehenden Ansprüche, für welche das Grundstück haftet, und die Kosten der Zwangsversteigerung übersteigt,

und die dem betreibenden Gläubiger vorgehenden Hypotheken nach § 432 des Bürgerlichen Gesetzbuches zu übernehmen sind.

Die Umgestaltung der Zwangsversteigerung auf dieser Grundlage ist schon seit 1867 in Preußen der Gegenstand gesetzgeberischer Erwägungen gewesen, welche in dem schon angezogenen Gesetze ihren Abschluß gefunden haben.

Auch die deutschen Juristentage haben sich wiederholt mit der Angelegenheit beschäftigt. Der zehnte Juristentag berieth 1872 die Frage, ob es angemessen sei, daß durch die Subhastation sämmtliche auf dem subhastirten Grundstücke ruhenden Hypotheken fällig werden. Zwei Gutachten bejahten die Frage. Unter Verwendung der Analogie des Concurses wurde zunächst die entgegengesetzte Ansicht als ein Unrecht bezeichnet, als ein Verstoß gegen den in der Natur der Sache liegenden Grundsatz, welcher auch bei dem Betriebe der Subhastation durch den nachstehenden Gläubiger anzuerkennen sei: „caussa pignoris finita est,“ weiter aber geltend gemacht, daß, wenn auch die Bejahung der Frage die für den Realcredit schädliche Belästigung der vorgehenden Gläubiger im Gefolge habe und die Preise herabdrücke, doch überwiegende Vortheile derselben sich darin zeigten, daß die Baarzahlung vermögende Bieter bringe und das Verfahren sich einfacher und schneller gestalte, während im entgegengesetzten Falle Correalhypotheken und bedingte Hypotheken Schwierigkeiten verursachten. Der Berichterstatter wendete sich gegen die Heranziehung der Analogie des Concurses und gegen die Theorie der Beendigung der Pfandhaftung. Die Berathung schloß mit der Aussetzung der Beschlußfassung. Der elfte Juristentag dagegen nahm 1873 den Antrag des Berichterstatters an, es sei nicht angemessen, daß durch den Verkauf eines Grundstücks im Subhastationsverfahren auch die Hypotheken erlöschen, welche aus dem Kaufpreise völlig gedeckt werden, nur sollten dabei eigentliche Correalhypotheken nicht zugelassen werden. Dem zwölften Juristentage lag 1875 die Frage wieder in der Fassung vor, ob eine Reform des Zwangsversteigerungsverfahrens dahin erstrebt werden solle, daß der Zuschlag nicht ertheilt werden dürfe, wenn das Gebot den Betrag der dem betreibenden Gläubiger vorgehenden Hypotheken nicht übersteige. Sie wurde nach Maßgabe zweier erstatteter Gutachten und in Uebereinstimmung mit einer Abhandlung von Bähr in den Jahrbüchern für Dogmatik des heutigen römischen und deutschen Privatrechts, Bd. 13 S. 182, bejaht. In dem Gutachten war ausgeführt, daß der Vollzug einer Subhastation, welche dem Antragsteller nichts bringe als die vielleicht ganz ungerechtfertigte Aussicht, das Pfandgrundstück billig zu erwerben, widersinnig sei; daß es sich nicht begründen lasse, die Kosten des Verfahrens den vorgehenden Gläubigern aufzubürden, daß jede ungerechte Bevorzugung der Nachhypothek eine Beförderung des Schwindelcredits auf Kosten der soliden Capitalanlage sei, daß der Eigenthümer es in der Hand habe, auf Grund einer nachstehenden Hypothek das Grundstück behufs Beseitigung der Hypotheken ohne vollständige Deckung selbst oder durch eine vorgeschobene Person zu einer ungünstigen Zeit zur Zwangsversteigerung zu bringen. Der sechszehnte Juristentag bestätigte 1882 die früheren Beschlüsse. Es wurde dargelegt, daß der nachstehende Gläubiger kein unbedingtes Verkaufsrecht habe, er habe ein Recht an der Sache nur dahin, daß er an bestimmter Stelle befriedigt werde, er dürfe nicht die Subhastation auf Kosten der übrigen Gläubiger herbeiführen, nicht auf Kosten der vorgehenden Gläubiger speculiren, etwa dahin, daß er das Grundstück zur Subhastation bringe, nicht um befriedigt zu werden, sondern um selbst in die Lage zu kommen, das Grundstück möglichst billig, vielleicht zu einem verhältnißmäßig niedrigen Preise zu erstehen, die vorgehenden Hypotheken zum Ausfalle zu bringen und dann die Gelegenheit wahrzunehmen, durch Wiederverkauf zu seinem Gelde zu gelangen, dieses Interesse sei nicht zu schützen; die Rechte des vorgehenden Gläubigers würden wesentlich gestärkt, jetzt sei er in der Lage, durch Manipulationen des Schuldners in Uebereinstimmung mit den nachstehenden Gläubigern dahin gebracht zu werden, das Grundstück kaufen zu müssen, oder einen Theil seines Capitals zu verlieren, namentlich wenn die Conjuncturen für Grundstücksverkäufe ungünstig seien, es sei daher nicht wünschenswerth, auf Kosten der vorgehenden Gläubiger das Recht der nachstehenden zu vermehren; wenn der Credit für spätere Hypotheken nicht mehr so billig zu haben sein werde, so sei dies wirthschaftlich kein Nachtheil, vielmehr sei es besser, die Creditgewährung, welche blos nominell auf Grundstücke gesucht werde, um sich die Speculation in Ansehung der Grundstücke zu sichern, während in der That gar nicht dem Grundstücke creditirt werde, sondern nur der Person, nicht zu begünstigen, in Zukunft werde eine große Anzahl nachstehender Hypotheken gar nicht mehr zu den Hypotheken gerechnet werden.

Diesen Gesichtspunkten folgt sowohl das Preußische Gesetz als der vorliegende Entwurf.

Wie die allgemeinen Motiven des Ersteren zur juristischen Begründung des neuen Prinzips auseinandersetzen, besteht das Pfandrecht in der Befugniß, die Befriedigung wegen einer Forderung aus dem Pfande zu nehmen, zur Ausführung dieser Befugniß dient das Pfand. Ein Verkauf, durch welchen der Gläubiger keine Befriedigung erlangt, ist ein Mißbrauch des Rechts, welcher zwar durch positives Recht gebilligt werden kann, aber der inneren Berechtigung entbehrt. Nur die Erwägung, daß der gänzliche Nichterfolg von dem unbedeutendsten Erfolge nicht zu scheiden ist, läßt den Verkauf schon dann gerechtfertigt erscheinen, wenn zwar der verkaufende Gläubiger nichts erhält, aber die besser berechtigten Gläubiger nicht geschädigt werden. Ein Recht des Pfandgläubigers, durch den Verkauf oder vielmehr durch die wirksame Androhung des Verkaufs den Besitzer des Pfandes zur Zahlung zu nöthigen, welche er aus dem Pfande nicht entnehmen kann, ist nicht anzuerkennen. In diesem Sinne würde das Verkaufsrecht dem Rechte auf Schuldhaft gleichstehen, aber darin noch schärfer wirken, daß es nicht blos den Schuldner, sondern auch die vorstehenden Gläubiger bedroht. Die Behandlung der Zwangsversteigerung als Particularconcurs ist schon deshalb grundsätzlich nicht richtig, weil hier, nicht wie im Concurse, die Gleichberechtigung der Gläubiger die Regel bildet, sondern der Vorrang eines jeden Gläubigers vor dem anderen, von denen jeder seine eigenen Interessen verfolgt. Die Unzulänglichkeit des Erlöses tritt mehr bei der Vertheilung hervor, berührt aber nur den Kaufpreis, nicht das Recht des Zwangsverkaufs an sich. Das Verfahren der Zwangsversteigerung ist nichts anderes, als die von einem Gläubiger betriebene Zwangsvollstreckung, zu welcher alle Realberechtigte behufs Wahrung ihrer eigenen Rechte hinzugezogen werden müssen.

Als wirthschaftliche Vortheile werden ferner hervorgehoben theils das Aufhören der Möglichkeit, daß der Eigenthümer eines Grundstücks von demselben vertrieben wird, ohne daß der Zweck des Verkaufs, die Befriedigung des Gläubigers, erreicht wird, und damit der Möglichkeit, die Baarzahlungspflicht zu billigen Verkäufen auszubeuten; theils die Hebung der Sorge für alle dem Antragsteller vorgehenden Gläubiger, ausfallen zu können oder zu Vermeidung eines Ausfalls das Grundstück erstehen zu müssen; theils die Erweiterung des Kreises der Bieter durch den Ausschluß der Baarzahlung des Kaufpreises zum Nutzen des Eigenthümers und sämmtlicher, namentlich der ungünstig locirten Gläubiger, ein Nutzen, der nicht aufgewogen wird durch die Möglichkeit einer Einigung mit den dem Antragsteller vorgehenden Gläubigern, ihre Hypotheken stehen zu lassen. Wenn in Folge des Grundsatzes des Mindestgebots manches Grundstück unverkäuflich werde und hieraus der Einwand abgeleitet werden solle, daß der überschuldete Besitzer fortfahren dürfe, das Grundstück zu devastiren, so sei einzuhalten, daß das Recht des Gläubigers, welcher selbst nicht das Grundstück mit den ihm vorgehenden Hypotheken übernehmen will und auch keinen Anderen findet, welcher zu solcher Uebernahme bereit ist, bereits werthlos ist. Jeder besser berechtigte Gläubiger aber könne sein Recht selbst wahrnehmen und dürfe nicht darauf rechnen, daß es sein Nachmann für ihn thue. Langwierige und kostspielige Sequestrationen seien in Folge der Unverkäuflichkeit nicht zu befürchten, da, wenn das Grundstück sich wirklich in Verfall befinde, auch die besser berechtigten Gläubiger bald Anlaß zum Einschreiten haben würden. Die Gefahr der Devastation komme auch bei Grundstücken vor, deren Versteigerung nicht beantragt wird, Schutz dagegen gewähre das Recht des Gläubigers auf Sicherungsmaßregeln. Nicht die Zwangsversteigerung als solche, auch den freihändigen Verkauf treffe der Einwand, daß durch Ermäßigung des baar zu bezahlenden Kaufpreises die Erwerbung des Grundstücks durch solche Personen begünstigt werde, welche nicht zahlungsfähig sind und den Besitz nur dazu benutzen, das Grundstück noch weiter auszubeuten, wogegen auch die bestberechtigten Gläubiger durch das Recht auf Baarzahlung geschützt werden müßten. Der Gläubiger, welcher sich dagegen sichern wolle, müsse sich die Fälligkeit seiner Forderung für jeden Veräußerungsfall bedingen, die Zahlungsfähigkeit der Bieter und Ersteher sei nur eine relative. Seien nur der betreibende Gläubiger und etwaige Nachberechtigte baar zu befriedigen, so sei auch ein Mann mit geringeren Mitteln zahlungsfähig. Bei ländlichen Grundstücken komme wesentlich in Betracht, ob der Ersteher die Wirthschaft gehörig fortsetzen könne, seine Zahlungsfähigkeit werde durch Beschränkung der Baarzahlung erhöht. Der Nachtheil, welchen Gläubiger durch Stehenlassen ihrer Forderungen erleiden können, sei geringer als der, welchen die nachstehenden Gläubiger durch Vermehrung des Bieterkreises erleiden, diesen müsse zu Hülfe gekommen werden, jene könnten für sich selbst sorgen. Die Reihe der nicht mehr für sicher zu haltenden Gläubiger eröffne der betreibende Gläubiger, die Belastung des Grundstücks mit vorgehenden Hypotheken, deren Inhaber nicht an die Einziehung gehen, könne für den Erwerber kein Zeichen der Unsolidität sein. Endlich erhalte der Eigenthümer keinen Realcredit mehr, wenn das Grundstück schon so hoch verschuldet sei, daß eine Veräußerung zu dem entsprechenden Preise nicht mehr erwartet werden könne; was darüber hinausgehe, sei nicht mehr Realcredit, der Eigenthümer werde in dieser Lage schon jetzt nur bei solchen Personen Realcredit finden, denen es weniger um sichere Capitalanlage, als um den Gewinn bei unzeitiger Versteigerung zu thun ist. Die Creditbeschränkung betreffe daher nur den dem Grundbesitzer selbst verderblichen Credit, während die Sicherheit jeden gesunden Credits erhöht werde.

Der vorliegende Entwurf theilt nach den beigefügten allgemeinen Motiven wesentlich diese Anschauungen. Er findet in dem Preußischen Gesetze eine starke Gewähr dafür, daß der Grundsatz des Mindestgebots im Deutschen

Bürgerlichen Gesetzbuche als der allein gültige werde aufgestellt oder doch als nach Maßgabe der Landesgesetze zulässig werde anerkannt werden. Es wird darauf hingewiesen, daß das Bedürfniß einer Neuregulirung des Verfahrens durch Landesgesetz schon insofern dringend hervortrete, als die Beibehaltung des jetzigen Verfahrens neben der Civilproceßordnung vielfach zu Unzuträglichkeiten und Schwierigkeiten führe. In sehr beachtenswerther Weise wird außerdem begründet, daß, wenn im bisherigen Rechte die Unbeschränktheit des Zwangsverkaufsrechts der Nachhypothekarier zur Geltung gelangt sei, dies nicht sowohl aus der rechtlichen Natur des Pfandrechts, als vielmehr aus der in Folge der früheren Zulassung stillschweigender Hypotheken herbeigeführten Ungewißheit der Hypothekenverhältnisse eines Grundstücks sich herleiten läßt, welche die Beseitigung aller am Grundstücke bestehenden Hypothekenrechte im Falle der Zwangsversteigerung nöthig machte.

Gegenüber dem im Vorstehenden entwickelten Sachstande, auf welchen bei der Wichtigkeit der Angelegenheit und um schon Gesagtes nicht zu wiederholen, die Deputation ausführlicher eingehen zu sollen glaubte, hat dieselbe die Ueberzeugung gewonnen, daß die beabsichtigte Reform der Zwangsversteigerung rechtlich und wirthschaftlich für gerechtfertigt zu erachten sei.

Sie verkennt nicht den hohen Werth der Stätigkeit der Gesetzgebung, insbesondere für die Verhältnisse des Grundeigenthums und sie verschließt sich nicht der Betrachtung, daß die Einwirkung der durchgreifenden Abänderung des bisherigen Subhastationsrechts auf die Vertheilung des Grundbesitzes und auf den Realcredit mit voller Sicherheit sich um so weniger übersehen läßt, als seit der Geltung des Preußischen Gesetzes maßgebende Erfahrungen noch nicht haben gemacht werden können und jedenfalls es nicht ausbleiben wird, daß wenigstens für die nächste Zeit in Folge der Unverkäuflichkeit einer Mehrzahl mit Hypotheken überlasteter Grundstücke die Fortdauer eines Besitzstandes in Aussicht zu nehmen ist, dessen Erhaltung im öffentlichen Interesse nicht wünschenswerth erscheint.

Wie aber Uebergänge in der Gesetzgebung, welche prinzipielle Umänderungen eingelebter und als das Richtige hingenommener Rechtsverhältnisse mit den aus ihnen herausgewachsenen Gestaltungen des praktischen Lebens herbeiführen, nicht ohne gewisse Erschütterungen sich vollziehen, so dürfen derartige Einwirkungen nicht das Urtheil über den Werth und die Güte einer beabsichtigten Reform entscheidend beeinflussen, sondern den allein festzuhaltenden Maßstab kann nur die Erkenntniß der durch die Umstände gebotenen inneren Nothwendigkeit derselben bilden.

Wie bemerkt, hat die Deputation insoweit dem in der Vorlage verwirklichten gesetzgeberischen Gedanken sich anzuschließen gehabt. Nur einige in dieser Richtung vorzugsweise gegen den Entwurf erhobene Bedenken sollen, da sie in dem oben wiedergegebenen Ausführungen weniger augenfällig hervortreten, hier noch specieller berührt werden.

Man schlägt den Vortheil des Grundsatzes, daß der Ersteher die dem betreibenden Gläubiger vorgehenden Hypotheken zu übernehmen hat, deshalb nur gering an, weil die meisten Gläubiger es vorziehen würden, ihr Capital zurückzunehmen und lieber mit dem Richter zu thun haben, als mit dem ganz unbekannten Ersteher. Allein es wird hierbei übersehen, daß die

Gläubiger bei dem freihändigen Verkaufe in gleicher Lage sind, daß ihr Kündigungsrecht keine Aenderung leidet und daß sie nicht genöthigt sind, ihr Capital unter Umständen zurückzunehmen, welche die anderweitige zinsbare Anlegung erschweren.

Der Grundsatz des Mindestgebots wird angefochten, weil er einen höchst complicirten Apparat des Schätzungs- und Rechnungswerks erfordere und die Folge haben werde, daß man künftig sein Capital nur noch auf erste Hypothek geben werde, wodurch der Grundbesitz nicht an Credit gewinne und das Capital sich um so mehr von der Hypothek abwenden werde, als dieselbe ohnehin schon durch den neuen Urkundenproceß mit seiner Umständlichkeit und Kostspieligkeit sehr an ihrer Beliebtheit verloren hätte. Die erstere Ausstellung scheint auf einer minder genauen Prüfung des Entwurfs zu beruhen. Trennt man die materiell-rechtlichen Bestimmungen desselben von den rein processualen, so dürfte sich ergeben, daß erstere nur nothwendige Consequenzen der principiellen Ausgangspunkte sind und daß die darin anscheinend hervortretende Casuistik nicht zu einem Einwurfe gegen die Richtigkeit des Prinzips verwerthet werden kann, sondern dieselbe insofern bestätigt, als sie zeigt, über welche berechtigte Rücksichten das bisherige Verfahren in seiner radicalen Tendenz hinwegschreitet. Das processuale Verfahren dagegen verläuft in der Gestaltung der Vorlage, wie noch darzulegen sein wird, vermöge seiner Theilung in die Vorbereitung der Verhandlungen des Versteigerungstermins, in die letzteren selbst und in die Vertheilung des Kaufpreises und die Ausführung des Verkaufs, sowie nach der Ordnung der Rechtsmittel verhältnißmäßig rasch und sicher. In der anderen Richtung läßt sich der Einwand so ausdrücken, daß zweite und spätere Hypotheken schwieriger als jetzt zu erlangen sein würden. Wenn man indessen die hypothekarische Belastung eines Grundstücks, welche bei der Zwangsversteigerung auf alle Fälle gedeckt sein muß, bevor der betreibende Gläubiger Anspruch auf Befriedigung aus dem Kaufpreise erheben kann, als den Werthmesser für die Solidität des Realcredits zu betrachten hat, den das Grundstück repräsentirt, so ist derselbe entweder schon durch die erste Hypothek erschöpft und eine weitere Hypothek überschreitet seine Grenzen, oder die Sicherheit für die weitere Hypothek ist nur mit Rücksicht auf mögliche Schwankungen des Grundwerthes keine zweifellose, gerade dann aber bietet das neue System dem Gläubiger die Füglichkeit, ohne Aufwendung erheblicherer Geldmittel, und namentlich ohne die Nöthigung zur baaren Abstoßung der ersten Hypothek, die Sicherheit für seine Hypothek durch die Erstehung des Grundstücks sich zu erhalten und den geeigneten Zeitpunkt für eine bessere Verwerthung abzuwarten, während ihm dieser Ausweg nach dem bisherigen Verfahren abgeschnitten war, sobald er sich außer Stande befand, die zu jener Abstoßung der vorgehenden Hypothek erforderlichen Geldmittel sich zu verschaffen. Aus dem letzteren Grunde sind nach dem Ergebnisse statistischer Erhebungen enorme Summen verloren worden. Es kommt dazu, daß nach dem jetzigen Rechte die wegen der rückständigen Erstehungsgelder vorbehaltene Hypothek im ersten Range einzutragen ist und beseitigt sein muß, bevor für Geldmittel, aus denen sie berichtigt werden soll, die gleiche Sicherheit gewährt werden kann, die Aufbringung jener Geldmittel daher auf Schwierigkeiten und Weiterungen stößt, welche etwa sonst geneigte Darleiher abzuschrecken geeignet sind. Wird übrigens die Zwangsversteigerung von dem ersten Hypothekengläubiger betrieben, so ist die Lage der nachstehenden Hypothekarier keine andere, als die jetzige.

Es wird hervorgehoben, daß, während bisher die persönlichen Gläubiger des Schuldners sich gern mit einer Hilfshypothek — eingetragen im Wege der Zwangsvollstreckung — begnügt hätten, sie künftig, weil sie nicht mehr auf die Zwangsversteigerung rechnen könnten, die Mobiliarpfändung versuchen und den Credit überhaupt ganz verweigern würden. Dem ist einzuhalten, daß eine Hilfshypothek, deren Deckung durch den Kaufpreis des Grundstücks nicht erwartet werden kann, keinen Zweck hat und nur als Mittel dienen kann, durch die Bedrohung mit der Zwangsversteigerung auf den Eigenthümer, dem am Fortbesitze des Grundstücks gelegen ist, einen aus dem Wesen des Pfandrechts nicht zu begründenden Druck auszuüben, oder daß sie, wie die Erfahrung gelehrt hat, als Object gewagter Geschäfte benutzt wird. Die Vermuthung einer Vermehrung der Mobiliarpfändungen aber ist um so fraglicher, je seltener nach Erschöpfung des Realcredits regelmäßig das Mobiliarvermögen des Schuldners ein irgend zuverlässiges Deckungsmittel darbietet und je mehr anzunehmen ist, daß die Neugestaltung der Zwangsverwaltung in geeigneten Fällen mehr als bisher von dem Gläubiger benutzt werden wird, welcher auf Erfolg der Zwangsversteigerung nicht zählen kann. Man darf es im Gegentheil als die Aufgabe der Gesetzgebung bezeichnen, Hilfshypotheken der bezeichneten Art, wie sonstige Hypotheken, die außerhalb des wirklichen Realcredits liegen, zu verhindern.

Man hegt die Befürchtung, daß den Schuldnern Gelegenheit gegeben sei, ihre Grundstücke durch Scheinhypotheken zu überlasten und sich dadurch gegen alle Gläubiger zu versichern. Umgehungen des Gesetzes ist jedoch unmittelbar selten vorzubeugen. Derartige Scheingeschäfte im Proceßwege aufzudecken, wird durch den Grundsatz der freien Beweiswürdigung im jetzigen Proceßrechte wesentlich erleichtert.

Gegenüber dem Rathe, die mit dem Preußischen Gesetze zu machenden Erfahrungen abzuwarten und bei der Vorzüglichkeit des Sächsischen Grund- und Hypothekengesetzes vorerst an dem bisherigen einfachen, sicheren und billigen Subhastationsverfahren festzuhalten, ist theils auf das Vorausgeschickte, theils darauf zu verweisen, daß die Grundsätze des Mindestgebots und der Uebernahme der vorgehenden Hypotheken so zwingender Natur sind, daß ihre Einführung nicht von mehr oder weniger unzuverlässigen, von Verhältnissen der verschiedensten Art bedingten Erfahrungen abhängig gemacht werden darf und die gerühmten Vorzüge des bisherigen Subhastationsverfahrens, wie erwähnt, auf der Rücksichtslosigkeit beruhen, mit welcher es sein Ziel verfolgt.

Wenn endlich gegen das Prinzip des Mindestgebots ein Einwand aus der durch dasselbe gebotenen Behandlung unbestimmter und solcher Hypotheken entnommen wird, welche auf mehreren Grundstücken ungetheilt haften — sogenannte Correalhypotheken — und der Forderung des betreibenden Gläubigers vorgehen, so ist zwar anzuerkennen, daß hierbei gewisse Schwierigkeiten und Härten hervortreten. Unbestimmte Hypotheken müssen nach dem eingetragenen vollen Betrage übernommen werden und der Correalgläubiger hat, obwohl ihm nur Anspruch auf einmalige Befriedigung wegen seiner Forderung zusteht, nach § 1024 des Bürgerlichen Gesetzbuchs das Recht, die Zahlung von dem einen, von den mehreren oder von allen Schuldnern zu verlangen. Wird daher bei Feststellung des Mindestgebots seine Forderung rücksichtlich eines jeden der dafür ungetheilt haftenden Grundstücke voll in Rechnung gebracht, so kann es kommen, daß gegenüber dem nachstehenden betreibenden Gläubiger wegen Nichterlangung des Mindestgebots keines derselben verkäuflich ist. Der nämliche Erfolg kann eintreten, wenn bei der gleichzeitigen Versteigerung mehrerer ungetheilt haftender Grundstücke neben anderen dergleichen, von der Zwangsversteigerung nicht betroffenen Grundstücken die vorgehende Correalhypothek nach ihrem einmaligen vollen Betrage angesetzt, die Erlangung des Mindestgebots verhindert. Nur wenn die Gesammtheit der ungetheilt haftenden Grundstücke gleichzeitig versteigert wird, tritt der Ansatz des einmaligen vollen Betrags der vorgehenden Correalhypothek mit den Rechten der nachfolgenden Hypothekengläubiger nicht in Collision. Allein in den beiden ersteren Fällen würde eine Beschränkung des vorgehenden Correalgläubigers, z. B. durch verhältnißmäßige Vertheilung seiner Forderung auf die mehreren ungetheilt haftenden Grundstücke mit dem bestehenden Rechte und insbesondere mit der hypothekarischen Rangordnung unvereinbar sein und auch sonstige Bedenken haben. Abgesehen von der juristischen Construction entspricht die ungetheilte Haftung mehrerer Grundstücke für die nämliche Forderung einem wirthschaftlichen Bedürfnisse, namentlich bei einem größeren, aus mehreren selbstständigen Grundstücken zusammengesetzten Grundbesitze, und dieses Bedürfniß wird sich auch künftighin, so lange das bestehende Recht keine Aenderung erfährt, geltend machen. Uebrigens würde die Durchführung einer solchen Beschränkung das Verfahren im hohen Grade compliciren und trotzdem keine Gewähr für die Berücksichtigung aller, in ihrer Vielseitigkeit schlechthin nicht zu erschöpfenden Fälle gewähren. Die besondere Gestaltung der bezüglichen Hypothekenverhältnisse kann daher einen Grund, das für richtig erkannte Prinzip des Mindestgebots aufzugeben, um so weniger darbieten, als ein sachgemäßer, auch in § 205 des Preußischen Gesetzes angenommener Ausgleich der Beeinträchtigung der Nachhypothekarier dadurch zu vermitteln ist, daß, wie in § 26 des Entwurfs (§ 25 d. Ges.) geschieht, dem betreibenden Gläubiger wie jedem im Range nachstehenden Pfandgläubiger dann, wenn das Versteigerungsverfahren erfolglos geblieben ist, weil ein den zulässigen Mindestbetrag erreichendes Gebot nicht erlangt worden ist, ohne Einwilligung des Schuldners das in § 445 des Bürgerlichen Gesetzbuchs geordnete Eintrittsrecht und zu diesem Zwecke, wenn die betreffende Forderung noch nicht fällig ist, das dem Schuldner gegenüber dem im Range vorgehenden Correalgläubiger zustehende Kündigungsrecht eingeräumt wird.

II.

Im Allgemeinen und vorbehältlich der bei einzelnen Bestimmungen des Entwurfs zu beantragenden, die Hauptgesichtspunkte nicht alterirenden Abänderungen ist die Deputation sowohl mit der thatsächlichen Durchführung der neuen Rechtsgrundsätze in ihrer Anwendung auf die Vertheilung des Kaufpreises, auf die Feststellung der Kaufsbedingungen und auf die Realisirung des Verkaufs, als mit der Regelung des processualen Verfahrens ebenfalls einverstanden.

Die Berichtigung des Kaufpreises, für dessen Vertheilung unter die Realgläubiger eine bestimmte, zugleich bei Feststellung des zulässigen Mindestgebots zu berücksichtigende Rangordnung vorgesehen ist — §§ 1 bis 12 —[1], erfolgt durch Uebernahme der der Forderung des betreibenden Gläubigers vorgehenden Hypotheken, im Uebrigen durch Baarzahlung — §§ 13 flg. —. Sind erstere von solcher Beschaffenheit, daß sie aus einem anderen Grunde in Wegfall kommen können, als in Folge der Befriedigung durch den Ersteher, so muß dieser eine andere Hypothek übernehmen, welche wegen jener Hypotheken an sich ausfallen würde (§ 16). Es ist ihm aber nachgelassen, derartige Hypotheken durch Baarzahlung an die Gerichtscasse zu beseitigen (§ 19). Für den Fall, daß dies nicht geschieht, wird die bedingte Uebernahme im Vertheilungsplane festgestellt (§ 140) und grundbücherlich verlautbart (§ 162). Die zu übernehmenden Hypotheken werden vertragsgemäß vom Ersteher weiter verzinst, während für unverzinsliche bis zur Zahlung fünfprocentige Zinsen zu entrichten sind, welche der Kaufgeldermasse zuwachsen (§ 17). Die an den Schuldner bewirkte Kündigung einer zu übernehmenden Hypothek muß vor Schluß des Anmeldungstermins angemeldet werden, um gegen den Ersteher zu wirken (§ 20). Die Schuldübernahme tritt mit der Rechtskraft des Vertheilungsplanes in Geltung (§§ 16. 143).

Von der Baarzahlung sind sofort im Versteigerungstermine zu berichtigen oder sicherzustellen (§§ 13. 14) gewisse Sequestrationsausgaben (§ 4 Nr. 1. §§ 103. 105), Abgaben- und Rentenreste (§ 4 Nr. 3), Reallastenrückstände, bei Naturalleistungen nach dem festzustellenden Geldwerthe (§ 4 Nr. 3. 4. §§ 5. 104. 105), Zinsen und Kostenforderungen (§ 4 Nr. 4. 5), vor dem Versteigerungstermine fällige Termingelder (§ 11 Nr. 2) und die gerichtlichen Versteigerungskosten (§ 4 Nr. 4. § 13 Nr. 2. § 14 Absatz 1), wegen deren ein Vorschuß zu bestellen ist (§ 86). Gestundung kann nur unter gewissen Einschränkungen ertheilt werden (§§ 132. 133). Ebenso ist ein Verzicht auf Erlegung oder Sicherstellung unstatthaft (§ 112). Durch unterlassene Zahlung oder Sicherstellung geht der Ersteher des Erstehungsrechts verlustig, er hat die betreffenden Beträge gleichwohl nachzuzahlen und wird in Bezug auf den Erfolg einer anderweit nöthigen Versteigerung schadensersatzpflichtig (§§ 134. 157 Absatz 1. 2).

Weiter sind baar zu erlegen: die Hauptforderungen des betreibenden Gläubigers und der Nachhypothekarier, soweit auf diese etwas ausfällt (§ 13 Nr. 4. 5). Die Zahlungszeit wird vom Gericht im Versteigerungstermin bestimmt (§ 14 Absatz 2. § 114) und im Verzugsfalle erfolgt auf Antrag durch das Gericht die Einbringung im Wege der Zwangsvollstreckung

[1] Hier und in den nachfolgenden Citaten sind der Uebersichtlichkeit halber an Stelle der Paragraphen des Entwurfs die entsprechenden Paragraphen des Gesetzes eingerückt worden.

aus dem Vermögen des Erstehers (§ 158), oder es findet auf befristeten Antrag der Betheiligten unter Verlust des Erstehungsrechtes für den Ersteher und unter Schadensersatzpflicht desselben die anderweite Versteigerung statt (§§ 172. 175). Statt der Baarzahlung kann Schuldübernahme verabredet werden (§ 170), Vorauszahlungen geschehen unter Zinsenvergütung (§ 165) und durch die Zahlung wird das Recht der Umschreibung der Hypothek auf den Namen des Erstehers aus § 442 des Bürgerlichen Gesetzbuchs begründet (§ 166).

Sämmtliche Baarbeträge sind, soweit sie nicht im Versteigerungstermin erlegt werden, mit fünf Procent bis zur Zahlung zu verzinsen (§ 15); sie können zum Theil unter gewissen Voraussetzungen vom Ersteher zurückgehalten (§ 163) und statt an die Gerichtscasse direct an den Forderungsberechtigten abgeführt werden (§ 142). Die an die Gerichtscasse geleisteten Zahlungen, deren baldige Abhebung nicht in Aussicht steht, werden zinsbar angelegt (§ 161).

Die gesetzlichen Kaufsbedingungen ergeben sich aus den vorstehend angezogenen Bestimmungen, es gehört namentlich dahin die Feststellung des Mindestgebots überhaupt (§ 10) und insbesondere bei der Geltendmachung von Vor- und Wiederkaufsrechten (§§ 26. 70 flg.), sowie bei der Versteigerung mehrerer für die Forderung des betreibenden Gläubigers ungetheilt haftender Grundstücke (§§ 27 flg.) und ideeller Grundstückstheile (§§ 42 flg.).

Eine Abänderung der gesetzlichen Kaufsbedingungen im Wege der Vereinbarung zwischen den Interessenten ist zugelassen in Bezug auf die Versteigerung mehrerer für die Forderung des betreibenden Gläubigers ungetheilt haftender Grundstücke (§ 39), in Bezug auf Inhalt und Umfang der Rechte und Verbindlichkeiten des Erstehers (§§ 109. 110), in Bezug auf die Bestimmung des Mindestgebots (§ 111), allenthalben bis zum Zuschlag (§ 113).

Mit dem Tage der Versteigerung geht das Recht auf den Bezug der Nutzungen des Grundstücks, sowie die Verpflichtung zur Erfüllung der darauf lastenden, durch die Versteigerung nicht berührten öffentlich- und privatrechtlichen Obliegenheiten auf den Ersteher über, während die Uebergabe, bis zu welcher das Grundstück gerichtlich verwaltet wird, erst nach der Eintragung des Erstehers im Grundbuche stattfindet (§ 176). Letztere kann erst nach Berichtigung des baar zu erlegenden Theiles des Kaufpreises vor sich gehen (§ 169), sofern nicht die betreffenden Gläubiger von der Baarzahlung absehen und sich mit der Uebernahme ihrer Forderungen durch den Ersteher begnügen (§ 170). Dieser kann das Erstehungsrecht abtreten, so lange er noch nicht im Grundbuche eingetragen ist, er haftet aber den Gläubigern neben dem Cessionar als Selbstschuldner (§ 168).

Der Zuschlag erfolgt in der Regel auf das Meistgebot (§§ 125. 126. 127).

Jeder Inhaber einer auf dem Grundstück haftenden hypothekarischen Forderung, für welche ein vollstreckbarer Schuldtitel vorliegt, hat das Recht des Beitritts zu dem eingeleiteten Zwangsversteigerungsverfahren (§§ 59 flg.).

Modificationen der obigen Grundsätze greifen Platz bei der Zwangsversteigerung von Grundstücken im Falle des Concursverfahrens über das Vermögen der Eigenthümer oder über ihre Nachlässe (§ 179), im Falle von

§ 144 Absatz 2 des Immobiliar-Brandversicherungsgesetzes (§ 180), wenn das Grundstück als erbloses Gut zu behandeln ist (§ 181), wenn dasselbe zur Concursmasse einer Actiengesellschaft ꝛc. gehört, bezüglich aufgelassener Bergwerksrealitäten ꝛc., aus Gründen des öffentlichen Interesse (§ 182).

Streitigkeiten über den Bestand, den Umfang und den Vorrang von Ansprüchen, welche bei der Vertheilung des Kaufpreises in Rechnung zu stellen sind, gelangen nicht im Zwangsversteigerungsverfahren zum Austrag, sondern sind außerhalb des letzteren im geordneten Proceßwege zu verfolgen (§§ 21 flg.). Bis zur Erledigung bleiben diesfallsige Zahlungen des Erstehers in gerichtlicher Verwahrung (§ 159).

Das Zwangsversteigerungsverfahren erfolgt vor dem Amtsgericht als Vollstreckungsgericht (§§ 46. 47. 67). Anträge und Erklärungen in demselben können schriftlich oder zum Protokoll des Gerichtsschreibers geschehen (§ 48), die gerichtlichen Entscheidungen ohne vorgängige mündliche Verhandlung (§ 49), die Vorladungen werden von Amtswegen bewirkt (§ 49), für die Zustellungen sind vereinfachte Formen eingeführt (§§ 53 flg.), die stattfindenden Termine werden öffentlich bekannt gemacht (§§ 89 flg.), vor dem Versteigerungstermine wird der Werth des Grundstücks schätzungsweise ermittelt (§§ 87. 88), neben der öffentlichen Bekanntmachung ergeht an den Schuldner und die Realberechtigten besondere Benachrichtigung (§ 100). Die zu bestimmenden Termine sind: der Anmeldetermin mit theilweiser Präclusivwirkung für gewisse Forderungsanmeldungen (§§ 89. 106 verbunden mit §§ 12. 20. 71. 101), der Versteigerungstermin, in welchem das Mindestgebot und die sonstigen Kaufsbedingungen festgestellt (§§ 114. 120), die schriftlichen und mündlichen Gebote eröffnet werden (§§ 115 flg.) und der Zuschlag erfolgt (§§ 124 flg.), der Termin zur Verkündung des Vertheilungsplans (§§ 138 flg.).

Eine Anfechtung der Entscheidung des Vollstreckungsgerichts findet nur in den im Gesetze besonders bezeichneten Fällen statt (§ 51 verbunden mit §§ 61. 80. 81. 129. 146 147. 148. 151).

Bei der anderweiten Versteigerung im fortgesetzten Verfahren treten vereinfachte Formen ein (§ 174).

Aus den gedachten Vorschriften ist zu entnehmen, daß, da über die Realbelastung eines Grundstücks das Grund- und Hypothekenbuch wesentliche Auskunft ertheilt, der Richter also in den Stand gesetzt ist, von Amtswegen alle Ansprüche insoweit zu berücksichtigen, als sie ihrer Existenz, ihrer Höhe und ihrem Range nach aus dem Grund- und Hypothekenbuche hervorgehen, die Realberechtigten zum Verfahren nicht erheblich stärker herbeigezogen werden, als seither und ihre Betheiligung nur in den nach dem Zweck und der Ordnung des Verfahrens unabweisbaren Fällen unter den Nachtheil eines Rechtsverlustes gestellt ist.

In den Fällen, wo sich die Rechte der vorgehenden und der nachstehenden bezw. die Rechte des betreibenden Gläubigers und der letzteren gegenüberstehen, ist die im Zweifel entscheidende Rücksicht auf den besser Berechtigten genommen. Es erscheint dies theils in den Grundsätzen der Priorität und der Oeffentlichkeit des Grund- und Hypothekenbuchs, vermöge deren ein Jeder, welcher Realcredit gewährt, sich in der Lage befindet, von der vorgehenden dinglichen Belastung des Grundstücks Kenntniß zu nehmen, theils in der Erwägung gerechtfertigt, daß erstrebt werden muß, durch Erweiterung des Kreises der Bieter und durch Erleichterung der Erstehung möglichst günstige Verkaufsresultate zu erzielen, welche dann mittelbar auch den Nachhypothekariern zu Gute kommen.

Der Umstand, daß diejenigen Hypotheken, wegen deren die Befriedigung des Forderungsberechtigten durch Baarzahlung zu erfolgen hat, nicht mehr von selbst erlöschen, sondern erst auf Grund des aus der Zahlung erwachsenen Rechtsgrundes bezw. des Ausfalls zur Löschung zu bringen sind und daß der Ersteher nicht eher als Eigenthümer im Grundbuche eingetragen wird, als bis er seiner Zahlungsverpflichtung vollständig genügt hat, schafft den Vortheil, daß bis dahin die vor der Versteigerung vorhandenen Pfandverhältnisse unverändert und die betreffenden Forderungsberechtigten in der Lage bleiben, bei Verzug des Erstehers ihr Pfandrecht mittelst der Zwangsversteigerung im fortgesetzten Verfahren zur Geltung zu bringen. Dagegen werden die Rechte der Pfandgläubiger, deren Forderungen vom Ersteher in Anrechnung auf den Kaufpreis zu übernehmen sind, dadurch gewahrt, daß der Ersteher, auch wenn er noch nicht als Eigenthümer grundbücherlich eingetragen ist, neben dem Schuldner, dessen Interesse an der Vertretung des Grundstücks mit dem Zuschlag meist erloschen ist, die persönliche und die Pfandklage auf sich nehmen muß, so daß der übernommene Gläubiger beim Eintritt der Fälligkeit seiner Forderung sowohl dem Schuldner, als dem Ersteher gegenüber nicht behindert ist, seine Befriedigung aus dem Pfandgrundstücke zu suchen, ohne genöthigt zu sein, den grundbücherlichen Eintrag des Erstehers zu erwarten, welcher sich bei vereinbarter Verlängerung der Zahlungsfristen (§ 114) verzögern kann.

Von besonderer Bedeutung erscheint das Recht des Beitritts zum Versteigerungsverfahren als eine Art des selbstständigen Antrags auf Zwangsversteigerung. Der dem betreibenden Gläubiger im Range vorgehende Hypothekengläubiger erlangt dadurch die Füglichkeit, daß nach Zulassung seines Beitritts, die Rechtzeitigkeit desselben vorausgesetzt, das Mindestgebot nach Maßgabe der hypothekarischen Rangordnung seiner Forderung festgestellt werden muß, der Zwangsverkauf also auch dann vor sich gehen kann, wenn gegenüber dem betreibenden Gläubiger das zulässige Mindestgebot nicht erreicht werden würde. Für alle hypothekarischen Gläubiger, auch für die dem betreibenden Gläubiger nachstehenden, ist aber die Möglichkeit eröffnet, im Falle der Einstellung des Verfahrens gegenüber dem letzteren die Zwangsversteigerung fortzubetreiben.

Dadurch, daß der freiwilligen Vereinbarung der Interessenten über Versteigerungsmodalitäten und Kaufsbedingungen ein thunlich weiter Spielraum eingeräumt ist, kann den besonderen Verhältnissen des einzelnen Falles im Interesse der Betheiligten eingehende Rechnung getragen, das Ergebniß der Versteigerung gefördert und manche Schwierigkeit, welche bei rücksichtsloser Geltendmachung des starren Rechts unvermeidbar ist, beseitigt werden, zumal wenn der Richter seine vermittelnde Thätigkeit eintreten läßt.

Naturgemäß concentrirt sich, was speciell noch das Verfahren anlangt, die hauptsächlichste und für den Ausgang der Versteigerung entscheidende

Thätigkeit des Gerichts und der Interessenten im Versteigerungstermine, in welchem die definitive Feststellung des Mindestgebots, der Kaufsbedingungen ꝛc., sowie der Zuschlag als Abschluß des Zwangsverkaufs zu erfolgen hat. Es liegt daher die Gefahr einer Ueberlastung dieses Termins mit Geschäften nahe, welche Ursache zu großer zeitlicher Ausdehnung und dann zur Nothwendigkeit der Vertagung werden kann. Diesen Uebelstand vermeidet der Entwurf insofern, als dem Versteigerungstermine vorbereitende Maßnahmen und namentlich der Anmeldetermin vorausgehen, auf Grund dessen die für die Feststellung des Mindestgebots und für die Vertheilung des Kaufpreises wichtigen Unterlagen soweit gewonnen werden können, daß im Versteigerungstermine regelmäßig ohne erheblichen Aufwand von Zeit und Mühe mit dem Ausgebot und dem Zuschlage wird verfahren, auch das nöthige Rechnungswerk leicht und sicher wird abgeschlossen werden können. Auch die Abfassung des Vertheilungsplans wird davon günstig beeinflußt werden.

In Betreff der Rechtsmittel entspricht es dem Wesen und Zwecke des Zwangsversteigerungsverfahrens als eines Abschnittes der Zwangsvollstreckung, daß deren Gestaltung sich thunlich an die einschlagenden Bestimmungen der Civilproceßordnung anlehnt und demgemäß das Beschwerderecht theils dem Gegenstande, theils dem Grunde nach auf solche richterliche Entscheidungen beschränkt wird, welche entweder wesentliche Proceduracte und wirkliche Rechte der Interessenten an und für sich oder gegen einander berühren.

B. Die Zwangsverwaltung betreffend.

Aus den Motiven in Verbindung mit den Bestimmungen in §§ 181. 183 des Entwurfs (§§ 183. 184 des Ges.) war festzustellen, daß der vorliegende Abschnitt sich nur die Aufgabe stellt, die Zwangsverwaltung (Sequestration) als eine Art der Zwangsvollstreckung in das unbewegliche Vermögen aus § 424 des Bürgerlichen Gesetzbuchs zu regeln.

Nach §§ 1. 2 des Gesetzes vom 27. Januar 1882 erfolgt zwar die Vollziehung des Arrestes in das unbewegliche Vermögen durch Eintragung der sicherzustellenden Forderung in das Grund- und Hypothekenbuch, und der Eintrag hat dieselbe Wirkung, wie der behufs der Zwangsvollstreckung geschehene Eintrag einer Forderung. Es können aber nach § 3 die in § 13 des Gesetzes vom 4. März 1879, einige mit der Civilproceßordnung zusammenhängende Bestimmungen enthaltend, erwähnten Rechtszuständigkeiten vom Gläubiger erst dann ausgeübt werden, wenn derselbe einen vollstreckbaren Schuldtitel wegen der sichergestellten Forderung erlangt hat. Jene Rechtszuständigkeiten bestehen in dem Befugniß, die Versteigerung der verpfändeten Sache und deren Sequestration zu beantragen. Hieraus wird zu folgern sein, daß die Zangsverwaltung aus einer Arresthypothek als solcher nicht beantragt werden kann.

Ebenso ergiebt sich, daß hierher nicht die in der Civilproceßordnung bestimmten Sequestrationen gehören: § 747, Bestellung eines Sequesters zur Herausgabe einer unbeweglichen Sache behufs der Zwangsvollstreckung in dieselbe; § 752, Bestellung eines Sequesters zur Herausgabe einer unbeweglichen Sache bei Pfändung des Anspruchs auf dieselbe; § 754, Anordnung einer Verwaltung bei der Zwangsvollstreckung in Nutzungsrechte; § 817, Sequestration in Kraft einstweiliger Verfügung.

Das Bedürfniß einer Neugestaltung des bei der Zwangsverwaltung in dem hier maßgebenden Sinne einzuhaltenden Verfahrens war anzuerkennen.

Der Gesetzgebungs-Deputation der zweiten Kammer war es bei dem vorgerückten Stadium des Landtags nicht mehr möglich, schriftlichen Bericht zu erstatten. Die Berathung erfolgte daher auf Grund einer Zusammenstellung der Anträge und auf Grund der zu einzelnen derselben vom Referenten (Abg. Opitz) mündlich gegebenen Erläuterungen.

Beide Kammern haben den Entwurf mit einer Anzahl von Abänderungen angenommen. Dieselben berühren jedoch nicht die Hauptgrundsätze, auf denen der Entwurf beruht.

Zufolge § 757 der C.P.O. bestimmt sich die Zwangsvollstreckung in das unbewegliche Vermögen einschließlich des mit derselben verbundenen Aufgebots- und Vertheilungsverfahrens nach den Landesgesetzen. Nach denselben bestimmt sich insbesondere auch, welche Sachen und Rechte in Ansehung der Zwangsvollstreckung zum unbeweglichen Vermögen gehören, inwiefern der Gläubiger berechtigt ist, seine Forderung in das Hypothekenbuch eintragen zu lassen, und wie die Eintragung zu bewirken ist.

Das Sächsische Recht hat — im Gegensatz zum Preußischen, nach welchem die Zwangsversteigerung und Zwangsverwaltung auch wegen einer nicht hypothekarischen Forderung zulässig ist, vergl. § 2 des Gesetzes vom 13. Juli 1883 — den Grundsatz, daß die Zwangsversteigerung und Zwangsverwaltung nur von einem solchen Gläubiger beantragt werden kann, dessen Forderung mit Hypothek an dem in Frage stehenden Grundstück versehen ist — §§ 424. 394 des B.G.B., § 13 in Verb. mit § 10 des Gesetzes vom 4. März 1879. (Die Fälle, in denen die Zwangsversteigerung ausnahmsweise auch von einem Nichtgläubiger beantragt werden kann, werden unten zu § 1 berührt werden.) Daher zerfällt das wegen einer nicht hypothekarischen Forderung stattfindende Zwangsvollstreckungsverfahren in zwei Theile,

1. in das (von den Sächsischen Gesetzen schlechthin als Zwangsvollstreckung bezeichnete) Verfahren zur Erlangung einer (Hülfs-)Hypothek am Grundstück und
2. in das Zwangsversteigerungs- und Zwangsverwaltungsverfahren.

Das gegenwärtige Gesetz betrifft nur diesen zweiten Theil. Hinsichtlich des ersten Theiles bewendet es bei den zeitherigen Bestimmungen:

Gesetz vom 4. März 1879. § 10. Die Zwangsvollstreckung in das unbewegliche Vermögen wegen einer Geldforderuug erfolgt durch Eintragung der Forderung in das Grund- und Hypothekenbuch.

Ist die Forderung bereits theilweise durch Hypothek sicher gestellt, so beschränkt sich der Eintrag auf den nicht gesicherten Theil.[1]

§ 11. Ist der Eintrag der Forderung in Kraft vorläufiger Vollstreckung zu bewirken, so kommen die Vorschriften in §§ 6 bis 8 des gegenwärtigen Gesetzes entsprechend zur Anwendung.

§ 6. Ist der Eintrag einer an Zahlungsstatt geschehenen Ueberweisung auf Grund der vollstreckbaren Ausfertigung eines für vorläufig vollstreckbar erklärten Endurtheils erfolgt, ohne daß der Nachweis vorliegt, daß das Urtheil Rechtskraft erlangt habe, so ist gleichzeitig im Grund- und Hypothekenbuche zu verlautbaren, daß der Eintrag auf einem vorläufig vollstreckbaren Urtheil beruht.

§ 7. Die Vorschrift in § 6 findet entsprechende Anwendung, wenn die Ueberweisung an Zahlungsstatt

1. auf Grund einer Entscheidung, gegen welche das Rechtsmittel der Beschwerde stattfindet,

2. auf Grund eines Vollstreckungsbefehls geschehen ist, jedoch nicht der Nachweis vorliegt,

zu 1., daß die Beschwerde erfolglos erhoben oder versäumt ist,

zu 2., daß der Einspruch versäumt ist.

§ 8. Wird der in §§ 6. 7 gedachte Nachweis nach erfolgtem Eintrage der Ueberweisung beigebracht, so ist die daselbst in Ansehung des Schuldtitels vorgeschriebene Verlautbarung im Grund- und Hypothekenbuche zu löschen.

Gesetz vom 27. Januar 1882. § 1. Die Vollziehung des Arrestes in das unbewegliche Vermögen erfolgt durch Eintragung der sicherzustellenden Forderung in das Grund- und Hypothekenbuch.

§ 2. Der behufs Vollziehung des Arrestes erfolgte Eintrag im Grund- und Hypothekenbuch hat dieselbe Wirkung, wie der behufs der Zwangsvollstreckung geschehene Eintrag einer Forderung, soweit nicht nachstehend etwas Anderes bestimmt ist.

(§ 3 des Gesetzes vom 27. Januar 1882 wird unten zu § 1 gegeben werden, § 4 jenes Gesetzes ist durch das gegenwärtige Gesetz für aufgehoben zu erachten.)

Verordnungen vom 16. September 1879 (Ges.-Bl. S. 365 flg.) und vom 30. Januar 1882 (Ges.-Bl. S. 8 flg.), welche reglementäre Vorschriften zu Ausführung der vorstehenden Gesetzesbestimmungen enthalten.

In Ansehung der Voraussetzungen und der Zuständigkeit zu Anordnung der Zwangsvollstreckung in unbewegliche Sachen sind ausschließlich die Bestimmungen der C.P.O. maßgebend.

---

[1] Vergl. die Motive zu § 64 des gegenwärtigen Gesetzes.

Dagegen soll das gegenwärtige Gesetz zu 2. eine in sich abgeschlossene Regelung der die Zwangsversteigerung und Zwangsverwaltung unbeweglicher Sachen betreffenden Materie sein. Hieraus folgt, daß dasselbe in erster Linie aus sich selbst zu interpretiren und nur dann, wenn diese Quelle als unzulänglich sich erweist, und nur insoweit dies der Fall, auf die Grundlagen zurückzugehen ist, auf denen es errichtet worden. Diese Grundlagen sind, da die Vorschriften des Gesetzes theils a) materiellrechtlicher, theils b) proceßrechtlicher Natur sind, theils c) dem Gebiete der freiwilligen Gerichtsbarkeit angehören, zu a) das Bürgerliche Gesetzbuch für das Königreich Sachsen, zu b) das Gerichtsverfassungsgesetz und die Civilproceßordnung nebst den zu ihrer Ausführung in Sachsen erlassenen Gesetzen und Verordnungen, zu c) die Gerichtsordnung vom 9. Januar 1865. Die hauptsächlichsten Beziehungen des Gesetzes zu jenen Unterlagen werden bei den einzelnen Paragraphen angedeutet werden.

Aus dem angegebenen Zwecke des Gesetzes folgt aber auch weiter, daß alle auf die Zwangsversteigerung und Zwangsverwaltung bezüglichen, zur Zeit noch gültigen Gesetze und Verordnungen, soweit sie nicht durch das Gesetz selbst den Worten oder dem Sinne nach aufrecht erhalten werden, für aufgehoben zu erachten sind. Hierunter fallen:

die Erläuterte Proceßordnung vom 10. Januar 1724 Tit. 39 §§ 11 bis 19, Tit. 40,
das Erläuterungs-Rescript vom 24. Mai 1725,
das Mandat, wie es mit den Subhastationen der Ritter- und anderen Güter u. s. w. gehalten werden soll, vom 26. August 1732,
das Generale, wie es künftig mit den Subhastationen verlassener Grundstücke gehalten werden soll, vom 30. Mai 1763,
das Gesetz unter B, die höheren Justizbehörden und den Instanzenzug betreffend, vom 28. Januar 1835 § 6 Abs. 2 Satz 2. insoweit darin die Genehmigungseinholung zur Subhastation vorgeschrieben,
das Executions-Gesetz vom 28. Februar 1838 § 40 Abs. 2. 3,
die Verordnung, die Bekanntmachung von Zwangsversteigerungen betreffend, vom 4. Juni 1852,
die Bekanntmachung der Entscheidung eines Zweifels rc (die Zwangsversteigerung der mit Vor- oder Wiederkaufsrecht belasteten Grundstücke betreffend) vom 24. August 1860,
das Bürgerliche Gesetzbuch vom 2. Januar 1863 § 417. § 424 Satz 2. § 452. § 511 Satz 2 (nur modificirt sind die §§ 405, 418, 1126),
die Gerichtsordnung vom 9. Januar 1865 §§ 199. 200,
das Gesetz, eine Beschränkung u. s. w. und einige Bestimmungen über die Zwangsversteigerungen betr., vom 30. Juni 1868 §§ 13—25,
das Gesetz, einige mit der C.P.O. zusammenhängende Bestimmungen enthaltend, vom 4. März 1879 §§ 12. 14,

das Gesetz, die Vollziehung des Arrestes in unbewegliches Vermögen betr., vom 27. Januar 1882 § 4,

die zugehörige Ausführungs-Verordnung vom 30. Januar 1882 § 8.

Bis zur Sächsischen Konkursnovelle vom 8. Juli 1868 (Ges.-Bl. S. 463 flg.) bildete die Zwangsversteigerung im Konkurse einen Theil des Konkursverfahrens. Es galten von ihr zum Theil andere Grundsätze als von der Zwangsversteigerung außerhalb des Konkurses. Daher wurde bis zu jenem Zeitpunkte zwischen beiden Arten der Zwangsversteigerung streng unterschieden. Dieser Unterschied ist schon durch §§ 1—3 der gedachten Konkursnovelle beseitigt worden. Mit diesen Grundsätzen stimmt auch die Reichs-Konkursordnung (§§ 39. 116) überein. Die Bestimmungen des gegenwärtigen Gesetzes gelten hiernach, abgesehen von den in § 199 geordneten Ausnahmen, von allen Zwangsversteigerungen, gleichviel, ob der Eigenthümer des versteigerten Grundstücks in Konkurs verfallen oder nicht. — Vergl. hierzu § 179. — Sie gelten insbesondere auch von den zwangsweisen Versteigerungen von Bergbaurechten, soweit für diese ein Folium im Grundbuche angelegt ist (§§ 3 und 199 bez. 182 unter 2), und zwar ebenfalls ohne Unterschied, ob zum Vermögen des Bergwerksbesitzers der Konkurs eröffnet ist, oder nicht. Hiernach muß auch die, in Folge § 4 der erwähnten Konkursnovelle auch nach der letzteren noch in Geltung verbliebene Bestimmung in § 54 des Allgem. Berggesetzes vom 16. Juni 1868 (Ges.-Bl. S. 367 flg.), soweit dieselbe überhaupt nach dem Inkrafttreten der Reichs-Konkursordnung noch Geltung zu beanspruchen gehabt, hinsichtlich der mit Grundbuchfolien versehenen Bergbaurechte jedenfalls nach dem Inkrafttreten des gegenwärtigen Gesetzes für erledigt angesehen werden.

Gesetz,

betreffend die Zwangsversteigerung und die Zwangsverwaltung unbeweglicher Sachen,

vom 15. August 1884.

Wir, Albert, von Gottes Gnaden König von Sachsen 2c 2c verordnen in Bezug auf die Zwangsversteigerung und die Zwangsverwaltung unbeweglicher Sachen mit Zustimmung Unserer getreuen Stände, was folgt:

Einleitende Bestimmungen.

§ 1.

Die Voraussetzungen der Zwangsversteigerung und der Zwangsverwaltung eines Grundstücks bestimmen sich nach den bestehenden Gesetzen.

Entwurf gleichlautend.

Motive. „Die Aufnahme einer Verweisung auf die bestehenden Gesetze, welche die materiellrechtlichen und processualen Voraussetzungen der Zwangsversteigerung und Zwangsverwaltung feststellen, hat nur den Zweck hervorzuheben, daß der Entwurf an diesen Normen auch insoweit, als sie der Landesgesetzgebung angehören, Etwas nicht ändern will."

Bemerkungen.

1. Das Gesetz hat hinsichtlich der Voraussetzungen der Zwangsversteigerung und Zwangsverwaltung an den zeitherigen Vorschriften weder etwas geändert, noch — abgesehen von den nur gewisse besondere Fälle betreffenden Bestimmungen in §§ 173. 179. 181. 182 unter 3 — Neuerungen eingeführt. Die bestehenden Vorschriften sind im Wesentlichen folgende:

Bürgerl. Gesetzbuch § 424, Satz 1 und 3. Der hypothekarische Gläubiger kann, wenn die Forderung ganz oder zum Theil fällig ist, zu seiner Befriedigung Zwangsversteigerung des verpfändeten Grundstücks oder,[1] wenn er zunächst aus den Früchten befriedigt sein will,[2] gerichtliche Sequestration verlangen. So lange der Gläubiger nicht vollständige Befriedigung erlangt hat, kann er die getroffene Wahl ändern.

Gesetz vom 4. März 1879 § 13. Wer die Zwangsvollstreckung in eine unbewegliche Sache, oder in dem auf die Pfandklage geführten Rechtsstreite die vollstreckbare Ausfertigung des Endurtheils erlangt hat, kann die Versteigerung der verpfändeten Sache und deren Sequestration beantragen.

Gesetz, die Vollziehung des Arrestes in unbewegliches Vermögen betr., vom 27. Januar 1882 § 3. Die in § 13 des Gesetzes vom 4. März 1879 erwähnten Rechtszuständigkeiten können von dem Gläubiger erst dann ausgeübt werden, wenn derselbe einen vollstreckbaren Schuldtitel wegen der sichergestellten Forderung erlangt hat.

Konkursordnung. § 116. Die Zwangsverwaltung und die Zwangsversteigerung der zur Masse gehörigen unbeweglichen Gegenstände kann bei der zuständigen Behörde durch den Konkursverwalter betrieben werden.

Gesetz, den Regalbergbau betr., vom 22. Mai 1851 § 204. Wenn der Erbstöllner die gesetzlichen Vorschriften §§ 177. 178. 179. 180 und 181 nicht befolgt und den aufgestellten Betriebsplänen entgegenhandelt, so tritt das in Abschnitt V § 84 vorgeschriebene Verfahren, und wenn damit der Zweck nicht erreicht werden kann, der Verlust des Erbstollns und beziehentlich der betreffenden Theile desselben, sowie aller damit verbundenen Erbstollngerechtigkeiten im Wege der Zwangsversteigerung ein.

Allgemeines Berggesetz vom 16. Juni 1868 § 169 Abs. 1. 2. 3. Wird ein Bergbaurecht von dem Berechtigten ganz oder theilweise aufgegeben oder ihm entzogen, so ist dies auf Requisition des Bergamts von der zuständigen Gerichtsbehörde öffentlich bekannt zu machen und den hypothekarischen Gläubigern, sowie beim Kohlenbergbaue den Grundeigenthümern zu notificiren. Den Gläubigern des Berggebäudes steht das Recht zu, binnen einer Frist von 3 Monaten, von der öffentlichen Bekanntmachung an gerechnet, bei der zuständigen Gerichtsbehörde auf gerichtliche Zwangsversteigerung des Bergwerkseigenthums anzutragen und ihre Befriedigung aus demselben zu verlangen. Nicht minder steht dem bisher Berechtigten, dem das Bergbaurecht entzogen worden, binnen 3 Monaten von der Rechtskraft des betreffenden Erkenntnisses an und gegen gleichzeitige Erlegung einer Caution zu eventueller Deckung der Gerichtskosten, der Antrag auf Versteigerung für seine Rechnung zu.

---

[1] Er kann auch beides gleichzeitig verlangen. — Vergl. Verordn. d. K. Ob.-App.-Ger. v. 12. März 1870 im Wochenbl. f. m. R. 1870 S. 178 flg. und in der Zeitschr. f. R. u. V. Bd. 35 S. 149 flg., sowie den oben abgedruckten § 13 des Ges. v. 4. März 1879.

[2] und wenn seine Forderung nicht nach dem auf dem betreffenden Grundbuchsfolium etwa verlautbarten Nießbrauchsrechte einer dritten Person eingetragen worden, vergl. § 402 des B.G.B.

2. Mehrfache Verwaltungsgesetze enthalten die Vorschrift, daß es zu Einleitung der Zwangsversteigerung wegen gewisser Leistungen der Genehmigung des Finanzministeriums bedürfe, insbesondere wegen der

Grundsteuern — Grundsteuergesetz v. 9. September 1843 § 38, Ges.-Bl. S. 107,

Zuschläge zur Grundsteuer für den Landesculturrath — Gesetz, die Reorganisation des Landesculturraths betr., v. 9. April 1872 § 13, Ges.-Bl. S. 83; Gesetz wegen Abänderung einiger Bestimmungen des vorstehenden Gesetzes v. 15. Juli 1876, Ges.-Bl. S. 307; Verordn. v. 19. Februar 1877, Ges.-Bl. S. 185,

Landrenten — Gesetz über die Errichtung der Landrentenbank vom 17. März 1832 § 11, Ges.-Bl. S. 269; Verordnung v. 25. November 1843 § 2, Ges.-Bl. S. 253,

Landesculturrenten — Gesetz über die Errichtung der Landesculturrentenbank v. 20. November 1861 § 12, Ges.-Bl. S. 510,

Brandversicherungsbeiträge — Gesetz, die Landes-Immobilien-Brandversicherungsanstalt betr., v. 25. August 1876 § 80, Ges.-Bl. S. 362,

Einkommensteuer — Ges. v. 2. Juli 1878 § 79, Ges.-Bl. S. 152,

Erbschafts- und Urkundenstempel-Steuer und -Strafen — Gesetz über die Erbschaftssteuer vom 13. November 1876 Art. 31; Gesetz über den Urkundenstempel vom gleichen Tage Art. 14, Ges.-Bl. S. 459 bezw. 471.

Diese Vorschriften betreffen die Legitimation zur Beantragung der Zwangsversteigerung. Das Vollstreckungsgericht wird daher auch künftig den Nachweis jener Genehmigung (als einen Theil der Legitimation des Antragstellers) zu verlangen haben. Vergl. Bem. 1 unter III zu § 64 und Bem. 4 zu § 182.

3. Wegen der rückständigen Abgaben und der Rückstände von den in der I. Rubrik des Grundbuchfoliums eingetragenen Reallasten kann nach den bestehenden Gesetzen die Zwangsversteigerung und Zwangsverwaltung nicht ohne Weiteres, sondern nur dann beantragt werden, wenn zuvor Hülfshypothek erlangt worden. Anders verhält sich dies mit den Rückständen von den Reallasten, welche in der III. Rubrik eingetragen sind, da diese nach § 518 des B.G.B. die Rechte der Hypotheken genießen.

4. Nach § 180 des preußischen Gesetzes finden die Vorschriften über die Zwangsversteigerung entsprechende Anwendung, wenn dieselbe von einem Miteigenthümer zum Zwecke der Auseinandersetzung beantragt wird. Es bedarf hierzu nicht einer, jenen Theilungsmodus aussprechenden richterlichen Entscheidung, überhaupt keines vorherigen processualischen Verfahrens. Eine derartige Bestimmung — welche auf den besonderen Grundsätzen des preußischen Landrechts über die Theilung des gemeinschaftlichen Eigenthums beruht — ist dem Sächsischen Rechte fremd. Das letztere kennt nur eine Theilungsklage, welche nach § 340 des B.G.B. unter den Miteigenthümern auf Theilung der gemeinschaftlichen Sache geht. Mit dieser Klage kann, wie mit jeder andern Klage, lediglich die Verurtheilung des Beklagten herbeigeführt werden. Es geht dies auch aus dem Schlußsatze des

gedachten Paragraphen hervor, wonach bei der Theilungsklage auch der Beklagte die „Verurtheilung" des Klägers verlangen kann. Diese Verurtheilung kann, sobald sie auf Theilung der gemeinschaftlichen Sache und nicht blos (§ 340 Satz 2) auf Ausgleichung der aus der Gemeinschaft entstandenen Ansprüche gerichtet ist, nur dahin gehen, daß der Gegner mit der Theilung überhaupt und mit der Ausführung derselben nach den vom Richter festzustellenden Grundsätzen sich einverstanden erkläre. Mit der Theilungsklage stellt daher der Kläger an den Richter nur den Antrag, diese Verurtheilung auszusprechen und die Theilungsgrundsätze festzustellen, nicht aber auch den Antrag, die Theilung selbst auszuführen. Allerdings wird in allen den Fällen, wo das, was den einzelnen Miteigenthümern aus der Theilung zufallen soll, oder wenigstens der Rechtsgrund zu dessen Erwerbung durch bloßen richterlichen Ausspruch zugetheilt werden kann (§§ 257. 277. 395. 466. 506. 576. 645 des B.G.B.), die Verurtheilung zur Einverständnißerklärung mit der festgestellten Theilungsweise virtuell die Theilung selbst enthalten. Hieraus darf jedoch weder gefolgert werden, daß im Theilungsprocesse der Richter in der Regel die Theilung selbst auszuführen habe, noch darf hierin eine etwaige Ausnahme von dem vorgehends aufgestellten Satze, daß im Theilungsprocesse der Richter nur die Grundsätze der Theilung festzustellen habe, erblickt werden. Jener Umstand ist vielmehr nur eine Folge der in der C.P.O. § 779 (in wesentlicher Uebereinstimmung mit § 70 des Sächsischen Executionsgesetzes vom 28. Februar 1838) sowie in den vorstehends hervorgehobenen Paragraphen des B.G.B. festgesetzten processualen bezw. materiellrechtlichen Wirkungen gewisser rechtskräftiger Entscheidungen. Erfordert die Ausführung der Theilung nach dem vom Proceßrichter festgestellten Modus noch eine weitere Thätigkeit, so ist diese außerhalb des Theilungsprocesses vorzunehmen. Der letztere selbst hat mit der rechtskräftigen Feststellung des Vertheilungsmodus und der entsprechenden Verurtheilung sein Ende erreicht. Die Betheiligten können zwar die Ausführung der Theilung nach dem vom Proceßrichter oder von ihnen selbst im Wege freier Uebereinkunft (§ 339 des B.G.B.) festgestellten Modus dem Gericht überlassen; die Erbtheilung muß sogar gerichtlich erfolgen, sobald nur ein Erbe darauf anträgt oder Bevormundete als Erben betheiligt sind (§ 2349 des B.G.B.). Hierbei handelt es sich jedoch nur um ein in das Gebiet der freiwilligen Gerichtsbarkeit fallendes Geschäft.

Zu den Fällen, in welchen es zur Ausführung der Theilung noch einer weiteren Thätigkeit als der Feststellung des Theilungsmodus bedarf, gehört auch der, wenn die gemeinschaftliche Sache versteigert und erst der Erlös getheilt werden soll. Auch hier ist der Theilungsproceß mit der rechtskräftigen Verurtheilung des Beklagten oder beider Parteien zur Einverständnißerklärung mit diesem Theilungsmodus beendigt. Die Vornahme der Versteigerung ist nicht im Wege des Zwangsvollstreckungsverfahrens herbeizuführen. Hierzu würde es auch, da keine der in der C.P.O. aufgeführten Zwangsvollstreckungsmodalitäten in Betracht kommen könnte, an den erforderlichen Vorschriften fehlen. Es bleibt vielmehr der obsiegenden Partei überlassen, auf Grund der rechtskräftigen Entscheidung die Vornahme der Versteigerung an der je nach der Natur des zu versteigernden Gegenstandes geeigneten bezw. an der im Urtheile bestimmten Stelle (Auctionator, Notar, Richter für freiwillige Gerichtsbarkeit) zu beantragen.

Aus dem Gesagten folgt, daß, wenn eine unbewegliche Sache zu theilen ist, es nach Sächsischem Recht weder im Theilungsprocesse selbst, noch im Zwangsvollstreckungsverfahren zu einer „Zwangsversteigerung" im Sinne des gegenwärtigen Gesetzes kommen kann. Das Verfahren, welches der auf dem angegebenen Wege um Versteigerung der unbeweglichen Sache angegangene Richter einzuschlagen hat, namentlich auch die für die Versteigerung aufzustellenden Bedingungen richten sich zunächst nach den hierunter von den Betheiligten selbst getroffenen Vereinbarungen bezw. nach den bezüglichen Festsetzungen im Theilungsurtheile. Im Mangel eines solchen Anhalts muß der Versteigerungsrichter als ermächtigt gelten, hierunter nach seinem pflichtmäßigen Ermessen Bestimmung zu treffen. Wird einer solchen Bestimmung seitens eines Miteigenthümers als unangemessen widersprochen, oder entstehen in diesem Versteigerungsverfahren sonstige Differenzen zwischen den Miteigenthümern oder zwischen diesen und dem Ersteher, so ist darüber — insofern es sich nicht um eine reine Aufsichtsbeschwerde im Sinne von § 35 des Gesetzes unter B vom 28. Januar 1835 handelt — nicht im Beschwerdewege durch die oberen Behörden für die Sachen der freiwilligen Gerichtsbarkeit, sondern im geordneten Proceßwege zu entscheiden. Zu Vermeidung derartiger Weiterungen wird es angezeigt sein, im Theilungsurtheile selbst die Normen für das Versteigerungsverfahren möglichst genau festzustellen.

5. Unter das Gesetz fallen nicht die in §§ 747. 752. 754 und 817 der C.P.O. erwähnten Sequestrationen, da sie nicht zum Zwecke der Befriedigung (§ 817) oder wenigstens nicht zur Befriedigung eines Gläubigers, welchem die zu sequestrirende unbewegliche Sache verpfändet ist (§§ 747. 752. 754), erfolgen. Gleichwohl werden alle die Bestimmungen des Gesetzes, welche nicht oder wenigstens nicht ausschließlich auf den vorstehends hervorgehobenen Besonderheiten der zur Befriedigung des hypothekarischen Gläubigers erfolgenden Zwangsverwaltung beruhen und sonst mit dem Zwecke der betreffenden Sequestration vereinbar sind, entsprechende Anwendung finden können. Zu § 747 vergl. übrigens Wengler's Archiv, Neue Folge, Bd. 5 S. 241 flg.

§ 2.

Grundstück im Sinne dieses Gesetzes ist die Gesammtheit des auf einem Folium des Grund- und Hypothekenbuchs eingetragenen Grundbesitzes.

Im Entwurf waren die Worte angefügt: „nebst den Zubehörungen, auf welche sich die Hypothek erstreckt."

Motive. „Die in § 2 enthaltene Bezeichnung des Sinnes, in welchem der Ausdruck „Grundstück" im Entwurf gebraucht ist, erscheint aus dem Grunde angezeigt, weil der Ausdruck in einem weiteren Sinne auch als Bezeichnung für ein einzelnes, mit anderen Grundstücken durch Eintrag auf demselben Folium des Grundbuchs zu einer Gesammtsache verbundenes Grundstück vorkommt.

(§ 388 des B.G.B., § 109 der Provisorischen Gerichtsordnung vom 9. Januar 1865.)

Die Zubehörungen des Grundstücks, auf welche sich die Hypothek nach §§ 410 bis 412 des B.G.B. erstreckt und welche daher mit demselben der Versteigerung unterliegen, sind nicht Bestandtheile des Grundstücks und daher hier besonders mit hervorgehoben. Der Zuwachs des Grundstücks dagegen (§§ 281—283 des B.G.B.), auf welchen sich die Hypothek nach § 410 ebenfalls erstreckt, ist Bestandtheil des Grundstücks und bedurfte daher nicht der Erwähnung."

Auf Antrag der Deputation der I. Kammer ist jener Zusatz als entbehrlich gestrichen worden, „da Zubehörungen, sofern sie als Gegenstand der Hypothek mit dem Grundstücke *einem* Ausgebote unterliegen, im Gegensatz zu den natürlichen Bestandtheilen für den Zweck der Zwangsversteigerung die Eigenschaft *rechtlicher* Bestandtheile des Grundstücks annehmen und außerdem durch § 83 Abs. 2 unzweideutig anerkannt werde, daß dieselben mit dem Grundstücke der Zwangsversteigerung unterworfen seien."

Bemerkungen.

Für die Beantwortung der Frage, was im einzelnen Falle Gegenstand der Zwangsversteigerung und der Zwangsverwaltung sei, sind — abgesehen von der Vorschrift in § 45 — die Bestimmungen des B.G.B. über den gegenständlichen Umfang der Hypothek §§ 410—415 maßgebend. Nach § 410 erstreckt sich die Hypothek auf

1. das verpfändete Grundstück,
2. dessen Zubehörungen, auch auf die erst nach der Verpfändung hinzugekommenen,
3. den Zuwachs,
4. die Früchte.

Zu 1. Das *verpfändete Grundstück* umfaßt zufolge des Begriffs einer jeden Sache alle die Theile, aus welchen es besteht, also ein nach § 64 des B.G.B. als Gesammtsache anzusehendes Grundstück: die einzelnen zur Gesammtsache vereinigten Grundstücke, das einzelne Grundstück: die physischen und rechtlichen Bestandtheile, insbesondere das Unterirdische, soweit dasselbe nicht durch entsprechenden Grundbuchseintrag rechtlich als Bestandtheil losgetrennt worden, den Zuwachs und die mit dem Grundstücke als Bestandtheile desselben in Verbindung gebrachten beweglichen Sachen. In letzterer Beziehung sind ausgenommen: die Anlagen, welche Gegenstand eines auf dem Grundstücke lastenden Bau- oder Kellerrechts im Sinne von § 661 sind, sowie nach § 284 diejenigen beweglichen Sachen, welche zu einem blos vorübergehenden Zwecke von einem dazu berechtigten Andern (als dem Grundstückseigenthümer) mit dem Grundstücke in Verbindung gebracht worden sind. Diese letztere Ausnahme ist zwar den Worten nach nur für den *Eigenthumserwerb* seitens des Grundeigenthümers aufgestellt. Doch ist sie auch maßgebend für die Beantwortung der Frage nach dem gegenständlichen Umfange der *Hypothek*. Denn durch sie hat, wie auch die zugehörigen Motiven an die Hand geben, zum Ausdruck gebracht werden sollen, daß bewegliche Sachen, welche unter den angegebenen Umständen mit dem Grundstücke in Verbindung gebracht werden, *rechtlich* überhaupt nicht als *Bestandtheile* des Grundstücks angesehen werden sollen. Die Ausnahmebestimmung ist, zufolge ihrer allgemeinen Fassung und wie aus den Motiven zu § 284 zu entnehmen, anwendbar bei *allen* Gattungen von Sachen, welche mit einem Grundstücke als thatsächliche Bestandtheile verbunden werden können, also auch auf die in §§ 285 und 286 besonders erwähnten (Samen, Pflanzen, Bäume, Baumaterialien, Gebäude).

Zu 2. Als Zubehörungen einer Sache werden nach § 65 des B. G.B. Sachen angesehen, welche, ohne Bestandtheile derselben zu sein, zu fortdauerndem Gebrauche bei ihr bestimmt und entweder körperlich mit ihr verbunden oder in das zu diesem Gebrauche erforderliche Verhältniß gebracht sind.

a) Welche unbeweglichen Sachen als Zubehörungen des verpfändeten Grundstücks zu erachten, richtet sich ausschließlich nach dem Grundbuche, welches zufolge §§ 110. 111. 112. 114 unter 1. § 124 unter 3 der Gerichtsordnung sämmtliche unbewegliche Zubehörungen anzugeben hat. Dasselbe gilt daher insbesondere auch von dem in § 68 des B.G.B. als Zubehör eines Wohnhauses aufgeführten Hofraum.

b) Hinsichtlich der beweglichen Zubehörungen kommt zunächst § 68 des B.G.B. in Betracht:

> Unter den allgemeinen Voraussetzungen, welche die Eigenschaft als Zubehörung begründen, sind insbesondere bei einem Grundstücke die darauf befindlichen Anlagen, bei einem Teiche die Fische in demselben, bei einem Wohnhause der Hofraum, die Fensterladen, die Winterfenster, die Oefen, die Löschgeräthschaften als Zubehörungen anzusehen. Das Nämliche gilt von den auf eine unbewegliche Sache sich beziehenden Urkunden, Rissen und Karten.

Weiter ist in §§ 411 und 412 unter Einschränkung der entsprechenden Vorschriften in §§ 69 und 70 bestimmt:

> § 411. Die Hypothek auf einem zum Betriebe eines Gewerbes eingerichteten Grundstücke erstreckt sich nur auf die Zubehörungen, welche mit dem Grundstücke so verbunden sind, daß die Verbindung ohne Verletzung des Bindemittels, des Grundstücks oder der Zubehörung nicht aufgehoben werden kann, überdies bei Gewerben, welche eine bewegende Kraft benutzen, auf die zu deren Erzeugung und Uebertragung dienenden Vorrichtungen, und bei Mehl- und Schneidemühlen, bei Stampf-, Poch-, Walz- und Walkwerken jeder Art überdies auf die zur Erreichung des Zweckes selbst dienenden Vorrichtungen, soweit sie mit der Mühle oder dem Werke in irgend einer Verbindung stehen.
>
> § 412. Die Hypothek auf einem zum Betriebe der Landwirthschaft eingerichteten Grundstücke erstreckt sich nur auf die Zubehörungen, welche mit dem Grund und Boden oder mit einem Gebäude so verbunden sind, daß die Verbindung ohne Verletzung des Bindemittels, des Gebäudes oder der Zubehörung nicht aufgehoben werden kann, und überdies auf den auf dem Grundstücke erzeugten Dünger.

Die in § 68 ausdrücklich hervorgehobene Beschränkung: „unter den allgemeinen Voraussetzungen, welche die Eigenschaft als Zubehörung begründen“ gilt auch bei den in §§ 411 und 412 erwähnten Zubehörungen. Daher sind auch die in diesen Paragraphen aufgeführten Gegenstände nur dann als Zubehörungen anzusehen, wenn sie, ohne Bestandtheile des Grundstücks zu sein, zu fortdauerndem Gebrauche bei demselben bestimmt sind. Dieser Voraussetzung ist nur der auf dem Grundstück erzeugte Dünger nicht unterworfen, da bei diesem der Natur der Sache nach von einem fortdauernden Gebrauche überhaupt nicht die Rede sein kann. Hiernach sind (und zwar auch im Falle des § 68) Gegenstände, welche z. B. der Pachter oder Miether nur zu seinem Bedürfnisse, also nur auf die Dauer seiner Pacht- bezw. Miethzeit, als Zubehörungen angeschafft hat, dem Pfandnexus nicht unterworfen.

Der Zwangsversteigerung und Zwangsverwaltung unterliegen diejenigen Zubehörungen, welche zur Zeit des auf Einleitung jener Vollstreckungsmaßregel gerichteten Beschlusses vorhanden sind, vergl. § 413 des B.G.B. und § 83 Abs. 2 des gegenwärtigen Gesetzes.

c) Als Zubehörungen, die mit dem Grundstück auf den Ersteher übergehen, sind auch die mit dem Grundstücke verbundenen Berechtigungen anzusehen, insbesondere fruchtbringende Berechtigungen im Sinne von § 115 der Gerichtsordnung (gleichviel, ob sie auf dem Folium des berechtigten Grundstücks eingetragen sind oder nicht), Dienstbarkeitsrechte, Zins-, Renten- und andere Berechtigungen, welche für das Grundstück als Reallast auf einem andern Folium eingetragen sind. — Vgl. hierzu § 26 der A.V. (zu § 107).

Mit dem Grundstücke erlangt der Ersteher auch die etwa mit jenem verbundene Antheilberechtigung an den in Folge einer Grundstückenzusammenlegung den Betheiligten als gemeinschaftliches Eigenthum angewiesenen Wirthschaftswegen und Abzugsgräben, vergl. Verordn. v. 29. April 1861 (Ges.-Bl. S. 71) u. Gerichtsordnung § 113. Die in Gemäßheit jener Verordnung als Besitzer der Wirthschaftswege u. s. w. eingetragenen Besitzer der betheiligten Grundstücke bilden in Ansehung des gemeinschaftlichen Eigenthums eine Genossenschaft. Dieselbe hat zwar nicht die Rechte einer juristischen Person, ist jedoch nach den Grundsätzen über die nicht eingetragenen privatrechtlichen Genossenschaften zu beurtheilen. Das Grundstück befindet sich nicht, wie es nach der Fassung des Besitzeintrags scheinen könnte, im Miteigenthum der einzelnen Theilnehmer, sondern im Eigenthum der Gemeinschaft. Der einzelne Theilnehmer ist nicht Miteigenthümer des Grundstücks, sondern nur Mitglied der Genossenschaft, welcher das Grundstückseigenthum zusteht. Er kann daher über einen Antheil am Grundstücke nicht selbständig verfügen. Die Mitgliedschaft an der Genossenschaft wird durch das Eigenthum an einem der bei der Zusammenlegung betheiligt gewesenen Grundstücke begründet und bedingt. Wer ein solches Grundstück erwirbt, wird damit ohne Weiteres Mitglied der Genossenschaft, wie andererseits mit dem Verlust des Eigenthums am betheiligten Grundstück jene Mitgliedschaft ohne Weiteres aufhört.

Wie es sich in dieser Beziehung mit der Antheilsberechtigung am Altgemeindeland verhalte, läßt sich nur nach der Beschaffenheit des einzelnen Falls beurtheilen. Nach Siegmann's Ansicht (vergl. dessen Hypothekenordnung S. 58 flg.) befindet sich das Altgemeindeland in der Regel und sofern nicht etwa dem entgegenstehende besondere Bestimmungen vorhanden sind, im Miteigenthum der Besitzer der im Besitzeintrag bezeichneten antheilsberechtigten Grundstücke und kann jeder dieser Besitzer über seinen ideellen Grundstücksantheil frei verfügen. Diese Auffassung — bei welcher auf den Umstand, daß die Altgemeinde unzweifelhaft keine politische Corporation mehr ist, sowie anscheinend auf die Fassung des Besitzeintrags zu viel Gewicht gelegt wird — dürfte nicht unerheblichen Bedenken unterliegen. Die Entstehungsgeschichte sowie die Natur der Altgemeinde berechtigt weit eher dazu, dieselbe als eine privatrechtliche Genossenschaft im obengedachten Sinne aufzufassen und auf sie die oben hinsichtlich der Zusammenlegungsinteressenten angedeuteten Grundsätze anzuwenden. Doch sind, wie bereits bemerkt, in dieser Beziehung die besonderen Verhältnisse der im einzelnen Falle in Frage kommenden Altgemeinde maßgebend. Auf eine Erörterung dieser Verhältnisse hat sich der Versteigerungsrichter nicht einzulassen. Er wird daher zwar, wenn das zu versteigernde Grundstück nach Ausweis des Besitzeintrags auf dem Folium des Altgemeindelandes zu den antheilsberechtigten Grundstücken mit gehört, der Vorschrift in § 26 der A. V. gemäß in dem nach § 107 des Gesetzes anzulegenden Verzeichnisse eine bezügliche Bemerkung aufzunehmen, jedoch[1] die Bieter auf etwaige Anfrage über die Tragweite jenes Besitzeintrags unter Hinweis auf die Verschiedenheit der bei den einzelnen Altgemeinden obwaltenden Verhältnisse zu eigener Anstellung von Erörterungen zu verweisen haben.

Zu 3. Zuwachs ist alles dasjenige, was zu dem Grundstücke als Bestandtheil hinzukommt, und zwar außer den zu 4 noch besonders zu erwähnenden natürlichen Früchten

a) die alluvio, avulsio und insula in flumine nata (§§ 281—283 d. B.G.B.),

b) die mit dem Grundstücke verbundenen beweglichen Sachen (§§ 284 bis 286), deren bereits oben zu 1 gedacht worden.

Zu 4. Früchte.

a) Natürliche Früchte (nach § 73 des B.G.B die Erzeugnisse) des verpfändeten Grundstücks werden durch die Hypothek ergriffen, sofern sie zur Zeit der auf Antrag eines hypothekarischen Gläubigers angelegten Sequestration oder erfolgten Zwangsversteigerung des Grundstückes nicht erhoben sind (§ 414 des B.G.B.). Die Erzeugnisse müssen sonach aus dem verpfändeten Grundstücke, also aus einem Bestandtheile desselben hervorgehen. Was darunter zu verstehen, ergiebt sich aus dem zu 1 Ausgeführten. Hiernach können insbesondere Erzeugnisse aus Samen, Pflanzen und Bäumen, welche von einem hierzu berechtigten Dritten zu blos vorübergehendem Zwecke mit dem Grundstücke in Verbindung gebracht werden, nicht als Früchte des verpfändeten Grundstücks angesehen werden.

Die weitere Bestimmung des § 414, daß von der Hypothek auch die zur Zeit der Eröffnung des Konkurses zum Vermögen des Eigenthümers noch nicht erhobenen natürlichen Früchte ergriffen werden, beruhte ausschließlich auf dem Grundsatze des zur Zeit der Erlassung des B.G.B. geltenden Konkursrechts, wonach auch die Grundstücke des Gemeinschuldners ohne Weiteres zur Konkursmasse gezogen und zum Besten der gesammten Gläubigerschaft (wenn auch unter Berücksichtigung des Vorzugsrechts der angemeldeten hypothekarischen Forderungen) im Konkursverfahren selbst versilbert wurden. Die Konkurseröffnung bildete somit neben der auf An-

[1] so lange nicht die dringend nothwendige, dem Vernehmen nach schon in Aussicht genommene gesetzliche Regelung der Verhältnisse der Altgemeinden erfolgt ist,

trag eines hypothekarischen Gläubigers angelegten Sequestration und erfolgten Zwangsversteigerung einen dritten Fall, in welchem die Hypothek (ihre rechtzeitige Anmeldung vorausgesetzt) zur Wirksamkeit gelangen konnte. Nach der Reichs-Konkursordnung erfolgt die Befriedigung der hypothekarischen Gläubiger unabhängig vom Konkursverfahren; zur Konkursmasse fließt von dem Erlöse aus dem Verkaufe des Grundstücks nur das, was von diesem Erlöse nach Befriedigung der hypothekarischen Gläubiger übrig bleibt; die Zwangsversteigerung oder Zwangsverwaltung ist nicht mehr eine nothwendige Folge der Konkurseröffnung, sondern geschieht nur auf Antrag, zu welchem auch der Konkursverwalter berechtigt ist (§§ 3. 39. 116 der Konk.-O.). Die Konkursmasse befindet sich, da ihr für den Fall der Zwangsversteigerung und Zwangsverwaltung nur der nach Befriedigung der hypothekarischen Gläubiger verbleibende Ueberschuß gebührt, insoweit in der Rechtslage eines an letzter Stelle eingetragenen hypothekarischen Gläubigers. Es hat daher auch die vom Konkursverwalter beantragte Zwangsversteigerung und Zwangsverwaltung vom Gesichtspunkte des § 414 aus die rechtliche Wirkung einer vom letzten hypothekarischen Gläubiger beantragten solchen Vollstreckungsmaßregel. Hieraus folgt, daß der oben erwähnte dritte Fall des Wirksamwerdens der Hypothek in Wegfall gekommen und somit gemäß § 4 des B.G.B. auch jene auf den Konkurs bezügliche Bestimmung des § 414 als erledigt zu erachten ist. Auch die natürlichen Früchte eines Grundstücks, dessen Eigenthümer in Konkurs verfallen, werden von der Hypothek nur insoweit ergriffen, als sie zur Zeit der Sequestrationsanlegung oder Zwangsversteigerung noch nicht erhoben sind. Ueber das Recht des Konkursverwalters, das zur Konkursmasse gehörige Grundstück in eigene Verwaltung zu nehmen, vergl. Bem. 4 zu § 183.

b) Bürgerliche Früchte (das sind nach § 73 des B.G.B. alle sonstigen Einkünfte aus einer Sache), welche an die Stelle natürlicher Früchte treten (wie Pacht- und Miethzinsen), ergreift die Hypothek, soweit dieselben auf die Zeit nach Anlegung der Sequestration in Gemäßheit des § 76 des B.G.B. zu vertheilen sind. Andere bürgerliche Früchte dienen zur Befriedigung der hypothekarischen Gläubiger, wenn sie nach dem gedachten Zeitpunkte fällig werden (§ 415 des B.G.B.). Die in diesem Paragraph hinsichtlich des Konkurses getroffenen Bestimmungen sind aus dem oben angegebenen Grunde ebenfalls für erledigt zu erachten.

Als bürgerliche Früchte des verpfändeten Grundstücks gelten auch diejenigen, welche von den mit dem Grundstücke verbundenen Berechtigungen (oben zu 2, c) gewonnen werden. — Hinsichtlich der Pacht- und Miethzinsen hat § 415 des B.G.B. durch § 176 Abs. 3 und § 193 Abs. 1 des gegenwärtigen Gesetzes eine theilweise Aenderung erfahren.

Im Uebrigen vergl. hinsichtlich der Früchte: Siegmann in den Annalen des K. Ob. App. Ger. N. F. Bd. 3 S. 170 flg.

§ 3.

Die Bestimmungen dieses Gesetzes über die Zwangsversteigerung und die Zwangsverwaltung von Grundstücken finden auf die Zwangsversteigerung und auf die Zwangsverwaltung anderer, den Grundstücken rechtlich gleichstehender Sachen, ingleichen auf die Zwangsversteigerung und die Zwangsverwaltung von ideellen Antheilen an Grundstücken und diesen gleichstehenden Sachen entsprechend Anwendung, soweit nicht das Gesetz deshalb besondere Vorschriften enthält.

Entwurf gleichlautend.

Motive. „Welche anderen Vermögensobjecte rechtlich den unbeweglichen Sachen gleichgestellt sind, bestimmt § 59 des Bürgerlichen Gesetzbuchs.

Neu ist die Bestimmung, daß auch ideelle Grundstücksantheile Gegenstand der Zwangsversteigerung sein sollen. Ideelle Grundstücksantheile konnten zwar nach § 388 des Bürgerlichen Gesetzbuchs schon bisher mit besonderen Hypotheken belastet werden; die Zwangsversteigerung jedoch soll sich nach § 424 daselbst auch dann, wenn nur ein ideeller Theil wegen der betreffenden Forderung verpfändet ist, auf das ganze Grundstück erstrecken.

Die gedachte Bestimmung in § 424 wiederholt, was hierüber in § 22 der Ausführungsverordnung zum Hypothekengesetz vom 15. Februar 1844 angeordnet war, und in diesem § 22 ist die Nothwendigkeit der Versteigerung des ganzen Grundstücks behufs der Realisirung der nur auf dem ideellen Theil eingetragenen Forderung als eine Consequenz des § 80 des Hypothekengesetzes bezeichnet, welcher in Abs. 2 disponirt, daß der hypothekarische Gläubiger, um seine Befriedigung aus dem Grundstücke zu erlangen, nur entweder die gerichtliche Versteigerung des ihm ganz oder auch nur zu einem ideellen Theil verhafteten Grundstücks oder gerichtliche Sequestration desselben verlangen könne. Ob in der That durch diese Disposition die Zwangsversteigerung des mit einer Hypothek belasteten ideellen Theils eines Grundstücks habe ausgeschlossen werden sollen, ist, des Wortlauts ungeachtet, nicht ganz unzweifelhaft. Nach den Motiven zu § 80 (§ 79 des Entwurfs) hat man bei der dortigen Disposition die Fälle des Miteigenthums überhaupt nicht, sondern nur die Abschaffung des gemeinrechtlichen Grundsatzes im Auge gehabt, nach welchem der hypothekarische Gläubiger verlangen konnte, daß ihm der Besitz des verpfändeten Grundstücks auf so lange eingeräumt werde, bis er seiner Forderung halber befriedigt sei. Einzelne Rechtslehrer erwähnen der in § 22 der Ausführungsverordnung zum Hypothekengesetz als Folgerung aus § 80 des letzteren bezeichneten Unzulässigkeit der Zwangsversteigerung eines mit besonderer Hypothek belasteten ideellen Grundstücksantheils bei Gelegenheit der Besprechung des Grundsatzes von der Untheilbarkeit des Pfandrechts,

Siebenhaar in der Zeitschrift für Rechtspflege und Verwaltung N. F. Bd. 30 S. 385 flg.,

Heyne, Commentar zum Hypothekengesetz Bd. 1 S. 258,

ohne jedoch weiter zu deduciren, daß das Eine aus dem Andern nothwendig folge. Die Motive zum Bürgerlichen Gesetzbuch enthalten ebenfalls keine Bemerkung, aus welcher zu entnehmen stünde, welche Gesichtspunkte bei Aufnahme des in § 22 jener Ausführungsverordnung enthaltenen Satzes in § 424 des B.G.B. bestimmend gewesen seien.

Aus der Natur des Pfandrechts läßt sich ein rechtliches Bedenken gegen die Zulässigkeit des Zwangsverkaufs eines ideellen Theils eines Grundstücks eben so wenig herleiten, wie gegen den nach § 329 daselbst zulässigen freihändigen Verkauf eines solchen Grundstücksantheils. Der Grundsatz der Untheilbarkeit des Pfandrechts (§ 373 des B.G.B.) insbesondere kann hier nicht in Betracht kommen, denn in Folge der Zwangsversteigerung eines ideellen Grundstücksantheils wechselt eben nur dieser ideelle Antheil seinen Eigenthümer und die rechtlichen Folgen eines solchen Wechsels hängen mit der Frage, wie sich die Haftung der einzelnen realen Grundstückstheile für die auf einen ideellen Theil des ganzen Grundstücks eingetragene Forderung im Falle seiner realen Theilung gestalte, in keiner Weise zusammen. Die ältere Judicatur befolgte jenen Grundsatz des § 424 des B.G.B. nicht, erachtete vielmehr die Zwangsversteigerung des ganzen Grundstücks wegen einer Forderung, für welche nur ein ideeller Theil desselben verpfändet war, für unzulässig,

vergl. Hommel, Rhaps. quaest. obs. 678 T. 5 S. 336 flg.,

und diese, auch im Preußischen und Oesterreichischen Hypothekenrecht anerkannte, Ansicht scheint in den Rechten des Miteigenthümers, dessen Antheil mit der Hypothek nicht belastet ist, ihre Begründung zu finden. Es läßt sich kein Rechtsgrund dafür anführen, daß der Eigenthümer des nicht belasteten Antheils sich den Zwangsverkauf seines eigenen Antheils gefallen lassen soll, weil der Eigenthümer des andern Antheils eine auf diesem allein lastende Schuld nicht bezahlt. Für diesen Fall die actio communi dividundo dem Gläubiger zu geben, worauf jener Grnndsatz des § 424 des B.G.B. hinausläuft, läßt sich den bei dem betreffenden Schuldverhältniß unbetheiligten Miteigenthümern gegenüber nicht rechtfertigen. Von besonderer Bedeutung ist die Zulassung des Zwangsverkaufs ideeller Grundstücksantheile für Orte, wie z. B. Leipzig, wo es zahlreiche Häuser von hohem Werth giebt, deren Eigenthum in sehr zahlreiche ideelle Antheile zersplittert ist. Daß sich, wenn einmal die Zwangsversteigerung eines verhältnißmäßig kleinen ideellen Antheils an einem solchen Hause nothwendig wird, immer Leute finden, die das ganze Besitzthum zu einem angemessenen Preis zu erwerben geneigt und in der Lage sind, oder daß dann immer die Eigenthümer der hypothekenfreien Theile den belasteten Theil dazu kaufen können und wollen, ist mit Sicherheit nicht vorauszusetzen, und solchen Falls enthält der Zwangsverkauf des ganzen Besitzthums eine Unbilligkeit, der ein privatrechtliches oder ein in öffentlichen Verhältnissen begründetes Interesse nicht gegenübersteht. Der Entwurf hat deshalb den erwähnten Grundsatz des § 424 des B.G.B. verlassen. Die Beibehaltung dieses Grundsatzes würde bei Einführung des andern Grundsatzes, daß der Zwangsverkauf nur um einen, die sämmtlichen Vorhypotheken deckenden Preis statthaft sei, überhaupt nur dann durchführbar sein, wenn man zugleich die Verpfändung eines ideellen Grundstücksantheils für die Zukunft ausschließen wollte. Zu einer solchen, in die bestehenden Verhältnisse tief einschneidenden Neuerung liegt kein Bedürfniß vor."

Deputationsbericht der I. Kammer: „Die Deputation stimmt den Ausführungen der Motiven zu und glaubt denselben nur noch den Hinweis darauf hinzufügen zu sollen, daß, wenn das bisherige Recht beibehalten werden sollte, gegenüber der Möglichkeit der Belastung eines im ungetheilten Eigenthume befindlichen Grundstücks mit Hypotheken, welche theils auf dem ganzen Grundstücke, theils auf einzelnen ideellen Theilen desselben haften und verschiedenen Rang haben, auch vom praktischen Standpunkte aus einer sachgemäßen Durchführung des Grundsatzes des Mindestgebots unverhältnißmäßige Schwierigkeiten, insbesondere der Construction des Begriffs der Vorhypothek Erschwernisse sich entgegenstellen würden. Die in dem später noch vorzuschlagenden Zusatzparagraphen § 44a bezw. § 181 (§§ 44 u. 183 des Ges.) den von der Zwangsversteigerung oder der Zwangsverwaltung nicht unmittelbar betroffenen Miteigenthümern eingeräumte Rechtsvergünstigung, auf deren speciellere Begründung am betreffenden Orte zurückzukommen sein wird, dürfte wesentlich dazu beitragen, etwa noch vorhandenen Bedenken gegen die vorliegende Neubestimmung zu begegnen."

Bemerkungen.

1. Zu den, den Grundstücken rechtlich gleichstehenden Sachen gehören nach § 59 des B.G.B. a) die Berechtigungen, welche ein Folium im Grundbuch erhalten haben, und b) die Schiffmühlen. Auf diese Gegenstände finden gemäß § 757 Abs. 1 und 2 der C.P.O. auch die oben zu § 1 aufgeführten Bestimmungen Anwendung. — Zu a vergl. Siegmann's Hypothekenordnung S. 47—55.

2. Besondere Vorschriften enthalten §§ 40—44. 182 Abs. 1 unter 2.

Erster Abschnitt.

Zwangsversteigerung.

Erster Titel.

Rechte der Gläubiger an dem Erlöse des versteigerten Grundstücks.

§ 4.

Die auf einem im Wege der Zwangsversteigerung verkauften Grundstück lastenden und, insoweit deren Anmeldung in § 12 vorgeschrieben ist, rechtzeitig angemeldeten Ansprüche kommen bis zum Betrage des Kaufpreises bei dessen Vertheilung in folgender Ordnung in Rechnung:

1. nothwendige Verwendungen auf das Grundstück (§§ 77 und 313 des Bürgerlichen Gesetzbuchs), welche bei der bis zur Versteigerung stattgehabten Zwangsverwaltung desselben von dem betreibenden Gläubiger gemacht worden sind und aus den Erträgnissen der Zwangsverwaltung nicht erstattet werden können;
2. die Rückstände von den auf dem Grundstück lastenden öffentlichen Abgaben, von den zur Landes-Immobiliar-Brandversicherungsanstalt zu entrichtenden Beiträgen und von den an die Landrentenbank und an die Landesculturrentenbank zu zahlenden Landrenten und Landesculturrenten, soweit diese Rückstände in den letzten zwei Jahren vor dem Beschluß auf Zwangsversteigerung und bis zu der Versteigerung fällig geworden sind;
3. die Rückstände von Reallasten, mit Ausnahme der in §§ 515. 517 des B.G.B. erwähnten, soweit diese Rückstände in den letzten zwei Jahren vor dem Beschluß auf Zwangsversteigerung und bis zu der Versteigerung fällig geworden sind;
4. die hypothekarischen Hauptforderungen nebst
   a) den eingetragenen versprochenen Zinsen, den gesetzlichen und Verzugszinsen, bis zur Höhe von 6 vom Hundert

jährlich auf die letzten zwei Jahre von dem Beschluß auf Zwangsversteigerung zurückgerechnet und auf die Zeit bis zur Versteigerung;

b) den bis zum Beschluß auf Zwangsversteigerung erwachsenen und durch Eintrag sichergestellten Kosten und den gerichtlichen Kosten des Versteigerungsverfahrens;

ingleichen die Rückstände von den in §§ 515. 517 des B.G.B. erwähnten Reallasten, welche in den letzten zwei Jahren von dem Beschlusse auf Zwangsversteigerung zurückgerechnet und bis zur Versteigerung fällig geworden sind;

5. Rückstände von Leistungen der unter 2 gedachten Art, sowie Reallasten- und Zinsenrückstände, soweit sie nicht an früherer Stelle in Ansatz kommen.

Die unter 2 gedachten Ansprüche kommen zusammen, soweit nöthig nach verhältnißmäßigen Antheilen, die unter 3 gedachten nach der durch das Grundbuch bestimmten Reihenfolge der Reallasten, und die unter 4 erwähnten nach der Rangfolge der Hypotheken in Ansatz. Nach denselben Grundsätzen bestimmt sich die Ordnung, in welcher die Ansprüche unter 5 in Ansatz kommen.

Im Entwurfe lautete Punkt 1: „nothwendige Ausgaben, welche bei der bis zur Versteigerung stattgehabten Zwangsverwaltung des Grundstücks von den dieselbe betreibenden Gläubiger zur Erhaltung des Grundstücks gemacht worden sind und aus ꝛc“;

der Schlußsatz von Punkt 2: „soweit diese Rückstände in den letzten drei Jahren vor der Versteigerung fällig geworden sind“;

Punkt 3: „Die Rückstände ꝛc auf die letzten drei Jahre vor der Zwangsversteigerung“;

Punkt 4: „Die hypothekarischen Hauptforderungen nebst den eingetragenen versprochenen Zinsen, den gesetzlichen und Verzugszinsen auf die Zeit bis zur Versteigerung, den bis zum Beschluß auf Zwangsversteigerung erwachsenen und durch Eintrag sicher gestellten Kosten und den gerichtlichen Kosten des Versteigerungsverfahrens, sowie die Rückstände von den in §§ 515. 517 des B. G. B. erwähnten Reallasten, jedoch in Ansehung der Reallasten- und Zinsenrückstände nur auf die letzten drei Jahre vor der Versteigerung.“

Motive. „In der Hauptsache reproducirt § 4 bestehendes Recht (§ 21 des Gesetzes vom 30. Juni 1868). Neu ist die Bestimmung unter 1., nach welcher aus dem Versteigerungserlöse an erster Stelle die nothwendigen Ausgaben ersetzt werden sollen, welche bei der bis zur Versteigerung stattgehabten Zwangsverwaltung des Grundstücks von dem dieselbe betreibenden Gläubiger zur Erhaltung des Grundstücks gemacht worden sind und aus den Erträgnissen der Zwangsverwaltung nicht erstattet werden können. Zwar findet die von einem Gläubiger zu seiner Befriedigung ausgewirkte Sequestration lediglich auf Gefahr und Rechnung dieses Gläubigers statt. Hier handelt es sich jedoch um einen Aufwand, in Betreff dessen bei dem Zusammenhange der Zwangsverwaltung mit der sich anschließenden Zwangsversteigerung die Annahme gerechtfertigt erscheint, daß die rechtzeitige Bestreitung zur Erhaltung der Befriedigungsmasse im Interesse aller auf den Erlös des verkauften Grundstücks angewiesenen Gläubiger gelegen habe, insofern dadurch eine Verschlechterung und entsprechende Entwerthung desselben abgewendet worden ist. Die Judicatur,

vergl. Annalen des vorm. K. S. Oberappellationsgerichts. N. F. Bd. 3 S. 84 flg.,

hat sich bereits früher der Meinung zugewendet, daß ein zur Erhaltung des sequestrirten Grundstücks bestrittener und durch die Erträgnisse der Sequestration nicht gedeckter Aufwand, auch wenn dieselbe für einen einzelnen Gläubiger ausgebracht war, mit Rücksicht auf das dadurch geförderte Interesse aller Hypothekarier aus den bei der späteren Zwangsversteigerung erlangten Erstehungsgeldern vorweg zu nehmen sei. Die gesetzliche Anerkennung des Grundsatzes ist insbesondere für den Fall von Interesse, wenn die Zwangsversteigerung bereits in Aussicht steht und wegen der Kürze der Zeit bis zu deren Erfolg ein den Aufwand deckendes Erträgniß nicht erwartet werden kann.

Die Bestimmungen unter 3 und 4 demnächst enthalten eine Abweichung von § 21 des Gesetzes vom 30. Juni 1868 insofern, als darnach Rückstände von Reallasten und Capitalzinsen in keinem Fall aus einer längeren Zeit als aus den letzten drei Jahren vor der Zwangsversteigerung zur Perception kommen sollen, während nach dem Gesetz von 1868 auch die aus einer früheren Zeit herrührenden derartigen Rückstände bei Vertheilung der Kaufgelder zu berücksichtigen waren, wenn deshalb Klage erhoben und der Rechtsstreit nicht über drei Monate liegen gelassen worden war, oder wenn eine im Executionsproceß ergangene Zahlungsauflage oder ein im Mahnverfahren erlassenes Zahlungsgebot noch in Kraft stand. Die veränderte Proceßgesetzgebung steht der Nachbildung ähnlicher Bestimmungen entgegen. Der frühere Executionsproceß ist beseitigt. Insoweit sich jene Bestimmung auf den gewöhnlichen Proceß bezog, ist sie mit der unentbehrlichen Beschränkung, daß der Rechtsstreit nicht längere Zeit liegen geblieben sei, nicht mehr am Platz, weil für das Proceßverfahren der Parteibetrieb eingeführt ist und das Verfahren, z. B. durch eine Zustellung oder durch einen dem Gerichtsvollzieher gegebenen Auftrag zu einer Vollstreckungsmaßregel, fortgestellt worden sein kann, ohne daß die Proceßakten darüber eine Nachricht enthalten. Aehnliche Schwierigkeiten bereitet der Nachbildung einer auf das frühere Mahnverfahren bezüglichen Bestimmung dessen Gestaltung in der C. P. O. Der erlassene Zahlungsbefehl, gegen den kein Widerspruch erhoben war, verliert zwar seine Kraft, wenn nicht binnen einer sechsmonatigen Frist nach Ablauf der in demselben gesetzten Zahlungszeit Vollstreckungsbefehl nachgesucht wird. Den Vollstreckungsbefehl erhält aber vom Gericht nicht der Schuldner, sondern der Gläubiger, dem es überlassen bleibt, sich mit dem Auftrag zur Ausführung der Zwangsvollstreckung an den Gerichtsvollzieher zu wenden, was er auch noch nach Jahren thun kann. Bei Aufnahme von Bestimmungen, wie die erwähnten älteren, würden daher im einzelnen Fall besondere Erörterungen und Beweiserhebungen zur Feststellung des nicht unterbrochenen Betriebs der betreffenden Rechtssache nöthig werden können. Derartige Erhebungen und bezügliche Entscheidungen, welche processualer Natur sind, gehören überhaupt nicht in das Zwangsversteigerungsverfahren, dessen Basis, insoweit es sich um die Vertheilung der Kaufgelder handelt, nur Dasjenige sein kann, was über die betreffenden Schuldverhältnisse mit Liquidität aus dem Hypothekenbuch und den Gerichtsakten hervorgeht. Ein practisches Bedürfniß, ähnliche Bestimmungen, wie die erwähnten des Gesetzes von 1868, einzuführen, ist nicht vorhanden. Erfahrungsgemäß kommt es nur ausnahmsweise vor, daß Reallasten- und Zinsenrückstände auf eine länger zurückliegende Zeit angemeldet werden. Eine allzustarke Belastung der Erstehungsgeldermasse mit derartigen Rückständen beeinträchtigt auch das Interesse der Nachhypothekarier, deren Perceptionsrate dadurch verkürzt wird. Es ist daher unbedenklich und rathsam, es bei einer dreijährigen Frist, die an und für sich genügend ist, dem wachsamen Gläubiger die Wahrung seiner Rechte zu ermöglichen, für alle Fälle bewenden zu lassen. Das Preußische Gesetz über die Zwangsversteigerung von Grundstücken läßt nur zweijährige Rückstände aus dem Kaufpreise berichtigen.

Die auf die Zwangsversteigerungskosten bezügliche Abweichung des § 4 von der betreffenden Bestimmung im Schlußsatz von § 418 des B.G.B. ist bei § 176 des Entwurfs (§ 178 des Ges.) zu begründen."

Die zunächst von der I. Kammer beschlossenen Abänderungen ergeben sich aus den im nachstehenden Berichte erwähnten, allenthalben angenommenen Anträgen:

„§ 4 schließt sich mit Ausnahme des Punktes Nr. 1, welcher eine Neuerung enthält, bis auf die in den Motiven hervorgehobene Abweichung, welcher die Deputation aus den am angezogenen Orte angeführten Gründen zustimmt, an § 21 des Gesetzes vom 30. Juni 1868, einige Bestimmungen über den Concurs der Gläubiger betreffend, an.

Die Vorschrift zu Punkt 1 findet sich auch in § 24 des Preußischen Gesetzes. Sie beruht auf der Anschauung, daß Ausgaben der fraglichen Art nothwendige Verwendungen auf das Grundstück im Sinne von § 77 des Bürgerlichen Gesetzbuchs bilden. Die Deputation hat hiergegen, zumal in Rücksicht auf den Seite 43 der Motiven gedachten Vorgang aus der Judicatur ein Bedenken um so weniger, als nach § 104 des Entwurfs (§ 103 des Ges.) der bezügliche Aufwand glaubhaft zu machen, sowie vom Gericht unter Vorbehalt der besonderen rechtlichen Ausführung eines Mehrbetrags (§§ 158. 159 des Entw., §§ 159. 161 des Ges.) zu prüfen und festzustellen ist. Wird daher im einzelnen Falle die Nothwendigkeit der Verwendung im Anhalt an die Begriffsbestimmung des § 77 des Bürgerlichen Gesetzbuchs zu beurtheilen sein, so scheint in dieser Hinsicht als eine hauptsächliche Voraussetzung der Zusammenhang der Zwangsverwaltung mit der Zwangsversteigerung, also der Umstand betrachtet werden zu müssen, daß die Zwangsverwaltung bis zur Zwangsversteigerung ununterbrochen stattgefunden hat und hierdurch das Grundstück in dem Zustande erhalten worden ist, in welchem es zur Zwangsversteigerung kommt.

Wegen der Beziehung der Vorschrift auf § 77 des Bürgerlichen Gesetzbuchs empfiehlt es sich jedoch, derselben eine Fassung zu geben, welche diese Beziehung deutlicher zum Ausdruck bringt.

Was die Punkte 2. 3. 4. 5 und den Schlußsatz anlangt, so kam zu Punkt 2. 3 und 4 in Frage, ob es bei der Berücksichtigung dreijähriger Rückstände belassen werden solle, oder auf eine Verkürzung dieses Zeitraumes Bedacht zu nehmen sei. Es wurde erwogen, daß im ersteren Falle unter Umständen die betreffenden Rückstände auf erhebliche Beträge angewachsen sein und solchergestalt dem betreibenden Gläubiger, bezw. den nachstehenden Hypothekariern die Aussicht auf Befriedigung abschneiden oder doch schmälern können, andererseits, daß eine so lange Nachsichtsertheilung an den Schuldner von Seiten des Forderungsberechtigten wenigstens insoweit nicht zu begünstigen sei, als daraus den im Range der Befriedigung nachstehenden Interessenten Nachtheil erwächst. Hierbei vermochte man insbesondere zu Punkt 2 ein wesentliches Gewicht darauf nicht zu legen, daß eine Verkürzung der Frist mittelbar auf die schonende Behandlung der Eintreibung rückständiger öffentlicher Realabgaben, Brandversicherungsbeiträge, Landrenten und Landesculturrenten zurückwirken werde. Denn es kann, abgesehen von Ausnahmefällen, überhaupt nicht als sachgemäß und im wirklichen Interesse der Pflichtigen liegend angesehen werden, Rückstände von solchem Belange auflaufen zu lassen daß sie von den Schuldnern ohne außergewöhnliche Anspannung ihrer Zahlungsfähigkeit nicht mehr aufgebracht werden können. Man einigte sich deshalb zu der Ansicht, daß Rückstände der zu Punkt 2. 3 und 4 bemerkten Art nach dem Vorgange des Preußischen Gesetzes § 28 nur aus den beiden letzten Jahren in den zu diesen Punkten bestimmten Rangclassen zu berücksichtigen seien.

Betreffs des Punktes 4 erhob sich indessen noch ein weiteres Bedenken. Es kommt nicht selten vor, daß bei Ausleihungen auf an sich völlig sichere Hypothek für den Fall unpünktlicher Abführung der Zinsen eine starke Erhöhung des Zinsfußes bis zu zehn und mehr Procent ausbedungen wird. Tritt eine solche Vereinbarung in Folge Verzugs des Schuldners in Kraft und zieht sich dieser Zustand längere Zeit hin, so kann es nicht fehlen, daß eine bedeutende Summe als Zinsenrückstand aufläuft. Aehnlich gestaltet sich der Sachverhalt, wenn von vornherein vom Gläubiger ein ungewöhnlich hoher Zinsfuß stipulirt worden ist, welcher nach § 742 des Bürgerlichen Gesetzbuchs auch im Verzugsfalle sich nicht mindert. In beiden Fällen würde der Gläubiger, wenn er darauf rechnen darf, bei der Vertheilung des Kaufpreises aus der Zwangsversteigerung mit der Hauptforderung auch wegen mehrjähriger Zinsenrückstände berücksichtigt zu werden, den Verzug des Schuldners durch Nachsichtsertheilung absichtlich zu seinem Vortheile und zum Nachtheile der Nachhypothekarier auszunutzen versucht sein können. Man hielt es im Interesse der letzteren für nöthig, derartigen Manipulationen vorzubeugen, wie nicht minder der Saumseligkeit oder Indolenz des Gläubigers keinen Vorschub zu leisten. Dieser Zweck kann erreicht werden, wenn den zweijährigen Zinsenrückständen, gleichviel ob es sich um Vertrags- oder Verzugszinsen handelt, die Rangordnung zu Punkt 4 nur in Höhe eines bestimmten Zinsfußes zugestanden wird. Man glaubte denselben auf Sechs vom Hundert jährlich als einen Durchschnittssatz bestimmen zu sollen, welcher die Interessen sowohl des vorgehenden als der nachstehenden Gläubiger zum Ausgleich zu bringen geeignet sein dürfte, und zwar auch für die Fälle, wo gewisse Nebenleistungen, wie Provisionen rc, in die Zinsen eingerechnet werden. Die Deputation hält dafür, daß mit jener Beschränkung nicht gegen das Reichsgesetz vom 14. November 1867, betreffend die vertragsmäßigen Zinsen, verstoßen wird. Denn sie ändert an der bedungenen Höhe des Zinsfußes nichts, sondern versetzt nur einen Theil der Zinsen in eine spätere Rangclasse, d. h. in die zu Punkt 5 bestimmte, und wahrt nach dem Schlußsatze des Paragraphen insoweit wieder die Priorität.

Als selbstverständlich und daher keiner besonderen Erwähnung bedürftig, betrachtete es die Deputation, daß bei der Vertheilung des Kaufpreises Lehnshypotheken außer Ansatz bleiben, welche nach § 35 des Grund- und Hypothekengesetzes vom 6. November 1843, verbunden mit § 23 des Gesetzes vom 22. Mai 1872, die Regelung der durch Aufhebung des Lehnsverbandes berührten Privatrechtsverhältnisse betreffend, als sogenannte unvollkommene Hypotheken gegen die Lehnsgläubiger bezw. gegen die Mitbelehnten keine Kraft haben.

Daß zu Punkt 4 die gerichtlichen Kosten der Zwangsversteigerung als Nebenforderung der Forderung des betreibenden Gläubigers in gleichem Range mit dieser eingestellt werden, war nach den Ausführungen der Motiven zu § 176 des Entwurfs (§ 178 des Ges.), auf welche man gleich hier einzugehen hatte, nicht zu beanstanden. Zu beachten ist, daß nur auf die *gerichtlichen* Kosten Rücksicht genommen wird, außergerichtliche Kosten also nicht hierher gehören. Zureichenden Grund dafür, gegenüber den Nachhypothekariern, fand man darin, daß die gerichtlichen Versteigerungskosten durch das Mindestgebot gedeckt sein müssen, wenn die Versteigerung stattfinden soll, daß sie daher, wie § 176 Absatz 1 des Entwurfs (§ 178 des Ges.) verfügt, zu den Einklagungskosten der Forderung, wegen deren die Zwangsversteigerung betrieben wird, selbst dann gerechnet werden müssen, wenn die Hypothek des betreibenden Gläubigers sich nicht auf die Kosten erstreckt oder zur Deckung des entstandenen Kostenaufwandes nicht ausreicht, daß ferner nach § 176 Absatz 2 (§ 178 des Ges.) die Bestimmung in § 418 des Bürgerlichen Gesetzbuchs, wonach unter den Kosten, wegen deren die Hypothek bestellt ist, die Kosten der Kündigung und der Einklagung der Forderung bis zum Antrage auf Zwangsversteigerung sowie die Sequestrationskosten zu verstehen sind, welche nicht durch den Sequestrationsertrag gedeckt werden, unberührt bleibt und ebensowenig der Frage vorgegriffen ist, ob der Gläubiger, welcher die Zwangsversteigerung beantragt oder ihr beitritt, Anspruch auf Erstattung der Kosten im Zwangsversteigerungsverfahren und darunter der außergerichtlichen gegen den Schuldner hat, endlich daß im Zwangsversteigerungsverfahren kein Anwaltszwang stattfindet, mithin die Vertretung der Betheiligten durch Anwälte keine nothwendige ist."

Die weiteren Abänderungen sind auf Antrag der *Deputation der II. Kammer* beschlossen worden. Soweit dieselben nicht blos redaktioneller Natur sind, wurde hierzu vom Referenten mündlich folgende *Begründung* gegeben:

„Es ist in zwei Beziehungen eine Abänderung in Bezug auf § 4 vorgeschlagen worden, und zwar einmal in Bezug auf Punkt 1 des § 4. Hier hat die Deputation vorgeschlagen, hinter den Worten: „nothwendige Verwendung" eine Einschaltung vorzunehmen des Inhalts: §§ 77 und 313 des Bürgerlichen Gesetzbuches". Da nämlich nach § 77 des B. G. B. als nothwendige Verwendungen an sich nur diejenigen anzusehen sein würden, durch welche der Untergang oder die Verschlechterung oder der Verlust einer Sache abgewendet wird, so würde man zu der Meinung kommen können, daß auch hier unter nothwendigen Verwendungen nur Verwendungen dieser Art verstanden werden; es würden also nicht getroffen werden durch diesen Wortlaut diejenigen Verwendungen, welche zur Erzeugung von Früchten gemacht werden. Gerade derartige Verwendungen aber werden im vorliegenden Falle besonders häufig sein und man hat daher, um diese Verwendungen mit unter das Gesetz zu stellen, die Einschaltung der

§§ 77 und 313 des B.G.B. vorgeschlagen, da der § 313 auch die letztgedachten Verwendungen mit umfaßt.

Eine wichtigere Abänderung beruht sodann in Bezug auf § 4 darin, daß man hinsichtlich der Rückstände von öffentlichen Abgaben, Reallasten und Zinsrückständen den Zeitpunkt abzuändern vorgeschlagen hat, von dem ab zurückgerechnet werden soll, wenn es sich darum handelt, inwieweit derartige Rückstände bei Vertheilung der Erstehungsgelder Berücksichtigung finden sollen. Im Regierungsentwurf ist ein dreijähriger Zeitraum angenommen gewesen, zurückgerechnet von der Zwangsversteigerung. Die Erste Kammer hat diesen dreijährigen Zeitraum abgekürzt auf einen zweijährigen. Es sind lediglich Gründe der Zweckmäßigkeit, welche für die Entscheidung dieser Frage ausschlaggebend sind. Erstreckt man den Zeitraum sehr weit, so wird man allerdings den betreffenden Gläubigern die Füglichkeit geben, lange Nachsicht zu gewähren. Aber diese Nachsicht kann nur gewährt werden auf Kosten der Nachhypothekarier; es kann daher, wenn dieser Zeitraum zu lang normirt ist, zur Folge haben, daß die Nachhypothekarier empfindliche Verluste, ja unter Umständen eine totale Einbuße ihrer Forderung erleiden müssen, lediglich deshalb, weil vorgehende Gläubiger entweder zu nachsichtig oder auch zu nachlässig gewesen sind, auf rechtzeitige Befriedigung ihrer Ansprüche zu dringen. Im Ganzen geht eine zu weite Fassung der in Rede stehenden Frist darauf hinaus, stillschweigende Hypotheken zu schaffen und konnte es deshalb auch von der Deputation der Zweiten Kammer nur gebilligt werden, daß man in der Ersten Kammer im Einverständniß mit der Königl. Staatsregierung den dreijährigen Zeitraum auf einen zweijährigen herabzusetzen beschlossen hat. In dieser Beziehung hat deshalb auch die Deputation der Zweiten Kammer sich den Beschlüssen der Ersten Kammer angeschlossen. Dagegen wurden von ersterer Deputation Bedenken erhoben gegen den Ausgangspunkt, von welchem an die Frist zu berechnen sei. Im Gesetzentwurf ist als solcher der Tag der Zwangsversteigerung bezeichnet; das hat man nicht als vollständig zweckentsprechend ansehen können, und zwar um deswillen, weil dieser Zeitpunkt nicht im Voraus feststellbar ist und sein kann. Die Anberaumung des Tages der Zwangsversteigerung liegt in den Händen des Vollstreckungsgerichts. Der Zeitraum, innerhalb dessen die Versteigerung stattzufinden hat, liegt zwischen vier Wochen und drei Monaten, er kann bei außergewöhnlichen Fällen auch auf sechs Monate hinaus verlegt werden und im Falle, daß eine anderweite Versteigerung beschlossen würde, würde auch dieser Zeitpunkt sogar wieder annullirt werden und erst der Zeitpunkt maßgebend sein, der durch den Versteigerungstermin des fortgesetzten Verfahrens sich bestimmt. Aus diesem Grunde hat die Deputation der Zweiten Kammer geglaubt, daß es praktisch sei, anstatt den Tag der Zwangsversteigerung als Ausgangspunkt jener Frist vorzuschlagen, den Tag zu empfehlen, an welchem der Beschluß auf Zwangsversteigerung ertheilt wird. Dieser Tag erleidet im spätern Verfahren keine Abänderung; er muß auch alsbald nach dem Antrag bestimmt werden und stellt sich deshalb als ein viel geeigneterer Ausgangspunkt für die Berechnung dieser Frist dar, als es der Tag der Zwangsversteigerung sein würde."

Bemerkungen.

1. Zu Punkt 1. Voraussetzung ist, daß die Zwangsverwaltung bis zur Zwangsversteigerung ununterbrochen stattgefunden hat und hierdurch das Grundstück in dem Zustand erhalten, bezw. in den Zustand gebracht worden ist, in welchem es zur Zwangsversteigerung kommt. Dagegen ist gleichgültig, ob die vorausgegangene Zwangsverwaltung auf Grund dieses Gesetzes verfügt worden war. Der Grund der Bestimmung unterliegt auch den in Bem. 5 zu § 1 erwähnten Sequestrationen. Auch macht es, wenn die Zwangsverwaltung in unmittelbarer Folge für mehrere Gläubiger stattgefunden hat (§ 197), keinen Unterschied, ob die Zwangsverwaltung, auf Grund deren der Gläubiger den hier fraglichen Erstattungsanspruch geltend macht, die zuletzt oder eine vorher verfügte gewesen. Denn im angegebenen Falle erscheinen die mehreren Zwangsverwaltungen als eine fortgesetzte.

Daher kann der Fall eintreten, daß dieser Erstattungsanspruch von mehreren Gläubigern geltend gemacht wird.

Ueber den Begriff der nothwendigen Verwendungen im Sinne von §§ 77 und 313 des B.G.B. vergl. Siebenhaar in den Annalen des K. O.A.G. N. F. Bd. 4 S. 297 flg.

Ob und inwieweit die nothwendigen Verwendungen aus den Erträgnissen haben erstattet werden können, ist nach § 194 Abs. 1 zu beurtheilen.

Nach § 103 ist der Aufwand glaubhaft zu machen (§ 266 der C.P.O.) und vom Vollstreckungsgericht, unbeschadet der rechtlichen Entscheidung im besonderen Proceßwege für den Fall des Bestreitens (§ 21) oder der Mehrforderung (§ 105), festzustellen.

2. Zu Punkt 2. Zu den „öffentlichen Abgaben" gehören nicht blos Staatsabgaben, sondern auch — wie bei der Berathung in beiden Kammern unter Zustimmung des Regierungsvertreters erklärt worden — die sonstigen auf dem öffentlichen Rechte beruhenden Abgaben, insbesondere Gemeinde-, Kirchen- und Schulabgaben. — Unter „Abgaben" sind hier nur fortlaufende, mehr oder weniger regelmäßig wiederkehrende, nicht als Theilzahlungen eines Hauptstammes sich darstellende Leistungen zu verstehen. Daher fallen nicht darunter einmalige Leistungen, durch deren Erfüllung die durch vorübergehende thatsächliche Verhältnisse erzeugte Verbindlichkeit hierzu ein für alle Mal getilgt wird, z. B. lokalstatutarische Adjacenzbeiträge zum Straßenbau. — Weitere Voraussetzung ist, daß die betr. Abgabe auf dem Grundstücke lastet, d. h. bei einer freiwilligen Veräußerung desselben etwaige Rückstände auch vom Nachbesitzer zu vertreten sein würden. — Vergl. hierzu Wengler's Archiv Bd. 2 S. 81 flg.

Es ist bei der Entwerfung des Gesetzes sowie bei der Berathung in der II. Kammer in Frage gekommen, ob es nicht angemessen sei, die hier in Betracht kommenden öffentlichen Abgaben im Gesetz selbst näher zu bestimmen. Man hat jedoch wegen der Schwierigkeit einer solchen näheren Festsetzung davon Abstand genommen.

Nach § 54 unter 2 der Konkursordnung genießen die dort bezeichneten öffentlichen Abgaben das Vorzugsrecht im Konkurse auch dann, wenn der betreffende Betrag vom Steuererheber bereits vorschußweise zur Kasse entrichtet worden. In ähnlicher Weise ist es zulässig, daß die in Punkt 2 dieses Gesetzes aufgeführten Rückstände noch als solche angemeldet und in Ansatz gebracht werden, selbst wenn die betr. Beträge vom Steuereinnehmer bereits zur Kasse abgeführt worden. Voraussetzung ist nur, daß das letztere vorschußweise geschehen, d. h. daß der Einnehmer damit nicht den Anspruch der betr. Kasse an den Schuldner, sondern — wie in der Regel der Fall sein wird — den Anspruch (im Voraus) hat tilgen wollen, den die Kasse an den Einnehmer nach der von diesem bewirkten Vereinnahmung des Betrags haben würde. Solchenfalls handelt es sich lediglich um einen internen Vorgang zwischen Einnehmer und Kasse, durch welche das Rechtsverhältniß zwischen Kasse und Schuldner nicht berührt wird.

3. Zu Punkt 2 und 3. Anzusetzen sind die Beträge, welche im angegebenen Zeitraume fällig geworden sind, gleichviel, ob sie alljährlich

oder nur je einmal in mehreren Jahren oder mehrmals in einem Jahre zu gewähren sind.

Ist von dem Grundstück früher ein Theil abgetrennt und hierbei ein verhältnißmäßiger Theil der theilbaren Reallasten auf das Trennstück repartirt worden, so steht dem Reallastenberechtigten wegen dieses Theilbetrags ein direkter Anspruch an das Trennstück zu, vorausgesetzt freilich, daß jener Theilbetrag den bezüglichen Vorschriften entsprechend wirklich als solcher und nicht — wie unrichtigerweise zuweilen auch bei anderen als den zur Landrentenbank und Landescultur=Rentenbank abzuführenden Renten geschieht — als bloße Beitragsleistung in das Stammgrundstück eingetragen worden ist (§ 59 des Hypothekengesetzes vom 6. November 1843; § 513 des B.G.B.; § 205 der Gerichtsordnung; Müller, Reallasten, S. 35; Zeitschr. f. R. u. V. Bd. 41 S. 487 flg.). Das Stammgrundstück bleibt wegen dieses Theilbetrags nach § 513 des B.G.B. nur „aushülflich", d. h. für den, wohl nur unter ganz besonderen Umständen denkbaren, Fall verhaftet, wenn der Theilbetrag weder aus dem Trennstücke selbst, noch aus dem sonstigen Vermögen des Trennstückseigenthümers zu erlangen ist. Daher kann der Reallastenberechtigte — abgesehen von dem zuletzt gedachten Ausnahmefall — bei dem das Stammgrundstück betreffenden Versteigerungsverfahren in der Regel nur den nach Abzug des repartirten Betrags verbleibenden Restbetrag anmelden.

Von dem vorstehends Gesagten machen die Ablösungsrenten eine Ausnahme. Nach §§ 7 und 8 der Verordn. vom 15. Februar 1841 (Ges.=Bl. S. 17) ist der Erwerber des Trennstücks mit der Abentrichtung des darauf ausfallenden Rentenantheils in der Regel, bei den von der Landrentenbank übernommenen Ablösungsrenten stets, an das Hauptgut zu verweisen, welches solchenfalls die Verbindlichkeit zur vollen Rentenabführung nach wie vor über sich behält. Das Nämliche gilt zufolge §§ 4 und 22 des Gesetzes vom 26. November 1861 (Ges.=Bl. S. 508 bezw. 511) von den an die Landescultur=Rentenbank abzuführenden Renten. Auf alle diese Renten findet kraft des Vorbehalts in § 3 unter 1. u. 2. der Publikations=Verordn. zum B.G.B. vom 2. Januar 1863 die obenerwähnte Bestimmung in § 513 des B.G.B. keine Anwendung. Derartige Renten können daher bei dem das Stammgrundstück betreffenden Versteigerungsverfahren ohne Weiteres zu ihrem vollen Betrage angemeldet werden. Dem Stammgrundstücksbesitzer steht zwar gegen den Trennstücksbesitzer ein Anspruch auf den repartirten Rentenbetrag zu (§§ 505 und 511 des B.G.B.). Dieser Anspruch wird jedoch von der Hypothek nicht ergriffen. Der Hypothekengläubiger, welcher durch Abführung der vollen Rente aus den Erstehungsgeldern benachtheiligt wird, kann daher zu seinem Schaden nur dann gelangen, wenn ihm der Stammgrundstücksbesitzer zugleich persönlich verhaftet ist. Solchenfalls bildet für ihn der Anspruch des letzteren auf die rückständigen Rentenbeiträge einen Hülfsgegenstand.

4. Zu Punkt 3. Gegenstand einer Reallast kann nach § 505 des B.G.B. auch die Leistung anderer Dinge als Geld, sowie eine andere, als in Geben bestehende Handlung sein. (Vergl. hierzu Müller, Reallasten, S. 24 flg. Note 6). Das Gesetz leidet auch auf die „Rückstände", d. h. auf

die nicht erfüllten, aber noch erfüllbaren Leistungen dieser Art Anwendung. Der Umstand, daß an ihrer Stelle nach § 5 der zu ermittelnde Geldwerth tritt, hat rechtlich nur die Bedeutung, daß die auf Naturalleistung gerichtete Forderung durch eine Geldleistung erfüllt wird, vermag aber an der rechtlichen Natur des Anspruchs als eines Reallastenrückstandes nichts zu ändern. Besteht freilich die Reallast in solchen Handlungen, welche vermöge ihrer besonderen Natur nachträglich überhaupt nicht mehr erfüllt werden können, z. B. in der Verpflichtung, täglich die Thurmuhr auf dem berechtigten Grundstücke aufzuziehen, oder täglich einen Schlagbaum auf dem letztern zu öffnen und zu schließen, so kann von einem Rückstande im Sinne dieses Gesetzes nicht die Rede sein. Solchenfalls handelt es sich nur um einen Schädenanspruch wegen Nichterfüllung, der aus den Erstehungsgeldern nur dann gedeckt werden kann, wenn wegen desselben Hypothek erlangt worden.

Nach dem B.G.B. §§ 511 und 417 in Verbindung mit § 8 der Einführungs-Verordn. vom 9. Januar 1865 (Ges.-Bl. S. 2) hat bei den hier in Betracht kommenden Reallasten der Berechtigte ein Recht auf Befriedigung aus den Erstehungsgeldern nur wegen der Rückstände selbst, nicht auch wegen der von denselben aufgelaufenen Verzugszinsen. Denn das Recht auf die einzelnen Leistungen ist gemäß § 511 Satz 1 nach den Vorschriften über Forderungen, nicht aber nach den Vorschriften über hypothekarische Forderungen zu beurtheilen. Das Recht der Hypotheken, also insbesondere auch das in § 416 erwähnte, genießen nach § 518 nur der Auszug, das eiserne Capital und die Leibrenten. Nun ließ zwar das Gesetz vom 30. Juni 1868 § 21 unter 3 neben jenen Reallastenrückständen auch die Lokation der Verzugszinsen zu. Diese Bestimmung ist jedoch in das neue Gesetz nicht wieder aufgenommen worden. Die Verzugszinsen der gedachten Art können daher nicht mehr in Ansatz kommen. Sie sind auch nicht in den unter 5 erwähnten Zinsenrückständen begriffen, da mit den letzteren nur Rückstände von solchen Zinsen haben getroffen werden sollen, wegen deren überhaupt ein Anspruch auf Befriedigung aus den Erstehungsgeldern besteht.

5. Zu Punkt 2. 3. 4. Die Bestimmungen in § 417 bezw. § 511 Satz 2 des B.G.B. sind für erledigt zu erachten und zwar, soweit sie sich auf den Konkurs beziehen, in Folge der veränderten Konkursgesetzgebung (Bem. 4a zu § 2), im Uebrigen in Folge des gegenwärtigen Gesetzes § 4.

Bei der Berechnung des Anfangspunktes für die letzten zwei Jahre vor dem Versteigerungsbeschlusse kommen, da die betreffende Bestimmung materiell-rechtlicher Natur ist, nur §§ 83 und 85 des B.G.B. in Betracht, nicht dagegen die Bestimmungen in §§ 199. 200. 201 der C.P.O. Ist daher der Beschluß z. B. am 4. März 1885 gefaßt worden, so beginnen jene zwei Jahre mit dem 4. März 1883. Der in Punkt 2. 3. 4 bestimmte Zeitraum endigt mit dem Ablaufe des der Versteigerung unmittelbar vorangehenden Tages. Die Pflicht zur Erfüllung der auf dem Grundstücke lastenden und durch die Versteigerung nicht berührten öffentlichrechtlichen und privatrechtlichen Obliegenheiten geht mit dem Tage der Versteigerung auf den Ersteher über (§ 176 Abs. 2).

Daß wegen eines Abgaben-, Reallasten-, Zinsen- oder Kostenrückstandes im Wege der Zwangsvollstreckung Hypothek erlangt worden, ändert selbstverständlich nichts an der Berechtigung des Gläubigers, die Lokation nach den Bestimmungen in § 4 zu fordern.

Die Abgaben, Reallasten und Zinsen sind an sich vom jeweiligen Eigenthümer des belasteten Grundstücks zu entrichten. Ist der gegenwärtige Schuldner noch nicht lange im Eigenthum des Grundstücks, so kann es vorkommen, daß aus den Erstehungsgeldern Abgaben-, Reallasten- oder Zinsenrückstände gedeckt werden müssen, welche an sich der Vorbesitzer zu zahlen gehabt haben würde. Dem dadurch benachtheiligten Hypethekengläubiger steht deswegen ein direkter Anspruch an den Vorbesitzer nicht zu. Er kann sich vielmehr, wenn ihm der Vorbesitzer nicht persönlich haftet, nur an den letzten Besitzer des verpfändeten Grundstücks, soweit dieser ihm persönlich haftet, halten und den dem letztern an den Vorsitzer zustehenden Regreßanspruch in Beschlag nehmen.

6. Zu Punkt 4. Außer Ansatz bleiben die im Dep. Ber. der I. Kammer erwähnten unvollkommenen Lehnshypotheken.

Wegen der Kautionshypotheken vergl. § 7, wegen der vorgemerkten Forderungen § 8.

Das eiserne Kapital gilt hier nur im Falle von § 6 als hypothekarische Hauptforderung.

Es kommen Darlehnsforderungen gewisser Kreditinstitute vor, bei denen entweder gleich im ursprünglichen Eintrage oder später unter besonderer Hypothekennummer verlautbar ist, daß die Rückzahlung: „in Pfandbriefen (Hypothekenbankscheinen) nach dem Nennwerthe“ zu geschehen habe. Es sind dies: der erbländische ritterschaftliche Creditverein und die landständische Hypothekenbank des Markgrafenthums Oberlausitz (Verordnung vom 30. April 1845, Ges.-Bl. S. 76; Verordn. v. 23. August 1849 Ges.-Bl. S. 180), ferner die Leipziger Hypothekenbank (Verordn. v. 14. Oktober 1864, Ges.-Bl. S. 342), der landwirthschaftliche Creditverein im Königreich Sachsen (Verordn. v. 20. August 1866, Ges.-Bl. S. 200; Specialverordn. v. 11. December 1868, Just.-Min.-Bl. 1869 S. 17), die deutsche Grundcreditbank zu Gotha (Verordn. v. 9. November 1868, Ges.-Bl. S. 1270). Diese Forderungen sind im Versteigerungsverfahren durchgängig nach ihrem Nominalbetrage in Ansatz zu bringen. Im Uebrigen vergl. wegen derselben § 36 der A.V. (zu § 120) sowie Bem. 4 zu § 16 und Bem. 2 zu § 120.

Unter den Zinsen und Kosten unter a und b sind nur diejenigen zu verstehen, welche als Nebenforderungen beansprucht werden. Ein im Wege der Zwangsvollstreckung oder in Folge freiwilliger Hypothekenbestellung eingetragenes Schuldliquidum hat hier auch hinsichtlich der darunter begriffenen Zinsen und Kosten die Eigenschaft einer Hauptforderung. Die im Liquidum begriffenen Zinsen sind daher auch insoweit aus dem Kaufpreise zu befriedigen, als sie auf eine Zeit vor dem in § 4 gedachten zweijährigen Zeitraum erwachsen waren.

Mit dem „Beschluß auf Zwangsversteigerung“ ist in Punkt b nicht, wie in den vorhergehenden Punkten, der im vorliegenden Versteigerungsverfahren, d. h. wegen der Forderung des betreibenden Gläubigers gefaßte, sondern derjenige gemeint, welcher in Ansehung anderer Forderungen als der des betreibenden Gläubigers erlassen worden ist oder erlassen werden kann. Bei jeder Hauptforderung kommen (bis zum vereinbarten oder gesetzlichen Höchstbetrage) die Kosten der Kündigung und Einklagung auch insoweit in Ansatz, als sie erwachsen sind, nachdem wegen einer andern Forderung bereits die Zwangsversteigerung beschlossen worden. Es ergiebt sich dies aus § 418 des B.G.B., an welchem insoweit nichts hat geändert werden sollen. (Vergl. die Motiven zu § 178 Abs. 2.) Selbstverständlich kommen die Kosten nur insoweit in Ansatz, als sie vom Schuldner zu erstatten sind. Wegen der gerichtlichen Kosten des Versteigerungsverfahrens vergl. § 178, namentlich Abs. 5.

Auch bei der in § 515 des B.G.B. erwähnten Reallast des Auszugs kann von „Rückständen" im Sinne dieses Gesetzes nur insoweit die Rede sein, als es sich um noch erfüllbare Leistungen handelt. — Vergl. Bem. 4 Abs. 1. Als Rückstände würden daher nicht angesehen werden können Entschädigungsansprüche wegen verweigerter Benutzung oder Mitbenutzung von Wohnungsräumen, Ländereien u. dergl., wegen nicht geleisteter Dienste u. s. w.

An Stelle rückständiger Naturalleistungen tritt nach § 5 deren Geldwerth.

Zufolge §§ 518 und 416 des B.G.B. erstreckt sich zwar die Hypothek wegen der in Geld bestehenden Auszugsleistungen und wegen der Leibrenten auch auf die Verzugszinsen. Dieselben gelangen jedoch, dafern und insoweit nicht wegen derselben eine Hülfshypothek erlangt worden, erst in Klasse 5 zum Ansatz. Dagegen bilden die gerichtlichen Kosten des Versteigerungsverfahrens, wenn das letztere auf Antrag eines in Klasse 4 zu locirenden Reallastenberechtigten eingeleitet worden, einen in dieser Klasse anzusetzenden Anhang zum eingeklagten Reallastenrückstand (§ 178 Abs. 1).

Hinsichtlich der Rückstände von dem Auszug, dem eisernen Kapital und den Leibrenten entscheidet die Fälligkeit. Dieselbe ist, sofern hierunter nicht bei der Bestellung Bestimmungen getroffen worden, nach den einschlagenden Vorschriften des B.G.B. (§§ 1160. 1164 flg. 711. 1080. 1154) zu beurtheilen, und zwar gemäß § 7 Satz 2 der Publ. Verordn. vom 2. Januar 1863 auch bei den vor dem Inkrafttreten des B.G.B. entstandenen Reallasten. Etwaige spätere Vereinbarungen zwischen dem Berechtigten und dem jeweiligen Grundstücksbesitzer wegen der Fälligkeit sind Dritten gegenüber unverbindlich. — Dagegen kommen die unter a erwähnten Zinsen ohne Rücksicht auf die Fälligkeitstermine soweit in Ansatz, als sie auf den entscheidenden Zeitraum zu berechnen sind.

7. Zum letzten Absatz. Wegen der Reihenfolge der bei Anlegung des Grund- und Hypothekenbuchs eingetragenen Reallasten unter 3 vergl. Siegmann in den Annalen des K. O.A.G. N. F. Bd. 4 S. 503 flg.

Ansprüche unter 4, welche gleichen Rang haben, kommen da nöthig nach Verhältniß ihrer Größe zur Befriedigung (§ 433 des B.G.B.). Bei der Repartition ist die einzelne Forderung in ihrem gesammten, am Tage der Versteigerung sich berechnenden Umfange, also einschließlich der nach Punkt 4 in Ansatz kommenden Zinsen und Kosten, in Betracht zu ziehen, dabei jedoch, insoweit es sich um die Forderung des betreibenden Gläubigers handelt, zu berücksichtigen, daß dem letztern nach der Absicht des Gesetzgebers (vergl. § 4 unter 4, 6, § 10 und die Motiven zu § 178) wegen der gerichtlichen Kosten des Versteigerungsverfahrens ein Vorzugsrecht jedenfalls insofern zusteht, als diese Kosten gedeckt sein müssen, bevor eine mit der Forderung des betreibenden Gläubigers im Range gleichstehende Forderung vom Kaufpreise etwas erhalten kann. — Vergl. hierzu Bem. 2 zu § 14.

Ausnahmen von der Bestimmung, daß die unter 4 erwähnten Forderungen nach der Reihenfolge der Hypotheken in Ansatz kommen, enthalten §§ 8 und 9.

Durch die Worte „nach denselben Grundsätzen" soll ausgesprochen werden, daß die in Klasse 5 gehörigen Rückstände nach der Reihenfolge von 2. 3. 4 zum Ansatz kommen.

§ 5.

An Stelle rückständiger Naturalleistungen gelangt deren Geldwerth in Ansatz.

Entwurf gleichlautend.

Motive. „Wegen Festsetzung des bei Berechnung des Mindestgebots und bei Vertheilung des Erlöses zu berücksichtigenden Werthbetrags ist in § 101 Abs. 3. § 105 (§§ 100. 104 des Ges.) Bestimmung getroffen."

Bemerkungen.

Der Geldwerth ist, dafern er nicht bei der Bestellung des Auszugs normirt worden, gemäß §§ 104 und 105 vom Gericht festzustellen. Die nach Bestellung des Auszugs zwischen dem Berechtigten und dem jeweiligen Besitzer des belasteten Grundstücks getroffene Vereinbarung eines Geldäquivalents bindet zwar diese Personen in ihrem Verhältnisse zu einander, hat aber den übrigen Realberechtigten gegenüber keine Wirkung und macht daher die gerichtliche Feststellung des Geldäquivalents nicht überflüssig. Ist der ermittelte Werth höher als das vereinbarte Geldäquivalent, so kommt selbstverständlich nur der Betrag des letztern in Ansatz, da es das Vermögen des Schuldners ist, aus welchem die Befriedigung gefordert wird.

§ 6.

Wenn ein Grundstück, auf welchem ein Auszug oder eine Leibrente als Reallast eingetragen ist, nach § 519 des Bürgerlichen Gesetzbuchs ohne diese Reallast versteigert wird und der dabei erlangte Kaufpreis die auf dem Grundstück lastenden älteren Ansprüche übersteigt, so tritt an Stelle der erloschenen Reallast eine deren Betrag oder Werth entsprechende Summe, welche bei Vertheilung des Kaufpreises mit dem der Zeit der Eintragung der Reallast entsprechenden Range in Ansatz kommt.

Die Berechnung erfolgt unter Abrechnung der Zwischenzinsen nach § 720 des Bürgerlichen Gesetzbuchs nach dem Betrag der Leistungen für die Dauer der Verpflichtung, bei unbestimmter Dauer der Verpflichtung nach Maßgabe der Bestimmung in § 35 des Bürgerlichen Gesetzbuchs.

In Betreff eines auf dem Grundstück als Reallast eingetragenen eisernen Kapitals findet die Bestimmung in Absatz 1 in der Weise Anwendung, daß in dem daselbst gedachten Fall an Stelle des eisernen Kapitals eine Forderung auf Zahlung desselben tritt.

Entwurf. „Wenn ein Grundstück, auf welchem ein Auszug oder eine Leibrente als Reallast eingetragen ist, nach § 519 des B.G.B. ohne diese Reallast versteigert wird und der dabei erlangte Kaufpreis die auf dem Grundstück lastenden älteren Ansprüche übersteigt, so tritt an Stelle der erloschenen Reallast eine deren Betrag oder Werth entsprechende Summe.

Die Berechnung erfolgt ohne Abzug von Zwischenzinsen nach dem Gesammtbetrag der Leistungen für die Dauer der Verpflichtung. Bei unbestimmter Dauer der Verpflichtung ist ein dem Zinssatze zu 5 vom Hundert entsprechendes, dem Forderungsberechtigten nach gleicher Höhe zu verzinsendes Capital auszuwerfen.

In Betreff eines auf dem Grundstück als Reallast eingetragenen eisernen Capitals findet die Bestimmung in Abs. 1 in der Weise Anwendung, daß in dem daselbst gedachten Fall an Stelle des eisernen Capitals eine Forderung auf Zahlung desselben tritt, welche einvierteljähriger, an den Schluß der Kalendervierteljahre gebundener Kündigung unterliegt."

Motive. „Nach § 519 des B.G.B. haben Gläubiger, deren Hypothek einem bei der Veräußerung des Grundstücks vorbehaltenen Auszuge, einer Leibrente, einem eisernen Capitale vorgeht — wenn sie nicht in die Belegung des Grundstücks mit diesen Lasten eingewilligt haben — das Recht zu verlangen, daß das Gericht die Zwangsversteigerung unter Annahme doppelter Gebote vornehme, einmal mit und einmal ohne jene Lasten; und wenn sich dabei ergiebt, daß die älteren hypothekarischen Gläubiger durch Ueberweisung dieser Lasten an den Ersteher benachtheiligt werden, ist das Grundstück ohne dieselben zuzuschlagen.

Auszug, Leibrente und eisernes Capital haben jedoch nicht blos die Eigenschaft einer Reallast, sondern genießen nach der Vorschrift in § 518 des B.G.B. auch die Rechte der Forderungen und werden deshalb auf der dritten Rubrik des Grundbuchfoliums unter den Hypotheken eingetragen. Wenn daher auch eine solche Reallast nach § 519 daselbst dem Ersteher gegenüber als Reallast zum Erlöschen kommt, hat der Forderungsberechtigte doch den nachstehenden Hypothekariern gegenüber das Recht, vor ihnen aus dem etwaigen Ueberschusse des Versteigerungserlöses befriedigt zu werden. Dieses Recht wird im § 6 d. E. durch die Bestimmung anerkannt, daß an Stelle der erloschenen Reallast eine deren Betrag oder Werth entsprechende Summe in der Reihe der hypothekarischen Forderungen anzusetzen ist. Bei der Berechnung dieser Summe soll, dafern es sich um Auszug oder Leibrente mit bestimmter Dauer der Verpflichtung handelt, so verfahren werden, daß der Gesammtbetrag der Einzelleistungen für die Dauer der Verpflichtung in Ansatz gebracht wird. Der Abzug von Zwischenzinsen soll unterbleiben, theils weil es sich hierbei fast immer nur um ganz kleine Beträge handelt, theils und namentlich weil nicht anzunehmen ist, daß die fragliche Summe regelmäßig wieder so angelegt werden kann, daß der Berechtigte für den Verlust der Reallast voll entschädigt wird. Bei unbestimmter Dauer der Verpflichtung sollen die wiederkehrenden Leistungen nach dem Zinssatze zu 5 vom Hundert kapitalisirt, also der zwanzigfache Betrag der Einzelleistungen als das zu berücksichtigende Capital in Ansatz gebracht werden.

Die muthmaßliche Lebensdauer des Berechtigten als Maßstab anzunehmen (§ 35 des B.G.B.) empfiehlt sich nicht, weil bei dieser Modalität der Berechnung das für den Auszugs- oder Leibrentenempfänger reservirte Capital in einzelnen Fällen unzureichend sein könnte, um dem Berechtigten die Bezüge auf die wirkliche Lebensdauer zu sichern.

Eine gleiche Bestimmung, wie § 519 des B.G.B. in Bezug auf Reallasten der erwähnten Art, enthält § 528 dieses Gesetzbuchs in Bezug auf Dienstbarkeiten, welche durch Vertrag oder letzten Willen bestellt worden sind. Der Wegfall einer solchen Dienstbarkeit, der in Folge des Ausgebotes ohne diese Last eintritt, kann einen Anspruch auf Entschädigung aus dem Grundstückserlöse nicht rechtfertigen, denn Dienstbarkeiten genießen nicht das Recht der Hypotheken, gleich jenen Reallasten, und werden, abgesehen von dem Ausnahmefall des § 646 des B.G.B., im Grundbuch nicht eingetragen. Insoweit aber eine solche Dienstbarkeit nach dem erwähnten § 646 im Grundbuch verlautbart werden kann, characterisirt sich der Eintrag, der nach § 133, 3 der provisorischen Gerichtsordnung in der II. Rubrik des Grundbuchs zu erfolgen hat, nur als eine Dispositionsbeschränkung des jeweiligen Grundstückseigenthümers, mithin nicht als ein solcher, der einen Anspruch auf Befriedigung aus der Substanz des Grundstücks in der Rangordnung der Hypothekengläubiger gewähren könnte."

Die Abänderungen sind — abgesehen von einer lediglich redactionellen Aenderung — auf Antrag der Dep. der I. Kammer beschlossen und im Berichte folgendermaßen begründet worden:

„Die Auffassung, daß der Auszug, die Leibrente und das eiserne Capital, wenn sie nach § 519 des B.G.B. unberücksichtigt bleiben müssen, bei der Vertheilung des Kaufpreises noch als Hypotheken nach ihrem Range als solche in Rechnung kommen, entspricht der bestehenden Rechtsanschauung (zu vergl. Siebenhaar, Commentar, Bd. 1 S. 427.)

Dasselbe gilt von der Umwandlung der betreffenden Reallast in eine Capitalforderung. (Zu vergl. Siegmann, Die Königlich Sächsische Hypothekenordnung, S. 237.) Nach den Motiven ist Anstand genommen worden, eine ähnliche Bestimmung zu treffen in Bezug auf Dienstbarkeiten, welche durch Vertrag oder letzten Willen am Grundstücke bestellt sind (§ 528 des B. G. B.). Dem hatte die Deputation beizupflichten. Man hat insoweit rücksichtlich der persönlichen Dienstbarkeit des Nießbrauchs eine Ausnahme in der Weise machen wollen, daß an die Stelle des dem Nießbrauche unterworfenen Grundstücks die Erstehungsgelder, soweit sie nach Befriedigung der besser berechtigten Gläubiger noch einen Ueberschuß liefern, als Object des Nießbrauchs treten (zu vergl. Zeitschrift für Rechtspflege und Verwaltung, Bd. 9 Seite 84; Annalen des Königlichen Ober-Appellationsgerichts. Neue Folge. Bd. 3 Seite 162). Nach Ansicht der Deputation erscheint jedoch die Ausdehnung von § 518 im Wege der Analogie auf § 528 des B. G. B. insofern bedenklich, als der Nießbrauch an einem Grundstücke an sich eben auch nur eine Dienstbarkeit ist und deren Verlautbarung im Grundbuche nur als Verfügungsbeschränkung des Eigenthümers wirkt (zu vergl. § 113 Ziffer 5 der Gerichtsordnung vom 9. Januar 1865 verbunden mit § 646 des B. G. B.). Die Consequenz ergiebt daher die gleiche Behandlung der hierher gehörigen persönlichen Dienstbarkeiten.

Da nach bisherigem Rechte der in § 519 des B. G. B. gedachte Antrag noch im Subhastationstermine gestellt werden kann, ohne daß es der Anberaumung eines neuen Bietungstermines bedarf (zu vergl. Annalen des Königlichen Ober-Appellationsgerichts. Neue Folge. Bd. 3 Seite 162), so wurde in Erwägung gezogen, ob mit Rücksicht auf die durch einen solchen Antrag nöthig werdende doppelte Feststellung des Mindestgebots im Interesse der Entlastung des Versteigerungstermins eine Antragsfrist vorzusehen, z. B. der Antrag nur bis zum Schlusse des Anmeldetermins zuzulassen sei. Man ist jedoch hiervon abgekommen, theils weil Präclusionen der Betheiligten thunlich vermieden werden sollen, theils weil im Verlaufe des Versteigerungstermins die Gebote sich so günstig gestalten können, daß ein Antrag im Sinne von § 519 des B. G. B. sich überhaupt verüberflüssigt, theils weil im Wege der Ausführungsverordnung dafür gesorgt werden kann, daß in den Fällen, wo die Möglichkeit der Stellung des Antrags in Aussicht steht, der Richter, welcher regelmäßig aus den ihm beim Antrage auf Zwangsversteigerung vorzulegenden Nachweisen jene Möglichkeit ersehen kann, schon bei der vorläufigen Feststellung des Mindestgebots (§ 109 des Entwurfs, § 107 des Ges.) auf die fragliche Eventualität Bedacht nimmt.

Andererseits ergab sich jedoch Anlaß zu einigen Modificationen der vorliegenden Bestimmungen.

Da, wie schon erwähnt, die hier in Betracht kommenden Reallasten als Hypotheken eingetragen sind, so ist für ihre Rangordnung als solche der Platz maßgebend, an welchem sie stehen, was hervorzuheben angemessen erscheint.

Bei Berechnung der für den Auszug und die Leibrente einzustellenden Summe kann ein doppeltes Verfahren eingeschlagen werden. Man berechnet entweder im Falle einer bestimmten Dauer der Verpflichtung den Gesammtbetrag der Leistungen ohne Abzug von Zwischenzinsen und im Falle unbestimmter Dauer der Verpflichtung ein dem Zinssatze zu 5 Procent entsprechendes, dem Forderungsberechtigten nach gleicher Höhe zu verzinsendes Capital. Diesen Weg schlägt der Entwurf in Absatz 2 ein. Oder es wird die Summe im ersteren Falle unter Abrechnung von Zwischenzinsen nach § 720 des B. G. B., im anderen Falle nach Maßgabe der Bestimmung in § 35 des B. G. B. über die muthmaßliche Lebensdauer ein für allemal als Entschädigung des Berechtigten ausgeworfen. Die Deputation hat sich für die letztere Modalität entschieden. Die erstere hat vielleicht den Vorzug einer strengeren Lösung der Entschädigungsfrage, aber sie hält namentlich bei unbestimmter Dauer der Verpflichtung die definitive Verfügung über das Capital zu Gunsten nachstehender Gläubiger lange in der Schwebe und verzögert die Beendigung der Ausführung des Zwangsverkaufs, was keinesfalls erwünscht sein kann. Bei der anderen Modalität wird dieser Uebelstand vermieden. Es hat sich daher derselben auch die Judicatur zugewendet. (Zu vergl. Annalen des Königlichen Oberlandesgerichts Bd. 1 Seite 467.)

Das eiserne Capital ist wie jede andere Hypothek zu behandeln, wenn es die Eigenschaft der Reallast verliert. (Zu vergl. Siegmann, Hypothekenordnung, Seite 237.) Die Bestimmung im letzten Satze von Absatz 3 hat daher in Wegfall zu kommen."

Bemerkungen.

1. Die in § 519 des B.G.B. erwähnte Einwilligung des ältern Gläubigers ist weder an eine Form, noch an eine Zeit gebunden; ebensowenig ist ihre Verlautbarung im Hypothekenbuche vorgeschrieben und zulässig. Hieraus sowie aus der Fassung von § 519 ergeben sich folgende Sätze:

a) Der Gläubiger ist zum Antrage auf doppeltes Ausgebot an sich schon durch das Alter seiner Hypothek legitimirt.

b) Daß derselbe die Einwilligung zur Belastung des Grundstücks ertheilt habe, ist von dem, dem Antrage widersprechenden, Reallastenberechtigten bezw. Schuldner zu beweisen. (Wegen des Verfahrens im Falle eines solchen Widerspruchs vergl. die Bemerkung zu § 22.)

c) Die Einwilligung ist wirksam, wenn sie vom Gläubiger vor, bei oder nach der Belastung des Grundstücks, mündlich oder schriftlich, dem Reallastenberechtigten oder dem Grundstücksbesitzer gegenüber, ertheilt worden.

d) Die ertheilte Einwilligung muß auch der später eingetragene Cessionar oder Pfandgläubiger gegen sich gelten lassen, da er sich insoweit auf die Oeffentlichkeit des Hypothekenbuchs nicht beziehen kann.

2. Die Vornahme des doppelten Ausgebotes, welches gemäß § 528 des B.G.B. auch einer durch Vertrag oder letzten Willen bestellten Dienstbarkeit, also insbesondere auch einem eingetragenen Nießbrauche, gegenüber stattfinden kann, setzt einen Antrag des betreffenden Gläubigers voraus. Dieser Antrag kann schon als eventueller vor dem Versteigerungstermin, außerdem aber in dem letztern bis zum Zuschlage gestellt werden. Zu dem Antrage hat der Gläubiger nur dann Veranlassung und in Folge dessen nur dann ein Recht, wenn das ihn benachtheiligende Meistgebot für das

Grundstück mit der Reallast bezw. Dienstbarkeit nach den Bestimmungen in §§ 10 bezw. 181. 182 zulässig ist.

3. Zu dem Antrage ist nach § 518 des B.G.B. auch ein in der III. Rubrik eingetragener älterer Reallastenberechtigter befugt, jedoch lediglich für den (nur unter ganz besonderen Umständen denkbaren) Fall, daß er bei der Versteigerung des Grundstücks mit der Last wegen seiner Rückstände (§ 4 unter 4) nicht volle Befriedigung erlangen sollte.

4. Den Antrag kann Jeder stellen, welcher die gefährdete Forderung geltend machen darf, also insbesondere neben dem eigentlichen Forderungsinhaber auch derjenige, dem die Forderung freiwillig verpfändet (§ 503 des B.G.B.), oder im Wege der Zwangsvollstreckung an Zahlungsstatt oder nur zur Einziehung überwiesen worden ist (§ 736 der C.P.O.).

5. Die Ermittelung des Werthsbetrags würde, wenn es sich hierbei um eine mathematisch genaue Berechnung handelte, bei Naturalauszügen oft mit Schwierigkeiten verknüpft sein, theils in Ansehung der für die einzelnen Leistungen anzunehmenden Fälligkeitstermine (§§ 1164 flg. des B.G.B.), theils wegen des für die Zukunft festzustellenden Werthes von Naturalien, welche, wie z. B. Getreide, Obst, Fleisch u. dergl., nicht unerheblichen Preisschwankungen ausgesetzt sind. Der Richter wird nicht fehlgreifen, wenn er hierbei die in Punkt 39 der Bekanntmachung des vorm. O.A.G., einige Rechtssätze in Beziehung auf den Auszug betr., vom 2. Oktober 1839 (Ges.=Bl. S. 287) aufgestellten Grundsätze zum Anhalt nimmt. In den letzteren ist auch das in § 720 des B.G.B. aufgestellte Princip für die Berechnung des Zwischenzinses bereits zur Anwendung gebracht. — Vergl. wegen dieser Berechnungsart Siebenhaar, Commentar, Bd. 2 S. 45.

6. Als Anfangspunkt der zur Berechnung zu ziehenden Leistungen ist mit Rücksicht auf § 4 unter 4 und § 176 Abs. 2 je der dem Versteigerungstermin nächstfolgende Fälligkeitstermin anzusehen. Der Endpunkt ergiebt sich aus den bei der Bestellung der Reallast über deren Dauer festgesetzten Bestimmungen. Ist diese Dauer auf eine bestimmte oder bestimmbare Zeit fixirt, sei es definitiv (z. B. bis zum Ablauf einer gewissen Zeit, bis zu einem gewissen Lebensalter des Berechtigten), sei es eventuell (z. B. bis zur Verheirathung, längstens aber bis zu einem gewissen Lebensalter des Berechtigten), so ist bei der Berechnung diese Dauer zu Grunde zu legen. In allen anderen Fällen entscheidet lediglich die nach § 35 des B.G.B. zu bestimmende muthmaßliche Lebensdauer des Berechtigten, bezw. der etwa (z. B. beim Auszuge auf die Lebenszeit der Eltern des Berechtigten) in Betracht kommenden dritten Person, also auch dann, wenn die Reallast formell nicht auf die Lebensdauer, sondern bis zum Eintritt eines andern ungewissen Ereignisses (z. B. bis zur Verehelichung) bestellt worden ist.

7. Für die muthmaßliche Lebensdauer sind die Bestimmungen in § 35 des B.G.B. auch dann ausschließlich maßgebend, wenn der Betreffende in Folge von körperlichen Gebrechen oder Krankheit nach ärztlicher Ansicht nur eine geringere muthmaßliche Lebensdauer haben, ja vielleicht schon seinem Ende nahe sein sollte. Ein solcher Umstand könnte nur Veranlassung sein für die Bietenden, die Reallast geringer anzuschlagen und in Folge dessen für das Grundstück mit derselben mehr zu bieten.

8. Nach dem Entwurf hatte das Auszugs- oder Leibrentenäquivalent lediglich die Bestimmung eines zu reservirenden Fonds, aus welchem der Berechtigte in Zukunft die fällig werdenden Einzelleistungen gewährt erhalten sollte. Das nach Wegfall der Berechtigung übrig bleibende Kapital sollte den Nachhypothekariern eventuell dem Schuldner zufallen. In Folge der Abänderung des Entwurfs nimmt jenes Geldäquivalent die Natur einer dem Berechtigten ein für alle Mal zu gewährenden Entschädigung an. Der Berechtigte hat keinen weitern Anspruch an den Kaufpreis; andererseits ist aber auch dieser Anspruch, sobald er einmal erworben worden, ein dem Berechtigten definitiv verbleibender. Der definitive Erwerb liegt jedoch nicht schon in der Rechtskraft des Vertheilungsplans, in welchem das Geldäquivalent zum Ansatz gekommen ist. Vielmehr ist weiter erforderlich, daß die betr. Reallast in Folge Ausführung des Kaufvertrags, der mit dem Zuschlag zum Abschluß gelangt ist, zur Erlöschung kommt. Das letztere erfolgt erst mit der Eintragung des Erstehers als Eigenthümer. Deshalb entsteht ein definitiver Anspruch des Berechtigten auf das ausgeworfene Geldäquivalent erst zu diesem Zeitpunkte. Stirbt daher der Reallastenberechtigte vor diesem Zeitpunkte oder erlischt die Reallast vor dem letztern aus einem andern Grunde, so haben seine Erben bezw. er selbst auf das Geldäquivalent nur insoweit Anspruch, als dasselbe die vom Versteigerungstage bis zum Erlöschen der Reallast fällig gewordenen Leistungen vertritt.

9. Nach § 7 unterliegt das Geldäquivalent den Vorschriften dieses Gesetzes über eingetragene Forderungen. Wegen des Falles, wenn das Geldäquivalent gemäß § 16 Abs. 1 vom Ersteher in Anrechnung auf den Kaufpreis zu übernehmen ist, vergl. Bem. 3 zu § 16. — Auch dann, wenn die Reallast ihren Rang neben oder hinter der Forderung des betreibenden Gläubigers hat, tritt an ihre Stelle lediglich unter der Voraussetzung das Geldäquivalent, daß in Folge Antrags das Grundstück ohne die Reallast versteigert worden. Denn auch in jenem Falle muß zunächst das Grundstück mit der Reallast ausgeboten werden.

10. Nach § 53 des Allg. Berggesetzes v. 16. Juni 1868 (Ges.-Bl. S. 367) gilt die Bestimmung in § 519 des B.G.B. auch bezüglich der unter den Schulden eines Berggebäudes im Hypothekenbuche eingetragenen Vorschüsse, welche zum Betrieb desselben unter der Bedingung successiver Restitution von der Produktion gegeben worden sind.

§ 7.

Hypotheken, welche auf Grund der Bestimmungen in §§ 390. 391. 392. 393 des Bürgerlichen Gesetzbuchs oder sonst zur Sicherstellung ungewisser Forderungen eingetragen sind, kommen, mit Ausnahme der in § 17 bezeichneten, unter den hypothekarischen Hauptforderungen zum vollen Betrage in Ansatz und unterliegen, gleich den nach § 6 an Stelle erloschener Reallasten getretenen Kapitalien, auch sonst den Vorschriften dieses

Gesetzes über eingetragene Forderungen, insoweit nicht deshalb besondere Bestimmungen getroffen sind.

Entwurf gleichlautend.

Motive. „Im § 7 wird die Behandlung „ungewisser" Forderungen geregelt. Dahin gehören zunächst die Cautionshypotheken, deren characteristische Eigenthümlichkeit darin liegt, daß zur Zeit ihrer Bestellung die Entstehung der zu sichernden Forderung noch ungewiß ist. Schon zeither sind derartige Cautionshypotheken der Regel nach zum vollen Betrage locirt worden, auch wenn zur Zeit der Versteigerung unter den Pfandnexus gehörige Verbindlichkeiten noch nicht entstanden waren; und zwar verfuhr man hierbei nach denselben Grundsätzen, wie bei der Location bedingter Forderungen. Meistentheils wird allerdings, falls es einmal zur Zwangsversteigerung des haftenden Grundstücks gekommen ist, die Vermögenslage seines Eigenthümers eine so ungünstige sein, daß auch das besondere Rechtsverhältniß nicht fortbestehen kann, welches zur Cautionsstellung Anlaß gegeben hat. Ueberall trifft dies indeß nicht zu; auch der Fall ist zu berücksichtigen, wenn Jemand an seinem Grundstücke Cautionshypothek zu Gunsten eines Dritten bestellt hat, wie dies z. B. bei der Cautionsleistung für Cassenbeamte, Pächter und sonst unter ähnlichen Verhältnissen vorkommt. Wollte man in solchen Fällen der Zwangsversteigerung des Pfandgrundstücks die Wirkung beilegen, daß die Cautionshypothek nur in Betreff der bis dahin bereits entstandenen Forderungen wirksam sein, ein Anspruch auf den Erlös für nachher entstehende derartige Forderungen dagegen nicht begründet sein solle, so könnte dadurch im einzelnen Fall der Fortbestand des eine Existenzbasis bildenden Dienst- oder sonstigen auf längere Dauer berechneten Rechtsverhältnisses gefährdet werden. In anderen Fällen, wie z. B. bei den sogenannten Credithypotheken, welche der Creditnehmer selbst an seinem Grundstück bestellt hat, greifen derartige Rücksichten allerdings nicht Platz. Auch für diese Fälle indessen läßt sich aus dem Pfandrecht der Nachhypothekarier ein Rechtsgrund zur Beschränkung der Haftung des Erlöses aus dem versteigerten Grundstücke auf die bis zur Zeit der Versteigerung bereits entstandenen Forderungen nicht herleiten. Die bloße Ungewißheit des Nachhypothekariers darüber, ob schließlich auf seine Forderung Etwas ausfallen werde, macht seine Lage im Zwangsversteigerungsfalle nicht ungünstiger als sie vorher war.

Zu den wegen „ungewisser" Forderungen im Sinne des § 7 des Entwurfs bestellten Hypotheken gehören ferner diejenigen, die auf einseitigen Antrag zur Sicherstellung von Forderungen eingetragen sind, deren Bestehen auch dem Eigenthümer des Pfandgrundstücks gegenüber im Bestreitungsfalle erst bewiesen werden muß (§§ 390. 391 des B.G.B.); weiter alle bedingten (resolutiv oder suspensiv bedingten) und die auf ungewisse Zeit, z. B. auf Lebensdauer begründeten Hypothekeneinträge.

Für den Fall der Zwangsversteigerung ist von Bedeutung das allen diesen Einträgen gemeinsame Moment der Ungewißheit darüber, ob nicht früher oder später die von ihnen belegte Pfandstelle auf andere Weise, als durch Zahlungsleistung seitens des Erstehers frei wird. Auf den solchenfalls frei werdenden Theil des Erlöses haben die Nachhypothekarier Anspruch. Auch in anderen Fällen tritt ein gleiches Verhältniß ein (vergl. § 17 Absatz 2 des Entw., § 16 des Ges.). Auf die Sicherstellung ihrer bezüglichen eventuellen Rechte sind die Bestimmungen in §§ 140. 142. 158. 159. 160 des Entw. (§§ 140. 142. 159. 162 des Ges.) berechnet."

Dep. Ber. der I. Kammer. „Da bei den hier erwähnten Cautionshypotheken ungewiß ist, ob und in welchem Umfange innerhalb des im Grund- und Hypothekenbuche eingetragenen Maximalbetrags das durch die Hypothek gesicherte Forderungsverhältniß zur Zeit der Zwangsversteigerung besteht, so ist die Frage, in welcher Weise solche Hypotheken in Ansatz gebracht werden sollen, vornehmlich von Bedeutung sowohl für die Feststellung des Mindestgebots (§ 10 des Entwurfs), als für die Uebernahme der dem betreibenden Gläubiger vorgehenden Hypotheken (§ 17 des Entwurfs, § 16 des Ges.). Es ist hier die Möglichkeit denkbar, daß zur Zeit der Zwangsversteigerung eine Forderung überhaupt nicht besteht, die übernommene Hypothek vielmehr der Sicherstellung erst später entstehender desfallsiger Ansprüche dient.

Die Rücksicht auf die nachstehenden Gläubiger könnte in dergleichen Fällen dazu führen, die Hypothek nur bis zu dem Betrage in Rechnung zu stellen, welcher bis zur Zwangsversteigerung wirklich entstanden ist. Die Deputation hat sich jedoch von der

Richtigkeit des in § 7 ausgesprochenen entgegengesetzten Grundsatzes überzeugen müssen. Einer abweichenden Behandlung stehen die in den Motiven dargelegten durchschlagenden Bedenken entgegen. Dazu kommt, daß, soweit es sich um eine vorgehende Cautionshypothek handelt, schon die Consequenz des Grundsatzes, wonach die vorgehenden Hypotheken vom Ersteher in Anrechnung auf den Kaufpreis zu übernehmen sind, mithin von der Zwangsversteigerung nicht unmittelbar berührt werden, die unverkürzte Berücksichtigung des eingetragenen Betrags erfordert. Die Rechte der nachstehenden Hypothekarier aus ihrem Pfandrechte begründen nur den Anspruch darauf, wenn und soweit die betreffende Hypothek aus einem anderen Grunde als in Folge der Befriedigung durch den Ersteher in Wegfall kommt, den leer gewordenen Platz behufs der Befriedigung aus dem darauf entfallenden Theile des Kaufpreises einzunehmen (§ 17 Absatz 2 des Entwurfs, § 16 des Ges.).

Ausnahmebestimmungen hat man auch für den Fall nicht angezeigt gefunden, daß über das Vermögen des Schuldners, dessen Grundstück versteigert wird, das Concursverfahren eröffnet ist. Die Frage, ob das von der Concursordnung nicht berührte Recht der hypothekarischen Gläubiger auf abgesonderte Befriedigung aus dem Pfandgrundstücke sich auch auf solche Forderungen erstrecke, welche innerhalb des durch die Cautionshypothek gesicherten Obligationsverhältnisses erst nach der Eröffnung des Concursverfahrens entstanden sind, muß im einzelnen Falle der rechtlichen Entscheidung überlassen bleiben.

Das Preußische Gesetz folgt in den §§ 33. 34. 55. 56. 58. 59 grundsätzlich einer mit dem Entwurfe übereinstimmenden Auffassung."

Bemerkungen.

1 Wie aus den Motiven hervorgeht, fallen unter § 7 nicht blos die nach § 389 des B.G.B. nur mit einer Maximalhaftsumme verlautbarten, sondern überhaupt alle zur Sicherstellung ungewisser Forderungen eingetragenen Hypotheken. Zu ihnen gehören daher unter Anderem auch Hypotheken, welche in Kraft vorläufiger Vollstreckung oder auf Grund eines Arrestbefehls eingetragen worden. Dieselben sind zwar in § 16 Abs. 2 neben den Hypotheken der in § 7 gedachten Art besonders aufgeführt, jedoch nur deshalb, um sie an dieser Stelle besonders hervorzuheben.

2. Da die bei den Kautions- und Kredithypotheken eingetragene Summe nur den Höchstbetrag bezeichnet, bis zu welchem die Hypothek wirksam sein soll, so können über diese Summe hinaus bei Vertheilung des Kaufpreises Zinsen niemals in Ansatz kommen. Wegen der von dieser Summe seitens des Erstehers zu gewährenden Zinsen vergl. § 15 und 18 Abs. 2 sowie die zugehörigen Bemerkungen.

3. Besondere Bestimmungen sind getroffen in § 16 Abs. 2. §§ 17. 19. 140. 142. 159 Abs. 1. §§ 160. 162. 166 Abs. 2.

§ 8.

Vorgemerkte Forderungen bleiben außer Berücksichtigung. Eine vorgemerkt gewesene Forderung, deren Eintragung dem Vollstreckungsgericht erst nach dem Schluß des Anmeldetermins nachgewiesen ist, kommt mit dem der Zeit ihrer Eintragung entsprechenden Range in Ansatz.

Im Entwurf stand vor „Eintragung" jedesmal das Wort „förmliche"; an Stelle der Worte „erst nach" standen die Worte „nicht vor".

Motive. „Nach § 405 des B. G. B. sichert die Vormerkung der künftig einzutragenden Forderung ihre Stelle in der Reihenfolge der Hypotheken; es geht jedoch nach § 406 des B. G. B. die Wirkung einer Vormerkung im Falle der Zwangsversteigerung auf den späteren Eigenthümer des Grundstücks nicht über. Der Entwurf ändert im § 8 diese Vorschriften dahin ab, daß die Vormerkung ihre den Rang vorbehaltende Wirkung schon mit dem Eintritt des Zeitpunktes verlieren soll, bis zu welchem diejenigen Ansprüche anzumelden sind, welche nur im Fall ihrer rechtzeitigen Anmeldung bei der Feststellung des Mindestgebots und, ihrem Range entsprechend, bei Vertheilung der Kaufgelder berücksichtigt werden können. Die Disposition ist nothwendig, wenn ein wichtiger Zweck, auf welchen die Construction des Verfahrens berechnet ist, erreichbar sein soll, daß nämlich die Rechtsverhältnisse, in welche der Ersteher eintritt, und die Verbindlichkeiten, welche er übernimmt, schon vor dem Versteigerungstermin übersehen werden können. Durch die Zulassung der förmlichen Eintragung der vorgemerkten Forderung mit dem durch die Vormerkung reservirten Range bis zur Versteigerung würde sich im letzten Augenblicke die Lage so ändern können, daß ein durch vorbereitende Abreden mit Hypothekariern bereits sichergestelltes günstiges Ergebniß des Versteigerungsverfahrens gefährdet oder unmöglich wird. Die Erwerbung eines Pfandrechtes am Grundstücke für die vorgemerkte Forderung soll noch bis zur Subhastation möglich bleiben; aber das Rangverhältniß der Vorhypotheken, wie sich dasselbe bis zum Schlusse des Anmeldetermins gestaltet, darf durch den Eintrag der Hypothek nicht mehr geändert werden."

Die Aenderungen sind auf Antrag der Deputation der I. Kammer beschlossen worden.

Bemerkungen.

1. Der Wegfall des Wortes „förmliche" vor „Eintragung" ist nur von redactioneller Bedeutung. Der Ausdruck „förmliche Eintragung" kommt in § 141 der Gerichtsordnung vor, enthält indessen eine Tautologie. Den Gegensatz zur bloßen Vormerkung einer Forderung drückt schon das Wort „Eintragung" aus (§§ 404. 405 des B.G.B.).

2. Entscheidend ist nach Satz 2 der Nachweis des Eintrages, nicht schon letzterer selbst. Dieses Nachweises bedarf es nicht, wenn das Vollstreckungsgericht selbst die Grund- und Hypothekenbehörde und daher der erfolgte Eintrag bei ihm offenkundig ist. Ebenso genügt die gemäß § 5 der Ausf.-Verordn. zu § 64 von der Grund- und Hypothekenbehörde unmittelbar bewirkte Mittheilung.

3. Aus Satz 2 und den Motiven muß entnommen werden, daß im angegebenen Falle die Forderung nur ihren Vorrang bei Vertheilung des Kaufpreises und bei der hiermit im engsten Zusammenhange stehenden Feststellung des zulässigen Mindestgebotes einbüßen solle. Nach § 405 des B.G.B. sichert die Vormerkung der künftig einzutragenden Forderung ihre Stelle in der Reihenfolge der Hypotheken. Die nachmals eingetragene Hypothek hat daher die nämlichen Wirkungen, als wenn sie bereits zur Zeit der Vormerkung eingetragen worden wäre. Diese Wirkungen werden durch jenen Vorrang bei der Kaufpreisvertheilung und der Feststellung des Mindestgebotes nicht erschöpft. Sie äußern sich insbesondere auch darin, daß die Hypothek wegen der versprochenen Zinsen auf die vom Tage der Vormerkung an aufgelaufenen sich erstreckt, sowie in dem durch §§ 519 und 528 des B.G.B. dem älteren Gläubiger eingeräumten Rechte, da nöthig das doppelte Ausgebot des Grundstücks zu verlangen. Diese Rechte bleiben daher der vorgemerkt gewesenen Forderung auch dann gewahrt, wenn ihr Eintrag erst nach dem Anmeldungstermine nachgewiesen worden ist, nur daß

im Falle des doppelten Ausgebots für die Frage, ob durch den Zuschlag mit der Last der Inhaber der betreffenden Forderung geschädigt sein würde, das der Zeit ihrer (förmlichen) Eintragung entsprechende Rangverhältniß maßgebend ist.

4. Wiedereinsetzung gegen das Versäumniß am rechtzeitigen Nachweise ist ausgeschlossen, da es sich hierbei nicht um Versäumniß an einer Nothfrist handelt (§ 211 der C.P.O.). Doch erstreckt sich — wie ebenfalls aus Satz 2 und den Motiven entnommen werden muß — der Verlust des Vorrangs nur auf den Versteigerungstermin, für welchen der fragliche Anmeldetermin anberaumt war. Ist anderweiter Versteigerungstermin anzuberaumen (§§ 108. 135. 156), so ist der Nachweis der Forderungseintragung noch bis zur Eröffnung von Geboten in diesem Termine (welcher Zeitpunkt solchenfalls nach § 108 Abs. 1 den Schluß des Anmeldetermins bildet) mit voller Wirkung hinsichtlich des Vorrangs zulässig.

5. Im Uebrigen vergl. § 6 der A.V. (zu § 84) und § 20 der A.V. (zu § 100).

§ 9.

Wenn eine eingetragene Forderung und das Eigenthum des verpfändeten Grundstücks zur Zeit der Zwangsversteigerung des letzteren in einer Person vereinigt sind (§§ 442. 443 des Bürgerlichen Gesetzbuchs), so bleibt die Forderung außer Berücksichtigung.

Ist die Abtretung einer eingetragenen, mit dem Eigenthume des verpfändeten Grundstücks in der Person des Schuldners vereinigt gewesenen Forderung an einen Anderen erst nach Eintragung des Beschlusses auf Zwangsversteigerung im Hypothekenbuch verlautbart worden, so kommt die Forderung mit dem der Zeit dieser Verlautbarung entsprechenden Range in Ansatz.

Entwurf. „Hypotheken, welche zur Zeit der Zwangsversteigerung auf den Namen des Schuldners oder seines Erblassers eingetragen sind, bleiben außer Berücksichtigung.

Eine bis zur Verlautbarung des Beschlusses auf Zwangsversteigerung im Grund- und Hypothekenbuch auf den Namen des Schuldners oder seines Erblassers eingetragen gewesene und nachher auf den Namen eines Anderen umgeschriebene Hypothek kommt mit ihrem ursprünglichen Range nur dann, wenn die auf Abtretung der Forderung gerichtete Erklärung des Schuldners in der zur Eintragung erforderlichen Form bereits vor Zustellung des Beschlusses auf Zwangsversteigerung an den Schuldner zur Eintragung an die Grund- und Hypothekenbehörde gelangt war, andernfalls mit dem Range hinter den früher eingetragenen Hypotheken in Ansatz."

Motive. „Die Vorschrift im ersten Absatze dieses Paragraphen entspricht der im § 444 des B.G.B. enthaltenen Vorschrift.

„Schuldner", im Sinne des Entwurfes, ist stets diejenige Person, gegen welche die Zwangsversteigerung oder Zwangsverwaltung sich richtet, also der Eigenthümer des verpfändeten Grundstücks.

Die Bestimmung im zweiten Absatze beruht auf gleichen Erwägungen wie die

Bestimmungen im zweiten Satz des § 8. Es kommt hier jedoch noch ein besonderes Interesse des betreibenden Gläubigers in Betracht. Der Zwangsverkauf darf nicht stattfinden, wenn nicht ein Gebot erreicht wird, welches die mit dem Range vor der Forderung des betreibenden Gläubigers auf dem Grundstück lastenden Ansprüche, sowie die Versteigerungskosten vollständig und jene Forderung, soweit sie nicht in dem Anspruch auf Erstattung der letzteren aus dem Erlöse besteht, wenigstens theilweise deckt. Der betreibende Gläubiger trägt in Betreff der Kosten des Zwangsversteigerungsverfahrens die Gefahr, er muß sich vor Beantragung desselben darüber Rechenschaft geben, ob Erfolg davon zu erwarten sei, ob die Erstehung des Pfandgrundstücks um das Mindestgebot seinen Interessen entsprechen werde oder ob er auf andere Bieter zu rechnen habe, welche das Grundstück um den entsprechenden Preis zu erstehen Willens sein können. Er kann deshalb nicht der Eventualität ausgesetzt sein, daß durch nachträgliche Disposition des Schuldners über den durch die eigene Hypothek reservirten Werthsantheil die Voraussetzungen beseitigt werden, auf denen in Betreff des zu deckenden Mindestbetrags der Antrag auf Versteigerung und die Einsetzung der Kosten des Verfahrens beruhte. Wenn die freie Pfandrechtsstelle der Forderung des betreibenden Gläubigers im Range voransteht, so wird das geringste zulässige Gebot ein anderes, je nachdem jene Pfandstelle ausfällt oder nicht. Entzieht man dem Schuldner nicht die Möglichkeit, noch im letzten Augenblicke über die ihm reservirte Pfandstelle zu verfügen, so hat er es in der Hand, das Mindestgebot dergestalt hinaufzuschrauben, daß ein dasselbe erreichendes Gebot nicht zu erlangen ist und die Kosten des Verfahrens vergeblich aufgewendet sind. Hat es der Schuldner einmal bis zum Antrag auf Versteigerung kommen lassen, so muß ihm auch die Möglichkeit abgeschnitten sein, den Erfolg zu vereiteln. Nach dem Grundsatze der Publizität freilich kann die Entziehung des Dispositionsrechtes, mit Wirkung gegen den Cessionar, erst mit dem Zeitpunkt der Verlautbarung des die Zwangsversteigerung anordnenden Beschlusses im Grundbuche eintreten."

Die Abänderung des Entwurfs beruht im Wesentlichen auf dem Antrage der Dep. der II. Kammer.

Bemerkungen.

1. Der Paragraph trifft — wie aus der Bezugnahme auf §§ 442 u. 443 des B.G.B. hervorgeht — **alle Fälle** einer zur Zeit der Zwangsversteigerung vorhandenen Vereinigung, gleichviel, ob der Eigenthümer des verpfändeten Grundstücks Inhaber der darauf haftenden Forderung, oder ob der Inhaber der letzteren Eigenthümer des Grundstücks geworden ist, gleichviel ferner, auf welchem Wege bezw. auf welchen Rechtsgrund hin und zu welcher Zeit der Erwerb des Grundstücks oder der Forderung erfolgt ist. Voraussetzung ist nur, daß der Erwerb wirklich geschehen und nicht blos ein Rechtsgrund dazu vorhanden ist.

2. Für die Beantwortung der Frage, ob eine Vereinigung eingetreten sei, ist in der Regel nur der Inhalt des Grund- und Hypothekenbuchs maßgebend, da sowohl das Eigenthum an einem Grundstücke als auch eine eingetragene Forderung auf einen Andern in der Regel nur durch dessen Eintragung übergeht. Vorher besteht nur ein **Rechtsgrund** zu dieser Eintragung. Von dieser Regel giebt es nur drei Ausnahmen:

a) den Fall der Erbfolge, da der Erbe auch diejenigen Rechte des Erblassers, zu deren Erwerbung es sonst der Eintragung bedürfen würde, sofort mit dem Nachlaßantritt erwirbt (§§ 2281. 437 des B.G.B.; **Siebenhaar**, Commentar Bd. 1 S. 285),

b) den Fall der Abtretung verfallener Auszugs- und Leibrentenleistungen sowie verfallener Vertragszinsen und bereits entstandener Kosten, da alle diese Ansprüche (sofern sie nicht nachträglich als selbstständige Hauptforderung eingetragen werden) dem Ingrossationssysteme nicht unterliegen,

c) die nach § 736 der C.P.O. erfolgte Ueberweisung einer gepfändeten hypothekarischen Forderung an Zahlungsstatt. Wie die Pfändung einer Forderung auch dann, wenn letztere eine hypothekarische ist, nach § 730 Abs. 3 der C.P.O. schon mit der Zustellung des Pfändungsbeschlusses an den Drittschuldner als bewirkt anzusehen und die Eintragung in das Hypothekenbuch nur zur Wirksamkeit der Pfändung dritten Personen gegenüber erforderlich ist (§ 4 des Sächsischen Gesetzes vom 4. März 1879), ebenso erfolgt der Uebergang der dem Gläubiger an Zahlungsstatt überwiesenen gepfändeten Forderung auch dann, wenn letztere eine hypothekarische ist, nach § 736 Abs. 2 der C.P.O. schon mit der Ueberweisung seitens des Vollstreckungsrichters. Auch hier hat der Eintrag in das Hypothekenbuch nur den Zweck, die Ueberweisung auch dritten Personen gegenüber wirksam zu machen (§ 5 des gedachten Sächsischen Gesetzes).

Auch der Ausnahmefall unter c kann hier vorkommen, und zwar nicht blos in der Weise, daß der Gläubiger, nachdem ihm die hypothekarische Forderung an Zahlungsstatt überwiesen worden, Eigenthümer des Grundstücks wird, sondern auch so, daß der Eigenthümer die auf seinem Grundstücke für eine dritte Person haftende Forderung hat pfänden und sodann an Zahlungsstatt sich hat überweisen lassen. Die Pfändung einer hypothekarischen Forderung zu Gunsten des Eigenthümers des Pfandgrundstücks ist zulässig, und zwar nicht blos in dem Falle, wenn Eigenthümer des Pfandgrundstücks und persönlicher Schuldner verschiedene Personen sind, sondern auch dann, wenn Grundstückseigenthümer zugleich der persönliche Schuldner ist. — Vergl. die zutreffenden Ausführungen in Wengler's Archiv N. F. Bd. 1 S. 617 flg.

In den gedachten drei Ausnahmefällen wird es Sache der am Wegfall der betreffenden Forderung interessirten Gläubiger sein, den Eintritt der Vereinigung nachzuweisen. Wird die letztere bestritten, so kommen die Bestimmungen in § 21 zur Anwendung.

3. Ist die Vereinigung zur Zeit der Versteigerung noch nicht zur Vollendung gelangt, besteht vielmehr zu dieser Zeit nur erst ein Rechtsgrund dazu, so kann dem Ansatze der betr. Forderung auf Grund von § 9 nicht widersprochen werden. Besteht der Rechtsgrund zur Umschreibung darin, daß der Eigenthümer des verpfändeten Grundstücks den Gläubiger befriedigt hat (§ 442 des B.G.B.), so kann die Forderung um deswillen nicht zum Ansatz kommen, weil sie thatsächlich nicht mehr vorhanden ist. Der Rechtsgrund zur Umschreibung kann aber auch z. B. darin bestehen, daß der Grundstückseigenthümer mit dem hypothekarischen Gläubiger einen wirklichen Abtretungsvertrag geschlossen oder die Forderung aus dem Nachlasse des verstorbenen Inhabers als Vermächtniß zu beanspruchen hat. In diesen Fällen kommt die Forderung als eine solche des eingetragenen Inhabers bezw. der Erben desselben zum Ansatz. Ob der Grundstückseigenthümer hier auf den an Stelle der hypothekarischen Forderung tretenden Anspruch auf Befriedigung aus den Erstehungsgeldern erwirkt, kommt — abgesehen von etwaigen hierauf bezüglichen Vereinbarungen der Betheiligten — für das Versteigerungs- und Vertheilungsverfahren nicht in Betracht. Das Nämliche würde auch dann zu gelten haben, wenn der Grundstücks-

eigenthümer an der hypothekarischen Forderung, sei es im Wege freiwilliger Verpfändung oder im Zwangsvollstreckungswege, ein bloßes Pfandrecht erlangt und im letztern Falle die Forderung nach § 736 Abs. 1 der C.P.O. lediglich zur Einziehung überwiesen erhalten hätte. Auch in diesen Fällen bleibt die Forderung im Vermögen des zeitherigen Inhabers; erst das auf Grund derselben Erhobene kann sich der Pfand- bezw. Hülfspfandgläubiger aneignen. Selbstverständlich kann jedoch dieser Anspruch auf Antrag der Nachhypothekarier gepfändet oder im Arrestwege mit Beschlag belegt werden.

4. Wie bereits oben unter 1 bemerkt, ist gleichgültig, wie lange die zur Zeit der Zwangsversteigerung vorliegende Vereinigung schon besteht, insbesondere ob sie bereits zur Zeit der Eintragung des Zwangsversteigerungsbeschlusses bestanden hat. Auch dann, wenn der Erwerb der Forderung bezw. des Grundstücks erst nach diesem Zeitpunkte stattgefunden hat, bleibt die Forderung außer Berücksichtigung.

5. Eine zur Zeit der Eintragung des Zwangsversteigerungsbeschlusses oder noch später eingetreten gewesene Vereinigung kann zur Zeit der Versteigerung wieder aufgehoben sein, wenn

a) der Grundstückseigenthümer nach jenem Zeitpunkte die Forderung noch abgetreten hat, oder wenn

b) nach jenem Zeitpunkte das Eigenthum des Grundstücks auf einen Andern übergegangen ist, was auch nach Eröffnung des Zwangsversteigerungsverfahrens bis zu dessen Beendigung noch möglich ist.

Im Falle unter a kommt nach der Vorschrift in Abs. 2 die Forderung nur mit dem der Zeit der betr. Verlautbarung entsprechenden Range in Ansatz. Im Falle unter b dagegen bleibt die Forderung ganz außer Berücksichtigung. Es folgt dies aus § 444 des B.G.B. in Verbindung mit § 9 dieses Gesetzes. — Vergl. hierzu Siebenhaar, Commentar, Bd. 1 S. 395; Siegmann, Das K. S. Hypothekenrecht, S. 118 flg.; Schmidt, Vorlesungen, Bd. 1 S. 286.

6. Insoweit eine Forderung ganz außer Berücksichtigung zu bleiben hat, kann selbstverständlich auch nicht zu Gunsten derselben von dem in §§ 519 und 528 des B.G.B. erwähnten Rechte Gebrauch gemacht werden. Das Nämliche muß aber auch im Falle von Abs. 2 gelten. Dies folgt aus der nach § 83 Abs. 2 in dem Zwangsversteigerungsbeschlusse ausgesprochenen Beschlagnahme des Grundstücks. Dieselbe hat die Bedeutung, daß der Schuldner Verfügungen über das Grundstück, welche den Realberechtigten im eingeleiteten Verfahren zum Nachtheil gereichen können, mit rechtlicher Wirkung nicht mehr vornehmen kann (vergl. die Bemerkungen zu § 83). Hiernach darf er zwar das Grundstück auch ferner noch belasten. Diese Belastung hat jedoch den bereits eingetragenen Berechtigten gegenüber im eingeleiteten Verfahren nur insoweit Wirksamkeit, als dieselben hierdurch nicht benachtheiligt werden. Das in der Form der Abtretung vorgenommene Rechtsgeschäft läuft virtuell auf die Schaffung einer neuen Forderung an Stelle und mit dem Alter der früheren, durch die Vereinigung erloschenen Hypothek, also auf eine weitere Belastung des Grundstücks hinaus (vergl. die Citate in Bemerkung 5).

7. Ist die Vereinigung so gestaltet, daß der Eigenthümer des Grundstücks nur Mitinhaber der Forderung ist, so gilt das im Gesetz und in den verstehenden Bemerkungen Gesagte nur hinsichtlich des dem Eigenthümer zustehenden Forderungstheiles.

8. Die Bestimmung in Abs. 1 bezieht sich nur auf eingetragene Forderungen, nicht auch auf Reallasten. Bei den letzteren giebt die Vereinigung des Eigenthums am belasteten Grundstück mit der Berechtigung immer nur einen Rechtsgrund zur Löschung, nicht aber einen Grund, aus welchem die Reallast ohne Weiteres von selbst zur Erlöschung käme (§ 508 des B.G.B.). Aus ihrem Pfandrecht können die Hypothekarier so ohne Weiteres die Befugniß nicht herleiten, im angegebenen Falle den Rechtsgrund auf Löschung an Stelle des Grundstückseigenthümers geltend und auf diese Weise das Grundstück werthvoller zu machen. Bezüglich der in der III. Rubrik eingetragenen Reallasten ist auch die Anwendung von § 444 des B.G.B., welcher durch § 9 Abs. 1 des gegenwärtigen Gesetzes zur Geltung gebracht werden soll, ausdrücklich ausgeschlossen (§ 518 des B.G.B.). Daher kann nicht gehindert werden, daß das Grundstück mit der auf demselben für den Schuldner selbst haftenden (in I. oder III. Rubrik eingetragenen) Reallast versteigert wird, auch wenn in Folge dessen ein nur unzulänglicher Kaufpreis erlangt wird. Die leer ausgehenden Gläubiger, welchen der Schuldner persönlich verhaftet ist, sind in der Lage, nach Eintragung des Erstehers in das dem bisherigen Grundstückseigenthümer verbliebene Recht auf die einzelnen Leistungen die Hülfe vollstrecken zu lassen.

Anders verhält es sich, wenn in Folge § 519 des B.G.B. das Grundstück ohne die in der III. Rubrik eingetragene Reallast versteigert wird und an Stelle derselben nach § 6 dieses Gesetzes eine Forderung zu treten haben würde. Diese Forderung würde gemäß § 7 den Vorschriften dieses Gesetzes über eingetragene Forderungen zu unterliegen und somit nach § 9 Abs. 1 außer Berücksichtigung zu bleiben haben.

Rückstände von Reallasten, welche dem Schuldner selbst zuständen, können bei Vertheilung der Erstehungsgelder nicht in Betracht kommen, gleichviel ob dieselben nur auf die Besitzzeit des Schuldners oder auch auf die seines Vorbesitzers sich erstrecken, da die Forderung auf die einzelne Leistung bezw. auf die Rückstände aus der Zeit des Vorbesitzers durch die Vereinigung der Berechtigung und Verpflichtung ohne Weiteres zur Erlöschung gekommen sein würde (§§ 511. 1008. 510 des B.G.B.).

9. Im Uebrigen vergl. § 6 der A.V. (zu § 84).

§ 10.

Der Zwangsverkauf darf nur um einen Preis erfolgen, welcher den Gesammtbetrag der der Forderung des betreibenden Gläubigers im Range vorangehenden und bei Vertheilung des Kaufpreises zu berücksichtigenden Ansprüche zuzüglich der Kosten des Zwangsversteigerungsverfahrens übersteigt.

Der Entwurf enthielt noch folgenden Abs. 2: „Sind auf dem Grundstück für den betreibenden Gläubiger mehrere Forderungen mit verschiedenem Range eingetragen und ist nur wegen einer derselben die Versteigerung beantragt, so ist für die Berechnung des nach Absatz 1 zulässigen Mindestgebots diejenige bestimmend, wegen deren die Versteigerung beantragt ist."

Motive. „Die Aufstellung des Erfordernisses, daß das Gebot, auf welches der die Veräußerung zur Perfection bringende Zuschlag erfolgen darf, mindestens den in § 10 bezeichneten Schuldenbetrag decken müsse, hat bereits in den allgemeinen Motiven des Entwurfs ihre Begründung gefunden.

Das Gebot muß die der Forderung des betreibenden Gläubigers im Range vorangehenden Ansprüche — soweit sie bei der Vertheilung zu berücksichtigen sind — zuzüglich der Kosten des Versteigerungsverfahrens übersteigen.

Unter dem „Betreibenden Gläubiger" ist im Entwurfe derjenige Hypothekengläubiger verstanden, auf dessen Antrag die Einleitung des Verfahrens stattgefunden hat. Die demselben im Entwurf beigelegten Rechte und Verpflichtungen hat indessen nach § 62 (§ 60 des Ges.) im Falle der Zulassung des Beitritts auch der dem Verfahren Beigetretene und demzufolge ist, wenn der Beitritt rechtzeitig (§ 65 des Entw., § 63 des Ges.) erklärt worden war, die Forderung des beigetretenen Gläubigers bei der Feststellung des Mindestgebots maßgebend, sofern sie der Forderung des betreibenden Gläubigers im Range vorgeht.

Die Einschränkung, daß nur die bei der Vertheilung zu berücksichtigenden Forderungen das Mindestgebot beeinflussen dürfen, bedarf keiner besonderen Rechtfertigung. Nicht in Betracht kommen hiernach die in §§ 8 und 9 erwähnten Einträge, sowie die im § 12 behandelten Ansprüche, wenn deren Anmeldung nicht rechtzeitig bewirkt worden ist. Dagegen sind ungewisse Forderungen im Sinne des § 7 des Entwurfs zum vollen Betrage in Ansatz zu bringen; und auch bestrittene Forderungen werden, solange der Widerspruch gegen ihre Berücksichtigung nicht im Proceßwege oder im Wege der Einigung beseitigt ist, wie unbestrittene behandelt (§ 22 Absatz 3 des Entwurfs, § 21 des Ges.).

Nicht unerwogen ist geblieben, ob es nicht zweckmäßig sei, die Versteigerung schon dann zuzulassen, wenn das erlangte Meistgebot den Betrag der der Forderung des betreibenden Gläubigers vorangehenden Ansprüche zuzüglich der Kosten des Versteigerungsverfahrens erreicht. Die Forderung des betreibenden Gläubigers wäre dann, abgesehen von den dazu gehörigen Versteigerungskosten, allerdings nicht einmal theilweise gedeckt; allein, da der geringste überschießende Betrag genügt, das Erforderniß der theilweisen Befriedigung des betreibenden Gläubiges zur Erfüllung zu bringen, ist der Unterschied für die Mehrzahl der Fälle von keiner practischen Bedeutung. Wenn gleichwohl der Entwurf ein den vorgehenden Schuldbetrag übersteigendes Gebot verlangt, so geschieht dies wegen der in §§ 32. 33 (§§ 31. 32 des Ges.) gedachten Fälle, in denen nach und nach eine Mehrzahl von Grundstücken zur Versteigerung gelangt, auf denen die Forderung des betreibenden Gläubigers ungetheilt lastet. Für die Verhältnisse des Königreichs Sachsen sind diese Fälle von Bedeutung, weil in zahlreichen Landestheilen die walzenden Grundstücke überwiegen. Es giebt Gegenden, in denen Complexe von 20 bis 50 walzenden Grundstücken und mehr sich in einer Hand befinden. Stehen solche Complexe dergestalt in einem wirthschaftlichen Verbande, daß sie als zusammengehöriges Ganzes in einer Hand mehr werth sind, als der Gesammtbetrag der Werthe der Parcellen im Einzelbesitz, so wird das Ausgebot der Gesammtheit einen größeren Ertrag liefern, als die Einzelversteigerung, und für solche Fälle ist es ohne practische Bedeutung, ob man vorschreibt, daß das Meistgebot den Betrag der vorgehenden Ansprüche übersteigen müsse, oder ob man den Zuschlag auch auf ein diesen Betrag nur erreichendes Gebot geschehen läßt. Oft aber stehen die mehreren mitverpfändeten Parcellen in einem solchen wirthschaftlichen Zusammenhange nicht und liefert deren Einzelversteigerung den größeren Ertrag. In solchen Fällen könnte die Beschränkung des zulässigen Mindestgebots auf den Betrag der vorgehenden Ansprüche dahin führen, daß mehrere einzelne Grundstücke veräußert werden, ohne daß der betreibende Gläubiger dadurch Etwas erlangt, während seine Forderung durch die nachfolgende Versteigerung der anderen mitverpfändeten Parcellen voll gedeckt wird, so daß dem Schuldner, zugleich zum Nachtheil etwaiger Nachhypothekarier, ohne Grund auch der Theil seines Besitzthums verloren geht, der ihm ohne Beeinträchtigung der Interessen des betreibenden Gläubigers hätte erhalten bleiben können."

Der 2. Absatz ist auf Antrag der Dep. der I. Kammer gestrichen worden. Im Bericht ist gesagt:

„Weshalb hier bei der Feststellung des Mindestgebots erfordert wird, daß dasselbe den Gesammtbetrag der vorgehenden Ansprüche zuzüglich der Kosten des Versteigerungsverfahrens nicht blos deckt, sondern übersteigt, ist in den Motiven auseinandergesetzt. § 22 des Preußischen Gesetzes verlangt nur die Uebernahme oder Befriedigung der vorgehenden Ansprüche.

Unter den Kosten der Zwangsversteigerung versteht die Deputation auch hier nur die gerichtlichen im Sinne von § 4 Punkt 4 des Entwurfs.

Im zweiten Absatze des § 10 ist vorgesehen, welche von mehreren für den betreibenden Gläubiger auf dem Grundstück haftenden Forderungen bezüglich der Bestimmung des Mindestgebots maßgebend sein soll. Die Fälle können verschieden sein, je nachdem der Gläubiger die Zwangsversteigerung nur wegen einer oder wegen mehrerer seiner Forderungen oder wegen aller betreibt. In allen Fällen aber hält es die Deputation für selbstverständlich, daß der Gläubiger nur bezüglich derjenigen Forderung als der betreibende angesehen werden kann, wegen deren er die Zwangsversteigerung beantragt. Aus diesem principiellen Gesichtspunkte ist im einzelnen Falle die Entscheidung zu entnehmen. Wird also die Zwangsversteigerung nur wegen einer Forderung beantragt, so ist für das Mindestgebot diese bestimmend, wird sie wegen mehrerer oder wegen aller beantragt, so ist es die im Range beste. Um einer Verdunkelung des bezeichneten Gesichtspunktes vorzubeugen, hält daher die Deputation die Beseitigung des theils selbstverständlichen, theils nicht erschöpfenden Absatzes für rathsam."

Bemerkungen.

1. Der Paragraph giebt die Regel an. Ausnahmen treten ein, wenn der betreibende Gläubiger und die demselben im Range vorgehenden Realberechtigten, deren Ansprüche durch das Gebot nicht oder nicht vollständig gedeckt werden, einwilligen (§ 111), sowie in den Fällen der §§ 181 und 182. Ebenso ist hinsichtlich der Berechnung des Mindestgebots in dem in § 180 erwähnten Falle besondere Bestimmung getroffen.

2. Wie aus der Entstehungsgeschichte des Paragraphen zu entnehmen, ist unter der Forderung des betreibenden Gläubigers lediglich diejenige zu verstehen, wegen deren die Zwangsversteigerung beantragt und beschlossen worden ist (§ 83 Abs. 1). Bezieht sich der Beschluß auf mehrere auf dem nämlichen Grundstücke für denselben oder für verschiedene Gläubiger haftende Forderungen mit verschiedenem Range, so ist die Forderung mit dem besseren Range die maßgebende. Ist der Beschluß nur auf eine Forderung gerichtet, so kann eine zweite, jedoch vorgehende Forderung des nämlichen Gläubigers nur dadurch zur maßgebenden gemacht werden, daß der Gläubiger wegen derselben dem Verfahren beitritt (§§ 59 flg.).

3. Die Zwangsversteigerung kann nach dem in der Einleitung Ausgeführten nur wegen einer in der III. Rubrik eingetragenen Forderung beantragt und beschlossen werden. Daher setzt auch ein wegen der in § 4 unter 2 und 3 aufgeführten Abgaben- und Reallastenrückstände einzuleitendes Versteigerungsverfahren den vorherigen Eintrag von Hülfshypothek voraus. Als Forderung des betreibenden Gläubigers kann in diesem Falle bei Feststellung des zulässigen Mindestgebotes (wenn nicht das Erforderniß ausnahmsweise wegfällt, vergl. §§ 181 und 182) nur die eingetragene Hülfshypothek angesehen werden. Der Umstand, daß jene Rückstände nach § 4 unter 2 und 3 an sich schon bei Erlangung eines geringeren Kauf-

preises gedeckt werden würden, kommt erst bei Vertheilung des Kaufpreises in Betracht. — Anders verhält es sich, wenn eine Hülfshypothek eingetragen worden wegen Auszugs- und Leibrentenrückständen oder wegen Zinsen- und Kostenrückständen von Forderungen, die schon vorher mit (künftigen) Zinsen und Kosten eingetragen waren (§ 10 Abs. 2 des Gesetzes vom 4. März 1879). Wird die Zwangsversteigerung lediglich wegen solcher Rückstände beantragt, so ist für die Feststellung des Mindestgebots nicht schlechthin der Rang der Hülfshypothek, sondern, dafern diese Rückstände ganz oder theilweise noch innerhalb des zweijährigen Zeitraums vor dem Beschluß auf Zwangsversteigerung (§ 4 unter 4) bezw. in die Maximalhaftsumme für die Kosten (§ 418 Satz 2 des B.G.B.) fallen, der durch den ursprünglichen Eintrag bedingte Rang maßgebend.

4. Welche Ansprüche bei Vertheilung des Kaufpreises zu berücksichtigen und welche im Range vorangehen, ist nach §§ 4—9. 11. 12 zu beurtheilen.

§ 11.

Ohne vorherige Anmeldung kommen bei Vertheilung des Kaufpreises in Ansatz:

1. von den auf dem Grundstück als Reallast haftenden Leibrenten die nach Ausweis der Grundakten in der Zeit zwischen der Zustellung des Beschlusses auf Zwangsversteigerung an den Schuldner und dem Versteigerungstermin fällig werdenden Beträge;
2. von Hauptforderungen, welche dergestalt eingetragen sind, daß die Zahlung nach und nach in bestimmten Terminen und Beträgen erfolgen soll, die in der Zeit nach Zustellung des Beschlusses auf Zwangsversteigerung an den Schuldner fällig werdenden Terminzahlungen;
3. die übrigen im Hypothekenbuch nach bestimmter Höhe eingetragenen Forderungen, sowie die nach § 6 an Stelle einer Reallast tretenden Summen;
4. Vertragszinsen von den unter 3 gedachten Forderungen auf die Zeit nach dem der Zustellung des Beschlusses auf Zwangsversteigerung an den Schuldner vorausgegangenen letzten Fälligkeitstermin bis zum Versteigerungstermin, dafern aber bestimmte Fälligkeitstermine aus den Grundakten nicht erhellen, auf die Zeit von der Zustellung des Beschlusses auf Zwangsversteigerung an den Schuldner bis zum Versteigerungstermin;

5. die Beträge, bis zu welchen das Grundstück zur Sicherstellung von Forderungen oder Rechten verpfändet ist;
6. die gerichtlichen Kosten des Zwangsversteigerungsverfahrens.

Entwurf gleichlautend.

Motive zu §§ 11. 12. „In den §§ 11 und 12 des Entwurfs werden die Ansprüche, welche bei der Vertheilung des Subhastationserlöses in Frage kommen können, nach der Richtung unterschieden, ob es einer vorherigen Anmeldung bei dem Vollstreckungsgerichte bedarf, oder nicht. Ansprüche, welche durch den Inhalt des Hypothekenbuchs und der Grundakten dergestalt in Liquidität gesetzt sind, daß es dem Schuldner gegenüber eines Beweises ihrer Existenz und ihrer Höhe nicht bedarf, sollen nicht der Anmeldung bedürfen. Unter diese Kategorie von Ansprüchen fallen zwar an und für sich auch rückständige Reallastenbeträge und Kapitalzinsen, deren erfolgte Zahlung auf erhobenen Anspruch der Schuldner würde beweisen müssen. Allein wenn auch der jährliche Betrag solcher Leistungen aus dem Hypothekenbuch hervorgeht, so giebt dasselbe doch keinen Nachweis über den Betrag der jeweiligen Rückstände. Die Locirung solcher Rückstände ohne Anmeldung kann ohne Bedenken auf die in der Zeit zwischen Zustellung des Versteigerungsbeschlusses an den Schuldner und dem Versteigerungstermine fällig werdenden oder auf diese Zeit, bezw. bis zum vorausgegangenen letzten Fälligkeitstermine zurück zu rechnenden Beträge zugelassen werden, weil die bedrängte Lage, in der sich der Schuldner befindet, wenn es einmal zur Einleitung des Versteigerungsverfahrens gekommen ist, die Präsumtion genügend begründet, daß er von diesem Zeitpunkt an die laufenden Zinsen und sonstigen wiederkehrenden Leistungen nicht mehr zahlen werde, zumal deren Befriedigung aus dem Kaufpreise bevorsteht. Die aus früherer Zeit herrührenden Rückstände dagegen bedürfen der Anmeldung, denn, wenn es auch die Regel sein wird, daß Schuldner, die es zur Zwangsversteigerung ihres Grundbesitzes kommen lassen, schon einige Zeit vorher in zerrütteten Verhältnissen sich befunden haben und mit wiederkehrenden Geldleistungen in Rückstand gekommen sind, so fehlt es doch an jedem sicheren Anhalt in Betreff der Zeit, auf welche eine entsprechende Vermuthung im einzelnen Fall Platz zu greifen hätte, zumal die Fälligkeitsperioden für solche wiederkehrende Leistungen verschieden bemessen sind. Die Berücksichtigung älterer Rückstände ohne vorgängige Anmeldung seitens der Forderungsberechtigten würde die Basis für die Berechnung des Mindestgebots und für den Vertheilungsplan zu unsicher machen und zu Weiterungen Veranlassung geben können, welche zu der Mühe der Anmeldung in keinem Verhältniß stehen.

Was dagegen von den eingetragenen Forderungen bemerkt worden, deren Existenz und Höhe aus dem Hypothekenbuch erhellt, gilt auch von den mit bestimmter Summe eingetragenen Beträgen, bis zu welchen das Grundstück und nach dessen Verkauf der erlangte Erlös für ungewisse Forderungen haftet (vergl. die Bemerkungen zu § 7).

Von den in Betracht kommenden Kosten sind nur die gerichtlichen Kosten des Zwangsversteigerungsverfahrens dem Vollstreckungsgerichte bekannt; alle anderen Kostenbeträge bedürfen daher der Anmeldung (§ 12, 3 des Entwurfs)."

Bemerkungen.

1. Zu Punkt 1. Die Verbindlichkeit zur Entrichtung einer Leibrente kann (durch Vertrag oder letzten Willen) entweder einer individuell bestimmten Person oder dem jedesmaligen Eigenthümer eines bestimmten Grundstücks auferlegt werden. Nur im letztern Fall wird durch Eintrag der Rente in das Hypothekenbuch eine Reallast begründet (§§ 505. 506 des B.G.B.), auch darf nur in diesem Falle der Eintrag auf den Betrag der jährlichen Rente beschränkt werden (§ 517 des B.G.B.). Im erstern Falle kann zwar ebenfalls eine Verlautbarung im Hypothekenbuche geschehen. Doch kann es sich solchenfalls nur um Bestellung einer Hypothek wegen der die gesammten künftig fällig werdenden Renten umfassenden Forderung des Berechtigten an

den Rentenschuldner handeln. Für den Eintrag dieser Hypothek ist die Vorschrift in § 389 des B.G.B. maßgebend, wonach die zu sichernde Forderung nur mit einer bestimmten Summe eingetragen werden kann, für welche oder bis zu welcher die Hypothek wirksam sein soll. Es kann daher in einem solchen Falle nur ein die gesammten zukünftigen Leistungen umfassender Geldbetrag, und zwar in der Form der Kautionshypothek eingetragen werden. Die dieser Ansicht anscheinend entgegenstehenden Ausführungen in den (ohnehin mit dem Wortlaute des Gesetzes nicht zu vereinbarenden) Motiven zu jenem § 389 sowie in *Siebenhaar's* Commentar Bd. 1 S. 361 flg. wollen ohne Zweifel nur die Frage beantworten, in welcher Weise das Specialitätsprincip in dem (auch die Reallasten des Auszugs und der Leibrente mit enthaltenden) Hypothekenbuche überhaupt zum Ausdruck gelange, nicht aber auch die Frage, in welcher Weise eine bloße Hypothek im Gegensatz zur Reallast eingetragen werden dürfe. Jedenfalls würde nicht abzusehen sein, wie gegenüber den bestimmten und klaren Vorschriften in §§ 389. 517. 1157. 1158 Satz 2. 1159 Satz 1 des B.G.B. die wegen einer Leibrentenforderung angelobte bloße *Hypothek* in derselben Form, wie die auf das Grundstück als *Reallast* gelegte Leibrente, d. i. durch Eintrag der bloßen jährlichen Rente solle eingetragen werden dürfen. Die Frage, ob eine Leibrente auf dem Grundstück als *Reallast* hafte, ist daher, mindestens bei den *nach* dem Inkrafttreten des B.G.B. erfolgten Einträgen, nach der angedeuteten Fassung des Eintrags zu beurtheilen. Eine wegen der Leibrentenforderung eingetragene bloße Kautionshypothek fällt unter Punkt 5. Wegen des frühern Rechts vergl. §§ 49. 106. 107 des Ges. v. 6. Novbr. 1843, sowie *Siegmann* in den Annalen des K. O.A.G. Bd. 1 S. 97 flg.

2. *Zu Punkt 2.* Bei derartigen Termingeldern wird in der Regel der Zeitpunkt der Fälligkeit der einzelnen Raten nicht mit eingetragen. Es ist daher auch hier auf die dem Eintrage zu Grunde liegende, in den Grundakten befindliche Urkunde zurückzugehen. — Vergl. auch §. 102.

3. *Zu Punkt 3.* Zu den nach bestimmter Höhe eingetragenen Forderungen gehören auch die in Pfandbriefen zurückzuzahlenden gewisser Kreditinstitute (Bem. 6 zu § 4).

4. *Zu Punkt 5.* Hierunter fallen nicht die Kostenkautionen. Vergl. § 17.

§ 12.

Auf Anmeldung kommen bei Vertheilung des Kaufpreises in Ansatz:

1. die in § 4 unter 1 und 2 gedachten Ansprüche;
2. die Rückstände von Reallasten und Zinsen, sowie rückständige Terminzahlungen auf Forderungen der in § 11 unter 2 gedachten Art, soweit diese Leistungen nicht nach § 11 unter 1. 2. 4 auch ohne Anmeldung in Ansatz kommen;
3. Kostenforderungen, welche nicht nach § 11 unter 6 ohne Anmeldung in Ansatz zu bringen sind.

Entwurf gleichlautend. — Motive s. z. § 11.

Bemerkungen.

1. Das Recht zur Anmeldung wie überhaupt zur Ausübung der nach diesem Gesetz dem Realberechtigten zustehenden Befugnisse hat Jeder, der zur Geltendmachung des betr. Anspruchs berechtigt ist, also, außer dem ursprünglichen oder durch Universal- oder Singularsuccession eingetretenen Anspruchsberechtigten selbst, dessen gesetzlicher Vertreter, ferner der Konkursverwalter (§ 5 der Konk.-O.) und derjenige, dem der Anspruch freiwillig verpfändet (§ 503 des B.G.B.) oder im Wege der Zwangsvollstreckung zur Einziehung überwiesen worden (§ 736 der C.P.O.). Die Letzteren (einschließlich des Konkursverwalters) bewirken zwar die Anmeldung im eigenen Namen, melden jedoch einen fremden Anspruch an.

2. Die Nothwendigkeit der Anmeldung erstreckt sich, abgesehen von den Termingeldern, nicht mit auf die Hauptforderung. Doch ist es ebenso gestattet, wie angemessen, mit den Zinsen und Kosten auch die Hauptforderung anzumelden, namentlich wenn von der letztern nur ein geringerer Betrag beansprucht wird, als eingetragen ist. Daß durch eine solche Anmeldung der Schuldner in Verzug gerathe und demgemäß das Recht auf Verzugszinsen entstehe, kann nicht angenommen werden. Denn wäre selbst die betr. Forderung zur Zeit der Anmeldung bereits fällig, so würde doch jedenfalls der letztern nicht die Bedeutung einer Mahnung, noch weniger der beim Gericht erfolgten Anmeldung die Wirkung einer an den Schuldner erlassenen Mahnung beigelegt werden können. Das Gericht ist insoweit weder gesetzlicher Vertreter noch Beauftragter des Schuldners (§§ 733. 734 des B.G.B., Wengler's Archiv, N.F. Bd. 4 S. 46 flg.).

3. Hinsichtlich einer im Wege des zeitherigen Subhastationsverfahrens eingetragenen Erstehungsgelderhypothek ist die Anmeldung, soweit sie überhaupt nöthig, vom Subhastationsgericht selbst zu bewirken.

4. Bei Hypotheken, welche auf die Inhaber von Anleihescheinen eingetragen sind (Zeitschr. f. R. u. V. Bd. 28 S. 163 flg.), bedarf es zur Legitimation der Anmeldenden der Vorzeigung der Inhaberscheine bezw. der betr. Zinsencoupons, ebenso bei Hypotheken, bei welchen die Berechtigung des Anmeldenden nicht schon aus dem Hypothekenbuche hervorgeht (vergl. Bem. 2. zu § 9), der Vorzeigung der bezüglichen Legitimationsurkunden.

5. Wegen der Anmeldungsfrist und der Folgen der Nichtanmeldung eqrgl. §§ 101. 108 und die zugehörigen Bemerkungen.

Zweiter Titel.

Befriedigung der Gläubiger.

§ 13.

Der Kaufpreis ist durch Zahlung zu gewähren, soweit es zur Tilgung

1. der in § 4 unter 1. 2. 3 gedachten Ansprüche,

2. der nach § 4 unter 4 und 5 in Ansatz kommenden Reallasten-, Zinsen- und Kostenforderungen,
3. der vor dem Versteigerungstermin fälligen Terminzahlungen auf Forderungen der in § 11 unter 2 gedachten Art,
4. der Hauptforderung des betreibenden Gläubigers,
5. der der Forderung des betreibenden Gläubigers im Range gleich- oder nachstehenden hypothekarischen Hauptforderungen,

erforderlich ist und der Kaufpreis dazu ausreicht.

Entwurf gleichlautend bis auf die in demselben fehlenden und auf Antrag der Dep. der I. Kammer eingeschaltene Worte „gleich- oder" in Punkt 5.

Motive. „In §§ 13—19 ist normirt, inwieweit der Kaufpreis durch Zahlung oder durch Schuldübernahme gewährt werden soll.

In den allgemeinen Motiven sind die Gründe dargelegt, aus denen an dem Hypothekenbesitzstand der dem betreibenden Gläubiger vorangehenden Forderungsberechtigten durch die Zwangsversteigerung Nichts geändert werden soll. Die entsprechende Aenderung der Vorschrift in § 452 des B.G.B. enthält § 17 des Entwurfs (§ 16 d. Ges.).

Da der Zweck der Zwangsversteigerung durch die Befriedigung derjenigen Forderung erreicht wird, wegen deren die Versteigerung beantragt worden, war in Erwägung zu ziehen, ob es nicht rationell sei, auch in Betreff der dieser Forderung im Range nachstehenden Hypotheken vorzuschreiben, daß sie durch die Zwangsversteigerung nicht berührt werden sollen, insoweit der erlangte Kaufpreis zur Deckung der betreffenden Ansprüche ausreicht, so daß auch insoweit der Kaufpreis nicht zu zahlen, sondern durch Schuldübernahme zu gewähren sei. So weit aber zu gehen, erschien nicht rathsam. Zunächst ist die Rechtslage der Nachhypothekarier in dieser Beziehung eine andere als die der Vorhypothekarier. Einen rechtlichen Anspruch auf Schutz des Hypothekenbesitzstandes können jedenfalls nur die älteren Hypothekarier erheben. Ihr älteres Recht an dem Grundstück darf durch ein später daran erworbenes nicht beeinträchtigt werden. Darauf beruht die Forderung an die Gesetzgebung, das Zwangsversteigerungsrecht so zu gestalten, daß durch dessen Ausübung das Recht der Vorhypothekarier unberührt bleibe.

Der Nachhypothekarier hat eine gleiche Rücksichtnahme auf seine Interessen nicht zu beanspruchen, insoweit eine zweckmäßige, den Interessen aller Betheiligten Rechnung tragende Ordnung der durch die Versteigerung begründeten Verhältnisse einen Eingriff in sein eigenes Rechtsverhältniß bedingt. Ein solcher Eingriff ist es, wenn ihm auferlegt wird, die Zahlung seiner noch nicht fälligen Forderung seitens des Erstehers geschehen zu lassen, sofern Letzterer auf eine Schuldübernahme gemäß § 432 des B.G.B. nicht eingehen will, sondern den betreffenden Theil des Kaufpreises zu zahlen vorzieht. Die Nachtheile indessen, welche die Einführung der obligatorischen Uebernahme aller Nachhypotheken in Anrechnung auf den Kaufpreis im Gefolge haben würde, überwiegen. Vor allen Dingen würde dadurch der Erwerb der zur Versteigerung kommenden Grundstücke Unbemittelten und solchen Leuten allzusehr erleichtert, die darauf ausgehen, mit möglichst wenig Aufwand und Risico solche Grundstücke nur zum Behuf zeitweiliger Ausbeute oder Behufs eines gewinnbringenden unwirthschaftlichen Gebahrens mit Beständen und Inventar in vorübergehenden Besitz zu bekommen. Die Forderung, wegen deren die Subhastation beantragt ist, sowie die rückständigen Zinsen 2c, die sofort bezahlt werden sollen, können im einzelnen Fall so geringfügigen Betrages sein, daß die Abstoßung dieses Betrags keine Garantie dafür gewähren würde, daß man einen vermögenden oder doch creditwürdigen Ersteher bekommt, der das Grundstück auch halten kann. Ferner würde die Uebernahme der Nachhypotheken bei der Abwickelung des Kaufgeschäfts oft große Schwierigkeiten bereiten. Dies gilt namentlich von dem Falle, wenn ungewisse Forderungen im Range vorangehen und bei der Vertheilung des Kaufpreises die eventuellen Ansprüche der Nachhypothekarier zu berücksichtigen sind. Wollte man hierbei den Ausweg, welchen der § 160 verb. mit § 17 Absatz 2 des Entw. (§§ 162. 16 des Ges.) offen hält, zur Regel machen, so würde das Hypothekenbuch mit Eventualeinträgen überfüllt, dessen Uebersichtlichkeit beeinträchtigt und die sichere und correcte Buchführung gefährdet werden. In der Mehrzahl der Fälle wird das eigene Interesse des Nachhypothekariers fordern, daß der Ersteher seinerseits verpflichtet sei, den betreffenden Theil des Kaufpreises durch Zahlung zu gewähren, und wenn im einzelnen Fall der Nachhypothekarier mit Rücksicht auf die Persönlichkeit des Erstehers und wegen der Einfachheit der sonstigen durch die Versteigerung berührten Schuldverhältnisse ein Interesse daran hat, daß seine Forderung nicht sofort bezahlt werde und die Hypothek einstweilen noch bestehen bleibe, so wird auch der Regel nach ein dahin führendes Abkommen mit dem Ersteher unschwer zu erzielen sein.

Aus diesen Gründen läßt es der Entwurf in Ansehung der Nachhypotheken Inhalts des § 13 unter 5 bei dem bestehenden Recht bewenden.

Den Rückständen an wiederkehrenden Leistungen, Abgaben, Reallastenbeträgen, Capitalzinsen u. s. w., deren Betrag sofort im Versteigerungstermin erlegt oder sichergestellt und nach § 141 auch zur Befriedigung dieser Ansprüche verwendet werden soll, sind in § 13 unter 3 auch rückständige Terminzahlungen auf Forderungen gleichgestellt, deren Stamm vertragsmäßig in bestimmten Terminen ratenweise bezahlt werden soll, wie dies vorzugsweise bei der Veräußerung kleiner ländlicher Besitzungen in Bezug auf einen Theil des rückständig bleibenden Kaufpreises vereinbart wird. Solche rückständige Capitalschulden sollen demnach auch dann nicht durch Schuldübernahme, sondern durch Zahlung gewährt werden, wenn die betreffende Hypothek älter als die des betreibenden Gläubigers ist. Es rechtfertigt sich diese Abweichung von der Regel des § 17 (§ 16 des Ges.) durch die Erwägung, daß es sich hier um Ansprüche handelt, welche nach Ausweis des Hypothekenbuchs fällig sind und in Betreff deren die Interessen des Gläubigers genau so liegen, wie bei Leibrenten, auf deren regelmäßigen Eingang der Gläubiger zur Bestreitung seiner laufenden Ausgaben angewiesen ist.

Bemerkungen.

1. Nach dem zeitherigen Rechte hatte der Ersteher den gesammten Kaufpreis zum Gerichtsdepositum einzuzahlen und erst die eingezahlten Gelder wurden unter die Gläubiger vertheilt. Die Frage, welche Gläubiger und bezw. welche Gattungen von Ansprüchen aus dem eingezahlten Betrage zu befriedigen seien, war für das Vertragsverhältniß des Erstehers zum Gericht ohne allen Einfluß. Dem neuen Gesetze liegt (mit der in Bem. 4 zu § 132 erwähnten Ausnahme) die Auffassung zu Grunde, daß der Ersteher seiner Verpflichtung zur Kaufpreiszahlung dadurch nachzukommen habe, daß er die auf dem Grundstücke lastenden Schulden, soweit sie durch den Kaufpreis gedeckt werden, theils übernimmt (§ 16), theils durch Zahlung des entsprechenden Kaufpreisbetrages tilgt (§ 13). Mit anderen Worten, die Kaufpreisforderung gilt sofort mit ihrer Entstehung als unter die (nach Maßgabe des späteren Vertheilungsplanes) berechtigten Gläubiger vertheilt; die Befriedigung der letzteren erfolgt (mit der in Bem. 4 zu § 132 erwähnten Ausnahme) nicht mehr durch die Vertheilung der eingezahlten Geldsumme, sondern durch die Vertheilung der Kaufpreisforderung selbst, so jedoch, daß dem Ersteher gegenüber das Gericht der Forderungsberechtigte bleibt und somit eine eigentliche Abtretung jener Forderung nicht stattfindet. Dieser Auffassung ist Ausdruck gegeben nicht nur durch die Fassung der §§ 13 und 14, sowie dadurch, daß diese und die übrigen, die Vertragsverpflichtungen des Erstehers regelnden Bestimmungen des gegenwärtigen Titels die Ueberschrift „Befriedigung der Gläubiger" tragen, sondern auch durch die Vorschriften in § 158 Abs. 1. §§ 166. 167 Abs. 1. §§ 169. 170. 172 Abs. 1, 4, 5. § 173 Abs. 1. § 175 Abs. 1.

2. Zu Punkt 4. Wegen des eingetragenen Schuldliquidum vergl. Bem. 6 Abs. 5 zu § 4. — Erfolgt die Zwangsversteigerung lediglich wegen Auszugs- oder Leibrentenrückständen, die unter § 4 unter 4. Abs. 2 fallen, so ist eine Hauptforderung des betreibenden Gläubigers, im Sinne dieses Paragraphen überhaupt nicht vorhanden.

3. Zu Punkt 5. „Forderung des betreibenden Gläubigers" ist hier diejenige, welche nach § 10 für die Feststellung des Mindestgebotes maßgebend ist bezw. (in den Fällen der §§ 181. 182) maßgebend sein würde (vergl. Bem. 2 zu § 10 und Bem. 5 zu § 59).

4. Soweit die in diesem Paragraph erwähnten Ansprüche dem Ersteher selbst zustehen, bedarf es nicht nothwendigerweise der Einzahlung des entsprechenden Betrags. Es ist dies sowohl im Dep.-Ber. der I. Kammer, als auch auf eine Anfrage der II. Kammer vom Justizministerium anerkannt worden. Insoweit kann der Ersteher nach dem oben unter 1 Ausgeführten seine Kaufpreisschuld durch die Erklärung tilgen, daß er seinen Anspruch auf den Kaufpreis in Folge Vereinigung der Berechtigung und Verpflichtung für erloschen erachte. Freilich setzt eine solche Erklärung, wenn sie Tilgungswirkung haben soll, voraus, daß der betreffende Betrag, wenn er eingezahlt worden wäre, dem Ersteher nach den Vorschriften in §§ 157. 159. 160 wieder auszuzahlen sein würde. Vergl. hierzu die Bemerkung 3 zu § 118, Bem. 6 zu § 158 und Bem. 2 zu § 169.

5. Die Frage, inwieweit der Kaufpreis zur Deckung der in § 13 aufgeführten Ansprüche ausreiche, ist nach den Bestimmungen in §§ 4—9. 11. 12 zu beantworten.

§ 14.

Der Gesammtbetrag der in § 13 unter 1. 2. 3 bezeichneten Ansprüche ist im Versteigerungstermin zu erlegen oder sicherzustellen.

Die Zahlungszeit für die zur Tilgung der daselbst unter 4 und 5 gedachten Forderungen zu leistenden Zahlungen bestimmt das Gericht. Der Gläubiger ist die Zahlung anzunehmen auch dann verbunden, wenn seine Forderung nicht fällig ist. Ist die noch nicht fällige Forderung unverzinslich, so ist die als deren Betrag anzusetzende Summe nach den Vorschriften in § 720 des Bürgerlichen Gesetzbuchs zu berechnen.

Der Entwurf enthielt nur Abs. 1 und den ersten Satz von Abs. 2, dagegen einen besonderen Paragraphen (13) des Inhalts: „Die der Forderung des betreibenden Gläubigers im Range nachstehenden hypothekarischen Forderungen werden mit der Zwangsversteigerung fällig."

Motive. „Die Zahlungszeit in Betreff der Hauptforderung des betreibenden Gläubigers und der ihr im Range nachstehenden hypothekarischen Forderungen, soweit der Kaufpreis dazu ausreicht, soll nach Absatz 2 das Gericht bestimmen, und zwar nach § 115 (§ 114 des Ges.) im Versteigerungstermine. Das daselbst wegen der Zahlungszeit Bestimmte wird weiter unten bei § 115 (§ 114 des Ges.) begründet."

Auf Antrag der Dep. der I. Kammer wurde der § 13 des Entwurfs in Wegfall gebracht, dafür wurden dem gegenwärtigen Paragraph in Abs. 2 die Sätze 2 und 3 zugefügt. In Satz 3 waren ursprünglich hinter dem Worte „unverzinslich" die Worte eingefügt „oder mit weniger als mit 5 vom Hundert verzinslich". Der Bericht hierzu lautet:

„Die dem Ersteher in Absatz 1 auferlegte Verpflichtung, den Gesammtbetrag der hier zusammengestellten Ansprüche sofort im Versteigerungstermine zu erlegen und sicherzustellen, konnte als zu weit gehend nicht erachtet werden. In der Mehrzahl der Fälle wird der Betrag hinter dem zehnten Theile der Erstehungsgelder zurückbleiben, welchen jetzt der Ersteher sofort zu erlegen hat. Andererseits verhindert die Bestimmung in Verbindung mit dem Verbote eines Verzichts auf Erlegung oder Sicherstellung in § 113 (§ 112 des Ges.), sowie mit der Gestundungsbeschränkung in § 134 des Entwurfs (§ 132 des Ges.) den Zuschlag an Bieter, welche nicht zahlungsbereit sind.

Schon im bisherigen Rechte ist an das Zahlbarwerden der Forderungen nicht die Folge geknüpft worden, daß hierdurch die Fälligkeit mit der Wirkung des Verzugs gegen den Schuldner einträte (zu vergl. § 22 des Gesetzes vom 30. Juni 1868. Siebenhaar, Commentar Bd. 1 S. 400; Siegmann, Hypothekenordnung S. 224; derselbe, Das Sächsische Hypothekenrecht S. 156). Hiervon abzuweichen, besteht keine zwingende Veranlassung. Es genügt, wenn der Gläubiger, welcher aus dem Kaufpreise durch Zahlung zu befriedigen ist, für verbunden erklärt wird, diese Zahlung anzunehmen; sein Verhältniß zum Schuldner bleibt im Uebrigen unberührt. § 13 wird daher zu beseitigen sein. Der entsprechende Zusatz ist zu § 15 des Entw. (§ 14 des Ges.) beantragt."

Die oben erwähnten Worte in Abs. 2 Satz 3 sind auf Antrag der Dep. der II. Kammer gestrichen worden, da sie zu einer Unbilligkeit führen würden.

Bemerkungen.

1. Die Verpflichtung zu Zahlung oder Sicherstellung der in Abs. 1 bezeichneten Ansprüche tritt erst mit dem Zuschlage ein. Erfolgt derselbe, wie in der Regel der Fall sein wird und deshalb in Abs. 1 als Norm angenommen worden, im Versteigerungstermine selbst, so hat die Zahlung oder Sicherstellung im Versteigerungstermine (§ 134 Abs. 1), andernfalls innerhalb der in § 134 Abs. 4 erwähnten 7tägigen Frist nach der Verkündung oder Zustellung der die Ertheilung des Zuschlags aussprechenden Entscheidung des Beschwerdegerichts zn erfolgen.

2. Reicht der erlangte Kaufpreis zur vollständigen Deckung einer Kapitalforderung nebst Zinsen und Kosten nicht ans, so ist der auf dieselbe entfallende Kaufpreisbetrag den in §§ 977—979 des B.G.B. enthaltenen Grundsätzen gemäß zunächst auf die nach § 4 unter 4 ansatzfähigen rückständigen Zinsen und Kosten, und erst mit dem Restbetrage auf das Kapital selbst zu rechnen. In der nämlichen Weise ist zu verfahren, wenn zwei im Range gleichstehende Forderungen nicht vollständig gedeckt werden können und aus diesem Grunde der auf dieselben entfallende Kaufpreisbetrag zu repartiren ist. (Vergl. hierzu die Bem. 7 Abs. 2 zu § 4.) Auch hier ist der auf die einzelne Forderung repartirte Betrag zunächst auf jene Zinsen und Kosten zu rechnen.

3. Für die Beantwortung der Frage, ob und zu welcher Zeit eine Forderung fällig sei, wird zwar die dem betr. Eintrage zu Grunde liegende Urkunde zunächst zum Anhalt zu nehmen sein, doch ist der Beweis, daß das darin Festgestellte durch spätere Vereinbarungen abgeändert worden sei, nicht ausgeschlossen. Eine solche spätere Vereinbarung ist auch den gleich- oder nachstehenden Gläubigern gegenüber wirksam, da das Publicitätsprincip auf die hinsichtlich der Fälligkeit einer Forderung im Gegensatz zur

Reallast getroffenen, nach §§ 47 und 121 der Gerichtsordnung nicht eintragsfähigen Bestimmungen nicht Anwendung leidet. Nach dem Beschlusse auf Zwangsversteigerung kann allerdings der Schuldner mit Wirkung gegen die gedachten Gläubiger nicht mehr Vereinbarungen treffen, welche den letzteren zum Nachtheile gereichen (vergl. die Bemerkungen zu § 83).

4. Bei der Vertheilung des Kaufpreises kommt die einzelne Forderung ausnahmslos, also auch im Falle der nachträglichen Zuschlagsertheilung (§ 129 Abs. 3. § 153 Abs. 4) in dem Umfange in Ansatz, welchen sie am Versteigerungstage hat. Daher ist bei der Berechnung des Zwischenzinses in Abs. 3 Satz 3 so zu verfahren, als ob die Zahlung an diesem Tage erfolge, und zwar auch dann, wenn sie in Wirklichkeit erst später geschieht. Der Gläubiger erhält den für den Versteigerungstag berechneten Betrag bis zur wirklichen Zahlung verzinst (Bem. 3 zu § 15). — Wegen der Berechnung des Zwischenzinses vergl. Siebenhaar, Commentar, Bd. 2 S. 45.

§ 15.

Die nach § 13 zu zahlenden Beträge hat der Ersteher vom Tage der Versteigerung an bis zur Zahlung nach Höhe von 5 vom Hundert zu verzinsen.

Entwurf gleichlautend.

Bemerkungen.

1. Die Vorschrift beruht auf der in § 1095 des B.G.B. ausgesprochenen Verpflichtung des Käufers zur Verzinsung des Kaufgeldes von der Uebergabe an. Letztere erfolgt zwar an den Ersteher gemäß § 176 erst nach dessen Eintrag im Grundbuche. Das Recht auf Bezug der Nutzungen des Grundstücks geht aber schon mit dem Versteigerungstage auf ihn über (Dep. Ber. der I. K.).

2. Die Verzinsungspflicht beginnt selbst dann mit dem Versteigerungstage, wenn der Zuschlag erst später durch Entscheidung des Beschwerdegerichts erfolgt (§ 129 Abs. 3. § 153 Abs. 4). Dafür gehen auch in diesem Falle die Nutzungen des Grundstücks bereits vom Versteigerungstermin an auf den Ersteher über.

3. Das Gesetz nimmt als Regel an, daß die in § 13 unter 1. 2. 3 bezeichneten Ansprüche im Versteigerungstermin selbst durch Zahlung gedeckt werden (§ 14 Abs. 1). Es hat auch für den Fall, daß dies nicht geschieht, vielmehr nur eine Sicherstellung stattfindet, hinsichtlich der Verzinsungspflicht in § 132 Abs. 1 besondere Bestimmung getroffen. Daher sind in § 15 unter den nach § 13 zu zahlenden Beträgen nur die im letzteren Paragraphen unter 4 und 5 aufgeführten Forderungsbeträge zu verstehen, wegen deren dem Ersteher nach § 14 Abs. 2 und § 114 Gestundung zu ertheilen ist. Aus dem in der Bem. 1 zu § 13 Ausgeführten, sowie aus § 165 folgt, daß die nach dem Vorstehenden gemäß § 15 zu zahlenden Zinsen den Gläubigern gebühren, denen der betr. Kaufpreisbetrag zufällt. Denn diese

Zinsen sind von einer Forderung entstanden, die ihnen sofort mit der Entstehung der letzteren zugewiesen war. Hierbei ist gleichgültig, ob die diesen Gläubigern gegen den Schuldner zustehenden Hauptforderungen unverzinslich oder mit weniger oder mehr als 5 Prozent verzinslich sind, oder, wie bei dem eingetragenen Schuldliquidum der Fall sein kann (vergl. Bem. 6 Abs. 5 zu § 4), zum Theil schon aus Zinsen bestehen. Der Ersteher verzinst nicht jene ursprünglichen Forderungen, sondern den den Gläubigern überwiesenen Kaufpreis.

4. Eine weitere Folge des in der Bem. 1 zu § 13 Ausgeführten ist, daß der Zahlung im Sinne dieses Paragraphen die auf ausdrücklicher oder fingirter Vereinbarung beruhende Uebernahme des betr. Schuldbetrags in Anrechnung auf den Kaufpreis gleichsteht (§§ 164. 170. 175). Wie es solchenfalls mit den Zinsen zu halten, ergiebt sich aus Bem. 2 zu § 170.

§ 16.

Die in § 4 unter 4 gedachten hypothekarischen Schulden, welche mit dem Range vor der Forderung des betreibenden Gläubigers auf dem Grundstücke lasten, sind insoweit, als nicht nach § 13 deren Bezahlung aus dem Kaufpreise zu erfolgen hat, vom Ersteher in Anrechnung auf den Kaufpreis zu übernehmen.

Wenn der Ersteher nach der Bestimmung in Absatz 1 eine Hypothek der in § 7 gedachten Art, oder eine Hypothek, welche in Kraft vorläufiger Vollstreckung oder auf Grund eines Arrestbefehls eingetragen oder bezüglich deren das Vorhandensein einer Forderung im Versteigerungsverfahren bestritten worden ist, oder eine Schuld, welche auch auf einem anderen Grundstücke ungetheilt lastet, in Anrechnung auf den Kaufpreis zu übernehmen hat, ist für den Fall, daß der betreffende Anspruch aus einem anderen Grunde als in Folge Befriedigung durch den Ersteher in Wegfall kommt, eine andere auf dem Grundstücke lastende Schuld zu übernehmen, welche bei Berücksichtigung des in Wegfall kommenden Anspruchs durch den Kaufpreis nicht gedeckt ist.

Auf die Schuldübernahme finden die Bestimmungen in § 432 des Bürgerlichen Gesetzbuchs Anwendung, jedoch mit der Maßgabe, daß, sobald der Zuschlag unanfechtbar geworden ist, die persönliche und die Pfandklage auch gegen den Ersteher

gerichtet werden kann, dagegen die nach den gedachten Bestimmungen des Bürgerlichen Gesetzbuchs durch Schuldübernahme entstanden gewesene persönliche Haft des Schuldners erst mit dem Eintrag des Erstehers im Grundbuch erlischt.

Der Entwurf enthielt in Abs. 2 Zeile 1 vor den Worten „eine Hypothek" noch die Worte: „ein nach § 6 an Stelle einer erloschenen Reallast von unbestimmter Dauer der Verpflichtung tretendes Capital, oder", ferner in Abs. 2 Zeile 6 vor dem Worte „Grundstücke" die Worte „nicht versteigerten". Auch standen in Abs. 3 an Stelle der Worte „die persönliche und die Pfandklage auch gegen den Ersteher gerichtet" die Worte: „der Ersteher persönlich und aus dem Pfandrechte wegen der Forderung in Anspruch genommen".

Motive. „Die in § 16 bezüglich der Hypotheken vorgeschriebene Schuldübernahme erfolgt nicht, wie bei dem freihändigen Verkauf des mit Hypotheken belasteten Grundstücks, durch Willenserklärung des Erstehers, sondern Kraft Gesetzes vermöge der betreffenden Festsetzung im Vertheilungsplan. (vergl. § 143 Absatz 1.)

Noch nach einer anderen Richtung hin bedürfen die Bestimmungen in § 432 des B.G.B. für den Fall der Schuldübernahme beim Zwangsverkauf einer Modification. Die bei dem freihändigen Verkauf eines Grundstücks erklärte Schuldübernahme begründet die persönliche Haftpflicht des Erwerbers wegen der übernommenen Forderung erst von dem Zeitpunkt an, zu welchem er Eigenthümer geworden, also im Grundbuche eingetragen ist. Bis dahin hat der Pfandgläubiger die persönliche Klage gegen den bisherigen Eigenthümer auch dann, wenn dieser selbst die persönliche Verbindlichkeit erst durch Schuldübernahme bei dem vorausgegangenen seinerseitigen Ankauf des Grundstücks übernommen hatte.

Durch den Zwangsverkauf dagegen, dessen Erfolg nach der Vorschrift im letzten Absatz des § 136 (vergl. § 199 Abs. 1 der Provisorischen Gerichtsordnung) alsbald im Grundbuch eingetragen ist, verliert der Schuldner sein bisheriges Eigenthum am Grundstücke unerwartet der Eintragung des Erstehers als des neuen Eigenthümers. Letztere kann nicht erfolgen, bevor der Ersteher die ihm obliegenden Zahlungen auf den Kaufpreis bewerkstelligt hat, weil die Leistung dieser Zahlungen Kaufsbedingung ist, deren Nichterfüllung den Verlust des Erstehungsrechts nach sich zieht, als weshalb vorher dem Ersteher die rechtliche Möglichkeit der Disposition über das Grundstück durch Weiterveräußerung oder durch Belastung mit Hypotheken nicht eingeräumt werden kann. Da er aber vom Tage der Erstehung an die Nutzungen des Grundstücks zu beziehen hat, kann den Hypothekariern nicht versagt werden, schon von da an den persönlichen Anspruch gegen den Ersteher geltend zu machen. Gleichwohl muß daneben das persönliche Klagrecht gegen den bisherigen Eigenthümer auf die Zeit bis zur Eintragung des Erstehers als Eigenthümer auch für den Fall noch fortbestehen, daß Jener, der bisherige Eigenthümer, die persönliche Verbindlichkeit nur nach § 432 des B.G.B. durch Schuldübernahme überkommen hatte, weil, so lange nicht der Ersteher alle seine Verbindlichkeiten erfüllt und die Eintragung erlangt hat, der Verlust des Erstehungsrechts eintreten und die anderweite Versteigerung nothwendig werden kann, in diesem Falle der Hypothekarier also eines persönlich haftenden Schuldners ganz entbehren würde, wenn der bisherige Schuldner schon durch die Versteigerung seiner bisherigen persönlichen Haftung ledig würde. Auf diesen Erwägungen beruhen die Bestimmungen in Abs. 3 des § 16."

Die Abänderungen sind auf Antrag der Dep. der I. Kammer beschlossen und folgendermaßen begründet worden:

„Abs. 1 drückt das zweite der bereits im Eingange des Berichts hervorgehobenen leitenden Principe für die Neugestaltung des Zwangsversteigerungsverfahrens aus.

Dem Absatze 2 liegt folgender, auch im Preußischen Gesetze durchgeführter, aus der Sache selbst sich rechtfertigender Gedanke zu Grunde. Die hier gedachten, vom Ersteher zu übernehmenden Hypotheken können sich nach der Person des Inhabers oder nach der Natur der sichergestellten Forderungen erledigen, ohne daß der Ersteher etwas dazu beiträgt. Es kann z. B. eine auf dem versteigerten Grundstücke haftende Correalhypothek durch Befriedigung des Gläubigers seitens des Eigenthümers eines ungetheilt mithaftenden Grundstücks, oder eine Cautionshypothek sich deshalb erledigen, weil innerhalb des Vertragsverhältnisses, zu dessen Sicherheit sie bestellt ist, bei der Lösung desselben Ansprüche des Gläubigers an den Schuldner nicht vorhanden sind rc. Kommt auf diese Weise die Hypothek in Wegfall, so rücken, da die Verhaftung des Erstehers, welcher selbst am Wegfall unbetheiligt ist, aus der Uebernahme fortbesteht, an die freigewordene Stelle in dem durch den grundbücherlichen Eintrag sich bestimmenden Umfange die Nachhypothekarier, also nach Befinden auch der betreibende Gläubiger, auf, wenn und soweit sie unberücksichtigt geblieben sind, weil sie durch jene vom Ersteher voll übernommene Hypothek von der Befriedigung aus dem Kaufpreise ausgeschlossen bezw. darin verkürzt worden waren. Demgemäß sind dergleichen eventuelle Ansprüche nach § 140 des Entwurfs (u. Gesetzes) im Vertheilungsplane mit aufzunehmen, und nach § 160 des Entwurfs (§ 162 des Ges.) ist die Bedingtheit der Uebernahme der vorgehenden Hypothek im Grund- und Hypothekenbuche zu verlautbaren.

Die Bestimmung in Absatz 2 läßt sich jedoch nicht, wie hier geschehen, auch auf den Fall erstrecken, wo nach § 6 des Entwurfs an Stelle einer erloschenen Reallast ein Capitalbetrag tritt. Nach dem Grundsatze des § 10 müssen die hypothekarischen Gläubiger, welche im Range den Reallasten des § 6 vorgehen, stets durch das Mindestgebot gedeckt sein, wenn überhaupt die Zwangsversteigerung stattfinden soll. Der Fall des § 519 des B. G. B. kann daher nur practisch werden, wenn einer der den betreffenden Reallasten vorgehenden Hypothekengläubiger der betreibende Gläubiger ist. Erfolgt auf seinen Antrag die Zwangsversteigerung ohne die Reallasten und bleibt für diese vom Kaufpreise ein Theil noch verfügbar, so ist das an Stelle der Reallast tretende Capital als der Forderung des betreibenden Gläubigers nachstehend vom Ersteher nicht zu übernehmen, sondern nach §§ 14. 15 des Entwurfs (§§ 13. 14 des Ges.) zu bezahlen.

Nach der Wortfassung des nämlichen Absatzes würde bei Correalhypotheken die bedingte Uebernahme derselben nur da Platz zu greifen haben, wo das oder die ungetheilt haftenden Grundstücke von der Zwangsversteigerung nicht betroffen werden. Es sind indessen auch die Fälle zu berücksichtigen, in denen die mehreren mit einer Correalhypothek belasteten Grundstücke zwar in demselben Verfahren jedoch einzeln und an verschiedene Personen versteigert werden. Deshalb empfiehlt sich die Streichung der Worte: „nicht versteigerten".

Zu Absatz 3 hat die Deputation eine Modification vorzuschlagen. Während denjenigen Hypothekengläubigern, deren Forderungen aus dem Kaufpreise zu bezahlen sind, im Falle des Verzugs des Erstehers als Object der Befriedigung theils nach §§ 136. 156 des Entwurfs (§§ 134. 157 des Ges.) die hinterlegte Sicherheit, theils nach § 157 (§ 158 des Ges.) das Vermögen des Erstehers, theils nach §§ 170. 171 (§§ 172. 173 des Ges.) das versteigerte Grundstück im Wege der anderweiten Versteigerung im fortgesetzten Verfahren dient, befinden sich die übernommenen Gläubiger nicht in gleicher Lage. Nach § 425 des B. G. B. kann die Pfandklage nur gegen den Eigenthümer des Pfandes gerichtet werden und nach § 432 des B. G. B. hat die Schuldübernahme Wirkung erst nach der grundbücherlichen Eintragung des Erwerbers als Eigenthümer. Hiernach und da Inhalts des Entwurfs die Hypotheken durch die Zwangsversteigerung nicht, wie bisher, von selbst erlöschen und der Eintrag des Erstehers als Eigenthümer erst nach Erfüllung seiner Zahlungsverpflichtungen erfolgt, behalten zwar bis dahin die übernommenen Hypothekengläubiger ihre hypothekarischen Rechte bezüglich des Grundstücks. Aber sie können solche nicht gegen den noch nicht eingetragenen Ersteher geltend machen. Deshalb und weil nach § 115 des Entwurfs (§ 114 des Ges.) mit Rücksicht auf die vom Richter bezw. durch Vereinbarung der Betheiligten zu bestimmenden Zahlungsfristen der Eintrag des Erstehers sich auf längere Zeit hinausschieben kann, tritt das Bedürfniß hervor, schon von da ab, wo der Zuschlag an den Ersteher unanfechtbar geworden ist, eine wirksame Rechtsstellung der übernommenen Hypothekengläubiger gegenüber dem Ersteher zu begründen. In dieser Hinsicht ist es zunächst unbedenklich erschienen, mit dem Entwurfe die persönliche Haftung des Erstehers aus der Schuldübernahme neben der Haftung des bisherigen Eigenthümers abweichend von § 432 des B. G. B. schon von Zeit der rechtskräftigen Feststellung der Schuldübernahme im Sinne von § 143 Absatz 1 des Entwurfs (u. Gesetzes) beginnen zu lassen. Dagegen hielt man es für einen zu weit gehenden Eingriff in das bestehende Recht, den Ersteher den übernommenen Gläubigern auch als Pfandschuldner gegenüberzustellen. Nach dem Grundsatze des § 276 des B. G. B., wonach das Eigenthum an Grundstücken nur durch grundbücherliche Eintragung erworben werden kann, bleibt der bisherige Besitzer des versteigerten Grundstücks Eigenthümer desselben bis zur Eintragung des Erstehers. Die in den Motiven vertretene Auffassung, daß der Schuldner sein bisheriges Eigenthum unerwartet der Eintragung des Erstehers schon durch den Zwangsverkauf verliere, dessen Erfolg nach § 137 des Entwurfs (§ 136 des Ges.) (§ 199 der Gerichtsordnung) alsbald im Grundbuch zu verlautbaren ist, unterliegt erheblichen Zweifeln und insbesondere dem Einwande, daß der in § 199 der Gerichtsordnung vorgeschriebene Eintrag der erfolgten Zwangsversteigerung nur als Dispositionsbeschränkung gegen den Schuldner wirkt. (Zu vergl. Siegmann, Das Sächsische Hypothekenrecht, Seite 138, Note 1; Wengler Archiv für civilrechtliche Entscheidungen Bd. 1 Seite 102, Bd. 4 Seite 174 flg., Bd. 5 Seite 779 flg.) Nach der Meinung der Deputation, für welche auch auf den nach §§ 136. 170 des Entwurfs (§§ 134. 172 des Ges.) möglichen Fall hinzuweisen ist, daß der Ersteher seines Erstehungsrechts verlustig geht, bedingt das rechtliche Interesse der übernommenen Hypothekengläubiger nicht nothwendig jenen Eingriff, sondern es kann nur darauf ankommen, diese Gläubiger dann, wenn sie zur Erhebung der Pfandklage vor der Eintragung des Erstehers veranlaßt sind, gegen den Einwand des letzteren zu schützen, daß die gedachte Klage noch nicht gegen ihn erhoben und die Verurtheilung, die Befriedigung des Gläubigers aus dem Pfande geschehen zu lassen, ausgesprochen werden könne, mit anderen Worten, den Ersteher gegenüber der Pfandklage passiv zu legitimiren."

Bemerkungen.

1. In § 4 unter 4 sind nur aufgeführt: hypothekarische Hauptforderungen und gewisse Zinsen-, Kosten- und Reallastenrückstände. Die nach Abs. 1 in Anrechnung auf den Kaufpreis zu übernehmenden Schulden können daher nur in Hauptforderungen (einschließlich der nach der Versteigerung fällig werdenden Termingelderforderungen), niemals in Reallasten und künftigen Nebenforderungen bestehen. Die Reallasten hat der Ersteher ohne Anrechnung auf den Kaufpreis zu übernehmen, weil er (abgesehen vom Falle in § 519 des B.G.B.) mit ihnen das Grundstück gekauft und ihr Vorhandensein bereits bei Normirung des Kaufpreisgebotes in Berücksichtigung gezogen hat. Vergl. auch § 176 Abs. 2. Die künftigen Nebenforderungen (Zinsen und Kosten) hat er zu übernehmen, weil sie ein Anhang der Hauptforderung sind (§§ 416 und 432 des B.G.B.). Bezüglich der eingetragenen Zinsen, sowie hinsichtlich der Kosten ist auch die Uebernahmeverpflichtung in § 18 Abs. 1 bezw. § 17 ausdrücklich ausgesprochen. Doch kommt auch hier der dem § 4 zu Grunde liegende Satz, daß nur die im Bereiche des Kaufpreisbetrages befindlichen Ansprüche berücksichtigt werden, insofern zur Geltung, als die wegen einer zu übernehmenden Hauptforderung bestehende Zinsen- und Kostenhypothek nur dann und nur insoweit mit zu übernehmen ist, wenn und insoweit sie vor der Forderung des betreibenden Gläubigers rangirt. Eine mit dieser Forderung im gleichen oder späteren Range stehende derartige Hypothek wird nach § 171 gelöscht.

2. Aus Abs. 1 folgt weiter, daß der Ersteher die bis zum Versteigerungstermin aufgelaufenen bezw. fällig gewordenen Auszugs-, Leibrenten-, Zinsen- und Kostenbeträge nicht mit zu übernehmen hat, gleichviel, ob dieselben aus den Kaufgeldern zu bezahlen sind oder nicht. Das letztere kann der Fall sein hinsichtlich derjenigen Rückstände, die bereits vor dem zweijährigen Zeitraum in § 4 unter 4, oder, soviel die Zinsen anlangt, nach einem

höheren Zinsfuß als 6 Procent entstanden waren. Es wird daher auch die bestehende Hypothek in Ansehung jener Rückstände unwirksam.

3. Unter den in Anrechnung auf den Kaufpreis zu übernehmenden Schulden kann sich auch ein nach § 6 berechnetes Auszugs- oder Leibrentenäquivalent befinden. Die Annahme im Dep. Ber. der I. Kammer, es müsse sich ein derartiges Aequivalent nach den Bestimmungen in § 519 des B.G.B. und § 10 des gegenw. Ges. stets unter den der Forderung des betreibenden Gläubigers nachstehenden und daher gemäß § 14 Abs. 2 baar zu tilgenden Hauptforderungen befinden, trifft nur in den Versteigerungsfällen zu, für welche die Vorschrift des § 10 maßgebend ist. Dagegen kann in einem nach § 181 oder § 182 zu behandelnden Falle die Sache sich folgendermaßen gestalten. Auf dem zu versteigernden Grundstück haftet an 1. Stelle eine Forderung für A, an 2. Stelle ein Auszug für B, an 3. Stelle die Forderung des betreibenden Gläubigers. Auf das Grundstück mit dem Auszug wird nur ein für A unzulängliches Gebot, auf das hierauf dem Antrag des A entsprechend ohne den Auszug ausgebotene Grundstück dagegen ein so hohes Gebot erlangt, daß die Forderung des A vollständig gedeckt wird und noch ein Ueberschuß verbleibt. In diesem Falle ist das Auszugsäquivalent, soweit es durch den Kaufpreis gedeckt wird, vom Ersteher in Anrechnung auf den Kaufpreis zu übernehmen. — Wegen des solchenfalls erforderlichen Eintrags vergl. § 50 der A.B. (zu § 181). Hinsichtlich der Zahlung hat, wenn darüber zwischen Gläubiger und Ersteher keine Einigung zu Stande kommt, in entsprechender Anwendung von § 114 Abs. 4 das Versteigerungsgericht Bestimmung zu treffen.

4. Eine zu übernehmende Forderung, welche in Pfandbriefen zurückzuzahlen ist (Bem. 6 Abs. 4 zu § 4), ist mit dieser Verpflichtung zu übernehmen, sobald die letztere gleich bei der Eintragung der Forderung verlautbart worden, oder wenigstens die wegen dieser Verpflichtung nachträglich eingetragene Hypothek noch vor der Forderung des betreibenden Gläubigers rangirt. In Anrechnung auf den Kaufpreis kommt bei Uebernahme einer solchen Forderung lediglich deren eingetragener Nominalbetrag. — Vergl. § 36 der A.B. (zu § 120).

5. Nach dem Entwurf sollte die Bestimmung in Abs. 2 auch bei Uebernahme eines Reallastenäquivalents im Sinne von § 6 Anwendung finden. Der Grund, aus welchem von der Dep. der I. Kammer der Wegfall dieser Bestimmung beantragt worden, kann zwar nach dem vorstehends in Bem. 3 Ausgeführten nicht als zutreffend anerkannt werden. Gleichwohl rechtfertigt sich der Wegfall jener Bestimmung dadurch, daß in Folge der Abänderung des Entwurfs zu § 6 das auszuwerfende Aequivalent nicht mehr die Natur eines reservirten Fonds, sondern die einer definitiven Entschädigung des Berechtigten hat (Bem. 8 zu § 6) und daher die in Abs. 2 erwähnte Eventualität blos wegen jener Eigenschaft der zu übernehmenden Forderung überhaupt nicht mehr eintreten kann.

6. Im Entwurfe war die Bestimmung des Abs. 2 auf diejenigen Correalhypotheken beschränkt, welche auch auf einem andern nicht versteigerten Grundstücke lasten. Hierdurch sollte indirekt ausgesprochen werden, daß Korrealhypotheken, welche auf mehreren um ein Gesammt-

gebot versteigerten Grundstücken lasten, der Vorschrift des Abs. 2 nicht unterliegen. Bei diesem, aus dem Zwecke der Bestimmung, sowie aus § 29 Satz 2 sich ergebenden Grundsatze hat es auch nach Beseitigung der Worte „nicht versteigerten" zu verbleiben, da durch diese Beseitigung an jenem Grundsatze offenbar nichts hat geändert werden sollen. Vergl. den hierauf bezüglichen Theil im oben ersichtlichen Dep.Ber. der I. Kammer. — Abs. 2 leidet gemäß § 3 bezw. § 42 Abs. 4 auch auf Schulden Anwendung, welche auf dem versteigerten ideellen Theile eines Grundstücks und zugleich auf einem anderen, nicht um ein Gesammtgebot versteigerten Grundstücke oder ideellen Grundstückstheile ungetheilt lasten.

7. Als „Befriedigung durch den Ersteher" gilt jede Befriedigung, durch welche direkt oder indirekt das Vermögen des Erstehers entsprechend vermindert wird, also insbesondere auch die Befriedigung durch den Nachbesitzer, welcher die Hypothek in Anrechnung auf den Kaufpreis übernommen hatte.

8. Mit der „Schuld, welche auch auf einem andern Grundstücke ungetheilt lastet," hat offenersichtlich jede auf dem versteigerten Grundstücke haftende Schuld getroffen werden sollen, mit welcher außer diesem Vermögensstücke noch ein anderes Vermögen ungetheilt belastet ist, ohne daß diesem letzteren durch die bloße Deckung der Schuld ein Regreßanspruch gegen das erstere, insbesondere der Anspruch auf Umschreibung der Hypothek, zufällt. Es ist mithin darauf, daß im Gesetze als das andere Vermögen nur ein anderes Grundstück gedacht ist, kein Gewicht zu legen. Eine Schuld der gedachten Art liegt daher auch dann vor, wenn Jemand an seinem Grundstücke wegen einer fremden Schuld Hypothek bestellt. Solchenfalls lastet die Schuld nicht blos auf dem Grundstücke, sondern auch auf dem Vermögen des persönlichen Schuldners. Der letztere kann, wenn er Zahlung leistet, die Umschreibung der Hypothek auf seinen Namen nicht verlangen. Durch die Zahlung seitens des persönlichen Schuldners würde somit der Ersteher von der übernommenen Schuld befreit werden, ohne daß er selbst etwas aufgewendet hätte. Daher ist auch in einem solchen Falle der Vorschrift des Abs. 2 nachzugehen.

9. Ist eine andere auf dem Grundstück haftende, durch den Kaufpreis nicht gedeckte Schuld nicht vorhanden, so kommt der freiwerdende Betrag der übernommenen Hypothek gemäß § 381 des B.G.B. und § 167 dieses Gesetzes dem Schuldner zu.

10. Das Rechtsverhältniß der übernommenen Gläubiger zum ursprünglichen Schuldner und zum Grundstücke wird durch die Schuldübernahme nicht berührt. Dieselben erlangen durch die letztere keinen weitern Vortheil, als daß ihnen nunmehr wegen ihrer zeitherigen Forderung auch der Ersteher persönlich haftet. Diese Haftpflicht beginnt, sobald der Zuschlag unanfechtbar geworden, also mit der Rechtskraft des Vertheilungsplanes (vergl. auch § 143 Abs. 1), und endigt gemäß der nach Abs. 3 anzuwendenden Bestimmungen in § 432 des B.G.B., wenn der Ersteher nach seiner Eintragung das Grundstück veräußert, ausgenommen, wenn der Gläubiger vor der Veräußerung die persönliche Klage gegen ihn bei Gericht angebracht und den Rechtsstreit nicht über drei Monate liegen gelassen hat. Auch

haftet er wegen der von der Rechtskraft des Zuschlags an bis zur Veräußerung fällig gewordenen Zinsen nach der Veräußerung noch fort. Geht der Ersteher des Erstehungsrechtes verlustig (§ 172 Abs. 4), so wird seine Verbindlichkeit nicht blos für die Zukunft, sondern auch für die Vergangenheit hinfällig.

11. Der Dep. Ber. der I. Kammer hält es zwar für einen zu weit gehenden Eingriff in das bestehende Recht, den Ersteher vor seiner Eintragung den übernommenen Gläubigern auch als Pfandschuldner gegenüber zu stellen. Gleichwohl ist nicht die Beseitigung, sondern nur eine redactionelle Abänderung der bezüglichen Bestimmung des Entwurfs beantragt und beschlossen worden. Denn durch die Bestimmung, es könne die Pfandklage auch gegen den Ersteher gerichtet werden, wird der Sache nach nicht mehr und nicht weniger gesagt, als, es könne der Ersteher aus dem Pfandrecht in Anspruch genommen werden.

12. Wie bereits im Dep. Ber. der I. Kammer ausgeführt worden, bleibt der Schuldner, so lange der Ersteher noch nicht eingetragen ist, Eigenthümer des Grundstücks, kann daher auch gemäß § 425 des B.G.B. bis zu diesem Zeitpunkte mit der Pfandklage belangt werden. Hiernach haben zufolge der Bestimmung des Abs. 3 in der Zeit zwischen Rechtskraft des Zuschlags und der Eintragung des Erstehers die übernommenen Gläubiger die Wahl, ob sie die Pfandklage gegen den zeitherigen Schuldner oder gegen den Ersteher oder gegen Beide zugleich anstellen wollen. Es sind ihnen gegenüber zwei solidarisch berechtigte und verpflichtete Repräsentanten der Pfandschuldnerpartei vorhanden. Der Natur der Sache nach kann das auf dem Pfandrecht beruhende Verhältniß der Gläubiger Beiden gegenüber nur einheitlich festgestellt werden. Daher treten, wenn Beide mit der Pfandklage belangt werden, die Bestimmungen in § 59 der C.P.O. ein. Der Ersteher ist Rechtsnachfolger des Schuldners als Grundstückseigenthümers und Pfandschuldners, denn er tritt in dessen Eigenthum ein. Es kommen daher hinsichtlich der Berechtigung bezw. Verpflichtung des Erstehers zum Eintritt in den gegen den Schuldner als Pfandschuldner anhängigen Rechtsstreit sowie hinsichtlich der Vollstreckbarkeit einer gegen den Pfandschuldner ergangenen Entscheidung gegenüber dem Ersteher (und zwar auch nach dessen Eintragung) die Vorschriften in §§ 236 und 237 bezw. 665 der C.P.O. zur Anwendung. Bestimmungen des bürgerlichen Rechts über den Erwerb auf Grund des Grund- und Hypothekenbuchs (§ 238 der C.P.O.) stehen insoweit nicht entgegen.

13. Wegen der Berechtigung des Erstehers, von der übernommenen Schuld durch Zahlung an die Gerichtskasse sich zu befreien, siehe § 19.

§ 17.

Die wegen der Kosten der Kündigung und der Einklagung einer nach § 16 zu übernehmende Schuld eingetragene Hypothek ist mit zu übernehmen, kommt jedoch auf den Kaufpreis nicht in Anrechnung.

Im Entwurf befanden sich Zeile 2 nach dem Worte „Schuld“ die Worte „mit Angabe einer bestimmten Summe.“

Motive. „Die eingetragenen Kostencautionen (§ 18) müssen vom Ersteher übernommen werden ohne daß ihr Betrag auf den Kaufpreis angerechnet werden kann, weil diese Cautionen nur für solche Kosten fortbestehen, welche erst durch die in der Folgezeit eintretende Einklagung der betreffenden Hauptforderung erwachsen könnten und, insoweit es geschieht, persönliche Schuld des Erstehers sein würden. Aus § 10 Abs. 1 erhellt zugleich, daß derartige Cautionshypotheken auch bei Berechnung des Mindestgebots nicht in Ansatz kommen können. Soweit Kostenansprüche vor der Versteigerung entstanden sind, werden dieselben nach §§ 4, 4. 14, 2 aus dem Kaufpreise baar bezahlt.“

Die obenerwähnten Worte sind auf Antrag der Dep. der II. Kammer gestrichen worden.

Bemerkungen.

1. Es ist gleichgültig, ob die Kostenkaution mit oder ohne Angabe einer bestimmten Summe eingetragen ist (§ 418 des B.G.B.).

2. Zu übernehmen ist die Kostenhypothek nur dann, wenn sie Vorrang vor der Forderung des betreibenden Gläubigers hat. Anderenfalls ist sie gemäß § 171 zu löschen. — Vergl. Bem. 1 zu § 4.

§ 18.

Die in Anrechnung auf den Kaufpreis zu übernehmenden verzinslichen Schulden hat der Ersteher dem Gläubiger vom Versteigerungstermin an in derselben Maße zu verzinsen, wie es nach Inhalt des Hypothekenbuches Seitens des Schuldners zu geschehen hatte.

Für unverzinsliche Beträge, welche der Ersteher in Anrechnung auf den Kaufpreis zu übernehmen hat, sind auf die Zeit bis zu deren Zahlung Zinsen nach Höhe von 5 vom Hundert zu gewähren, welche der Kaufgeldermasse zuwachsen.

Entwurf gleichlautend.

Bemerkungen.

1. Für die Beantwortung der Frage, ob eine zu übernehmende Schuld verzinslich oder unverzinslich sei, ist nicht unter allen Umständen das Hypothekenbuch ausschlaggebend. Von einer solchen Schuld können zur Zeit der Versteigerung gesetzliche oder Verzugszinsen laufen, ohne daß hierüber und insbesondere über den für die Berechnung dieser Zinsen maßgebenden Zinsfuß (§ 742 des B.G.B., Art. 287 des Handelsgesetzbuches) das Hypothekenbuch Auskunft giebt (§ 416 des B.G.B.). Dies gilt unter Anderem von den im Wege der Zwangsvollstreckung eingetragenen Schuldbeträgen (Siegmann, Hypothekenordnung, S. 108 flg.). Auch solche Zinsen hat der Ersteher vom Versteigerungstermine an zu übernehmen. Die Worte in Abs. 1 „wie es nach Inhalt des Hypothekenbuches seitens des Schuldners zu geschehen hatte“ beziehen sich nur auf die Vertragszinsen. Durch diese Worte soll ausgedrückt werden, daß für die Höhe dieser Zinsen ausschließlich der

im Hypothekenbuche eingetragene Zinsfuß maßgebend sein solle. Daß in dieser Beziehung nur die der Forderung des betreibenden Gläubigers im Range vorgehenden Zinsen in Betracht kommen können, ergiebt sich aus Bem. 1 zu § 16.

2. Ueber die Zeit und die sonstigen Modalitäten der Zinsenabführung giebt das Hypothekenbuch keinen Aufschluß. In dieser Beziehung, insbesondere auch hinsichtlich einer etwa bedungenen kassatorischen Klausel für den Fall unpünktlicher Zinsenabführung bleibt das zur Zeit des Eintrags des Zwangsversteigerungsbeschlusses (Bem. 2 zu § 83) bestandene Rechtsverhältniß maßgebend. — Vergl. Siebenhaar, Commentar, Bd. 1 S. 388; Siegmann, das K. Sächs. Hypothekenrecht S. 93, Annalen des K. O.A.G. N. F. Bd. 3 S. 86 flg.

3. Durch die Worte in Abs. 1 „vom Versteigerungstermine an" soll nur der Anfangspunkt für die Berechnung der Zinsen angegeben werden. Die persönliche und die Pfandklage gegen den Ersteher ist auch wegen der Zinsen erst von dem Zeitpunkte an begründet, zu welcher der Zuschlag unanfechtbar geworden (§§ 16 und 163).

4. Die nach Abs. 2 zur Kaufgeldermasse zu zahlenden und ebenfalls vom Versteigerungstermine an zu berechnenden Zinsen werden (wie auch im Dep.Ber. der I. Kammer hervorgehoben worden) denjenigen Gläubigern zuzuweisen sein, welche durch den Kaufpreis selbst nicht gedeckt sind (vergl. die Bemerkungen zu § 139), ohne daß jedoch der Ersteher mit der Abführung dieser Zinsen direkt an die betr. Gläubiger gewiesen werden darf (§ 142). Wegen dieser Zinsen, welche als Vertragszinsen anzusehen sind, besteht keine Hypothek. Es ist auch das Vollstreckungsgericht nicht in der Lage, die Bestellung einer solchen zu erzwingen. Daher geht, wenn der Ersteher später das Grundstück veräußert, die Verpflichtung zur Entrichtung der in Abs. 2 bezeichneten Zinsen nicht ohne Weiteres auf den Erwerber über. Die Grund- und Hypothekenbehörde wird aus diesem Grunde Veranlassung haben, vor Eintragung des Veräußerungsgeschäfts auf Regulirung jener Verzinsungspflicht thunlichst hinzuwirken. Auch wird es mit Rücksicht auf den hervorgehobenen Umstand für das Versteigerungsgericht räthlich sein, die nach § 114 festzustellenden Termine für die Abführung dieser Zinsen, sobald dieselben einen nicht unerheblichen Betrag bilden, möglichst kurz (vielleicht vierteljährlich) zu bestimmen, damit die darauf angewiesenen Gläubiger möglichst bald in die Lage kommen, wegen etwaiger Rückstände gemäß § 158 die Zwangsvollstreckung gegen den Ersteher zu beantragen.

§ 19.

In Ansehung des Theils des Kaufpreises, welcher auf Hypotheken auszuwerfen ist, an deren Stelle nach § 16 Absatz 2 für den daselbst angegebenen Fall nachhaftende Hypotheken zu übernehmen sind, kann sich der Ersteher von seiner Schuld durch Zahlung an die Gerichtskasse befreien.

Im Entwurfe fehlten die Worte „an die Gerichtskasse". Dieselben sind auf Antrag der Dep. der I. Kammer hinzugefügt worden.

Motive. „Durch die Bestimmungen des Paragraphen wird dem Ersteher das Recht zugestanden, gewisse Hypotheken durch Baarzahlung zu tilgen, die an und für sich nach dem Grundsatze des § 17 Absatz 1 (§ 16 des Ges.) in Anrechnung auf den Kaufpreis zu übernehmen sein würden. Der Ersteher soll nicht genöthigt werden, in Schuldverhältnisse einzutreten, die zu übersehen und sicher zu ermitteln er außer Stande sein oder deren Ermittelung ihm wenigstens Schwierigkeiten bereiten würde, während er andrerseits eventuell den Nachhypothekariern haftet und von diesen für Beträge in Anspruch genommen werden würde, die er ohne Rechtsgrund an den bedingt berechtigten Vorhypothekarier bezahlt hat. Um also ganz sicher zu gehen, müßte der Ersteher sich nach Befinden in Processe einlassen über Schuldverhältnisse, die ihm persönlich völlig unbekannt sind, weil er bei ihrer Entstehung nicht concurrirt hat. Deshalb soll sich der Ersteher derartiger Schuldverbindlichkeiten durch Zahlung des betreffenden Theils der Kaufsgelder an die Gerichtscasse entschütten können, der Auszahlung an die Forderungsberechtigten aber das Vollstreckungsgericht sich unterziehen. (§§ 158. 159 des Entwurfs, §§ 159. 161 des Ges.)

Bemerkungen.

1. Die Einzahlungbefugniß hat der Ersteher auch noch nach der Schuldübernahme (vergl. § 43 der A.V. zu § 162).

2. Wegen des Rechtes des Erstehers, die Löschung oder Umschreibung zu verlangen, vergl. § 166.

§ 20.

Die erfolgte Kündigung einer in Anrechnung auf den Kaufpreis zu übernehmenden Forderung wirkt dem Ersteher gegenüber nur dann, wenn die eingetretene Fälligkeit der Forderung, oder der bevorstehende Eintritt ihrer Fälligkeit vor dem Schluß des Anmeldetermins angemeldet worden ist. Eine erst nach Schluß des Anmeldetermins erfolgte Kündigung ist dem Ersteher gegenüber unwirksam.

Die Bestimmungen in Absatz 1 finden entsprechende Anwendung, wenn andere Umstände eintreten, welche die Fälligkeit der Forderung zur Folge haben.

Entwurf, abgesehen von einer seitens der Deputation der I. Kammer beantragten redactionellen Abänderung, gleichlautend.

Motive. „Der Ersteher muß einige Zeit vor dem Versteigerungstermine wissen, ob er darauf rechnen kann, daß die in Anrechnung auf den Kaufpreis zu übernehmenden Forderungen eine Zeit lang unverändert stehen bleiben sollen. Die rechtzeitige Gewißheit hierüber liegt im Interesse aller Gläubiger, insofern Alles, was dazu beiträgt, den Ersteher schon vor dem Bietungstermine über den Umfang seiner Verbindlichkeiten zu informiren, zur Vermehrung der Kaufslustigen gereichen kann. Der betheiligte Gläubiger wird durch die Bestimmungen des Entwurfs in seinem Kündigungsrechte nicht beschränkt. Die Zeit des Anmeldetermines wird ihm zwei Wochen vorher notificirt (§ 100 Absatz 1); er kann also noch bis dahin kündigen und die Kündigung anmelden, falls er die Hypothek nicht stehen lassen oder wenigstens freie Hand behalten will, sich darüber je nach dem Ausfall der Versteigerung, insbesondere mit Rücksicht auf die Persönlichkeit des Erstehers, schlüssig zu machen. Die Anmeldung ist auch in dem Falle zu bewirken, wenn die Fälligkeit der Forderung in der Zeit zwischen dem Anmeldetermine und der Versteigerung eintritt. Worauf die Fälligkeit im einzelnen Falle beruht, ist nach Absatz 2 indifferent. Es kann eine Kündigung vorliegen (Absatz 1), es kann aber auch die cassatorische Clausel eingetreten sein oder der Ablauf des vertragsmäßig festgesetzten Zahlungstermins die Fälligkeit herbeigeführt haben.

Selbstverständlich begründet aber die Anmeldung der Fälligkeit für sich allein noch nicht die sofortige zwangsweise Realisirbarkeit des Anspruchs auf Zahlung. Wenn der Gläubiger nicht schon vor der Subhastation gegen den Schuldner Klage erhoben hat (vergl. § 236 der Civilprozeßordnung) und der Ersteher nicht freiwillig zahlt, so muß der Gläubiger Klage gegen diesen erheben.

Es wird sich vielleicht einbürgern, daß gleich bei Constituirung von Hypotheken die Bedingung gestellt wird, daß im Falle eintretender Subhastation das Capital fällig werde. Von manchen Seiten ist deshalb ein Verbot derartiger Bedingungen befürwortet worden, weil sonst der aus der Vorschrift des § 16 erwartete Vortheil verloren gehe. Allein ein solches Verbot wäre schon aus dem Grunde bedenklich, weil es leicht zu umgehen sein würde. Es besteht aber auch kein Bedürfniß, es einzuführen. Der § 16 will nur solche Hypothekarier schützen, welche nicht ohne Noth mit ihrer Capitalanlage wechseln wollen. Soweit dagegen ein beachtliches Interesse obwaltet, die Rückzahlung des Capitals zu fordern, soll dem Verlangen des Gläubigers nicht entgegengetreten werden. Viele Capitalisten werden sich also zwar, der Sicherheit wegen, die Fälligkeit ihrer Forderung im Subhastationsfalle bedingen, dann aber zusehen, ob der Ersteher eine creditwürdige Persönlichkeit ist und, wenn dies der Fall, ihr Capital ferner stehen lassen."

Dep. Ber. der I. Kammer. „§ 20 erfüllt den doppelten Zweck, einmal den Gläubiger nicht zur anderweiten Aufkündigung an den Ersteher zu nöthigen, bezw. auch gegenüber dem letzteren den Fälligkeitsgrund zur Geltung zu bringen, andererseits dem Ersteher zur Orientirung Gelegenheit zu geben.

Daß es sich hier nur um eine an den Schuldner erfolgte Kündigung handeln kann, ergiebt sich daraus, daß zur Zeit des Anmeldetermins noch kein Ersteher vorhanden ist. Dem Ersteher selbst kann erst nach rechtskräftig erfolgtem Zuschlage gekündigt werden."

Bemerkungen.

1. Durch die Anmeldung soll das Gericht und indirekt der Ersteher nicht blos von der Thatsache des erfolgten oder bevorstehenden Eintritts der Fälligkeit, sondern auch von dem Willen des Gläubigers, diese Fälligkeit dem Ersteher gegenüber geltend zu machen, in Kenntniß gesetzt werden. Die Anmeldung wird daher dadurch, daß das Gericht oder der Ersteher von dem Fälligkeitseintritte auf anderem Wege Kenntniß erlangt hat, nicht verüberflüssigt. Zugleich schreibt der Paragraph eine Form und eine Frist für jene Willenserklärung des Gläubigers vor; sie soll durch gerichtliche Anmeldung und bis zum Schlusse des Anmeldetermins erfolgen. Daher ist eine an den Ersteher direkt bezw. erst nach dem Anmeldetermin bewirkte Anzeige unwirksam.

2. Absatz 2 spricht von anderen Umständen, welche die Fälligkeit der Forderung zur Folge haben. Es ist damit auf die in Abs. 1 bezeichnete Forderung Bezug genommen. Abs. 1 handelt nur von Forderungen, welche auf Kündigung stehen. Daher bezieht sich der ganze Paragraph nur auf derartige Forderungen. Hinsichtlich anderer Forderungen ist es Sache des Gerichts bezw. des Erstehers, über die Fälligkeit Erörterungen anzustellen. — Vergl. § 23 der A.V. (zu § 101). Bei gewissen Forderungen, z. B. bei den im Wege der Zwangsvollstreckung eingetragenen Schuldbeträgen, bei Termingeldern u. dergl., wird die Fälligkeit schon aus dem Hypothekenbuche hervorgehen bezw. schon in Folge § 11 unter 2 festzustellen sein. — An=

dere Umstände im Sinne des Abs. 2, welche die Fälligkeit herbeiführen, können bei einer auf Kündigung stehenden Forderung z. B. dann eintreten, wenn bestimmt ist, daß dieselbe an einem bestimmten Tage, nach Wahl des Gläubigers aber schon vorher auf halbjährige Kündigung oder bei nicht pünktlicher Zinsenabführung (kassatorische Klausel) zu zahlen sei.

3. Aus dem Paragraphen und dem vorstehends Gesagten ergiebt sich hinsichtlich der auf Kündigung stehenden Forderungen Folgendes. Der Gläubiger muß, wenn er auf Grund der nachstehenden Thatsachen und Umstände die Fälligkeit gegen den Ersteher geltend machen will, rechtzeitig anmelden:

a) die von ihm oder dem Schuldner ausgegangene Kündigung. — Eine nicht angemeldete Kündigung würde nur noch vom Ersteher geltend gemacht werden können —;

b) die Absicht, wegen des bereits erfolgten oder bis zum Versteigerungstermine etwa nach erfolgenden Eintritts der kassatorischen Klausel oder des im Voraus bestimmten Fälligkeitstages, von dem Rechte auf sofortige Zahlung gegen den Ersteher Gebrauch zu machen. Ist diese Anmeldung unterblieben, so kann der bis zum Versteigerungstermine erfolgte Eintritt der kassatorischen Klausel gegen den Ersteher überhaupt nicht mehr geltend gemacht werden. Der Gläubiger ist dann ebenso, wie in dem anderen unter b erwähnten Falle, auf die Kündigung gewiesen.

4. Wegen der Zahlungszeit im Falle der Anmeldung vergl. § 114 Abs. 4.

Dritter Titel.

Rechte der Gläubiger in besonderen Fällen.

§ 21.

Ist das Bestehen eines Anspruchs, welcher bei Berechnung des zulässigen Mindestgebots und bei Vertheilung des bei dem Zwangsverkauf erlangten Kaufpreises in Ansatz zu kommen hat, im Laufe des Versteigerungsverfahrens von einem Realberechtigten, welcher bei Berücksichtigung des Anspruchs benachtheiligt wird, oder von dem Schuldner bei dem Vollstreckungsgericht bestritten worden, so hat das Vollstreckungsgericht in den stattfindenden Terminen Verhandlungen zwischen den anwesenden Betheiligten zu veranlassen und auf vergleichsweise Einigung derselben hinzuwirken.

Zur Verhandlung über bestrittene Ansprüche kann das Gericht einen besonderen Termin anberaumen.

Ist eine Einigung nicht zu erzielen, so ist dessenungeachtet bei Berechnung des zulässigen Mindestgebots, sowie bei der Vertheilung des Kaufpreises im Vertheilungsplan der bestrittene Anspruch zu berücksichtigen, es sei denn, daß ein das Nichtbestehen desselben feststellendes rechtskräftiges Urtheil beigebracht worden ist. Es bleibt jedoch den Interessenten im Fall der Berücksichtigung des Anspruchs die Herbeiführung rechtlicher Entscheidung über das Bestehen oder Nichtbestehen des Anspruchs durch Klagerhebung vorbehalten.

Der Realberechtigte, welcher den Anspruch bestritten hat, kann sich gegen die Klage des Gläubigers auf dessen Anerkennung, sowie zur Begründung der von ihm gegen den Gläubiger zur Feststellung des Nichtbestehens des Anspruchs erhobenen Klage aller Angriffs- und Vertheidigungsmittel bedienen, welche dem Schuldner zustehen.

Entwurf gleichlautend.

Motive zu §§ 21—24. „Widersprüche gegen die Berücksichtigung von Ansprüchen, welche bei der Berechnung des geringsten zulässigen Gebots und bei der Vertheilung des Kaufpreises nach den Bestimmungen des Entwurfs in Ansatz zu kommen haben, werden sich nicht selten erledigen, wenn die Differenz ohne Weiteres zur Verhandlung gezogen wird. Deshalb ist im § 21 Abs. 1 — ähnlich wie im § 24 des Gesetzes vom 30. Juni 1868 — vorgeschrieben, der Richter solle in den stattfindenden Terminen (§§ 106. 130) Verhandlungen zwischen den anwesenden Betheiligten veranlassen und auf vergleichsweise Einigung hinwirken. Auch wird durch die Vorschrift im zweiten Absatze des § 21 das Gericht in die Lage gesetzt, die Betheiligten zur Verhandlung über bestrittene Ansprüche an Amtsstelle vorzuladen. Mehr aber als eine vermittelnde und ausgleichende Thätigkeit kommt dem Subhastationsrichter nicht zu. Sind seine Bemühungen erfolglos, so muß seitens der streitenden Parteien der Proceßrichter angerufen werden. Mit Rücksicht auf die Interessen der anderen am Fortgange des Verfahrens betheiligten Gläubiger darf indessen die Abwickelung des Versteigerungsgeschäftes solcher Differenzen halber nicht aufgehalten werden. Deshalb ist im dritten Absatze des Paragraphen vorgeschrieben, daß der vorliegende Widerspruch sowohl bei der Feststellung des zulässigen Mindestgebots, als bei der Vertheilung des Kaufpreises nicht weiter zu berücksichtigen sei, es müßte denn ein rechtskräftiges Urtheil beigebracht werden, welches das Nichtbestehen des bestrittenen Anspruchs feststellt.

Wenn zwar nicht der Anspruch selbst, wohl aber sein dem Inhalte des Hypothekenbuches entsprechender Vorrang bestritten wird — z. B. unter Bezugnahme auf ein vertragsmäßiges Abkommen, dessen Verlautbarung aus irgend einem Grunde noch nicht stattgefunden hat —, so liegen die Verhältnisse ganz ähnlich, wie in dem zuerst erwähnten Falle.

Daß der § 21 keine prozessualen Vorschriften über die Vertheilung der Parteirollen im Rechtsstreite oder gar der Beweislast geben will, bedarf kaum der besonderen Hervorhebung. Insoweit wird an den allgemeinen Bestimmungen der Proceßordnung und des bürgerlichen Rechtes Nichts geändert. Es bleibt auch lediglich der Entschließung des widersprechenden Gläubigers überlassen, ob er auf Anerkennung des Nichtbestehens des behaupteten Anspruchs oder Vorrangs klagen, oder ob er den Angriff seines Gegners abwarten will.

Der betreibende Gläubiger hat ferner ein Interesse daran, daß schon bei Feststellung des Mindestgebots nicht Forderungen eingerechnet werden, welche aus irgend welchem Grunde zur Löschung zu bringen sind. Er muß deshalb in der Lage sein, schon vor Einreichung des Versteigerungsantrags mit der Feststellungsklage (§ 231 der C.P.O.) auf die Beseitigung der ihm vorgehenden Einträge hinzuwirken. Die Bestimmung in § 23 umfaßt auch diesen Fall."

Deputationsbericht der I. Kammer. „§§ 21—24 verfügen, daß, wenn über den Bestand, den Umfang, den Vorrang anzusetzender Ansprüche Streitigkeiten zwischen den betheiligten Interessenten bereits vor dem Versteigerungsverfahren im Gange sind oder erst während des letzteren erhoben werden, dieselben im ordentlichen Proceßverfahren außerhalb des Zwangsversteigerungsverfahrens zum Austrage zu bringen sind.

Diese Anordnung ist eben so sehr im Interesse der raschen Abwickelung der Zwangsversteigerung begründet, als sie der Vorschrift in § 757 der C.P.O. Rechnung trägt, wonach zwar die Zwangsvollstreckung in das unbewegliche Vermögen einschließlich des mit derselben verbundenen Aufgebots- und Vertheilungsverfahrens durch die Landesgesetze bestimmt wird, auf Vertheilungsstreitigkeiten aber die Vorschriften in §§ 765. 766. 767. 768 aus dem Titel über das Vertheilungsverfahren bei der Zwangsvollstreckung in das bewegliche Vermögen bezüglich der Klage, des Urtheils und des Urtheilsvollzugs entsprechende Anwendung finden."

Bemerkungen.

1. Der Paragraph hat lediglich Streitigkeiten im Auge, welche über das Bestehen eines Anspruchs enstanden sind, der an sich nach §§ 4—12 bei Berechnung des zulässigen Mindestgebots und bei Vertheilung des Kaufpreises in Ansatz zu kommen haben würde. Hierunter fallen alle Streitigkeiten, bei welchen es sich darum handelt, ob und nach welcher Höhe der betr. Anspruch jemals zur Entstehung gelangt oder erloschen bezw. der Bestimmung in § 9 gegenüber zu berücksichtigen sei. Dagegen fallen nicht unter den Paragraphen Streitigkeiten darüber,

a) ob der betreibende Gläubiger zum Antrage auf Zwangsversteigerung berechtigt sei, da Widersprüche hiergegen, soweit sie vom Schuldner selbst ausgehen, im Wege der sofortigen Beschwerde nach § 80 dieses Gesetzes, soweit sie von dritten Personen ausgehen, nach § 690 der C.P.O. zu erledigen sind;

b) welchem der mehreren Prätendenten das Recht auf den in Ansatz gebrachten Anspruch zustehe, da hierdurch weder die Berechnung des Mindestgebots, noch die Vertheilung des Kaufpreises berührt wird;

c) ob ein nach § 12 der Anmeldung bedürftiger Anspruch richtig und rechtzeitig angemeldet worden, da hierüber im Versteigerungsverfahren selbst endgültig zu entscheiden ist (§§ 139. 151).

2. Der Paragraph trifft alle Ansprüche, welche bei Berechnung des zulässigen Mindestgebots und bei Vertheilung des Kaufpreises an sich in Ansatz zu kommen haben, daher unter Anderem auch die in § 4 unter 2 aufgeführten Rückstände von öffentlichen Abgaben u. s. w. Entstehen in dieser Beziehung Streitigkeiten, so wird unter Umständen auch die zuständige Verwaltungsbehörde zu entscheiden haben, vergl. § 14 in Verbindung mit § 8 unter 2 des Gesetzes A vom 28. Januar 1835.

3. Das Gericht hat, abgesehen vom Schuldner (§50), keinerlei Zwangsmittel, um die Betheiligten zum Erscheinen in einem nach Abs. 2 anberaumten Gütetermine zu nöthigen. Sind die Betheiligten erschienen und ist der Sühneversuch erfolglos geblieben, so wird es im Interesse der Be-

theiligten liegen, wenn das Gericht dieselben zum Antrage auf sofortige Verhandlung des Rechtsstreits (§ 471 Abs. 2 der C.P.O.) zu bestimmen versucht.

4. Bei der einzelnen Differenz sind „betheiligt“: auf der einen Seite derjenige, welcher den Anspruch angemeldet hat oder (im Falle des § 11) als Anspruchsberechtigter anzusehen ist, auf der anderen Seite alle diejenigen, welche der Berücksichtigung des Anspruchs auf Grund eines Interesses an der Nichtberücksichtigung widersprochen haben. Das bloße Vorhandensein jenes Interesses ohne ausdrücklichen Widerspruch genügt nicht, um Jemanden als „Betheiligten“ behandeln zu können, und zwar umsoweniger, als in manchen Fällen das Vollstreckungsgericht gar nicht wissen kann, wohin das Interesse der in Frage kommenden Person geht. Das Interesse des Schuldners und der nachstehenden Gläubiger kann, aber muß nicht immer auf Nichtberücksichtigung des Anspruchs gerichtet sein. Diese Personen können nach Befinden ein Interesse daran haben, daß das zulässige Mindestgebot möglichst hoch sei und zu diesem Behufe ein von anderer Seite, namentlich vom betreibenden Gläubiger, bestrittener Anspruch berücksichtigt werde.

5. Für die Beantwortung der Frage, welchen Inhalt das in Abs. 3 erwähnte rechtskräftige Urtheil haben und zwischen welchen Personen es ergangen sein müsse, um die Nichtberücksichtigung bezw. die nur theilweise Berücksichtigung des Anspruchs zu rechtfertigen, sind die Vorschriften in § 293 der C.P.O. und § 177 des B.G.B. maßgebend. Daher wird z. B. ein Urtheil, durch welches die von einem Gläubiger vor dem Beginn des Versteigerungsverfahrens gegen den Schuldner erhobene Klage auf Zahlung abgewiesen worden, formell noch nicht als ein das Nichtbestehen des Anspruchs feststellendes Urtheil angesehen, ebenso durch ein, zwischen Gläubiger und einem Hypothekarier ergangenes, das Nichtbestehen des Anspruchs feststellendes Urtheil formell noch nicht das Verlangen des Gläubigers beseitigt werden können, daß der Anspruch den beim Streite nicht betheiligt gewesenen Hypothekariern gegenüber (vorläufig) in Ansatz komme.

6. Die in Abs. 3 angeordnete Berücksichtigung des bestrittenen Anspruchs erfolgt nur vorläufig und mit gewissen Beschränkungen (§ 159 Abs. 2 und § 160). Daher hat der Gläubiger selbst dann, wenn sein bestrittener Anspruch im Vertheilungsplane in Ansatz kommt, ein rechtliches Interesse an der definitiven Feststellung seines Anspruchs und somit nach § 231 der C.P.O. das Recht zur eigenen Anstellung der Feststellungsklage.

7. Wäre ein Anspruch in Folge des Bestreitens, der Vorschrift in Abs. 3 zuwider, ganz unberücksichtigt gelassen worden, so würde es nicht der Klaganstellung, sondern nur der sofortigen Beschwerde gegen den Vertheilungsplan (§ 147) bedürfen.

8. Zufolge Abs. 4 kann der den Anspruch bestreitende Realberechtigte z. B. einen vom Gläubiger gegen den Schuldner verübten Betrug oder Zwang oder eine dem Schuldner zustehende Condiction geltend machen, vorausgesetzt, daß diese Angriffs- und Vertheidigungsmittel dem Schuldner selbst noch zustehen. Ein nach der Zustellung des Zwangsversteigerungsbeschlusses vom Schuldner etwa erklärter Verzicht auf diese Angriffs- und Vertheidigungsmittel würde allerdings im Verhältnisse des bestreitenden Realberechtigten zum Gläubiger unwirksam sein (§ 83).

§ 22.

Die Bestimmungen in § 21 kommen entsprechend zur Anwendung, wenn bei dem Vollstreckungsgericht von einem Realberechtigten der dem Inhalt des Hypothekenbuchs entsprechende Vorrang des Anspruchs eines anderen Realberechtigten bestritten worden ist.

Entwurf gleichlautend.

Bemerkungen.

Der Vorrang einer Forderung äußert sich, wie bereits in Bem. 2 zu § 8 ausgeführt worden, nicht blos in der Priorität bei Vertheilung des Kaufpreises und in der hiermit im engsten Zusammenhange stehenden Wirkung für die Berechnung des Mindestgebots, sondern auch in dem nach §§ 519 und 528 des B.G.B. dem älteren Gläubiger zustehenden Rechte zu dem eventuellen Verlangen nach doppeltem Ausgebot. Bestreitet der betreffende Reallasten- bezw. Dienstbarkeitsberechtigte unter Bezugnahme darauf, daß der ältere Gläubiger in die Belegung des Grundstücks mit der fraglichen Last gewilligt habe, jenes Recht des älteren Gläubigers, so läuft dies thatsächlich auf ein theilweises Bestreiten des Vorrangs hinaus. Die Bestimmungen in § 21 kommen daher auch in einem solchen Falle zur Anwendung. Hieraus (vergl. § 21 Abs. 3) folgt unter Anderem, daß, dafern und so lange nicht der Widersprechende ein das Nichtbestehen jenes Rechts feststellendes rechtskräftiges Urtheil beizubringen vermag, das Grundstück doppelt auszubieten und eventuell ohne die Last zuzuschlagen ist. Es steht jedoch, so lange der Zuschlag noch nicht erfolgt ist, dem Reallasten- bezw. Dienstbarkeitsberechtigten in Gemäßheit § 81 dieses Gesetzes und §§ 688 bis 690 der C.P.O. der Antrag auf einstweilige Einstellung des Verfahrens zu Gebote, da sein Widerspruch gegen das Verlangen des älteren Gläubigers virtuell die Behauptung enthält, daß ihm ein die Veräußerung des Grundstücks *ohne* die Last hinderndes Recht zustehe. Das zuständige Gericht (nach § 688 Abs. 1 der C.P.O. das Proceßgericht, in dringenden Fällen nach Abs. 2 des gedachten Paragraphen das Versteigerungsgericht selbst) wird, sobald das Widerspruchsrecht ausreichend glaubhaft gemacht ist, dem Einstellungsantrage um so unbedenklicher zu fügen haben, als anderenfalls dem Berechtigten ein nach Befinden unersetzlicher Schade zugefügt werden könnte. Den *bereits erfolgten* Zuschlag vermag der Reallasten- bezw. Dienstbarkeitsberechtigte selbst durch Beibringung eines die Nichtberechtigung des älteren Hypothekengläubigers feststellenden rechtskräftigen Urtheils nicht rückgängig zu machen. Solchenfalls hat er nur noch einen Schädenanspruch gegen jenen Gläubiger.

§ 23.

Die Erhebung der Klage zur Herbeiführung rechtlicher Entscheidung über das Bestehen oder Nichtbestehen eines bei der

Vertheilung des Kaufpreises berücksichtigten Anspruchs oder Vorrangs ist dadurch, daß die Bestreitung des Anspruchs oder des Vorrangs bei dem Vollstreckungsgericht bereits vorher stattgefunden hat, nicht bedingt.

Entwurf gleichlautend.

§ 24.

Unter welchen Voraussetzungen und in welcher Weise die vor oder nach der Vertheilung des Kaufpreises erfolgte Bestreitung eines im Vertheilungsplan berücksichtigten Anspruchs bei der Ausführung derselben zu berücksichtigen sei, richtet sich, soweit hierüber dieses Gesetz nicht besondere Bestimmungen enthält, nach den betreffenden allgemeinen Rechtsgrundsätzen.

Entwurf gleichlautend.

Bemerkungen.

In § 21 Abs. 3 ist bestimmt, daß das Bestreiten eines Anspruchs bei Anfertigung des Vertheilungsplans nicht berücksichtigt werden solle. Aus § 24 folgt, daß ein solches Bestreiten in der Regel auch bei der Ausführung des Vertheilungsplanes keine Berücksichtigung finden und hierin eine Ausnahme nur insoweit eintreten solle, als dieselbe aus den Bestimmungen des gegenwärtigen Gesetzes (§ 159 Abs. 2. § 160 in Verb. mit §§ 140. 16 Abs. 2) oder aus allgemeinen Rechtsgrundsätzen sich ergebe. Mit den letzteren sind namentlich die Bestimmungen der C.P.O. über die einstweiligen Verfügungen gemeint.

§ 25.

Wenn das Versteigerungsverfahren erfolglos geblieben ist, weil ein den zulässigen Mindestbetrag erreichendes Gebot nicht erlangt worden, kann der betreibende Gläubiger und jeder im Range nachstehende Pfandgläubiger, ohne Einwilligung des Schuldners das in § 445 des Bürgerlichen Gesetzbuchs geordnete Eintretungsrecht, auch zu diesem Zwecke das dem Schuldner gegen die im Range vorangehenden Hypothekengläubiger zustehende Kündigungsrecht ausüben.

Im Entwurf fehlten die Worte Zeile 6 „zu diesem Zwecke". Dieselben sind auf Antrag der Dep. der I. Kammer eingefügt worden.

Motive. „Das in § 445 des B.G.B. geordnete Eintretungsrecht ist dortselbst an die Einwilligung des Schuldners geknüpft, weil dieser ein Interesse an Umschreibung der Hypothek auf seinen Namen haben kann. Wenn er es aber zur Zwangsversteigerung hat kommen lassen, ist er voraussetzlich nicht in der Lage, das Recht auf Umschreibung durch Befriedigung des Hypothekariers zu erlangen und, so lange es nicht geschehen, würde er durch einen Widerspruch gegen das Eintreten eines Dritten, der ohne dieses Auskunftsmittel sein eigenes Recht gegen den Schuldner nicht realisiren kann, gegen die Anforderungen der bona fides verstoßen. Der Entwurf beseitigt jene Einschränkung zu Gunsten des betreibenden Gläubigers und der diesem im Range nachstehenden Pfandgläubiger, wenn mit Rücksicht auf die Höhe der ihnen vorgehenden Forderungen im Versteigerungstermin ein zulässiges Gebot nicht zu erlangen gewesen ist. Außerdem sollen unter dieser Voraussetzung die gedachten Gläubiger befugt sein, gegen die vorgehenden Pfandgläubiger das dem Schuldner gegen sie zustehende Kündigungsrecht auszuüben.

Die Bestimmung in § 25 gewährt das nothwendige Correctiv gegen die Unveräußerlichkeit von Grundstücken aus Anlaß der Einführung eines geringsten zulässigen Gebots und ist namentlich für den Fall unentbehrlich, wenn der Forderung des betreibenden Gläubigers eine andere Forderung im Range vorgeht, wegen deren zugleich andere Grundstücke mitverpfändet sind und deren Betrag den Werth des einzelnen dieser Grundstücke übersteigt, so daß zur Einzelversteigerung derselben nicht zu gelangen ist. Das Eintretungs- und Kündigungsrecht dagegen schon für einen früheren Zeitpunkt zu geben, wäre kein genügend zu rechtfertigender Eingriff in die Rechtsverhältnisse des Gläubigers und des Schuldners. Es muß erst der Nachweis dafür geliefert sein, daß der Realisirung der Nachhypothek die Vorhypothek in der Hand des Dritten Hindernisse entgegenstellt."

Bemerkungen.

1. Es ist gleichgültig, ob ein den zulässigen Mindestbetrag erreichendes Gebot deshalb nicht erlangt worden, weil von den erschienenen Bietern Keiner ein zulässiges Gebot gethan hat, oder weil überhaupt kein Bieter erschienen ist (vergl. die Motive zu § 127). Ebenso ist gleichgültig, ob bei Berechnung des zulässigen Mindestgebots nach § 21 bezw. § 22 Ansprüche haben berücksichtigt werden müssen, deren Nichtbestehen bezw. Nichtvorrang nachmals festgestellt worden. Erforderlich ist nur, daß das Versteigerungsverfahren aus dem im Paragraphen angegebenen und nicht etwa aus einem anderen Grunde (z. B. § 126) erfolglos geblieben ist.

2. Das Eintretungsrecht steht auch den mit dem betreibenden Gläubigern im Range gleichstehenden Pfandgläubigern zu, da es sogar den nachstehenden eingeräumt worden.

3. Bei Konkurrenz mehrerer Eintretungsberechtigter hat gemäß der entsprechend anzuwendenden Bestimmung in § 446 Satz 2 des B.G.B. derjenige, dessen Pfandrecht jünger ist, den Vorzug vor demjenigen, dessen Pfandrecht älter ist. Es schlagen hier die nämlichen Gründe ein, aus denen diese Regel in § 446 für den Fall des Ablösungsrechtes aufgestellt worden. Daß sie im B.G.B. nicht auch auf den Fall des Eintretungsrechts (§ 445) erstreckt worden, hat lediglich darin seinen Grund, daß nach den in § 445 aufgestellten Voraussetzungen zu Ausübung des Eintretungsrechts die Wahl unter mehreren Konkurrenten in die Hand des Pfandschuldners gelegt ist. Unter mehreren Pfandgläubigern gleichen Ranges entscheidet gemäß §§ 130 und 764 des B.G.B. das Loos.

4. Wer nach diesem Paragraphen eintretungsberechtigt ist, kann das Recht gegen alle oder einzelne der ihm im Range vorgehenden Pfandgläubiger ausüben. Gegen den betreibenden Gläubiger ist das Ablösungsrecht (§ 446 des B.G.B.) gegeben. Gläubiger, deren Hypotheken auf verschiedenen ideellen Theilen eines Grundstücks haften, stehen unter einander in keinem Rangverhältnisse, können daher gegen einander auf Grund dieses Paragraphen das Ein-

tretungsrecht nicht ausüben. Ist das lediglich wegen eines solchen Grundstückstheils eingeleitete Versteigerungsverfahren erfolglos geblieben, so kann auf Grund dieses Paragraphen vom Eintretungsrecht nur gegen solche Hypotheken Gebrauch gemacht werden, welche auf diesem Theile haften oder mithaften und auf diesem Theile der Hypothek des verlangenden Gläubigers vorgehen.

5. Von den beiden Voraussetzungen des § 445 ist nur die eine, die Einwilligung des Pfandschuldners, beseitigt. Die andere, daß der Pfandgläubiger vom Pfandschuldner Zahlung der Schuld anzunehmen verbunden, ist geblieben. Die Schuld muß daher fällig sein. Zu Herbeiführung dieser Fälligkeit darf der eintretenwollende Pfandgläubiger als hierzu vom Gesetz bestellter Vertreter des Schuldners von dem, dem letzteren zustehenden Kündigungsrechte Gebrauch machen.

6. Von dem Eintretungsrechte gelten auch hier die Bestimmungen in §§ 447—449 des B.G.B. Daher muß insbesondere der eintretende Gläubiger die Pfandschuld ganz und mit allen etwaigen Zinsen- und Kostenrückständen tilgen, gleichviel, ob dieselben bei Vertheilung des Kaufpreises nach § 4 unter 4 oder 5 in Ansatz zu kommen haben würden.

7. Daß den in der III. Rubrik eingetragenen Reallasten gegenüber, und zwar auch hinsichtlich der Rückstände, vom Eintretungsrechte nicht Gebrauch gemacht werden kann, ergiebt sich in Ansehung der Reallasten selbst aus § 518 des B.G.B., in Ansehung der Rückstände daraus, daß über dieselben das Hypothekenbuch keine Auskunft giebt und daher eine Umschreibung derselben auf den Namen eines Anderen nicht erfolgen kann. Freiwillige Abtretung solcher Rückstände an einen Anderen ist selbstverständlich nicht ausgeschlossen. Dagegen steht, und zwar schon mit Rücksicht darauf, daß das Eintretungsrecht des § 445 von jedem beliebigen Dritten ausgeübt werden kann, kein Bedenken entgegen, die Bestimmung in § 25 auch auf diese Realberechtigten zu beziehen, sobald sie wegen Rückständen als betreibende bezw. nachstehende Gläubiger auftreten.

8. Von Ausübung des Eintretungsrechts gegenüber einem Gläubiger, der nur Kautionshypothek hat, kann lediglich dann die Rede sein, wenn die Forderung, wegen deren jene Hypothek bestellt worden, bereits voll zur Entstehung gelangt ist. Ob dies geschehen, richtet sich nach der besonderen Natur der einzelnen Kautionshypothek. Ist die letztere (gleichviel, ob in Folge gesetzlichen Rechtsgrundes oder in Folge einer Willenserklärung des Grundstückseigenthümers) bestellt zur Sicherstellung der aus einem gewissen Rechtsverhältnisse, z. B. einer Verwaltung fremden Vermögens, einem Dienst-, Pacht-, Kontokorrentverhältnisse und dergl. entstehenden Ansprüche, so kann zwar noch während des Bestehens dieses Verhältnisses ein solcher, mit der Pfandklage verfolgbarer Anspruch (beim Kontokorrentverhältnisse ein auf neue Rechnung nicht vorgetragenes Saldoguthaben) zur Entstehung gelangt sein. Gleichwohl kann nicht angenommen werden, daß wegen dieses Anspruchs allein die Hypothek bestellt worden sei. Denn die Hypothek soll sich auf alle während des fraglichen Verhältnisses entstehenden Ansprüche (bis zur Höhe des Kautionsbetrags) erstrecken. Die in §§ 445 und 447 des B.G.B. erwähnte „Schuld“ bezw. „Pfandforderung“ besteht in dem Gesammtbetrage dieser einzelnen Ansprüche. In solchen Fällen kann daher selbst dann, wenn

ein oder mehrere Ansprüche bereits zur Entstehung gelangt sind, vom Eintretungsrechte nur dann Gebrauch gemacht werden, wenn das in Frage stehende Verhältniß selbst sein Ende erreicht hat. Der Eintritt könnte selbst dann nicht erzwungen werden, wenn der betr. Nachhypothekarier bereit sein sollte, den an der Kautionssumme etwa noch fehlenden Betrag dem Inhaber der Kautionshypothek als Faustpfand einzuhändigen oder mit Vorbehalt der Rückforderung zur Tilgung des eventuell noch entstehenden Anspruchs zu zahlen, da eine rechtliche Verpflichtung des betreffenden Gläubigers, hierauf einzugehen, nicht vorliegen würde. — In eine Arresthypothek kann durch Zahlung des derselben zu Grunde liegenden Forderungsbetrags, sobald derselbe fällig ist, eingetreten werden.

9. Streitigkeiten darüber, ob die Voraussetzungen zur Ausübung des Eintretungsrechts vorliegen, sind selbstverständlich nicht im Versteigerungsverfahren, sondern im gewöhnlichen Prozeßwege zu entscheiden.

§ 26.

Wenn das Grundstück, dessen Zwangsversteigerung beantragt wird, mit einem im Grundbuch eingetragenen Recht des Vor- oder Wiederkaufs um einen im Voraus bestimmten Preis beschwert ist und das Recht zur Ausübung gelangt, kommen die Bestimmungen in §§ 4 bis 24 mit der Maßgabe zur Anwendung, daß an Stelle des Gebots, auf welches im Falle der Versteigerung der Zuschlag zu erfolgen hätte, der Vor- oder Wiederkaufspreis tritt, ingleichen, daß der Berechtigte die auf dem Grundstück lastenden hypothekarischen Schulden, welche vor der Bestellung des Vor- oder Wiederkaufsrechts, oder mit seiner Einwilligung nachher eingetragen worden sind, auch in Ansehung des den Vor- oder Wiederkaufspreis übersteigenden Betrags zu bezahlen bezw. zu übernehmen hat.

Entwurf gleichlautend.

Motive. „Ein im Grundbuch eingetragenes Vorkaufsrecht mit einem im Voraus bestimmten Vorkaufspreis kann auch in dem Falle ausgeübt werden, wenn das damit beschwerte Grundstück zwangsweise veräußert werden soll. Der Berechtigte hat sich nach § 1126 des Bürgerlichen Gesetzbuchs auf erhaltene Aufforderung binnen 30 Tagen darüber zu erklären, ob er das Vorkaufsrecht ausüben wolle, und bejahenden Falls den Vorkaufspreis binnen 6 Monaten baar zu bezahlen. Unterbleibt die Erklärung oder die Zahlung bis zur gesetzten Frist, so ist das Vorkaufsrecht erloschen und die Versteigerung geht vor sich. Ist das Grundstück zu einem den Vorkaufspreis übersteigenden Betrage mit Hypotheken belastet, so muß der Vorkaufsberechtigte die Verpfändung nach §§ 376. 401 des Bürgerlichen Gesetzbuchs auch in Ansehung des Mehrbetrags anerkennen, dafern die Hypotheken vor Bestellung des Vorkaufsrechts oder mit seiner Einwilligung nachher eingetragen worden sind.

Die Bestimmungen entsprechen dem jetzigen Recht, nach welchem die Zwangsversteigerung um jeden Preis stattfinden kann, der ganze Kaufpreis aber baar zu bezahlen ist, und bedürfen der Modification, welche den Grundsätzen der §§ 10 und 17 des Entwurfs (§§ 10. 16 des Ges.) entspricht. Es liegt im Begriff des Vorkaufsrechts, daß es nur zur Ausübung kommen kann, wenn das Grundstück verkauft werden soll. Im Fall des freihändigen Verkaufs tritt es erst mit dem Abschluß des Kaufs ein (§ 1119 des Bürgerlichen Gesetzbuchs). Darf daher der Zwangsverkauf künftig nur dann erfolgen, wenn ein Kaufpreis zu erzielen ist, welcher die der Forderung des Antragstellers vorgehenden Ansprüche vollständig und seine eigene Forderung wenigstens theilweise deckt, so kann auch der Antrag auf Zwangsversteigerung für den Vorkaufsberechtigten einen Anspruch auf Ueberlassung des Grundstücks nur dann begründen, wenn der Vorkaufspreis dem Betrage gleichkommt, unter welchem das Grundstück nicht versteigert werden darf. Ebenso kann es bei den Vorschriften des § 1126 des Bürgerlichen Gesetzbuchs in Betreff der Bezahlung des Kaufpreises nur insoweit bleiben, als es sich mit dem Princip vereinigen läßt, daß die Hypothekarier, deren Forderungen der des betreibenden Gläubigers vorgehen, gegen ihren Willen nicht in ihrem Hypothekenbesitzstande gestört werden dürfen."

Bemerkungen.

1. In diesem Paragraph werden nur die Rechtsverhältnisse geregelt, welche eintreten, wenn das Vor- oder Wiederkaufsrecht ausgeübt wird. Das hierauf bezügliche Verfahren bestimmt sich nach §§ 67 bis 79 und 177.

2. Bei der Anwendung von §§ 4—24 gelten

der Vor- oder Wiederkaufsberechtigte als Ersteher (§§ 15. 16. 18. 19. 20),
der nach § 71 Abs. 2 anzuberaumende Termin als Versteigerungstermin (§§ 4. 9. 11. 13. 14. 15. 18),
der Beschluß auf Erlaß der in § 68 Abs. 2 und § 74 erwähnten Aufforderung an den Vor- oder Wiederkaufsberechtigten als Beschluß auf Zwangsversteigerung (§§ 4. 9. 11),
die gerichtlichen Kosten des Verfahrens, soweit sie nach § 78 vom betreibenden Gläubiger zu tragen, als die gerichtlichen Kosten des Versteigerungsverfahrens § 4 unter 4, b. §§ 10. 11 unter 6),
der in § 72 Abs. 1 erwähnte, im Falle des § 76 ebenfalls vorkommende Beschluß als Zuschlag (§ 16 Abs. 3).

3. Der Fall von § 6 kann hier nicht vorkommen, da § 519 des B.G.B. nur auf den Fall der Zwangsversteigerung im engeren Sinne des Wortes, nicht auf den Fall der Ausübung des Vor- oder Wiederkaufsrechts Anwendung leidet. Eine entsprechende Anwendung könnte nur dann nothwendig werden, wenn der Vorschrift in § 507 des B.G.B. zuwider in die III. Rubrik eine Reallast ohne Zustimmung des Vor- oder Wiederkaufsberechtigten eingetragen worden wäre.

§ 27.

Wenn die Forderung des betreibenden Gläubigers auf mehrere Grundstücke ungetheilt eingetragen ist und die Gesammtheit der mitverpfändeten Grundstücke, oder eine Mehrzahl davon Gegenstand des Zwangsversteigerungsverfahrens ist, greifen die besonderen Bestimmungen in §§ 28 bis 39 Platz.

Entwurf gleichlautend.

Motive. „Zu § 27 ist zu bemerken, daß die Bestimmungen der §§ 28 bis 39 sowohl den Fall, daß die für die Forderung des betreibenden Gläubigers verpfändeten mehreren Grundstücke derselben Person gehören, als auch den anderen Fall betreffen, wenn sich diese Grundstücke im Eigenthum verschiedener Personen befinden und die mehreren Eigenthümer als Streitgenossen gemeinschaftlich verklagt sind."

Bemerkungen.

1. Die §§ 28—39 regeln die Grundsätze, welche einzutreten haben, wenn mehrere mit Verbandshypotheken (Simultan- oder Korrealhypotheken) belastete Grundstücke gleichzeitig, d. i. in einem und demselben Verfahren, zur Versteigerung gelangen. Den hierunter getroffenen Bestimmungen liegt die Absicht zu Grunde, das Verfahren so zu gestalten, daß möglichst die Interessen aller oder doch der meisten Betheiligten (Realberechtigte und Schuldner) gewahrt werden. Es soll daher, wenn z. B. die eine Verfahrensweise zum Vortheil von A. und B. sein, bei einer andern Verfahrensweise aber für A. und B. ganz der nämliche Erfolg, außerdem aber auch Vortheil für den Betheiligten C. sich ergeben würde, zu der letzteren Verfahrensweise gegriffen werden. Diese Absicht ist zum Ausdruck gebracht worden durch Aufstellung von Grundsätzen für die hierbei in Betracht kommenden einzelnen Normalfälle. Es ist möglich, zu den einzelnen Paragraphen besonders gestaltete, in Wirklichkeit kaum vorkommende Fälle zu konstruiren, in denen eine buchstabenmäßige Anwendung der bezüglichen Vorschrift zu Konsequenzen nöthigen würde, welche den obwaltenden Interessenverhältnissen nicht entsprechen und welche bei einer speciellen gesetzlichen Regelung des betreffenden einzelnen Falls hätten abgeschnitten werden können. Sollte ein solcher Fall in Wirklichkeit vorkommen, so würde zunächst durch § 39 den Betheiligten die Füglichkeit gegeben sein, durch entsprechende Vereinbarung ein abweichendes Verfahren herbeizuführen. In jedem Falle sind die in Frage kommenden Vorschriften so auszulegen und anzuwenden, wie es jenem, die gesammten hierher gehörigen Bestimmungen beherrschenden Grundsatze am meisten entspricht.

2. Zufolge § 3 und bezw. § 43 kommen die in § 27 erwähnten Bestimmungen auch dann zur entsprechenden Anwendung, wenn die Forderung des betreibenden Gläubigers auf einem oder mehreren Grundstücken und zugleich auf einem oder mehreren ideellen Antheilen eines anderen Grundstücks ungetheilt haftet und diese Objecte gleichzeitig zu versteigern sind. In einem solchen Falle sind auch §§ 40—43 zu berücksichtigen.

§ 28.

Mehrere Grundstücke, welche in Folge ihrer Lage und Beschaffenheit, ihrer Belastung mit Grunddienstbarkeiten, oder ihrer Bebauung, oder in Folge sonst obwaltender Verhältnisse dergestalt in einem wirthschaftlichen Zusammenhange stehen, daß der Gesammtbetrag des Werths der einzelnen Grundstücke bei Trennung des Verbandes durch Veräußerung an verschiedene Personen geringer sein würde, als der Werth der Gesammtheit als zusammengehöriges Besitzthum, sind als Gesammtheit auszubieten.

Welche Grundstücke aus diesem Grunde als Gesammtheit auszubieten sind, ist im Versteigerungstermin nach Gehör des betreibenden Gläubigers, der demselben im Range nachstehenden hypothekarischen Gläubiger, des Schuldners, sofern diese Personen im Termin anwesend sind, sowie der erschienenen Kauflustigen vom Gericht nach Ermessen zu bestimmen.

Auf Antrag eines durch das Gesammtgebot nicht gedeckten hypothekarischen Gläubigers ist jedoch vor dem Zuschlag auf das Gesammtgebot, an welches der Bieter zunächst gebunden bleibt, mit dem einzelnen Ausgebot des oder der ihm verpfändeten Grundstücke zu verfahren und kommen in diesem Falle die Vorschriften in §§ 31. 32. 33 und 35 entsprechend in Anwendung.

Entwurf zu Abs. 1 und 2 gleichlautend. Abs. 3 ist erst auf Antrag der Dep. der I. Kammer angefügt und auf Antrag der Dep. der II. Kammer durch Einschaltung der Zahlen 32. 33 und 35 vervollständigt worden.

Motive. „Die Bestimmung trifft den nicht seltenen Fall, daß mehrere Grundstücke, welche auf verschiedenen Folien eingetragen und daher rechtlich selbstständige Vermögensobjecte sind, in Folge ihrer Lage und Beschaffenheit, ihrer Belastung mit Grunddienstbarkeiten, ihrer Bebauung oder aus sonstigen Gründen in einem derartigen wirthschaftlichen Zusammenhange stehen, daß bei Auflösung des Verbandes durch deren Veräußerung an verschiedene Personen die einzelnen Grundstücke ihren bisherigen Zwecken überhaupt nicht mehr dienen könnten und einen geringeren Werth haben würden als den, den sie als Theil des ganzen Complexes haben. So kommt es z. B. vor, daß bei gewerblichen Etablissements, welche eine Wasserkraft benutzen (Fabriken, Mühlen), die Gebäude auf einem andern Grundbuchsfolium eingetragen sind, als der Wassergraben; oder bei Bergwerken, daß die Werksgebäude und die zugehörigen Schächte auf verschiedenen Folien eingetragen sind. Zuweilen steht ein als untrennbares Ganze anzusehendes Gebäude auf zwei verschiedenen, mit selbstständigen Folien versehenen Grundstücken.

Dem hypothekarischen Gläubiger, auf dessen Antrag die im wirthschaftlichen Verbande stehenden Grundstücke zur Versteigerung gebracht werden, kann man nicht das Recht zugestehen, auf Einzelversteigerung zu dringen, wenn die Aufhebung des Verbands zum Nachtheile des Schuldners und anderer Hypothekarier gereichen würde. Selbst wenn der bezeichnete Verband erst nach Bestellung der Hypothek des betreibenden Gläubigers hergestellt worden ist, kann ein Interesse des Letzteren an der Einzelversteigerung nicht obwalten, weil jener Verband die Grundstücke werthvoller macht, also auch die Sicherheit des betreibenden Gläubigers erhöht. Schon in der seitherigen Praxis hat man daher dem Richter in solchen Fällen, wenn offenbar die Gesammtversteigerung zum Vortheile aller Betheiligten gereicht, die Befugniß zugestanden, eine Gesammtversteigerung selbst gegen den Widerspruch Einzelner durchzuführen. Dieser Praxis entspricht es, wenn der Entwurf vorschreibt, daß wirthschaftlich verbundene Grundstücke — wenn die Trennung des Verbands durch Veräußerung an verschiedene Personen eine Werthsminderung zur Folge hätte — als Gesammtheit auszubieten seien. Die Entscheidung darüber, ob diese Voraussetzungen im gegebenen Falle zutreffen, muß dem Ermessen des Vollstreckungsgerichts überlassen bleiben, welches durch das Ergebniß der nach § 88 Absatz 1 angestellten Ermittelungen, die im Termine von den Kauflustigen in Aussicht gestellten Gebote und durch die bezüglichen Erklärungen der anwesenden Hypothekarier bezw. des Schuldners in die Lage kommt, eine zutreffende Meinung sich zu bilden."

Dep.=Ber. der I. Kammer. „Die Deputation verkennt nicht die Vortheile, welche sich aus der hier näher bezeichneten Gesammtversteigerung für die Erlangung eines möglichst günstigen Höchstgebots ergeben können. An sich war man auch damit einverstanden, daß zunächst die Entschließung über die Modalität der Ausführung dem Ermessen des Gerichts zu überlassen ist. Da jedoch die Beurtheilung der hierbei in das Auge zu fassenden Verhältnisse keineswegs immer eine einfache, Mißgriffen und Irrthümern nicht ausgesetzte sein wird, so fand es Anstand, das Ermessen des Gerichts völlig unbeschränkt und ohne Remedur gegen ungerechtfertigte Ausübung desselben zuzulassen. Desfalls die Beschwerde einzuführen, welche sich gegen die Ertheilung des Zuschlags auf das Gesammtausgebot würde richten müssen, erschien nicht angezeigt. Die Entscheidung in Fällen der fraglichen Art wird mehr oder weniger auf eine technisch=wirthschaftliche Beurtheilung gestützt werden müssen, welche meist in der Hand Sachverständiger liegen dürfte. Ein Instanzwechsel stellt daher unverhältnißmäßige Weiterungen in Aussicht. Die Deputation glaubte unter diesen Umständen ein geeignetes Correctiv darin finden zu können, daß den durch das Gesammtgebot nicht gedeckten Hypothekengläubigern das Recht zum Antrage auf das einzelne Ausgebot des oder der ihnen verpfändeten Grundstücke vor dem Zuschlage auf das Gesammtgebot eingeräumt wird. Stellt sich dann heraus, daß letzteres immer noch den günstigsten Erfolg darbietet, so liegt hierin von selbst der Beleg für die Richtigkeit des vom Richter geübten Ermessens. Andernfalls hindert nichts am Zuschlage auf das einzelne Ausgebot, sobald dasselbe den Erfordernissen des § 10 des Entwurfs entspricht und die Antragsteller vortheilhafter situirt. In Verbindung damit steht, daß der Bieter zunächst an das Gesammtgebot gebunden sein muß und ebenso die Bestimmung in § 32 (§ 31 des Ges.) wegen Aussetzung des Zuschlags und Vinculirung der Bieter an das Meistgebot entsprechend zur Anwendung zu gelangen hat. Kommt bei der Einzelversteigerung eines Theils der Grundstücke für den betreffenden Gläubiger mehr heraus, so ist der erste Bieter selbstverständlich an sein Gebot auch in Ansehung der anderen Grundstücke nicht gebunden, letztere müssen anderweit einzeln oder zusammen versteigert werden (§ 33 flg.) (§§ 32 flg. des Ges.)."

Bemerkungen.

1. Abs. 1 stellt zwei Erfordernisse auf: den wirthschaftlichen Zusammenhang der mehreren Grundstücke und den höheren Werth bei deren Vereinigung. Der Richter wird bei Beantwortung der Frage, ob, wie erforderlich, beide Voraussetzungen vorliegen, einen strengen Maßstab anzulegen haben. — Eine weitere, schon aus § 27 sich ergebende, Voraussetzung ist, daß sich auf alle hierbei in Betracht kommenden Grundstücke der Versteigerungsantrag erstreckt. Das von demselben nicht mit getroffene Grundstück würde, selbst wenn es mit dem anderen Grundstücke in dem in Abs. 1 bezeichneten wirthschaftlichen Zusammenhange stünde, nicht mit versteigert werden dürfen. Weder kann der Schuldner gezwungen werden, das betreffende Grundstück, wenn es wegen der Forderung des betreibenden Gläubigers nicht mit verhaftet oder der Vollstreckungstitel nicht mit darauf gerichtet ist, mit versteigern zu lassen, noch kann der betreibende Gläubiger gezwungen werden, den Versteigerungsantrag auf dasselbe mit zu richten, selbst wenn er hierzu an sich in der Lage wäre.

2. Zu Abs. 2 vergl. A.V. § 12 (zu § 87), §§ 27. 29 (zu § 107), §§ 34. 35 (zu § 120).

3. Der Beschluß des Versteigerungsgerichts ist unanfechtbar (§ 51). Ein etwa erforderliches Korrektiv bietet das in Abs. 3 den nicht gedeckten hypothekarischen Gläubigern eingeräumte Recht.

4. Zu dem in Abs. 3 erwähnten Antrage — welcher als eventueller auch schon vor dem Versteigerungstermine schriftlich oder zu Protokoll des

Gerichtsschreibers (§ 48) gestellt werden kann — ist jeder hypothekarische Gläubiger berechtigt, welcher durch das Gesammtgebot nicht gedeckt ist, also nach Befinden auch der betreibende, nicht aber (abgesehen von den Ausnahmefällen in §§ 181. 182) ein vorgehender Gläubiger, da durch ein Gesammtgebot, auf welches nach § 10 der Zuschlag erfolgen könnte, die vorgehenden Gläubiger gedeckt sein müßten.

5. Die entsprechende Anwendung der §§ 32 und 33 erfolgt in der Maße, daß an Stelle des betreibenden Gläubigers überall zu setzen ist: „der das Einzelausgebot beantragende Gläubiger".

§ 29.

Bei Berechnung des Mindestgebots für eine Mehrzahl von Grundstücken, welche als Gesammtheit ausgeboten werden, kommen alle Ansprüche in Ansatz, welche auf diesen Grundstücken mit dem Range vor der Forderung des betreibenden Gläubigers lasten. Vorgehende Forderungen, welche auf mehreren dieser Grundstücke ungetheilt lasten, sind zu ihrem einmaligen vollen Betrage in Ansatz zu bringen.

Entwurf gleichlautend.

Bemerkungen.

1. Dieser Paragraph leidet Anwendung, sobald mehrere Grundstücke als Gesammtheit ausgeboten werden, gleichviel, ob es auf Grund einer Vorschrift (§§ 28. 34), oder ob es in Folge Vereinbarung der Betheiligten (§ 39) geschieht.

2. Beispiel. Die zu versteigernden drei Grundstücke sind folgendermaßen belastet:

Fol. 1.

I.	3000 M Kautionshypothek für A.,	mitverpf. fol. 2.
II.	2000 M Darlehn sammt Zinsen (wovon bis zum Verst.-Term. 100 M rückständig) und Kosten (wovon, ausschließlich der Versteigerungskosten, 100 M aufgelaufen) für B. G.,	mitverpf. fol. 2 u. 3.
III.	2000 M Darlehn sammt Zinsen (wovon bis zum Verst.-Term. 150 M rückständig) und Kosten für C.	mitverpf. fol. 3.

Fol. 2.

I.	8000 M Kaufgelder sammt Zinsen (wovon bis zum Verst.-Term. 300 M rückständig) und Kosten für D.,
II.	Naturalauszug für E. (Rückstände im Werthe von 100 M),

III.	3000 ℳ Kautionshypothek für A.,	mitverpf. fol. 1.
IV.	2000 ℳ Darlehn sammt Zinsen u. Kosten (Rückstände oben angegeben) für B. G.,	mitverpf. fol. 1 u. 3.
	Fol. 3.	
I.	2000 ℳ Darlehn sammt Zinsen u. Kosten (Rückstände oben angegeben) für B. G.,	mitverpf. fol. 1 u. 2.
II.	2000 ℳ Darlehn sammt Zinsen (Rückstände oben angegeben) u. Kosten für C.	mitverpf. fol. 1.

Ist B. G. der betreibende Gläubiger und betragen die gerichtlichen Versteigerungskosten 140 ℳ, die Rückstände im Sinne von § 4 unter 2 und 3 aber bei fol. 1: 200 ℳ, bei fol. 2: 400 ℳ, bei fol. 3: 100 ℳ, so berechnet sich das zulässige Mindestgebot, oder vielmehr der Betrag, welcher vom Gebot überschritten werden muß, auf

	140 ℳ	gerichtliche Versteigerungskosten,	
	200 „	Rückstände	von fol. 1.
	3000 „	Hypothek des A.	
	400 „	Rückstände	von fol. 2.
	8300 „	Kapital und Zinsen des D.	
	100 „	Auszugsrückstände des E.	
	100 „	Rückstände	von fol. 3.
Sa.	12240 ℳ.		

§ 30.

Grundstücke, welche nicht in einem wirthschaftlichen Verbande der in § 28 Absatz 1 bezeichneten Art mit einander stehen, sind der Regel nach zunächst einzeln zum Ausgebot zu bringen.

Entwurf gleichlautend.

Motive zu §§ 30—35. „Wenn die mitverpfändeten Grundstücke in einem wirthschaftlichen Verbande der in § 28 gedachten Art nicht stehen, so entspricht präsumtiv den Interessen der Betheiligten der Regel nach am Besten das Einzelausgebot. Dem Schuldner wird bei diesem Verfahren nicht mehr entzogen, als was zur Befriedigung des betreibenden Gläubigers nothwendig ist.

Wenn auf den mehreren Grundstücken eine Hypothek mit dem Range vor der des betreibenden Gläubigers ungetheilt lastet, so liegt darin an und für sich kein rechtliches Moment, welches die Abweichung von der Regel erheischte. Ein factisches Hinderniß des Einzelverkaufs kann in der Existenz einer ungetheilt lastenden Vorhypothek allerdings liegen, weil dieselbe bei Berechnung des Mindestgebots für das einzelne Grundstück selbstverständlich ohne Rücksicht auf die bestehende Mitverpfändung für jedes einzelne Grundstück zum vollen Betrage in Ansatz zu bringen ist.

Bei geringem Betrage der Verbandshypotheken (Simultanhypotheken, Correalhypotheken), welche mit dem Vorrang vor der Forderung des betreibenden Gläubigers auf großen, werthvollen Grundstücken lasten, kann es wohl vorkommen, daß schon der Verkauf des einzelnen Grundstücks den betreibenden Gläubiger deckt. Häufiger aber werden die Fälle sein, in denen die vorgehende Verbandshypothek den Werth des einzelnen Pfandgrundstücks übersteigt, insbesondere in den Gegenden, wo der Grundbesitz überwiegend aus einer Mehrzahl walzender Parcellen zusammengesetzt ist. In diesem Falle bleibt nur der Verkauf der Gesammtheit übrig, sofern nicht der Vorhypothekarier sich freiwillig zu einer antheiligen Repartition seiner Verbandshypothek herbeiläßt.

Die Befugniß, das Gesammtausgebot zu verlangen, muß in dem § 34 Absatz 2 gedachten Falle auch dem durch die Einzelgebote nicht gedeckten Nachhypothekarier in Ansehung der Grundstücke zustehen, welche für ihn mit einer Verbandshypothek belastet sind. Der betreibende Gläubiger kann nach § 35 dadurch nicht benachtheiligt werden."

§ 31.

Im Fall des einzelnen Ausgebots mehrerer Grundstücke ist der Zuschlag in Ansehung jedes einzelnen Grundstücks bis nach erfolgtem Ausgebot aller zur Versteigerung gelangenden Grundstücke auszusetzen. Die Bieter bleiben bis zur Ertheilung des Zuschlags an die Meistgebote gebunden.

Entwurf gleichlautend.

Bemerkungen.

1. Auch beim Einzelausgebot gilt die in § 111 aufgestellte Regel, daß ein Gebot ohne Zustimmung der daselbst erwähnten Betheiligten nur dann zuzulassen ist, wenn es den nach §§ 10 und 107 des Gesetzes, sowie §§ 25. 27 der A.V. (zu § 107) für das betr. einzelne Grundstück aufgestellten Betrag übersteigt.

2. Wegen des Zuschlags vergl. §§ 124—129.

§ 32.

Die Reihenfolge, in welcher das Ausgebot der einzelnen Grundstücke zu erfolgen hat, ist in der Maße zu bestimmen, daß dasjenige Grundstück, dessen Verkauf nach seinem Schätzungswerth und nach dem Gesammtbetrage der auf demselben mit dem Vorrange vor der Forderung des betreibenden Gläubigers lastenden Ansprüche die weitestgehende Befriedigung des betreibenden Gläubigers erwarten läßt, vor den anderen Grundstücken zur Versteigerung gelangt.

Entwurf gleichlautend.

Bemerkungen.

1. Die im Paragraphen erwähnte Reihenfolge ist der Bestimmung in § 33 gegenüber nach Befinden von Einfluß auf die Deckung bezw. Sicherheit der Nachhypothekarier. Der Richter wird daher, namentlich in zweifelhaften Fällen, gut thun, wenn er auch vor Fassung dieses Beschlusses zunächst die Ansicht der im Versteigerungstermine erschienenen Betheiligten hört. Auch dieser Beschluß ist unanfechtbar (§ 51).

2. In dem zu § 29 angenommenen Beispielsfalle würde, wenn die Schätzungssumme sich beliefe bei fol. 1 auf 6000 ℳ, bei fol. 2 auf 15 000 ℳ, bei fol. 3 auf 3000 ℳ, zunächst das Grundstück fol. 3, sodann, wenn nöthig, das Grundstück fol. 1 und zuletzt fol. 2 auszubieten sein.

§ 33.

Wenn das erlangte Meistgebot für ein einzeln ausgebotenes Grundstück, oder die Summe der erlangten Meistgebote für mehrere einzeln ausgebotene Grundstücke so viel beträgt, daß die Forderung des betreibenden Gläubigers nach ihrem vollen Betrage gedeckt ist, ist der Zuschlag auf das betreffende Meistgebot, beziehungsweise auf die erlangten mehreren Meistgebote zu ertheilen und findet die Versteigerung der übrigen Grundstücke nicht statt.

Entwurf gleichlautend.

Bemerkungen.

1. Bei Beantwortung der Frage, ob die Summe der erlangten Meistgebote für mehrere einzeln ausgebotene Grundstücke die Forderung des betreibenden Gläubigers decke, sind die Grundsätze des § 29 zur Anwendung zu bringen.

2. Würde in dem zu § 29 angenommenen Beispielsfalle für das Grundstück fol. 3 ein Meistgebot von 2500 ℳ erlangt, so würde, da hierdurch der betreibende Gläubiger vollständig gedeckt ist, der Zuschlag zu erfolgen und die Versteigerung der beiden anderen Grundstücke sich erledigt haben.

Würden für fol. 3 nur 2000 ℳ geboten, so würde weiter fol. 1 auszubieten sein. Beträgt das Meistgebot für das letztere 5800 ℳ, so würde, da hierdurch der betreibende Gläubiger vollständig gedeckt ist, auf dieses Gebot zuzuschlagen und der Zuschlag auf fol. 3, sowie das Ausgebot von fol. 2 zu unterlassen sein.

Würden dagegen für fol. 1 nur 4500 ℳ erlangt, so würde sich der Gesammtbetrag der für fol. 3 und 1 erlangten Meistgebote auf 6500 ℳ, also auf mehr belaufen, als zur vollen Befriedigung des betreibenden Gläubigers erforderlich. Es würden daher die fol. 3 und 1 zuzuschlagen und das Ausgebot von fol. 2 zu unterlassen sein.

Betrüge das Meistgebot für fol. 1 nur 4000 ℳ, so würde weiter zum Ausgebot von fol. 2 zu verschreiten /und auf ein Meistgebot von 14 500 ℳ (mit der Last des Auszugs), da durch dasselbe der betreibende Gläubiger vollständig gedeckt wäre, zuzuschlagen, somit der Zuschlag auf die für fol. 3 und 1 erlangten Meistgebote zu unterlassen sein.

Würden dagegen für fol. 1 nur 14 000 ℳ erlangt, so würde zu untersuchen sein, ob nicht dieses Meistgebot schon in Verbindung mit Einem der früheren Meistgebote zur Befriedigung des betreibenden Gläubigers ausreiche. Dies ist bei beiden früheren Meistgeboten der Fall. Denn es beläuft sich die Summe der Meistgebote bezw. der zu Befriedigung des betreibenden Gläubigers erforderliche Betrag bei fol. 2 und 1 auf 18 000 ℳ bezw. 14 340 ℳ, bei fol. 2 und 3 auf 16 000 ℳ bezw. 14 240 ℳ. Für die Wahl unter diesen beiden Combinationen ist maßgebend, daß bei der ersteren nicht nur die Forderung des nachstehenden Gläubigers C voll gedeckt wird, sondern auch noch ein Ueberschuß für den Schuldner verbleibt, während bei der letzteren Combination die Forderung des C nur theilweise zur Deckung gelangen würde. Es würde daher in diesem Falle auf die Meistgebote für fol. 2 und 1 zuzuschlagen und der Zuschlag auf fol. 3 zu unterlassen sein.

In allen vorstehends aufgeführten Fällen würde jedoch der Zuschlag nur dann erfolgen können, wenn von dem in § 34 Abs. 2 erwähnten Rechte seitens des C mit Erfolg (§ 35) nicht Gebrauch gemacht worden wäre, vergl. Bem. 6 zu § 34.

§ 34.

Reicht der Gesammtbetrag der bei dem Ausgebot einzelner Grundstücke erlangten zulässigen Meistgebote zur Deckung der Forderung des betreibenden Gläubigers nicht aus, so kann derselbe beantragen, daß die Grundstücke als Gesammtheit ausgeboten werden. Der Antrag kann auch auf solche Grundstücke erstreckt werden, für welche bei dem Einzelausgebot ein nach § 10 zulässiges Gebot nicht erlangt worden ist.

Der nach Absatz 1 dem betreibenden Gläubiger zustehende Antrag kann von einem Pfandgläubiger, dessen Forderung mit dem Range nach der des betreibenden Gläubigers auf den Grundstücken oder auf mehreren derselben lastet und nicht gedeckt ist, in Bezug auf die damit belasteten Grundstücke, ingleichen von dem Schuldner in Bezug auf die ihm gehörigen Grundstücke gestellt werden.

Entwurf gleichlautend.

Bemerkungen.

1. Der Antrag des Berechtigten braucht nicht nothwendigerweise im Versteigerungstermine selbst gestellt zu werden; er kann auch als eventueller schon vorher, und zwar schriftlich oder mündlich zum Protokoll des Gerichtsschreibers (§ 48) erfolgen.

2. Der in Abs. 1 erwähnte Fall würde bei dem bisher behandelten Beispiele vorliegen, wenn für fol. 3 nur ein Gebot von 1800 ℳ, für fol. 1 nur ein solches von 3800 ℳ, für fol. 2 mit dem Auszug aber ein zulässiges (also 11 940 ℳ übersteigendes) Gebot nicht erlangt worden wäre.

3. Das in Abs. 2 dem nachstehenden Gläubiger sowie dem Schuldner eingeräumte Recht, eventuell das Gesammtausgebot zu verlangen, schließt das Recht ein, in den Fällen, in welchen gemäß § 33 an sich der Zuschlag auf ein oder mehrere Einzelgebote zu ertheilen sein würde, die Aussetzung desselben und das Einzelausbieten der übrigen, nach Abs. 2 in Be-

tracht kommenden Grundstücke zu verlangen, da erst nach dem Einzelausgebot aller dieser Grundstücke beurtheilt werden kann, ob die Einzelgebote für dieselben in ihrem Gesammtbetrage zu Deckung der Forderung des nachstehenden Gläubigers ausreichen.

4. Der Schuldner selbst hat ein Interesse daran, daß durch die Versteigerung möglichst viel erlangt werde. Es ist ihm daher in Abs. 2 das Recht gegeben, das Gesammtausgebot bezüglich aller oder einiger der ihm gehörigen Grundstücke, auf welche sich der Versteigerungsantrag erstreckt, zu beantragen, sobald er dadurch für die Gläubiger und für sich, oder allein für sich einen Vortheil zu erlangen hofft. Diesen Antrag kann er somit auch dann stellen, wenn die interessirten Gläubiger selbst sich nicht rühren. Bei einer Kollision zwischen seinen und den Anträgen der Gläubiger hat er Anspruch auf Berücksichtigung seiner Anträge natürlich nur insoweit, als durch dieselben die antragstellenden Gläubiger nicht benachtheiligt werden. Das Nämliche gilt von den Anträgen eines Gläubigers, welche mit den Anträgen eines vorgehenden Gläubigers kollidiren.

5. Abs. 2 ist eine Anwendung des in Bem. 1 zu § 27 hervorgehobenen Grundsatzes auf den Normalfall, daß für die Versteigerung die Bestimmungen in § 10 über das zulässige Mindestgebot maßgebend sind. Der Umstand, daß in Abs. 2 nur von Gläubigern die Rede ist, deren Forderungen der des betreibenden Gläubigers im Range nachstehen, hindert daher nicht, in den Ausnahmefällen der §§ 181. 182 die Bestimmung des Abs. 2 auch auf Gläubiger anzuwenden, deren Forderungen der des betreibenden Gläubigers im Range vorgehen.

6. Gemäß Abs. 2 würde in dem angenommenen Beispielsfalle, wenn nach § 33 an erster Stelle fol. 3 ausgeboten und auf dasselbe nur ein Gebot von 2500 M erlangt worden wäre, der Gläubiger C zunächst das Ausgebot von fol. 1, nnd wenn auf dasselbe nur 4500 M geboten worden, das Gesammtausgebot von fol. 3 und 1 verlangen können.

§ 35.

Uebersteigt das Gebot für die als Gesammtheit ausgebotenen Grundstücke den Gesammtbetrag der Einzelgebote für diese Grundstücke, so erfolgt der Zuschlag auf das Gebot für die Gesammtheit.

Hat ein Gesammtausgebot nicht stattgefunden, oder ist das Gebot für die als Gesammtheit ausgebotenen Grundstücke nicht höher als der Gesammtbetrag der für diese Grundstücke erlangten Einzelgebote, oder kann der Zuschlag auf das Gesammtgebot nicht erfolgen, weil es das zulässige Mindestgebot nicht erreicht, so ist der Zuschlag auf die zulässigen Einzelgebote zu ertheilen.

Entwurf gleichlautend.

Bemerkungen.

Ob das Gebot für die als Gesammtheit ausgebotenen Grundstücke den Gesammtbetrag der Einzelgebote für diese Grundstücke übersteige, kann natürlich nur dann beurtheilt werden, wenn die Grundstücke bei beiden Ausgebotsarten in dem nämlichen Umfange ausgeboten worden waren. Im Falle von § 519 oder § 528 des B.G.B. muß daher das mit dem Auszuge u. s. w. belastete Grundstück sowohl beim Einzel- als auch beim Gesammtausgebot mit der Last oder ohne dieselbe ausgeboten worden sein.

§ 36.

Wenn von dem durch den Zuschlag auf ein Gesammtgebot für mehrere Grundstücke erlangten Kaufpreise nach Abzug aller der Forderung des betreibenden Gläubigers im Range vorgehenden Ansprüche und jener Forderung selbst noch ein Ueberschuß verbleibt und auf mehreren der versteigerten Grundstücke Hypotheken mit dem Range nach der des betreibenden Gläubigers eingetragen sind, zu deren vollständiger Deckung der Ueberschuß nicht ausreicht, so ist bei Berechnung der Antheile an dem Ueberschuß, welche auf diese Hypotheken entfallen, in folgender Weise zu verfahren.

Der erlangte Gesammtkaufpreis wird den einzelnen Grundstücken nach dem Verhältniß ihrer Schätzungswerthe zugerechnet.

Die Forderung des betreibenden Gläubigers ist auf diejenigen von diesen Grundstücken, deren Kaufpreisantheil den Gesammtbetrag der derselben im Range vorangehenden Ansprüche übersteigt, nach dem Verhältnisse der übersteigenden Beträge zu vertheilen. Nach gleichem Grundsatze sind andere Forderungen, welche auf den Grundstücken oder auf einigen derselben ungetheilt lasten, auf die damit belasteten Grundstücke zu vertheilen.

Der Ueberschuß, welcher von dem auf das einzelne Grundstück repartirten Kaufpreisantheil (der Specialmasse) nach Abzug der auf diesem Grundstück mit dem Vorrang vor der Forderung des betreibenden Gläubigers allein lastenden Forderungen und der nach Abs. 3 auf dasselbe repartirten vorgehenden Forderungsantheile, sowie des Forderungsantheils des betreibenden Gläubigers verbleibt, entfällt auf diejenigen Hypotheken, welche auf diesem Grundstücke mit dem Range nach der des betreibenden Gläubigers eingetragen sind.

Der von Nachhypotheken nicht in Anspruch genommene Theil einer Specialmasse, ist derjenigen Specialmasse, welche zur Deckung der auf dem betreffenden Grundstücke lastenden Nachhypotheken nicht ausreicht, mehreren unzureichenden Specialmassen nach Verhältniß des Schätzungswerthes der betreffenden Grundstücke zu überweisen. Die Ueberweisung aus einer Specialmasse an eine andere findet jedoch nicht statt, wenn sich die betreffenden Grundstücke im Eigenthum verschiedener Personen befinden, oder wenn rücksichtlich der bei der unzureichenden Specialmasse ungedeckt gebliebenen Forderung eine persönliche Verbindlichkeit auf Seiten des Schuldners nicht besteht.

Entwurf gleichlautend.

Motive. „Ueber die richtige Art und Weise der Vertheilung des bei der Versteigerung einer Mehrzahl von Grundstücken auf ein Gesammtausgebot erlangten Kaufpreises auf die einzelnen Grundstücke und die auf denselben eingetragenen Forderungen herrschen in Theorie und Praxis verschiedene Ansichten.

Vergl. Sintenis, Handbuch des gem. Pfandrechts, Seite 471; Guyet, im Archiv für die civilistische Praxis, Band 18 Seite 365; Fontenay, daselbst, Band 37 Seite 164 ff.; Simon, daselbst, Band 41 Seite 345 ff.

Der Entwurf schließt sich im Wesentlichen den Grundsätzen an, welche hierüber in Uebereinstimmung mit der von

Reinhardt, Die Ordnung der Gläubiger, §§ 202 ff.; Arnold, Pract. Erörterungen, §§ 8 ff.; Brackenhöft, im Archiv für die civilistische Praxis, Band 43 Seite 229 ff.; Heyne, Erörterungen aus dem Grundeigenthums- und Hypothekenrecht, Seite 15 ff.; Siegmann, in den Annalen des vorm. K. S. Oberappellationsgerichts, N. F., Band 2 Seite 141 ff.; Derselbe, Die K. S. Hypothekenordnung, S. 227 ff.

vertheidigten Ansicht in der Sächsischen Praxis befolgt worden sind und nach denen der Werth der verpfändeten Grundstücke als Vertheilungsmaßstab, jedoch mit der Beschränkung angenommen wird, daß von dem Werth des einzelnen die der zu repartirenden Verbandshypothek im Range voranstehenden Forderungen in Abzug zu bringen sind und nur der Werthsüberrest als Berechnungsfactor gilt. Als Werthmesser aber können, auch insoweit ein Ausgebot der einzelnen Grundstücke vorangegangen war, nicht die Einzelgebote, sondern nur die Schätzungswerthe maßgebend sein, weil das Gesammtausgebot auch auf diejenigen Grundstücke erstreckt wird, für welche ein den zulässigen Mindestbetrag erreichendes Einzelgebot nicht erlangt worden ist."

Bemerkungen.

1. Dieser Paragraph regelt die Vertheilung des von dem durch den Zuschlag auf ein Gesammtgebot für mehrere Grundstücke erlangten Kaufpreises auf die einzelnen Grundstücke für den Fall, wenn vom Kaufpreise nach Abzug aller der Forderung des betreibenden Gläubigers im Range vorgehenden Ansprüche und jener Forderung selbst noch ein Ueberschuß verbleibt. Den Worten nach geschieht zwar diese Regelung nur für den Fall des Vorhandenseins von Nachhypotheken, und zwar solchen, die auf

mehreren der versteigerten Grundstücke haften und zu deren vollständiger Deckung der Ueberschuß nicht ausreicht. Die hierbei zur Anwendung gebrachten Grundsätze sind jedoch in allen den Fällen maßgebend, wo wegen der Rechte der Nachhypothekarier bezw. der Schuldner eine Repartirung des Ueberschusses auf die einzelnen (gleichviel, ob Einer oder verschiedenen Personen zugehörigen) Grundstücke sich nöthig macht. Diese Repartitionsgrundsätze sind in Abs. 2. 3. 4 enthalten, während Abs. 5 bestimmt, in welchen Fällen und auf welche Weise der auf das eine Grundstück repartirte Ueberschuß zu Gunsten der anderen Grundstücke zu verwenden ist.

2. Abs. 3 betrifft nur Verbandshypotheken, und zwar Satz 2 nur solche, welche wenigstens auf einem der belasteten Grundstücke der Forderung des betreibenden Gläubigers vorgehen oder nachstehen.

3. Nach §§ 29 u. 36 Abs. 1 müssen beim Gesammtausgebot mehrerer Grundstücke alle der Forderung des betreibenden Gläubigers vorgehenden Ansprüche und diese Forderung selbst gedeckt sein, wenn von einem Ueberschusse die Rede sein soll, gleichviel, in welcher Weise jene Ansprüche auf die einzelnen Grundstücke sich vertheilen. Es ist denkbar, daß die auf dem einen Grundstücke der Forderung des betreibenden Gläubigers vorgehenden Ansprüche mehr betragen, als der Antheil des Kaufpreises, welcher nach Abs. 2 auf dieses Grundstück behufs Beantwortung der Frage zu repartiren ist, ob auf dasselbe von dem nach Befriedigung des betreibenden Gläubigers verbleibenden Ueberschuß etwas ausfalle. Ein solcher Mehrbetrag ist in entsprechender Anwendung von Abs. 3 Satz 2 auf die übrigen Grundstücke zu repartiren (vergl. das Beispiel in Bem. 5). Da auf diese Weise in Folge der Gesammtversteigerung die auf den anderen Grundstücken der Forderung des betreibenden Gläubigers im Range nachstehenden Hypotheken nach Befinden weniger erhalten, als sie bei einer Einzelversteigerung erhalten können, so wird der Versteigerungsrichter, sobald die Belastung der mehreren zu versteigernden Grundstücke eine verschiedene ist, mit dem Beschlusse auf Gesammtversteigerung sehr vorsichtig sein müssen und hierunter zunächst alle einschlagenden Interessen abzuwägen haben.

4. Der von Nachhypotheken nicht in Anspruch genommene Theil einer Specialmasse fällt an sich gemäß § 381 des B.G.B. und § 167 dieses Gesetzes dem Eigenthümer des betr. Grundstücks zu, darf daher zu Deckung anderer Hypotheken nur dann verwendet werden, wenn jener Eigenthümer auch für die letzteren mit zu haften hat. Hierauf beruhen die Vorschriften in Abs. 5. Für die Beantwortung der Frage nach der persönlichen Haftverbindlichkeit des Schuldners ist, wenn dieselbe aus § 432 des B.G.B. abgeleitet wird, der Zeitpunkt der Versteigerung maßgebend.

5. Beispiel. Die um das Gesammtgebot von 18000 ℳ versteigerten drei Grundstücke sind folgendermaßen belastet:

Fol. 1. (Taxwerth: 10000 ℳ.)

I.	4000 ℳ	vorgehende Ansprüche für K. L. M.	
II.	1000 ℳ	Forderung des A.	mitverpf. fol. 2.
III.	5000 ℳ	Forderung des B. G.	mitverpf. fol. 2 u. 3.
IV.	1200 ℳ	Forderung des C.	

Fol. 2. (Taxwerth: 6000 *M*.)

I.	100 *M*	vorgehende Ansprüche für N. O. P.	
II.	1000 *M*	Forderung des A.	mitverpf. fol. 1.
III.	400 *M*	Forderung des D.	
IV.	5000 *M*	Forderung des B. G.	mitverpf. fol. 1 u. 3.
V.	2000 *M*	Forderung des E.	

Fol. 3. (Taxwerth: 4000 *M*.)

I.	4000 *M*	vorgehende Ansprüche für Q. R. S.	
II.	5000 *M*	Forderung des B. G.	mitverpf. fol. 1 u. 2.
III.	500 *M*	Forderung des F.	

Zur Deckung der Forderung des betreibenden Gläubigers B. G. und der derselben auf allen drei Grundstücken vorgehenden Ansprüche bedarf es nur des Betrags von 14 500 *M*. Wie ist der hiernach verbleibende Kaufpreisüberschuß von 3500 *M* auf die einzelnen Grundstücke und Nachhypotheken zu vertheilen?

Zu diesem Behufe ist zunächst gemäß Abs. 2 der Kaufpreis selbst zu repartiren mit:

$$\frac{10\,000}{20\,000} = \frac{5}{10} = 9000 \text{ M auf fol. } 1,$$
$$\frac{6000}{20\,000} = \frac{3}{10} = 5400 \text{ M auf fol. } 2,$$
$$\frac{4000}{20\,000} = \frac{2}{10} = 3600 \text{ M auf fol. } 3.$$

Sodann sind gemäß Abs. 3 die darin erwähnten Forderungen zu repartiren, und zwar zunächst die Forderung des A. von 1000 *M* auf die Grundstücke fol. 1 u. 2. Zu diesem Behufe ist zu berechnen, wie viel bei dem einzelnen Grundstücke nach Abzug der der Forderung des A. vorgehenden Ansprüche vom Kaufpreisantheile übrig bleibt. Dies ergiebt:

bei fol. 1: 9000 — 4000 *M* = 5000 *M*,
bei fol. 2: 5400 — 100 *M* = 5300 *M*.

Diese beiden Beträge bilden den Vertheilungsmaßstab. Daher sind obige 1000 *M* zu repartiren mit:

$$\frac{50}{103} = 485 \text{ M } 43 \text{ Pf auf fol. } 1,$$
$$\frac{53}{103} = 514 \text{ M } 57 \text{ Pf auf fol. } 2.$$

Darauf ist zu repartiren die Forderung des B. G. von 5000 *M* und zu diesem Behufe zunächst zu untersuchen, ob und um wie viel bei dem einzelnen Grundstücke der Kaufpreisantheil den Gesammtbetrag der der Forderung des B. G. vorgehenden Ansprüche übersteigt.

Fol. 1: 9000 *M* — *Pf* Kaufpreisantheil,
4485 *M* 43 *Pf* vorgehende Ansprüche, nämlich
4000 *M* — *Pf* für K. L. M.
485 *M* 43 *Pf* für A. (wie vorstehends ber.)

4514 *M* 57 *Pf* Rest.

Fol. 2: 5400 M — Pf Kaufpreisantheil,
1014 M 57 Pf vorgehende Ansprüche, nämlich
100 M — Pf für N. O. P.
514 M 57 Pf für A. (wie oben berechnet)
400 M — Pf für D.

4385 M 43 Pf Rest.

Fol. 3: 3600 M — Pf Kaufpreisantheil,
4000 M — Pf vorgehende Ansprüche für Q. R. S.

400 M — Pf Fehlbetrag.

Bei dem letzteren Grundstück verbleibt kein Ueberschuß. Die Forderung des B.G. ist daher nur auf die beiden anderen Grundstücke, und zwar nach dem Maßstabe der berechneten Restbeträge zu repartiren, also mit

$$\frac{451\,457}{890\,000} = 2536 \text{ M } 28 \text{ Pf auf fol. 1}$$
$$\frac{438\,543}{890\,000} = 2463 \text{ M } 72 \text{ Pf auf fol. 2.}$$

Da bei fol. 3 zu Deckung der der Forderung des B.G. vorgehenden Ansprüche von Q. R. S. der Kaufpreisantheil nicht ausreicht, so sind die fehlenden 400 M gemäß Abs. 3 und dem in Bem. 3 Ausgeführten noch auf die Kaufpreisantheile der beiden anderen Grundstücke zu vertheilen, und zwar nach demselben Maßstab wie die Forderung des B.G. Es fallen somit von diesen 400 M

$$\frac{451\,457}{890\,000} = 202 \text{ M } 90 \text{ Pf auf fol. 1}$$
$$\frac{438\,543}{890\,000} = 197 \text{ M } 10 \text{ Pf auf fol. 2.}$$

Gemäß Abs. 4 verbleibt hiernach für die Nachhypotheken

bei fol. 1: 9000 M — Pf Kaufpreisantheil. Hiervon ab
7224 M 61 Pf, nämlich
4000 M — Pf für K.L.M.,
485 „ 43 „ Forderungsantheil des A.,
2536 „ 28 „ „ des B.G.,
202 „ 90 „ „ von Q.R.S.

1775 M 39 Pf Rest;

bei fol. 2: 5400 M — Pf Kaufpreisantheil. Hiervon ab
3675 M 39 Pf, nämlich
100 M — Pf für N.O.P.,
514 „ 57 „ Forderungsantheil des A.,
400 „ — „ Forderung des D.,
2463 „ 72 „ Forderungsantheil des B.G.,
197 „ 10 „ „ von Q.R.S.

1724 M 61 Pf Rest;

bei fol. 3: nichts.

Der bei fol. 1 berechnete Ueberschuß von 1775 ℳ 39 ₰ reicht nicht nur zur vollständigen Deckung der Forderung des C. von 1200 ℳ aus, sondern giebt auch noch einen Ueberschuß von 575 ℳ 39 ₰, während bei fol. 2 die Forderung des E. von 2000 ℳ durch den Ueberschuß von 1724 ℳ 61 ₰ nur unvollständig gedeckt werden kann. Bei fol. 3 ist für die Forderung des F. an 500 ℳ ein Ueberschuß überhaupt nicht vorhanden.

Die Frage, ob und in welcher Weise der Ueberschuß bei fol. 1 den Specialmassen der beiden anderen Grundstücke zu überweisen sei, ist nach Abs. 5 zu beantworten. Je nachdem der Eigenthümer von fol. 1 identisch ist mit dem Eigenthümer

a) von fol. 2 und 3, oder wenigstens
b) „ „ 2, oder
c) „ „ 3, oder
d) mit keinem derselben,

und je nachdem er in den Fällen a, b, c verhaftet ist für die Forderung

1. des E. und F., oder wenigstens
2. „ E., oder
3. „ F., oder
4. für keine derselben,

fällt jener Ueberschuß von 575 ℳ 39 ₰ zu:
im Falle von

a) 1. den Specialmassen der beiden anderen Grundstücke nach Verhältniß der Schätzungswerthe, also mit

$$\frac{6}{10} = 345 \text{ ℳ } 23 \text{ ₰ dem fol. } 2$$

$$\frac{4}{10} = 230 \text{ ℳ } 16 \text{ ₰ dem fol. } 3$$

zur Befriedigung des E. bezw. F.; da zur vollen Befriedigung des E. nur noch 275 ℳ 39 ₰ erforderlich sind, fallen die übrigen 69 ℳ 84 ₰ noch dem fol. 3 zu, so daß F. im Ganzen 230 ℳ 16 ₰ + 69 ℳ 84 ₰ = 300 ℳ erhält;

2. der Specialmasse von fol. 2 zur vollen Befriedigung des E. und mit dem Rest von 300 ℳ an den Eigenthümer;

3. der Specialmasse von fol. 3 zur vollen Befriedigung des F. und mit dem Rest von 75 ℳ 39 ₰ an den Eigenthümer;

4. der Specialmasse von fol. 1 zur Auszahlung an den Eigenthümer;

b) 1. 2. } wie oben bei a) 2;
3. 4. } wie oben bei a) 4;

c) 1. 3. } wie oben bei a) 3;
2. 4. } der Specialmasse von fol. 3 zur Auszahlung an den Eigenthümer;

d) der Specialmasse von fol. 1 zur Auszahlung an den Eigenthümer.

§ 37.

Wenn mehrere für die Forderung des betreibenden Gläubigers mitverpfändete Grundstücke nach §§ 31 flg. einzeln versteigert worden sind, der Gesammtbetrag der erlangten Meistgebote die Forderung des betreibenden Gläubigers vollständig deckt und von dem Kaufpreis für das zuletzt versteigerte Grundstück ein Ueberschuß verbleibt, so ist der Ueberschuß auf die Hypotheken, welche auf den versteigerten Grundstücken mit dem Range nach der des betreibenden Gläubigers eingetragen sind, nach den in § 36 Absatz 3. 4. 5 enthaltenen Grundsätzen zu vertheilen, jedoch dergestalt, daß als Specialmassen die erlangten Einzelkaufpreise in Rechnung kommen.

Entwurf gleichlautend.

Bemerkungen.

1. Beispiel: Gegenstand des von B.G. beantragten Versteigerungsverfahrens sind die zum vorigen Paragraphen angenommenen zwei Grundstücke fol. 1 und 2. Für das (gemäß § 32) zuerst ausgebotene fol. 1 werden nur 9000 ℳ erlangt, so daß zur vollen Befriedigung des B.G. noch 1000 ℳ fehlen und zum Ausgebot von fol. 2 verschritten wird. Für dasselbe werden 5400 ℳ geboten. Zur Deckung der auf diesem Grundstücke vorgehenden Ansprüche (mit Ausschluß der schon durch die zuerst erlangten 9000 ℳ gedeckten Forderung des A.) bedarf es nur 500 ℳ. Nach Abzug dieser Summe und der zur vollen Befriedigung des B.G. noch fehlenden 1000 ℳ bleiben vom Kaufpreis für das zuletzt versteigerte Grundstück noch 3900 ℳ übrig. Die Repartition dieser Summe auf die beiden Grundstücke erfolgt in derselben Weise, wie im vorigen Beispiele gezeigt worden. Die beiden Beträge von 9000 ℳ und 5400 ℳ, welche im vorigen Beispiel als durch Berechnung gefundene Antheile am Gesammtkaufpreis erscheinen, sind hier die nach § 37 maßgebenden Einzelkaufpreise. Die weitere Berechnung im gegenwärtigen Beispiele würde, da hierbei nur zwei Grundstücke angenommen worden, selbstverständlich zu einem anderen Ergebnisse, wie im vorigen, für drei Grundstücke aufgestellten Beispiele führen.

2. Das gegenwärtige Beispiel ist hauptsächlich deshalb aufgestellt worden, um zu zeigen, was der Paragraph unter dem „vom Kaufpreis für das zuletzt versteigerte Grundstück verbleibenden Ueberschuß" versteht. Es ist dies der Ueberschuß, welcher verbleibt, wenn der Betrag der Forderung des betreibenden Gläubigers und der Gesammtbetrag der denselben auf allen versteigerten Grundstücken vorgehenden Ansprüche abgezogen wird vom Gesammtbetrage der erlangten Einzelgebote.

§ 38.

Die Bestimmungen in §§ 31 bis 37 kommen auch in dem Falle entsprechend zur Anwendung, wenn ein Theil der den Gegenstand des Versteigerungsverfahrens bildenden Grundstücke einzeln und der andere Theil als Gesammtheit ausgeboten werden.

Entwurf gleichlautend.

§ 39.

Das in §§ 28. 30 bis 35 geordnete Verfahren unterliegt der Abänderung mit Zustimmung der Betheiligten, deren Rechte durch die Abänderung berührt werden.

Entwurf gleichlautend.

Vergl. Bem. 1 zu § 27.

§ 40.

Ein im Miteigenthum verschiedener Personen befindliches Grundstück, dessen ideelle Theile mit besonderen Hypotheken nicht belastet sind, kann nur als Ganzes versteigert werden.

An Stelle des im Entwurfe gebrauchten Wortes „Antheil" ist auf Antrag der Dep. der I. Kammer sowohl in diesem, wie im folgenden Paragraphen das Wort „Theil" gesetzt worden.

Bemerkungen.

1. Wegen der Begründung des Antrags vergl. § 64 letzter Absatz.

2. Bei der Anwendung von § 11 ist, wenn die Zustellung des Zwangsversteigerungsbeschlusses an die mehreren Schuldner zu verschiedenen Zeiten stattgefunden hat, die erste Zustellung maßgebend. Es folgt dies aus dem in den Motiven zu § 11 angegebenen Grunde für die Wahl jenes Zeitpunktes.

3. Ob und inwieweit die im Versteigerungsverfahren von Einem der Miteigenthümer abgegebenen Erklärungen auch für und gegen die anderen wirksam seien bezw. Anspruch auf selbständige Beachtung haben, richtet sich nach der Natur und dem Gegenstand der betr. Erklärung, sowie nach den Vorschriften in §§ 329 flg. des B.G.B.

4. Eine offene Handelsgesellschaft als Eigenthümerin eines Grundstücks (§ 10 des Sächs. Einführungsgesetzes zum H.G.B. v. 30. Oktober 1861 Ges.-Bl. S. 309) ist vermöge ihrer besonderen Natur (Art. 111 flg. des H.G.B.) wie ein Alleineigenthümer zu behandeln.

§ 41.

Sind ideelle Theile des Grundstücks mit besonderen Hypotheken belastet, welche auf diesen Theilen der auf das ganze Grundstück eingetragenen Forderung des betreibenden Gläubigers im Range vorgehen, so kann derselbe die Versteigerung des ganzen Grundstücks oder ideeller Theile desselben beantragen.

Dasselbe gilt, wenn die Forderung des betreibenden Gläubigers auf mehreren ideellen Theilen eines Grundstücks eingetragen ist, in Ansehung der Versteigerung der Gesammtheit der letzteren oder einzelner derselben.

Im Entwurf lautete Abs. 2: „Dasselbe gilt in Ansehung der Versteigerung mehrerer ideeller Theile eines Grundstücks, auf welche die Forderung des betreibenden Gläubigers eingetragen ist."

Motive. „Dem betreibenden Gläubiger, dessen Hypothek auf das ganze Grundstück eingetragen ist, kann, wenn überhaupt die Zwangsversteigerung eines ideellen Theils zugelassen wird, der Antrag darauf für den Fall nicht versagt werden, daß Vorhypotheken auf ideellen Theilen lasten, denn, da das ganze Grundstück nur um einen Preis verkäuflich ist, welcher alle Vorhypotheken deckt, kann eine Ueberlastung eines einzelnen ideellen Gutsantheils mit besonderen Hypotheken das Grundstück als Ganzes unverkäuflich machen. Der betreibende Gläubiger, der die Hypothek auf das ganze Grundstück mit Rücksicht auf die Minderbelastung der anderen ideellen Antheile sich hat bestellen lassen, hat solchenfalls ein Recht, seine Befriedigung aus diesen Antheilen zu suchen."

Die Abänderung von Abs. 2 ist auf Antrag der Dep. der I. Kammer beschlossen worden. Der Bericht lautet: „In Abs. 1 wird dem betreibenden Gläubiger unter der Voraussetzung, daß seine Forderung auf dem ganzen Grundstücke haftet und daß derselben Hypotheken vorgehen, welche auf ideellen Theilen des Grundstücks eingetragen sind, die Wahl gestattet, die Versteigerung des ganzen Grundstücks oder ideeller Theile desselben zu beantragen. Für den Gläubiger hat dies die in den Motiven gedachten Vortheile. Namentlich zeigt sich, daß, da die Forderung des betreibenden Gläubigers auf dem ganzen Grundstücke haften muß und in dem Falle, wenn nur einzelne ideelle Theile zur Versteigerung gebracht werden, auf den nicht versteigerten ideellen Theilen haften bleibt, soweit sie nicht aus dem Erlöse der versteigerten gedeckt wird, die Möglichkeit sich bietet, wegen des verbliebenen Forderungsrestes nunmehr successiv die Zwangsversteigerung der noch nicht versteigerten Theile zu betreiben.

Gleiche Grundsätze sollen nach Absatz 2 Anwendung finden, wenn die Forderung des betreibenden Gläubigers zwar nicht auf dem ganzen Grundstücke, aber doch auf mehreren ideellen Theilen desselben haftet. Die übereinstimmende Behandlung beider Fälle erscheint gerechtfertigt. Da aber im Falle des Absatz 2 die dem betreibenden Gläubiger nicht verpfändeten Theile des Grundstücks unversteigert bleiben, das Wahlrecht des Gläubigers sich auf die ihm verpfändeten Theile beschränkt, so fand man es zur Vermeidung von Mißverständnissen angemessen, dem Absatz 2 eine Fassung zu geben, welche die Annahme ausschließt, als ob dem betreibenden Gläubiger auch in diesem Falle das Recht zustehen solle, die Zwangsversteigerung des ganzen Grundstücks zu beantragen."

Bei der Berathung in der II. Kammer theilte der Referent mit: „die Königl. Staatsregierung habe auf Anfrage seitens der Deputation die Auskunft ertheilt, daß nach Abs. 1 dem betreibenden Gläubiger ganz freigestellt werden solle, nach seiner Wahl die ideellen Theile des verpfändeten Grundstücks zur Versteigerung zu bringen, sowie, daß das Wort „Gesammtheit" auf alle mit verpfändeten Theile zu beziehen sei."

Bemerkungen.

1. Durch §§ 41 u. 42 ist die Bestimmung in § 424 des B.G.B., wonach die Zwangsversteigerung unter allen Umständen auf das ganze Grundstück sich erstrecken muß, abgeändert. Vergl. die Motive zu § 3.

2. Sowohl in diesem, wie in den §§ 42 u. 43 kommt darauf, ob

das Grundstück zur Zeit der Versteigerung im Eigenthum mehrerer Personen oder nur einer sich befindet, nichts an. Ist das früher im Miteigenthum mehrerer Personen befindlich gewesene Grundstück später in Eine Hand gelangt, so bestehen allerdings keine Theile des Grundstücks mehr und findet ein Miteigenthum an denselben nicht mehr statt. Der hypothekarische Gläubiger kann jedoch hierdurch ein umfänglicheres Recht, als er bereits hatte, nicht erlangen. Kann daher der Gläubiger, dem nur ein ideeller Grundstückstheil verpfändet worden, nach § 42 Abs. 1 nur die Versteigerung dieses Theils erlangen, so muß diese Beschränkung seines Rechts auch nach der Vereinigung der ideellen Grundstückstheile in Einer Hand bestehen bleiben.

3. Will der betreibende Gläubiger im Falle des Abs. 1 nur ideelle Theile des Grundstücks versteigern lassen, so kann dieser Antrag nur auf bereits vorhandene oder wenigstens in Bezug auf die hypothekarische Belastung noch bestehende Theile sich erstrecken. Beispiel: Das Grundstück war früher im Miteigenthum von drei gleichmäßig berechtigten Personen und frei von Hypotheken. A. verpfändete sein Dritttheil dem X; B. und C. ließen ihre Antheile unbelastet. Hierauf veräußerten die drei Eigenthümer das Grundstück an D., welcher die Hypothek des X. mit übernahm und später das Grundstück dem B.G. verpfändete. — Als ideelle Theile bestehen jetzt nur noch der frühere Theil des A., sowie die früheren Theile des B. und C. Die letzteren sind nunmehr vereinigt, da ein Grund zu ihrem getrennten Fortbestande nicht vorliegt. Der B.G. kann daher gemäß Abs. 1 nur entweder das ganze Grundstück, oder $^2/_3$ (die früheren Antheile von B. und C.), oder $^1/_3$ (den mit der Vorhypothek des X. belasteten früheren Antheil des A.), nicht aber beliebig den früheren Antheil von B. oder den früheren Antheil von C. als selbstständige Objekte versteigern lassen.

4. „Auf das ganze Grundstück eingetragen" ist die Hypothek des betreibenden Gläubigers nicht auch dann, wenn die Hypothek zunächst nur auf einen Theil eingetragen, später aber die anderen Theile mit verpfändet worden sind. In einem solchen Falle kann der betreibende Gläubiger zunächst nur das Einzelausgebot der Theile, und nur im Falle des § 43 in Verb. mit § 34 Abs. 1 das Ausgebot des ganzen Grundstücks verlangen. Denn die nachträgliche Mitverpfändung kann die Rechtslage des Inhabers der inmittelst auf den nachträglich mit verpfändeten Theil eingetragenen Hypothek nicht verändern.

5. Das in §§ 519 u. 528 des B.G.B. erwähnte Verlangen nach doppeltem Ausgebot kann auch bei Versteigerung eines bloßen ideellen Grundstückstheils gestellt werden.

§ 42.

Wegen einer auf den ideellen Theil eines Grundstücks eingetragenen Forderung kann nur die Versteigerung des damit belasteten ideellen Theils stattfinden.

Im Fall der Versteigerung des ideellen Theils eines Grundstücks kommen bei Berechnung des Mindestgebots die Forderungen, welche mit dem Range vor der des betreibenden Gläubigers auf dem zu versteigernden Theil und zugleich auf anderen ideellen Theilen des Grundstücks lasten, zu ihrem vollen Betrage in Ansatz.

Dasselbe gilt in dem Falle, wenn mehrere ideelle Theile eines Grundstücks zusammen versteigert werden, von vorgehenden Forderungen, welche auf diesen Theilen oder auf dem einen von diesen Theilen und zugleich auf anderen Theilen lasten.

Dergleichen vorgehende Forderungen, welche auf mehreren dieser Theile ungetheilt haften, kommen mit dem einmaligen vollen Betrage in Ansatz.

Entwurf gleichlautend bis auf Abs. 4, welcher erst auf Antrag der Dep. der I. Kammer hinzugefügt worden. Der Bericht lautet:

„Absatz 3 würde dem Falle des § 30 des Entwurfs (§ 29 des Ges.) gleichstehen. Da aber hier nur der Fall in Frage ist, wo vorgehende Forderungen entweder besonders auf einzelnen der zusammen zu versteigernden Grundstückstheile oder ungetheilt auf denselben haften, und nur unter der letzteren Voraussetzung diese Forderungen nach § 30 Schlußsatz des Entwurfs (§ 29 des Ges.) mit dem einmaligen vollen Betrage in Ansatz kommen, so war, um auszuschließen, daß, wenn mehrere ideelle Theile eines Grundstücks zusammen versteigert werden, auf denen vorgehende Forderungen ungetheilt lasten, diese etwa bei Feststellung des Mindestgebots als soviel selbstständige Forderungen angesetzt werden, wie verhaftete Grundstückstheile vorhanden sind, man dafür, dem Absatz 3 einen entsprechenden Zusatz zu geben."

Bemerkungen.

1. Beispiel. Das Grundstück ist, als es schon mit einer Hypothek für E. belastet war, auf A. B. C. übergegangen. Dieselben haben ihre Antheile besonders weiter belastet und später das Grundstück an D. verkauft, welcher auf dasselbe eine neue Hypothek für K. aufgenommen hat. Zur Zeit des Antrags auf Zwangsversteigerung gestaltet sich die Belastung folgendermaßen:

2500 ℳ für E.

Antheil des A.	Antheil des B.	Antheil des C.
1000 ℳ für F. (mithaft. a. Anth. C.)	1200 ℳ für G.	2000 ℳ für H.
500 ℳ für J. (mithaft. a. Anth. B. C.)	500 ℳ für J. (mithaft. a. Anth. A. C.)	1000 ℳ für F. (mithaft. a. Anth. A.)
		500 ℳ für J. (mithaft. a. Anth. A. B.)

3000 ℳ für K.

Die bis zur Zwangsversteigerung berechneten Rückstände von Abgaben und Reallasten im Sinne § 4 unter 2 und 3 betragen 200 ℳ. — Die angegebenen Hypothekenbeträge umfassen zugleich die bis zu jenem Zeitpunkt berechneten Rückstände der Zinsen und Kosten.

Es würde versteigern lassen können:

E. nur das ganze Grundstück,
F. die Antheile A. C. oder einen dieser Antheile,
G. nur den Antheil B.,
H. nur den Antheil C.,
J. alle Antheile oder zwei oder einen derselben,
K. das ganze Grundstück oder zwei oder einen Antheil.

Das Mindestgebot würde übersteigen müssen: den Betrag der gerichtlichen Versteigerungskosten, und außerdem beim Antrage des

E. 200 ℳ,

F. im Fall der Versteigerung
des Antheils C. mit oder ohne A.: 200 + 2500 + 2000 ℳ,
" " A.: 200 + 2500 ℳ,

G. oder H.: 200 + 2500 ℳ,

J. im Fall der Versteigerung

aller Antheile:	200 + 2500 + 1000 + 1200 + 2000 ℳ,
der Antheile A. B.:	200 + 2500 + 1000 + 1200 ℳ,
" " A. C.:	200 + 2500 + 1000 + 2000 ℳ,
" " B. C.:	200 + 2500 + 1200 + 2000 + 1000 ℳ,
des Antheils A.:	200 + 2500 + 1000 ℳ,
" " B.:	200 + 2500 + 1200 ℳ,
" " C.:	200 + 2500 + 2000 + 1000 ℳ,

K. im Fall der Versteigerung

des ganzen Grundstücks:	200 + 2500 + 1000 + 1200 + 2000 + 500 ℳ,
der Antheile A. B.:	200 + 2500 + 1000 + 1200 + 500 ℳ,
" " A. C.:	200 + 2500 + 1000 + 2000 + 500 ℳ,
" " B. C.:	200 + 2500 + 1200 + 2000 + 500 ℳ,
des Antheils A.:	200 + 2500 + 1000 + 500 ℳ,
" " B.:	200 + 2500 + 1200 + 500 ℳ.
" " C.:	200 + 2500 + 2000 + 1000 + 500 ℳ.

2. Wer nach diesem Paragraphen die Wahl hat zwischen der Versteigerung des ganzen Grundstücks und der Versteigerung einzelner Theile, muß beim Antrage (§ 64) den weitesten Umfang der Versteigerung bezeichnen, damit dem entsprechend der Beschluß (§ 83) und die Bekanntmachung (§§ 89. 97. 100) erlassen werden kann. Es kann zwar derjenige, der in einem Falle der gedachten Art die Versteigerung des ganzen Grundstücks oder mehrerer Theile beantragt hat, im Versteigerungstermine das successive Ausgebot der einzelnen Theile veranlassen (§ 43 in Verb. mit §§ 31—35), nicht aber derjenige, der nur die Versteigerung einzelner Theile beantragt hat, im Versteigerungstermine das Ausgebot weiterer Theile oder des ganzen Grundstücks herbeiführen, dafern nicht sämmtliche Betheiligte ihre Zustimmung ertheilen.

§ 43.

Ist ein Grundstück, von welchem ideelle Theile mit besonderen, der Forderung des betreibenden Gläubigers vorangehenden Hypotheken belastet sind, oder sind mehrere ideelle Theile eines solchen Grundstücks Gegenstand des Versteigerungsverfahrens, so kommen in Betreff des Ausgebots der einzelnen Theile und der Gesammtheit die in §§ 31 bis 35. 39 enthaltenen Grundsätze, ingleichen in Betreff der Vertheilung eines verbleibenden Ueberrestes von dem Erlöse die in §§ 36. 37. 38 enthaltenen Grundsätze, die letzteren jedoch dergestalt zur Anwendung, daß an Stelle des Schätzungswerthes die Größe der ideellen Grundstückstheile als Vertheilungsmaßstab dient.

Entwurf gleichlautend.

Dep. Ber. der I. Kammer. „Die Bestimmung bildet eine Folge des Grundsatzes der Zulässigkeit der Einzelversteigerung ideeller Grundstückstheile, wodurch dieselben in dasselbe Verhältniß treten, wie mehrere selbstständige Grundstücke, welche zusammen zur Zwangsversteigerung gelangen. Der von § 37 Absatz 2 des Entwurfs (§ 36 des Ges.) abweichende Maßstab findet darin Begründung, daß das ganze Grundstück geschätzt wird, nicht ein oder mehrere ideelle Theile desselben. Der Einzelwerth berechnet sich daher nach der Größe des einzelnen Theils im Verhältnisse zum Schätzungswerthe des Ganzen, z. B. $^1/_2$, $^1/_3$ u. s. w."

Bemerkungen.

1. Bei der entsprechenden Anwendung von §§ 31—39 tritt überall an Stelle des „Grundstücks": der „ideelle Grundstückstheil" und in § 36 Abs. 2. 5 an Stelle des „Schätzungswerthes": die „Größe".

2. Die Voraussetzungen zur Anwendung dieses Paragraphen sind die nämlichen, wie bei § 41. Daher würde in dem zu § 42 angenommenen Beispielsfalle dieser Paragraph nicht Anwendung leiden können, wenn die Versteigerung von E oder G oder H beantragt worden wäre, wohl aber in allen übrigen daselbst angenommenen Fällen.

Wäre im gedachten Falle J der betreibende Gläubiger und hätte derselbe die Versteigerung aller drei Theile beantragt, so würde bei einem Schätzungswerthe des Grundstückes von 12000 ℳ und bei der Annahme, daß in der Forderung des J an 500 ℳ die gerichtlichen Versteigerungskosten schon inbegriffen wären, gemäß § 32 zunächst mit Ausgebot des Antheils A zu verfahren sein, da dieser die weitestgehende Befriedigung des betreibenden Gläubigers erwarten läßt. Würde hierbei ein Meistgebot von 4300 ℳ erlangt, so würde J vollständig gedeckt und daher gemäß § 33 der Zuschlag auf dieses Gebot zu ertheilen sein. Würden nur 3800 ℳ geboten, so würde mit Ausgebot des Antheils B zu verfahren sein. Bei einem Meistgebote von 4400 ℳ für denselben würde zuzuschlagen, bei einem solchen von 4300 ℳ dagegen zum Ausgebot von Antheil C zu verschreiten sein. Würde hierfür ein zulässiges, d. i. ein Gebot über 5700 ℳ nicht erlangt, so würde der Zuschlag auf die Meistgebote für A. und B. zu ertheilen sein, da deren Gesammtbetrag, 8100 ℳ, zu Deckung der Forderung des betreibenden Gläubigers ausreicht.

In allen diesen Fällen würde jedoch der Zuschlag nur dann ertheilt werden können, wenn von dem in § 34 Abs. 2 erwähnten Rechte mit Erfolg nicht Gebrauch gemacht worden wäre.

Wären für Antheil A. nur 3800 ℳ geboten, auf Antheil B. und C. aber ein zulässiges Gebot überhaupt nicht erlangt worden, so würde das ganze Grundstück auszubieten und dafern hierfür außer den gerichtlichen Versteigerungskosten über 6900 ℳ erlangt würden, zuzuschlagen sein.

Betrüge dieses Meistgebot mehr als 7400 ℳ, so würde der Ueberschuß dem Gläubiger K. allein zufallen und hiernach die Bildung von Specialmassen (§ 36) sich verüberflüssigen. Zu der letzteren würde nur dann zu verschreiten sein, wenn das Meistgebot mehr als 10 400 ℳ betrüge und entweder das Grundstück im Eigenthum mehrerer Personen sich befände oder die einzelnen ideellen Theile mit weiteren besonderen Hypotheken belastet wären. Wegen der Ausführung einer solchenfalls nöthigen Berechnung kann das zu § 36 gegebene Beispiel zum Anhalt dienen. Nur würde an Stelle des dort angenommenen Schätzungswerthes der einzelnen Grundstücke die Größe der ideellen Grundstückstheile zu treten haben.

§ 44.

Ist die Versteigerung eines ideellen Theiles beantragt, so kann das in § 446 des Bürgerlichen Gesetzbuchs geordnete Ablösungsrecht, sofern es nicht von einem Hypothekengläubiger geltend gemacht wird, von jedem Miteigenthümer ausgeübt werden.

Dieser Paragraph ist erst auf Antrag der Dep. der I. Kammer in das Gesetz aufgenommen worden. Nach dem in der I. Kammer genehmigten Deputations-Entwurf standen an Stelle der Worte „jedem Miteigenthümer" die Worte „den Miteigenthümern". Auch war noch als Absatz 2 angefügt: „Von mehreren Miteigenthümern hat derjenige den Vorzug, welchem der größte Antheil gehört".

Bericht. „Die Deputation hat geglaubt, in Berücksichtigung des gegenseitigen Verhältnisses der Miteigenthümer eines Grundstücks zu einander, eine weitere Bestimmung in Vorschlag bringen zu sollen.

Dasselbe kann aus verschiedenen, ihre Interessen wesentlich beeinflussenden Gründen es wünschenswerth erscheinen lassen, den Eintritt eines Dritten in ihre Gemeinschaft auf dem Wege der Zwangsversteigerung ideeller Theile des Grundstücks zu verhindern. Es gehören dahin namentlich Gründe, welche auf der gemeinschaftlichen Benutzung oder Verwaltung beruhen.

Ein geeignetes, weder die Rechte des betreibenden Gläubigers, noch die des Schuldners oder dritter Interessenten beeinträchtigendes Mittel bietet sich in dem Ablösungsrechte, welches § 446 des B.G.B. für den Fall, daß ein Pfand auf Antrag eines Pfandgläubigers verkauft werden soll, jedem anderen Pfandgläubiger insofern gewährt, als er ohne Einwilligung des ersteren und des Pfandschuldners die Forderung jenes durch dessen Befriedigung ablösen und dadurch erwerben kann. Dabei gewährt die weitere Bestimmung in § 446 des B.G.B., wonach von mehreren Pfandgläubigern, welche ablösen wollen, Derjenige, dessen Pfandrecht jünger ist, den Vorzug vor Demjenigen hat, dessen Pfandrecht älter ist, eine Analogie, welche in Verbindung mit der Vorschrift von § 331 des B.G.B. über Beschlüsse der Miteigenthümer, welche die Art der Verwaltung und Benutzung betreffen, dazu benutzt werden kann, von mehreren Miteigenthümern hinsichtlich des Ablösungsrechts Demjenigen den Vorzug einzuräumen, welcher den größten Antheil hat, da im Zweifel sein Interesse an der Ausübung des Ablösungsrechts das verhältnißmäßig größere ist. Zu weiteren Unterscheidungen besteht ein zwingender Anlaß ebenso wenig, als solche in § 446 des B.G.B., z. B. für den Fall des gleichen Alters der Pfandrechte, gemacht sind.

Nur erfordert das näherliegende Interesse der Pfandgläubiger, daß das Ablösungsrecht der Miteigenthümer dem der Pfandgläubiger nachstehen muß."

Die (nachmals beschlossenen) Abänderungen sind von der Dep. der II. Kammer beantragt worden, „weil es eine Unbilligkeit sein würde, wenn man Demjenigen, welcher bei dem Miteigenthümerverhältnisse sich ohnehin im Uebergewicht befindet, auch noch das Recht einräumen würde, unter Ausschluß der übrigen Miteigenthümer sich auch noch in den Besitz der durch Ausübung des Ablösungsrechts freigewordenen Hypothek zu setzen."

Bemerkungen.

1. Der Paragraph kann selbstverständlich nur dann zur Anwendung kommen, wenn das betr. Grundstück im Eigenthum mehrerer Personen sich befindet. Solchenfalls ist aber gleichgültig, ob der Versteigerungsantrag auf Grund § 41 oder § 42 erfolgt ist.

2. Das in § 446 des B.G.B. den Pfandgläubigern und durch § 44 dieses Gesetzes den Miteigenthümern eingeräumte Ablösungsrecht beginnt mit dem Antrag auf Versteigerung und dauert so lange fort, bis dieser Antrag abgelehnt (§§ 68. 73. 80), oder der Zuschlag erfolgt (§§ 72. 76. 131. 129 Abs. 3) oder der Beschluß auf definitive Einstellung des Verfahrens (§ 81) rechtskräftig geworden ist. Es wird ausgeübt durch Befriedigung des betreffenden Gläubigers und bei unbegründeter Annahmeverweigerung durch gerichtliche Niederlegung des Schuldbetrags. Die Zahlung muß dergestalt geleistet werden, daß die Pfandforderung, selbst wenn sie theilweise nicht fällig ist, doch ganz getilgt wird (§ 447 des B.G.B.). Daher müssen insbesondere auch die bereits aufgelaufenen gerichtlichen Kosten des Versteigerungsverfahrens mit gezahlt werden. Wer zuerst zahlt, eventuell gerichtlich niederlegt, erwirbt das Recht auf Umschreibung der Hypothek (§ 448 des B.G.B.). Die bloße Erklärung, ablösen zu wollen, genügt nicht. Das in § 446 des B.G.B. dem jüngeren Pfandgläubiger vor dem älteren, und in § 44 des gegenwärtigen Gesetzes den Pfandgläubigern vor den Miteigenthümern gewährte Vorzugsrecht kann hiernach nur dann praktisch werden, wenn von mehreren Berechtigten gleichzeitig die Zahlung, event. die gerichtliche Niederlegung bewirkt werden will.

3. Den in die III. Rubrik eingetragenen Reallasten gegenüber kann das Ablösungsrecht, und zwar auch hinsichtlich der Rückstände, nicht geltend gemacht werden. — Vergl. § 518 des B.G.B. und Bem. 7 zu § 25. Wohl aber kann der Reallastenberechtigte selbst, sobald er wegen der Rückstände als Pfandgläubiger auftritt, vom Ablösungsrechte Gebrauch machen.

4. In Bezug auf eine Kautionshypothek liegt das Verhältniß beim Ablösungsrecht etwas anders, als nach dem zu § 25 unter 8 Bemerkten beim Eintretungsrecht. Wenn der Inhaber die Kautionshypothek wegen einer dadurch sichergestellten Forderung geltend macht, muß er sich die Ablösung der Hypothek auch dann gefallen lassen, wenn das der Kautionshypothek zu Grunde liegende Rechtsverhältniß noch nicht beendigt ist, gleichviel, ob die Forderung die Kautionssumme erreicht oder nicht, somit auch dann, wenn die Entstehung neuer unter die Hypothek fallender Ansprüche

noch möglich sein sollte. Der Ablösungsberechtigte würde solchenfalls den bereits entstandenen Anspruch zu bezahlen und außerdem den an der Kautionssumme noch fehlenden Betrag (wenn auch unter Vorbehalt der eventuellen Rückforderung) zur Tilgung der etwa künftig noch entstehenden Ansprüche zu gewähren haben. Der Inhaber der Kautionshypothek muß, sobald er die Zwangsversteigerung beantragt hat, hierauf eingehen, da die Ausübung des Ablösungsrechts die Fälligkeit der ganzen eingetragenen Forderung nicht voraussetzt. Es folgt dies aus der Fassung des § 446 und aus den Worten in § 447, „selbst wenn sie theilweise nicht fällig ist".

5. Ob die Voraussetzungen zur Ausübung des Ablösungsrechtes vorliegen, ist selbstverständlich nicht im Versteigerungsverfahren, sondern im gewöhnlichen Proceßwege zu entscheiden. Der Ablösungsberechtigte kann solchenfalls im Wege der einstweiligen Verfügung die einstweilige Einstellung des Versteigerungsverfahrens erlangen (§ 81 dieses Gesetzes und § 691 unter 2. § 814 der C.P.O.). Was übrigens in § 81 für den Fall der Einzahlung des Forderungsbetrags durch den Schuldner bestimmt ist, muß nach § 690 Satz 2 des B.G.B. auch für den Fall der Einzahlung durch einen Dritten gelten. Geschieht dies durch einen Pfandgläubiger behufs Erwerbung der Hypothek, so wird, wenn der betreibende Gläubiger widerspricht, nur der Anspruch auf Umschreibung der Hypothek im besonderen Rechtsweg geltend gemacht werden müssen.

§ 45.

Bewegliche Gegenstände, auf welche sich die Hypothek nicht erstreckt, sind, soweit nicht Rechte Dritter entgegenstehen, mit dem Grundstücke zusammen auszubieten, wenn der betreibende Gläubiger und die demselben im Range nachstehenden Gläubiger, sowie der Schuldner zustimmen, auch durch Vereinbarung derselben das Verhältniß festgestellt ist, nach welchem der Kaufpreis auf das Grundstück und auf die mitversteigerten Gegenstände zu vertheilen ist.

Die Zustimmung des Schuldners, ingleichen die Zustimmung eines nachstehenden Gläubigers zu der Erstreckung des Ausgebots und zu der zwischen den übrigen Interessenten wegen Vertheilung des Kaufpreises getroffenen Vereinbarung kann, wenn derselbe nicht bis zum Beginn des Ausrufs (§ 121) widersprochen hat, vom Vollstreckungsgericht ergänzt werden.

Der Zuschlag auf das Gesammtausgebot kann nur dann ertheilt werden, wenn der auf das Grundstück entfallende Theil des Meistgebots den Erfordernissen des § 10 entspricht.

An Stelle dieses Paragraphen befanden sich im Entwurf folgende drei Paragraphen:

§ 45. Soll ein zur Landwirthschaft eingerichtetes Grundstück zwangsweise versteigert werden, so ist, sofern der Schuldner nicht Widerspruch erhebt und soweit nicht Rechte dritter Personen entgegenstehen, das Grundstück mit den in § 70 des B.G.B. bezeichneten Gegenständen als zusammengehöriges Ganzes zu versteigern.

Das Gericht hat zu versuchen, die dieser Art der Versteigerung entgegenstehenden Hindernisse im Wege gütlicher Verhandlung zu beseitigen.

§ 46. Bei der nach Maßgabe von § 45 Absatz 1 erfolgenden Versteigerung kann der Zuschlag nur dann ertheilt werden, wenn der nach Verhältniß der Summe der Werthe zu dem Werthe des Grundstücks zu berechnende Theilbetrag des Meistgebots, welcher auf das Grundstück entfällt, dem Erfordernisse des § 10 entspricht.

Bei Vertheilung des Gesammtkaufpreises ist als die Summe, für welche das Grundstück dem Ersteher zugeschlagen worden ist, der auf das Grundstück entfallende Theilbetrag des Meistgebots einzustellen.

§ 47. Die Vorschriften der §§ 45. 46 finden entsprechende Anwendung, wenn ein zu einem Fabrikgeschäfte oder zu einem anderen Gewerbe bestimmtes und eingerichtetes Grundstück den Gegenstand des Versteigerungsverfahrens bildet und der betreibende Gläubiger, oder der Inhaber einer der Forderung desselben im Range nachstehenden hypothekarischen Forderung, oder der Schuldner beantragt, daß das Grundstück mit den in § 69 des B.G.B. bezeichneten Gegenständen als zusammengehöriges Ganzes versteigert werde, oder wenn nach Ermessen des Gerichts diese Art der Versteigerung zweckmäßig erscheint.

Die Dep. der I. Kammer beantragte aus rechtlichen und praktischen Gründen die Ablehnung dieser drei Paragraphen. Die Kammer nahm jedoch die letzteren an. Zur Vermittelung der hierunter zur Geltung gelangten entgegenstehenden Ansichten brachte die Dep. der II. Kammer den § 45 (des Gesetzes) ein, welcher von der II. Kammer und hierauf im Vereinigungsverfahren auch von der I. Kammer angenommen wurde.

Bemerkungen.

1. Wie aus der vorstehenden Entstehungsgeschichte des Paragraphen zu entnehmen, ist derselbe an Stelle der §§ 45—47 des Entwurfs getreten, welche nur von beweglichen Zubehörungen eines Landgrundstücks oder gewerblichen Etablissements handeln. Auch bieten die ständischen Verhandlungen keinen ausreichenden Anhalt zu der Annahme, daß die Aenderung deshalb mit beschlossen worden sei, weil jene Paragraphen nur auf den angegebenen beschränkten Kreis von Grundstücken und bei diesen nur auf die Zubehörungen sich beziehen. Gleichwohl ist die gewählte Fassung der substituirten Bestimmung eine so allgemeine, daß sie im Princip einerseits auf alle Gattungen von Grundstücken, andererseits auf alle Gattungen der darauf oder darin befindlichen beweglichen Sachen, auch wenn sie als eigentliche „Zubehörungen" im Sinne von §§ 65 flg. des B.G.B. nicht anzusehen, bezogen werden muß. Es ist in der That recht gut denkbar, daß auch die Mitversteigerung derartiger Gegenstände, z. B. bei einer Villa die Mitversteigerung der Möbel, Hausgeräthe u. dergl., im Interesse der Betheiligten liegt. Daß auf diese Weise das Anwendungsgebiet des Paragraphen durch feste und bestimmte Normen nicht begrenzt ist, dürfte in der Praxis zu Schwierigkeiten kaum führen können, da hier im Wesentlichen Alles der freien Vereinbarung der Betheiligten überlassen ist und der Vollstreckungsrichter bei Ausübung des Ergänzungsrechts (Abs. 2) genügenden Anhalt schon in der Beantwortung der allein ausschlaggebenden Frage hat, ob die Mitversteigerung im Interesse des Betheiligten liege, dessen Zustimmung ergänzt werden soll.

2. Auf welche beweglichen Sachen die Hypothek sich erstreckt und welche Sachen daher auch ohne Zustimmung der Betheiligten mit zu versteigern sind, ist bereits zu § 2 erörtert worden.

3. Als Betheiligte führt das Gesetz außer dem Schuldner und dem betreibenden Gläubiger zwar nur noch die dem letzteren im Range nachstehenden Gläubiger auf, doch gehört hierzu auch der demselben im Range gleichstehende Gläubiger, da das Gesetz, wie ohne Weiteres aus dessen ratio hervorgeht, die Zustimmung aller Gläubiger erfordern will, soweit dieselben nicht an den zu treffenden Maßnahmen kein Interesse haben. Dies kann in allen den Fällen, in welchen § 10 Anwendung zu leiden hat, nur hinsichtlich der vorgehenden Gläubiger angenommen werden. Hieraus folgt zugleich, daß es in den Ausnahmefällen der §§ 181. 182 der Zustimmung sämmtlicher Hypothekengläubiger bedarf.

4. Das Gesetz erfordert die „Zustimmung", nicht den „Antrag" der Betheiligten. Der Richter kann daher, auch wenn ein solcher Antrag nicht vorliegt, von Amtswegen die Initiative ergreifen. Er ist sogar nach der Absicht des Gesetzes hierzu verpflichtet, sobald er findet, daß die Mitversteigerung gewisser beweglicher Sachen im Interesse der Betheiligten liege. — Vergl. §§ 12 und 34 der A.V (zu § 87 bezw. § 120.) — Gleichwohl läuft seine Thätigkeit hierunter, vom rechtlichen Gesichtspunkte aus betrachtet, nur auf die Anregung zu einem Vertragsabschlusse zwischen den Betheiligten, und die Mitversteigerung nur auf die Ausführung des zwischen denselben geschlossenen Vertrags hinaus. Die Mitversteigerung hat zu unterbleiben, sobald Einer der Betheiligten widerspricht. Dagegen ist der Versteigerungsrichter durch eine bezügliche Vereinbarung der Betheiligten nicht gebunden, und auch ein bereits gefaßter Beschluß, der getroffenen Vereinbarung gemäß zu verfahren, steht niemals einer Entscheidung gleich, von welcher der Richter nicht wieder abgehen könnte, wenn sich nachträglich Bedenken ergeben, wie dies z. B. in Folge des Einganges von Geboten für das Grundstück ohne das Mobiliar, oder auch dann der Fall sein kann, wenn nachträglich ein Dritter unter der Behauptung eines Eigenthumsrechts am Mobiliar der Mitversteigerung desselben widerspricht (vergl. unten bei Nr. 5). Ebenso wird sich der Versteigerungsrichter durch den Widerruf der von einem Betheiligten bereits erklärten Zustimmung bestimmt finden müssen, von dem Beschluß wiederum abzugehen, wenn der Widerruf nach den Grundsätzen des bürgerlichen Rechts über die Zulässigkeit der Zurücknahme von vertragsmäßigen Willenserklärungen als beachtlich erscheint. Entsteht hierüber Streit und will der betreibende Gläubiger auf dem Recht bestehen, welches er aus der widerrufenen Erklärung herleitet, so muß er eine Entscheidung im Proceßwege herbeiführen und, wenn dazu bis zum anberaumten Versteigerungstermin nicht zu gelangen ist, einstweilige Einstellung des Versteigerungsverfahrens beantragen.

5. Die Mitversteigerung von Mobiliar findet nicht statt, wenn Rechte Dritter entgegenstehen.

Zunächst hat der Paragraph die Mitversteigerung von Mobilien im Auge, welche dem Schuldner gehören. Die Fassung des Abs. 1 schließt indessen nicht aus, daß die Versteigerung auch auf Mobiliar erstreckt werden könne, welches dem Schuldner nicht gehört. Es kann dies auch im einzelnen Fall im Interesse aller Betheiligten liegen, z. B. wenn die in einem Fabrikgrundstück vorhandenen, zum Fortbetriebe nothwendigen und noch geeigneten, für sich allein dagegen nicht gut verwerthbaren Maschinen bereits an einen Briefgläubiger Behufs seiner Deckung veräußert sind und dem Schuldner noch zur Benutzung geblieben waren. Ebenso steht es der Mitversteigerung von Mobiliar nicht entgegen, wenn das Eigenthum daran zwischen dem Schuldner und einem Dritten streitig ist. Voraussetzung der Zulässigkeit ist in beiden Fällen das Einverständniß des Dritten und dessen Zustimmung zu der nothwendigen Vereinbarung über die Kaufpreisrepartition. Im ersteren Falle erfolgt die Versteigerung in Ansehung des Mobiliars für Rechnung des Dritten, im anderen Falle für Rechnung Desjenigen, der in dem betreffenden, im Proceßwege auszufechtenden, Streit obsiegt.

Wenn ein Dritter unter der Behauptung eines entgegenstehenden Rechts der Mitversteigerung widerspricht, der Schuldner aber die Berechtigung des Widerspruchs anerkennt, wird die Mitversteigerung selbst dann nicht erfolgen dürfen, wenn das behauptete Recht dem Gericht oder den sonst Betheiligten gegenüber nicht bewiesen ist, denn in dem Anerkenntniß der Berechtigung des Widerspruchs seitens des Schuldners liegt die Verweigerung der erforderlichen Zustimmung des Schuldners selbst. Anders liegt die Sache, wenn der Schuldner das vom Dritten behauptete illiquide Recht bestreitet und seinerseits die Erstreckung der Versteigerung auf das betreffende Mobiliar genehmigt oder beantragt, die einzuleitenden gütlichen Verhandlungen aber ohne Erfolg bleiben. Der Versteigerungsrichter kann über das streitige Recht an den Sachen nicht entscheiden. Um die Mitversteigerung des streitigen Mobiliars zu verhindern, wird der Dritte bei dem Versteigerungsgericht als Proceßgericht oder bei dem sonst zuständigen Proceßgericht nach § 814 der C.P.O. den Erlaß einer einstweiligen Verfügung beantragen können, welche die Mitversteigerung bis zum Austrag des Streits ausschließt. Ist aber eine solche Verfügung wegen der Unmöglichkeit sofortiger Glaubhaftmachung des streitigen Rechts oder aus einem sonstigen Grunde nicht oder nicht rechtzeitig zu erlangen, so würde zwar, vorausgesetzt, daß der Schuldner sich im Besitz der Sachen befindet, die Erstreckung der Versteigerung auf dieselben als formell unzulässig sich nicht bezeichnen lassen. Ob es aber solchenfalls *zweckmäßig* sei, des vorliegenden Widerspruchs ungeachtet dazu zu verschreiten, ist eine Frage, bei der in Erwägung kommen muß, daß der Ersteher einer Klage des Dritten auf Herausgabe des miterstandenen Mobiliars (§ 315 des B.G.B.) ausgesetzt sein und diese Eventualität die Gebote drücken kann. Denn selbstverständlich würden die Bieter im Voraus davon zu benachrichtigen sein, daß der Widerspruch vorliegt.

6. Nach Absatz 2 des Paragraphen kann die erforderliche Zustimmung des Schuldners und der Nachhypothekarier vom Gericht geeigneten Falls ergänzt werden. Von der Zustimmung des betreibenden Gläubigers und ebenso von der eines Dritten, dessen entgegenstehendes Recht liquid ist, z. B. des dritten Inhabers der dem Schuldner gehörigen Sache, gilt dies nicht.

Kommt die Mitversteigerung von Sachen in Frage, welche dem Schuldner abgepfändet und noch nicht veräußert sind, so bedarf es der

Zustimmung des Gläubigers, für welchen die Abpfändung erfolgt ist. Vom Versteigerungsrichter kann dessen Zustimmung auf Grund der Bestimmung in Abs. 2 nicht ergänzt werden, da es sich um das liquide Recht eines Dritten handelt. Bei gepfändeten Sachen kommt jedoch § 726 der C.P.O. in Betracht, wonach auf Antrag des Gläubigers oder des Schuldners das Vollstreckungsgericht anordnen kann, daß bei Verwerthung einer gepfändeten Sache von dem regelmäßigen Verfahren (§§ 716—725) abgewichen oder die Versteigerung durch eine andere Person als den Gerichtsvollzieher vorgenommen werde. Dieser Bestimmung gegenüber muß das nach § 684 der C.P.O. zuständige Vollstreckungsgericht (welches in der Regel mit dem Versteigerungsgericht identisch sein wird) als ermächtigt angesehen werden, zu einer nach Abs. 1 des gegenwärtigen Gesetzes vom Schuldner bezw. Pfandgläubiger ertheilten Zustimmung den Beitritt des Pfandgläubigers bezw. Schuldners zu ergänzen. Allerdings unterliegt eine derartige Ergänzung der Anfechtung durch sofortige Beschwerde (§ 701 der C.P.O.) während eine nach Abs. 2 des gegenwärtigen Gesetzes vom Versteigerungsrichter bewirkte Ergänzung unanfechtbar ist (§ 51). Auf die Beschwerde wird nach § 535 der C.P.O. verfügt werden können, daß bis zur Entscheidung über dieselbe die Ausführuug des Beschlusses auf Mitversteigerung des gepfändeten Mobiliars zu beanstanden sei. Darin würde aber kein Hinderniß liegen, ohne Rücksicht auf die vorliegende, noch unerledigte Beschwerde die Versteigerung des Grundstücks ohne das gepfändete Mobiliar vor sich gehen zu lassen und dadurch die Beschwerde zur Erledigung zu bringen. Die Bestimmung in § 540 Abs. 3 der C.P.O. schlägt hier nicht ein, denn der mit der Beschwerde angefochtene Beschluß hat die Wirkung einer bis zur Entscheidung über das Rechtsmittel unabänderlichen Verfügung nur für das Verhältniß zwischen den in der Mobiliarpfändungssache als Parteien Betheiligten, dem Schuldner und dem Gläubiger, für welchen die Mobiliarpfändung erfolgt war, nicht aber anderen Personen gegenüber, welche bei der Grundstücksversteigerung als Interessenten konkurriren und in deren Rechte durch die in der Mobiliarpfändungssache ergangene Entscheidung nicht eingegriffen werden kann. Für die Grundstücksversteigerungssache ist sie nicht bindend, gleichviel ob sie von dem die letztere leitenden Gericht oder von einem anderen Gericht getroffen worden war.

Ob die Zustimmung des Schuldners zur Mitversteigerung von Mobiliar im einzelnen Falle zu ergänzen sei, wie es nach Abs. 2 geschehen kann, ist eine andere Frage als die, ob die Versteigerung auf Mobiliar mit erstreckt werden könne, ohne daß seitens des Schuldners eine Bestätigung der Annahme vorliegt, daß das Mobiliar ihm gehöre und er darüber zu verfügen berechtigt sei. Dessen wird sich das Gericht der Regel nach durch Befragung des Schuldners, und zwar selbst dann zu vergewissern haben, wenn sich das betreffende Mobiliar in dessen Innehabung befindet. Denn, wennschon solchenfalls bis zum Beweise des Gegentheils dem Schuldner die Präsumtion des Eigenthums und des Dispositionsrechts zur Seite steht, so gilt dies doch eben nur in Bezug auf das Verhältniß des Schuldners selbst und seines Rechtsnachfolgers zu dem Dritten, der das Eigenthumsrecht oder ein sonstiges entgegenstehendes Recht daran für sich in Anspruch nimmt. Das Versteigerungsgericht kann in einem Fall dieser Art jene Präsumtion nur dann zu Hülfe nehmen, wenn es sich auf die den animus rem sibi habendi konstatirende Erklärung des Schuldners zu stützen vermag (vergl. §§ 186. 325 B.G.B.). Sollte übrigens einmal der Fall so liegen, daß eine Erklärung des Schuldners über sein Eigenthumsrecht an Mobiliar, auf welches die Versteigerung zu erstrecken von Interesse ist, wegen Abwesenheit oder sonst nicht erlangt werden kann, so wird der Regel nach durch eine vom betreibenden Gläubiger zu beantragende Pfändung des Mobiliars geholfen werden können, welche das Veräußerungsrecht des Schuldners auf Jenen überträgt und den Dritten, der etwa einen der Veräußerung für den Gläubiger entgegenstehenden Anspruch auf die Sache hat, auf den Weg des § 690 C.P.O. verweist.

7. Der auf die mitversteigerten beweglichen Sachen zu repartirende Theil des Kaufpreises gebührt, wie keiner weitern Darlegung bedarf, nicht den Realberechtigten als solchen, sondern dem Schuldner bezw. dem berechtigten Dritten, welcher der Mitversteigerung zugestimmt hatte.

8. Das Grundstück und die beweglichen Sachen bilden für das Verfahren sowie für das Vertragsverhältniß zwischen Gericht und Ersteher einen **einheitlichen** Kaufsgegenstand, ebenso der dafür erlangte Kaufpreis eine **einheitliche** Forderung. Daher kommen die im Gesetze hinsichtlich des Verfahrens (§§ 109 flg.), des Vertheilungsplanes und der Rechtsmittel dagegen (§§ 138 flg.), hinsichtlich der Bezahlung, Verzinsung und Beitreibung des Kaufpreises (§ 14. Abs. 2. §§ 15. 114. 158 Abs. 1. 165. 167—170. 172—175), sowie hinsichtlich der Uebergabe des Kaufsgegenstandes (§ 176) enthaltenen Bestimmungen auch im Falle der Mitversteigerung zur Anwendung. Insoweit das Gesetz die Bestimmung der Zahlungszeit davon abhängig macht, welcher und wessen Anspruch durch den betreffenden Betrag getilgt werden soll, ist zu unterscheiden, ob der auf die beweglichen Sachen entfallende Kaufpreistheil dem Schuldner selbst oder einem Dritten gebührt. Im erstern Falle ist der betreffende Kaufpreistheil als ein dem Schuldner zufallender Kaufpreisüberschuß im Sinne von § 167, im letztern Fall nach den Grundsätzen über die § 13 unter 4 u. 5 gedachten Hauptforderungen zu behandeln. — Vergl. hierzu Bem. 3 zu § 109.

Vierter Titel.

Verfahren.

I. Allgemeine Bestimmungen.

§ 46.

Das Versteigerungsverfahren erfolgt bei dem Amtsgericht, welches als Vollstreckungsgericht für die Anordnung der Zwangsvollstreckung zuständig ist.

Entwurf gleichlautend.

Motive. „In den §§ 46. 47 ist der Gerichtsstand geordnet. Die Civilprozeßordnung regelt in §§ 755. 756 nur die Kompetenz für die Zwangsvollstreckung in Grundstücke. Letztere erfolgt in Sachsen durch den zwangsweisen Eintrag der Forderung in das Hypothekenbuch (§ 10 des Gesetzes vom 4. März 1879, einige mit der Civilprozeßordnung zusammenhängende Bestimmungen enthaltend), es müßte denn nach dem angezogenen Gesetze ein besonderer Hilfseintrag ganz entbehrlich sein. Daß das Zwangsversteigerungsverfahren bei dem für Anordnung der Zwangsvollstreckung zuständigen Gerichte stattfinde, war daher noch zu disponiren. Weiter bedurfte es einer Bestimmung, welche den § 756 der Civilprozeßordnung auf das Versteigerungsverfahren für den Fall anwendbar macht, daß die Versteigerung einer Mehrzahl von in verschiedenen Gerichtsbezirken gelegenen Grundstücken in demselben Verfahren erfolgen soll."

Bemerkungen.

1. Nach § 755 der C.P.O. ist für die Zwangsvollstreckung in ein Grundstück als Vollstreckungsgericht das Amtsgericht zuständig, in dessen Bezirke das Grundstück gelegen ist. Dieses Amtsgericht ist nach der Bestimmung in § 84 unter 3 der Gerichtsordnung in Verbindung mit § 13 des Gesetzes vom 1. März 1879 in der Regel zugleich die zuständige Grund- und Hypothekenbehörde. Eine Ausnahme hiervon machen gemäß § 84 unter 1 der Gerichtsordnung nur diejenigen Grundstücke, welche den ehemaligen Appellationsgerichten zu Dresden und Bautzen (als Lehnhöfen) zugewiesen waren und für welche nunmehr nach § 14 des Gesetzes vom 1. März 1879, soweit dieselben nicht gemäß § 15 des gedachten Gesetzes auf Antrag der Eigenthümer dem Amtsgerichte des Bezirkes zugewiesen worden, das Amtsgericht zu Dresden bezw. Bautzen die Grund- und Hypothekenbehörde bildet. Die in § 84 unter 2 der Gerichtsordnung erwähnte Zuständigkeit der Gesammtkanzlei der Fürsten und Grafen Herren von Schönburg hat sich in Folge des Ueberganges der Gerichtsbarkeit in den Schönburg'schen Receßherrschaften auf den Staat erledigt. — Vergl. die hierauf bezügliche Uebereinkunft vom 29. Oktober 1878 § III u. die Verordnung v. 30. Oktober 1878, Ges.Bl. S. 395 bezw. 402.

2. Hinsichtlich eines Bergbaurechtes ist dasjenige Amtsgericht zuständig, in dessen Grund- und Hypothekenbuch jenes Recht eingetragen ist. — Vergl. § 152 der Ausf.-Verordn. z. Allg. Berggesetz vom 2. December 1868, Ges.Bl. S. 1332.

3. Befinden sich unbewegliche Zubehörungen eines Grundstückes oder Bergbaurechts in dem Bezirke eines anderen Amtsgerichts (§§ 111. 112 der Gerichtsordnung), ist also das Grundstück bezw. Bergbaurecht (§ 2 bezw. § 3 dieses Gesetzes) in den Bezirken verschiedener Amtsgerichte belegen, so ist als zuständiges Vollstreckungsgericht dasjenige anzusehen, welches gemäß § 756 Abs. 1 der C.P.O. auf Antrag eines Betheiligten von dem zunächst höheren Gerichte bestimmt worden ist.

4. Der hier geordnete Gerichtsstand ist ein ausschließlicher. — Vergl. das in der Einleitung über die Anwendbarkeit der C.P.O. Gesagte und § 707 der letzteren.

§ 47.

Sollen mehrere in verschiedenen Gerichtsbezirken gelegene Grundstücke wegen einer auf denselben ungetheilt lastenden

Forderung in demselben Verfahren zur Versteigerung gebracht werden, so kommt die Bestimmung in § 756 Absatz 2 der Civilprozeßordnung zur Anwendung.

Im Entwurf stand § 756 Abs. 1. Die Aenderung ist auf Antrag der Dep. der I. Kammer geschehen.

Bemerkungen.

1. § 756 Abs. 2 der C.P.O. lautet: „Dieselbe Anordnung (Bestimmung des Vollstreckungsgerichts durch das zunächst höhere Gericht gemäß § 36) kann getroffen werden, wenn die Zwangsvollstreckung in mehrere Grundstücke desselben Schuldners, welche in verschiedenen Amtsgerichtsbezirken belegen sind, beantragt wird." Das zunächst höhere Gericht ist, wenn die verschiedenen in Betracht kommenden Grundstücke demselben Landgerichtsbezirke angehören, das Landgericht, wenn sie verschiedenen Landgerichtsbezirken, jedoch demselben Oberlandesgerichtsbezirke angehören, das Oberlandesgericht, außerdem das Reichsgericht. Die Entscheidung über das Gesuch um Bestimmung des zuständigen Gerichts kann ohne vorgängige mündliche Verhandlung erfolgen. Eine Anfechtung des Beschlusses, welcher das zuständige Gericht bestimmt, findet nicht statt (§ 37 der C.P.O.). Dagegen kann gegen den ablehnenden Beschluß nach § 530 der C.P.O. Beschwerde erhoben werden, und zwar, da es sich hier nicht um eine schon im Zwangsvollstreckungsverfahren selbst erfolgende Entscheidung handelt und daher § 701 nicht einschlägt, die einfache Beschwerde.

Diese Grundsätze leiden zufolge § 47 dieses Gesetzes bezw. nach dem in der Einleitung Bemerkten auch dann Anwendung, wenn mehrere in verschiedenen Gerichtsbezirken gelegene Grundstücke — der Fall der Vertheilung Eines Grundstücks auf mehrere Gerichtsbezirke ist in Bem. 3 zu § 46 behandelt — wegen einer auf denselben ungetheilt lastenden Forderung in demselben Verfahren zur Versteigerung gebracht werden sollen. Hierbei ist gleichgültig, ob dieselben in Einer Hand sich befinden oder verschiedenen Personen zugehören.

2. Die Bestimmungen dieses Gesetzes, also insbesondere auch die §§ 46 und 47, regeln nur das Verfahren vor den sächsischen Gerichten bei der Zwangsversteigerung sächsischer Grundstücke. Daß im Falle des § 47 auf Grund von § 9 des Einführungsgesetzes zur C.P.O. durch das Reichsgericht ein sächsisches Gericht zugleich für ein nichtsächsisches Grundstück, oder ein nichtsächsisches Gericht zugleich für ein sächsisches Grundstück als Zwangsversteigerungsgericht bestellt werde, kann nicht vorkommen, weil § 756 Abs. 2 der C.P.O auf das Zwangsversteigerungsverfahren sich überhaupt nicht bezieht.

3. Der Paragraph kann nicht Anwendung leiden bezüglich eines Grundstücks, dessen Zwangsversteigerung bereits im Gange ist, da ein und dasselbe Grundstück nicht Gegenstand verschiedener Versteigerungsverfahren sein kann. Es müssen in dieser Beziehung die Grundsätze über die Rechtshängigkeit entsprechend Anwendung finden.

§ 48.

Der Antrag auf Zwangsversteigerung, sowie alle im Zwangsversteigerungsverfahren zu stellenden Anträge und abzugebenden Erklärungen können schriftlich oder zu Protokoll des Gerichtsschreibers erfolgen.

Entwurf gleichlautend.

Bemerkungen.

1. Im Zwangsversteigerungsverfahren giebt es keinen Anwaltszwang. Dasselbe gilt insbesondere auch von der Beschwerdeinstanz, da auch das Verfahren in dieser für das Gebiet der Zwangsversteigerung und Zwangsverwaltung durch § 757 der C.P.O. der Regelung durch die Landesgesetzgebung mit überlassen worden ist und durch das gegenwärtige Gesetz mit getroffen werden soll. Die Betheiligten können ihre Erklärungen persönlich oder durch jede prozeßfähige Person abgeben. Besondere Vorschriften hinsichtlich der Form von Erklärungen und Vollmachten sind in §§ 116. 117. 129. 149. 150. 154. 168. 169 enthalten.

2. Entstehen im Zwangsversteigerungsverfahren Streitigkeiten, welche in einem besonderen Prozesse zu erledigen sind, so treten allenthalben, insbesondere auch hinsichtlich des Anwaltszwangs, die Vorschriften der C.P.O. ein (§ 757 Abs. 3). Ebenso bleiben die Vorschriften in §§ 168—173 der Gerichtsordnung hinsichtlich der Form von Anträgen und Urkunden, welche der Grund- und Hypothekenbehörde bei Eintragungen in das Grund- und Hypothekenbuch zur Unterlage dienen sollen, in Wirksamkeit.

§ 49.

Die im Zwangsversteigerungsverfahren vorkommenden Entscheidungen können ohne vorgängige mündliche Verhandlung erfolgen.

Die Vorladung zu mündlichen Verhandlungen wird von Amtswegen verfügt.

Entwurf gleichlautend.

Bemerkungen.

Die im Zwangsversteigerungsverfahren vorkommenden Entscheidungen können niemals Urtheile, sondern nur Beschlüsse sein. Zu den letzteren ist auch der Vertheilungsplan (§ 138) zu rechnen. Eine Entscheidung, welche das Versteigerungsgericht als nach den allgemeinen Vorschriften oder in Folge Vereinbarung der Betheiligten zuständiges Prozeßgericht in einer Rechtsstreitigkeit ertheilt, welche aus Anlaß des Versteigerungsverfahrens entstanden, ist nicht als eine im Versteigerungsverfahren vorkommende zu betrachten.

§ 50.

Der Schuldner ist verpflichtet, auf Verlangen des Gerichts über den Bestand der auf das Grundstück eingetragenen und angemeldeten Ansprüche und deren Fälligkeit, sowie über die bei Entschließungen über die Einrichtung des Verfahrens zu berücksichtigenden Verhältnisse Auskunft zu geben und an Gerichtsstelle zu erscheinen. Das Gericht kann die zwangsweise Vorführung des Schuldners anordnen.

Entwurf gleichlautend.

Motive. Die Bestimmungen in § 50 entsprechen den Vorschriften in §§ 92. 93 der Konkursordnung.

Bemerkungen.

1. Das Gesetz will mit den „auf das Grundstück eingetragenen und angemeldeten Ansprüchen" alle Ansprüche treffen, welche nach den Bestimmungen in §§ 4—9 bezw. 11 und 12 in Ansatz kommen können. Das Wort „und" hat daher hier disjunktive Bedeutung.

2. Daß die Angaben des Schuldners über die Fälligkeit einer auf Kündigung stehenden Forderung die in § 20 angeordnete Anmeldung seitens des Gläubigers nicht zu ersetzen vermag, ergiebt sich aus den Bemerkungen zu § 20.

3. Verhältnisse, welche bei Entschließungen über die Einrichtung des Verfahrens zu berücksichtigen sind, können insbesondere vorkommen in den Fällen von §§ 6. 28. 45. 56 flg. 190. — Im Uebrigen vergl. §§ 9. 23 der A.V. (zu § 87 bezw. § 101).

4. Zur Auskunftsertheilung gehört auch die Vorlegung der bei dem betr. Punkte etwa in Betracht kommenden Urkunden (insbesondere Quittungsbücher über Abgaben, Zinsen und andere fortlaufende Leistungen).

5. Die Auskunftsertheilung kann auch schriftlich oder vor dem zu diesem Behufe nach § 158 des Gerichtsverfassungsgesetzes zu ersuchenden Amtsgerichte des Wohnorts des Schuldners geschehen. Im letztern Falle kann dem ersuchten Richter die eventuelle Anordnung der zwangsweisen Vorführung überlassen werden.

6. Es versteht sich von selbst, daß von dem Vorführungsrechte nur dann Gebrauch zu machen ist, wenn nach Lage der Sache anzunehmen, daß der Schuldner über den betr. Punkt Auskunft zu ertheilen im Stande sei. Auch darf ein weiterer Zwang als die Vorführung nicht ausgeübt werden. Der vorgeführte Schuldner muß daher, wenn er Auskunftsertheilung verweigert, wieder entlassen werden.

7. Für Bevormundete und juristische Personen hat der gesetzliche Vertreter die Auskunft zu ertheilen. Derselbe kann daher auch — eine Folge seiner Stellung — zwangsweise vorgeführt werden.

8. Die nach diesem Paragraphen gefaßten Beschlüsse sind unanfechtbar (§ 51).

§ 51.

Eine Anfechtung der Entscheidung des Vollstreckungsgerichts findet nur in den in diesem Gesetz besonders bezeichneten Fällen statt.

Im Entwurfe standen an Stelle der Worte „Eine Anfechtung" die Worte „Sofortige Beschwerde gegen die". — Bezügl. dieser Abänderung vergl. unten Bem. 3.

Bemerkungen.

1. In diesem Paragraphen handelt es sich nur um Entscheidungen, welche das Gericht in seiner Eigenschaft als Zwangsversteigerungs- bezw. Zwangsverwaltungsgericht ertheilt. Es werden daher nicht getroffen solche Entschließungen, welche das Gericht, wenn auch aus Anlaß der Zwangsversteigerung oder Zwangsverwaltung, als Prozeßgericht, oder als durch die Bestimmungen der C.P.O. berufenes Vollstreckungsgericht (vergl. namentlich § 134 Abs. 2. § 158 Abs. 1), oder als Konkursgericht, oder als Organ der freiwilligen Gerichtsbarkeit (Grund- und Hypotheken-, Nachlaß-, Vormundschafts-, Registerbehörde u. s. w.) gefaßt hat. In allen diesen Fällen bewendet es hinsichtlich der Anfechtbarkeit und des Instanzenzugs bei den bestehenden Bestimmungen. Hinsichtlich gewisser Beschlüsse der Grund- und Hypothekenbehörde enthält § 65 besondere Vorschriften.

2. Nach § 701 der C.P.O. findet gegen Entscheidungen, welche im Zwangsvollstreckungsverfahren ohne vorgängige mündliche Verhandlung erfolgen können, sofortige Beschwerde statt. Von diesem Grundsatze weicht das gegenwärtige Gesetz in doppelter Beziehung ab.

Zunächst findet innerhalb des Zwangsversteigerungs- und Zwangsverwaltungsverfahrens eine Anfechtung der Entscheidung des Vollstreckungsgerichts nur in den besonders bezeichneten Fällen statt. Es ist nur anfechtbar der Beschluß auf

- Zwangsversteigerung oder Zwangsverwaltung, bezw. Ablehnung derselben, §§ 68. 69. 75. 80. 183,
- Zulassung des Beitritts bezw. Ablehnung dieser Zulassung, §§ 61. 183,
- Einstellung des Verfahrens bezw. Ablehnung dieser Einstellung, §§ 73. 81. 183,
- Verweigerung des Zuschlags, § 129,
- Verwirkung der Zuschlagsrechte, § 134,
- Berichtigung des Vertheilungsplans, § 145 Abs. 4 (in Verb. mit § 290 Abs. 3 der C.P.O.),
- anderweite Zwangsversteigerung bezw. Ablehnung derselben, § 172,

sowie

- der Vertheilungsplan einschließlich des Zuschlags, §§ 146 flg., und
- die Entscheidung über gewisse Anträge, Einwendungen und Erinnerungen im Zwangsverwaltungsverfahren, § 188.

Sodann ist die gegen diese Entscheidungen gegebene Beschwerde nicht in allen Fällen die sofortige. Gegen den Beschluß auf Ablehnung der

Zwangsversteigerung oder Zwangsverwaltung bezw. der Beitrittszulassung (§§ 68. 80. 183 bezw. 61. 183) findet nur die einfache Beschwerde statt.

3. Dagegen hat das Gesetz an dem Grundsatze der C.P.O. in §§ 534. 540, daß das Gericht seine durch Beschwerde angefochtene Entscheidung nur im Falle der einfachen, nicht aber im Falle der sofortigen Beschwerde selbst abändern darf, festgehalten. Um diese Uebereinstimmung des Gesetzes mit jenem Grundsatze herbeizuführen, ist auf Antrag der Dep. der I. Kammer der Entwurf, welcher nur die sofortige Beschwerde zuließ, hinsichtlich der obenerwähnten beiden Fälle (in denen die eigene Abänderung der angefochtenen Entschließung für unbedenklich erachtet wurde) durch Einführung der einfachen Beschwerde modificirt, der im Entwurf enthaltene § 53:

> „Das Gericht kann seine Entscheidungen, soweit sie nicht die Ertheilung des Zuschlags betreffen (§ 131), oder mittelst des Vertheilungsplans (§ 139) erfolgen, auf Antrag eines Betheiligten abändern, wenn es den Antrag für begründet erachtet"

aber als zu weit gehend gestrichen, dabei jedoch als zweifellos betrachtet worden, daß der Richter Entscheidungen, gegen welche ein Rechtsmittel nicht zugelassen worden, sowohl auf Antrag als von Amtswegen abändern dürfe.

4. Im Uebrigen und soweit nicht aus dem gegenwärtigen Gesetz noch weitere Abweichungen sich ergeben, finden auf die Beschwerde die einschlagenden Vorschriften der C.P.O. (namentlich §§ 531—540) entsprechende Anwendung. Daher ist insbesondere unter den Voraussetzungen des § 531 Abs. 2 eine anderweite Beschwerde zulässig; die Beschwerde hat gemäß § 535 Abs. 1 nur in den besonders bezeichneten Fällen (§ 143 Abs. 1. § 157 Abs. 1 und 3. §§ 163. 172 Abs. 4 des gegenwärtigen Gesetzes) aufschiebende Wirkung; gegen Versäumniß an der Nothfrist für die sofortige Beschwerde kann nach den Bestimmungen in §§ 211 flg. der C.P.O. Wiedereinsetzung ertheilt werden; hinsichtlich der Kosten gilt § 92 der C.P.O.

§ 52.

Entscheidungen, welche der sofortigen Beschwerde unterliegen, sind den Betheiligten zuzustellen, soweit nicht die Verkündung in anberaumten Terminen erfolgt.

Andere Entscheidungen bedürfen der Zustellung nur in dem Falle, wenn der Unterlassung der Benachrichtigung, oder deren nicht rechtzeitiger Bewerkstelligung im Gesetz rechtliche Folgen beigelegt sind, oder wenn mit der Benachrichtigung der Lauf einer Frist beginnt. In anderen Fällen kann Benachrichtigung ohne besondere Form geschehen.

Der Beschluß auf Ablehnung eines Antrags ist, wenn er nach Vorstehendem der Zustellung bedarf, nur dem Antragsteller zuzustellen.

Das im Entwurf Absatz 2 vor „Zustellung" befindliche Wort „förmlichen" ist als überflüssig gestrichen und der Satz „oder wenn mit der Benachrichtigung der Lauf einer Frist beginnt" eingefügt worden, beides auf Antrag der Dep. der I. Kammer.

Motive. „Durch die Vorschrift im Absatz 2 alinea 2 wird selbstverständlich nicht ausgeschlossen, daß für den Bedarfsfall Aktenkundigkeit der erfolgten Benachrichtigung auf anderem Wege als durch Aufnahme förmlicher Zustellungsurkunde hergestellt werde."

Ausf. Verordn. § 2 (zu § 52). Bei Benachrichtigungen ohne besondere Form ist der Erfolg auf Grund der mündlichen oder schriftlichen Anzeige des Boten zu den Akten zu bemerken, sofern es bei diesen einer Nachricht bedarf.

Bemerkungen.

1. Die in Abs. 1 erwähnten Entscheidungen ergeben sich aus Bem. 2 zu § 51. Einer förmlichen Zustellung dieser Entscheidungen bedarf es nur hinsichtlich der Betheiligten, welche die sofortige Beschwerde erheben können. Die Verkündung einer Entscheidung in einem anberaumten Termin ist wirksam und ersetzt die besondere Zustellung nur hinsichtlich derjenigen Betheiligten, welche zu dem Termin richtig und rechtzeitig geladen oder in demselben erschienen waren. Hinsichtlich des Vertheilungsplanes ist dies in § 145 Abs. 2 in Verbindung mit § 97 unter 4 ausdrücklich ausgesprochen. — Unter den „anberaumten Terminen" sind diejenigen zu verstehen, welche zur Verkündung einer Entscheidung entweder ausdrücklich anberaumt worden (§§ 89. 97 unter 4. § 145 Abs. 1. § 155) oder durch das Gesetz bestimmt sind (§ 129 Abs. 1. § 131). Der Beschluß, mittels dessen der Zuschlag erfolgt, ist zwar nach § 131 im Versteigerungstermin zu verkünden. Doch ist es formell (hinsichtlich des Beginnes der Rechtsmittelfrist) nicht dieser Beschluß, sondern die Verweisung auf denselben im Vertheilungsplan, welche der sofortigen Beschwerde unterliegt (§§ 139 und 147). Daher bedarf es der Zustellung des Beschlusses auf Zuschlag selbst den Betheiligten gegenüber nicht, denen die auf den Versteigerungstermin bezügliche Bekanntmachung nicht oder nicht rechtzeitig zugestellt worden war.

2. Entscheidungen, an deren nicht oder nicht rechtzeitig erfolgte Eröffnung im Gesetz rechtliche Folgen geknüpft worden, sind: die den Anmelde- und Versteigerungstermin betr. Bekanntmachungen, §§ 100. 108 Abs. 3 in Verbindung mit § 101 Abs. 2 bezw. §§ 128 und 148 unter 2.

3. Die Entscheidungen, mit deren Bekanntmachung der Lauf einer anderen als der Beschwerdefrist beginnt, sind

der Beschluß auf Aufhebung des Versteigerungstermins, § 63 Abs. 1 (hinsichtlich des beigetretenen Gläubigers),

die Aufforderung an den Vor- oder Wiederkaufsberechtigten, § 68 Abs. 2. § 72 Abs. 2. § 74,

die Aufforderung an die Realberechtigten, § 71,

die Nachricht an den betreibenden Gläubiger vom Ergebniß der Abschätzung, § 87 Abs. 2,

der Zuschlagsbeschluß des Beschwerdegerichts im Falle des § 134 Abs. 4 (hinsichtlich des Erstehers),

die Aufforderung an den Ersteher, § 150 Abs. 1. § 154 Abs. 1. § 157 Abs. 2.

§ 53.

Die erforderlichen Zustellungen erfolgen von Amtswegen.

Dieser Paragraph bildete im Entwurf Abs. 4 des vorhergehenden Paragraphen. — Die Abänderung ist auf Antrag der Dep. der II. Kammer erfolgt.

Bemerkungen.

1 Hinsichtlich der Zustellung sind, soweit nicht das gegenwärtige Gesetz besondere Bestimmungen enthält, die Vorschriften in §§ 152 flg. der C.P.O. maßgebend. Hiernach gestaltet sich das Zustellungsverfahren folgendermaßen:

a) Kann die Zustellung an den Betheiligten bezw. dessen Vertreter oder an einen Bevollmächtigten (§§ 54. 55 dieses Gesetzes, §§ 158. 159 der C.P.O.) innerhalb des Gerichtsbezirks nach den Vorschriften in §§ 165—170 der C.P.O. erfolgen, so geschieht sie durch den Gerichtsvollzieher bezw. Postboten nach den angezogenen Bestimmungen bezw. nach §§ 177—179 der C.P.O.

b) Kann dies nicht geschehen, ist aber der Aufenthaltsort des Betheiligten oder eines Vertreters oder Bevollmächtigten desselben (§§ 54. 55 dieses Gesetzes, §§ 158. 159 der C.P.O.) bekannt, so erfolgt die Zustellung — abgesehen von den in § 77 aufgeführten Fällen — durch Aufgabe zur Post (§ 54).

c) Liegen weder die Voraussetzungen unter a, noch die unter b vor und ist die Person, welcher zugestellt werden soll, nicht prozeßfähig, so erfolgt die Zustellung auf dem in § 57 angegebenen Wege.

d) Ist die Zustellung weder nach a, noch nach b oder c ausführbar oder ist die nach § 54 erfolgte Postsendung als unbestellbar zurückgekommen, so erfolgt die Zustellung an einen vom Vollstreckungsgericht zu bestellenden Zustellungsbevollmächtigten (§§ 56. 58).

2. Die Bestimmungen in §§ 162. 182—190 der C.P.O. kommen somit nicht zur Anwendung. — Hinsichtlich der Exterritorialen vergl. §§ 18—20 des Gerichtsverfassungsgesetzes in Verbindung mit § 25 der C.P.O.

3. Die Bestimmungen über Zustellung in §§ 53. 56—58 sind auch auf nichtförmliche Mittheilungen entsprechend anzuwenden.

§ 54.

Zustellungen an Personen, welche weder im Bezirk des Vollstreckungsgerichts Wohnsitz, noch bei dem Vollstreckungsgericht einen in diesem Bezirk wohnenden Prozeß- oder Zustellungsbevollmächtigten bestellt haben, erfolgen, soweit nicht für einzelne Fälle in diesem Gesetz etwas Anderes vorgeschrieben ist, durch Aufgabe zur Post. Die Postsendung ist mit der Bezeichnung „Einschreiben“ zu versehen.

Die im Entwurfe fehlenden Worte „soweit nicht für einzelne Fälle in diesem Gesetz etwas Anderes vorgeschrieben ist“ sind mit Rücksicht auf die von der Dep. der

I. Kammer zu § 77 beantragte Aenderung des Entwurfs auf Antrag dieser Dep. eingefügt worden.

Motive. „Die Bestimmungen über vereinfachte Form der Zustellung in § 54 ff. sind im Wesentlichen den gleichartigen Bestimmungen in § 4 des Preußischen Gesetzes vom 13. Juli 1883 conform.“

Bemerkungen.

1. Wie aus dem zu § 53 Bemerkten hervorgeht, ist unter einer Person, welche im Bezirke des Vollstreckungsgerichts keinen Wohnsitz hat, eine solche Person zu verstehen, welcher auf keine der in §§ 165—169 der C.P.O. angegebenen Weisen würde zugestellt werden können.

2. Für die Zustellung „durch Aufgabe zur Post“ gelten die Vorschriften in § 161 Abs. 1 und § 175 der C.P.O.

3. Die Ausnahmefälle sind in § 77 aufgeführt.

§ 55.

Der bei dem Vollstreckungsgericht zur Empfangnahme von Zufertigungen oder sonstigen Mittheilungen in Grund- und Hypothekenangelegenheiten bestellte Vertreter ist auch zur Empfangnahme von Zustellungen und sonstigen Mittheilungen legitimirt, welche an den Auftraggeber im Versteigerungsverfahren zu erfolgen haben.

Entwurf gleichlautend.

§ 56.

Ist der Erbe des eingetragenen verstorbenen Inhabers einer auf dem Grundstück lastenden Forderung, oder der Erbe des verstorbenen Schuldners, oder ist der Aufenthaltsort einer Person unbekannt, welcher durch Aufgabe zur Post zugestellt werden soll, so hat das Gericht dem Betheiligten und dessen etwaigen Rechtsnachfolgern einen Vertreter zur Empfangnahme von Zustellungen zu bestellen.

Die Bestellung eines Vertreters zur Empfangnahme künftig erforderlich werdender Zustellungen findet auch dann statt, wenn die nach § 54 erfolgte Postsendung als unbestellbar zurückkommt.

Dem bestellten Vertreter liegt ob, die zur Ermittelung des Betheiligten geeigneten Erörterungen anzustellen und im Fall der Ermittelung denselben zu benachrichtigen. Derselbe kann von dem Betheiligten Ersatz baarer Auslagen und eine vom Gericht festzusetzende Vergütung für seine Thätigkeit verlangen.

Die im Entwurf fehlenden Worte Zeile 4 „durch Aufgabe zur Post" sind auf Antrag der Dep. der I. Kammer eingefügt worden „zu Ergänzung einer durch die Einschaltung von § 77 entstehenden Lücke".

Ausf. Verordn. § 3 (zu § 56). Findet sich im Falle des § 56 Absatz 1 des Gesetzes Niemand, der die Vertretung zur Empfangnahme von Zustellungen übernehmen will, so hat das Gericht einen Gerichtsschreiber als Vertreter zu bestellen. Der Gerichtsschreiber hat nur den Ersatz baarer Auslagen zu beanspruchen und ist ihm deren Betrag verlagsweise aus der Gerichtskasse zu gewähren.

Bemerkungen.

1. Zu den bei Entschließungen über die Einrichtung des Verfahrens zu berücksichtigenden Verhältnissen gehört auch die Frage, ob ein im Grund- und Hypothekenbuche eingetragener Realberechtigter noch am Leben sei, wo er sich aufhalte, eventuell wer sein Erbe bezw. gesetzlicher Vertreter sei und wo dieser sich aufhalte. Gemäß § 50 hat daher der Schuldner die ihm hierüber beiwohnende Wissenschaft dem Gericht mitzutheilen und das Gericht in zweifelhaften Fällen zunächst beim Schuldner und, soweit dies ohne besondere Weiterungen geschehen kann, auf sonst geeignete Weise Erkundigungen einzuziehen. Erst wenn diese erfolglos geblieben, ist mit Bestellung des Vertreters zu verfahren.

2. Im Falle des Abs. 2 bedarf es der Bestellung des Vertreters nur für die künftig erforderlich werdenden Zustellungen. Die als unbestellbar zurückgekommene Postsendung braucht daher, dafern die Aufgabe zur Post vorschriftsmäßig erfolgt war, dem Vertreter nicht nochmals zugestellt zu werden. Doch ist sie ihm bei seiner Bestellung auszuhändigen.

3. Die Voraussetzungen zu Bestellung eines Vertreters der hier fraglichen Art liegen insbesondere vor, wenn auf dem zu versteigernden Grundstücke eine Hypothek für die Inhaber von Anleihescheinen eingetragen ist (Zeitschr. f. R. u. Verw. Bd. 28 S. 163 flg.). In diesem Falle wird der Vertreter Veranlassung haben, die ihm dem Namen und Aufenthaltsort nach unbekannten Inhaber durch öffentliche Bekanntmachung zu benachrichtigen.

4. Bei Bestellung eines Zustellungsbevollmächtigten handelt das Gericht in der ihm hierzu durch das Gesetz übertragenen und dem Bevollmächtigten bekannten Vertretung des betr. Betheiligten. Nach den Bestimmungen in §§ 788 flg. des B.G.B. entsteht daher durch die Bestellung lediglich ein Rechtsverhältniß zwischen dem Bevollmächtigten und dem Betheiligten, nicht auch zwischen dem Bevollmächtigten und dem Gericht. Der Bevollmächtigte kann somit auch die Vergütung seiner Bemühungen und die Erstattung seiner Auslagen lediglich vom Betheiligten, nicht auch vom Gericht verlangen.

5. Den im Falle von § 3 der A.V. gemachten Verlag kann das Gericht von dem auf den betr. Betheiligten etwa entfallenden Kaufpreisbetrag ohne Weiteres kürzen.

§ 57.

Ist die Person, welcher zugestellt werden soll, nicht prozeßfähig und deren gesetzlicher Vertreter unbekannt, so erfolgt die Zustellung an die Behörde, welche den Vertreter zu bestellen hat. Für den unbekannten Vertreter einer Aktiengesellschaft, einer eingetragenen Genossenschaft, oder eines anderen in einem gerichtlichen Register eingetragenen Personenvereins, oder für die unbekannten Inhaber einer Handelsfirma ist die Bekanntmachung dem Gerichtsschreiber des Registergerichts, für den unbekannten Vertreter einer nichtregistrirten juristischen Person ist sie der Aufsichtsbehörde mit dem Ersuchen um Abgabe an den Vertreter zuzustellen.

Entwurf gleichlautend.

Bemerkungen.

1. Das Schriftstück gilt als dem Betheiligten zugestellt, sobald es im Falle von Satz 1 der betr. Behörde, im Falle von Satz 2 dem betr. Gerichtsschreiber bezw. der betr. Aufsichtsbehörde zugestellt worden, gleichviel ob und zu welcher Zeit dasselbe an den Betheiligten selbst gelangt oder ob es von der Behörde bezw. Gerichtsschreiberei zurückkommt, weil dieselbe die Weiterbeförderung — was allerdings nur bei nichtsächsischen Behörden bezw. Gerichtsschreibereien vorkommen kann — nicht übernehmen will oder dieselbe nicht ausführen kann. Voraussetzung ist nur, daß über die Zuständigkeit der betr. Behörde kein Zweifel obwaltet. Ist die zuständige Behörde nicht zu ermitteln, so tritt § 58 ein.

2. Das Ersuchungsschreiben ist vom Gericht zu erlassen, und dafern die betr. Behörde im Gerichtsbezirke ihren Sitz hat, durch den Gerichtsvollzieher nach den Vorschriften in §§ 173. 174 der C.P.O., andernfalls durch Aufgabe zur Post nach § 54 dieses Gesetzes und §§ 161. 175 der C.P.O. zuzustellen.

§ 58.

Kann die Zustellung auf dem im § 57 angegebenen Wege nicht bewerkstelligt werden, so kommen die Bestimmungen in § 56 zur Anwendung.

Entwurf gleichlautend.

§ 59.

Jeder Inhaber einer auf dem Grundstück lastenden hypothekarischen Forderung, wegen deren ein vollstreckbarer Schuldtitel erlangt ist, kann dem eingeleiteten Zwangsversteigerungsverfahren beitreten.

Entwurf gleichlautend.

Motive. „Für den Fall, daß das im Gange befindliche Verfahren dem betreibenden Gläubiger gegenüber einzustellen ist, muß die Nothwendigkeit einer Wiederholung desselben Behufs Beitreibung der exekutionsreifen Forderung eines andern Gläubigers vermieden werden können. Zu diesem Zwecke ist in § 59 ff. anderen Gläubigern der Beitritt zum Verfahren nachgelassen.

Die Beitrittserklärung charakterisirt sich als ein selbstständiger Subhastationsantrag, der nur deshalb eine abweichende Form annimmt, weil ihm ein anderer Antrag vorausgegangen ist. In Betreff der Begründung müssen an die Beitrittserklärungen dieselben Anforderungen gestellt werden, wie an den ersten Versteigerungsantrag. Insbesondere muß die Forderung des beitretenden Gläubigers auch prozessual soweit durchgeführt sein, daß die zwangsweise Einhebung derselben sich rechtfertigt (§§ 59. 60). Daß der Beitretende Kostenvorschuß zu bestellen hat, folgt aus § 60 Satz 1, verbunden mit § 86."

Bemerkungen.

1. Der Beitritt im Sinne der §§ 59—63 setzt voraus
a) ein Zwangsversteigerungsverfahren im engeren Sinne, welches
b) bereits einleitet, sowie
c) noch im Gange befindlich ist und
d) auf die nämlichen Objekte sich erstreckt oder miterstreckt, deren Versteigerung der Beitretende beantragt.

Daher ist

zu a der Beitritt ausgeschlossen bei dem Verfahren, welches für den Fall der Belastung des Grundstücks mit einem Vor- oder Wiederkaufsrechte um einen im Voraus bestimmten Preis nach §§ 67 flg. stattzufinden hat. Dieses Verfahren — welches an sich die Natur eines Zwangsveräußerungsverfahren hat und daher in § 6 der Ausf. Verordnung (zu § 84) für den dort in Frage kommenden Zweck bereits als ein Theil des Zwangsversteigerungsverfahrens (im weiteren Sinne) behandelt wird — führt entweder zur Ablehnung des Versteigerungsantrags (§ 68 Abs. 1. § 73), oder zur wirklichen Versteigerung ohne Berücksichtigung des Vor- oder Wiederkaufsrechts (§§ 69. 72. 75. 76. 172. 177) oder zum Verkaufe ohne Versteigerung (§ 72 Abs. 1. § 76). Wird, während dieses Verfahren (im Gegensatz zum eigentlichen Versteigerungsverfahren) noch im Gange ist, die Versteigerung von einem zweiten Gläubiger beantragt, so ist je nach dem die Forderung des letzteren unter § 68 oder § 74 fällt und der Forderung des früheren Antragstellers im Range vorgeht oder gleich- oder nachsteht, zu prüfen, ob und inwieweit der neuere Antrag eine Wiederholung des in §§ 68 flg. vorgeschriebenen Verfahrens nothwendig mache oder nur noch bei der im bereits eingeleiteten Verfahren zu fassenden Entschließung zu berücksichtigen sei.

Zu b. Ist das Versteigerungsverfahren noch nicht eingeleitet und liegen mehrere Versteigerungsanträge vor, so ist auf dieselben gleichzeitig Beschluß zu fassen. Wird der eine zurückgewiesen und ergeht die auf erhobene Beschwerde ertheilte reformatorische Entscheidung erst nach Zustellung der Bekanntmachung an die Realberechtigten (§ 100), so ist in der Weise zu verfahren, als ob der Beschwerdeführer dem bereits eingeleiteten Verfahren beigetreten wäre. — Das Verfahren ist eingeleitet mit der Zustellung des Beschlusses auf Zwangsversteigerung an den Schuldner, und zu c im Gange befindlich bis zur grundbücherlichen Eintragung des Erstehers oder bis zur Rechtskraft des Beschlusses auf definitive Einstellung (§ 81). Ist der Zuschlag bereits erfolgt, so kann der Beitritt selbstverständlich nur für den Fall Wirkung äußern, daß es zur Außerkraftsetzung des Zuschlags kommen sollte (§ 134 Abs. 1 und 4. § 153 Abs. 1. § 154 Abs. 1. § 172 Abs. 4).

Zu d. Ist das Versteigerungsverfahren nur wegen Eines Grundstücks oder ideellen Grundstückstheils im Gange, so kann ein Gläubiger, für dessen Forderung außer diesem Grundstücke bezw. Grundstückstheile noch andere Grundstücke bezw. Grundstückstheile ungetheilt haften, nur in Ansehung jenes Grundstücks bezw. Theiles dem Verfahren beitreten. Wegen der übrigen Grundstücke bezw. Theile muß er, wenn er deren Versteigerung herbeiführen will, selbstständigen Antrag stellen. Die gleichzeitige Versteigerung aller Objekte kann in einem solchen Falle, wenn die Anberaumung des neueren Versteigerungstermins auf den für die früher beantragte Versteigerung bereits bestimmten Terminstag den Vorschriften in §§ 93—95 gegenüber nicht mehr möglich ist, nur nach Rücknahme oder sonstiger Erledigung des früheren Versteigerungsantrags erreicht werden.

2. Die Grundsätze über den Beitritt leiden auch dann Anwendung, wenn der betreibende Gläubiger selbst wegen einer Forderung beitritt, wegen deren das eingeleitete Verfahren früher von ihm nicht beantragt worden war. Zu einem solchen ausdrücklichen Beitritt wird allerdings keine Veranlassung dann vorliegen, wenn für die Versteigerung der Grundsatz des § 10 ausnahmsweise nicht maßgebend ist und außerdem nur dann, wenn die Forderung, wegen deren beigetreten werden soll, der früher geltend gemachten im Range vorgeht.

3. Die Zulassung des Beitritts ist bei demjenigen Gericht nachzusuchen, von welchem das Versteigerungsverfahren nach § 46 event. § 47 eingeleitet worden. Wegen der Unterlagen des Antrags vergl. die Bestimmung § 64 Abs. 2. Eine Ausnahme von dieser Bestimmung tritt ein im Falle der anderweiten Versteigerung im fortgesetzten Verfahren (§ 174 Abs. 3 in Verbindung mit § 173 Abs. 1). — Der Beschluß auf die Zulassung des Beitritts muß die in § 83 Abs. 1 vorgeschriebene Feststellung des Schuldbetrags enthalten, wegen dessen der Beitritt zugelassen wird.

4. Der Beitritt hat im Allgemeinen nur die Wirkung, daß die Fortstellung der Zwangsversteigerung nicht mehr allein von dem Willen und den Verhältnissen des betreibenden, sondern nunmehr auch von dem Willen und den Verhältnissen des beitretenden Gläubigers abhängig ist (§ 60 Abs. 2). Die Einstellung des gesammten Verfahrens kann daher nur noch dann stattfinden, wenn die in § 81 geordneten Voraussetzungen hinsichtlich beider Gläubiger vorliegen. Ebenso kann der in gewissen Fällen (§§ 127. 128. 129 Abs. 4. §§ 134. 153 Abs. 4. § 156 Abs. 1) dem betreibenden Gläubiger zustehende Antrag auf Anberaumung anderweiten Versteigerungstermins auch vom beigetretenen Gläubiger gestellt werden. Dagegen hat der Beitritt, dafern der Versteigerungstermin bereits anberaumt ist, die Aufhebung desselben und die Anberaumung eines anderen Termins nicht zur Folge, ebenso auf die Feststellung des Mindestgebots für

den bereits anberaumten Versteigerungstermin in der Regel keinen Einfluß (§ 63 Abs. 2). Eine Ausnahme hiervon tritt nur in dem Falle ein, wenn die Forderung des Beitretenden der des betreibenden Gläubigers im Range vorgeht und die Zustellung des Beschlusses auf Zulassung des Beitritts an den Schuldner und eventuell an die in § 62 gedachten Gläubiger noch vor dem Schluß des Anmeldetermins erfolgt. Solchenfalls ist in Folge des Beitritts bei Feststellung des Mindestgebots die Forderung des beitretenden Gläubigers maßgebend (vergl. Motive zu § 62). — Wegen des Beitritts nach Anberaumung eines anderweiten Versteigerungstermins vergl. § 108 Abs. 4 und 5.

5. Nach § 60 verbunden mit § 13 unter 4 hat der Beitretende ein Recht auf Bezahlung seiner Forderung auch dann, wenn sie der des betreibenden Gläubigers vorgeht, ohne den Beitritt also zu übernehmen gewesen wäre. Indessen erheischt die einer Anzahl der wichtigsten Bestimmungen zu Grunde liegenden, die Einrichtung des ganzen Verfahrens beherrschenden Tendenz des Gesetzes, daß die Kauflustigen vom Anmeldetermin an eine Uebersicht der gesammten Verpflichtungen sollen erlangen können, in welche der Ersteher überhaupt und des Besonderen betreffs Zahlung oder Uebernahme der Schulden eintritt, die Unterstellung der Forderung des beitretenden Gläubigers unter § 13 unter 4 auf den Fall zu beschränken, daß der Beitritt vor Schluß des Anmeldetermins zugelassen worden ist. Ist der Beitritt erst später zugelassen worden, so ist die betreffende Schuld nach § 16 Abs. 1 zu übernehmen.

§ 60.

Im Fall der Zulassung des Beitritts hat der Beigetretene die in diesem Gesetz dem betreibenden Gläubiger beigelegten Rechte und Verpflichtungen.

Die Zulassung hat insbesondere die Wirkung, daß das Verfahren zu Gunsten des Beigetretenen fortzustellen ist, wenn dasselbe dem Gläubiger gegenüber, auf dessen Antrag es beschlossen worden, nachmals eingestellt wird.

Entwurf gleichlautend.
Vergl. die Motiven u. die Bem. 4. 5 zum vorigen Paragraphen.

§ 61.

Der Beschluß auf Ablehnung der Zulassung unterliegt der Beschwerde, der Beschluß auf Zulassung des Beitritts der sofortigen Beschwerde.

Nach dem Entwurfe sollten beiderlei Beschlüsse der sofortigen Beschwerde unterliegen. Die Abänderung ist von der Dep. der I. Kammer beantragt worden, vergl. Bem. 3 zu § 51.

§ 62.

Der Beschluß auf Zulassung des Beitritts ist, dafern die Forderung des Beitretenden der Forderung, wegen deren das Versteigerungsverfahren eingeleitet worden ist, im Range voransteht, außer dem betreibenden Gläubiger und dem Schuldner, auch denjenigen hypothekarischen Gläubigern, deren Forderungen zwischen den beiden zuerstgedachten stehen, unter Mittheilung des zwischen den betreffenden Forderungen bestehenden Rangverhältnisses, sowie mit dem in § 100 Absatz 2 vorgeschriebenen Hinweis zuzustellen.

Die im Entwurfe fehlenden Worte „sowie mit dem ꝛc.-Hinweis" sind auf Antrag der Dep. der II. Kammer eingefügt worden.

Motive. „Von Bedeutung ist der Beitritt eines hypothekarischen Gläubigers selbst dann, wenn das Verfahren für denjenigen Gläubiger, auf dessen Antrag es eröffnet worden ist, bis zu Ende geführt wird, für die Feststellung des Mindestgebots, falls die Forderung des beitretenden Gläubigers der des ersten Antragstellers im Range vorgeht, weil in diesem Falle für die Berechnung des Mindestgebots die Forderung des Beitretenden maßgebend ist. Berührt werden davon insbesondere die Interessen derjenigen Hypothekarier, deren Forderungen im Range zwischen den Forderungen des betreibenden und des beitretenden Gläubigers stehen, denn der Zuschlag kann in Folge des Beitritts des Vordermanns auf ein Gebot stattfinden, welches ihre Forderungen nicht deckt. Für diese Gläubiger kann daher der Beitritt Anlaß geben, im Versteigerungstermine zu erscheinen und zur Verhinderung des Ausfalls ihrer Forderungen mitzubieten. Deshalb schreibt § 62 vor, daß den gedachten Hypothekariern der Beschluß auf Zulassung des Beitritts unter Mittheilung des zwischen den betreffenden Forderungen bestehenden Rangverhältnisses zuzustellen sei."

Ausf. Verordn. § 4 (zu § 62). Der Beschluß auf Zulassung des Beitritts ist den Inhabern der auf dem Grundstücke lastenden hypothekarischen Forderungen, soweit er nicht denselben nach § 62 des Gesetzes zugestellt werden muß, ingleichen wenn der ideelle Theil eines Grundstücks versteigert werden soll, den Miteigenthümern des Grundstücks mitzutheilen.

Die Mittheilung erfolgt bei Zustellung der Bekanntmachung des Versteigerungstermins (§ 100 des Gesetzes), dafern aber die Zulassung des Beitritts erst nachher beschlossen worden ist, durch Uebersendung einer Abschrift des Beschlusses oder mündlich an Gerichtsstelle.

Bemerkungen.

Zwischen der Forderung des betreibenden und des beitretenden Gläubigers steht auch diejenige, welche mit der letzteren gleichen Rang hat.

§ 63.

Ist die Zustellung des Beschlusses auf Zulassung des Beitritts an den Schuldner und an die in § 62 gedachten Hypothekengläubiger erst nach dem Anmeldetermin erfolgt und wird das Verfahren dem Gläubiger gegenüber, auf dessen Antrag es eingeleitet worden, nachmals eingestellt, so ist der anberaumte Versteigerungstermin aufzuheben und auf Antrag des Beitretenden ein neuer anzuberaumen. Wird der Antrag nicht binnen drei Monaten vom Tage der Zustellung des Aufhebungsbeschlusses an gestellt, so ist der Beitritt für zurückgenommen zu achten.

Wird im Fall der nach dem Anmeldetermin erfolgten Zustellung das eingeleitete Verfahren zu Gunsten des Gläubigers, auf dessen Antrag es eingeleitet worden, bis zur Versteigerung fortgesetzt, so bleibt bei der Feststellung des zulässigen Mindestgebots der Beitritt auch dann unbeachtet, wenn die Forderung des beigetretenen Gläubigers der des betreibenden Gläubigers im Range vorgeht.

Die Bestimmungen in Absatz 1 und 2 greifen jedoch nicht Platz, wenn der Versteigerung in dem anberaumten Termin, bezw. der Beachtung des Beitritts bei Feststellung des Mindestgebots der Schuldner und diejenigen Hypothekengläubiger zustimmen, welche bei Feststellung des Mindestgebots in Folge der Beachtung des Beitritts unberücksichtigt bleiben.

Der im Entwurf fehlende 2. Satz des 1. Absatzes ist auf Antrag der Dep. der I. Kammer eingefügt und auf Antrag der Dep. der II. Kammer durch die Worte „vom Tage der Zustellung des Aufhebungsbeschlusses an" ergänzt worden.

Motive. „Der Beitritt ist in jedem Stadium des Verfahrens zulässig, auch noch nach Rechtskraft des Vertheilungsplans zum Zweck der Beantragung anderweiter Versteigerung für den Fall, daß der Ersteher nicht rechtzeitig erfüllt. Der Schonung bedarf aber das Interesse des Schuldners, von dem vor der Versteigerung erfolgten Beitritt noch einige Zeit vorher benachrichtigt zu werden, damit ihm nicht die Möglichkeit ganz abgeschnitten sei, die Versteigerung für den Beitretenden durch rechtzeitige Herbeiführung der Befriedigung desselben abzuwenden. Ebenso muß den obenerwähnten Zwischenhypothekariern die Zeit bleiben, gegebenen Falls die zur Wahrung ihrer Interessen nothwendigen Vorkehrungen zu treffen. Hierdurch rechtfertigen sich die Bestimmungen in Absatz 1 und 2. Zu Absatz 3, der eine im Uebrigen keiner weiteren Begründung bedürftige Modifikation der Bestimmungen in Absatz 1 und 2 enthält, ist noch zu bemerken, daß an und für sich dem Schuldner kein Recht zuzugestehen ist, dem zu widersprechen, wenn die betheiligten hypothekarischen Gläubiger geschehen lassen wollen, daß der Zuschlag auf ein Gebot erfolge, welches den gesetzlichen Mindestbetrag nicht erreicht, weil darin nur ein Verzicht auf ein Recht am Grundstücke liegt und die Hypothekarier ihr Pfandrecht an demselben aufzugeben zu keiner Zeit behindert sind. Es ist deshalb die Zulassung einer derartigen Abänderung der gesetzlichen Kaufsbedingungen in § 111 von der Einwilligung des Schuldners nicht abhängig gemacht. Für den Fall indessen, auf welchen sich der 3. Absatz des § 63 bezieht, braucht auf dieses Moment keine Rücksicht genommen zu werden, weil der Schuldner in diesem Falle das Recht haben soll, der Versteigerung in dem anstehenden Termin überhaupt zu widersprecheu, durch den Widerspruch hingegen aber auch das erreicht werden kann, daß das Grundstück um keinen geringeren Preis als um den gesetzlichen Mindestbetrag zugeschlagen werde."

Bemerkungen.

Im Falle des Abs. 1 ist der (nach § 18 der A.V. (zu § 96) den übrigen Betheiligten nur in formloser Weise bekannt zu machende) Beschluß wegen Aufhebung des Versteigerungstermins dem beigetretenen Gläubiger förmlich zuzustellen (§ 52 Abs. 2). Wird der Antrag nicht binnen der dreimonatigen Frist (Bem. 2 zu § 82) gestellt, so treten die Vorschriften in §§ 81. 82 ein. — Im Uebrigen vergl. Bem. 4 zu § 59.

II. Verfahren bis zum Beschluß auf Zwangsversteigerung.

§ 64.

Dem Antrag auf Zwangsversteigerung sind beizufügen:

1. eine Bezeichnung und Berechnung der Forderung, wegen deren die Zwangsversteigerung beantragt wird;
2. die den Nachweis der erfolgten Eintragung der Forderung in das Hypothekenbuch enthaltende Urkunde der Grund- und Hypothekenbehörde und, wenn diese Eintragung nicht nach Maßgabe der Bestimmung in § 10 Absatz 1 des Gesetzes, einige mit der Civilproceßordnung vom 30. Januar 1877 zusammenhängende Bestimmungen enthaltend, vom 4. März 1879 im Wege der Zwangsvollstreckung erfolgt war, der über die Forderung vorhandene vollstreckbare Schuldtitel nebst der über dessen Zustellung an den Schuldner aufgenommenen Urkunde;
3. eine vom Grund- und Hypothekenbuchführer beglaubigte Abschrift des betreffenden Grundbuchfoliums.

Ist das Vollstreckungsgericht zugleich die Grund- und Hypothekenbehörde für das Grundstück, so genügt statt der Beibringung einer Abschrift des Grundbuchfoliums die Bezeichnung desselben.

Die Bestimmungen in Absatz 1 unter 1, 2 gelten auch im Falle des Beitritts.

Soll ein im Miteigenthum mehrerer Personen befindliches Grundstück versteigert werden, so muß der Antrag gegen alle

Miteigenthümer nach Maßgabe der Bestimmungen in Absatz 1 und 2 begründet sein.

Die im Entwurf fehlenden Abs. 2 und 3 sind auf Antrag der Dep. der I. Kammer angefügt worden.

Motive. „Die Vorschriften, welche § 64 für die Begründung des Versteigerungsantrags ertheilt, entsprechen dem geltenden Rechte. Die Fassung der Vorschrift unter 2 beseitigt eine Kontroverse, welche in der Rechtsprechung bei der Auslegung des § 10 Absatz 2 des angezogenen Gesetzes vom 4. März 1879 entstanden ist (vergl. Wengler's Archiv, Jahrgang 1882, Seite 641 ff.)."

Ausf.=Verordn. § 5 (zu §§ 64^3. 183). Das Vollstreckungsgericht hat alsbald nach Fassung des Beschlusses auf Zwangsversteigerung oder Zwangsverwaltung die ihm nach § 64 Abs. 1 unter 3 des Gesetzes überreichte Abschrift des das Grundstück betreffenden Foliums des Grund= und Hypothekenbuchs der Grund= und Hypothekenbehörde mit dem Ersuchen zu übersenden, entweder dieselbe durch Hinzufügung beglaubigter Abschrift derjenigen Einträge zu vervollständigen, welche nach der Anfertigung der von dem betreibenden Gläubiger überreichten Abschrift auf dem Folium bewirkt worden sind, oder durch amtlichen Vermerk zu bestätigen, daß weitere Einträge nicht erfolgt sind.

Von jedem Eintrage der noch später auf dem Folium bewirkt wird, hat die Grund= und Hypothekenbehörde ungesäumt und unaufgefordert dem Vollstreckungsgerichte durch Zusendung beglaubigter Abschrift Mittheilung zu machen.

Ist das Vollstreckungsgericht zugleich die Grund= und Hypothekenbehörde, so ist Abschrift des betreffenden Foliums und der weiter auf dasselbe gelangenden Einträge zu den Akten über die Zwangsversteigerung oder Zwangsverwaltung zu bringen.

Bemerkungen.

1. Durch die in Punkt 2 erwähnten Unterlagen soll der nothwendige Nachweis geführt werden, daß die Forderung, wegen deren die Zwangsversteigerung stattfinden soll,

a. im Hypothekenbuch eingetragen und
b. exekutionsreif sei, auch
c. vom Antragsteller geltend gemacht werden dürfe.

Hiernach beantwortet sich die Frage, was im einzelnen Falle beizubringen sei. Beruhte

I. schon der Eintrag der Forderung auf einer Vollstreckungsmaßregel (§ 10 Abs. 1 des Gesetzes vom 4. März 1879), so wird durch die den Eintrag nachweisende Urkunde der Grund= und Hypothekenbehörde zugleich die Exekutionsreife nachgewiesen, da ohne dieselbe der Eintrag nicht hätte erfolgen dürfen. Hier bedarf es der besonderen Legitimation des Antragstellers nur dann, wenn derselbe mit dem eingetragenen Hülfsgläubiger nicht identisch ist. Die Legitimation wird solchenfalls, wenn sie auf einer nach dem Hülfseintrage erfolgten Umschreibung der Hypothek auf den Antrag=

steller beruht, schon durch die beglaubigte Abschrift des Grundbuchfoliums erbracht. Anderenfalls ist sie, wenn es sich um den Erben des ursprünglichen Hülfsgläubigers handelt, nach den Vorschriften in §§ 2294 flg. des B.G.B. oder, wenn der Antragsteller die im Zwangsvollstreckungswege eingetragene Forderung nach § 736 der C.P.O. zur Einziehung oder an Zahlungsstatt überwiesen erhalten hatte, durch Beibringung des hierauf bezüglichen Beschlusses nebst Zustellungsurkunde zu führen. In allen diesen Fällen steht die Entscheidung über die Legitimation dem Versteigerungsgericht zu. Auch kommt darauf, ob nach Eintragung der Hülfshypothek ein Besitzwechsel stattgefunden hat, nichts an. Der nachfolgende Eigenthümer muß schon auf Grund des Eintrags der Hülfshypothek die Versteigerung als eine Fortsetzung der bei seinem Eigenthumserwerbe bereits im Gange befindlich gewesenen Zwangsvollstreckung geschehen lassen, wie dies im Falle eines Eigenthumswechsels nach Eintragung des Zwangsversteigerungsbeschlusses in § 85 ausdrücklich vorgeschrieben ist (vergl. auch § 236 Abs. 3 der C.P.O.).

II. Dafern und insoweit die Voraussetzung von I. nicht vorliegt, also auch dann, wenn die ausgeklagte Forderung gemäß § 10 Abs. 2 des Ges. vom 4. März 1879 im Zwangsvollstreckungswege nur theilweise eingetragen worden war, wird durch die den Eintrag betreffende Urkunde der Grund- und Hypothekenbehörde die Exekutionsreife der Forderung bezw. des nicht hülfsweise eingetragenen Theils derselben noch nicht nachgewiesen. Zu diesem Behufe bedarf es außerdem noch der Beibringung des vollstreckbaren Schuldtitels nebst Zustellungsurkunde. Derselbe muß, da es sich insoweit um die Voraussetzungen zu Einleitung der Zwangsvollstreckung handelt, den Bestimmungen in § 671 der C.P.O. entsprechen, sonach unter Anderm auch für den Fall einer Rechtsnachfolge auf Seiten des Gläubigers den Rechtsnachfolger namhaft machen. Hieraus folgt, daß im Falle unter II. der Antrag auf Zwangsversteigerung nur von demjenigen gestellt werden kann, für welchen der vollstreckbare Schuldtitel ausgefertigt worden ist. Dieser Legitimationsmodus ist erforderlich, aber auch ausreichend, und zwar selbst dann, wenn die Forderung im Hypothekenbuch auf den Namen eines Andern als des Antragstellers eingetragen ist. Solchenfalls hat sich der Antragsteller bereits dem Prozeßgericht (für das Urtheil) oder dem Gerichtsschreiber bezw. Vorsitzenden des Prozeßgerichts gegenüber (für die vollstreckbare Ausfertigung, §§ 662 flg. der C.P.O.) zur Sache legitimiren müssen. Eine Nachprüfung der Legitimation steht dem Vollstreckungsgericht nicht zu. Auch muß der vollstreckbare Schuldtitel gegen den oder die dermaligen Eigenthümer des zu versteigernden Grundstücks, bezw. gegen den oder die dermaligen Inhaber des zu versteigernden Grundstückstheils gerichtet sein. Im Falle des § 16 Abs. 3 genügt auch ein gegen den Ersteher gerichteter Titel.

Ein beigebrachter Schuldtitel ist zur Begründung des Versteigerungsantrags nur dann geeignet, wenn aus ihm die Identität der ausgeklagten und der eingetragenen Forderung hervorgeht. Bei vorausgegangener Pfandklage wird dies stets der Fall sein. Dagegen wird nicht selten, namentlich bei einem Rechtsverhältniß, auf welches sich eine eingetragene Kautionshypothek bezieht, persönliche Klage angestellt und des für die eingeklagte

Forderung bereits bestehenden Pfandrechts allererst bei der Zwangsvollstreckung Erwähnung gethan, so daß aus dem Urtheile jene Identität sich nicht ergiebt. Entstehen in einem solchen Falle bei Vergleichung des Urtheils mit der vom Gläubiger in Bezug genommenen Verpfändungsurkunde Zweifel über die Identität, welche (nach Befinden in einem zu diesem Behufe nach § 49 anzuberaumenden Verhandlungstermin) durch Erklärungen des Schuldners nicht gehoben werden können, so bleibt dem Gläubiger nichts anders übrig, als zunächst Pfandklage anzustellen.

III. In allen den Fällen, in welchen es zur Ausbringung der Zwangsversteigerung wegen gewisser Abgaben u. s. w. der Genehmigung des Finanzministeriums bedarf, ist diese Genehmigung nachzuweisen (Bem. 2 zu § 1).

2. Ausnahmen von den Vorschriften unter 1 bezw. 2 des § 64 ergeben sich aus § 179 Abs. 2 u. 4 dieses Gesetzes in Verb. mit § 116 der K.O., ferner aus §§ 181. 182 unter 2 dieses Ges.

3. Wegen des Beitritts vergl. Bem. 3 zu § 59.

§ 65.

Ist das als Vollstreckungsgericht zuständige Amtsgericht nicht zugleich die Grund- und Hypothekenbehörde für das Grundstück, dessen Versteigerung beantragt wird, so ist dem Antrag ein Zeugniß der Grund- und Hypothekenbehörde darüber beizulegen, daß Rechte dritter Personen, welche sie nach Maßgabe der Gesetze in dieser Eigenschaft wahrzunehmen hat, im Fall der Zwangsversteigerung dem Eintrag des Erstehers als Eigenthümer des Grundstücks im Grund- und Hypothekenbuch nicht im Wege stehen.

Der Beschluß der Grund- und Hypothekenbehörde auf Verweigerung dieses Zeugnisses unterliegt der Beschwerde, über welche das Oberlandesgericht entscheidet.

Das zugleich als Grund- und Hypothekenbehörde zuständige Vollstreckungsgericht hat nach Stellung des Antrags auf Zwangsversteigerung zunächst in seiner Eigenschaft als Grund- und Hypothekenbehörde nach Maßgabe der Vorschrift in Absatz 1 Beschluß zu fassen und denselben, dafern er dahin geht, daß der Eintragung des Erstehers im Grund- und Hypothekenbuch Rechte dritter Personen entgegenstehen, welche die Grund- und Hypothekenbehörde wahrzunehmen hat, dem Antragsteller zu eröffnen.

Der Beschluß unterliegt der Beschwerde, über welche das Oberlandesgericht entscheidet.

Die Entscheidung des Oberlandesgerichts unterliegt in den Fällen des Absatz 2 und 4 nicht der Anfechtung.

Entwurf gleichlautend.

Motive. „Der Grund- und Hypothekenbehörde ist der Schutz der durch Eintragung erworbenen Rechte anvertraut, welche durch etwaige spätere Eintragungen verloren gehen könnten (§§ 89. 94 der Gerichtsordnung). So wenig sie im Falle eines freihändigen Verkaufs den Käufer eintragen darf, wenn der Eigenthümer durch entgegenstehende Rechte Dritter an der Veräußerung behindert war, so wenig darf sie im Zwangsversteigerungsfalle unter gleichen Umständen den Ersteher eintragen. Denn nach Sächsischem Rechte (vergl. §§ 315. 950 des B.G.B.) kommt durch die Seiten einer öffentlichen Behörde vorgenommene Zwangsversteigerung das dabei unberücksichtigt gebliebene entgegenstehende Recht eines Dritten nicht zum Erlöschen. Hierauf muß vor Eröffnung des Verfahrens Rücksicht genommen werden, um spätere Anstände zu vermeiden. Es ist daher nothwendig, die Grund- und Hypothekenbehörde zu hören, bevor es überhaupt zur Eröffnung des Versteigerungsverfahrens kommt, wie denn für Rittergüter bereits im § 6 des Gesetzes B vom 28. Januar 1835 vorgeschrieben ist, daß vor Einleitung der Subhastation die Genehmigung der als Lehnhöfe bezw. Fideikommißbehörden bestellten Gerichte (vergl. hierzu § 14 des Ges. vom 1. März 1879) einzuholen sei. Es kommen hierbei hauptsächlich Lehnssuccessionsrechte und Familienanwartschaften in Betracht.

Der Beschluß der Grund- und Hypothekenbehörde stellt sich als eine lediglich in das Gebiet der freiwilligen Gerichtsbarkeit fallende Entschließung dar, und das dagegen stattfindende Rechtsmittel der Beschwerde unterliegt daher nach §§ 9. 10 des erwähnten Landesgesetzes vom 1. März 1879 verbunden mit § 4 des Einführungsgesetzes zum Gerichtsverfassungsgesetze der Kognition des Oberlandesgerichts.

Erkennt die Grund- und Hypothekenbehörde an, daß der Versteigerung das Recht eines Dritten entgegensteht, so ist dem betreibenden Gläubiger unbenommen, vorerst im Rechtswege gegen den Dritten die Nichtexistenz des betreffenden Rechts auszuführen. Nimmt umgekehrt die Grund- und Hypothekenbehörde an, daß das eingetragene Recht eines Dritten der Subhastation nicht im Wege stehe, so muß der Dritte, der ein entgegenstehendes Recht behauptet, dasselbe gegen den die Versteigerung betreibenden Gläubiger ausführen und bei dem Proceßgerichte gemäß § 690 der Civilproceßordnung die einstweilige Sistirung des Versteigerungsverfahrens erwirken."

Bemerkungen.

1. Der Fall, in welchem die Ertheilung des Zeugnisses mit Rücksicht auf eine im Grundbuche eingetragene Anwartschaft verweigert werden kann, wird nur äußerst selten vorkommen. Denn soll das Grundstück wegen einer bereits vor der Eintragung der Anwartschaft verlautbarten Hypothek versteigert werden, so steht die Anwartschaft der Geltendmachung der Hypothek und somit der Zwangsversteigerung nicht entgegen. Nach Eintragung der Anwartschaft kann aber die Verlautbarung einer, nicht blos die Nutzungen, sondern die Substanz des Grundstücks ergreifenden Hypothek und selbst einer Hülfshypothek nur ausnahmsweise (§§ 2517 u. 2529 flg. des B.G.B.) erfolgen. Solchenfalls müssen die Voraussetzungen zu Eintragung der Hypothek bereits vor deren Verlautbarung nachgewiesen worden sein und steht dann die Anwartschaft der Zwangsversteigerung ebenfalls nicht entgegen. Der Fall der Verweigerung des Zeugnisses ist daher nur dann denkbar, wenn der Eintrag der betr. Hypothek in Folge eines Uebersehens der Grund- und Hypothekenbehörde geschehen war.

2. Die Belastung des Grundstücks mit einem Vor- oder Wiederkaufsrechte um einen bestimmten Preis kann für die Grund- und Hypothekenbehörde kein Grund zur Verweigerung des Zeugnisses sein, da es nach den Vorschriften in §§ 67 flg. zur Zwangsversteigerung eines solchen Grundstücks und dem entsprechend zur späteren Eintragung eines Erstehers nur dann kommen kann, wenn durch die (auch gegen den Vor- oder Wiederkaufsberechtigten wirksame) Entscheidung des Vollstreckungsgerichts festgestellt ist, daß das Grundstück dem Vor- oder Wiederkaufsberechtigten nicht zu überlassen sei.

3. Abs. 5 enthält eine Beschränkung des sonst in Justizverwaltungssachen bestehenden Beschwerderechts gegen Entschließungen der zweiten Instanz. — Vergl. § 36 des Gesetzes unter B vom 28. Januar 1835 (Ges.-Bl. S. 69) und § 10 der Verordnung vom 9. April 1836 (Ges.-Bl. S. 88).

§ 66.

Ist im Fall des § 65 Absatz 1 das daselbst gedachte Zeugniß beigebracht oder im Fall des § 65 Absatz 3 die Statthaftigkeit des Eintrags des Erstehers vom Vollstreckungsgericht in seiner Eigenschaft als Grund- und Hypothekenbehörde, bezw. auf Beschwerde vom Oberlandesgericht anerkannt, so hat das Vollstreckungsgericht zu entscheiden, ob der Antrag auf Zwangsversteigerung nach Maßgabe der Proceßgesetze begründet ist.

Entwurf gleichlautend.

§ 67.

Ist das Grundstück, dessen Zwangsversteigerung beantragt wird, mit einem im Grundbuch unter Angabe eines im Voraus bestimmten Vor- oder Wiederkaufspreises eingetragenen Vor- oder Wiederkaufsrecht beschwert, so gehört das Verfahren zur Herbeiführung einer Entscheidung darüber, ob das Grundstück dem Berechtigten zu überlassen oder zur Versteigerung zu bringen sei, sowie die Entscheidung hierüber zur Zuständigkeit des Vollstreckungsgerichts und kommen die Bestimmungen in §§ 68 bis 79 zur Anwendung.

Entwurf gleichlautend.

Motive zu §§ 67 bis 79. „Vorhandenen Vor- und Wiederkaufsrechten in der Weise gerecht zu werden, daß dem Berechtigten im Versteigerungstermin mitzubieten überlassen und sein Recht geltend zu machen vorbehalten wird, sobald ein die Vor- oder Wiederkaufssumme erreichendes oder übersteigendes Gebot seitens eines Dritten erfolgt, würde ein rechtliches Bedenken nicht entgegenstehen.

Allein durch ein solches Verfahren würden begründete Interessen der anderen Betheiligten beeinträchtigt werden können. Einerseits würden, Falls der Vorkaufsberechtigte sein Recht geltend macht, die Kosten des Versteigerungsverfahrens zum Nachtheil des betreibenden Gläubigers oder eines Nachhypothekariers nutzlos aufgewendet sein.

Andererseits lehrt die Erfahrung, daß jede Ungewißheit darüber, ob die Betheiligung am Bieten von Erfolg sein werde, von der Betheiligung abhält und die Gebote drückt. Die Chancen eines vortheilhaften, um höheren Preis als um die Vorkaufssumme zu erzielenden Verkaufs würden daher zum Nachtheil der späteren Hypothekarier verringert, und zwar mit Hülfe eines — dem Erfolge nach — auf ihre Kosten stattfindenden Verfahrens, während der Vorkaufsberechtigte außer dem Vortheile seines Vorkaufsrechts auch noch die Chance des Erstehens um einen geringeren Preis hätte.

Es muß deshalb vor Beginn des Versteigerungsverfahrens zur Feststellung gebracht werden, ob das Vorkaufsrecht zur Ausübung gelangen soll oder nicht. Der Berechtigte muß sich vor Eröffnung des Verfahrens erklären, ob er von seinem Recht Gebrauch machen will. Will er es nicht ausüben, so bleibt ihm gleichwohl das Recht mitzubieten und die Chance, das Grundstück um einen noch geringeren Preis als die Vorkaufssumme zu erstehen, allein er muß es dann auf den Verlauf des Versteigerungsverfahrens ankommen lassen. Will er dagegen sein Vorkaufsrecht geltend machen, so muß dies geschehen, bevor das Verfahren beginnt, damit letzteres nicht nutzlos abgehalten oder durch die Eventualität des nachträglichen Eintritts des Vorkaufsrechts in seinen Ergebnissen beeinträchtigt werde. Diesem Gedanken entsprechen auch die Bestimmungen in § 1126 des B.G.B.

In §§ 68 bis 73 ist das Verfahren für den Fall geregelt, daß die Zwangsversteigerung wegen einer Forderung beantragt wird, welche erst nach Bestellung des Vorkaufsrechts ohne Einwilligung des Berechtigten eingetragen worden ist, die Rechte des betreibenden Gläubigers also nach § 401 des B.G.B. dem entgegenstehenden Recht des Vorkaufsberechtigten unbedingt weichen müssen, während die Vorschriften in §§ 74 bis 76 den entgegengesetzten Fall betreffen, wenn das Vorkaufsrecht erst nach Eintragung der Hypothek des betreibenden Gläubigers bestellt, oder diese Hypothek zwar später als das Vorkaufsrecht, jedoch mit Einwilligung des Berechtigten zum Eintrag gelangt ist, ein Fall, in welchem das Recht des Vorkaufsberechtigten dem Recht des betreibenden Gläubigers weicht. Beide Fälle erheischen theilweise eine verschiedene Behandlung.

Ist die Hypothek jünger als das Vorkaufsrecht und ohne Einwilligung des Berechtigten eingetragen, so kann die Versteigerung in keinem Falle stattfinden, wenn der Betrag der Vorhypotheken, welcher durch den Kaufpreis gedeckt sein muß, größer ist als die Vorkaufssumme, und es liegt dann auch der Fall des Eintritts des Vorkaufsrechts nicht vor. Weder kann der Gläubiger aus seinem Pfandrecht die Befugniß zur Nöthigung des Vorkaufsberechtigten herleiten, das Vorkaufsrecht bei dessen Verlust auszuüben, noch brauchen sich die durch die Vorkaufssumme nicht gedeckten anderen Hypothekarier und der Schuldner gefallen zu lassen, daß es ausgeübt werde.

Uebersteigen schon die im Hypothekenbuch mit bestimmten Summen eingetragenen vorgehenden Forderungen den Vorkaufspreis, so ist ohne Weiteres liquid, daß die Versteigerung überhaupt nur stattfinden kann, wenn der Vorkaufsberechtigte auf die Ausübung seines Rechts verzichtet. In diesem Falle würde eine seitens des Gerichts an ihn ergehende Anfrage, ob er sein Recht ausüben wolle, bei bejahender Erklärung den Erfolg haben, daß ihm nunmehr eröffnet werden müßte, daß er nach der Sachlage, die bereits beim Erlaß der Anfrage vorgelegen hat, das Recht nicht ausüben könne. Der betreibende Gläubiger muß daher bei solcher Sachlage den freiwilligen Verzicht des Vorkaufsberechtigten zur Begründung des Versteigerungsantrags beibringen.

Anders liegt der Fall, wenn der Inhalt des Hypothekenbuchs nicht ohne Weiteres erkennen läßt, ob die Vorkaufssumme dem Schuldenbetrag gleichkommt, dessen Deckung durch den Kaufpreis Bedingung des Zwangsverkaufs ist. Es kann dies von der Höhe der Rückstände an Reallastenbeträgen, Zinsen und anderen wiederkehrenden Leistungen abhängen, die aus dem Erlöse zu befriedigen sind. Dies muß erst ermittelt werden, um Gewißheit zu schaffen, ob die Vorkaufssumme den Betrag des Mindestgebots erreicht und daher das Vorkaufsrecht ausgeübt werden kann. Es kann dies aber nicht anders geschehen als durch das Gericht. Da die Nothwendigkeit der Ermittelung hinwegfällt, wenn der Vorkaufsberechtigte sein Recht nicht ausüben will, die Entscheidung hingegen, ob er es ausüben kann, von dem Ergebniß der Ermittelung abhängt, muß er die präjudizielle Erklärung seines Willens vorher abgeben, die Wirksamkeit der Erklärung aber, daß er sein Recht ausüben wolle, von dem Ergebniß der Ermittelung abhängen. Hierin finden die Vorschriften in § 68 Absatz 2. § 70 Absatz 2 Rechtfertigung.

Muß eine solche Ermittelung einmal stattfinden, so ist sie nicht auf die der Forderung des betreibenden Gläubigers vorgehenden Ansprüche zu beschränken, sondern zugleich auf alle anderen Schulden zu erstrecken, welche der Vorkaufsberechtigte zu bezahlen oder zu übernehmen hat, falls ihm das Grundstück überlassen wird, denn sonst müßte beim Eintritt dieses Falles noch nachträglich ein besonderes Verfahren zur Feststellung dieser anderen Schuldbeträge eingeleitet werden. In diesem Erforderniß findet die Bestimmung in § 70 Absatz 1 ihre Begründung.

Das Ermittelungsverfahren ist in §§ 71. 72 in Anlehnung an die korrespondirenden Vorschriften für das Zwangsversteigerungsverfahren für den Fall des Eintritts des Vorkaufsrechts so geordnet, daß die Abwickelung der berührten Schuldverhältnisse in derselben Weise stattfinden kann, wie sie im Fall des Verkaufs im Versteigerungsverfahren zu bewerkstelligen ist. Für den Fall, daß es nachmals zur Zwangsversteigerung kommt, soll es nach § 101 Absatz 1 einer Wiederholung der im Ermittelungsverfahren bereits erfolgten Anmeldungen nicht bedürfen.

Einfacher gestaltet sich das Verfahren, wenn die Zwangsversteigerung wegen einer Forderung beantragt wird, welche früher als das Vorkaufsrecht oder mit Einwilligung des Berechtigten nachher eingetragen worden ist. In diesem Falle muß die ganze Forderung des betreibenden Gläubigers sowie jede andere auf dem Grundstück lastende Forderung, welche nicht nach dem Vorkaufsrecht ohne Einwilligung des Berechtigten eingetragen worden ist, von Letzterem voll befriedigt werden, wenn er sein Recht ausübt, und es bedarf daher in diesem Falle der Ermittelung der betreffenden Schulden nicht Behufs Feststellung des Mindestgebots, sondern nur zum Zweck der Klarstellung des Umfangs der Verbindlichkeiten, in welche der Vorkaufsberechtigte eintritt, deren es schon aus dem Grunde bedarf, weil nur dadurch die Interessen des betreibenden Gläubigers an rechtzeitiger Erfüllung der Gegenleistung für Ueberlassung des Grundstücks und an der Füglichkeit alsbaldiger Einleitung des Versteigerungsverfahrens für den Fall ihrer Nichterfüllung gewährleistet werden können."

Bemerkungen.

1. Nach § 1120 des B.G.B. kann das Vorkaufsrecht auch dann ausgeübt werden, wenn blos ein Theil der Sache verkauft wird. Der Vorkaufsberechtigte kann solchenfalls die Ueberlassung des verkauften Theils verlangen. Der Vorschrift in § 424 Satz 2 des B.G.B. gegenüber, wonach die Zwangsversteigerung unter allen Umständen auf das ganze Grundstück sich erstrecken mußte, konnte jene Bestimmung bei der nothwendigen Versteigerung eines mit einem Vorkaufsrechte um einen bestimmten Preis belasteten Grundstücks nicht in Betracht kommen. Durch das gegenwärtige Gesetz (§ 41. 42) ist jedoch auch die Zwangsversteigerung eines bloßen ideellen Grundstückstheils für zulässig erklärt und in § 3 bestimmt worden, daß die Vorschriften dieses Gesetzes über die Zwangsversteigerung von Grundstücken auf die Zwangsversteigerung von ideellen Grundstückstheilen entsprechende Anwendung zu leiden haben. Hiernach ist, wenn die Zwangsversteigerung eines bloßen ideellen Theils des mit einem solchen Vorkaufsrechte belasteten Grundstücks beantragt wird, für das Verfahren vor dem Vollstreckungsgericht die Sache gerade so zu behandeln, als ob das Vorkaufsrecht nur auf dem betreffenden Theile laste. Der Vorkaufsberechtigte hat das Recht, die Ueberlassung des fraglichen Grundstückstheils um den auf denselben fallenden Theil des im Voraus bestimmten Preises zu erlangeu, sobald nach § 72 Abs. 1 bezw. § 76 die Zwangsversteigerung jenes Theils als zulässig sich heraus stellt. Macht er von diesem Rechte keinen Gebrauch, so wird der Grundstückstheil ohne Berücksichtigung des Vorkaufsrechts versteigert (§§ 69. 75). Dasselbe lastet dann nur noch auf dem nicht ver-

steigerten Theile. Der Vorkaufsberechtigte hat kein Mittel, die Versteigerung des bloßen ideellen Theils zu verhindern. Denn die Bestimmung in § 1120 Satz 2 des B.G.B., wonach der Vorkaufsberechtigte gegen die Veräußerung eines bloßen Theils ein gerichtliches Verbot ausbringen kann, bezieht sich nur auf den Fall der freiwilligen Veräußerung. Der Berechtigte kann jedoch in den Besitz des ganzen Grundstücks ohne Weiteres dadurch gelangen, daß er nach seiner Eintragung als Miteigenthümer vom anderen Miteigenthümer gemäß § 337 des B.G.B. die Aufhebung der Gemeinschaft fordert. Diese Theilung kann in Folge des auf dem Grundstücke lastenden Vorkaufsrechts, sobald der Berechtigte dies verlangt, nur dadurch erfolgen, daß dem letzteren gegen Gewährung des Restes von dem früher bestimmten Vorkaufspreise der andere Theil des Grundstücks überlassen wird.

Das Nämliche gilt, wenn das Grundstück, von welchem ein bloßer ideeller Theil versteigert werden soll, mit einem Wiederkaufsrechte der hier fraglichen Art belastet ist, nur daß hier der Berechtigte die Ueberlassung des anderen Grundstückstheils schon allein auf Grund seines Wiederkaufsrechtes verlangen kann. — Vergl. Bem. 2 zu § 70.

2. Steht das Vorkaufsrecht Mehreren zu und ist Einer von ihnen gestorben, oder will er das Vorkaufsrecht nicht ausüben, so sind die Uebrigen zu Ausübung des Vorkaufsrechts befugt (§ 1128 des B.G.B.).

3. Sind Mehrere zum Wiederkaufe berechtigt, so kann dieses Recht nur von Allen ausgeübt werden (§ 1135 des B.G.B.). Damit ist nur gesagt, daß der einzelne Berechtigte für sich allein nicht gegen oder ohne den Willen der übrigen von dem Wiederkaufsrechte Gebrauch machen dürfe. Diese Bestimmung hindert daher nicht, das Grundstück auch nur Einem der mehreren Wiederkaufsberechtigten zu überlassen, sobald die übrigen auf die Ausübung des Rechts ausdrücklich oder durch nicht fristgemäße Erklärung stillschweigend (§ 68 Abs. 1. §§ 69. 75. 79) verzichtet haben.

4. Das nach §§ 67 flg. einzuschlagende Verfahren ist verschieden, je nachdem die Forderung des betreibenden Gläubigers eingetragen worden

a. nach Bestellung des Rechts ohne Einwilligung des Berechtigten (§§ 68—73), oder

b. vor Bestellung des Rechts oder zwar nachher, aber mit Einwilligung des Berechtigten (§§ 74—76). Diese Einwilligung kann schriftlich oder mündlich, vor, bei oder nach Bestellung der Hypothek, dem Grundstückseigenthümer oder dem betreffenden Hypothekengläubiger gegenüber abgegeben worden sein. Verlangt der betreibende Gläubiger, dessen Forderung nach der Bestellung des Rechts eingetragen worden, unter Bezugnahme auf ertheilte Einwilligung das Verfahren nach §§ 74—76, so muß er die Einwilligungsertheilung dem Vollstreckungsgericht nachweisen. Im Fall des Widerspruchs seitens des Berechtigten ist rechtliche Entscheidung des zuständigen Gerichts im Prozeßwege einzuholen.

5. Auf das Verfahren finden außer den in §§ 26 u. 177 sowie in den Bemerkungen zu §§ 68—78 aufgeführten Bestimmungen auch die §§ 46—58 (vorbehältlich der Bestimmungen in § 77). 81—86. 101—105. 109 entsprechend Anwendung.

§ 68.

Wenn die Zwangsversteigerung des mit dem Vorkaufsrecht beschwerten Grundstückes von einem Gläubiger beantragt wird, dessen Hypothek erst nach Bestellung des Vorkaufsrechts ohne Einwilligung des Berechtigten eingetragen worden ist, die Vorkaufssumme aber geringer ist als der Gesammtbetrag der eingetragenen und im Zwangsversteigerungsverfahren nach § 11 ohne Anmeldung zu berücksichtigenden Ansprüche, welche der Forderung des betreibenden Gläubigers vorgehen, so ist der Antrag auf Einleitung des Zwangsversteigerungsverfahrens ohne Weiteres abzulehnen, es sei denn, daß der betreibende Gläubiger in beweisender Form die Erklärung des Vorkaufsberechtigten beibringt, daß er sein Recht nicht ausüben wolle.

Ist die Vorkaufssumme größer als der in Absatz 1 bezeichnete Schuldbetrag und der Antrag auf Zwangsversteigerung nicht aus anderen Gründen abzulehnen, so hat das Gericht den Vorkaufsberechtigten aufzufordern, sich innerhalb der in § 1126 des Bürgerlichen Gesetzbuchs bestimmten Frist zu erklären, ob er für den Fall der Zulässigkeit des Zwangsverkaufs sein Recht ausüben wolle.

Entwurf gleichlautend. (Motive s. zu § 67.)

Bemerkungen.

1. Der Beschluß des Gerichts, die in Abs. 2 erwähnte Aufforderung an den Berechtigten zu erlassen, bildet in dem hier vorliegenden Falle den Beginn des Zwangsversteigerungsverfahrens im weiteren Sinne. Er ist daher dem Schuldner gegenüber als Beschluß auf Zwangsversteigerung im Sinne §§ 80 u. 83 zu behandeln und somit gemäß § 52 Abs. 1 dem Schuldner zuzustellen, ebenso auch unerwartet des Eintritts der Rechtskraft im Grundbuche zu verlautbaren, § 6 der A. V. (zu § 84).

2. Die in § 1126 des B.G.B. geordnete Frist beträgt 30 Tage. Für ihre Berechnung ist die Bestimmung in § 87 des B.G.B. maßgebend. Sie beginnt daher mit dem Tage nach der Zustellung der bezüglichen Aufforderung und endigt mit dem Ablauf des 30. Tages, gleichviel, ob dieser auf einen Werktag oder auf einen Sonn- oder Feiertag fällt. Die Frist ist keine Verjährungsfrist. Es leiden daher die Bestimmungen über die Verjährung nicht Anwendung.

3. Wegen der Zustellung der Aufforderung in Abs. 2 vergl. § 77.

§ 69.

Wird die Ausübung des Vorkaufsrechts abgelehnt oder erfolgt die Erklärung darüber nicht fristgemäß, so ist das Versteigerungsverfahren einzuleiten und das Vorkaufsrecht in demselben nicht zu berücksichtigen.

Entwurf gleichlautend. (Motive s. zu § 67.)

Bemerkungen.

1. Wiedereinsetzung gegen Versäumniß an der Frist ist schon deshalb ausgeschlossen, weil diese Frist im B.G.B. geordnet ist und dieses die Wiedereinsetzung nicht kennt.

2. Der Beschluß auf Einleitung des Versteigerungsverfahrens (im engeren Sinne) gilt hier (vergl. Bem. 1 zu § 68) nur noch dem Vor- oder Wiederkaufsberechtigten gegenüber als Beschluß auf Zwangsversteigerung, ist daher gemäß §§ 80. 52 Abs. 1 nur noch dem genannten Berechtigten zuzustellen.

3. Die bloße Ablehnung der Ausübung des Rechts oder das Versäumniß an der Frist hat den Verlust des Rechts noch nicht, sondern zunächst nur die Nichtbeachtung desselben im weiteren Verfahren zur Folge. Der Verlust tritt solchenfalls erst ein, wenn es zur Versteigerung wirklich kommt, und zwar mit der Rechtskraft des Zuschlags. Wird das anhängige Zwangsversteigerungsverfahren definitiv eingestellt, so ist der Berechtigte, der früheren Ablehnung bezw. Fristversäumung ungeachtet, an der ferneren Geltendmachung seines Rechts nicht behindert und in Folge dessen für den Fall eines neuen Versteigerungsantrags anderweit zur Erklärung aufzufordern. In diesem Sinne ist auch § 1126 des B.G.B. trotz des anscheinend entgegenstehenden Wortlautes aufzufassen. — Wegen des Verlustes des Vorkaufsrechts für den Fall der nicht pünktlichen Zahlung des Kaufpreises vergl. § 177 in Verb. mit § 134 Abs. 1. §§ 172. 173.

§ 70.

Erklärt dagegen der Vorkaufsberechtigte fristgemäß, daß er sein Recht ausüben wolle, so hat das Gericht die Höhe der im Zwangsversteigerungsverfahren bei Berechnung des nach § 10 zulässigen Mindestgebots auf Anmelden zu berücksichtigenden, sowie die sonstigen auf dem Grundstück lastenden Schulden zu ermitteln, welche in Anrechnung auf die Vorkaufssumme zu übernehmen oder zu bezahlen sind, falls dem Berechtigten das Grundstück überlassen wird.

Die im Absatz 1 gedachte Erklärung bindet den Berechtigten für den Fall, daß die Vorkaufssumme den zu ermittelnden Betrag des Mindestgebots erreicht oder übersteigt.

Entwurf gleichlautend. (Motive s. zu § 67.)

Bemerkungen.

1. Gebunden ist nur der Vorkaufsberechtigte, nicht auch das Gericht oder der Schuldner. Ein Recht auf die Ueberlassung des Grundstücks (die actio emti) erlangt der Vorkaufsberechtigte erst mit der Zustellung des Zuschlagsbeschlusses (§ 72 Abs. 1). Fällt bis zu diesem Zeitpunkt eine der Voraussetzungen zu Ausübung des Rechts weg, wird also das Verfahren nach § 81 eingestellt, oder übersteigt der ermittelte Betrag des Mindestgebots die Vorkaufssumme, oder kommt das Vorkaufsrecht selbst (z. B. durch Ableben des Berechtigten) zur Erlöschung, so kann trotz der Erklärung in Abs. 1 die Ueberlassung des Grundstücks nicht gefordert werden.

2. Ebenso verhält es sich in dieser Beziehung mit dem Wiederkaufsrechte, sobald der Berechtigte — wie nach den Schlußworten des § 68 hier vorausgesetzt wird — die Ausübung desselben nur für den Fall der Zulässigkeit des Zwangsverkaufs erklärt hat. Dabei ist jedoch zu berücksichtigen, daß der Wiederkaufsberechtigte vermöge der besonderen Natur seines Rechts gleich von vornherein oder auch später, wenn die Unzulässigkeit des Zwangsverkaufs sich herausgestellt hat, die unbedingte Ueberlassung des Grundstücks fordern kann. Solchenfalls entsteht der Anspruch auf diese Ueberlassung sofort mit der Erklärung des Ausübungswillens gegen das Gericht oder den Wiederkaufsverpflichteten und ist der Fortbestand dieses Anspruchs von der Zulässigkeit des Zwangsverkaufs sowie von dem hierauf bezüglichen Ausspruche des Vollstreckungsgerichts nicht abhängig. Von der Zulässigkeit des Zwangsverkaufs (also insbesondere auch von der Nichtrücknahme des Versteigerungsantrags) hängt solchenfalls nur ab, ob das Vollstreckungsgericht mit der weiteren Realisirung jenes Anspruchs sich selbst zu befassen oder deswegen den Berechtigten an den Wiederkaufspflichtigen zu weisen hat.

§ 71.

Behufs Ermittelung der in § 70 gedachten Ansprüche sind die betreffenden Realberechtigten zu deren Anmeldung innerhalb einer zu bestimmenden Frist, welche mindestens 2 Wochen betragen muß, mit der Bedeutung aufzufordern, daß diese Ansprüche, soweit sie nicht fristgemäß angemeldet werden, bei Berechnung des Mindestgebots und, im Falle der Ueberlassung des Grundstücks an den Vorkaufsberechtigten, bei Vertheilung der Vorkaufssumme unberücksichtigt bleiben, sofern letztere nicht den Betrag aller sonstigen aus derselben zu befriedigenden Forderungen übersteigt.

Die unter die Bestimmung in § 14 Absatz 1 fallenden Ansprüche sind auf die Zeit bis zu einem gleichzeitig anzuberaumenden Termin zu berechnen, bis zu welchem deren Betrag vom Vorkaufsberechtigten zu erlegen oder sicherzustellen ist, falls er das Grundstück übernimmt.

Entwurf gleichlautend. (Motive s. zu § 67.)

Bemerkungen.

In der Aufforderung ist sowohl die Anmeldefrist, als auch der nach Abs. 2 anzuberaumende Termin zu bezeichnen. Der letztere vertritt bei der entsprechenden Anwendung von §§ 4. 9. 11. 13. 14. 15. 18 die Stelle des Versteigerungstermins und ist zugleich eventuell zur Verkündung des Vertheilungsplans bestimmt (§ 72 Abs. 3). Bei der Ansetzung dieses Termins ist zu berücksichtigen, daß zwischen ihm und dem Ende der Anmeldefrist zu erfolgen hat: die Feststellung des zulässigen Mindestgebots und eventuell der Zuschlagsbeschluß sowie die Anfertigung des Vertheilungsplans. — Die Aufforderung ist an alle Realberechtigten (vergl. Motiven zu § 100) zu richten. Wegen der Zustellung vergl. § 77.

§ 72.

Wenn der ermittelte Betrag des Mindestgebots von der Vorkaufssumme erreicht oder überstiegen wird, hat das Gericht mittelst Beschlusses auszusprechen, daß der Vorkaufsberechtigte das Grundstück zu übernehmen habe. Der Beschluß hat insoweit die Wirkung des im Zwangsversteigerungsverfahren erfolgten Zuschlags.

In dem Beschluß ist der nach § 71 Absatz 2 bis zu dem daselbst gedachten Termin zu erlegende oder sicherzustellende Betrag auszuwerfen und dessen Erlegung oder Sicherstellung bis zu dem Termin dem Vorkaufsberechtigten unter der Bedeutung aufzuerlegen, daß er im Unterlassungsfalle des Vorkaufsrechts verlustig gehe, den gedachten Betrag jedoch dessenungeachtet nachzuzahlen habe.

In dem Termin ist ein Vertheilungsplan zu verkünden. In letzterem sind sowohl die Ansprüche, auf welche die Vorkaufssumme zu vertheilen ist, als auch diejenigen hypothekarischen Schulden zu bezeichnen, welche der Vorkaufsberechtigte nach der Schlußbestimmung in § 26 auch dann zu bezahlen oder zu übernehmen hat, wenn die Vorkaufssumme zu deren Deckung nicht ausreicht.

Entwurf gleichlautend. (Motive s. zu § 67.)

Bemerkungen.

1. Der Beschluß ist nur dem Vor- bezw. Wiederkaufsberechtigten zuzustellen, und zwar nach den Vorschriften in §§ 54 flg.

2. Der Inhalt, die rechtlichen Wirkungen sowie die Anfechtbarkeit des Beschlusses und Vertheilungsplanes ergeben sich aus den Bestimmungen, welche gemäß § 177 entsprechend zur Anwendung zu gelangen haben. Auch hierbei gilt der Vor- bezw. Wiederkaufsberechtigte als Ersteher und der Termin Abs. 2 als Versteigerungstermin.

§ 73.

Uebersteigt der ermittelte Betrag des Mindestgebots die Vorkaufssumme, so ist der Antrag auf Zwangsversteigerung abzulehnen und dem Vorkaufsberechtigten mitzutheilen, daß der Fall der Ausübung des Vorkaufsrechts nicht vorliege.

Entwurf gleichlautend. (Motive s. zu § 67.)

Bemerkungen.

1. Der Beschluß auf Ablehnung der Zwangsversteigerung ist hier, in Konsequenz des in Bem. 1 zu § 68 Ausgeführten, als Beschluß auf Einstellung des Verfahrens zu behandeln und daher seitens des betreibenden Gläubigers mit der sofortigen Beschwerde anfechtbar (§ 81 Abs. 2). Dem Vor- bezw. Wiederkaufsberechtigten steht ein Rechtsmittel gegen den Beschluß nicht zu.

2. Wegen der Notifikation an die übrigen Betheiligten von der Erledigung des nach § 71 Abs. 2 in Verb. mit § 72 Abs. 3 eventuell anberaumten Verkündungstermins vergl. § 18 der A.V. (zu § 96); wegen der grundbücherlichen Verlautbarung des Beschlusses vergl. § 7 der A.V. (zu § 84).

§ 74.

Wird die Zwangsversteigerung von einem Gläubiger beantragt, dessen Hypothek vor Bestellung des Vorkaufsrechts oder mit Einwilligung des Berechtigten nachher eingetragen worden ist, und wird der Antrag für statthaft befunden, so ist die in § 68 Absatz 2 vorgeschriebene Aufforderung zu erlassen, gleichviel in welchem Verhältniß der Betrag des zulässigen Mindestgebots zur Höhe der Vorkaufssumme steht.

Entwurf gleichlautend. (Motive s. zu § 67.)

Bemerkungen.

1. Von dem Beschluß auf Erlaß der Aufforderung und von der letzteren selbst gilt das zu § 68 Bemerkte.

2. Wegen des Nachweises der ertheilten Einwilligung vergl. Bem. 4 zu § 67.

§ 75.

Wird die Ausübung des Vorkaufsrechts abgelehnt oder erfolgt die Erklärung darüber nicht fristgemäß, so ist das Versteigerungsverfahren einzuleiten und das Vorkaufsrecht in demselben nicht zu berücksichtigen.

Der Nachsatz lautete im Entwurf: „so ist das Vorkaufsrecht erloschen und das Versteigerungsverfahren einzuleiten." Die Abänderung ist von der Dep. der I. Kammer beantragt worden, „da die Voraussetzungen, unter denen der Vor- oder Wiederkaufsberechtigte im Falle der Zwangsversteigerung des beschwerten Grundstückes seines Rechts verlustig gehe, bereits in § 1126 des B.G.B. geregelt seien; für den Zweck des vorliegenden Gesetzes bedürfe es deshalb und da der Versteigerungsantrag zurückgenommen werden könne, nur des Ausspruchs, daß das Recht in den bezeichneten Fällen nicht weiter zu berücksichtigen sei." (Motive s. zu § 67.)

Bemerkungen.

Es gilt hier das zu § 69 Bemerkte.

§ 76.

Erklärt der Vorkaufsberechtigte fristgemäß, daß von dem Rechte Gebrauch gemacht werde, so ist Behufs Feststellung des Gesammtbetrags der nach § 26 vom Vorkaufsberechtigten zu zahlenden beziehungsweise zu übernehmenden Schulden, sowie wegen Herbeiführung des Verlustes des Vorkaufsrechts für den Fall der unterbleibenden alsbaldigen Erlegung oder Sicherstellung der in § 14 Absatz 1 gedachten Ansprüche gemäß den Bestimmungen in §§ 70 bis 72 zu verfahren.

Entwurf gleichlautend. (Motive s. zu § 67.)

Bemerkungen.

Es gilt hier das zu §§ 70—72 Bemerkte.

§ 77.

Die Zustellung der nach §§ 68. 71. 74 zu bewirkenden Aufforderungen erfolgt nach Maßgabe der Civilproceßordnung.

Dieser im Entwurf fehlende Paragraph ist auf Antrag der Dep. der I. Kammer eingefügt, und dieser Antrag folgendermaßen begründet worden:

„Da die in § 70 Absatz 2. §§ 73. 76 (§§ 68. 71. 74 des Ges.) gedachte Aufforderung einen Rechtsverlust nach sich ziehen kann und eine öffentliche Bekanntmachung nicht erfolgt, so unterliegt die Anwendung der vereinfachten Form der Zustellung in § 56 des Entwurfs (§ 54 des Ges.) Bedenken, vielmehr erscheint es räthlich, hier die Zustellungsvorschriften der Civilproceßordnung, insbesondere die in §§ 186 flg. über die öffentliche Zustellung gelten zu lassen."

Bemerkungen.

In Folge der Einfügung dieser Bestimmung kann es dann, wenn der betr. Berechtigte gestorben ist, das Vorkaufsrecht zugleich für dessen Erben bestellt war (§ 1127 des B.G.B.) und die Erben unbekannt sind, zu aufhältlichen Weiterungen kommen, da die Vorschriften der C.P.O. über die Zustellung eine die letztere in diesem Fall erleichternde Bestimmung wie § 56 Abs. 1 dieses Gesetzes nicht enthalten.

§ 78.

Die Kosten des in §§ 68 bis 78 geordneten besonderen Verfahrens trägt im Falle des § 68 der betreibende Gläubiger, im Falle des § 74 der Vorkaufsberechtigte.

Entwurf gleichlautend.

Bemerkungen.

Durch die Bestimmungen dieses Paragraphen, welcher sich nur auf die gerichtlichen Kosten bezieht, soll lediglich die Kostentragungspflicht zwischen betreibendem Gläubiger und Vor- oder Wiederkaufsberechtigtem festgestellt werden. Im Verhältniß des betreibenden Gläubigers zu dem Schuldner und den Nachhypothekariern sind die Kosten des Verfahrens, insoweit sie nach diesem Paragraphen vom betreibenden Gläubiger zu tragen sind, als gerichtliche Kosten des Zwangsversteigerungsverfahrens im Sinne von § 4 unter 4. b). §§ 10 und 11 unter 6 zu behandeln.

§ 79.

Was in §§ 68 bis 78 in Bezug auf Vorkaufsrechte bestimmt ist, gilt auch in Beziehung auf Wiederkaufsrechte.

Entwurf gleichlautend. (Motive s. zu § 67.)

Bemerkungen.

Der Fall des Wiederkaufsrechts ist bereits zu den §§ 67—78 mit berücksichtigt worden.

§ 80.

Die aus anderen Gründen als wegen eines nach § 65 von der Grund- und Hypothekenbehörde wahrzunehmenden Rechts einer dritten Person erfolgte Ablehnung des Antrags auf Zwangsversteigerung unterliegt der Beschwerde, der Beschluß auf Zwangsversteigerung der sofortigen Beschwerde.

Der Entwurf ließ in beiden Fällen die sofortige Beschwerde zu. Wegen der auf Antrag der Dep. der I. Kammer erfolgten Abänderung vergl. Bem. 3 zu § 51.

Bemerkungen.

Wegen des Begriffs „Zwangsversteigerung" und der Rechtsmittel in den Fällen §§ 68—79 vergl. Bem. 1 zu § 68, Bem. 2 zu § 69, Bem. 1 zu § 73, Bem. 1 zu § 74, Bem. zu §§ 75. 76.

III. Einstellung des eingeleiteten Versteigerungsverfahrens.

§ 81.

Die Einstellung des eingeleiteten Zwangsversteigerungsverfahrens findet, so lange nicht der Zuschlag auf ein Gebot erfolgt ist, nach Maßgabe der Bestimmungen der Civilproceßordnung, ingleichen von Amtswegen dann statt, wenn der betreibende Gläubiger den Versteigerungsantrag zurückgenommen, oder wenn der Schuldner den Betrag der Forderung des betreibenden Gläubigers bei dem Vollstreckungsgericht zur Auszahlung an denselben eingezahlt oder gemäß § 101 der Civilproceßordnung sichergestellt hat.

Der Beschluß auf Einstellung, sowie der Beschluß auf Ablehnung des Antrags auf Einstellung des Verfahrens unterliegt der sofortigen Beschwerde.

Der im Entwurf Zeile 3 nach „Bestimmungen" eingefügten Worte „in §§ 688 bis 692" sind auf Antrag der Dep. der II. Kammer gestrichen worden.

Bemerkungen.

1. Das Gesetz versteht ebenso, wie die C.P.O. (§§ 691. 692), unter der „Einstellung" sowohl die definitive, d. i. die Nichtfortsetzung des Verfahrens unter Aufhebung der bereits erfolgten Vollstreckungsmaßregeln, als auch die einstweilige, d. i. die bloße Nichtfortsetzung des Verfahrens unter Aufrechterhaltung der zeitherigen Maßregeln. Als solche Maßregeln kommen im Zwangsversteigerungsverfahren die Beschlagnahme des Grundstücks, das Veräußerungsverbot und die Sicherheitsmaßregeln (§ 83 Abs. 2. 3) in Betracht.

2. Es hat zu erfolgen

I. die definitive Einstellung,

a) wenn die Ausfertigung einer vollstreckbaren Entscheidung vorgelegt wird, aus welcher sich ergiebt, daß das zu vollstreckende Urtheil oder dessen vorläufige Vollstreckbarkeit aufgehoben, oder daß die Zwangsvollstreckung für unzulässig erklärt oder deren Einstellung angeordnet ist (§ 691 unter 1 und § 692 der C.P.O.);

b) wenn die Ausfertigung einer gerichtlichen Entscheidung vorgelegt wird, aus welcher sich ergiebt, daß die einstweilige Einstellung der Vollstreckung oder speziell der Zwangsversteigerung unter Aufhebung der bis=

herigen Vollstreckungshandlungen angeordnet ist (§ 691 unter 2 und § 692 der C.P.O.);

c) wenn eine öffentliche Urkunde vorgelegt wird, aus welcher sich ergiebt, daß die zur Abwendung der Vollstreckung nachgelassene Sicherheitsleistung oder Hinterlegung erfolgt ist (§ 691 unter 3 und § 692 der C.P.O.);

d) wenn der betreibende Gläubiger den Versteigerungsantrag zurückgenommen;

e) wenn der Schuldner den Betrag der Forderung des betreibenden Gläubigers, d. h. den nach § 83 Abs. 1 festgestellten zuzüglich der weiteren Zinsen und der gerichtlichen Kosten des Versteigerungsverfahrens, bei dem Vollstreckungsgericht zur Auszahlung an den betreibenden Gläubiger eingezahlt oder gemäß § 101 der C.P.O. sichergestellt hat;

II. die einstweilige Einstellung,

a) wenn die Ausfertigung einer gerichtlichen Entscheidung vorgelegt wird, aus welcher sich ergiebt, daß die einstweilige Einstellung der Vollstreckung oder speziell der Zwangsversteigerung angeordnet ist (§ 691 unter 2 und § 692 der C.P.O.);

b) wenn eine öffentliche Urkunde oder eine von dem betreibenden Gläubiger ausgestellte Privaturkunde vorgelegt wird, aus welcher sich ergiebt, daß der Letztere nach Erlassung des zu vollstreckenden Urtheils befriedigt ist oder Stundung bewilligt hat (§ 691 unter 4 und § 692 der C.P.O.);

c) wenn ein Postschein vorgelegt wird, aus welchem sich ergiebt, daß nach Erlassung des Urtheils die zur Befriedigung des betreibenden Gläubigers erforderliche Summe (vergl. oben zu I. e) zur Auszahlung an den Letztern bei der Post eingezahlt ist (§ 691 unter 5 und § 692 der C.P.O.);

d) wenn der betreibende Gläubiger die einstweilige Einstellung bewilligt.

In den Fällen I. a, b, c und II. a, b, c geschicht die Einstellung auf Antrag, in der Fällen I. d, e und II. d von Amtswegen. — In den Fällen I. b und II. a kann der betreibende Gläubiger nach Ablauf der in der Entscheidung festgesetzten Einstellungsfrist, und in Ermangelung einer solchen, sobald er in der Lage ist, eine neue, die einstweilige Einstellung aufhebende Entscheidung vorzulegen, die Erneuerung bezw. Fortsetzung des Verfahrens aus dem ursprünglichen vollstreckbaren Schuldtitel herbeiführen. — In den Fällen II. b, c ist der betreibende Gläubiger zu dem Fortstellungsantrage jederzeit berechtigt. Auf einen solchen Antrag ist das Verfahren fortzusetzen, so lange nicht der Schuldner eine Entscheidung oder Anordnung im Sinne von § 691 unter 1 oder 2 der C.P.O. beibringt, bezw. in den Fällen, in welchen hierzu das Vollstreckungsgericht zuständig ist, vom Letztern erwirkt.

3. Ueber die Genehmigung des betreibenden Gläubigers zur einstweiligen Einstellung sind in § 82 besondere Bestimmungen getroffen.

4. Die Einstellung kann in der Regel und abgesehen von dem in Bem. 9 gedachten Falle nur so lange beschlossen werden, als der Zuschlag auf ein Gebot noch nicht erfolgt ist. Ein nach diesem Zeitpunkt eintretender Einstellungsgrund kann, wenn nicht sämmtliche Betheiligte einschließlich des Erstehers einwilligen, nur für den Fall der Außerkraftsetzung des Zu-

schlags (§ 134 Abs. 1. § 153 Abs. 1. § 154 Abs. 1. § 172 Abs. 4) wirksam werden.

5. Ist dem Verfahren ein anderer Gläubiger beigetreten, so kommt die Vorschrift in § 60 Abs. 2 zur Anwendung.

6. Der Einstellungsbeschluß muß erkennen lassen, ob definitive oder nur einstweilige Einstellung, und letztern Falls, auf wie lange dieselbe beschlossen werde. Im Falle einer Mehrheit von betreibenden Gläubigern (§ 60 Abs. 1) ist anzugeben, welchem Gläubiger gegenüber die Einstellung zu erfolgen habe.

7. Die Bestimmungen in §§ 81. 82 kommen auch dann zur Anwendung, wenn die (definitive oder einstweilige) Einstellung nur eines der mehreren Grundstücke oder einen der mehreren ideellen Grundstückstheile betrifft, welche den Gegenstand eines und desselben Verfahrens bilden.

8. Der Einstellungsbeschluß ist, dafern er die Aufhebung bereits anberaumter Termine zur Folge hat, außer dem betreibenden Gläubiger und dem Schuldner auch den übrigen Betheiligten bekannt zu machen, § 18 der A.V. (zu § 96). — Wegen der grundbücherlichen Verlautbarung vergl. § 7 der A.V. (zu § 84).

9. Wegen des Falles, wenn die gegen den Beschluß auf Ablehnung der Einstellung laufende Nothfrist zur Zeit der Zuschlagsertheilung noch nicht abgelaufen, ist vergl. Bem. 2 zu § 128.

§ 82.

Die Einwilligung des betreibenden Gläubigers in die Einstellung des eingeleiteten Verfahrens gilt als Zurücknahme des Versteigerungsantrags, dafern nicht gleichzeitig erklärt wird, daß die Einstellung nur für eine bestimmte Frist bewilligt werde. Letztere darf drei Monate nicht übersteigen. Wird die Einstellung auf eine längere Frist bewilligt oder nicht innerhalb der dreimonatigen Frist die Fortstellung des Verfahrens beantragt, oder wird die einstweilige Einstellung des Verfahrens zum zweiten Mal bewilligt, so ist der Antrag auf Versteigerung als zurückgenommen anzusehen.

Entwurf gleichlautend.

Motive. „Die Beendigung des einmal anhängig gewordenen Zwangsversteigerungsverfahrens durch Zulassung wiederholter oder auf unbestimmte Zeit ertheilter Gestundung seitens des betreibenden Gläubigers in dessen Hand zu legen, würde nach verschiedener Richtung hin den Interessen anderer Forderungsberechtigter zuwiderlaufen.

So lange das Versteigerungsverfahren anhängig ist und der Schuldner sich in Ungewißheit darüber befindet, ob es zum Verkauf kommen oder er im Besitz des Pfandgrundstücks bleiben werde, ist in der Mehrzahl der Fälle die regelmäßige Abführung der laufenden Zinsen und sonstigen wiederkehrenden Leistungen unterbrochen und den Realberechtigten auch sonst in mehrfacher Beziehung die Geltendmachung ihrer Rechte gegen den Schuldner beeinträchtigt oder erschwert. Bei längerer Dauer des schwebenden Zustandes kann auch in den bestehenden Schuldverhältnissen eine solche Aenderung eintreten, daß das bereits stattgehabte Anmeldeverfahren eine sichere Grundlage für die Berechnung des Mindestgebots und für die Vertheilung des Kaufpreises nicht mehr darbieten kann und es muß daher, wenn es nachher doch noch zur Versteigerung kommen soll, das Verfahren von Neuem beginnen. In § 82 ist deshalb bestimmt, daß, wenn der betreibende Gläubiger die einstweilige Einstellung des Verfahrens mehr als einmal, oder auf länger als auf drei Monate oder auf unbestimmte Zeit bewilligt, oder die Fortsetzung nicht vor Ablauf der statthafter Weise gewährten Stundungsfrist beantragt, der Antrag auf Zwangsversteigerung für zurückgenommen anzusehen sei. Selbstverständlich ist es ihm unbenommen, später den Antrag von Neuem zu stellen. Es findet jedoch solchenfalls nicht die Fortsetzung des Verfahrens nach Maßgabe der Vorschriften in § 170 statt, sondern es beginnt ein neues Verfahren."

Bemerkungen.

1. Durch die Vorschriften dieses Paragraphen ist selbstverständlich nicht ausgeschlossen, daß, dafern die Einstellung des Verfahrens auf unbestimmte Zeit oder auf länger als 3 Monate bewilligt wird, das Gericht zunächst den Gläubiger auf die gesetzlichen Bestimmungen aufmerksam macht und ihm Gelegenheit zur Verbesserung seiner Einwilligungserklärung giebt.

2. Die dreimonatige Frist wird von der ersten Einwilligungserklärung des Gläubigers an gerechnet und ist eben so, wie die in ähnlichen Fällen (§ 63 Abs. 1. § 135 Abs. 1. § 153 Abs. 3. § 156 Abs. 1. § 172 Abs. 2) gesetzte dreimonatige Frist nach § 200 der C.P.O. zu beurtheilen. Sie kann weder auf einseitigen Antrag noch durch Vereinbarung der Betheiligten verlängert werden.

3. Zur Fortsetzung des Verfahrens innerhalb der dreimonatigen Frist bedarf es eines Antrags des betreibenden Gläubigers, auch wenn die Einstellung auf eine kürzere Frist als 3 Monate bewilligt worden war. Im letzteren Falle kann der Gläubiger durch Unterlassung des Fortstellungsantrags stillschweigend weitere Gestundung bis zum Ablauf der dreimonatigen Frist ertheilen. Aus diesem Grunde wird auch die zweitmalige ausdrückliche Gestundungsertheilung als Zurücknahme des Antrags nur dann angesehen werden können, wenn sie unter Hinzurechnung der ersten Gestundungsfrist auf länger als 3 Monate lautet.

4. Ist innerhalb der dreimonatigen Frist von dem Gläubiger, welcher die Gestundung ertheilt hatte, die Fortstellung nicht beantragt worden, so ist nach Ablauf der Frist von Amtswegen (§ 81) Beschluß auf definitive Einstellung diesem Gläubiger gegenüber zu fassen. Dasselbe gilt in den Fällen § 63 Abs. 1. § 135 Abs. 1. § 153 Abs. 3. § 156 Abs. 1.

5. Die Grundsätze dieses Paragraphen sind entsprechend zur Anwendung zu bringen, wenn es sich um einstweilige Einstellung auf Grund § 691 unter 4. 5 der C.P.O. handelt.

IV. Verfahren nach dem Beschluß auf Zwangsversteigerung bis zum Versteigerungstermin.

§ 83.

In dem Beschluß auf Zwangsversteigerung ist der Schuldbetrag festzustellen, wegen dessen die Versteigerung stattfinden soll.

Zugleich ist in dem Beschluß die Beschlagnahme des Grundstücks auszusprechen und dem Schuldner unter Androhung der Nichtigkeit die Veräußerung von Zubehörungen des Grundstücks zu verbieten, auf welche sich die Hypothek erstreckt.

Zur Abwendung einer Verschlechterung des Grundstücks kann das Gericht dessen Beaufsichtigung und sonstige Sicherheitsmaßregeln von Amtswegen anordnen.

Der im Entwurf enthaltene Absatz 4: „Die nach Absatz 2 und 3 verfügten Maßregeln sind nach Zurücknahme des Versteigerungsantrags wieder aufzuheben" ist auf Antrag der Dep. der II. Kammer gestrichen worden.

Motive. „Durch die Beschlagnahme des Grundstücks wird der Schutz des § 137 des Strafgesetzbuchs für die Zubehörungen gewonnen und dem Gläubiger die Durchführung seines Rechtes gemäß § 223 des B.G.B. erleichtert."

Bemerkungen.

1. Wie bei der mit dem Versteigerungsantrag einzureichenden Berechnung der Forderung (§ 64 Abs. 1 unter 1) auch der künftigen Zinsen, sowie für den Fall der Erstreckung der Hypothek auf die Kosten der Erhebung, der letzteren zu gedenken sein wird, ebenso muß auch die Feststellung des Schuldbetrags auf diese Zinsen u. bezw. Kosten sich mit erstrecken, wennschon dieselben noch nicht zur Ziffer gebracht werden können, weshalb eine allgemeine bezügliche Bemerkung genügen muß. Hierbei ist darauf, in welcher Klasse die rückständigen Zinsen nach § 4 unter 4a u 5 in Ansatz zu kommen haben werden, keine Rücksicht zu nehmen. Ebensowenig bedarf es einer besondern Erwähnung der gerichtlichen Kosten des Versteigerungsverfahrens. Gegen die Feststellung als einen integrirenden Theil des auf den Versteigerungsantrag zu fassenden Beschlusses steht dem Schuldner die einfache Beschwerde, dem Antragsteller die sofortige Beschwerde zu (§ 80).

2. Die Beschlagnahme hat den Zweck, das Grundstück allen, den Hypothekengläubigern zum Nachtheil gereichenden Verfügungen u. Eingriffen seitens des Schuldners sowie dritter Personen zu entziehen. Dem entsprechen die Wirkungen der Beschlagnahme. Dieselbe wird durch die grundbücherliche Verlautbarung (§ 84) unter den Grundsatz der Oeffentlichkeit des Grund- u. Hypothekenbuchs gestellt. Der Schuldner bleibt, insoweit nicht hierunter gemäß Abs. 3 eine Beschränkung eintritt, in der Verwaltung u. Benutzung des Grundstücks. Der Kreis der Verfügungen

a. seitens des Schuldners, welche den Hypothekengläubigern zum Nachtheil gereichen können, ist, sobald man die in Abs. 3 besonders erwähnten Verschlechterungen ausschließt, ein ziemlich beschränkter. Weder durch die Veräußerung des Grundstücks, noch durch Bestellung neuer Hypotheken (einschließlich der denselben gleichstehenden Reallasten) oder Dienstbarkeiten können die bereits eingetragenen Gläubiger benachtheiligt werden (§ 85 dieses Ges., §§ 434. 519. 528 des B.G.B.), während die Eintragung neuer Reallasten in die I. Rubrik u. die Abtrennung von Grundstückstheilen, oder in der I. Rubrik eingetragenen Berechtigungen ohne die Zustimmung jener

Gläubiger überhaupt nicht erfolgen kann (§§ 419. 421 des B.G.B.). Verfügungen über Hypotheken, welche auf den zu versteigernden Grundstücken für den Schuldner selbst lasten, sind durch die Bestimmung in § 9 Abs. 2 dieses Gesetzes den bereits eingetragenen Gläubigern gegenüber unschädlich gemacht. Ebensowenig können die Gläubiger durch Verfügungen des Schuldners über die noch anstehenden natürlichen Früchte benachtheiligt werden. Die letzteren werden von der Hypothek überhaupt nur insoweit ergriffen, als sie am Tage des Versteigerungstermins noch nicht erhoben sind (§ 414 des B.G.B.). Die bis dahin reif gewordenen Früchte darf daher der Schuldner für sich erheben. Die erst später zur Reife gelangenden bleiben Bestandtheil des Grundstücks. An ihnen können durch Rechtsgeschäfte des Schuldners dingliche Rechte, das sind Rechte, welche auch dem Ersteher gegenüber wirksam wären, seitens Dritter nicht erworben werden, während die Erhebung noch nicht reifer Früchte, sofern sie nicht durch wirthschaftliche Grundsätze gerechtfertigt ist, auf eine Verschlechterung des Grundstücks im Sinne von Abs. 3 hinauslaufen würde. Der Kreis der durch die Beschlagnahme gehinderten Verfügungen des Schuldners reducirt sich daher im Wesentlichen (alle denkbaren Fälle lassen sich im Voraus nicht übersehen) auf für die Gläubiger (direkt oder indirekt) nachtheilige Verfügungen über die etwa mit dem Grundstück verbundenen, auf dessen Folium nicht eingetragenen Berechtigungen (Bem. 2 c zu § 2) oder über Pacht- u. Miethzinsen (Bem. 5 zu § 176).

b. Als Eingriffe dritter Personen, gegen welche die Beschlagnahme schützen soll, kommen — abgesehen von den Verschlechterungen — in Betracht: Zwangsvollstreckung in die mit dem Grundstücke verbundenen Berechtigungen (Bem. 2 c zu § 2) und Pfändung der noch anstehenden natürlichen Früchte, deren Reife vor der Zeit der Versteigerung nicht eintritt (§§ 714 u. 725 der C.P.O.). Der Gläubiger, für welchen die Pfändung solcher Früchte erst nach der Zustellung des Zwangsversteigerungsbeschlusses an den Schuldner erfolgt ist, muß dem Ersteher weichen. Sollen die vor der Versteigerung zur Reife gelangenden anstehenden Früchte dem Schuldner entzogen und vor der Pfändung gesichert werden, so muß vorgänge Zwangsverwaltung nach Maßgabe der §§ 183 flg. beantragt werden.

3. Veräußerungen, welche nach dem in Abs. 2 erwähnten Verbote vorgenommen worden, sind den Bestimmungen in § 223 des B.G.B. zufolge nichtig, und zwar auch dem gutgläubigen Erwerber gegenüber. Die Bestimmung in § 413 des B.G.B. ist durch Abs. 2 insoweit abgeändert. — Wegen der hier in Betracht kommenden Zubehörungen vgl. Bem. 2 b und c zu § 2. — Pfändungen derartiger Zubehörungen sind der Bestimmung in § 410 des B.G.B. gegenüber schon an sich, auch wenn sie vor dem Zwangsversteigerungsbeschlusse vorgenommen worden, den Hypothekengläubigern gegenüber unwirksam.

4. Die Beschlagnahme und das Veräußerungsverbot erfolgen nicht (wie nach § 16 des preußischen Gesetzes) nur zu Gunsten des betreibenden, sondern zu Gunsten aller hypothekarischen Gläubiger. Es ist daher jeder dieser Gläubiger berechtigt, gegen den Inhaber der nach dem vorstehends Ausgeführten unwirksamer Weise veräußerten Zubehörungen bezw. gegen den

Dritten, für welche solche Zubehörungen unwirksamer Weise gepfändet worden (vergl. hierzu, der Vorschrift in § 710 der C.P.O. gegenüber, § 757 Abs. 2), Klage auf Rückgabe derselben in das verpfändete Grundstück bezw. auf Freigabe anzustellen. Daneben kann aber auch der Anspruch auf diese Rück- bezw. Freigabe als ein Theil des Versteigerungsgegenstandes behandelt und auf diese Weise dem Ersteher zur eigenen Geltendmachung überlassen werden.

5. Zu der in Abs. 3 erwähnten Anordnung wird das Versteigerungsgericht nur dann Veranlassung haben, wenn nach den vorliegenden Umständen eine Verschlechterung des Grundstücks seitens des Schuldners oder dritter Personen zu befürchten ist. Die „sonstigen Sicherheitsmaßregeln" können nach Befinden auch in einer, nicht unter den Begriff der Zwangsverwaltung im Sinne dieses Gesetzes fallenden, sondern in Ansehung der etwaigen Ueberschüsse für Rechnung des Schuldners erfolgenden Sequestration bestehen.

6. Die Veräußerung des zur Bewirthschaftung eines Landgutes erforderlichen Inventars, auf welches die Hypothek sich nicht erstreckt, kann zwar nicht schon an sich als eine Verschlechterung des Versteigerungsgegenstandes angesehen werden, da die Mitversteigerung vom freien Willen des Schuldners abhängt (§ 45). Gleichwohl kann der Versteigerungsrichter, dafern und insoweit jenes Inventar zur Bewirthschaftung des Grundstückes bis zum Versteigerungstermine und diese Bewirthschaftung selbst zur Abwendung einer Verschlechterung des Grundstückes erforderlich ist, die Entfernung des Inventars aus dem Grundstücke auf die Zeit bis zur Versteigerung untersagen und zu diesem Behufe, sofern nicht eine Zwangsverwaltung für den Gläubiger nach §§ 183 flg. stattfindet, da nöthig sogar eine Beschlagnahme des Inventars sowie eine Sequestration des Grundstückes anordnen, da auch bei einer derartigen Sequestration der Schuldner die entsprechende Anwendung von § 193 Abs. 2 sich gefallen lassen muß.

7. Die durch die Sicherheitsmaßregeln entstehenden Kosten — nach dem Kostengesetze können hierunter nur Auslagen in Betracht kommen — gehören zu den Kosten des Versteigerungsverfahrens. Sie fallen daher einerseits unter § 4 Nr. 4. b). §§ 10. 11 Nr. 6 dieses Gesetzes, andererseits unter §§ 18 und 26 des Kostengesetzes in Verbindung mit § 84 Abs. 1 des Reichs-Gerichtskostengesetzes. Hieraus folgt, daß das Gericht nur in den dringendsten Fällen Veranlassung haben wird, ohne vorheriges Gehör des betreibenden Gläubigers und ohne Vorschußleistung seitens des letzteren oder eines anderen Gläubigers Sicherheitsmaßregeln anzuordnen, und daß dieselben zu unterbleiben haben, bezw. wieder aufzuheben sein werden, wenn der betreibende Gläubiger widerspricht und von anderer Seite Vorschuß nicht geleistet wird. — Sind Sicherheitsmaßregeln anzulegen, so hat der Richter, da nöthig auf dem in § 13 der A.V. (zu §§ 87. 88) angedeuteten Wege, dafür zu sorgen, daß die dadurch verursachten Kosten (als Theil der bei Feststellung des zulässigen Mindestgebotes in Ansatz zu bringenden Kosten des Versteigerungsverfahrens) spätestens im Versteigerungstermine ihrem Betrage nach feststehen.

8. Wird nur die Versteigerung eines ideellen Grundstückstheils beantragt, so kann sich die Beschlagnahme nur auf diesen Theil erstrecken und

das Veräußerungsverbot nur an den Inhaber dieses Theils erlassen werden. Ist derselbe nicht Allein-, sondern nur Miteigenthümer des Grundstücks, so dürfte allerdings jenes Verbot gegen Veräußerungen seitens der anderen Miteigenthümer insoweit keinen Schutz gewähren, als die letzteren ohne Einwilligung des Schuldners darüber verfügen können. Solchenfalls ist ein derartiger Schutz lediglich durch die in Abs. 3 erwähnten Sicherheitsmaßregeln zu erreichen. Die letzteren müssen da nöthig auch die anderen Miteigenthümer über sich ergehen lassen.

9. Die Vorschriften dieses Paragraphen kommen auch dann zur Anwendung, wenn die Versteigerung eines mit einem Vor- oder Wiederkaufsrechte um einen bestimmten Preis belasteten Grundstücks beantragt worden. — Vergl. Bem. 1 zu § 68.

10. Die nach Abs. 3 gefaßten Beschlüsse sind unanfechtbar (§ 51).

11. Daß bei definitiver Einstellung des gesammten Versteigerungsverfahrens die nach Abs. 2 u. 3 verfügten Maßregeln wieder aufzuheben sind, ist selbstverständlich. Deshalb ist auch der auf die Zurücknahme des Versteigerungsantrags bezügliche 4. Absatz des Entwurfs gestrichen worden.

§ 84.

Das Vollstreckungsgericht hat unerwartet der Rechtskraft des Beschlusses auf Zwangsversteigerung dessen Eintragung im Grund- und Hypothekenbuch von Amtswegen zu veranlassen.

Entwurf gleichlautend.

Ausf.-Verordn. § 6 (zu § 84, verb. §§ 8. 9. 67—79. 183). Die Verlautbarung des Beschlusses auf Einleitung des Zwangsversteigerungsverfahrens oder der Zwangsverwaltung erfolgt in der zweiten Rubrik des das Grundstück betreffenden Grundbuchsfoliums nach der Formel:

„Das Zwangsversteigerungsverfahren (die Zwangsverwaltung) ist eingeleitet zu Folge Beschlusses des Amtsgerichts . . . . vom . . . .“.

Ist das Grundstück mit einem im Grundbuche unter Angabe eines im Voraus bestimmten Vor- oder Wiederkaufspreises eingetragenen Vor- oder Wiederkaufsrechte beschwert, so hat das Vollstreckungsgericht die Verlautbarung des Beschlusses auf Einleitung des Zwangsversteigerungsverfahrens zu veranlassen, sobald die in § 68 Absatz 2 des Gesetzes gedachte Aufforderung an den Vor- oder Wiederkaufsberechtigten erlassen wird.

Sind in der dritten Rubrik Forderungen eingetragen, auf welche die Bestimmungen in §§ 8 und 9 des Gesetzes Anwendung finden, so ist neben den diese Forderungen betreffenden Einträgen in der Anmerkungsspalte durch die Worte „Zwangsversteigerungsverfahren eingeleitet, Rubr. II. No. . . .“ auf den betreffenden Eintrag in der zweiten Rubrik zu verweisen.

Bemerkungen.

1. Zu Abs. 2 der A.V. vergl. Bem. 1 zu §§ 68 u. 74 — zu Abs. 3 vergl. die Bemerkungen zu §§ 8 u. 9.

2. Wird die Zwangsversteigerung oder Zwangsverwaltung nur bezüglich eines ideellen Grundstückstheils beschlossen, so ist der letztere im Eintrage zu bezeichnen und zwar, je nachdem der Theil noch jetzt einen besonderen Inhaber hat oder nicht, durch Benennung des gegenwärtigen bezw. früheren Inhabers. („Das Zwangsversteigerungsverfahren ist eingeleitet hinsichtlich des dem N. N. Nr. . . gehörigen" bezw. „zugehörig gewesenen Antheils").

Ausf.-Verordn. § 7. Erfolgt die Einstellung des eingeleiteten Zwangsversteigerungsverfahrens mit der Wirkung der gänzlichen Beendigung desselben, so hat das Vollstreckungsgericht den Einstellungsbeschluß, sobald derselbe rechtskräftig geworden ist, der Grund- und Hypothekenbehörde behufs Löschung der nach § 6 dieser Verordnung bewirkten Einträge mitzutheilen.

Bemerkungen.

Vergl. §§ 81 u. 82 sowie die Bemerkungen zu § 73.

§ 85.

Im Falle eines nach der Eintragung des Beschlusses auf Zwangsversteigerung im Grund- und Hypothekenbuch eintretenden Wechsels des Eigenthümers des Grundstücks hat der neue Eigenthümer im ferneren Verlauf des Verfahrens alle in diesem Gesetz dem Schuldner beigelegten Rechte und Obliegenheiten. Im Falle des Ablebens des Schuldners kommen die Bestimmungen in § 693 der Civilproceßordnung in Anwendung.

Entwurf, abgesehen von einer bloßen redactionellen Abänderung, gleichlautend.

Bemerkungen.

1. Tritt der Eigenthumswechsel erst nach dem Eintrage des Zwangsversteigerungsbeschlusses ein, so wird das Verfahren gegen den neuen Eigenthümer fortgesetzt, ohne daß es irgend eines Reassumtionsverfahrens oder der Wiederholung der an den zeitherigen Schuldner bereits erfolgten Zustellungen bedarf. Vergl. Bem. 1 zu § 64 und Bem. 2 zu § 83. Die von demselben bereits abgegebenen Erklärungen wirken für und gegen den Nachfolger. Beschwerden, welche vom zeitherigen Schuldner erhoben worden, können nicht ohne Weiteres als erledigt angesehen werden, doch ist der Nachfolger zur Rücknahme berechtigt.

2. In § 693 der C.P.O. ist bestimmt:

Eine Zwangsvollstreckung, welche zur Zeit des Todes des Schuldners gegen diesen bereits begonnen hatte, wird in den Nachlaß desselben fortgesetzt.

Ist bei einer Vollstreckungshandlung die Zuziehung des Schuldners nöthig, so hat bei ruhender Erbschaft oder wenn der Erbe oder dessen Aufenthalt unbekannt ist, das Vollstreckungsgericht auf Antrag des Gläubigers dem Nachlasse oder dem Erben einen einstweiligen besonderen Vertreter zu bestellen.

Der Bestellung eines solchen besonderen Vertreters durch das Vollstreckungsgericht bedarf es nur, wenn ein solcher nicht bereits in Gemäßheit § 2247 des B.G.B. durch das Nachlaßgericht bestellt worden und Maßregeln in Frage kommen, bei welchen die Zuziehung oder das Gehör des Schuldners erforderlich ist (z. B. § 28 Abs. 2. §§ 39. 45. 50. 63 Abs. 3. § 95 Abs. 1. § 100 Abs. 4. §§ 110. 125. 127. 134 Abs. 2). Handelt es sich lediglich um eine Zustellung, so genügt die Bestellung eines bloßen Zustellungsbevollmächtigten.

§ 86.

Der betreibende Gläubiger hat einen Kostenvorschuß nach Maßgabe der Taxordnung zu bestellen.

Entwurf gleichlautend.

Motive. „Die Einhebung eines Kostenvorschusses entspricht dem im § 81 des Gerichtskostengesetzes aufgestellten Grundsatze, garantirt auch eine vorgängige Prüfung der Chancen des Subhastationsantrags seitens des betreibenden Gläubigers.

Ob der betreibende Gläubiger dessen ungeachtet, daß er nachweislich Vermögen hat, im einzelnen Fall Anspruch auf Ertheilung des Armenrechts erheben könne, hat das Gericht nach allgemeinen Grundsätzen zu entscheiden."

Ausf.-Verordn. § 8 (zu § 86). In Betreff des Armenrechtes finden die Bestimmungen der C.P.O. entsprechende Anwendung.

Bemerkungen.

1. Der beitretende Gläubiger hat gemäß § 60 Abs. 1 selbstständig Kostenvorschuß zu bestellen, ohne Rücksicht darauf, ob und inwieweit der letztere bereits vom betreibenden Gläubiger geleistet worden.

2. Ueber die Höhe des Vorschusses sowie über die Frage, inwieweit von dessen Leistung die Vornahme der beantragten gerichtlichen Handlung abhängig gemacht werden dürfe, vergl. §§ 24—26 des Kostengesetzes und die zugehörigen Bemerkungen.

3. Wegen des Armenrechts vergl. §§ 106—118 der C.P.O., Generalverordn. des Just. Min. v. 13. August 1879 (Just.-Min.-Bl. S. 211) u. Verordn. des Min. des Innern (Zeitschr. f. R. u. V. Bd. 46 S. 476). — Bei der entsprechenden Anwendung jener Vorschriften der C.P.O. ist zu berücksichtigen, daß es im Zwangsversteigerungs- u. Zwangsverwaltungsverfahren, u. zwar auch für die Beschwerdeinstanz, keinen Anwaltszwang giebt. Auch wird bei Beurtheilung der gegenwärtigen Vermögenslage eines um das Armenrecht nachsuchenden Gläubigers die Forderung, wegen deren die Zwangsversteigerung oder Zwangsverwaltung stattfinden soll, nicht berücksichtigt werden dürfen.

§ 87.

Vor Anberaumung des Versteigerungstermins ist der Werth des Grundstücks schätzungsweise zu ermitteln. Die Abschätzung kann unterbleiben, wenn eine solche innerhalb eines Jahres vorausgegangen und nach dem Ermessen des Gerichts der Eintritt einer Werthsveränderung nicht anzunehmen ist.

Erachtet das Gericht mit Rücksicht auf die Schätzung für zweifelhaft, ob ein nach der Bestimmung in § 10 zulässiges Gebot zu erlangen sein werde, so ist der betreibende Gläubiger hiervon mit dem Eröffnen zu benachrichtigen, daß dessenungeachtet nach Ablauf einer Woche mit Anberaumung des Versteigerungstermins werde verfahren werden, sofern er den Antrag bis dahin nicht zurücknehme.

Entwurf gleichlautend.

§ 88.

Ist eine Mehrzahl von Grundstücken Gegenstand des Versteigerungsverfahrens, so ist der Werth der einzelnen Grundstücke besonders abzuschätzen, zugleich aber zu ermitteln, ob die Grundstücke in einem wirthschaftlichen Zusammenhange der in § 28 bezeichneten Art stehen. Insoweit dies der Fall, ist der Werth zu ermitteln, den die Grundstücke als zusammengehöriges Besitzthum haben.

Entwurf gleichlautend. Der auf die Bestimmungen §§ 45. 47 des Entwurfs bezügliche Absatz 2 ist in Folge des Wegfalls derselben gestrichen worden.

Motive. „Der Nutzen einer Taxation ist vielfach bestritten worden. Sie kann allerdings im besten Fall nur ein relativ richtiges Ergebniß liefern; die Bietungslustigen werden sich der Regel nach nicht darauf verlassen. Gleichwohl ist die Erhebung einer Taxe schon deshalb von Werth, weil dadurch für die öffentliche Bekanntmachung eine ungefähr zutreffende Angabe zur Information Auswärtiger erlangt wird, welche daraus wenigstens so viel ersehen, ob es sich überhaupt um ein Grundstück von größerem oder geringerem Werth handelt. Sind mehrere Grundstücke Gegenstand des Verfahrens, so ist die Werthsermittelung für den Fall, daß dieselben auf ein Gesammtausgebot zugeschlagen werden, wegen der Repartition der Kaufgelder auf die zu bildenden Specialmassen nicht zu entbehren (vergl. § 36). Auch für die Bestimmung der Reihenfolge, in welcher die Grundstücke einzeln zum Ausgebot zu bringen sind, ist eine vorhandene ungefähre Taxe von Werth (§ 32).

Die Einrichtung des Verfahrens bei der Schätzung muß dem Ermessen des Gerichts überlassen bleiben. Die Fälle sind so verschieden, daß sich eine bindende Norm für die Werthsermittelung im Gesetz nicht aufstellen läßt. In einzelnen Fällen wird schon die Taxe des Localrichters ausreichen, zuweilen dagegen werden Sachverständige, sogar in größerer Anzahl, zugezogen werden müssen. Es kann die Bestimmung für den einzelnen Fall nur auf das Ermessen des Richters gestellt werden, der selbstverständlich dabei Alles vermeiden soll, was die Taxation unnöthiger Weise vertheuert. Andererseits kann, im Hinblick auf den vorstehend bezeichneten Nutzen der Abschätzung, der Kostenaufwand allein die völlige Aufgabe derselben nicht rechtfertigen.

Die Benachrichtigung des betreibenden Gläubigers von einem den Erfolg seines Antrags in Zweifel stellenden Ergebnisse der Werthsermittelung ist vorgeschrieben, damit er vor dem Entstehen der erheblichen Kosten der Bekanntmachung den Antrag zurücknehmen kann.

Eine Konsignation der Zubehörungen ist im Hinblick auf die Bestimmungen im § 83 nicht zu entbehren."

Ausf.-Verordn. § 9 (zu §§ 87. 88. 45. 50). Alsbald nachdem die Einleitung des Zwangsversteigerungsverfahrens beschlossen ist, hat das Vollstreckungsgericht durch Befragung des Schuldners, geeigneten Falles auch des zu Verwaltung des Grundstücks etwa bestellten Bevollmächtigten, zu ermitteln, ob und welche Dienstbarkeiten oder sonstige Berechtigungen, über deren Vorhandensein das Grundbuch keine Auskunft giebt, mit dem Grundstücke verbunden sind und ob und mit welchen Dienstbarkeiten rc. dasselbe belastet ist. Auch ist das Besitzstandsverzeichniß und der Brandversicherungsschein herbeizuziehen.

Bemerkungen.

1. Wegen der mit dem Grundstück verbundenen Berechtigungen vergl. Bem. zu § 2 unter 2 c. — Zu den hier in Betracht kommenden Belastungen gehören auch die dem öffentlichen Rechte angehörigen, insoweit sie nicht in eigentlichen Abgaben bestehen (Bem. 2 zu § 4), namentlich ortsstatutarische Adjazenzbeiträge zu bereits ausgeführten Straßenbauten, ferner im Falle eines im Gang befindlichen Expropriationsverfahrens die Verpflichtung zur Landabtretung ohne Entschädigung, weil dieselbe an den früheren Besitzer bereits ausgezahlt worden.

Ausf.-Verordn. § 10. Die Ermittelung des Werthes des Grundstücks ist in der Regel den bei dem Vollstreckungsgerichte für derartige Schätzungen in allgemeiner Pflicht stehenden Sachverständigen, bei Landgrundstücken den Ortsgerichtspersonen aufzutragen.

In besonderen Fällen, namentlich wenn das Grundstück für den Betrieb umfänglicher gewerblicher Unternehmungen eingerichtet oder geeignet ist, hat das Gericht andere mit den einschlagenden besonderen Fachkenntnissen ausgerüstete Sachverständige zu verwenden. Dieselben sind eidlich in Pflicht zu nehmen.

Bemerkungen.

2. Die Zahl der Sachverständigen beruht auf dem Ermessen des Gerichts. In der Regel wird ein Sachverständiger für jede der in Betracht kommenden Branchen genügen.

3. Zu Vermeidung eventuell vergeblich aufgewendeter Kosten ist zu rathen, mit der Taxation erst nach Eintritt der Rechtskraft des Versteigerungsbeschlusses zu verfahren, sofern nicht etwa der betreibende Gläubiger, der an der Beschleunigung Interesse haben kann und in Betreff der Kosten die Gefahr trägt, die alsbaldige Vornahme besonders beantragt.

4. Ist das zu versteigernde Grundstück mit einem Vor- oder Wiederkaufsrechte um einen bestimmten Preis belastet, so bedarf es der Taxation u. der in § 9 der A.V. erwähnten Erörterungen erst dann, wenn der in §§ 69 u. 75 gedachte Beschluß gefaßt worden.

5. Der Taxationstermin braucht dem Schuldner u. den Realberechtigten nicht bekannt gemacht zu werden. Doch steht es denselben frei, am Termine sich zu betheiligen und da nöthig das Gericht und die Sachverständigen auf wichtige Punkte aufmerksam zu machen.

6. Die Einrichtung des Abschätzungsverfahrens, namentlich ob die von den Sachverständigen vorher zu bewirkende Besichtigung des Grundstücks unter Leitung des Gerichts vorzunehmen und ob hiermit ohne Weiteres die Abschätzung zu verbinden, oder ob beides getrennt auszuführen, ob das Gutachten schriftlich oder zu Protokoll des Gerichtsschreibers zu erstatten und dergl. mehr, hängt von dem pflichtmäßigen Ermessen des Gerichts ab. In der Regel wird es der Theilnahme des Gerichts an der Besichtigung nicht bedürfen.

7. Die Feststellung des für das Versteigerungsverfahren anzunehmenden Werthes erfolgt durch das Gericht; die Sachverständigen sind nur seine Gehülfen; ihr Ausspruch hat nur die Bedeutung eines Gutachtens. Hieraus folgt, daß das Gericht an den Ausspruch der Sachverständigen nicht gebunden und da nöthig das Gutachten anderer Sachverständiger einholen kann.

Ausf.-Verordn. § 11. Jedem Gläubiger steht frei, auf seine Kosten durch von ihm selbst gewählte Sachverständige eine Abschätzung des Grundstücks neben der von dem Gerichte veranlaßten bewerkstelligen zu lassen. Weichen die Ergebnisse beider Schätzungen von einander ab, so ist der von den Sachverständigen des Gläubigers ermittelte Werth, dafern er dem Gerichte noch vor dem Anmeldetermine bekannt wird, in dem nach § 107 des Gesetzes aufzustellenden Verzeichnisse zu erwähnen, andernfalls in dem Versteigerungstermine bekannt zu machen.

Bemerkungen.

8. Das Gericht ist an die von ihm bewirkte Werthsfeststellung, welche unanfechtbar ist, nicht gebunden. Es kann die letztere bis zum Versteigerungstermine abändern und zu diesem Behufe das neuere Gutachten zunächst den von ihm vernommenen Sachverständigen zur Auslassung vorlegen. In dem nach § 107 des Ges. aufzustellenden Verzeichnisse ist zu erwähnen, event. im Versteigerungstermin bekannt zu machen, ob und inwieweit das Gericht in Folge des neueren Gutachtens seine frühere Werthsfeststellung ändere.

Ausf.-Verordn. § 12. Die Sachverständigen des Gerichts haben ihrem Gutachten eine kurze Beschreibung des Grundstücks beizufügen.

Gleichzeitig mit der Werthsermittelung ist anzuordnen, was zur Vorbereitung der Entscheidung darüber erforderlich ist, ob die Versteigerung nach § 45 des Gesetzes auf bewegliche Gegenstände, die sich im Grundstücke befinden, zu erstrecken, ingleichen wenn die Versteigerung mehrerer

Grundstücke beantragt ist, ob dieselben in einem wirthschaftlichen Zusammenhange stehen, wegen dessen dieselben nach § 28 des Gesetzes als Gesammtheit auszubieten sind.

Das Gericht kann die deshalb erforderlichen Erörterungen durch die mit der Werthsermittelung beauftragten Sachverständigen oder durch andere Sachverständige vornehmen lassen.

Auf die hierbei in Betracht zu ziehenden Verhältnisse ist auch die in § 9 dieser Verordnung angeordnete Befragung zu erstrecken. Der Gerichtsvollzieher ist anzuweisen, die Akten über die gegen den Schuldner etwa vollzogenen Pfändungen von beweglichen Sachen vorzulegen, welche sich noch im Grundstücke befinden und alle weiterhin gegen den Schuldner zur Vollziehung gelangenden Mobiliarpfändungen anzuzeigen.

Bemerkungen.

9. Zur Beschreibung des Grundstücks gehört auch die Aufzeichnung der Zubehörungen, auf welche sich die Hypothek erstreckt. Auch diese Zubehörungen sind abzuschätzen.

10. Bei der Schätzung handelt es sich um Feststellung des gegenwärtigen Verkaufswerthes des Grundstücks. Hierbei ist namentlich auf die örtliche Lage desselben, sowie auf alle Verhältnisse Rücksicht zu nehmen, welche, auch wenn sie erst in Aussicht stehen (wie z. B. bei projektirten Straßen-, Eisenbahnen- und sonstigen Anlagen), schon jetzt den Preis eines hierbei in Betracht kommenden Grundstücks zu beeinflussen vermögen.

11. Die auf dem Grundstücke lastenden öffentlich-rechtlichen Abgaben (Bem. zu § 2 unter 2. c) sind bei der Abschätzung unberücksichtigt zu lassen. Dagegen ist Rücksicht zu nehmen auf andere dem öffentlichen Rechte angehörige (Bem. 1 zu §§ 87. 88), sowie auf privatrechtliche Belastungen (Dienstbarkeiten und Reallasten). Ist nach § 519 oder § 528 des B.G.B. der Antrag auf doppeltes Ausgebot zu erwarten, so hat sich die Abschätzung auf das Grundstück mit der Reallast bezw. Dienstbarkeit, und auf das Grundstück ohne dieselbe zu erstrecken. Dabei ist, wenn es sich um einen Auszug oder eine Leibrente handelt, zu berücksichtigen, daß der nach § 6 eventuell an die Stelle dieser Reallast tretende Kapitalbetrag nicht unter allen Umständen dem Betrage gleichkommen muß, um welchen das Grundstück ohne Auszug bezw. Leibrente mehr werth ist als das Grundstück mit dieser Reallast.

12. Aus den gemäß Abs. 4 § 12 der A.V. vom Gerichtsvollzieher vorgelegten Akten hat der Gerichtsschreiber eine entsprechende Bemerkung zu den die Zwangsversteigerung betreffenden Akten zu bringen, auch, sofern die gepfändeten beweglichen Sachen solche sind, auf welche nach § 45 des Ges. die Versteigerung des Grundstücks zu erstrecken, zweckmäßig sein kann (Inventar, Maschinen u. dergl.) für Entnahme einer Abschrift des Verzeichnisses derselben im Pfändungsprotokolle nebst Angabe der Taxen und des Namens des Pfandgläubigers zu diesen Akten Sorge zu tragen.

Ausf.-Verordn. § 13. Wegen der Höhe der den Sachverständigen zu gewährenden Gebühren kann bei Ertheilung des Auftrags mit den ersteren eine Vereinbarung getroffen werden. Soweit dies nicht der Fall, ist ihnen bei der Auftragsertheilung zu eröffnen, daß der Anspruch auf ihre Gebühren hinwegfällt, wenn deren Berechnung dem Vollstreckungsgerichte nicht vor Schluß des Anmeldetermins zugeht.

Bemerkungen.

13. Die Annahme des Auftrags nach der in Satz 2 erwähnten Eröffnung enthält die vertragsmäßige Unterwerfung unter eine Bedingung.

§ 89.

Gleichzeitig mit dem Termin zur Zwangsversteigerung ist Termin zur Ermittelung der Ansprüche, für welche das Grundstück haftet — Anmeldetermin —, sowie ein Termin zur Verkündung des Vertheilungsplans anzuberaumen.

Die Termine sind gleichzeitig öffentlich bekannt zu machen.

Entwurf gleichlautend.

Bemerkungen.

Der Paragraph giebt die Regel an. Von derselben ist für den Fall der Anberaumung eines anderweiten Versteigerungstermins (§§ 108. 135. 156) in § 108 Abs. 3 insofern eine Ausnahme gemacht, als es solchenfalls der Anberaumung eines besonderen weiteren Anmeldetermins nicht bedarf.

§ 90.

Die Veröffentlichung der Bekanntmachung erfolgt:

1. durch Anheftung an die Gerichtstafel und, wenn das Grundstück nicht in dem Gemeindebezirk des Ortes liegt, in welchem das Vollstreckungsgericht seinen Sitz hat, überdies an einer vom Gericht zu bestimmenden Stelle in dem Ort, in dessen Gemeindebezirk das Grundstück liegt, und
2. durch zweimaligen Abdruck in der Leipziger Zeitung und in dem Amtsblatt des Vollstreckungsgerichts, im Falle des § 47 auch in dem Amtsblatt der Grund- und Hypothekenbehörde, in deren Bezirk das mitzuversteigernde Grundstück liegt.

Entwurf gleichlautend.

Motive. „Die Vorschriften, welche der Entwurf für die öffentliche Bekanntmachung der Zwangsversteigerung giebt, entsprechen größtentheils dem geltenden Rechte (Gesetz vom 27. October 1834 sub III, Gesetz vom 4. März 1879 § 14).“

§ 91.

Der in § 90 unter 1 vorgeschriebene Anschlag soll bis zum Versteigerungstermine angeheftet bleiben. Die vorzeitige

Entfernung desselben ist jedoch der Fortstellung des Verfahrens unter Beibehaltung der in der Bekanntmachung anberaumten Termine nicht hinderlich.

Entwurf gleichlautend.

Motive. „Die Bestimmung im § 91 ist nach Analogie des § 189 Absatz 3 der Civilproceßordnung getroffen."

§ 92.

Das Gericht kann den öfteren als zweimaligen Abdruck der Bekanntmachung in den § 90 unter 2 bezeichneten Zeitungen, sowie den Abdruck in noch anderen Zeitungen von Amtswegen anordnen.

Entwurf gleichlautend.

Ausf.-Verordn. § 14 (zu §§ 90. 91. 92). Auf der zur Anheftung verwendeten, nachmals zu den Akten zu nehmenden Ausfertigung der Bekanntmachung ist der Tag ihrer Anheftung und der Abnahme zu vermerken. Ueber den Erfolg der Anheftung ist alsbald eine Notiz zu den Akten zu bringen.

Wird dem Vollstreckungsgericht bekannt, daß eine Bekanntmachung unbefugter Weise entfernt worden, so ist für Erneuerung derselben Sorge zu tragen.

Ausf.-Verordn. § 15. Die Beauftragung von Zeitungen mit Veröffentlichung von Bekanntmachungen soll nur mit der Maßgabe, daß je ein Exemplar der Blätter, in denen die Bekanntmachung vor dem Anmeldetermin zum Abdruck gelangt, bis zu dem Anmeldetermin, von den später erscheinenden Blättern aber, welche einen Abdruck der Bekanntmachung enthalten, bis zu dem Versteigerungstermin abgeliefert und jedem zur Ablieferung gelangenden Blatte die Berechnung der Kosten des in demselben enthaltenen Abdrucks beigefügt werde, und nur unter der Bedingung erfolgen, daß der Anspruch auf Insertionskosten überhaupt hinwegfällt, wenn die Berechnung der Kosten des dem Anmeldetermin vorausgegangenen Abdrucks nicht vor dem Schlusse dieses Termins bei Gericht eingeht, und daß, wenn zwar rechtzeitig die Berechnung der Kosten des vorausgegangenen Abdrucks, nicht aber bis zur Eröffnung des Versteigerungstermins der Betrag der Kosten des späteren Abdrucks angezeigt ist, der Anspruch auf denjenigen Betrag hinwegfällt, um welchen die Kosten des späteren Abdrucks die des früheren etwa übersteigen.

Wegen Herbeiführung einer den vorstehenden Vorschriften entsprechenden allgemeinen Vereinbarung mit den Eigenthümern der Amtsblätter der Amtsgerichte, sowie wegen einer die Leipziger Zeitung betreffenden gleichen Einrichtung ergeht besondere Verfügung. Den Redaktionen anderer Zeitungen, in denen nach § 92 des Gesetzes der Abdruck der Bekanntmachung erfolgen soll, ist bei Ertheilung des Auftrags das dem Vorstehenden Entsprechende zu eröffnen.

In dem Anmeldetermine ist bei dem Ansatze der Kosten des Versteigerungsverfahrens behufs vorläufiger Berechnung des zulässigen Mindestgebots der Betrag für den nach dem Termin stattfindenden Abdruck der Bekanntmachung in derselben Höhe einzustellen, wie der für den vorhergegangenen Abdruck. Wenn der für den späteren Abdruck nachmals geforderte Betrag dem Ansatze nicht entspricht, ist die Post in dem Versteigerungstermine zu berichtigen.

Verordnung, die Bekanntmachungen im Zwangsversteigerungsverfahren betreffend, vom 19. August 1884. (Just.-Min.-Bl. S. 21.) Im Anschlusse an die Bestimmung in § 15 der Verordnung zu Ausführung des Gesetzes, betreffend die Zwangsversteigerung und die Zwangsverwaltung unbeweglicher Sachen, vom 16. August 1884 (G.V.Bl. S. 274) erhalten die Amtsgerichte Anweisung, die Redaktionen der Amtsblätter alsbald und längstens binnen zwei Wochen von dem Inhalte des erwähnten § 15 der Ausführungsverordnung in Kenntniß zu setzen und unter Einräumung zweiwöchiger Frist zur Erklärung darüber, ob sie, die Redaktionen, den in diesem § 15 wegen der rechtzeitigen Einsendung der Belegblätter und der Berechnung der Insertionskosten aufgestellten Bedingungen für alle nach dem Inkrafttreten des gedachten Gesetzes zu erlassenden Bekanntmachungen von Zwangsversteigerungen sich im Voraus unterwerfen, mit dem Bemerken aufzufordern, daß im Falle einer ablehnenden Erklärung sowie im Falle des Ausbleibens zustimmender Unterwerfungserklärung bis zum Ablauf der angegebenen Frist wegen Bestellung einer anderen Zeitung als Amtsblatt das Erforderliche werde verfügt werden.

Wird eine und dieselbe Zeitung von mehreren Amtsgerichten als Amtsblatt benutzt, so hat dasjenige Amtsgericht, in dessen Bezirke die Redaktion der Zeitung ihren Sitz hat, zugleich für die anderen Amtsgerichte die Aufforderung an die Redaktion zu erlassen und, sobald deren Erklärung eingegangen ist, den übrigen betheiligten Amtsgerichten Mittheilung zu machen.

Die Amtsgerichte, von denen nach Vorstehendem die angeordnete Aufforderung an die Redaktionen von Amtsblättern zu erlassen ist, haben darüber, ob und in welcher Weise sich die betreffenden Redaktionen erklärt, bis zum 15. Oktober d. J. berichtliche Anzeige an das Justizministerium zu erstatten.

Insoweit sich die Bestellung einer anderen Zeitung als Amtsblatt erforderlich macht, ist zugleich ein geeignetes Blatt in Vorschlag zu bringen.

Bemerkungen.

1. Die Ausführung des mit der in § 15 der A.V. erwähnten Eröffnung ertheilten Insertionsauftrags enthält die vertragsmäßige Unterwerfung unter eine Bedingung.

Ausf.-Verordn. § 16. Jeder Gläubiger kann verlangen, daß der Abdruck der Bekanntmachung außer in den von dem Gerichte bestimmten Zeitungen noch in anderen Zeitungen auf seine Kosten erfolge, sofern er wegen des entstehenden Mehraufwandes Sicherheit in der nach Ermessen des Gerichts zu bestimmenden Höhe leistet.

Bemerkungen.

2. Der in § 16 der A.V. erwähnte Abdruck erfolgt auf Kosten des betreffenden Gläubigers. Der letztere kann Erstattung dieser Kosten aus den Erstehungsgeldern nicht verlangen. Es bedarf daher auch bei Erthei-

lung des hierauf bezüglichen Insertionsauftrages an die Redaktion nicht der in § 15 der A.V. erwähnten Eröffnung. — Wegen der Sicherheitsleistung vergl. noch Bem. zu § 96.

§ 93.

Der Termin zur Zwangsversteigerung ist auf 6 Wochen bis 3 Monate nach dem Tage anzusetzen, an welchem der erstmalige Abdruck der Bekanntmachung in der Leipziger Zeitung erfolgt.

Die Frist kann aus besonderen aktenkundig zu machenden Gründen nach Gehör des betreibenden Gläubigers bis auf 6 Monate verlängert werden.

Der Anmeldetermin soll mindestens 2 Wochen vor dem Versteigerungstermin stattfinden, der Termin zur Verkündung des Vertheilungsplans nicht länger als 2 Wochen nach dem Versteigerungstermin hinausgerückt werden.

Entwurf gleichlautend. — Motive s. zu §§ 95 u. 96.

§ 94.

Der erste Abdruck der Bekanntmachung in der Leipziger Zeitung hat mindestens 4 Wochen vor dem Anmeldetermin zu erfolgen.

Der letzte nothwendige Abdruck in der Leipziger Zeitung und im Amtsblatt soll nach dem Anmeldetermin stattfinden.

Entwurf gleichlautend.

§ 95.

Auf Antrag des betreibenden Gläubigers kann, wenn derselbe die Zustimmung der ihm im Range nachstehenden hypothekarischen Gläubiger, der vorgemerkten Gläubiger und des Schuldners beibringt, die Veröffentlichung der Bekanntmachung in der Leipziger Zeitung unterbleiben und die in § 93 Abs. 1 geordnete Frist bis auf 4 Wochen abgekürzt werden.

Wird die hiernach zulässige Abkürzung der Frist verfügt, so hat der erste Abdruck der Bekanntmachung mindestens 2 Wochen vor dem Anmeldetermin zu erfolgen.

Unterbleibt die Veröffentlichung in der Leipziger Zeitung,

so ist der Tag des ersten Abdrucks im Amtsblatt für die Fristberechnung maßgebend.

Die im Entwurf fehlenden Worte in Absatz 1 „der vorgemerkten Gläubiger" sind auf Antrag der Dep. der I. Kammer eingefügt.

Motive. „Der Aufwand, den die Veröffentlichung in der Leipziger Zeitung verursacht, ist in den Fällen überflüssig, wo nach der Beschaffenheit des zu versteigernden Grundstückes auf auswärtige Bieter nicht zu rechnen ist. So z. B. bei der Versteigerung jener ganz kleinen Wohnhäuser, wie sie in Gebirgsorten vorkommen und von denen sich im Voraus übersehen läßt, daß nur ein Ortsbewohner sie kauft. Für solche Fälle ist die Vorschrift im § 95 berechnet.

Die Einhaltung der in § 14 Absatz 3 des Gesetzes vom 4. März 1879 ein für alle Mal bestimmten dreimonatigen Frist, welche zwischen der Zustellung des Versteigerungsbeschlusses und der Subhastation mindestens inne liegen soll, ist nach der gemachten Erfahrung in zahlreichen Fällen ohne Interesse für die Betheiligten. Nach § 93 soll diese Frist in der Regel auf 6 Wochen bis 3 Monate bemessen werden, ausnahmsweise aber eine Verkürzung bis auf 4 Wochen oder eine Verlängerung bis auf 6 Monate eintreten können. Das Interesse des betreibenden Gläubigers erheischt es, daß die Realisirung seines Anspruchs nicht übermäßig verzögert werde. Deshalb soll die Verlängerung der Frist bis auf 6 Monate nur aus besonderen, aktenkundig zu machenden Gründen und nach Gehör des betreibenden Gläubigers stattfinden.

Ebenso ist die Abkürzung der Versteigerungsfrist durch die Zustimmung der im § 95 gedachten Interessenten bedingt. Namentlich im Konkursfalle wird meist allen Betheiligten daran gelegen sein, daß die Subhastation möglichst rasch durchgeführt werde. Aber auch in anderen Fällen kann ein derartiges Interesse obwalten; z. B. bei kleinen Besitzungen und ganz einfachen übersichtlichen Schuldverhältnissen, oder wenn ein abgewirthschaftetes Gut unter den Hammer kommt, dessen mittelloser Eigenthümer nicht einmal die bevorstehende Aussaat aus eigenen Mitteln bewirken kann."

Bemerkungen.

1. Zu den dem betreibenden Gläubiger im Range nachstehenden Gläubigern gehören im Falle des Abs. 1 auch die gleichstehenden Gläubiger.

2. Die Vorschrift, daß es im Falle von Abs. 1 nur der Zustimmung der dem betreibenden Gläubiger im Range nach- (und gleich-) stehenden Gläubiger bedürfe, ist für den Normalfall gegeben, in welchem der Verkauf nur um ein nach § 10 zulässiges Gebot erfolgen darf. In den Ausnahmefällen §§ 181. 182 ist die Zustimmung sämmtlicher hypothekarischer Gläubiger erforderlich.

§ 96.

Die Eröffnung des Anmeldetermins, des Versteigerungstermins und des Termins zur Verkündung des Vertheilungsplans ist auf eine bestimmte Tagesstunde anzusetzen.

Die Versteigerung erfolgt an Gerichtsstelle. Ausnahmsweise kann sie nach Ermessen des Gerichts an einem anderen Orte seines Bezirks erfolgen. Letzteren Falls sollen die Gründe aktenkundig gemacht werden.

Entwurf gleichlautend.

Motive. „Die Vorschrift in § 96 beseitigt die veraltete und in der Praxis als ein Uebelstand empfundene Bestimmung der Erläuterten Proceßordnung ad Tit. 39 § 15 und des Mandats vom 26. August 1732, wonach der Ausruf des zu subhastirenden Grundstücks nicht vor Ausschlag der 12. Mittagsstunde beginnen darf. Das Interesse der Bietungslustigen und aller anderen Betheiligten erscheint genügend gewahrt, wenn der Beginn des Termins auf eine bestimmte Tagesstunde ausgeschrieben wird.

Neu ist die Bestimmung, daß die Anmeldung der Forderungen, soweit sie überhaupt nöthig, einige Zeit vor dem Versteigerungstermin stattfinden soll. Auf dieser Einrichtung beruht das System des Entwurfs in wesentlichen Punkten. Sie empfiehlt sich aus folgenden Gründen. Wer bei der Versteigerung als Bieter zu konkurriren gedenkt, hat ein Interesse daran, sich schon einige Zeit vorher über den Umfang und die Art der zu übernehmenden Verbindlichkeiten zu informiren und insbesondere zu erfahren, welcher Baarmittel es bedarf, um das Grundstück zu erstehen, welche Beträge sofort im Versteigerungstermin bereit zu halten und welche Kapitalien in der Folgezeit aufzubringen sind. Diese Information kann nur erreicht werden, wenn bereits einige Wochen vor dem Versteigerungstermin eine übersichtliche Zusammenstellung aller in Betracht kommenden Ansprüche vorhanden ist, und eine solche Uebersicht ist nicht anders zu gewinnen, als durch den Zwang, alle diejenigen Ansprüche, deren ziffermäßiger Betrag sich aus dem Grund- und Hypothekenbuch nicht ersehen läßt, sowie die etwa eingetretene Fälligkeit von Forderungen, die in Anrechnung auf den Kaufpreis zu übernehmen sind, noch vor dem Versteigerungstermin anzumelden. Die darnach gefertigte Zusammenstellung soll in der Gerichtsschreiberei zur Einsicht der Bietungslustigen ausgelegt werden. Sie erhalten dadurch die Möglichkeit, noch vor dem Versteigerungstermin mit den Gläubigern, welche nach den gesetzlichen Kaufsbedingungen Zahlung ihrer Kapitalforderungen zu beanspruchen haben würden oder welche eine vorausgegangene Kündigung unter Umständen auch dem Ersteher gegenüber geltend zu machen beabsichtigen, wegen des etwa erwünschten Stehenlassens der Hypothek in Verhandlung zu treten und eine diesfallsige Zusage für den Fall zu erwirken, daß sie das Grundstück erstehen. Allerdings nöthigt die Verlegung des Anmeldetermins vor den Versteigerungstermin auch die späteren Hypothekarier zur Anmeldung ihrer Nebenforderungen auf die Eventualität hin, daß ein dieselben deckender Kaufpreis nicht erlangt wird. Die Anmeldung kann indessen formlos geschehen und ist eine so geringe Belästigung, daß diese Anforderung angesichts der erheblichen Vortheile, welche das System im Interesse der Erzielung möglichst vortheilhafter Gebote und einer raschen Abwickelung der ganzen Angelegenheit nach stattgehabter Versteigerung darbietet, den hypothekarischen Gläubigern nicht zur Beschwerde gereichen kann."

Bemerkungen.

1. Auf die Termine finden — wie dies auch bei den in Sachen der nichtstreitigen Gerichtsbarkeit vorkommenden Verhandlungen im § 31 des Ges. vom 1. März 1879 vorgeschrieben ist — die Bestimmungen in §§ 178—192 des Gerichtsverfassungsgesetzes entsprechend Anwendung.

Ausf.-Verordn. § 17 (zu § 96). Die Tagesstunde der Terminseröffnung ist so zu wählen, daß die Beendigung des Termins an dem betreffenden Tage erwartet werden kann.

Ausf.-Verordn. § 18. Die Aufhebung eines anstehenden Termins ist jedenfalls durch Anschlag an der Gerichtstafel, außerdem, soweit es vor dem Terminstage erfolgen kann, in den Blättern zu veröffentlichen, in welchen der Abdruck der Versteigerungsbekanntmachung erfolgt war, und den Interessenten mitzutheilen, denen von der Anberaumung des Termins durch Zustellung Kenntniß gegeben war.

Bemerkungen.

2. Im Falle von § 16 der A.V. (zu §§ 90 flg.) erfolgt auch der Abdruck der Aufhebungsbekanntmachung auf Kosten des betreffenden Gläu-

bigers. Es ist daher bei Bemessung der Sicherheitsleistung auf diese Eventualität Rücksicht zu nehmen.

§ 97.

Die Bekanntmachung muß enthalten:

1. die Bezeichnung des zu versteigernden Grundstücks der Gattung nach, die Angabe der Ortsflur, in welcher es gelegen, und seines Grundbuchfoliums;
2. den im Grundbuche eingetragenen Namen des Eigenthümers;
3. die Schätzungssumme;
4. die Terminstage, sowie die Zeit der Eröffnung der Termine;
5. den Ort der Versteigerung;
6. die Aufforderung der Realberechtigten, die auf dem Grundstück lastenden Rückstände an wiederkehrenden Leistungen, sowie Kostenforderungen spätestens im Anmeldetermin anzumelden;
7. die Anzeige, daß eine Uebersicht der auf dem Grundstück lastenden Ansprüche und ihres Rangverhältnisses nach dem Anmeldetermin in der Gerichtsschreiberei des Vollstreckungsgerichts eingesehen werden könne.

Nach Ermessen des Gerichts können weitere, das Grundstück betreffende Angaben in die Bekanntmachung aufgenommen werden.

Der Entwurf enthielt Zeile 1 nach dem Worte „muß" noch die Worte „bei dem ersten Abdruck", dagegen fehlte Punkt 2. Beide Aenderungen sind auf Antrag der Dep. der I. Kammer beschlossen worden. Der Antrag stützt sich auf folgende Erwägungen:

„§ 97 bezeichnet den nothwendigen Inhalt der Bekanntmachung im Gegensatze von Angaben, für deren Hinzufügung im einzelnen Falle Zweckmäßigkeitsrücksichten sich geltend machen können. Verstöße gegen die Bestimmungen über den nothwendigen Inhalt der Bekanntmachung begründen nach § 148 unter 3 die Beschwerde gegen die Ertheilung des Zuschlags.

Von diesem Gesichtspunkte aus trat in der Deputation anfänglich Meinungsverschiedenheit darüber hervor, ob zu dem nothwendigen Inhalte auch die Angabe des Namens des im Grundbuche eingetragenen Eigenthümers gehören solle. Von der einen Seite wurde dafür betont, daß regelmäßig jene Angabe für Dritte und selbst für die Hypothekengläubiger unentbehrlich erscheine, um das Grundstück zweifellos zu bezeichnen; man halte sich, namentlich an größeren Orten, keineswegs an die Nummer des Grundbuchfoliums; der Zweck der Bekanntmachung werde daher ohne die Namensangabe nicht erreicht. Andererseits hielt man ein, daß das wesentliche Interesse bei der Zwangsversteigerung sich auf das Grundstück als solches konzentrire, die Person des Eigenthümers dagegen zurücktrete; entscheidend sei also nur die richtige Bezeichnung des Grundstücks nach Gattung, Ortsflur und Grundbuchfolium; die Aufnahme des Namens könne der Instruktion in der Ausführungsverordnung um so mehr überlassen werden, als gerade bei der Namensangabe die Gefahr unrichtiger Bezeichnung und in Folge dessen der Ungültigkeit der Bekanntmachung nahe liege. Auch die Herren Regierungskommissare theilten diese Bedenken. Nach weiterer Verhandlung einigte man sich schließlich mit Hinblick darauf, daß auch die Ausführungsverordnung nur in der Lage sein werde, die Namensangabe als Regel vorzuschreiben, zu dem Beschlusse, die letztere in die Bekanntmachung als nothwendiges Erforderniß aufzunehmen, jedoch mit der Maßgabe, daß nur der im Grundbuche eingetragene Name des Eigenthümers, dieser aber vollständig, anzugeben sei.

Die übrigen Punkte begegneten keiner Beanstandung, bis auf die Erwähnung des ersten Abdrucks der Bekanntmachung, welche als entbehrlich angesehen wurde, da nach § 98 die zweite Bekanntmachung veränderten Inhalt haben soll, also den Gegensatz hiervon nicht der erste Abdruck, sondern die erste Bekanntmachung selbst bildet."

Der letzte Absatz des Entwurfs lautete: „Bei werthvolleren Grundstücken können Angaben über deren Größe und sonstige Beschaffenheit in die Bekanntmachung aufgenommen werden." Die Abänderung ist auf Antrag der Dep. der II. Kammer beschlossen worden.

Ausf.-Verordn. § 19 (zu § 97). In die Bekanntmachung kann nach Ermessen des Gerichts zu näherer Bezeichnung des Grundstücks die Angabe der Flurbuchsnummern, der Steuereinheiten, der Größe des Areals, der Brandkatasternummern, des besonderen Namens, mit welchem das Grundstück bezeichnet zu werden pflegt, bei städtischen Grundstücken des Namens der Straße sowie der Straßennummer des Hauses und sonstiger jenem Zwecke dienlicher Thatsachen aufgenommen werden.

Bemerkungen.

1. Die im letzten Absatze des Gesetzesparagraphen und in § 19 der A.V. erwähnten Angaben gehören nicht zum wesentlichen Inhalte der Bekanntmachung. Es können daher auch Unrichtigkeiten in diesen Angaben an sich nicht die Ungültigkeit der Bekanntmachung herbeiführen. Dies ist jedoch dann der Fall, wenn sie geeignet sind, die nach Punkt 1 zur Bezeichnung des Grundstücks wesentlichen Angaben selbst zweifelhaft zu machen. Ob dies anzunehmen, ist nach der Beschaffenheit des einzelnen Falles zu beurtheilen.

2. Die Angabe der Größe des Grundstücks enthält nicht eine Garantieleistung für deren Richtigkeit. Gleichwohl dürfte es sich zur Vermeidung eventueller Weiterungen empfehlen, die Quelle jener Angabe beizufügen, z. B. „nach dem Flurbuche X Hektar umfassend."

§ 98.

Für den nach dem Anmeldetermin erfolgenden Abdruck der Bekanntmachung ist die Anzeige des Anmeldetermins, sowie die in § 97 Absatz 1 bei Ziffer 6 angeordnete Aufforderung wegzulassen und die bei Ziffer 7 vorgeschriebene Mittheilung der Sachlage entsprechend abzuändern.

Die im Entwurf fehlenden Worte „sowie die in § 97 Abs. 1 bei Ziffer 6 angeordnete Aufforderung" sind auf Antrag der Dep. der I. Kammer eingefügt worden.

§ 99.

Das Gericht kann, so lange nicht im Versteigerungstermin ein Gebot gethan ist, jeder Zeit die anstehenden Termine aufheben, insbesondere wenn die Vorschriften in §§ 90. 93 Absatz 1, 94 Absatz 1. 95 Absatz 1, 2. 97 über den Inhalt und die Veröffentlichung der erlassenen Bekanntmachung verletzt worden sind.

Entwurf gleichlautend.

Motive. Die Aufhebung eines ausgeschriebenen Versteigerungstermins kann durch verschiedene Anstände gerechtfertigt sein, z. B. bei plötzlicher Behinderung des Amtsrichters, wenn eine Vertretung sich nicht rechtzeitig mehr beschaffen läßt, im Falle des Eintritts eines Brandschadens auf dem Grundstück, wenn sich in dessen Folge die Interessenlage des Erwerbers anders gestaltet, als es bis dahin angenommen werden konnte, und in anderen dergleichen Fällen; insbesondere aber auch dann, wenn nach Erlaß der öffentlichen Bekanntmachung sich herausstellt, daß die Vorschriften über den nothwendigen Inhalt und die Veröffentlichung der Bekanntmachung (§§ 90. 93 Absatz 1. 94 Absatz 1. 95 Absatz 1, 2. 97) verletzt sind. Bei der Einfachheit und Bestimmtheit der angezogenen Vorschriften läßt sich allerdings erwarten, daß eine Verletzung derselben nur ausnahmsweise vorkommen wird, und wenn der Fall einmal eintreten sollte, kann es unter Umständen für alle Betheiligten vortheilhafter sein, es darauf ankommen zu lassen, ob im Termin deshalb Widerspruch gegen den Zuschlag erhoben wird (§ 148 Schlußsatz). Der vorgekommene Fehler kann auch so spät zu Tage treten, daß die Aufhebung des anstehenden Termins keinen Vortheil mehr gewährt. Gleichwohl kann der konkrete Fall auch so liegen, daß die spätere Beanstandung der Legalität des Verfahrens mit Sicherheit vorauszusehen ist, und bei solcher Sachlage muß die Aufhebung des anstehenden Termins stattfinden können. Die Entschließung aber kann nur auf das freie Ermessen des Gerichts gestellt werden, welches dabei nach Befinden bezügliche Erklärung derjenigen Interessenten einzuholen sich veranlaßt finden wird, welche durch den verhangenen Fehler in ihrem Interesse beeinträchtigt sein können."

Bemerkungen.

1. Von der Aufhebung (einschließlich der Verlegung) eines Termins ist ebenso, wie in § 206 der C.P.O. zu unterscheiden die bloße Vertagung eines solchen zu dessen Fortsetzung. Diese Vertagung kann sowohl beim Anmelde- wie auch beim Versteigerungstermin (§ 122 Abs. 3) vorkommen und sowohl auf Antrag der Betheiligten als auch von Amtswegen aus gewichtigen Gründen verfügt werden. Der bezügliche Beschluß ist den Erschienenen zu verkünden. Der fortgesetzte Termin gilt mit dem früheren als ein Termin, so daß insbesondere eine im früheren Anmeldetermine versäumte Anmeldung im fortgesetzten Anmeldetermin noch nachgeholt werden, auch ein im früheren Versteigerungstermine erschienener oder nicht erschienener Bieter, dafern nicht bereits der Zuschlag erfolgt ist, im fortgesetzten Versteigerungstermin noch bieten kann, ebenso ein erfolgtes Gebot bis zur Uebersetzung im fortgesetzten Termin seine bindende Kraft behält (§ 122 Abs. 3).

2. Die in § 89 geordneten drei Termine stehen im engsten Zusammenhange, so daß eine vor Abhaltung des Anmeldetermins nothwendig werdende Aufhebung desselben sich stets auf alle drei Termine erstrecken muß. — Wird nach dem Anmeldetermine die Aufhebung des Versteigerungs- und

hiermit nothwendigerweise auch des Verkündungstermins beschlossen, so treten die Vorschriften in § 108 ein. — Wegen der Aufhebung des Verkündungstermins vergl. Bem. 1 zu § 145.

3. Der Beschluß auf Aufhebung ist ebenso, wie der Beschluß auf Vertagung (Bem. 1) unanfechtbar. Die anderweite Anberaumung der auf Grund dieses Paragraphen von Amtswegen aufgehobenen Termine geschieht von Amtswegen. Das anderweite Versteigerungsverfahren erfolgt kostenfrei (§ 12 Abs. 2 des Kostengesetzes).

4. Die Vorschriften dieses Paragraphen finden entsprechend Anwendung auf die im Verfahren nach §§ 67 flg. vorkommenden Termine.

5. Darüber, wann ein Gebot im Versteigerungstermin als gethan zu erachten, vergl. Bem. 1 zu § 115.

6. Die Aufhebung des Versteigerungstermins kann insbesondere dann verfügt werden, wenn das Grundstück vor dem Versteigerungstermine von einem Brandschaden betroffen wird und die Brandschädenvergütung bis zu diesem Termine noch nicht erfolgt ist, vergl. § 48 der A.V. zu § 180.

§ 100.

Die nach § 97 zu erlassende Bekanntmachung ist dem Schuldner und den Realberechtigten spätestens 2 Wochen vor dem Anmeldetermin zuzustellen, und zwar den letzteren mit einer den Bestimmungen in §§ 12. 101 Absatz 1, 3, 4 entsprechenden Eröffnung.

Jeder Hypothekengläubiger ist zugleich von dem zwischen seiner Forderung und der des betreibenden Gläubigers bestehenden Rangverhältniß unter Hinweis auf die Zulässigkeit des Verkaufs um einen die letztere theilweise deckenden Preis zu benachrichtigen und aufzufordern, sofern er an Feststellung der seinen Ansprüchen im Range vorgehenden Forderungen oder an Vereinbarung von Kaufsbedingungen ein Interesse haben könne, im Anmeldetermin persönlich oder durch einen Bevollmächtigten zu erscheinen.

In Ansehung von Naturalleistungen, welche rückständig sind oder auf welche die Bestimmung in § 6 in Anwendung kommen kann, sind die Berechtigten aufzufordern, den Geldbetrag anzuzeigen, welcher an deren Stelle gefordert werden soll.

Der Schuldner ist zum Anmeldetermin vorzuladen und zur Erklärung über die angemeldeten Ansprüche und über die angezeigte Fälligkeit der Stammforderungen zu veranlassen.

Entwurf, bis auf eine blos redaktionelle Abänderung, gleichlautend.

Motive. „Realberechtigte" im Sinne des Entwurfs sind außer den Hypothekengläubigern auch diejenigen Forderungsberechtigten, denen die im § 4 unter 1 bis 3 gedachten Ansprüche zustehen.

Durch die in Absatz 2 vorgeschriebene Benachrichtigung von dem Rangverhältnisse, welches zwischen der Forderung des betreibenden Gläubigers und der des Benachrichtigten besteht, erfährt der Letztere, ob seine Forderung überhaupt gefährdet werden kann und ob er daher nöthig hat, seinerseits Etwas zu thun, um einen Verlust zu verhüten. Die Nichteinhaltung der für diese Benachrichtigung gesetzten Frist soll gemäß § 128, § 148 Absatz 1 unter 2 zur Folge haben, daß der Betheiligte der Versteigerung in dem anberaumten Termin widersprechen und den in diesem Termin erfolgten Zuschlag anfechten kann."

Bemerkungen.

1. Unter den „Realberechtigten" sind hier auch die eventuell Realberechtigten, also diejenigen zu verstehen, deren Forderungen zunächst nur vorgemerkt worden.

Ausf.-Verordn. § 20 (zu § 100). Bei der Zustellung der Bekanntmachung an den Inhaber einer auf dem Folium des zu versteigernden Grundstücks vorgemerkten Forderung ist derselbe auf die Bestimmungen in § 8 des Gesetzes zu verweisen.

Ausf.-Verordn. § 21. In Ansehung der in § 4 unter 2 des Gesetzes bezeichneten Oblasten ist die Zustellung für den Realberechtigten an diejenige Behörde oder diejenige Person zu bewirken, welche mit der Einhebung der betreffenden Leistung beauftragt ist.

In jedem Falle ist die Bekanntmachung abschriftlich der Verwaltungsbehörde erster Instanz (Stadtrath, Gemeindevorstand ꝛc.) mitzutheilen, in deren Verwaltungsbezirke das zu versteigernde Grundstück liegt.

Bemerkungen.

2. Hinsichtlich der Vereinnahmung kommen in Betracht

bei der Grundsteuer: die §§ 30—36 des Grundsteuergesetzes vom 9. Sept. 1843 (Ges.-Bl. S. 105) bezw. in der durch das Gesetz vom 3. Juli 1878 (Ges.-Bl. S. 153) abgeänderten Fassung;

bei den Landrenten: § 11 des Gesetzes vom 17. März 1832 (Ges.-Bl. S. 269) und die Verordn. vom 25. Nov. 1843 (Ges.-Bl. S. 252);

bei den Landeskulturrenten: § 12 des Gesetzes vom 20. Nov. 1861 (Ges.-Bl. S. 510);

bei den Brandversicherungsbeiträgen: § 77 des Gesetzes vom 25. Aug. 1876 (Ges.-Bl. S. 362) und §§ 45. 46 der zugehörigen Ausf.-Verordn. vom 18. Nov. 1876 (Ges.-Bl. S. 521).

Bezüglich der Abgaben zur Gemeinde-, Armen- und Schulkasse ist die Bekanntmachung dem Stadtrath bezw. Gemeindevorstand, bezüglich der Abgaben zur Parochialkasse dem Kirchenvorstand zuzustellen.

Ausf.-Verordn. § 22. Ist die Versteigerung des ideellen Theiles eines Grundstücks beantragt, so ist die Bekanntmachung dem Miteigenthümer abschriftlich mitzutheilen.

Bemerkungen.

3. Hinsichtlich der von einer Versteigerung nach dem zeitherigen Verfahren herrührenden Erstehungsgelder-Hypothek ist an sich das Versteigerungsgericht als Gläubiger anzusehen, daher auch die Anmeldung von diesem zu bewirken (Bem. 3 zu § 12). Daneben ist jedoch die Bekanntmachung in entsprechender Anwendung der Verordnung vom 20. November 1867 (Ges.-Bl. S. 349) auch den auf diese Erstehungsgelder angewiesenen Gläubigern abschriftlich mitzutheilen.

Für die in § 100 Abs. 3 gedachte Anzeige ist weder eine Frist noch ein Präjudiz zu setzen. Vergl. Bem. 2 zu § 104.

§ 101.

Die nach § 12 erforderliche Anmeldung ist bis zum Schluß des Anmeldetermins zu bewerkstelligen. Der nochmaligen Anmeldung von Ansprüchen, welche auf Grund der Bestimmung in § 71 bereits zur Anmeldung gekommen sind, bedarf es nicht.

Nachträglich angemeldete Ansprüche, welche der Forderung des betreibenden Gläubigers vorgehen, kommen bei Berechnung des Mindestgebots und bei Vertheilung des Kaufpreises an der ihnen nach § 4 zukommenden Stelle nur dann in Ansatz, wenn die Anmeldung vor Eröffnung eines Gebots im Versteigerungstermine erfolgt, und dem Forderungsberechtigten die § 97 vorgeschriebene Bekanntmachung nicht oder nicht rechtzeitig zugestellt worden ist.

Andernfalls kommt ein bis zu dem gedachten Zeitpunkt nachträglich angemeldeter Anspruch der bezeichneten Rangstellung bei Berechnung des Mindestgebots überhaupt nicht und bei Vertheilung des Kaufpreises erst mit dem Range hinter der Forderung des betreibenden Gläubigers in Berücksichtigung.

Zu einem späteren Zeitpunkt angemeldete Ansprüche bleiben bei Vertheilung des Kaufpreises außer Berücksichtigung, es sei denn, daß der Kaufpreis den Gesammtbetrag der nach § 11 ohne Anmeldung in Rechnung kommenden und der vorher angemeldeten Ansprüche übersteigt.

Im Entwurf standen Abs. 2 an Stelle der Worte „dem Forderungsberechtigten" die Worte „der Forderungsberechtigte sofort urkundlich nachweist, daß ihm"; außerdem lautete der Eingang von Abs. 3: „Ein bis zu dem gedachten Zeitpunkt jedoch ohne diesen Nachweis nachträglich angemeldeter u. s. w." Die Abänderungen sind auf Antrag der Dep. der I. Kammer beschlossen worden.

Motive. „Durch Berücksichtigung nachträglich angemeldeter Ansprüche, welche der Forderung des betreibenden Gläubigers im Range vorgehen, wird mehr oder weniger die Feststellung des Mindestgebots, insbesondere aber die Berechnung des Theils des Kaufpreises beeinflußt, welcher nach § 14 Abs. 1 im Versteigerungstermin nothwendig erlegt oder sichergestellt werden muß. Der Zweck der Verlegung des Anmeldetermins vor den Versteigerungstermin wird dadurch beeinträchtigt und es rechtfertigt sich daher, nachträgliche Anmeldungen solcher Ansprüche nur im Falle des Mangels eines Verschuldens seitens des betreffenden Gläubigers, andernfalls dagegen nur in beschränkter Weise berücksichtigen zu lassen."

Bemerkungen.

1. Die Anmeldung kann auch vor dem Anmeldetermin, und zwar schriftlich oder zu Protokoll des Gerichtsschreibers erfolgen. Daher braucht der betreibende Gläubiger seine Forderung nicht nochmals anzumelden (§ 64 Abs. 1 unter 1). Ist die schriftliche Anmeldung mangelhaft, so wird es im officium nobile des Gerichts liegen, den Betreffenden zur alsbaldigen und jedenfalls noch vor dem Versteigerungstermin zu bewirkenden Erläuterung oder Ergänzung zu veranlassen.

2. Wiedereinsetzung gegen das Versäumniß an der Anmeldung ist ausgeschlossen. Das Unterlassen der Anmeldung hat zur Folge, daß der der Anmeldung bedürftige Anspruch (§ 12) für das Verfahren im bevorstehenden Versteigerungstermin (§ 108) nicht berücksichtigt wird, dafern und insoweit nicht sämmtliche hierbei interessirte Realberechtigte zustimmen (§ 109). Von dieser Regel werden in Abs. 2. 3. 4 Ausnahmen gemacht. Es kann

a) derjenige, dem die in § 97 vorgeschriebene Bekanntmachung nicht oder nicht rechtzeitig (§ 100 Abs. 1) zugestellt worden, die Anmeldung bis zur Eröffnung eines Gebots im Versteigerungstermin nachholen. Hierbei kommt es nicht darauf an, ob die Bekanntmachung rechtzeitig oder überhaupt in die Hände oder zur Kenntniß des betreffenden Gläubigers gelangt ist, sondern lediglich darauf, ob die Zustellung nach den Vorschriften in §§ 53 flg. und rechtzeitig erfolgt ist. Hierüber geben die Akten Auskunft. Es bedarf daher — wie zu Begründung des oben erwähnten Abänderungsantrags im Deputationsberichte hervorgehoben worden — nicht eines besondern urkundlichen Nachweises. Eine solchenfalls nachgeholte Anmeldung hat in allen Beziehungen die Wirkungen einer rechtzeitigen. Es kann aber auch

b) derjenige, dem die Bekanntmachung richtig und rechtzeitig zugestellt worden war, die Anmeldung bis zur Eröffnung eines Gebots im Versteigerungstermin noch nachholen. Ein unter diesen Umständen angemeldeter Anspruch kommt jedoch nicht bei der Feststellung des Mindestgebots, sondern nur bei der Vertheilung des Kaufpreises in Betracht, und zwar unter allen Umständen erst hinter der Forderung des betreibenden Gläubigers zum Ansatz; dies selbst dann, wenn er an sich Vorrang vor dieser Forderung hatte. Als Forderung des betreibenden Gläubigers gilt bei einer Mehrzahl solcher (§ 60 Abs. 1) diejenige, welche nach dem zu § 10 Ausgeführten für die Berechnung des Mindestgebotes die maßgebende ist, bezw. (in den Fällen §§ 181. 182) sein würde. Hat diese maßgebende Forderung mit einer anderen Forderung gleichen Rang, so kommt der nachträglich angemeldete Anspruch erst hinter diesen mehreren Forderungen in Ansatz.

c) Ein erst nach Eröffnung eines Gebots im Versteigerungstermin angemeldeter Anspruch kommt lediglich unter der Voraussetzung des Abs. 4, und zwar ebenfalls nur bei Vertheilung des Kaufpreises in Ansatz.

Ausf.=Verordn. § 23 (zu §§ 101 flg.). Zu Vorbereitung für den Anmeldetermin ist bei der in § 9 dieser Verordnung angeordneten Befragung des Schuldners von demselben Erklärung zu erfordern, ob er die aus dem Grund= und Hypothekenbuche ersichtlichen dinglichen Belastungen des Grundstücks allenthalben als noch bestehend anerkenne oder einzelne derselben zu bestreiten in der Lage sei, ferner welche Rückstände an Reallasten und Zinsen bisher aufgelaufen seien und zu welchen Beträgen die auf dem Grundstücke lastenden öffentlichen Abgaben und sonstigen in § 4 unter 2 des Gesetzes bezeichneten Leistungen unbezahlt seien, ingleichen ob und welche hypothekarische Forderungen zur Rückzahlung gekündigt seien oder aus anderen Ursachen zu bestimmter Zeit fällig werden und wann die Fälligkeit eintrete.

Die Gläubiger, deren Forderungen von dem Schuldner bestritten werden, sind unter Mittheilung des bezüglichen Vorbringens des Schuldners zur Erklärung darüber bis zum Anmeldetermine zu veranlassen und, soweit ihre Forderungen der des betreibenden Gläubigers vorgehen, darauf hinzuweisen, daß, sofern die Differenz nicht beseitigt werde, der Ersteher befugt sei, den bestrittenen Betrag an die Gerichtskasse einzuzahlen.

Bemerkungen.

3. Daß die vom Schuldner ertheilte Auskunft nicht die seitens der Realberechtigten erforderliche Anmeldung ersetzt, ergiebt sich aus §§ 12 und 20 sowie 102.

Ausf. Verordn. § 24. In dem Anmeldetermin ist durch Verhandlung mit den erschienenen Interessenten auf Beseitigung etwa hervortretender Differenzen, auf die vorläufige Feststellung der Kaufsbedingungen, sofern eine Abänderung der gesetzlichen Normen zweckmäßig erscheint und soweit möglich auf die Erledigung der etwaigen Anstände hinzuwirken, welche der Feststellung des zulässigen Mindestgebotes entgegenstehen.

§ 102.

Das Gericht bestimmt, welche Ansprüche bei Vertheilung des Kaufpreises zu berücksichtigen sind, und zwar in Ansehung der in § 11 bezeichneten, nach Maßgabe dessen, was aus dem Hypothekenbuche und aus den Grundakten erhellt, in Ansehung der in § 12 bezeichneten dagegen nach Maßgabe der Anmeldungen.

Entwurf gleichlautend.

Motive. „Durch die in § 102 erwähnte Bestimmung wird einem etwaigen Streite zwischen den Hypothekariern über Existenz, Höhe oder Vorrang ihrer Forderungen in keiner Weise präjudicirt. Es handelt sich dabei (ebenso wie nachmals im Vertheilungsplan) lediglich um eine Bestimmung darüber, was den Vorschriften des gegenwärtigen Gesetzentwurfs zufolge nach Maßgabe der Grundbuchseinträge und der Anmeldungen bei der Vertheilung des Kaufpreises zu berücksichtigen ist. Ob ein darnach zu berücksichtigender Anspruch anfechtbar oder erloschen ist, kommt bei jener Feststellung nicht in Betracht. Die Erörterung und Entscheidung dieser Frage gehört in das Zwangsversteigerungsverfahren auch dann nicht, wenn sie in diesem Verfahren von der einen oder der anderen Seite erhoben worden ist, es sei denn, daß die Nichtexistenz des Anspruchs zwischen den Betheiligten bereits im Proceßwege rechtskräftig entschieden ist (vergl. §§ 21 bis 24). Der einzige Fall, in welchem das Vollstreckungsgericht über die Existenz eines angemeldeten Anspruchs auf Grund anderer Unterlagen als des Hypothekenbuchs zu entscheiden hat, ist der in § 103 erwähnte. Doch ist auch in diesem Fall die Entscheidung nach § 105 nur eine vorläufige."

§ 103.

Ansprüche der in § 4 unter 1 gedachten Art sind vom Forderungsberechtigten glaubhaft zu machen. Das Gericht hat dieselben, soweit nöthig unter Zuziehung eines Sachverständigen, von Amtswegen zu prüfen und festzustellen.

Entwurf gleichlautend.

Motive zu §§ 103—105. „Die „Glaubhaftmachung" des im § 4 unter 1 gedachten Aufwands hat nach der Vorschrift im § 266 der Civilproceßordnung zu erfolgen. Die vorläufige Feststellung des Geldwerths rückständiger Naturalleistungen wird in den meisten Fällen ohne Weiteres nach eigener Schätzung oder nach der Werthsangabe der Ortsgerichtspersonen erfolgen können.

Die Feststellungen des Vollstreckungsgerichts sollen indeß auch in Betreff der Höhe dieser Ansprüche nicht präjudiciell sein und den Betheiligten die Ausführung einer Mehrforderung im Proceßwege nicht abschneiden. Ein bezüglicher Streit unter den Interessenten bedingt bei der Vertheilung die Anwendung der Vorschriften in den §§ 159. 161."

Bemerkungen.

Die Glaubhaftmachnng hat so zeitig zu erfolgen, daß das Gericht spätestens im Versteigerungstermin in der Lage ist, die Prüfung und Feststellung vorzunehmen.

§ 104.

Die Höhe des für Naturalleistungen in Rechnung zu bringenden Geldbetrags ist unter Berücksichtigung des angemeldeten Betrags vom Gericht, soweit nöthig unter Zuziehung eines Sachverständigen, von Amtswegen zu ermitteln und festzustellen.

Entwurf gleichlautend. (Motive s. zu § 103.)

Bemerkungen.

1. Die Ermittelung und Feststellung hat in der Regel noch vor dem Versteigerungstermin zu erfolgen. Nur bezüglich der Naturalleistungen, die erst im Versteigerungstermine bis zur Eröffnung eines Gebotes zur Anmel-

dung gekommen (Bem. 2 zu § 101), hat sie in diesem Termine selbst, und zwar noch vor dem Beginn des Ausbietens zu geschehen.

2. Nothwendig ist nur die Anmeldung des Rückstandes, nicht aber die Anzeige des dafür geforderten Geldbetrags. Die Feststellung des letztern hat daher auch dann zu erfolgen, wenn die Anzeige desselben (der Aufforderung in § 100 Abs. 3 ungeachtet) unterblieben ist. — Im Uebrigen vergl. Bem. 6 Abs. 7 und 8 zu § 4.

3. Vor u. spätestens in dem Versteigerungstermin hat auch die Feststellung des nach § 6 eventuell in Ansatz kommenden Reallastenäquivalents zu erfolgen und zwar dafern und insoweit hierbei Naturalleistungen in Frage kommen, auf Grund des dafür gemäß § 104 ausgeworfenen Geldbetrags. — Vergl. Bem. 3 zu § 151.

§ 105.

Ansprüche der in §§ 103. 104 gedachten Art sind nur in der nach Maßgabe der dortigen Bestimmungen ermittelten Höhe zu berücksichtigen, sofern nicht ein die angemeldete höhere Geldforderung begründendes rechtskräftiges Urtheil beigebracht wird, vorbehältlich jedoch des Rechts auf Klagerhebung wegen des Mehrbetrags.

Entwurf gleichlautend. (Motive s. zu § 103.)

Bemerkungen.

Feststellungen, die in Gemäßheit §§ 103 und 104 vorgenommen werden, also ausschließlich der Feststellung nach § 6 (vergl. hierzu Bem. 3 zu § 104), können, und zwar sowohl seitens des betr. Forderungsberechtigten, als auch seitens der übrigen Betheiligten, weder mittels besonderer, noch mit der sofortigen Beschwerde gegen den Vertheilungsplan, sondern nur im Wege der Klaganstellung außerhalb des Versteigerungsverfahrens angefochten werden.

§ 106.

Der Anmeldetermin darf nicht vor Ablauf einer Stunde nach der Eröffnung geschlossen werden. Der Schluß ist zu verkünden.

Entwurf gleichlautend.

Bemerkungen.

Eine noch vor Ablauf der einstündigen Frist oder vor Verkündung des Terminsschlusses bewirkte Anmeldung muß als rechtzeitige angesehen werden. Die einstündige Frist ist, wenn die thatsächliche Eröffnung des Termins erst nach der bestimmten Tagesstunde (§ 96 Abs. 1 und § 97 unter 4) erfolgt war, von der thatsächlichen Eröffnung, andernfalls von jener Tagesstunde an zu berechnen.

§ 107.

Nach Schluß des Anmeldetermins, welcher durch Aufnahme in das Protokoll festzustellen ist, hat das Gericht die auf dem Grundstücke lastenden Schulden, und zwar die der Anmeldung bedürftigen, soweit sie bis dahin angemeldet sind, nach dem Rangverhältniß geordnet in ein Verzeichniß zu bringen und in demselben den Schuldbetrag, welchen das zulässige Mindestgebot nach § 10 übersteigen muß, sowie die Beträge auszuwerfen, welche nach § 14 Absatz 1 je nach der Höhe des erlangten Kaufpreises im Versteigerungstermin zu erlegen oder sicher zu stellen sind, auch die Beträge der Hauptforderungen, welche nach §§ 13. 16 zu bezahlen und in Anrechnung auf den Kaufpreis zu übernehmen sind, unter Benennung der Forderungsberechtigten zu bezeichnen.

Die im Entwurf fehlenden Worte „welcher durch Aufnahme in das Protokoll festzustellen ist" sind auf Antrag der Dep. der I. Kammer eingefügt worden.

Motive. „Das Verzeichniß, welches nach Schluß des Anmeldetermins vom Gerichte aufgestellt wird, bildet die Grundlage für die Verhandlungen und für die definitive Feststellung der Kaufsbedingungen im Versteigerungstermin, sowie für den Vertheilungsplan. Die Ausführungsverordnung wird das Nähere über die Form und sonstige Einrichtung des Verzeichnisses bestimmen."

Ausf.-Verordn. § 25 (zu § 107). Die Aufstellung des in § 107 des Gesetzes gedachten Verzeichnisses ist vor dem Anmeldetermine nach Maßgabe der Einträge auf dem Folium des zu versteigernden Grundstücks und der Grund- und Hypothekenakten vorzubereiten.

Zu diesem Behufe sind, geordnet nach dem Rangverhältnisse, die hypothekarischen Schulden und die in der dritten Rubrik eingetragenen Reallasten, letztere unter summarischer Angabe ihres Gegenstandes (z. B. Naturalauszug, Herberge) aufzuführen, auch die Gläubiger namhaft zu machen. Die Forderungen des betreibenden Gläubigers und des beigetretenen Gläubigers sind besonders kenntlich zu machen.

Im Anmeldetermine oder sofort nach demselben ist nach Maßgabe der geschehenen Anmeldungen das Verzeichniß durch Eintragung der Posten, welche der Anmeldung bedürfen, bezw. deren Höhe sich danach bestimmt, ob Anmeldung erfolgt oder nicht, zu ergänzen.

Die Ansprüche, welche der Ersteher in Anrechnung auf den Kaufpreis zu übernehmen hat (§ 16 des Gesetzes), sowie die Beträge, welche der Ersteher im Versteigerungstermine und diejenigen, welche derselbe in Fristen zu bezahlen hat (§ 14 des Gesetzes), sind in dem Verzeichnisse an gesonderten Stellen in Ansatz zu bringen.

Widersprüche des Schuldners oder anderer Interessenten gegen den Bestand oder den Rang eines Anspruchs oder gegen die Höhe des angemeldeten Betrags, die geschehene Anmeldung erfolgter Kündigung oder eines anderen die Fälligkeit einer Forderung herbeiführenden Umstandes (§ 20 des Gesetzes), ingleichen das Erforderniß der Glaubhaftmachung oder der Feststellung (§§ 103. 104 des Gesetzes) sind anzumerken.

Ausf.-Verordn. § 26. Dem Verzeichnisse ist die Bezeichnung des Grundstücks, die Angabe des ermittelten Werths desselben, eine Uebersicht der von demselben zu entrichtenden öffentlichen Abgaben und der auf dem Grundbuchsfolium eingetragenen Lasten nach den Jahresbeträgen und mit den Fälligkeitsterminen, soweit sie aus den Akten ersichtlich, sowie, wenn dem Gerichte bekannt ist, daß mit dem Eigenthume des Grundstücks verbundene und nicht aus dem Grundbuchsfolium erhellende Berechtigungen oder Verpflichtungen bestehen oder behauptet werden, eine darauf bezügliche Angabe vorauszuschicken. Besondere Erörterungen wegen des rechtlichen Bestandes solcher Berechtigungen oder Verpflichtungen finden nicht statt.

Bemerkungen.

Wegen der Berechtigungen u. Verpflichtungen vergl. Bem. 1 zu §§ 87. 88.

Ausf.-Verordn. § 27. Sollen mehrere Grundstücke zur Versteigerung kommen, so ist für jedes derselben ein besonderes Verzeichniß nach Maßgabe der Vorschriften in §§ 25. 26 dieser Verordnung anzulegen. Ist anzunehmen, daß mehrere Grundstücke als Gesammtheit versteigert werden, so ist überdies eine summarische Zusammenstellung der Forderungsbeträge anzufertigen, welche im Falle der Gesammtversteigerung nach § 10 des Gesetzes durch den Kaufpreis gedeckt sein müssen.

Ausf.-Verordn. § 28. Kommen die bei dem Schlusse des Anmeldetermins in Betreff einzelner Ansprüche obwaltenden Ungewißheiten vor der Versteigerung zur Erledigung, so ist in dem Verzeichnisse nachzutragen, in welcher Höhe die betreffenden Ansprüche festgestellt worden sind. Auch ist dasselbe durch Einschaltung nachträglich angemeldeter Ansprüche (§ 101 des Gesetzes) zu ergänzen.

Verordnung, die Benutzung von Formularen in dem Zwangsversteigerungsverfahren 2c betreffend, vom 20. August 1884 (Just.-Min.-Bl. S. 22 flg.). Das Justizministerium hat zur Benutzung in dem durch das Gesetz vom 15. August 1884 (G.V.Bl. S. 223) geordneten Verfahren bei Zwangsversteigerung und Zwangsverwaltung unbeweglicher Sachen einige Druckformulare herstellen lassen, welche die Nummern 420—427 führen und nach Maßgabe der bestehenden Vorschriften von der Heinrich'schen Buchdruckerei in Dresden geliefert werden.

In Betreff des Formulars für das nach § 107 des Gesetzes vom 15. August 1884 aufzustellende Verzeichniß wird, zugleich zu weiterer Erläuterung der Bestimmungen in §§ 25 ff. der Ausführungsverordnung vom 16. August 1884 (G.V.Bl. S. 276 flg.) Folgendes bemerkt.

1. Alsbald nach Anberaumung des Anmeldetermins hat der Gerichtsschreiber unter Benutzung des Inhaltes der Grundakten über das zu versteigernde Grundstück und des

betreffenden Foliums des Grund- und Hypothekenbuchs, sowie der sonstigen bei dem Gerichte vorhandenen Nachrichten, insbesondere der Angaben des Schuldners, sofern derselbe befragt worden (§ 50 des Gesetzes), und des aus Anlaß der Schätzung (§§ 87 ff.) aktenkundig Gewordenen, an der auf der 1. Seite des Formulars durch Vordruck angedeuteten Stelle die auf die Größe, die allgemeine Beschaffenheit und die Belastung des Grundstücks mit wiederkehrenden Leistungen bezüglichen Angaben einzutragen, nicht minder die anberaumten Termine einzurücken.

2. Unter der Rubrik „Bemerkungen" auf der 4. Seite sind solche Nachrichten zusammenzustellen, welche sich auf besondere Eigenschaften des Grundstücks (beispielsweise dessen Zugehörigkeit zu einer größeren Grundfläche, für welche ein Bebauungsplan festgestellt ist), auf die dem Grundstücke zustehenden oder obliegenden Dienstbarkeiten und auf ähnliche Verhältnisse beziehen. Auch sind ebendaselbst Ansprüche öffentlich-rechtlicher Natur einzutragen, welche, wie z. B. Adjacenzbeiträge, zwar nicht auf wiederkehrende Leistungen sich richten und daher, soweit sie rückständig sind und keine Hypothek wegen des Rückstandes bestellt ist, aus dem Kaufpreis nicht bezahlt werden können, jedoch, so lange sie nicht getilgt sind, gegen den jeweiligen Eigenthümer des Grundstücks geltend gemacht werden. Durch die Fassung der Bemerkungen ist erkennbar zu machen, daß für deren Vollständigkeit sowie dafür, daß das Bekundete auf einem rechtlich begründeten Anspruch beruhe, keine Gewähr geleistet werden kann.

3. Auf der 2. und 3. Seite sind **vor** dem Anmeldetermine in Spalte c. d. e. i und **k** die Einträge zu bewirken, welche dem Inhalte der 3. Rubrik des betreffenden Foliums des Grund- und Hypothekenbuchs entsprechen. Sind in dieser Rubrik Reallasten (Leibrente, Auszug, eisernes Kapital) eingetragen, so sind in Spalte e keine Ziffern einzustellen, vielmehr ist der Betrag der jährlichen Leibrente oder des eisernen Kapitals in Spalte d zu notiren.

4. Die bei Punkt 3 erwähnten Einträge sind nach dem Rangverhältnisse der Pfandrechte (nach den Hypothekennummern) zu ordnen. Einträge, durch welche zu Gunsten einzelner Gläubiger das ursprüngliche Rangverhältniß nachmals geändert worden ist (Vorzug, Rücktritt), bleiben unberücksichtigt. Derartige Besonderheiten sind in Spalte m zu notiren.

5. Ist eine unter derselben Hypothekennummer eingetragene Forderung durch Erbgang, theilweise Abtretung ꝛc. auf mehrere Inhaber übergegangen, so sind in Spalte c die einzelnen Gläubiger und in Spalte e die bezüglichen Theilbeträge einzutragen, die ursprüngliche Zusammengehörigkeit der Forderung aber in Spalte c dadurch zu kennzeichnen, daß die Buchstaben a. b . . . vor die Namen der Gläubiger geschrieben werden. In gleicher Weise ist zu verfahren, wenn mehrere Forderungen in gleichem Range (unter derselben Hypothekennummer) eiugetragen sind.

6. Die Einträge auf Seite 2 des Formulars sind dergestalt anzuordnen, daß nicht nur vor dem ersten derselben hinreichender Raum für die Einschreibung der zur Anmeldung kommenden Ansprüche der in § 4 des Gesetzes vom 15. August 1884 unter Nr. 1. 2. 3 bezeichneten Art verbleibt, sondern auch nach den Ergebnissen des Anmeldetermins zu jeder eingetragenen Stammforderung (unter der entsprechenden fortlaufenden Nummer) die Beträge der angemeldeten oder ohne Anmeldung zum Ansatze kommenden Rückstände nachgetragen werden können und überdies Raum bleibt, um in dem Versteigerungstermine die Ergebnisse der nach Punkt 8 und 9 zu bewirkenden Summirungen einzuschreiben.

7. Vor dem Anmeldetermine sind weiter auf einem besonderen Blatte für jede Forderung diejenigen Beträge aufzuzeichnen, bezw. auszurechnen, welche nach den Vorschriften in § 11 unter 1. 2. 4 und 6 des Gesetzes ohne vorherige Anmeldung in Ansatz kommen. Diese Beträge werden gehörigen Orts in das Verzeichniß eingestellt, dafern eine Anmeldung nicht erfolgt.

8. Am Schlusse des Anmeldetermins sind behufs vorläufiger Feststellung des Mindestgebots die in Spalte e eingetragenen Zahlen, soweit dieselben sich auf Ansprüche beziehen, welche der Forderung des betreibenden Gläubigers im Range vorangehen, zusammenzurechnen und ist die Summe in Spalte e einzuschreiben und auf Seite 1 des Verzeichnisses zu notiren.

9. In dem Versteigerungstermine sind in Spalte f und g die Beträge ziffermäßig zu bemerken, um welche sich die in Spalte e eingetragenen Posten erhöhen oder

abmindern. Nachdem die endgültige Feststellung aller Ansprüche bewirkt worden, ist unter Berücksichtigung der Einträge in Spalte f und g und unter Hinzurechnung der unter fortlaufender Nummer 1 eingestellten Versteigerungskosten der Gesammtbetrag der Ansprüche einzuschreiben, welche der Forderung des betreibenden Gläubigers im Range vorangehen, und weiter sind dieser Summe, von Forderung zu Forderung fortschreitend, die Beträge der Forderung des betreibenden Gläubigers und der demselben im Range nachstehenden Ansprüche hinzuzurechnen. Dasselbe hat mit den auf Grund der endgültigen Feststellung in Spalte h und i einzutragenden Beträgen zu geschehen, dergestalt, daß bei jedem zugelassenen Gebote ohne Weiteres zu ersehen ist, welche Forderungen von demselben gedeckt werden, inwieweit dieselben zu bezahlen oder zu übernehmen sind und welchen Geldbetrag der Bietende noch im Versteigerungstermin zu erlegen oder sicherzustellen hat, sofern auf das Gebot der Zuschlag erfolgt.

10. Wird die Anberaumung eines anderweiten Versteigerungstermins nothwendig, so ist, da durch die unvermeidlichen Ergänzungen die Uebersichtlichkeit des Verzeichnisses und die Sicherheit bei dessen Gebrauche beeinträchtigt werden würde, ein neues Verzeichniß für den anderweiten Versteigerungstermin herzustellen.

Ausf.=Verordn. § 29. Das Protokoll über den Verlauf des Anmeldetermins soll die Angabe des Ortes und Tages der Verhandlung, der Zeit der Eröffnung und des Schlusses des Termins, der Namen des die Verhandlung leitenden Beamten, des Gerichtsschreibers und der erschienenen Betheiligten, ferner die von dem Schuldner oder anderen Betheiligten abgegebenen Erklärungen und die sonstigen bei der Verhandlung hervorgetretenen besonderen Umstände enthalten, welche für die Feststellung des zulässigen Mindestgebots oder der Kaufsbedingungen oder für die Modalität der Versteigerung von Einfluß sein können.

§ 108.

Wenn nach den Bestimmungen in §§ 63. 82. 99 ein anderweiter Versteigerungstermin anzuberaumen ist, so bleiben die nach § 101 erfolgten Anmeldungen in Wirksamkeit. Das nach § 107 aufgestellte Verzeichniß ist durch Hinzufügung des Betrages der gerichtlichen Kosten des anderweiten Versteigerungsverfahrens, der bis zum anderweiten Versteigerungstermin zu berechnenden Zinsen und der bis dahin verfallenden wiederkehrenden Geldleistungen, deren Betrag und Verfallzeit aus dem Grund- und Hypothekenbuch erhellt, von Amtswegen zu vervollständigen. Andere in der Zeit zwischen dem aufgehobenen und dem anderweit anberaumten Versteigerungstermin verfallende wiederkehrende Leistungen sind bis zur Eröffnung von Geboten im anderweiten Versteigerungstermin anzumelden und, soweit es geschehen, bei der anderweiten Feststellung des zulässigen Mindestgebots zu berücksichtigen.

Das im ersten Verfahren verhangene Versäumniß einer Anmeldung steht der Berücksichtigung des betreffenden Anspruchs bei der anderweiten Berechnung des Mindestgebots und bei Vertheilung des Kaufpreises im fortgesetzten Verfahren nicht entgegen.

Die Vorschriften in §§ 89 bis 97 kommen entsprechend zur Anwendung. Der Anberaumung eines besonderen Anmeldetermins bedarf es jedoch nicht. Die Bekanntmachung ist den Realberechtigten sowie dem Schuldner spätestens 2 Wochen vor dem anderweiten Versteigerungstermin zuzustellen. Die Frist, welche zwischen der Veröffentlichung der Bekanntmachung und dem Versteigerungstermin inneliegen muß, kann auch ohne Zustimmung der Betheiligten bis auf 4 Wochen abgekürzt, auch kann ohne deren Zustimmung bestimmt werden, daß die Veröffentlichung in Zeitungen nur einmal stattfinde.

Die Versteigerung in dem zur Zeit der Erklärung eines Beitritts bereits anberaumten anderweiten Versteigerungstermine findet ohne Rücksicht auf den Zeitpunkt statt, zu welchem der Beitritt erklärt und der Beschluß auf Zulassung desselben zugestellt worden ist.

Dagegen ist der Beitritt bei der im anderweiten Versteigerungstermin erfolgenden Feststellung des Mindestgebotes nur dann zu berücksichtigen, wenn die in § 62 vorgeschriebene Zustellung des Beschlusses auf Zulassung des Beitritts mindestens 2 Wochen vor dem Termin stattgefunden hat. Die Bestimmung in § 63 Absatz 3 kommt jedoch auch in diesem Fall zur Anwendung.

Die vorstehenden Bestimmungen bildeten im Entwurf den § 172, dessen Eingang lautete: „Wenn nach den Bestimmungen in §§ 63. 82. 126. 127. 128. 134. 153. 154 Absatz 1 dieses Gesetzes ein anderweiter u. s. w.“ Die Dep. der I. Kammer erachtete es des Zusammenhanges halber für angemessen, jene Bestimmungen hier einzureihen. Dem entsprechend sind die Fälle, auf welche jene Bestimmungen Anwendung leiden sollen, hier auf die §§ 63. 82. 99 beschränkt und hinsichtlich der übrigen Fälle den §§ 135 und 156 Verweisungen auf § 108 hinzugefügt worden. — Außerdem sind auf Antrag der nämlichen Dep. die im Entwurf Absatz 1 Satz 3 nach „aufgehobenen“ befindlichen Worte „oder vergeblich abgehaltenen“ als bereits durch das vorhergehende Wort gedeckt in Wegfall gestellt worden.

Motive. „Die Rücksichten auf den Schuldner, welche für das vorausgegangene Verfahren die Bestimmung in § 63 Absatz 1 rechtfertigen, können bei der anderweiten

Versteigerung nicht mehr in Betracht kommen. Ist es dem Schuldner bis zu diesem Stadium des Verfahrens nicht möglich gewesen, die Mittel zur Befriedigung des betreibenden Gläubigers zu schaffen, so läßt sich auch nicht erwarten, daß ihm in den nächsten Wochen gelingen werde, dessen und des beigetretenen Gläubigers Befriedigung herbeizuführen.

Das Interesse dagegen, welches die in § 62 bezeichneten Hypothekarier an rechtzeitiger Benachrichtigung von dem erfolgten Beitritt eines Vordermanns und von der dadurch bedingten Reduction des Mindestgebots haben, erheischt auch in diesem Stadium dieselbe Berücksichtigung wie in dem früheren. Die Bestimmung in § 63 Absatz 2 muß daher auch in dem anderweiten Versteigerungsverfahren Platz greifen."

Bemerkungen.

1. Der gegenwärtige Paragraph bezieht sich, wie aus Abs. 1 Satz 2 und Abs. 2 hervorgeht, lediglich auf den Fall, wenn nach Abhaltung des Anmeldetermins die Anberaumung eines anderweiten Versteigerungstermins sich nöthig macht. Er leidet daher nicht Anwendung, wenn nach § 99 auch der Anmeldetermin aufgehoben worden war. Solchenfalls ist den Bestimmungen §§ 89—97 unbeschränkt nachzugehen.

2. Für die anderweite Versteigerung im fortgesetzten Verfahren (§ 172) sind in § 174 besondere Bestimmungen getroffen.

3. Der Betrag der gerichtlichen Kosten des anderweiten Verfahrens ist im Verzeichnisse selbstverständlich nur dann und insoweit beizufügen, wenn und insoweit er, der Bestimmung in § 178 Abs. 5 gegenüber, aus dem Kaufpreise zu erstatten ist.

4. War vor Erlaß der anderweiten Bekanntmachung an die Realberechtigten der Beitritt eines Gläubigers erfolgt, so kann auf denselben sofort in der Bekanntmachung selbst Bezug genommen werden (§ 4 der A.V. zu § 62). Bei der Versteigerung ist solchenfalls so zu verfahren, als ob zwei betreibende Gläubiger vorhanden wären (Bem. 2 zu § 10 und Bem. 3 zu § 13). War die anderweite Bekanntmachung zur Zeit des Beitritts den Realberechtigten bereits zugestellt, so verbleibt es bei diesem Termine selbst dann, wenn das Verfahren dem betreibenden Gläubiger gegenüber inzwischen eingestellt worden sein sollte (Abs. 4). Liegen solchenfalls die Voraussetzungen von Abs. 5 nicht vor, so wird der beigetretene Gläubiger zu erwägen haben, ob nicht von ihm ohne Weiteres die Anberaumung eines anderweiten Versteigerungstermins zu beantragen sei.

V. Verfahren im Versteigerungstermin.

§ 109.

Eine Abänderung der gesetzlichen Kaufsbedingungen, die sich auf den Inhalt und den Umfang der Rechte und Verbindlichkeiten, in welche der Ersteher eintritt, sowie auf die Art und Weise und auf die Zeit ihrer Erfüllung beziehen, ist mit Zustimmung der Realberechtigten zulässig, deren Rechte dadurch berührt werden.

Dasselbe gilt in Betreff der Berücksichtigung nachträglich angemeldeter Ansprüche bei Feststellung des zulässigen Mindestgebots und bei Vertheilung des Kaufpreises.

Entwurf gleichlautend.

Bemerkungen.

1. Gesetzliche Kaufsbedingungen ergeben sich aus §§ 13—20 in Verbindung mit §§ 114 und 167, sowie aus den Bemerkungen zu § 2.

2. Es bedarf in der Regel nur der Zustimmung der Realberechtigten, im Falle des § 110 auch der des Schuldners.

3. Durch diesen und den nachfolgenden Paragraphen wird die Frage, ob und inwieweit bewegliche Gegenstände nach § 45 mit dem Grundstücke auszubieten seien, nicht getroffen. In dieser Beziehung sind vielmehr nur die Bestimmungen in § 45 maßgebend. Dagegen unterliegen die beweglichen Gegenstände, sobald ihre Mitversteigerung beschlossen worden, den allgemeinen Kaufsbedingungen (Bem. 8 zu § 45). Die letzteren können daher nach Maßgabe des § 109 und mit Zustimmung des Schuldners auch hinsichtlich jener Gegenstände abgeändert werden.

4. Wegen der Form der Zustimmung vergl. § 113.

§ 110.

Eine die gesetzlichen Kaufsbedingungen für den Ersteher lästiger machende Abänderung derselben ist nicht zuzulassen, wenn ein Bieter ohne diese Abänderung ein höheres Gebot, als das mit derselben zu erlangende Meistgebot thun zu wollen erklärt, es sei denn, daß außer den Realberechtigten, deren Rechte dadurch berührt werden, auch der Schuldner der Abänderung zustimmt.

Entwurf gleichlautend.

Bemerkungen.

Ist mit der von den betheiligten Realberechtigten vereinbarten lästigeren Abänderung der Schuldner einverstanden, so verbleibt es bei derselben. Andernfalls ist das Grundstück zunächst mit jener Abänderung und sodann ohne dieselbe auszubieten. Wird auf dem letzteren Wege ein höheres Meistgebot als auf dem ersteren erlangt, so ist auf das (an sich zulässige) Gebot ohne die Abänderung zuzuschlagen. — Wegen der Form der Zustimmung vergl. § 113.

§ 111.

Ein Gebot, welches den festgestellten Mindestbetrag nicht erreicht, kann nur mit Zustimmung des betreibenden Gläubigers und der demselben im Range vorgehenden Realberechtigten zugelassen werden, deren Ansprüche durch dasselbe nicht oder nicht vollständig gedeckt sind.

Entwurf gleichlautend.

Bemerkungen.

Der Zulassung des niedrigeren Gebots und — was hieraus folgt — dem Zuschlage auf dasselbe kann seitens des Schuldners und der dem betreibenden Gläubiger im Range gleich- oder nachstehenden Gläubiger nicht widersprochen werden. — Wegen der Form der Zustimmung vergl. § 113.

§ 112.

Ein Verzicht auf die nach § 14 Absatz 1 im Versteigerungstermine zu bewirkende Erlegung oder Sicherstellung des daselbst bezeichneten Theils des Kaufpreises, kann nicht als Kaufbedingung vereinbart werden.

Der Entwurf lautete: „Auf die ꝛc. — des Kaufpreises kann nicht verzichtet werden.“ Die Abänderung ist auf Antrag der Dep. der II. Kammer beschlossen worden.

Motive. „Die Zulassung einer solchen Kaufsbedingung, wie sie § 112 ausdrücklich ausschließt, würde das Eindringen völlig mittelloser Bieter ermöglichen und schwindelhafte Spekulationen begünstigen können.“

Bemerkungen.

Die Feststellung der Kaufsbedingungen gegenüber den Bietern ist ausschließlich Sache des Gerichts als des Verkäufers. Die von den Realberechtigten unter einander und bezw. mit dem Schuldner vereinbarte Abänderung der gesetzlichen Kaufsbedingungen hat lediglich die Bedeutung einer Ermächtigung des Gerichts zu Feststellung anderer als der gesetzlichen Bedingungen, nicht aber Wirkung gegenüber den Bietern. Würde daher auch eine Kaufsbedingung des in diesem Paragraphen erwähnten Inhalts von den Realberechtigten vereinbart, so würde doch diese Vereinbarung vom Gericht bei Feststellung der Kaufsbedingungen nicht beachtet werden dürfen und somit ohne rechtliche Wirksamkeit bleiben. — Auch nach dem Zuschlag dem Ersteher gegenüber würde das Gericht zu einem Verzicht auf die baare Erlegung oder Sicherstellung des hier fraglichen Kaufpreistheils, und zwar selbst mit Ermächtigung der Betheiligten, nicht berechtigt sein, da die hier einschlagende Vorschrift in § 134 Abs. 1 und 2 ebenso, wie die Bestimmung des § 112 im öffentlichen Interesse erlassen worden ist und daher zu denjenigen gehört, von welchen das Gericht selbst mit Zustimmung der Betheiligten nicht abweichen darf. — Vergl. jedoch Bem. 6 zu § 134.

§ 113.

Eine zulässige Abänderung der Kaufsbedingungen kann bis zum Zuschlag des Grundstücks im Versteigerungstermin erfolgen. Die betreffenden Erklärungen der Betheiligten müssen bei dem Vollstreckungsgericht zu Protokoll gegeben oder in einer öffentlichen Urkunde beigebracht werden.

Entwurf gleichlautend.

Motive. „Die Zulassung vertragsmäßiger Abänderung von Kaufsbedingungen der in § 109 gedachten Art auf so lange, als nicht der Zuschlag auf ein Gebot erfolgt und dadurch das Verkaufsgeschäft zur Perfektion gekommen ist, erscheint für die Erzielung eines günstigen Verlaufs der Versteigerung von wesentlicher Bedeutung. Es wird dadurch ein offenes Verhandeln mit den erschienenen Kaufslustigen ermöglicht, während bei dem jetzigen Verfahren bezügliche Verabredungen zwar ebenfalls, jedoch hinter den Koulissen und mit dem Erfolg der Verhinderung vortheilhafterer Anerbietungen seitens Dritter stattfanden."

Bemerkungen.

1. Der Begriff „öffentliche Urkunde" ist hier, da es sich insoweit um Geschäfte handelt, welche in das Gebiet der freiwilligen Gerichtsbarkeit fallen, nach §§ 170—172 der Gerichtsordnung und den hierauf bezüglichen weiteren Bestimmungen zu beurtheilen. — Vergl. hierzu Verordn. v. 10. Mai 1867 (Ges. Bl. S. 310), Verordn. v. 22. November 1869 (Ges. Bl. S. 329), Verordn. v. 23. December 1872 (Ges. Bl. S. 610), Reichsgesetz v. 1. Mai 1878 (R. Ges. Bl. S. 89).

2. Aus dem Schlußsatz folgt, daß Bevollmächtigte, welche Erklärungen der hier fraglichen Art abgeben wollen, mit Vollmachten versehen sein müssen, welche den vorstehends erwähnten Erfordernissen entsprechen. Rücksichtlich der einem Rechtsanwalte ertheilten Vollmacht ist die entsprechende Anwendung von § 116 Abs. 2 zulässig.

§ 114.

Unter Berücksichtigung der Höhe der nach den Vorschriften dieses Gesetzes oder nach vereinbarten Kaufsbedingungen auf den Kaufpreis zu leistenden Zahlungen ist vom Gericht im Versteigerungstermin wegen der Zahlungszeit Bestimmung zu treffen.

Es können Theilzahlungen für bestimmte Termine nachgelassen werden.

Auf längere Zeit als auf vier Monate ist Gestundung nur mit Zustimmung der auf den betreffenden Theil des Kaufpreises anzuweisenden Forderungsberechtigten zu bewilligen. Die Zustimmung der im Termin nicht vertretenen Realberechtigten, deren Forderungen der des betreibenden Gläubigers im Range nachstehen, kann vom Gerichte ergänzt werden, wenn ein Gebot davon abhängig gemacht wird.

Den vorstehenden Bestimmungen unterliegen auch die nach § 16 Absatz 1 in Anrechnung auf den Kaufpreis zu übernehmenden Forderungen, deren eingetretene oder bevorstehende Fälligkeit nach Maßgabe des § 20 angemeldet worden ist.

Der im Entwurf fehlende Abs. 4 ist auf Antrag der Dep. der II. Kammer angefügt worden.

Motive. „Eine dem Anschein nach tief greifende Abänderung des bisherigen Rechts enthält die Bestimmung in § 114, insoweit sie sich auf die Normirung der Zahlungszeit für den auf die Hauptforderungen des betreibenden Gläubigers und der Nachhypothekarier ausfallenden Theil des Kaufpreises bezieht. Nach dem älteren Recht hatte der Ersteher den nach Abzug des im Versteigerungs- und Adjudicationstermin erlegten Theils des Kaufpreises verbliebenen Rest desselben in zehn, seit dem Gesetz vom 30. Juni 1868 in drei einjährigen Terminen zu berichtigen. Der Entwurf normirt die Zahlungszeit für den auf jene Hauptforderungen ausfallenden Theil der Kaufgelder auf 4 Monate und läßt eine Erstreckung der Frist nur mit Einwilligung der betheiligten Hypothekarier zu. Es kann demnach vorkommen, daß der Ersteher, dafern nicht die Uebernahme der betreffenden Hypotheken oder eines Theils derselben in Anrechnung auf die Kaufgelder vereinbart wird, den größeren Theil des Kaufpreises, oder auch, wenn der erste Hypothekarier die Zwangsversteigerung ausgebracht hat oder dem Verfahren beigetreten ist, den ganzen Kaufpreis innerhalb der gedachten viermonatigen Frist zu bezahlen hat. Von verschiedenen Seiten ist das Bedenken erhoben worden, ob nicht bei einer solchen Normirung der Zahlungszeit die Möglichkeit der Erlangung vortheilhafter Gebote für die Mehrzahl der Fälle gefährdet werde. Gleiche Besorgnisse waren rücksichtlich der durch das erwähnte Gesetz vom 30. Juni 1868 erfolgten Reduction der zehnjährigen Zahlungsfrist auf eine dreijährige laut geworden. Nach der Zeit sind Klagen darüber nicht geführt worden, und jetzt wird vielfach die dreijährige Zahlungszeit als eine die berechtigten Interessen der Hypothekarier allzusehr hintansetzende Begünstigung des Erstehers bezeichnet. Nach Preußischem, Bayerischem und Württembergischem Recht (Preußische Subhastationsordnung vom 15. März 1869 und Gesetz vom 13. Juli 1883. Bayerische Subhastationsordnung vom 23. Februar 1879. Württembergisches Executionsgesetz vom 15. April 1825) hat der Ersteher auf längere Gestundung des Kaufpreises keinen Anspruch.

Die dem älteren Sächsischen Recht angehörenden langen Zahlungsfristen mochten in der den damaligen Verhältnissen entsprechenden Annahme ihre Rechtfertigung finden, daß dem Ersteher daran gelegen sein müsse, die Schuld allmälig aus den Ersparnissen vom Ertrage des Grundstücks tilgen zu können und daß dies auch zu erzielen sei. Heutzutage sind die Verhältnisse anders. Abgesehen von den Kapitalien, für welche außer den Zinsen noch eine Amortisationsrente gegeben wird und welche als Nachhypotheken in Subhastationsfällen keine Rolle spielen, sowie abgesehen von dem Fall verhältnißmäßig geringer Belastung einer ordnungsmäßig bewirthschafteten größeren Besitzung, um die es sich bei Zwangsversteigerungen ebenfalls nicht handelt, werden bestehende Hypotheken zur Zeit in der Mehrzahl der Fälle nur entweder mit bereits vorhandenem eigenen oder mit neuaufgenommenem Kapital abgestoßen. Den wirklichen Tauschwerth übersteigende Gebote werden bei der nothwendigen Zwangsversteigerung überhaupt nicht oder doch nur ausnahmsweise von reichlich bemittelten Personen erzielt, die sich in Verhältnissen befinden, welche einen Affectionswerth zu bezahlen gestatten. Die innerhalb des wirklichen Werths stehenden Hypotheken sind bei den jetzigen Verhältnissen des Geldmarkts leicht veräußerlich, und es ist nicht anzunehmen, daß, dafern es nicht gelingt, innerhalb vier Monaten die zur Abstoßung der zu bezahlenden hypothekarischen Forderungen erforderlichen Kapitalien gegen Cession der betreffenden Hypotheken zu schaffen, in einem länger bemessenen Zeitraum dazu zu gelangen sein würde. Wenn aber der Kaufpreis, den ein Bieter zu gewähren sich bereit zeigt, so hoch ist, daß er auch eine Hypothek zweifelhaften Werths noch deckt und es sich dann darum handelt, ein entsprechendes Gebot durch Gewährung längerer Zahlungsfrist oder durch vorläufiges sogenanntes Stehenlassen der Hypothek zu erlangen, so liegt es im eigenen Interesse des betreffenden Gläubigers, eine dahin gehende Concession zu machen und wenn die Erlangung des besseren Gebots davon abhängt, der betheiligte Gläubiger aber für die Vertretung seines Interesses im Termin zu sorgen unterlassen hat, so wird der Richter kein Bedenken tragen, seine Zustimmung zu ergänzen, wie ihm dies nach dem Schlußsatz im § 114 zustehen soll.

Die Erzielung eines allen berührten Interessen Rechnung tragenden Arrangements in Betreff der Bezahlung oder der Uebernahme der auf dem versteigerten Grundstück lastenden Hypotheken wird auch dadurch wesentlich erleichtert, daß nach dem Entwurf die Hypotheken, insoweit nach den gesetzlichen Kaufsbedingungen der auf sie ausfallende Theil des Kaufpreises durch Zahlung zu gewähren ist, nicht schon mit der Versteigerung von selbst erlöschen, sondern erst nach erfolgter Zahlung dieses Theils des Kaufpreises auf Antrag zur Löschung zu bringen oder auf den Ersteher umzuschreiben sind, wodurch sie ohne Weiteres übertragbar werden. Alle Schwierigkeiten, die jetzt einer zweckmäßigen Regelung der Schuldverhältnisse mit Hilfe der Verfügung über die vorhandenen Hypotheken der Grundsatz ihres von selbst eintretenden Erlöschens und das Dazwischentreten einer Erstehungsgelderhypothek in den Weg legten, sind damit beseitigt. Ueberdies aber kommt in Betracht, daß der durch die Zwangsversteigerung herbeigeführte Wechsel des Besitzstandes eine Garantie für eine längere Dauer des neuen Besitzstandes nicht in sich trägt, wenn die alleinige Basis desselben der Fortbestand der bisherigen hypothekarischen Belastung des Grundstücks bildet und der Erwerber auch nicht den persönlichen Credit mitbringt, der dazu nöthig ist, um die Belassung einer Hypothek zu erlangen, deren Sicherheit bei fehlendem Vertrauen auf die persönliche Tüchtigkeit des Eigenthümers zur ordnungsgemäßen Bewirthschaftung des Grundstücks für zweifelhaft angesehen wird."

Dep.=Bericht der II. Kammer. „Der Absatz 4 des § 114, der von Seiten der Deputation vorgeschlagen wird, soll ein Korrektiv gegen etwaige ungünstige Folgen der obligatorischen Uebernahme der Hypotheken treffen. Es ist allerdings mit den Motiven anzunehmen, daß in der größten Mehrzahl der Fälle für die Zukunft, wenn die Versteigerung vor sich geht, auch diejenigen Hypotheken fällig sein werden, die nicht zu zahlen, sondern nur zu übernehmen sind. Vermöge der kassatorischen Klausel, welche ja die Regel fast in allen Hypothekenurkunden bildet, und in Rücksicht auf den Umstand, daß in der Regel auf längere Zeit hinaus die Zinsen rückständig geblieben sein werden, wird wohl bei Versteigerung die Sache fast in allen Fällen so liegen, daß auch diejenigen Forderungen, die an sich nach dem Gesetz zu übernehmen sein würden, sofort von dem Ersteher bezahlt verlangt werden können, und dieser Fall wird noch häufiger eintreten dann, wenn man — wie zu besorgen steht — von der Clausel wird Gebrauch machen, daß für die Zukunft alle Hypothekenforderungen für den Fall der Subhastation fällig werden. Es würde dann in sehr vielen Fällen die mißliche Folge eintreten, daß der Ersteher des Grundstücks nicht blos die nach dem Gesetz zu zahlenden Beträge zu erlegen hat, sondern daß er auch infolge der Fälligkeit der zu übernehmenden Forderungen in die Nothwendigkeit versetzt wird, auch diese Forderungen mit zu bezahlen. Nun kann man zwar hiergegen einwenden, daß jeder Ersteher infolge des nach § 107 aufzustellenden Verzeichnisses in der Lage ist, sich vorher genau über diejenigen Verbindlichkeiten, welche er als Ersteher übernimmt, zu unterrichten; indessen wird immerhin die Besorgniß bleiben, daß eine derartige Möglichkeit seitens der Hypothekengläubiger zu Chikanen benutzt wird, und man hat deshalb vorgeschlagen, auch bei denjenigen Hypotheken, welche zu übernehmen sind, bezüglich deren aber die Fälligkeit bereits eingetreten ist, dem vollstreckenden Gericht die Füglichkeit vorzubehalten, auch bezüglich dieser an sich fälligen Hypotheken eine von der ursprünglichen abweichende Zahlungszeit, welche sich nach den übrigen Bestimmungen des § 114 zu richten haben würde, nachzulassen."

Ausf.=Verordn. § 30 (zu § 114). Bei Feststellung der Zahlungszeiten ist darauf Bedacht zu nehmen, daß eine Nöthigung eines und desselben Gläubigers, Theilzahlungen auf eine Forderung anzunehmen, möglichst vermieden werde.

Bemerkungen.

1. In diesem Paragraphen werden die Grundsätze geregelt, nach welchen das Gericht im Versteigerungstermin die den Bietern hinsichtlich der Zahlungszeit zu stellenden Kaufsbedingungen festzustellen hat. Inwieweit nach dem Zuschlage mit dem Ersteher eine Abänderung dieser Bedingungen vereinbart werden könne, ergiebt sich aus § 132 u. den Bemerkungen zu §§ 112 u. 132. Vergl. auch §§ 170 u. 175. — Auch handelt es sich hier um den zu Deckung der Schulden zu verwendenden Kaufpreisbetrag. Sollte der Kaufpreis so hoch sein, daß nach Deckung aller Schulden noch ein Ueberschuß sich ergiebt, so ist wegen Zahlung dieses Ueberschusses gemäß § 167 Abs. 2 dem Ersteher eine weitere Zahlungsfrist zu setzen.

2. Der durch Zahlung zu tilgende Kaufpreistheil besteht der in §§ 13 u. 16 Abs. 1 aufgestellten Regel nach, also abgesehen von etwa vereinbarten zulässigen Abänderungen dieser Bestimmungen, aus dem nach Abzug der der Forderung des betreibenden Gläubigers vorangehenden hypothekarischen Hauptforderungen verbleibenden Reste des Kaufpreises zuzüglich der fälligen Raten von etwa vorgehenden Termingelderforderungen. Wie viel vom Kaufpreise der Ersteher durch Zahlung zu tilgen haben werde, läßt sich daher nur nach der Höhe des Kaufpreises beurtheilen. Dieselbe muß, da sie bei Beginn des Versteigerungstermins noch unbekannt ist, zum Behuf der Bestimmung der Zahlungszeit nach dem muthmaßlichen Betrage veranschlagt worden. Hierbei sind außer dem Schätzungswerthe alle einschlagenden Umstände, insbesondere die etwa vor dem Termine eingegangenen Gebote (§ 115), sowie etwaige vorläufige Vernehmlassungen der im Termine Erschienenen über einflußreiche Momente zum Anhalt zu nehmen.

3. Die Bestimmung der Zahlungszeit hat sich nicht blos auf den Stamm das Kaufpreises, sondern auch auf die vom Ersteher nach §§ 15. 18 Abs. 2. § 132 Abs. 1 zu zahlenden Zinsen vom Kaufpreise zu erstrecken. Es wird angemessen sein, diese Zinsen, soweit sie von dem durch Zahlung zu tilgenden Kaufpreistheile zu entrichten, jedesmal mit dem entsprechenden Stammbetrage abführen zulassen. Hinsichtlich der in § 18 Abs. 2 erwähnten Zinsen von zu übernehmenden unverzinslichen Schulden können bestimmte Termine festgesetzt werden (vergl. hierzu Bem. 4 zu § 18). Auf deren Festsetzung leidet die beschränkende Bestimmung in Abs. 3 selbstverständlich keine Anwendung.

4. Dem in Bem. 1 zu § 13 und Bem. 3 zu § 15 ausgeführten Grundsatze und der Anweisung in § 30 der A. V. gemäß sind die in Abs. 2 erwähnten Theilzahlungen nicht, wie zeither, nach gewissen Quoten des Kaufpreises, sondern nach den davon zu tilgenden Beträgen der hypothekarischen Schulden zu bemessen. Eine Theilung des einzelnen Schuldbetrags ist in der Regel nur bei erheblicher Höhe desselben vorzunehmen.

5. Die zu setzenden Zahlungsfristen, daher auch die in Abs. 3 erwähnten 4 Monate, beginnen mit der Rechtskraft des Zuschlags. Dieser Grundsatz muß aus der Bestimmung in § 158 Abs. 2 entnommen werden. Es ist daher und da der Zeitpunkt jenes Rechtskraftseintritts im Versteigerungstermine sich noch nicht übersehen läßt, die Zahlungszeit der Regel nach nicht

durch Setzung gewisser Kalendertage, sondern durch Bestimmung bloßer Fristen (1 Monat, 2 Monate ꝛc.) festzustellen. — Vergl. hierzu die Bem. zu § 139.

6. Dem vorstehends Ausgeführten zufolge würde die vom Richter im Versteigerungstermine den Bietern hinsichtlich der Zahlungszeit zu machende Eröffnung z. B. folgendermaßen zu lauten haben:

Der Kaufpreis ist zu gewähren mit 5000 ℳ durch Uebernahme der auf dem Grundstücke für A haftenden Darlehnshypothek, mit 2000 ℳ durch Uebernahme der für C eingetragenen Kautionshypothek. Der Rest ist baar zu zahlen und zwar, soweit er zur Deckung der in § 14 Abs. 1 aufgeführten (vor dem Zuschlage ihrer Höhe nach zwar annähernd, jedoch nicht völlig genau bestimmbaren) Ansprüche erforderlich ist und vorbehältlich der Vorschrift in § 132, sofort nach dem Zuschlage, im Uebrigen, soweit er erforderlich und ausreichend ist, zu Deckung

der Hauptforderung des betreibenden Gläubigers B.G. an 3000 ℳ:
nach Ablauf von 2 Monaten,
der Hauptforderung des Gläubigers D an 600 ℳ,
" " " " E an 600 ℳ
nach Ablauf von 3 Monaten,

von Rechtskraft des Zuschlags an gerechnet. Die vom Versteigerungstermin an laufenden fünfprozentigen Zinsen sind, soweit sie von den hiernach zu zahlenden Kaufpreisbeträgen zu entrichten, mit dem entsprechenden Stammbetrage, soweit sie vom Betrage der obenerwähnten Kautionshypothek zu entrichten, in vierteljährigen, vom Versteigerungstermine an zu berechnenden Fristen abzuführen.

7. Zu den Realberechtigten, deren Forderungen der des betreibenden Gläubigers im Range nachstehen, gehören hier auch diejenigen, deren Forderungen mit jener Forderung gleichen Rang haben. — Eine Ergänzung der nach Abs. 3 des Paragraphen erforderlichen Zustimmung eines Realberechtigten würde gegen den bereits vor dem Termine erklärten Willen des Betreffenden nicht erfolgen können.

8. Die nach Abs. 4, und zwar für Kapital und Zinsen, zu setzende Zahlungsfrist ist gemäß § 158 Abs. 2 ebenfalls von der Rechtskraft des Zuschlags an zu bestimmen. Hierdurch wird zugleich dem Umstande Rechnung getragen, daß die Haftpflicht des Erstehers für die zu übernehmenden Forderungen überhaupt erst von der Rechtskraft des Zuschlags an eine definitive wird (Bem. 10 zu § 16). — Die Bestimmung des Abs. 4 ist entsprechend auch auf solche zu übernehmende Forderungen anzuwenden, hinsichtlich deren die Anmeldung der Fälligkeit nach dem zu § 20 Ausgeführten nicht erforderlich und nicht erfolgt ist. Die Zulässigkeit einer solchen entsprechenden Anwendung kann nach der Begründung des den Abs. 4 betreffenden Zusatzantrags nicht bezweifelt werden.

9. Die auf die Festsetzung der Kaufsbedingungen (§§ 109. 110. 113. 114) bezüglichen Beschlüsse des Gerichts sind nur unter den Voraussetzungen des § 148 unter 5 mit der sofortigen Beschwerde gegen den Vertheilungsplan anfechtbar.

§ 115.

Gebote können vor und in dem Versteigerungstermin schriftlich, vor dem Versteigerungstermin auch zu Protokoll des Gerichtsschreibers eröffnet werden.

Die Zulassung der im Versteigerungstermin eröffneten Gebote ist nicht dadurch bedingt, daß sich der Bieter vor dem Beginn des Ausgebots zum Bieten angemeldet habe.

Entwurf gleichlautend.

Ausf.=Verordn. § 31 (zu § 115). Werden Gebote vor dem Versteigerungstermine eröffnet, so ist Tag und Stunde der Aufnahme des Protokolls oder des Eingangs des das Gebot enthaltenden Schriftstücks aktenkundig zu machen.

Bemerkungen.

1. Abs. 1 enthält Ausnahmen von der Regel, wonach die Gebote im Versteigerungstermin dem Richter gegenüber mündlich zu eröffnen sind. Ein nach Abs. 1 schriftlich oder zu Protokoll des Gerichtsschreibers eröffnetes Gebot steht, so lange es nicht im Versteigerungstermin gemäß § 121 vom Richter vorgelesen worden, der Aufhebung des Termins auf Grund § 99 nicht entgegen.

2. Die vor dem Versteigerungstermin eröffneten Gebote können, dafern und insoweit nicht hierbei vom Bieter ausdrücklich etwas Anderes erklärt worden ist, nur als auf Grund der gesetzlichen Kaufsbedingungen gethan, daher für den Fall einer im Versteigerungstermin erfolgten, dem Ersteher ungünstigen Abänderung jener Bedingungen nicht mehr als wirksam angesehen werden.

3. Zu Abs. 2 vergl. Bem. zu § 118.

4. § 31 der A.V. beruht auf der Vorschrift in § 123 des Gesetzes.

§ 116.

Schriftlich eröffnete Gebote sind nur zuzulassen, wenn das betreffende Schriftstück eine öffentliche Urkunde oder von einem bei dem Vollstreckungsgericht hierzu legitimirten Rechtsanwalt unterzeichnet oder mitunterzeichnet ist.

Zur Legitimation eines Rechtsanwalts genügt eine nach Maßgabe des § 76 Absatz 2 der Civilproceßordnung beglaubigte Vollmacht.

Entwurf gleichlautend.

Bemerkungen.

Wegen des Begriffs der „öffentlichen Urkunde“ vergl. Bem. 1. zu § 113. — Die Vollmacht muß gemäß § 1306 des B.G.B. ausdrücklich auf den Ankauf des zu erstehenden Grundstücks oder auf den Ankauf von Grundstücken überhaupt gerichtet sein. — Im Uebrigen vergl. § 148 Abs. 1 unter 7 und § 149.

§ 117.

Gebote, welche in Vertretung eines Anderen eröffnet werden, sind als Gebote des Vertretenen nur zuzulassen, wenn der Vertreter den Auftrag oder den sonstigen Legitimationsgrund durch öffentliche Urkunden darthut oder seine Vertretungsbefugniß gerichtskundig ist.

Die Bestimmung in § 116 Absatz 2 gilt auch für diesen Fall.

Entwurf gleichlautend.

Bemerkungen.

1. Die Legitimationsverpflichtung trifft jeden Vertreter, sowohl den gesetzlichen als den vertragsmäßigen. Die Zulassung eines nicht oder nicht ausreichend legitimirten Vertreters würde für den Fall, daß in Folge dessen der Zuschlag außer Kraft gesetzt würde (§ 148 unter 7. §§ 149. 153), das Gericht wegen der hierdurch den Betheiligten entstandenen Schäden, insbesondere wegen der vergeblich aufgewendeten Kosten, haftpflichtig machen. Selbstverständlich wird der Vertreter, der seine Legitimation nicht sofort beschaffen kann, nicht behindert sein, im eigenen Namen zu bieten und das für sich selbst erworbene Erstehungsrecht nachmals abzutreten (vergl. jedoch Bem. 2 zu § 119).

2. Durch die Bestimmungen in §§ 116 und 117 sollen — wie auch im Dep. Ber. der I. Kammer hervorgehoben worden — die Unterlagen des Zuschlags dem Widerrufe und der Nichtanerkennung entzogen werden. Jene Bestimmungen müssen daher entsprechende Anwendung auf den Fall finden, wenn es sich um das Gebot einer offenkundig nicht oder nur beschränkt handlungsfähigen Person oder um das Gebot für eine solche Person handelt (Geisteskranker, Entmündigter, Minderjähriger, Ehefrau), oder wenn ein Vertreter auftritt, welcher nach gesetzlicher Bestimmung zum Ankaufe von Grundstücken auch nach Außen der Genehmigung einer Behörde u. dergl. bedarf, wie z. B. der Vormund. In allen diesen Fällen ist ein Gebot nur dann zuzulassen, wenn die zur rechtlichen Wirksamkeit desselben erforderlichen Voraussetzungen (Genehmigung des Vaters, Vormundes, Ehemannes, Vormundschaftsgerichts u. s. w.) durch mündliche Erklärung der mit erschienenen dritten Person oder durch öffentliche Urkunde als vorhanden nachgewiesen worden. — Vergl. hierzu den Dep. Ber. der I. Kammer zu § 128.

3. Wegen der öffentlichen Urkunde vergl. Bem. 1 zu § 113, wegen der Vollmacht Bem. zu § 116.

§ 118.

Die Zulassung eines Gebots setzt den Nachweis voraus, daß der Bieter die Mittel zur sofortigen Erlegung oder Sicherstellung des Betrags in Bereitschaft hat, welcher nach § 14 Absatz 1 im Versteigerungstermin zu erlegen oder sicher zu stellen ist, wenn der Zuschlag auf das Gebot erfolgt.

Vorstehende Bestimmung gilt auch in Bezug auf die vor dem Versteigerungstermin eröffneten Gebote.

Von einem Realberechtigten ist der Nachweis in Ansehung seiner eigenen Ansprüche nicht zu verlangen.

Absatz 2 lautete im Entwurf: „Vorstehende Bestimmung gilt auch in Bezug auf schriftlich eröffnete Gebote." Die Abänderung ist auf Antrag der Dep. der II. Kammer erfolgt.

Ausf.-Verordn. § 32 (zu § 118). Die erschienenen Bieter sind aufzufordern, durch Vorzeigung der Mittel, welche sie bei sich führen, nachzuweisen, bis zu welcher Höhe ihre Gebote zugelassen werden können.

Ausf.-Verordn. § 33. Die Gerichte sind ermächtigt, auf Antrag die zur sofortigen Erledigung oder Sicherstellung der nach § 118 des Gesetzes erforderlichen Mittel aus der Gerichtskasse vorzuschießen und die Bereitwilligkeit hierzu im Voraus zu erklären, wenn der Antrag von einem hierzu Bevollmächtigten für

1. den Staatsfiskus,
2. den Reichsfiskus,
3. eine inländische politische Gemeinde,
4. den erbländischen ritterschaftlichen Creditverein oder die Oberlausitzer landständische Bank

als Bieter gestellt und die Rückzahlung des Vorschusses innerhalb zweiwöchiger Frist zugesagt wird.

Bemerkungen.

1. Der Begriff der öffentlichen Versteigerung bringt es mit sich, daß im Versteigerungstermin Jedermann erscheinen kann, ohne daß er sich als Bieter anzugeben oder sonst sein Interesse an der Sache nachzuweisen braucht. Auf dieser Annahme beruht auch die Bestimmung in § 115 Abs. 2. Die in Gemäßheit der A.V. (vor dem eigentlichen Bietungsverfahren) an die Erschienenen zu richtende Aufforderung, über den Besitz der erforderlichen Zahlungs- oder Sicherstellungsmittel sich auszuweisen, kann daher nur als Versuch angesehen werden, dieses Geschäft vor dem Bietungsverfahren auf ein Mal zur Erledigung zu bringen und dadurch dem letzteren selbst einen rascheren Fortgang zu sichern. Keineswegs dürfen diejenigen, die dieser Aufforderung nicht nachkommen, schon deshalb aus dem Termine fortgewiesen oder vom Bieten ausgeschlossen werden. Es muß vielmehr, wenn von einem Solchen ein Gebot eröffnet wird, vor der Beschlußfassung über Zulassung des Gebots jener Nachweis nachträglich noch gefordert und zugelassen werden. Durch das Gesagte wird die entsprechende

Anwendung von § 176 des Gerichtsverfassungsgesetzes rücksichtlich solcher Personen, welche nicht zu erkennen geben, daß sie mit zu bieten beabsichtigen, nicht ausgeschlossen. — Im Uebrigen vergl. Bem. 1 zu § 96.

2. Das nach § 107 aufzustellende Verzeichniß ist so einzurichten, daß der nach § 14 Abs. 1 je nach der Höhe des Gebotes zu erlegende oder sicher zu stellende Betrag ohne Weiteres zu übersehen ist.

3. Unter den in Abs. 3 erwähnten eigenen Ansprüchen des Realberechtigteu sind hier nur diejenigen zu verstehen, welche unter § 14 Abs. 1 fallen. Abs. 3 findet auch dann Anwendung, wenn der betr. Anspruch bestritten ist. Vergl. Bem. 1 zu § 134.

§ 119.

Nicht zuzulassen sind Gebote

1. des versteigernden Beamten und des Protokollführers;

2. des Vormundes und des Vormundschaftsrichters, wenn das Grundstück eines Bevormundeten versteigert wird;

3. des Schuldners.

Im Entwurf fehlte Punkt 3. Dagegen enthielt ein besonderer Paragraph (121) folgende Bestimmung:

„Ein Gebot des Schuldners ist nur dann zuzulassen, wenn es alle auf dem Grundstücke lastenden Ansprüche, für welche er persönlich haftet, vollständig deckt, der Schuldner den Theil der gebotenen Summe, welcher nach § 14 (§ 13 des Ges.) durch Zahlung zu gewähren ist, sofort erlegt oder sicherstellt, und auf dem Grundstück eine Hypothek eingetragen ist, rücksichtlich deren auf Seiten des Schuldners eine persönliche Verbindlichkeit nicht besteht.

Der Nachweis des letzteren Umstandes muß vor der Entscheidung des Vollstreckungsgerichts wegen Ertheilung des Zuschlags und kann nur durch rechtskräftiges Urtheil, durch die Grundakten oder durch eine im Termin abgegebene oder in einer öffentlichen Urkunde enthaltene Erklärung des Inhabers der Hypothek erbracht werden."

Auf Antrag der Dep. der I. Kammer ist dieser Paragraph gestrichen und dem § 19 der Punkt 3 hinzugefügt worden.

Motive. „Ob der verklagte Schuldner und Eigenthümer des zu versteigernden Grundstücks als Bieter zugelassen werden dürfe, ist eine alte Kontroverse des Sächsischen Rechts.

Vergl. Wochenblatt für merkw. Rechtsf. 1848 S. 291 ff. 298 ff. und die daselbst angezogene Literatur.

Das Bürgerliche Gesetzbuch enthält keine Bestimmung, welche die Frage direkt entscheidet. Mit den allgemeinen Grundsätzen des Sächsischen Hypothekenrechts indessen, nach denen die Hypothek nicht selbstständiges Vermögensobjekt, wie die moderne Grundschuld, sondern immer Accessorium einer Schuldforderung ist — in welcher Beziehung selbst die Bestimmung in § 442 des Bürgerlichen Gesetzbuchs nur scheinbar eine Ausnahme zuläßt — würde es jedenfalls nicht vereinbar sein, ein Gebot des Eigenthümers zuzulassen, welches nicht alle auf dem Grundstück lastenden Forderungen deckt, rücksichtlich deren auf seiner Seite eine persönliche Verpflichtung begründet ist. Wenn ein Grundstück dem Eigenthümer desselben im Wege der Zwangsversteigerung zugeschlagen wird, so liegt darin überhaupt kein Verkauf, sondern ein Rechtsgeschäft, vermöge dessen dem Eigenthümer sein Eigenthum am Grundstück erhalten wird, und wenn das Gebot, auf welches ihm dasselbe zugeschlagen wird, nicht alle darauf lastenden Forderungen deckt, wegen deren er persönlich haftet, so läuft die Ertheilung des Zuschlags auf eine Entlastung des Grundstücks von den ungedeckten Hypotheken zum Vortheil des Schuldners hinaus, ohne daß die Lage des betreibenden Gläubigers und der Vorhypothekarier sich in irgend einer Beziehung gebessert hat.

Die leer ausgegangenen Gläubiger würden zwar in der Lage bleiben, wenn auch vielleicht nicht ohne Weiteres auf Grund des ursprünglichen Rechtstitels, so doch im Proceßwege die zwangsweise Wiedereintragung ihrer Forderungen herbeizuführen, so lange der Schuldner das Grundstück nicht veräußert, freilich mit schlechterem Range, falls es ihm gelingt, inmittelst Abnehmer neu bestellter Hypotheken zu gewinnen. Ein solches Resultat wäre augenfällig in jeder Beziehung rechtlich unhaltbar. Aber auch in dem Fall, daß das Gebot des Eigenthümers alle Ansprüche deckt, wegen deren er persönlich haftet, würde er die Belassung des Grundstücks in seinem Eigenthum unter den gewöhnlichen Versteigerungsbedingungen nicht beanspruchen können, wenn nicht außerdem auch noch eine Forderung auf dem Grundstück eingetragen ist, wegen deren er persönlich nicht haftet, denn andernfalls wäre der Erfolg nur der, daß die Angelegenheit in die Lage zurückversetzt wird, in welcher sie sich vor der Versteigerung befand, nur daß der Schuldner wegen Befriedigung des betreibenden Gläubigers von Neuem Zeit auf so lange gewinnt, bis es zur anderweiten Versteigerung kommen kann. Ist aber der Schuldner in der Lage, den betreibenden Gläubiger sofort zu befriedigen, so bedarf es auch nur der Zahlung, um die Versteigerung an einen Dritten abzuwenden, da nach Befriedigung des betreibenden Gläubigers das Versteigerungsverfahren einzustellen ist.

Anders gestaltet sich das Verhältniß, wenn auf dem Grundstück eine Forderung eingetragen ist, rücksichtlich deren eine persönliche Verpflichtung des Eigenthümers nicht besteht, wie dies vorkommen kann, wenn derselbe bei dem Erwerbe des Grundstücks von seinem Mitkontrahenten über den Hypothekenstand getäuscht oder im Vertrauen auf die Zusage nachträglicher Herbeiführung der Löschung einer Hypothek den Vertrag ohne Uebernahme derselben in Anrechnung auf den Kaufpreis seinerseits erfüllt hat und seine Eintragung im Grundbuch erfolgt ist. Wenn dann der Erwerber aus einer solchen Hypothek mit der Pfandklage in Anspruch genommen wird, kann ihm die Befugniß als Bieter zu konkurriren mit Grund nicht abgesprochen werden. Selbstverständlich muß sein Gebot, falls die betreffende hypothekarische Forderung anderen eingetragenen Forderungen, wegen deren er persönlich haftet, im Range vorangeht, jene Forderung ebenfalls mit decken, da es andernfalls auch die Nachhypotheken nicht decken kann. Er erlangt aber dann wenigstens den Vortheil der Befreiung seines Grundstücks von der nicht mit übernommenen Hypothek und kann, wenn er das Bestehen der betreffenden Forderung bestreiten zu können glaubt, deshalb gegen den Gläubiger Klage erheben und geeigneten Falls den auf die Hypothek eingezahlten Betrag zu seiner Sicherstellung mit Beschlag belegen lassen und eventuell zurückfordern. Zur Verhütung frauduloser Manipulationen zum Nachtheil der übrigen hypothekarischen Gläubiger jedoch, denen der Eigenthümer persönlich haftet, muß von demselben, falls er den Zuschlag für sich beansprucht, alsbaldige Zahlung oder Sicherstellung des auf diese ausfallenden und nach den gesetzlichen Kaufsbedingungen zu zahlenden Theils der gebotenen Summe verlangt werden, sofern ihm die Betheiligten keinen Kredit geben wollen."

Dep.-Ber. der I. Kammer. „§ 119 schließt sich an die bisher befolgte gemeine Meinung an.

Osterloh, der ordentliche Proceß rc, 2. Bd. Seite 588.

Bezüglich des Vormunds ist zu vergleichen Siebenhaar, Kommentar rc 3. Bd. Seite 201 zu § 1943.

Zu einer abweichenden Auffassung ist dagegen die Deputation gelangt in Betreff der Zulassung des Schuldners als Bieter (§ 121). Wie schon die Motiven betonen, liegt ein innerer Widerspruch im Kaufe des eigenen Grundstücks. Andererseits kommt die Beschränkung, unter welcher der Schuldner als Bieter zugelassen werden soll, nahezu auf ein Verbot hinaus. Regelmäßig wird er für die Schulden des Grundstücks als persönlicher Schuldner, namentlich aus § 432 des B.G.B. haften, das Gegentheil aber eine seltene Ausnahme bilden. Hätte er nun das Vorhandensein der Voraussetzungen der letzteren in der strengen Form des § 121 Absatz 2 (des Entwurfs) nachzuweisen und nach Absatz 2 die Schulden, für welche er persönlich haftet und welche nach § 14 des Entwurfs (§ 13 des Ges.) zu bezahlen sind, sofort zu erlegen oder sicher zu stellen, so läßt sich behaupten, daß er auch die Füglichkeit haben wird, eine Hypothek, für welche er nicht persönlich haftet, in anderer Weise als durch Erstehung des Grundstücks zu beseitigen. Nur nebenher mag noch bemerkt sein, daß durch die Nachweisungen des Absatz 2 und durch deren richterliche Prüfung der Verlauf des Versteigerungstermins unverhältnißmäßig aufgehalten werden könnte."

Bemerkungen.

1. Dieselben Gründe, aus denen der versteigernde Beamte und der Protokollführer als Bieter nicht zuzulassen sind, stehen auch der Zulassung derselben als Vertreter von Bietern entgegen.

2. Der Vormund und der Vormundschaftsrichter können zwar nicht als Bieter, wohl aber als Vertreter von Bietern zugelassen werden. Der Vormund kann jedoch solchenfalls nicht zugleich als Vertreter seines Pflegebefohlenen auftreten, während der Vormundschaftsrichter insoweit unfähig wird, die Funktionen des Vormundschaftsgerichts auszuüben.

3. Der Schuldner muß als Vertreter eines Bieters zugelassen werden. — Vergl. hierzu Bem. 1 zu § 168.

4. Zulässig sind auch Gebote einer zu diesem Behufe gebildeten Gemeinschaft mehrerer Personen. Die letzteren haften solchenfalls nach Verhältniß ihrer Antheile an der Gemeinschaft. Doch tritt der im § 134 Abs. 1 und § 172 Abs. 4 gedachte Verlust des Erstehungsrechts gegen alle Theilnehmer ein, auch wenn nur einzelne derselben die Zahlung bezw. Sicherstellung unterlassen haben sollten.

§ 120.

Im Versteigerungstermin hat das Gericht den Erschienenen den Inhalt des nach § 107 angefertigten Verzeichnisses, sowie die nach § 101 Absatz 2. 3 zu berücksichtigenden nachträglichen Anmeldungen mitzutheilen und das zulässige Mindestgebot festzustellen.

Entwurf gleichlautend.

Ausf.-Verordn. § 34 (zu § 120). Vor dem Versteigerungstermine ist auf Grund der geschehenen Anmeldungen und der vorgenommenen Ermittelungen über die Bedingungen, unter denen der Zwangsverkauf stattfinden soll, über die Erstreckung der Versteigerung auf bewegliche Gegenstände, bei mehreren gleichzeitig zur Versteigerung gelangenden Grundstücken über die Reihenfolge der Versteigerung, bezw. darüber, ob die Grundstücke als Gesammtsache auszubieten seien, von dem Vollstreckungsgerichte vorläufige Entschließung zu fassen und aktenkundig zu machen.

Ausf.-Verordn. § 35. Den im Termine Erschienenen ist neben den in § 120 des Gesetzes vorgeschriebenen Mittheilungen über die vom Vollstreckungsgerichte gefaßte vorläufige Entschließung betreffs der Kaufsbedingungen und der Art und Weise, in welcher dasselbe die Versteigerung vorzunehmen gedenkt, mit der Anfrage Eröffnung zu thun, ob eine Abänderung dieser Entschließung beantragt werde. Ueber gestellte Anträge ist zu verhandeln. Der nach dem Ergebnisse der Verhandlungen wegen Feststellung des zulässigen Mindestgebots und der sonstigen Kaufsbedingungen gefaßte Beschluß ist zu verkünden.

Bemerkungen.

1. Der am Schluß des § 35 der A.V. gedachte Beschluß ist mittelst besonderer Beschwerde nicht, vielmehr nur unter den Voraussetzungen des § 148 mit der sofortigen Beschwerde gegen den Vertheilungsplan anfechtbar. Er kann, soweit die §§ 109—113 einschlagen, unter den Voraussetzungen dieser Paragraphen, außerdem, namentlich im Falle eines wahrgenommenen Rechenfehlers oder sonstigen Irrthums, kraft eigener Entschließung bis zum Zuschlage abgeändert werden.

Ausf.=Verordn. § 36. Ist in Bezug auf eine Forderung, welche der des betreibenden Gläubigers im Range vorgeht, vor dem Eintrag der letzteren die Rückzahlbarkeit in Pfandbriefen nach dem Nennwerthe im Hypothekenbuch verlautbart, so ist bei Feststellung des zulässigen Mindestgebots der Nominalbetrag der Forderung in Rechnung zu bringen und unter die Kaufsbedingungen die Bestimmung aufzunehmen, daß die Forderung bei dem Eintritt ihrer Fälligkeit in der durch den Eintrag bezeichneten Weise zu tilgen sei.

Bemerkungen.

2. Vergl. hierzu Bem. 6 Abs. 4 zu § 4 und Bem. 4 zu § 16. — Ist das Kreditinstitut, für welches eine Forderung der in § 36 der A.V. erwähnten Art eingetragen ist, selbst der betreibende Gläubiger oder steht eine solche Forderung der des betreibenden Gläubigers im Range gleich oder nach, so findet § 36 der A.V. entsprechend Anwendung. Auch solchenfalls hat der Ersteher — worauf in den Kaufsbedingungen hinzuweisen ist — den auf diese Forderung entfallenden Theil des Kaufpreises in Pfandbriefen des betreffenden Kreditinstituts zu gewähren, vorausgesetzt nur, daß die Verpflichtung zur Rückzahlung in Pfandbriefen beim Eintrag der Forderung selbst verlautbart worden war, oder daß wenigstens die etwa zwischen dieser Forderung und der wegen jener Verpflichtung besonders bestellten Hypothek (Bem. 6 Abs. 4 zu § 4) eingetragene Forderung eines anderen Gläubigers durch den Kaufpreis voll gedeckt wird.

§ 121.

Der Ausruf beginnt mit Vorlesung der eingegangenen Gebote, soweit dieselben zulässig sind.

Jedes zugelassene Gebot ist auszurufen, sofern nicht unerwartet des Ausrufes ein höheres Gebot erfolgte. Das ausgerufene Gebot gilt für zugelassen.

Im Entwurf stand Zeile 2 vor „Gebote" das Wort „schriftlichen". Die Streichung ist auf Antrag der Dep. der II. Kammer erfolgt.

Bemerkungen.

1. Abs. 1 bezieht sich auf die in § 115 Abs. 1 erwähnten, Abs. 2 auf alle Gebote. Ein Gebot der ersteren Art ist (abgesehen vom Erfordernisse des zulässigen Mindestgebots) nur dann vorzulesen, wenn es den Formvorschriften in §§ 116. 117 entspricht und der in § 118 Abs. 1 erwähnte Nachweis erbracht worden. Auch bedarf es von mehreren zulässigen dergleichen Geboten gemäß Abs. 2 Satz 1 nur der Vorlesung des höheren.

2. Die Vorlesung oder der Ausruf eines Gebots enthält nach Abs. 2 Satz 2 den Beschluß des Gerichts, daß das Gebot für zulässig zu erachten. Dieser Beschluß als solcher ist unanfechtbar. Der dadurch Benachtheiligte kann sein Recht nur mit der sofortigen Beschwerde gegen den Vertheilungsplan nach Maßgabe von § 148 Abs. 1 unter 4 und 7 geltend machen. Der Richter ist daher (Bem. 3 zu § 51) nicht behindert, ein irrthümlicher Weise für zulässig erachtetes und daher ausgerufenes Gebot nachträglich, so lange nicht der Zuschlag auf dasselbe erfolgt ist, als unzulässig zurückzuweisen. Dasselbe gilt umgekehrt von einem irrthümlicher Weise für unzulässig erachteten und daher nicht ausgerufenen Gebote, so lange nicht der in § 129 Abs. 1 erwähnte Beschluß verkündet worden.

§ 122.

An ein Gebot, welches nicht den Gesammtbetrag der auf dem Grundstück lastenden Schulden deckt, bleibt der Bieter gebunden, so lange nicht ein höheres Gebot zugelassen ist. Gebote, welche den Gesammtbetrag der auf dem Grundstück lastenden Schulden decken, binden den Bieter bis zum Erfolg des Zuschlags auf das eine derselben.

Meistgebote treten außer Wirksamkeit, wenn der Versteigerungstermin aufgehoben wird, ohne daß der Zuschlag erfolgt ist.

Auf den Fall der nothwendig werdenden Vertagung der Fortsetzung des Termins findet die Bestimmung in Absatz 2 keine Anwendung.

Entwurf gleichlautend.

Bemerkungen.

1. Das Gesetz unterscheidet, ob das Gebot den Gesammtbetrag der auf dem Grundstücke lastenden Schulden, d. i. aller nach §§ 4—12 bei Vertheilung des Kaufpreises in Ansatz kommenden Ansprüche

a. deckt, oder

b. nicht deckt.

Gebote unter a bleiben wirksam, auch wenn ein höheres Gebot erfolgt ist. Nach § 125 kann der Zuschlag auch auf ein geringeres solches Gebot geschehen. Dagegen bleibt im Falle unter b der Bieter nur so lange an sein Gebot gebunden, als nicht ein höheres Gebot zugelassen ist. Geschieht letzteres, so wird das frühere Gebot wirkungslos.

2. Aus der Bestimmung in Abs. 1 folgt, daß der Bieter sein Gebot durch eigene Rücknahme desselben nicht unverbindlich machen kann. Dies würde nur mit Zustimmung aller Betheiligten möglich sein.

Ausf.-Verordn. § 37 (zu § 122). Die Vertagung eines bereits begonnenen Versteigerungstermins soll nur dann erfolgen, wenn

a) der die Verhandlung leitende Beamte durch einen nicht vorherzusehenden Umstand an der persönlichen Mitwirkung bei dem Termine behindert wird und der sofortige Eintritt eines Vertreters nicht stattfinden kann, oder

b) wenn die ordnungsgemäße Fortsetzung der Verhandlung durch Naturereignisse oder andere nicht vorherzusehende Umstände ausgeschlossen wird.

Die Fortsetzung des Termins soll in der Regel nicht über den nächsten Werkeltag hinausgeschoben werden.

Die Gründe der Vertagung sind aktenkundig zu machen.

Bemerkungen.

3. Der Fall unter a in § 37 der A.V. kann eintreten, wenn entweder ein anderer, mit richterlicher Qualifikation (§ 2 des Gerichtsverfassungsgesetzes) versehener Beamter bei dem betr. Amtsgericht nicht angestellt ist, oder wenn in der vorliegenden Versteigerungssache das Material so umfänglich ist, daß es vom Eintretenden nicht sofort übersehen werden kann. — Zu den „anderen nicht vorherzusehenden Umständen" im Sinne von b kann nach Befinden auch eine, die Kräfte der Betheiligten erschöpfende übermäßige Länge des Termines gehören. — Im Uebrigen vergl. Bem. 1 zu § 99.

§ 123.

Sind in dem Versteigerungstermin zwei oder mehrere schriftlich oder zu Protokoll des Gerichtsschreibers eröffnete Gebote von gleicher Höhe zugelassen worden und werden dieselben nicht durch ein anderes zugelassenes Gebot überstiegen, so entscheidet, dafern die Zeitfolge, in welcher die gleichhohen Gebote eröffnet worden sind, aus den Akten sich nicht ergiebt, darüber, welches Gebot als das Meistgebot zu behandeln sei, im Versteigerungstermin das Gericht durch Ziehung des Looses.

Dieser im Entwurf fehlende Paragraph ist auf Antrag der Dep. der II. Kammer bezw. mit der im Vereinigungsverfahren beschlossenen Fassung eingefügt worden.

Bemerkungen.

Das Loos hat nur dann zu entscheiden, wenn die Zeitfolge der Eröffnung der mehreren Gebote aus den Akten sich nicht ergiebt. Ist diese Zeitfolge liquid (vergl. hierzu § 31 der A.V. zu § 115), so entscheidet der zeitliche Vorrang.

§ 124.

Das Meistgebot ist, bevor der Zuschlag erfolgt, dreimal auszurufen.

Vor dem Zuschlag sind die Bieter, soweit sie noch anwesend sind, zur Eröffnung der etwa beabsichtigten höheren Gebote mit dem Bemerken aufzufordern, daß anderen Falls wegen Ertheilung des Zuschlags Entscheidung erfolgen werde.

Entwurf gleichlautend.

Bemerkungen.

1. Der im Mandat vom 26. August 1732 vorgeschriebenen Form des Ausrufs des Meistgebots bedarf es nicht mehr.

2. Aus Abs. 2 folgt, daß auch nach dem dreimaligen Ausrufe des Meistgebotes ein höheres Gebot noch zulässig ist, und zwar so lange, als nicht mit Verkündung des Zuschlagsbeschlusses begonnen worden. Die Betheiligten sind nicht berechtigt, den Richter in der Verkündung eines Beschlusses zu unterbrechen. Ist aber die Verkündung beendigt, so sind weitere Gebote von selbst ausgeschlossen.

§ 125.

Der Zuschlag ist auf das Meistgebot zu ertheilen. Sind jedoch mehrere Gebote gethan, welche den Gesammtbetrag aller auf dem Grundstück lastenden Schulden decken, so ist der Zuschlag auf eines der geringeren dieser Gebote zu ertheilen, dafern der Schuldner es beantragt und die Hypothekengläubiger, deren Hauptforderungen aus dem nach § 13 vom Ersteher zu zahlenden Theil des Kaufpreises zu berichtigen sind, zustimmen. Die Zustimmung der im Termine abwesenden Gläubiger kann vom Gericht ergänzt werden, wenn nach den ihm bekannten Vermögensverhältnissen des betreffenden Bieters dessen Zahlungsfähigkeit anzunehmen ist.

Auf Antrag der Dep. der II. Kammer sind die im Entwurfe Zeile 5 vor „Hypothekengläubiger" stehenden Worte „im Termin anwesenden" gestrichen und Zeile 8 vor „abwesenden" die Worte „im Termin" eingefügt worden.

Motive. „Wenn mehrere Gebote vorliegen, von denen ein jedes den Gesammtbetrag der auf dem Grundstück lastenden Schulden deckt, ist der Zuschlag auf das Meistgebot kein Erforderniß, welches im Interesse der Gläubiger gestellt werden müßte. Wohl aber kann der Schuldner ein Interesse an der freien Auswahl unter diesen Bietern haben, z. B. wenn der Eine von ihnen, der das geringere Gebot gethan hat, in nahem Verwandtschaftsverhältniß mit dem Schuldner steht und Interesse obwaltet, das Grundstück in der Familie zu erhalten. Nur müssen der Auswahl des Schuldners diejenigen Hypothekengläubiger zustimmen, deren Hauptforderungen vom Ersteher durch Zahlung zu tilgen sind, denn diese haben an der Zahlungsfähigkeit des Erstehers Interesse. Ist diese Zustimmung nicht zu erlangen, so muß es bei der Regel verbleiben. Daß jedoch die Zustimmung der abwesenden Gläubiger seitens des Gerichts ergänzt werde, wenn ihm die Zahlungsfähigkeit des Käufers bekannt ist, erscheint unbedenklich."

Bemerkungen.

1. Durch diesen Paragraphen soll lediglich die Frage entschieden werden, auf welches der mehreren Gebote der Zuschlag zu ertheilen sei, dafern ein solcher zu geschehen hat. Hierfür stellt Satz 1 die Regel auf, daß der Zuschlag auf das höchste der mehreren (zulässigen) Gebote zu ertheilen sei. Die weiteren Sätze dieses Paragraphen bestimmen Ausnahmen von dieser Regel.

2. Das in Satz 2 dem Schuldner eingeräumte Antragsrecht kann im Konkurse gemäß § 179 Abs. 1 nur vom Konkursverwalter ausgeübt werden.

3. Wie mit der Ertheilung des Zuschlags bei gleichzeitiger Versteigerung mehrerer Grundstücke bezw. ideeller Grundstückstheile zu verfahren sei, ist in §§ 27 flg. und 43 bestimmt.

4. Der Anspruch des Meistbietenden auf Ertheilung des Zuschlags ist lediglich gegen das Gericht gerichtet und besteht, soweit er überhaupt nach den Bestimmungen dieses Gesetzes begründet ist, nur so lange, als das Gericht in der Lage ist, den Zuschlag zu ertheilen. Das letztere ist nicht mehr der Fall, sobald das Verfahren eingestellt oder der Zuschlag bereits einem anderen Bieter rechtskräftig ertheilt worden ist. Gegen den betreibenden Gläubiger erlangt der Meistbietende ebensowenig, wie gegen den Schuldner ein Recht auf den Zuschlag. Er kann daher weder den Einen noch den Anderen hindern, die Einstellung des Verfahrens herbeizuführen. Auch kann er seinen Anspruch gegen das Gericht nicht im Wege der Klage, sondern nur im Versteigerungsverfahren selbst, und zwar entweder durch Anfechtung der seinen Anspruch verletzenden Entschließung (§ 129 Abs. 2 und § 148 Abs. 1 unter 6), oder im Falle der Verweigerung oder Verzögerung einer Entschließung durch Beschwerde bei der Aufsichtsbehörde (§ 35 des Ges. unter B vom 28. Januar 1835) geltend machen.

§ 126.

Ein Pfandgläubiger, welcher durch die Ertheilung des Zuschlags auf ein zulässiges Gebot benachtheiligt werden würde, kann dem Zuschlag widersprechen und die Anberaumung eines neuen Versteigerungstermins beantragen, wenn er sich verpflichtet, für die Wiedererreichung des Meistgebots zuzüglich des Betrags der bis zum anderweiten Versteigerungstermin fällig werdenden öffentlichen Abgaben und Reallastenbeträge, sowie der auf die Zeit bis dahin erwachsenden Zinsen von den durch das Meistgebot gedeckten Stammforderungen und der entstehenden Mehrkosten zu haften, zugleich aber den in § 14 Absatz 1 bezeichneten Theil des Kaufpreises, welcher durch den Zuschlag auf das Meistgebot erlangt worden wäre, vor Schluß des Versteigerungstermins vorschußweise erlegt oder sicherstellt.

In dem anderweiten Versteigerungstermin kann ein Widerspruch gegen den Zuschlag auf Grund der Bestimmung in Absatz 1 nicht erhoben werden.

Entwurf gleichlautend.

Motive. „Die Vorschrift im § 126 ist neu. Sie rechtfertigt sich durch eine billige Rücksichtnahme auf die Interessen der von einem ungünstigen Ausgange der Subhastation mit dem Verluste ihrer Ansprüche bedrohten Nachhypothekarier. Eine ähnliche Bestimmung enthält § 74 des Preußischen Gesetzes vom 13. Juli 1883. Benachtheiligt erscheint jeder Pfandgläubiger, dessen Anspruch durch das im Termin erlangte Meistgebot nicht gedeckt ist. Daß die Chancen eines solchen Antrags gehörig erwogen seien, ist dadurch garantirt, daß der Antragsteller Sicherheit zu leisten hat."

Bemerkungen.

1. Hinsichtlich der Form der Erklärung sind die Bestimmungen in §§ 116. 117 entsprechend zur Anwendung zu bringen.

2. Von weiteren Voraussetzungen, als im Paragraphen angegeben, darf die Aufhebung des Versteigerungstermines nicht abhängig gemacht werden, also insbesondere nicht von der Sicherstellung der gesammten Garantiesumme. Dagegen ist erforderlich, daß der Pfandgläubiger gleichzeitig mit der Erhebung des Widerspruchs die Anberaumung des anderweiten Versteigerungstermines beantragt.

3. Wegen der Art und Weise der Sicherstellung vergl. § 133.

4. Unter dem „anderweiten Versteigerungstermine" in Abs. 2, auf welchen übrigens gemäß § 135 Abs. 2 die Bestimmungen in § 108 entsprechend anzuwenden sind, ist der auf den Antrag in Abs. 1 anberaumte Termin zu verstehen. Daher kann in dem aus anderem Grunde (z. B. § 63 Abs. 1. §§ 82. 99. 127 Abs. 1) anberaumten anderweiten Versteigerungstermin der in Abs. 1 erwähnte Widerspruch noch erhoben werden.

5. Wird dem Widerspruche gefügt, so ist dies gemäß § 129 Abs. 1 mittelst Beschlusses zu verkünden. Solchenfalls tritt gemäß § 122 Abs. 2 das Meistgebot außer Wirksamkeit, dafern es nicht nach § 129 Abs. 3 vom Bieter aufrecht erhalten wird. Der Beschluß kann nach § 129 Abs. 2 nur vom betreibenden Gläubiger und dem betreffenden Bieter angefochten werden. Die Anfechtung des Beschlusses, durch welchen des Widerspruchs ungeachtet der Zuschlag an den Meistbietenden ertheilt wird, kann nur durch die sofortige Beschwerde gegen den Vertheilungsplan (§ 148 unter 7) erfolgen.

6. Durch Abgabe und Annahme der Verpflichtungserklärung kommt zwischen Pfandgläubiger und Gericht ein Vertrag zu Gunsten aller der Realberechtigten zu Stande, deren Ansprüche durch das erlangte Meistge-

bot gedeckt worden sein würden. Die Geltendmachung der durch jenen Vertrag entstehenden Forderung seitens der Realberechtigten und die etwa solchenfalls nöthige weitere Abwicklung der Sache erfolgt außerhalb des Versteigerungsverfahrens. Wird daher im anderweiten Versteigerungstermine ein zulässiges Gebot überhaupt nicht, oder doch nur ein geringeres als das garantirte erlangt, so können zwar die dadurch berührten Realberechtigten vom betreffenden Pfandgläubiger verlangen, daß dieser ihnen alle die Vortheile verschaffe, welche sie beim Eintritt der garantirten Eventualität erlangt haben würden. Auch können sie die Ueberlassung der vorschußweise erlegten oder sichergestellten Summe verlangen. Doch müssen sie ihr Recht im besonderen Proceßwege geltend machen. Das Versteigerungsgericht als solches hat hierüber, insbesondere auch für den Fall des Widerspruchs, über die Verwendung der Sicherheitssumme nicht zu entscheiden. — Wird das Versteigerungsverfahren vor Anberaumung des anderweiten Versteigerungstermines oder vor Ertheilung des Zuschlags in demselben eingestellt, so fällt die Haftpflicht des Pfandgläubigers weg.

7. Der betreibende Gläubiger ist schon durch den, bis zum Zuschlag zulässigen Antrag auf definitive oder einstweilige Einstellung des Verfahrens (§§ 81. 82) in der Lage, sich vor Nachtheil zu bewahren. Wenn indessen dem Verfahren ein anderer Gläubiger beigetreten ist, so ist auch der betreibende Gläubiger in dieser Beziehung auf den Weg des § 126 gewiesen.

§ 127.

Ist im Versteigerungstermin nur Ein Bieter erschienen, so kann der Zuschlag auf dessen Gebot auch dann nicht erfolgen, wenn es den Betrag des zulässigen Mindestgebots erreicht, es sei denn, daß der Schuldner und alle Realberechtigte, deren Ansprüche durch das Gebot nicht oder nicht vollständig gedeckt sind, der Ertheilung des Zuschlags zustimmen. Wenn diese Zustimmung nicht erfolgt, oder wenn im Versteigerungstermin ein Bieter nicht erschienen ist, oder wenn ein Gebot, auf welches der Zuschlag ertheilt werden kann, überhaupt nicht eröffnet worden, ist auf Antrag des betreibenden Gläubigers ein neuer Versteigerungstermin anzuberaumen.

In dem anderweiten Versteigerungstermin ist der Zuschlag auf ein den zulässigen Mindestbetrag erreichendes Gebot auch dann zu ertheilen, wenn nur von Einer Person geboten worden ist.

Im Entwurf lautete der Eingang des Paragraphen: „Hat im Versteigerungstermin nur Eine Person sich als Bieter angegeben, so kann der Zuschlag auf deren Gebot u. s. w.“ Ebenso standen im Entwurf im Eingange des 2. Satzes von Abs. 1 an Stelle der Worte „Wenn diese Zustimmung ꝛc. — nicht erschienen ist, oder“ die

Worte „Anderfalls, ingleichen". Die Abänderungen sind von der Dep. der II. Kammer beantragt worden.

Motive. „Nach jetzt geltendem Rechte soll, wenn nur Ein Bieter im Versteigerungstermin erschienen ist, das Grundstück diesem gegen eine billige Taxe in solutum überlassen werden, dem Schuldner aber das Recht zustehen, binnen 6 Monaten vom Versteigerungstermine an gerechnet, das Grundstück durch Erlegung des Schuldbetrages mit Hinzurechnung der Subhastationskosten wieder einzulösen oder einen bessern Käufer zu stellen (Erläuterte Proceßordnung ad Tit. 39 § 19).

Der hierdurch geschaffene längere Schwebezustand ist jedoch für keinen der Betheiligten vortheilhaft.

Als zweckmäßiger stellt sich der Ausweg des nochmaligen Ausgebots in einem anderweiten Termin dar (§§ 108. 127. 135).

Zur Ausübung des im § 25 erwähnten Rechts bedarf es des wiederholten Versuchs einer Versteigerung nicht.

Da übrigens die Bestimmung des § 127 lediglich im Interesse des Schuldners und der Nachhypothekarier getroffen ist, kann mit Zustimmung dieser Interessenten der Zuschlag auch unter den im Absatz 1 bezeichneten Umständen erfolgen."

Bemerkungen.

1. Ob mehrere Bieter erschienen seien, läßt sich nach dem in Bem. 1 zu § 118 Ausgeführten nur darnach beurtheilen, ob Mehrere der Erschienenen ihren Willen zu erkennen gegeben haben, mit zu bieten. Hierbei kann als Bieter im Sinne dieses Paragraphen derjenige nicht angesehen werden, dessen Gebot aus den in und zu §§ 116—119 ausgeführten Gründen nicht zugelassen werden durfte. Auch kommt es nur auf die im Versteigerungstermine erschienenen Bieter an. Mehrere Personen, die das Grundstück für gemeinschaftliche Rechnung erstehen wollen, gelten nur als Ein Bieter.

2. Aus dem Paragraphen ergiebt sich, daß, wenn nur mehrere Bieter im Sinne der vorstehenden Bemerkung erschienen sind, der Zuschlag auf das zulässige Gebot auch dann zu ertheilen ist, wenn es das einzige geblieben ist. Es kommt zuweilen vor, daß die erschienenen mehreren Bieter thatsächlich im gemeinsamen oder im Interesse nur Einer Person handeln und daher nur zum Schein als mehrere Bieter sich angeben bezw. bieten. Das Versteigerungsgericht hat — wie auch im Dep. Ber. der I. Kammer zu §§ 115 flg. und 128 anerkannt worden — weder das Recht noch die Verpflichtung, hierüber seinerseits Erörterungen anzustellen. Es hat vielmehr — dafern nicht etwa das Scheinmanöver durch Anerkenntniß des bezw. der betreffenden Bietenden sofort außer Streit gesetzt ist — so zu verfahren, als ob in Wirklichkeit mehrere Bieter erschienen wären bezw. geboten hätten, und daher den Zuschlag, wenn derselbe nicht aus anderen Gründen zu beanstanden, auf das zulässige Gebot bezw. Meistgebot zu ertheilen. Das Versteigerungsgericht hat auch kein Interesse daran, den Zuschlag und den hierdurch erfolgten Vertragsabschluß seinerseits als Vertragskontrahent nach §§ 833. 835 des B.G.B. anzufechten. Es bleibt vielmehr allen denen, welche durch den Zuschlag benachtheiligt werden, überlassen, gegen den Ersteher und nach Befinden gegen die übrigen Theilnehmer am Betruge auf Grund §§ 1504 und 773 flg. des B.G.B. im besonderen Proceßwege Klage auf Schadensersatz zu erheben, welcher letztere, soweit er vom Ersteher selbst gefordert wird, nach § 687 des B.G.B. in erster Linie in der Einwilligung

zur Aufhebung des Zuschlags zu bestehen haben wird. Ein Widerspruch gegen die Ertheilung des Zuschlags auf Grund § 128 würde nur dann zu beachten sein, wenn das Scheinverhältniß liquid wäre, da solchenfalls die sofortige Beschwerde gegen den Zuschlag nach § 148 Abs. 1 unter 7 begründet sein würde. Dagegen würde keiner der Fälle vorliegen, in welchen der Schuldner bezw. ein Dritter nach den Vorschriften in §§ 686—690 der C.P.O. Einstellung der Zwangsvollstreckung verlangen kann. Die Aussetzung des Zuschlags kann vielmehr solchenfalls — dafern nicht ein ungedeckter Pfandgläubiger zu dem Antrage § 126, oder der betreibende Gläubiger nach § 82 zur einstweiligen Rücknahme des Versteigerungsantrags sich entschließt — ebenso, wie die Sistirung des weiteren Verfahrens nach etwa bereits erfolgter Zuschlagsertheilung nur auf dem Wege der einstweiligen Verfügung nach § 814 der C.P.O. erreicht werden, zu deren Erlassung im dringenden Falle nach § 820 der C.P.O. auch das Versteigerungsgericht als Amtsgericht der gelegenen Sache zuständig sein würde.

3. Kann auf ein (an sich zulässiges oder unzulässiges) Gebot aus den Gründen dieses Paragraphen der Zuschlag nicht erfolgen, so tritt § 129 ein.

4. Unter dem „anderweiten Versteigerungstermin" in Abs. 2 ist ein solcher zu verstehen, der aus einem der in Abs. 1 aufgeführten Gründe anberaumt worden. Der aus einem anderen Grunde, z. B. § 63 Abs. 1. §§ 82. 99. 126 Abs. 1, anberaumte anderweite Versteigerungstermin gilt im Sinne dieses Paragraphen als erster Versteigerungstermin.

5. Im anderweiten Versteigerungstermin ist § 111 ebenfalls anwendbar.

§ 128.

Außer in dem Falle des § 126 ist ein Widerspruch gegen Ertheilung des Zuschlags nur dann zu beachten, wenn das Gericht befindet, daß bei Nichtbeachtung des Widerspruchs die sofortige Beschwerde gegen den Vertheilungsplan wegen Ertheilung des Zuschlags nach § 148 begründet sein würde.

Der Widerspruch kann nicht auf Gründe gestützt werden, welche die Rechte eines anderen Betheiligten als des Widersprechenden betreffen.

Der Entwurf ließ die Beachtung des Zuschlags auch dann zu, „wenn die Voraussetzungen der Einstellung des Verfahrens vorliegen" (Punkt 1). Die Abänderung ist auf Antrag der Dep. der I. Kammer beschlossen worden, deren Bericht zu diesem Paragraphen folgendermaßen lautet:

„Zunächst ist zu gedenken, daß die Deputation dem Entwurfe in der Uebergehung des Falles zustimmte, wo ein Widerspruch darauf gestützt werden könnte, daß der Meistbietende der Vertragsfähigkeit entbehre. Das Preußische Gesetz läßt in § 75 Ziffer 2 den Widerspruch gegen den Zuschlag dann zu, wenn er darauf gestützt wird, daß dem Meistbietenden die Fähigkeit zum Abschlusse eines Kaufsvertrags oder zum Erwerbe eines Grundstücks mangele. Ist der Widerspruch begründet, so ist nach § 78 Absatz 1 der Zuschlag zu versagen. Hat der Zuschlag gleichwohl stattgefunden, so ist nach §§ 87 bis

89 die Beschwerde gegeben, nach § 92 kann aber in der Beschwerdeinstanz der Mangel der Unfähigkeit noch behoben werden.

Allein es ist zu beachten einmal, daß es nicht wohl angeht, dem Richter eine eingehendere Prüfung der Dispositionsfähigkeit der Bieter aufzuerlegen. Dadurch würden erhebliche Weiterungen entstehen, ohne gleichwohl völlige Sicherheit zu erzielen. Man denke z. B. an den Fall geistiger Störungen. Sodann kommt in Betracht, daß, wenn für den Richter die Unfähigkeit offenkundig ist, derselbe das Gebot zurückweisen wird, wogegen nach § 148 Punkt 6 des Entwurfs die Beschwerde offen ist. Ist sie dem Richter nicht bekannt und auch nicht von anderer Seite geltend gemacht, der Zuschlag aber ertheilt, so muß dieser ähnlich, wie im Falle des freihändigen Verkaufs, gegen den Ersteher im Klagwege von Demjenigen angefochten werden, welcher dadurch eine rechtlich beachtliche Benachtheiligung erlitten hat. Auch der Zwangsverkauf steht unter den allgemeinen Vertragsgrundsätzen (zu vergl. die Bemerkung zu § 116 des Entwurfs (§ 115 des Ges.) unstatthafte Vereinbarungen der Bieter betreffend). Wird aber gegen den Zuschlag Widerspruch erhoben, der Grund desselben jedoch nicht sofort liquid gestellt, so kann auf einseitige Behauptungen hin der Richter nicht an der Ertheilung des Zuschlags behindert sein, während der Fall sofortiger Liquidstellung dem der Offenkundigkeit gleichsteht.

Weiter erscheint der im vorliegenden Paragraphen unter 1 bezeichnete Widerspruchsgrund durch die Bestimmung von § 148 Punkt 1 des Entwurfs in der von der Deputation hierzu vorzuschlagenden abgeänderten Fassung gedeckt und damit das Motiv erledigt, aus welchem er am gegenwärtigen Orte erwähnt worden sein könnte. Es ist auf die einschlagende Bemerkung zu § 148 Punkt 1 zu verweisen und hier nur vorauszuschicken, daß nach § 82 des Entwurfs (§ 81 des Ges.) sowohl der Beschluß auf Einstellung, als der Beschluß auf Ablehnung des Antrags auf Einstellung, wenn sie nicht fristgemäß angefochten sind, rechtskräftig werden und im Falle der Beschwerde nur vom Beschwerdegericht abgeändert werden können."

Bemerkungen.

1. Hervorzuheben ist hier, daß nach § 148 Abs. 3 die sofortige Beschwerde gegen den Zuschlag zu verwerfen ist, wenn sie auf solche Gründe, welche der Beschwerdeführer im Versteigerungstermin bis zum Zuschlag geltend machen konnte und nicht geltend gemacht hat, gestützt und nicht deshalb Widerspruch gegen Ertheilung des Zuschlags erhoben worden ist. — Im Uebrigen vergl. die Bemerkungen zu § 148.

2. Ist die gegen Ablehnung der Einstellung laufende Nothfrist am Tage des Versteigerungstermins noch nicht abgelaufen und wird mit Rücksicht hierauf gegen die Zuschlagsertheilung Widerspruch erhoben, so kann das Gericht, da es seine frühere ablehnende Entschließung nicht selbst abändern darf (§ 540 Abs. 3 der C.P.O.), den Zuschlag auf Grund § 128 Abs. 1 in Verb. mit § 148 Abs. 1 unter 1 nicht verweigern. Befindet das Beschwerdegericht auf die gegen jenen ablehnenden Beschluß gemäß § 81 Abs. 2 erhobene sofortige Beschwerde, daß dem Einstellungsantrage stattzugeben gewesen wäre, so ist neben der Einstellung des Verfahrens auch die Außerkraftsetzung des Zuschlags und im Falle des § 134 Abs. 1 sogar die Außerkraftsetzung des daselbst erwähnten Beschlusses zu verfügen. Aus diesem Grunde wird es in einem solchen Falle räthlich sein, die Abfassung und Verkündung des Vertheilungsplans bezw. die Vollstreckung des in § 134 Abs. 1 erwähnten Beschlusses bis zum Eintritt der Rechtskraft des Ablehnungsbeschlusses zu verschieben.

3. Wegen des weitern Versteigerungsverfahrens, welches nach § 12 Abs. 2 des Kostengesetzes kostenfrei erfolgt, vergl. § 135.

§ 129.

Wenn in Folge der Zurückweisung eines Gebots oder in Folge der Verweigerung des Zuschlags auf ein zugelassenes Gebot ein Zuschlag überhaupt nicht stattfindet, so ist die Zurückweisung des Gebots oder Verweigerung des Zuschlags mittelst eines im Versteigerungstermin zu verkündenden Beschlusses auszusprechen.

Der Beschluß unterliegt der sofortigen Beschwerde Seiten des betreibenden Gläubigers und des Bieters, welcher auf den Zuschlag Anspruch hat. Die Nothfrist beginnt mit der Verkündung des Beschlusses.

Das Beschwerdegericht kann auf das Rechtsmittel des Bieters die Ertheilung des Zuschlags auf dessen Gebot aussprechen, wenn der Bieter zu Protokoll des Gerichtsschreibers oder mittelst eines den Vorschriften in § 116 entsprechenden Schriftstücks erklärt hat, daß er an das Gebot gebunden bleiben wolle. Die in gleicher Form erfolgte Einlegung des Rechtsmittels enthält diese Erklärung.

Ist das Rechtsmittel von dem betreibenden Gläubiger eingelegt und für begründet zu achten, so hat das Beschwerdegericht die Zulassung des zurückgewiesenen Gebots, beziehungsweise die Ertheilung des Zuschlags auf dasselbe in einem auf Antrag des betreibenden Gläubigers anzuberaumenden anderweiten Versteigerungstermin für den Fall anzuordnen, daß das Gebot in diesem Termin erneuert, und nicht übersetzt wird.

Der Entwurf lautete:

„Wenn in Folge der Verweigerung des Zuschlags auf ein erfolgtes Gebot ein Zuschlag überhaupt nicht stattfindet, ist die Verweigerung mittelst eines im Versteigerungstermin zu verkündenden Beschlusses auszusprechen.

Der Beschluß unterliegt der sofortigen Beschwerde Seiten des betreibenden Gläubigers und des Bieters, welcher auf den Zuschlag Anspruch hat.

Das Beschwerdegericht kann auf das Rechtsmittel des Bieters die Ertheilung des Zuschlags auf dessen Gebot aussprechen."

Die jetzige Fassung des Paragraphen ist — abgesehen von einer blos redaktionellen Abänderung — auf Antrag der Dep. der I. Kammer beschlossen worden, deren Bericht folgendermaßen lautet:

„Der in Absatz 1 gesetzte Fall ist auch dann vorhanden, wenn das Gebot zurückgewiesen wird, der erstere Fall aber an die Voraussetzung gebunden, daß das Gebot zugelassen war.

Da ferner der betreffende Beschluß verkündet wird, so macht sich zu Absatz 2 die Bestimmung nöthig, daß die Beschwerdefrist mit der Verkündigung des Beschlusses beginnt.

Zu Absatz 3 endlich ist zu erwähnen:

Daß in den bezüglichen Fällen die Beschwerde selbstständig gegeben werden muß, und zwar sowohl dem Bieter, als dem betreibenden Gläubiger, dessen Forderung durch das Gebot ganz oder theilweise gedeckt war, geht daraus hervor, daß nach §§ 146. 147. 148 bei der dort zugelassenen Beschwerde der bereits erfolgte Zuschlag die Voraussetzung bildet. In der Einwendung des Rechtsmittels seitens des Bieters liegt aber die Erklärung, für den Fall, daß dasselbe Erfolg haben werde, an das unberücksichtigt gebliebene Gebot gebunden sein zu wollen. Das Beschwerdegericht kann mithin, wenn es das Rechtsmittel begründet findet, darauf ohne Weiteres den Zuschlag aussprechen. Da indessen die Einlegung der Beschwerde in der Tendenz der Aufrechterhaltung des Gebots nicht blos einen processualen Akt, sondern zugleich eine vertragsmäßig bindende Willenserklärung enthält, so muß wie im Falle des § 117 des Entwurfs (§ 116 des Ges.) bei schriftlichen Geboten die Identität des Erklärenden liquid gestellt sein, zumal an sich nach § 124 des Entwurfs (§ 122 des Ges.) in Folge der Aufhebung des Versteigerungstermins die Gebote ihre bindende Kraft verlieren. Die Liquidstellung selbst kann erfolgen, wenn entweder die Einlegung der Beschwerde in der Form des § 117 (§ 116) erfolgt oder der Wille der Aufrechthaltung des Gebots in einer besonderen Erklärung unter Beobachtung der gleichen Form oder zu Protokoll des Gerichtsschreibers Ausdruck erhält. Die Zurücknahme der Beschwerde vor der Entscheidung auf dieselbe entzieht der erklärten Aufrechthaltung des Gebots von selbst ihre Wirkung, weil mit der Zurücknahme des Rechtsmittels die Möglichkeit des Eintritts der Bedingung entfällt, an welchen die Wirksamkeit der Erklärung geknüpft war. Dabei ist noch zu berücksichtigen, daß die Ertheilung des Zuschlags dem Ermessen des Beschwerdegerichts im Einzelfalle überlassen bleiben muß. Der Verlauf der Verhandlungen im Versteigerungstermin kann ein solcher gewesen sein, daß ungewiß erscheint, ob durch die Zurückweisung des Gebots die Eröffnung höherer Gebote verhindert worden ist. Dann wird es nach Befinden vorzuziehen sein, die Ertheilung des Zuschlags dem anderweit anzuberaumenden Versteigerungstermine vorzubehalten und die Entscheidung auf die begründet befundene Beschwerde dahin zu beschränken, daß das Gebot nicht zurückzuweisen gewesen wäre und daß auf dasselbe der Zuschlag zu ertheilen sei, wenn es im anderweiten Versteigerungstermine nicht übersetzt wird.

Auch die Entscheidung auf die Beschwerde des betreibenden Gläubigers wird im Falle der Beachtlichkeit nur auf Zulassung des Gebots, eventuell auf Ertheilung des Zuschlags im anderweiten Versteigerungstermine gerichtet werden können. Dann ist dieselbe aber an die Bedingung zu knüpfen, daß das Gebot im Termine wiederholt wird. Denn der Bieter ist daran nach § 124 (122) nicht mehr gebunden."

Bemerkungen.

1. Des in Abs. 1 erwähnten Beschlusses bedarf es nur, wenn aus den angegebenen Gründen ein Zuschlag hinsichtlich des betreffenden Grundstücks überhaupt nicht erfolgt. Nur unter dieser Voraussetzung ist auch die Zurückweisung eines Gebots oder die Verweigerung des Zuschlags auf ein zugelassenes Gebot ohne Weiteres anfechtbar. Ist dagegen der Zuschlag hinsichtlich des betreffenden Grundstücks geschehen, so kann die Zurückweisung eines Gebots oder die Verweigerung des Zuschlags auf ein zugelassenes Gebot nur noch mit der sofortigen Beschwerde gegen den Vertheilungsplan (§ 148), solchenfalls auch mit Erfolg nur dann angefochten werden, wenn mit Grund behauptet werden kann, daß der Zuschlag auf das zurückgewiesene bezw. nicht beachtete Gebot zu ertheilen gewesen wäre. Kommt es, wie im Falle des § 134, gar nicht zur Abfassung eines Vertheilungsplanes, so ist die erwähnte Anfechtung ganz ausgeschlossen.

2. Wie bereits im Dep. Ber. der I. Kammer hervorgehoben worden, ist das Beschwerdegericht im Falle des Abs. 3 nicht behindert, die Ertheilung des

Zuschlags dem anderweit anzuberaumenden Versteigerungstermin vorzubehalten. Ein Recht auf sofortige Zuschlagsertheilung steht dem Bieter ebensowenig zu, wie ein Recht auf Ausschließung höherer Gebote im anderweiten Termine. Der letztere ist auch in diesem Falle nur auf Antrag des betreibenden Gläubigers anzuberaumen. Es gelten von ihm die Bestimmungen des § 135.

3. Nach Abs. 3 ist das Beschwerdegericht unter den daselbst angegebenen Voraussetzungen ermächtigt, die Ertheilung des Zuschlags selbst auszusprechen. Geschieht dies, so ist, sobald der Ersteher den in § 14 Abs. 1 bezeichneten Kaufpreistheil rechtzeitig eingezahlt oder sicher gestellt hat (§ 134 Abs. 4), von Amtswegen Termin zu Verkündung eines Vertheilungsplans anzuberaumen.

4. Mangelt es im Falle des Abs. 3 an der vorausgesetzten Erklärung des Bieters oder an der vorgeschriebenen Form derselben, so ist unter entsprechender Anwendung der Bestimmungen in Abs. 4 die Anberaumung eines anderweiten Versteigerungstermins anzuordnen.

5. Von der Ermächtigung in Abs. 3 Gebrauch zu machen, wird übrigens nicht nur in den Fälleu, deren der Bericht der I. Kammer gedenkt, sondern überall dann bedenklich fallen müssen, wenn nach Prüfung des gesammten Akteninhalts nicht ausgeschlossen erscheint, daß ein anderer Interessent, als der Beschwerdeführer, aus einem der in § 148 angegebenen Gründe wegen Ertheilung des Zuschlags seiner Zeit gegen den Vertheilungsplan mit Erfolg würde remediren können (vergl. auch Bem. 18 zu § 148). Ist dies nach Lage der Sache nicht für ausgeschlossen anzusehen, so wird sich das Beschwerdegericht, sofern das Rechtsmittel des Schuldners begründet ist, auf die Aufhebung des angefochtenen Beschlusses und auf entsprechende Anweisung in Bezug auf die Behandlung des Gebots in dem anzuberaumenden anderweiten Versteigerungstermin zu beschränken, dabei auch zu berücksichtigen haben, daß sich das zulässige Mindestgebot bei der Berechnung im anderweiten Termin zufolge § 135 Abs. 2 verb. mit § 108 Abs. 1. 2 höher stellen muß. Läßt sich übersehen, daß der erhöhte Betrag des Mindestgebots das vorliegende Gebot des Beschwerdeführers übersteigen werde, so wird auch darin ein Grund für das Beschwerdegericht liegen, die Ertheilung des Zuschlags nicht selbst auszusprechen, sofern nicht etwa der Beschwerdeführer in der Abs. 3 gedachten Form sich zum Voraus zur Gewährung des Mehrbetrags verbindlich gemacht hat. Auch im Fall des Abs. 4 muß die daselbst gedachte Anordnung bei solcher Sachlage an die Voraussetzung geknüpft werden, daß das in Frage stehende Gebot im anderweiten Versteigerungstermin so erhöht werde, daß es dem Erfordernisse des § 10 nach Maßgabe der in diesem Termin erfolgenden anderweiten Feststellung des Mindestgebots entspricht.

6. Wegen des weiteren Versteigerungsverfahrens, welches nach § 12 Abs. 2 des Kostengesetzes kostenfrei erfolgt, vergl. § 135.

§ 130.

Vor Ablauf einer Stunde nach Eröffnung des Versteigerungstermins darf der Zuschlag auf ein Gebot, welches die auf dem Grundstücke lastenden Ansprüche nicht vollständig deckt, sowie im Fall des § 129 der Schluß des Termins nicht erfolgen.

Entwurf gleichlautend.

Motive. „Eine Bestimmung über die geringste Dauer des Versteigerungstermins findet sich in dem geltenden Rechte nicht. Für das Verfahren, wie es nach dem Entwurf sich gestaltet, ist sie nöthig, weil den Realberechtigten und Bietern eine gewisse Zeit gelassen werden muß, um die vorheilhaftesten Kaufsbedingungen in Erwägung zu ziehen. Auch verlangt das Interesse des betreibenden Gläubigers an dem Erfolg des Versteigerungsverfahrens einen Schutz gegen vorzeitige Aufhebung des Termins."

Bemerkungen.

Die einstündige Frist ist, wenn die Eröffnung des Termins thatsächlich erst nach der bestimmten Tagesstunde (§ 96 Abs. 1 u. § 97 unter 4) erfolgt war, von der thatsächlichen Eröffnung an, andernfalls von jener Tagesstunde an zu berechnen.

§ 131.

Der Zuschlag erfolgt im Versteigerungstermin durch Verkündung eines Beschlusses, in welchem das versteigerte Grundstück nach seinem Grundbuchfolium, die Person des Erstehers und die Höhe des Gebots zu bezeichnen ist, auf welches der Zuschlag ertheilt wird.

Entwurf gleichlautend.

Ausf.-Verordn. § 38 (zu § 131). Ist die Versteigerung des Grundstücks auf bewegliche Sachen erstreckt worden (§ 45 des Gesetzes), so genügt zur Bezeichnung des Gegenstandes der Versteigerung in dem Beschlusse neben der Bezeichnung des Grundstücks die allgemeine Angabe, daß es nebst Mobilien erstanden worden sei.

Bemerkungen.

1. Auch nach dem neuen Gesetz kommt der Vertragsabschluß über das zu versteigernde Grundstück dadurch zu Stande, daß das Gericht durch die öffentliche Bekanntmachung sich verpflichtet, demjenigen, welcher das höchste zulässige Gebot thun werde, das Grundstück zu verkaufen, und der Bieter dieses Vertragsanerbieten durch Eröffnung seines Gebotes annimmt. Der auf diese Weise mit dem Bieter abgeschlossene Vertrag ist jedoch von der Bedingung abhängig, daß das Gebot bis zu einem gewissen Ereigniß durch ein höheres Gebot nicht überholt wird (§ 819 des B.G.B.). Dieses Ereigniß bildet der Zuschlag. Derselbe hat daher auch nach dem neuen Gesetz nicht etwa die Bedeutung eines der Annahme eines vom Bieter gemachten Vertragsanerbietens, sondern nur den Zweck, den bereits vorher, jedoch bedingt, abgeschlossenen Vertrag zu einem unbedingten zu machen. Die Herbeiführung jenes Ereignisses darf der Richter nicht willkürlich vereiteln oder verzögern. Insoweit hat der Meistbietende einen Anspruch gegen ihn (Bem. 4 zu § 125). Der Richter kann jedoch an der Herbeiführung dieses

Ereignisses — abgesehen von dem besonderen Falle des § 127 — gehindert werden, theils durch die Einstellung des Verfahrens (§§ 81. 82), theils durch begründete Widersprüche seitens anderer Personen als des betreffenden Bieters (§§ 125. 126. 128). Hieraus folgt, daß der durch die Gebotseröffnung zu Stande gekommene Vertrag zugleich von der weiteren Bedingung abhängig ist, daß nicht eine der Thatsachen eintritt, welche der Richter an der Herbeiführung jenes Ereignisses zu hindern vermögen. Der Zuschlag hat daher den Zweck, auch diesen Thatsachen gegenüber einen Präklusivtermin festzustellen und somit den Vertrag, auch insoweit er nach dieser Richtung hin bedingt war, zu einem unbedingten zu machen. Außerdem sollen durch den den Zuschlag aussprechenden Beschluß — und dies ist eine neue Einrichtung — die wichtigsten Vertragspunkte, Gegenstand, Käufer, Kaufpreis, festgestellt werden. Diese Feststellung ist, wie aus §§ 138 flg., insbesondere § 148 Abs. 1 unter 9, zu entnehmen, die für das Verhältniß des Erstehers zu dem Gericht und den Inhabern der vom Ersteher zu übernehmenden Forderungen maßgebende. — Freilich ist der Kaufvertrag auch nach dem Zuschlag immer noch unter der Resolutivbestimmung abgeschlossen, daß der letztere nicht vom Beschwerdegericht außer Kraft gesetzt wird. Zu einem völlig unbedingten wird daher der Vertrag erst mit der Rechtskraft des Zuschlags.

2. Für den im Gesetz angenommenen Normalfall, daß lediglich das Grundstück, und zwar dieses in dem zur Zeit der Versteigerung vorhandenen Bestande den Vertragsgegenstand bildet, genügt zur Bezeichnung des letzteren die Aufführung des Grundstücks nach seiner Foliennummer. Tritt von jener Regel eine Ausnahme ein, sei es in Folge Vereinbarung der Betheiligten, sei es in Folge §§ 519 oder 528 des B.G.B. (durch Versteigerung des Grundstücks ohne Reallast bezw. Dienstbarkeit), werden insbesondere mit dem Grundstücke gemäß § 45 bewegliche Sachen versteigert, so ist dies im Zuschlagsbeschlusse (im letzteren Falle auf die in der A.V. bezeichneten Weise) besonders hervorzuheben.

3. Der Beschluß, welcher nach § 136 in das Terminsprotokoll aufzunehmen, ist der Regel nach ebenso, wie im Falle von § 129 Abs. 1, in dem nämlichen Termine zu verkünden, in welchem die Versteigerung erfolgte. Macht sich vorher die Vertagung des Termins nöthig (§ 37 der A.V. zu § 122), so kann im fortgesetzten Termin bis zum Beginn der Verkündung des Zuschlagsbeschlusses alles das mit rechtlicher Wirksamkeit noch nachgeholt werden, was bis zum Zuschlag im ersten Termin geschehen konnte (Einstellung des Verfahrens, Eröffnung neuer Gebote, Abänderung der Kaufsbedingungen, Widerspruch gegen den Zuschlag u. s. w.).

§ 132.

Dem Ersteher ist auf seinen Antrag wegen Erlegung des in § 14 Absatz 1 bezeichneten Theils des Kaufpreises auf die Zeit bis zum Ablauf von 2 Wochen nach dem Termin zur Verkündung des Vertheilungsplans Gestundung zu ertheilen, dafern wegen des in dem § 107 gedachten Verzeichnisse zur Ziffer gebrachten Betrags dieses Theils des Kaufpreises und eines Zuschlags von 20 vom Hundert Sicherheit geleistet wird. Der Betrag ist solchenfalls bis zur Erlegung nach Höhe von 5 vom Hundert zu verzinsen.

Hat sich in Folge nachträglicher Anmeldung von Ansprüchen, welche nach § 101 Absatz 2. 3 zu berücksichtigen ist, der in dem gedachten Verzeichnisse zur Ziffer gebrachte Betrag jenes Theils des Kaufpreises erhöht, so haftet die bestellte Sicherheit mit für den Mehrbetrag.

Entwurf gleichlautend.

Motive. „Die Bemessung der Frist, für welche dem Ersteher Gestundung soll ertheilt werden dürfen, hängt damit zusammen, daß die Vertheilung nicht vor Ablauf der Beschwerdefrist (§§ 145. 146. 157) erfolgen kann. Die Zinsen wachsen der Erstehungsgeldermasse zu.

Ein Zuschlag in Höhe von 20% des Schuldbetrags ist bestimmt, weil Coursschwankungen der hinterlegten Werthpapiere möglich sind und die Sicherheit auch für den in § 132 Absatz 2 gedachten Mehrbetrag haften soll."

Bemerkungen.

1. Die Sicherheitssumme ist lediglich auf Grund des Verzeichnisses § 107 zu berechnen. Dagegen richtet sich der Betrag, welchen der Ersteher nach Ablauf der Gestundungsfrist baar zu zahlen und bis dahin zu verzinsen hat, nach der wirklichen, also unter Berücksichtigung der zulässigen nachträglichen Anmeldungen zu berechnenden Höhe des in § 14 Abs. 1 bezeichneten Kaufpreistheiles. Die Sicherheit haftet auch mit für die Zinsen.

2. Die dem Ersteher ausdrücklich zu bewilligende Gestundung darf nur bis zum Ablauf von zwei Wochen nach dem Verkündungstermine reichen. Wird durch ein Rechtsmittel gegen den Vertheilungsplan das Inkraftbleiben des Zuschlags in Frage gestellt (§ 147 u. § 154 Abs. 1), so erlangt der Ersteher thatsächlich weitere Gestundung bis zur rechtskräftigen Feststellung dieses Punktes, da das Vollstreckungsgericht solchenfalls vorher nicht gegen ihn vorgehen darf (§ 157).

3. Wegen des übrigen, nach § 13 unter 4 und 5 baar zu zahlenden Kaufpreistheiles kann das Gericht über die nach § 114 bei Feststellung der Kaufsbedingungen festgesetzten Termine hinaus nur mit Zustimmung der darauf angewiesenen Realberechtigten Gestundung ertheilen. Wegen des etwaigen, dem Schuldner gebührenden Ueberschusses vom Kaufpreise ist in § 167 Bestimmung getroffen.

4. Die Ansprüche, welche aus dem in Abs. 1 erwähnten Kaufpreistheile getilgt werden, sind insgesammt unverzinsliche. Von einem großen Theile derselben würden nicht einmal Verzugszinsen gefordert werden dürfen (§§ 679. 742 des B.G.B.). Andererseits geht das Gesetz davon aus, daß jene Ansprüche nicht, wie die in § 13 unter 4 u. 5 aufgeführten (Bem. 1 zu § 13 und Bem. 3 zu § 15) durch die im Vertheilungsplane erfolgende

Ueberweisung der Kaufpreisforderung, sondern durch Auszahlung des vom Ersteher eingezahlten entsprechenden Kaufpreistheils getilgt werden (§ 157 Abs. 1 und § 134 Abs. 2). Hieraus folgt, daß die nach Abs. 1 vom Ersteher zu entrichtenden Zinsen nicht, wie die in § 15 erwähnten, den betreffenden Realberechtigten gebühren, sondern — wie auch in den Motiven hervorgehoben worden — der Erstehungsgeldermasse zuwachsen. Wegen der Verwendung dieser Zinsen vergl. die Bemerkungen zu § 139.

§ 133.

Die Sicherheitsleistung ist in den Fällen der §§ 126. 132 durch Hinterlegung von inländischen Staatspapieren oder auf den Inhaber gestellten Schuldverschreibungen des Deutschen Reichs oder eines Deutschen Bundesstaats nebst den dazu gehörigen Zinsscheinen und Zinsleisten zu bewirken.

Die Papiere sind nach dem, soweit nöthig vom Ersteher nachzuweisenden Courswerth, jedoch nicht über den Nennwerth anzunehmen.

Einlagebücher inländischer öffentlicher Sparkassen und andere inländische öffentliche Werthpapiere können nach Ermessen des Gerichts angenommen werden.

Außer Cours gesetzte Papiere dürfen nicht angenommen werden.

Entwurf bis auf lediglich redaktionelle Abänderungen gleichlautend.

Bemerkungen.

1. Die Hinterlegung hat bei dem Versteigerungsgerichte zu geschehen.
2. Wegen der „anderen inländischen öffentlichen Werthpapiere" vergl. § 297 des B.G.B.

§ 134.

Wird der in § 14 Absatz 1 bezeichnete Theil des Kaufpreises im Versteigerungstermin weder baar erlegt noch in der vorgeschriebenen Weise sichergestellt, so ist der Ersteher mittelst Beschlusses aller durch den Zuschlag erworbenen Rechte für verlustig zu erklären und gleichzeitig zur Nachzahlung dieses als verwirkt anzusehenden Betrages zu verurtheilen.

Der Beschluß unterliegt der sofortigen Beschwerde. Die Vollstreckung ist von Amtswegen zu verfügen. Der eingebrachte Schuldbetrag ist zur Befriedigung der in § 13 unter 1. 2. 3

gedachten Ansprüche nach Maßgabe ihrer Rangordnung an die Forderungsberechtigten auszuzahlen.

Außerdem bleibt der Ersteher für den Fall, daß das Gebot, auf welches der Zuschlag ertheilt war, bei der anderweiten Versteigerung nicht erreicht wird, den benachtheiligten Realberechtigten sowie dem Schuldner in Ansehung des erlittenen Schadens ersatzpflichtig.

Wird die Ertheilung des Zuschlags von dem Beschwerdegericht ausgesprochen, so finden die vorstehenden Bestimmungen Anwendung, wenn die Einzahlung oder Sicherstellung nicht längstens am siebenten Tage nach der Verkündung oder der Zustellung der Entscheidung des Beschwerdegerichts erfolgt.

Der im Entwurf fehlende Absatz 4 ist auf Antrag der Dep. der II. Kammer aufgenommen worden.

Motive. „Zur Abwendung der Gefahr eines Verkaufs an zahlungsunfähige Personen und zur Verhütung von Scheinmanövern ist es unerläßlich, daß, wenn nicht Zahlung, doch wenigstens Sicherheit sofort geleistet werde.

Die von Amtswegen beizutreibende Summe, welche zur Deckung der im § 13 unter 1. 2. 3 gedachten Ansprüche bestimmt ist, gelangt zur Auszahlung an die Empfangsberechtigten, auch wenn die Versteigerung nicht fortgesetzt werden sollte. Sie charakterisirt sich als ein Reugeld, dessen Verfall dem Schuldner zu Statten kommt.

Ob die im Absatz 3 erwähnte weitergehende Haftung eintritt, ist vorkommenden Falls im Prozeßwege zu entscheiden."

Bemerkungen.

1. Der Beschluß muß erlassen werden, sobald im Versteigerungstermin bezw. innerhalb der in Abs. 4 erwähnten Frist der erforderliche Betrag weder baar oder durch Aufrechnung gezahlt, noch in der vorgeschriebenen Weise sicher gestellt wird. Von dieser Verpflichtung kann das Gericht auch nicht durch Vereinbarung aller Betheiligten entbunden werden. — Vergl. die Bemerkungen zu § 112. Nur den Betrag eines eigenen Anspruchs, welcher aus jenem Kaufpreistheile zu befriedigen sein würde, braucht der Ersteher nicht zu erlegen oder sicher zu stellen, und zwar selbst dann nicht, wenn dieser Anspruch bestritten sein sollte, da, wenn der letztere in Wirklichkeit nicht bestehen sollte, der bei Verlust des Erstehungsrechts sofort baar zu zahlende oder sicher zu stellende Kaufpreistheil um so viel weniger betragen würde.

2. Aus dem Gesagten folgt, daß der Ersteher mit der von ihm gegen den Beschluß eingelegten sofortigen Beschwerde lediglich dem Gericht gegenüber steht. Wird der Beschluß vom Beschwerdegericht aufgehoben, so ist Vertheilungsplan abzufassen.

3. In Ansehung der Zwangsvollstreckung gehört der Beschluß zu den in § 706 der C.P.O. erwähnten „anderen Schuldtiteln", auf Grund deren die Landesgesetzgebung die gerichtliche Zwangsvollstreckung zulassen kann,

welche sich, soweit dafür nicht abweichende Bestimmungen getroffen worden, nach den Vorschriften der C.P.O. richtet. Der Beschluß ist analog den in § 702 unter 3 aufgeführten Entscheidungen zu behandeln.

4. Für die Ertheilung der vollstreckbaren Ausfertigung des Beschlusses sind Kosten nicht anzusetzen, die durch die Zwangsvollstreckung selbst entstehenden Kosten aber vom Ersteher mit einzubringen.

5. Die Vollstreckung des Beschlusses ist von Amtswegen zu verfügen, und zwar unerwartet der Rechtskraft desselben (Bem. 4 zu § 51). Zu einer Anordnung im Sinne § 535 Abs. 2 und 3 der C.P.O. würde hier um deswillen keine Veranlassung vorliegen, weil selbst für den Fall der Beachtung der vom Ersteher eingelegten sofortigen Beschwerde die Verpflichtung des letzteren zur Zahlung des von ihm einzubringenden Betrags bestehen bleiben würde.

6. Bei der Vollstreckung des Beschlusses ist nach Außen, d. h. dem Ersteher und allen dritten Personen gegenüber, das Gericht der Antragsteller. Dasselbe hat daher auch die nach der C.P.O. im Zwangsvollstreckungsverfahren dem antragstellenden Gläubiger zukommenden Rechte und Verpflichtungen. Zur Ausübung derselben kann es, sobald dies nöthig wird (z. B. wenn die dem Ersteher abgepfändeten Gegenstände von Dritten reklamirt werden), einen Vertreter (Aktor) bestellen. Nach Innen handelt dagegen das Gericht nur als Vertreter der in Abs. 2 erwähnten Forderungsberechtigten. Es steht ihm daher das Recht zu, die durch die Zwangsvollstreckung aufgelaufenen, vom Ersteher nicht einzubringenden und in Folge dessen von ihm zu vertretenden Kosten von jenen Personen nach Verhältniß des Forderungsbetrags vergütet zu verlangen. Dafür ist aber auch das Gericht hinsichtlich der Vollstreckung des Beschlusses von den Willen jener Personen in der Weise abhängig, daß es zwar deren Zustimmung nicht einzuholen braucht, jedoch gegen den erklärten Willen derselben nichts vornehmen darf. Jedem Realberechtigten steht frei, in Ansehung des ihm gebührenden Betrags der Einleitung bezw. Fortstellung des Zwangsvollstreckungsverfahrens gegen den Ersteher zu widersprechen. Solchenfalls geht die Vollstreckung hinsichtlich jenes Betrags nur noch auf Kosten des Schuldners. Widerspricht auch der letztere, so hat die Vollstreckung insoweit ganz zu unterbleiben.

7. Wird der Beschluß rechtskräftig, so kommt es nicht zur Abfassung eines Vertheilungsplans. Die etwa durch Zurückweisung eines Gebots verletzten Betheiligten haben daher keine Gelegenheit, den ertheilten Zuschlag anzufechten. Zur Vertheilung des vom Ersteher eingebrachten Betrags bedarf es keines besonderen Vertheilungsplans; es genügt vielmehr das nach § 107 des Ges. aufgestellte, bezw. nach § 28 der A.V. (zu § 107) ergänzte Verzeichniß. — Ein neuer Versteigerungstermin wird nur auf Antrag des betreibenden Gläubigers anberaumt (§ 135).

8. Wird der Zuschlag auf dem in Abs. 4 angegebenen Wege erst nach dem Versteigerungstermine ertheilt (§ 129 Abs. 3), so hat der Ersteher zwar den zu Tilgung der Forderungen § 13 unter 4 und 5 bestimmten Kaufpreistheil (Bem. 3 zu § 15), nicht aber auch den Kaufpreistheil § 14

Abs. 1 bereits vom Versteigerungstermine an zu verzinsen. Er führt vielmehr solchenfalls innerhalb der in Abs. 4 erwähnten Frist nur den zuletzt bezeichneten Kaufpreistheil ab. Erst dann, wenn er von dem in § 132 Abs. 1 erwähnten Rechte Gebrauch macht, hat er, und zwar von Ablauf der in Abs. 4 gesetzten siebentägigen Frist an, auch den gedachten Kaufpreistheil zu verzinsen.

9. Wegen des Falles, wenn der Zuschlagsbeschluß auf die gegen Ablehnung der Einstellung erhobene sofortige Beschwerde nachträglich wieder außer Kraft gesetzt werden sollte, vergl. Bem. 2 zu § 128.

§ 135.

Wird in den Fällen der §§ 127. 128. 129 Absatz 4. 134 der Antrag auf Anberaumung anderweiten Versteigerungstermins nicht innerhalb einer dreimonatigen Frist von Eintritt der Rechtskraft des Beschlusses an gestellt, nach welchem er gestellt werden kann, so ist der Versteigerungsantrag für zurückgenommen zu achten.

Ist anderweiter Versteigerungstermin anzuberaumen, so kommen die Vorschriften in § 108 entsprechend zur Anwendung.

Wegen der Entstehung dieses im Entwurf an dieser Stelle fehlenden Paragraphen vergl. das zu § 108 unmittelbar hinter dem Text Gesagte.

Bemerkungen.

Vergl. Bem. 2 und 4 zu § 82.

§ 136.

Das über den Versteigerungstermin aufzunehmende Protokoll soll über alle für die Beurtheilung des Ergebnisses der stattgehabten Verhandlungen einflußreichen Vorgänge Auskunft geben.

Insbesondere sind in demselben die Zeit der Eröffnung des Termins und des Zuschlags, der Betrag des festgesetzten Mindestgebots, die im Termin mündlich erfolgten nachträglichen Anmeldungen von Forderungen, die im Termin erhobenen Einwendungen gegen zu berücksichtigende Forderungen, die vereinbarten Abänderungen gesetzlicher Kaufsbedingungen, die Zurückweisung von Geboten, Erklärungen des in § 110 angegebenen Inhalts, Widersprüche gegen den Zuschlag, deren Begründung und die darauf gefaßten Entschließungen, die Ertheilung des Zuschlags unter Bezeichnung des Grundstücks, des Erstehers und des Gebots, auf welches der Zuschlag erfolgt ist, sowie die erfolgte Zahlung oder Sicherheitsleistung zu erwähnen.

Im Uebrigen finden auf das Protokoll die Vorschriften in §§ 148 bis 150 der Civilproceßordnung entsprechende Anwendung. Es bedarf jedoch der in § 148 daselbst vorgeschriebenen Vorlesung des Protokolls nicht, wenn sich die Betheiligten vor dem Schluß des Termins entfernt haben. Die in Absatz 2 erwähnten Vorgänge können nur durch das Protokoll bewiesen werden.

Entwurf gleichlautend.

Motive. „Die Feststellung aller für die Beurtheilung des Ergebnisses der Versteigerung einflußreichen Vorgänge im Protokolle ist unerläßlich für die Beschwerdeinstanz. Deshalb ist im Absatz 3 bestimmt, daß jene Vorgänge nur durch das Protokoll bewiesen werden können. Da die Vorlesung erfolgt, sind die Betheiligten in der Lage, die Genauigkeit und Vollständigkeit der Niederschrift zu kontroliren."

Bemerkungen.

Wegen des Zuschlagsbeschlusses vergl. Bem. 2 zu § 131.

§ 137.

Ist der Zuschlag erfolgt, so hat das Vollstreckungsgericht alsbald die Verlautbarung der stattgehabten Versteigerung im Grundbuch von Amtswegen zu veranlassen.

Dieser Paragraph bildete im Entwurf den 4. Absatz des vorhergehenden Paragraphen und enthielt nach „alsbald" noch die Worte „nach Schluß des Versteigerungstermins". Die Trennung bez. Abänderung ist auf Antrag der Deputation der II. Kammer erfolgt.

Bemerkungen.

1. Der Eintrag ist nach Verkündung des Zuschlagsbeschlusses (§ 131 bezw. 129 Abs. 3) unerwartet der Rechtskraft desselben zu veranlassen.

2. Die Zwangsversteigerung hat nach dem neuen Gesetze zwar nicht mehr die sofortige Erlöschung sämmtlicher Hypotheken zur Folge, wohl aber die Wirkung, daß die Hypotheken hinsichtlich ihres Umfanges und Bestandes, sowie hinsichtlich ihrer Wirkungen gewissen Beschränkungen unterworfen sind, vergl. namentlich § 4 unter 3, 4. §§ 6. 8. 9. 12. 19. 20. 143. 166. 172—174. Durch den Eintrag der Versteigerung werden diese Folgen unter den Schutz der Oeffentlichkeit des Grund- und Hypothekenbuchs gestellt. Außerdem wird durch diesen Eintrag indirekt zugleich das dem Ersteher nach § 176 Abs. 2 vom Versteigerungstermin an zustehende Nutzungsrecht verlautbart (Bem. 4 zu § 176).

VI. Vertheilungsplan und Rechtsmittel.

§ 138.

Auf Grund des erfolgten Zuschlags, des Grund- und Hypothekenbuchs und der Grundakten sowie der bewirkten Anmeldungen, beziehungsweise nach Maßgabe der vereinbarten Kaufbedingungen ist der Vertheilungsplan aufzustellen.

Entwurf gleichlautend.

Motive zu §§ 138—140. „Nach dem Entwurfe kann die Vertheilung des Kaufpreises auf Grund des Inhalts des Hypothekenbuchs, der Grundakten, der erfolgten Anmeldungen und des im Versteigerungstermin Verhandelten erfolgen, ohne daß es noch eines besonderen Verfahrens bedarf. Mit Hülfe des Verzeichnisses, welches nach § 107 aufzustellen und noch vor dem Versteigerungstermin zur Einsicht der Betheiligten bereit zu halten ist, wird die Herstellung des Vertheilungsplanes innerhalb kürzester Frist ohne Schwierigkeiten erfolgen können.

Die Widersprüche, welche etwa gegen einzelne Forderungen erhoben worden sind, werden durch die bedingte Feststellung der eventuell zur Befriedigung gelangenden Ansprüche (§ 140) zur Erscheinung gebracht. Bei der schließlichen Vertheilung ist das Interesse des Widersprechenden durch die Vorschriften in §§ 157. 158 gewahrt. Daß die Rechtskraft des Vertheilungsplans die Berücksichtigung nachträglicher Beanstandung locirter Forderungen bei Ausführung des Vertheilungsplans nicht ausschließt, erhellt aus § 24.

Das Rechtsmittel, mittelst dessen nach § 148 die nach § 131 erfolgte Ertheilung des Zuschlags anfechtbar sein soll, ist nach §§ 146. 147 gegen den Vertheilungsplan einzulegen, mithin auch an dieselbe Frist wie das gegen die Dispositionen des Vertheilungsplans selbst gerichtete Rechtsmittel gebunden. Diese Einrichtung verhütet einerseits alle Weiterungen und Verzögerungen, welche mit einer in besonderem Verfahren herbeizuführenden Erledigung der gegen den Zuschlag und der gegen die Dispositionen des Vertheilungsplans gerichteten Rechtsmittel verbunden sein würden, und bietet andererseits den Vortheil dar, daß die Betheiligten, wenn es sich darum handelt, sich darüber schlüssig zu machen, ob die Ertheilung des Zuschlags angefochten werden solle, einen vollständigen Ueberblick der Konsequenzen des erfolgten Zuschlags für die Gestaltung der von der Zwangsversteigerung berührten Rechtsverhältnisse bereits haben und demzufolge mit Zuverlässigkeit die Größe des Interesses zu berechnen in der Lage sind, welches bei der Verfolgung eines etwa begründeten formellen Rechts auf Anfechtung des Zuschlags auf dem Spiele stehen kann. Allerdings zwar kann die Einrichtung zur Folge haben, daß die Mühe der Fertigung des Vertheilungsplans in einzelnen Fällen vergeblich aufgewendet wird, denn wenn vom Beschwerdegericht der Zuschlag außer Kraft gesetzt werden sollte, so wird auch die rechnungsmäßige Uebersicht des Vertheilungsplanes hinfällig. Allein die Vergeblichkeit der darauf verwendeten Arbeit kann gegenüber den Vortheilen, die das Verfahren in allen Fällen bietet, wo es zur Anfechtung des Zuschlags nicht kommt, und bei der voraussetzlichen Seltenheit der Fälle, in denen er mit Erfolg wird angefochten werden können, nicht in's Gewicht fallen."

Bemerkungen.

Die im Paragraphen aufgeführten Unterlagen für den Vertheilungsplan sollen, wie auch aus den Motiven zu entnehmen, nicht die einzigen sein, welche zu berücksichtigen sind. Es gehören dazu auch die in den Terminen erfolgten Feststellungen von Ansprüchen, die beigebrachten rechtskräftigen Urtheile über den Bestand oder Vorrang von Forderungen (§§ 21 flg.), wie überhaupt der gesammte, für die Vertheilung erhebliche Inhalt der Versteigerungsakten.

§ 139.

Im Vertheilungsplan sind unter Verweisung auf den Inhalt des Beschlusses, durch dessen Verkündung der Zuschlag erfolgt ist, festzustellen:

1. die einzelnen Ansprüche, welche aus den Kaufgeldern zu bezahlen sind, unter Benennung der Forderungsberechtigten und Angabe der Reihenfolge, in welcher ihre Befriedigung zu erfolgen hat, sowie der Zeit, zu welcher die Zahlungen Seiten des Erstehers zu bewirken sind;
2. die auf dem Grundstück lastenden und vom Ersteher in Anrechnung auf den Kaufpreis zu übernehmenden Schulden, unter Benennung der Gläubiger und Bezeichnung ihrer Rangordnung, sowie mit der Angabe, nach welcher Höhe die einzelnen Beträge auf die Zeit vom Versteigerungstermin an zu verzinsen sind.

Entwurf gleichlautend. — Motive s. zu § 138.

Bemerkungen.

1. In welcher Weise der Kaufpreis selbst zu vertheilen, ergiebt sich aus den Bestimmungen in §§ 13. 14. 16. 141. — Die von dem zu zahlenden Theile des Kaufpreises zu entrichtenden Zinsen sind, soweit sie den zur Deckung der Forderungen § 13 unter 4. 5 bestimmten Kaufpreistheil betreffen, den Inhabern dieser Forderungen (Bem. 3 zu § 15), soweit sie aber auf Grund § 18 Abs. 2 und § 132 Abs. 1 zu entrichten, als ein dem Kaufpreise zuwachsender Betrag denjenigen Gläubigern zuzuweisen, welche, wenn der Kaufpreis selbst um so viel höher gewesen wäre, Anspruch auf diesen Mehrbetrag gehabt haben würden. Sind derartige Gläubiger nicht vorhanden, so gebühren diese Zinsen in gleicher Maße, wie ein etwaiger Ueberschuß vom Kaufpreise selbst, nach § 167 dem Schuldner.

2. Bei der Abfassung des Vertheilungsplanes ist in allen Beziehungen, insbesondere auch bei der Bezeichnung der Zahlungstage, welche den gemäß § 114 gesetzten Fristen entsprechen (vergl. hierzu die Bemerkungen zu § 114), davon auszugehen, daß der Zuschlag unangefochten bleiben werde. Denn wird gegen den letzteren die sofortige Beschwerde erhoben, so wird der Vertheilungsplan in seiner gegenwärtigen Fassung in der Regel hinfällig, und zwar selbst dann, wenn die Beschwerde verworfen wird. Selbst in diesem Falle wird in der Regel — nunmehr auf Grund des rechtskräftigen Zuschlags — ein anderweiter Vertheilungsplan abgefaßt und verkündet werden müssen. Vergl. Bem. 2 zu § 155.

§ 140.

Befinden sich unter den durch das Kaufgeld gedeckten Hypotheken solche, auf welche, falls sie in Anrechnung auf den Kaufpreis zu übernehmen sind, die Bestimmung in § 16 Absatz 2 sich bezieht, so hat sich die Feststellung im Vertheilungsplan zugleich auf diejenigen Ansprüche zu erstrecken, welche auf den betreffenden Theil des Kaufpreises für den Fall anzuweisen sind, daß die Haftbarkeit desselben für die durch jene Hypotheken sicher gestellt gewesenen Forderungen ganz oder theilweise in Wegfall kommt.

Entwurf gleichlautend.

Bemerkungen.

1. Der Paragraph betrifft die in § 16 Abs. 2 aufgeführten Hypotheken, also

a) Kautionshypotheken im weiteren Sinne,
b) Hypotheken, welche in Kraft vorläufiger Vollstreckung oder auf Grund eines Arrestbefehls eingetragen worden,
c) Hypotheken, bezüglich deren das Vorhandensein einer Forderung im Versteigerungsverfahren bestritten worden ist,
d) Hypotheken, welche auf mehreren (nicht um ein Gesammtgebot versteigerten) Grundstücken ungetheilt haften.

Dabei wird nicht unterschieden, ob eine solche Hypothek

I. nach § 16 vom Ersteher zu übernehmen, oder
II. nach § 14 Abs. 2 aus dem baar zu zahlenden Kaufpreise zu tilgen ist.

In dem einen, wie in dem anderen Falle soll die eventuell eintretende weitere Hypothek (welche nach Befinden wiederum unter a—d fallen kann) im Vertheilungsplane bezeichnet werden. Dieser Feststellung bedarf es selbstverständlich nicht, wenn der Grund, aus welchem die in Frage stehende Hypothek unter a—d fiel, zur Zeit der Abfassung des Vertheilungsplanes sich bereits erledigt hatte

Der § 140 giebt nur eine Vorschrift für den Vertheilungsplan. Wie es im Falle unter II und, dafern der Ersteher von dem Einzahlungsrechte des § 19 Gebrauch gemacht hat, auch im Falle unter I mit den eingezahlten Geldern zu halten, ist in §§ 159—161 des Ges. und § 43 der A.V. (zu § 162) bestimmt. Der im Falle unter I nöthige Eintrag ist in § 162 geregelt.

2. Die §§ 39 und 40 der A.V. zu § 140 regeln an sich nur den Fall oben unter I. Doch ist § 39 auch auf den Fall unter II. entsprechend anzuwenden.

Ausf.-Verordn. § 39 (zu § 140). Befindet sich unter den von dem Ersteher in Anrechnung auf den Kaufpreis zu übernehmenden Ansprüchen ein solcher, welcher unter die Bestimmungen in § 16 Absatz 2 des Gesetzes fällt (ein ungewisser Anspruch), so sind in dem Vertheilungsplane alle auf dem Grundstücke lastenden hypothekarischen Forderungen, welche, falls der ungewisse Anspruch aus einem anderen Grunde, als in Folge Befriedigung durch den Ersteher ganz oder theilweis in Wegfall kommt, zur Befriedigung aus dem Kaufpreise gelangen können (bedingt angewiesene Ansprüche), unter Angabe ihres Rangverhältnisses festzustellen. Die bedingte Anweisung ist für den Fall, daß der dabei an früherer Stelle zu berücksichtigende Anspruch bei dem Eintritte der Bedingung nicht mehr besteht, auf den im Range nächststehenden Anspruch zu erstrecken. Auch ist im Vertheilungsplane auszusprechen, daß, falls zur Zeit des Eintritts der Bedingung ein bedingt angewiesener Anspruch überhaupt nicht mehr besteht, der durch den Wegfall des ungewissen Anspruchs frei gewordene Theil des Kaufpreises dem Schuldner zufalle.

Ausf.=Verordn. § 40. Nach Eröffnung des Vertheilungsplanes darf die für einen auf den Kaufpreis angewiesenen ungewissen Anspruch eingetragene Hypothek, dafern deren Löschung aus einem Rechtsgrunde beantragt wird, vermöge dessen die im Vertheilungsplan enthaltene bedingte Anweisung nicht in Wirksamkeit getreten ist, nur gleichzeitig mit der bedingten Anweisung gelöscht werden. Ist dagegen vermöge des Rechtsgrundes, aus welchem die Löschung der Hypothek beantragt wird, die bedingte Anweisung in Wirksamkeit getreten, so hat gleichzeitig mit der Löschung der Hypothek die Eintragung einer bedingt angewiesenen Forderung zu erfolgen.

Die in Absatz 1 gedachten Einträge können nur auf Grund eines von dem Vollstreckungsgericht zu ertheilenden Nachtrags zum Vertheilungsplan erfolgen, in welchem ausgesprochen ist, entweder, daß die im Vertheilungsplan enthaltene bedingte Anweisung nicht in Wirksamkeit getreten, oder, daß und inwieweit die bedingte Anweisung in Wirksamkeit getreten und welche der bedingt angewiesenen Forderungen und zu welchem Betrage dieselbe eingetragen sei.

Die Hypothekenbehörden haben deshalb die bei ihnen gestellten Anträge auf Löschung der auf den Kaufpreis angewiesenen ungewissen hypothekarischen Forderungen vorerst an das Vollstreckungsgericht behufs Ertheilung des Nachtrags zu dem Vertheilungsplane abzugeben.

Das Vollstreckungsgericht hat vor Ertheilung des Nachtrags zu dem Vertheilungsplane den Antrag den Inhabern der bedingt angewiesenen Ansprüche und dem früheren Eigenthümer des versteigerten Grundstücks unter Einräumung einer Frist, welche den Zeitraum zweier Wochen nicht überschreiten soll, zur Geltendmachung etwaiger Rechte auf den betreffenden Theil des Kaufpreises zustellen zu lassen, auch, falls zwischen den Betheiligten deshalb Streitigkeiten entstehen, auf deren Beseitigung im Wege gütlichen Verhörs hinzuwirken.

Nach eingetretener Rechtskraft des Nachtrags zu dem Vertheilungsplane ist die Bewirkung der erforderlichen Einträge im Hypothekenbuche von Amtswegen zu veranlassen.

Bemerkungen.

3. Die Löschung der Hypothek und der bedingten Anweisung kann nach § 16 Abs. 2 nur dann erfolgen, wenn der betreffende Gläubiger durch den Ersteher oder dessen Besitznachfolger (Bem .7 zu § 16) befriedigt worden. Der Antragsteller hat dies durch eine mittelst öffentlicher Urkunde abgegebene Erklärung des betreffenden Gläubigers nachzuweisen. Der in Abs. 2 von § 40 der A.V. erwähnte Ausspruch im Nachtrag zum Vertheilungsplan kann solchenfalls nur dann erfolgen, wenn innerhalb der gesetzten Frist seitens der bedingt angewiesenen Gläubiger sowie des früheren Grundstückseigenthümers kein Widerspruch erhoben worden ist. Erfolgt ein solcher Widerspruch und ist derselbe im gütlichen Wege nicht zu beseitigen, so hat der Versteigerungsrichter die Betheiligten auf den Rechtsweg zu verweisen und bis zur rechtskräftigen Entscheidung der Sache mit der Ertheilung des Nachtrags Anstand zu nehmen. Ebenso kann, wenn ein solcher Widerspruch erst mit der sofortigen Beschwerde gegen den Nachtrag (§ 147 unter 2) geltend gemacht wird, das Beschwerdegericht nichts weiter, als die Außerkraftsetzung des Nachtrags verfügen. Ist der letztere zur Rechtskraft gelangt, so kann der Betheiligte die Ausführung desselben nur noch auf dem Wege und unter den Voraussetzungen der einstweiligen Verfügung aufhalten. — Daß nach § 40 der A.V. auf Grund des obenerwähnten Nachweises die Löschung (oder Umschreibung) der Hypothek schon dann erfolgen kann, wenn seitens der bedingt angewiesenen Gläubiger und des Schuldners kein Widerspruch erfolgt, während es in dem analogen Falle des § 160 bei der Auszahlung eingezahlter Gelder der ausdrücklichen Einwilligung jener Personen bedarf, beruht auf dem Grundsatze des § 21 Abs. 3 sowie auf den Rücksichten, welche bei den übernommenen Hypotheken das Interesse an der Bereinigung des Hypothekenbuchs zu nehmen erfordert.

4. Die Löschung der Hypothek und die Eintragung des bedingt angewiesenen Anspruchs kann nur dann beantragt werden, wenn das in öffentlicher Urkunde abgegebene oder laut rechtskräftigen Urtheils für abgegeben zu erachtende Anerkenntniß des eingetragenen Gläubigers sowie des Erstehers bezw. dessen Besitznachfolgers beigebracht wird, daß der eingetragene Anspruch aus einem anderen Grunde als in Folge Befriedigung seitens des Erstehers (Bem. 7 zu § 16) in Wegfall gekommen sei. Erst nach Beibringung dieses Nachweises ist mit Erlaß der in Abs. 4 von § 40 der A.V. erwähnten Aufforderung zu verfahren. Die Einwendungen der Betheiligten können in diesem Falle nur darauf sich beziehen, daß der im früheren Vertheilungsplane bedingt angewiesene Anspruch überhaupt oder wenigstens in der früheren Höhe nicht mehr bestehe. Entstehen hierunter Streitigkeiten, so kann hierdurch die Ertheilung des Nachtrags nicht aufgehalten werden. Es ist vielmehr solchenfalls der Bestimmung in § 21 Abs. 3 gemäß zu verfahren. Im Uebrigen vergl. hierzu Bem. 2 zu § 162.

§ 141.

Der im Versteigerungstermin eingezahlte oder sichergestellte Theil des Kaufpreises ist auf die in § 13 unter 1. 2. 3 bezeichneten Ansprüche zu vertheilen.

Entwurf gleichlautend.

Bemerkungen.

Selbstverständlich ist ebenso zu verfahren mit dem im Falle § 134 Abs. 4 erlegten oder sichergestellten Kaufpreistheile.

§ 142.

Im Vertheilungsplan kann bestimmt werden, daß der Ersteher rückständige Zahlungen auf den Kaufpreis anstatt an die Gerichtskasse, unmittelbar an diejenigen Personen zu zahlen befugt ist, deren Forderungen aus dem betreffenden Theil des Kaufpreises zu befriedigen sind. In Betreff des auf Forderungen der § 140 gedachten Art ausgeworfenen Theils des Kaufpreises jedoch, sowie in Betreff der nach § 18 Absatz 2 und § 132 Absatz 1 zu gewährenden Zinsen soll eine solche Bestimmung nicht getroffen werden.

Entwurf gleichlautend.

Bemerkungen.

1. Im Falle des ersten Satzes wird der Ersteher zur direkten Zahlung an den Forderungsberechtigten nur befugt, nicht aber verpflichtet. Daher kann weder das Gericht der Annahme jenes Betrags sich weigern (§ 143 Abs. 2), noch kann der Forderungsberechtigte die direkte Zahlung beanspruchen.

2. Direkte Zahlung wird namentlich dann nachzulassen sein, wenn es sich um einen eigenen, nicht unter § 16 Abs. 2 fallenden Anspruch des Erstehers handelt.

3. Die Beschränkung im letzten Satze erstreckt sich nicht auf die Zinsen von dem Kaufpreistheile, welcher zu Deckung der in § 13 unter 4 und 5 aufgeführten Forderungen zu verwenden ist (Bem. 3 zu § 15).

§ 143.

Die im Vertheilungsplan festgestellte Schuldübernahme ist mit Eintritt seiner Rechtskraft als erfolgt anzusehen.

Die auf den Kaufpreis bewirkten Zahlungen an das Vollstreckungsgericht gelten bis zum Betrage der gezahlten Summen als Erfüllung der Verbindlichkeit des Erstehers auch dann, wenn der Betrag nach § 142 an einen Forderungsberechtigten unmittelbar hätte gezahlt werden können.

Entwurf gleichlautend.

Bemerkungen.

In Abs. 1 handelt es sich um die im Vertheilungsplan festgestellte Schuldübernahme, die nicht durch ausdrückliche Erklärungen, sondern nur dadurch erfolgt, daß sie einen Theil der gesetzlichen (§ 16 Abs. 1) und nach Befinden vereinbarten (§ 109) Kaufsbedingungen bildet, unter denen der Ersteher das Grundstück gekauft hat. Dieser Kaufvertrag wird nach dem in Bem. 1 zu § 131 Ausgeführten zu einem endgültigen erst mit der Rechtskraft des Zuschlags. Es kann daher auch die Schuldübernahme als ein Theil des Kaufvertrags erst mit jenem Rechtskraftseintritte als erfolgt angesehen werden. Daß in Abs. 1 nicht von der Rechtskraft des Zuschlags, sondern von der Rechtskraft des gesammten Vertheilungsplans die Rede ist, beruht theils darauf, daß der Zuschlag nicht blos auf ein direkt gegen denselben, sondern nach Befinden auch auf ein gegen die übrigen Festsetzungen des Vertheilungsplans (§ 147 unter 2) gerichtetes Rechtsmittel außer Kraft gesetzt (§ 154 Abs. 1) und hiernach erst mit der Rechtskraft des gesammten Vertheilungsplans als unanfechtbar (§ 16 Abs. 3) bezeichnet werden kann, theils darauf, daß erst durch den Vertheilungsplan definitiv festgestellt wird, welcher Anspruch vom Ersteher zu übernehmen ist (§ 139 unter 2). — Von der Schuldübernahme, welche nach dem Zuschlage durch ausdrückliche oder fingirte Vereinbarung zwischen Ersteher und Gläubiger erfolgt, handeln die §§ 164. 170. 175.

§ 144.

Ansprüche, welche bei Feststellung des Mindestgebots in Ansatz zu kommen hatten, jedoch aus Irrthum unberücksichtigt geblieben sind, kommen dessenungeachtet im Vertheilungsplan zum Ansatz, und zwar auch dann, wenn sich dabei ergiebt, daß der Kaufpreis zur Deckung aller Ansprüche, welche bei Berechnung des Mindestgebots berücksichtigt worden sind und zu berücksichtigen gewesen wären, nicht ausreicht.

Vorstehende Bestimmung findet auch in dem Fall Anwendung, wenn das Mindestgebot in Folge eines anderen Versehens des Gerichts zu niedrig berechnet worden ist.

Entwurf gleichlautend.

Motive. „Das wichtige Prinzip des § 10 muß durch die Gewährung eines Rechtsmittels gegen den Zuschlag für den Fall der Verletzung geschützt sein (§ 148 Absatz 1 unter 4). Es kann aber vorkommen, daß der Betrag, um welchen sich das Gericht bei Feststellung des Mindestgebots verrechnet hat, so geringfügig ist, daß die Betheiligten kein genügend starkes Interesse daran haben, deshalb den Zuschlag anzufechten, daß vielmehr entweder der beeinträchtigte Hypothekarier die kleine Einbuße zu tragen vorzieht oder der Ersteher den Kaufpreis, um welchen ihm das Grundstück zugeschlagen worden, um den Fehlbetrag zu erhöhen bereit ist, um den Verlust des durch den Zuschlag erworbenen Rechts abzuwenden.

Die Bestimmungen in § 144 lassen in Verbindung mit den ergänzenden Vorschriften in § 150 den Weg offen, dem muthmaßlichen Interesse der Betheiligten in solchen Fällen gerecht zu werden."

Bemerkungen.

Der Paragraph bezieht sich, wie auch aus Abs. 2 hervorgeht, nur auf die Fälle, in welchen die zu niedrige Berechnung des Mindestgebots auf einem Irrthum oder Versehen des Gerichts beruht. Er leidet daher nicht Anwendung, wenn ein Betheiligter aus Irrthum oder Versehen seinen Anspruch nicht oder nicht vollständig angemeldet hat.

§ 145.

Der Vertheilungsplan ist in dem hierzu anberaumten Termin zu verkünden. Die Verkündung geschieht für Betheiligte, welche bis zur Eröffnung des Termins nicht erschienen sind oder auf die Vorlesung verzichten, durch Auslegung zur Einsicht in der Gerichtsschreiberei am Terminstage.

Hat sich nach dem Versteigerungstermin ergeben, daß die vorgeschriebene Zustellung der Versteigerungs-Bekanntmachung unterlassen worden ist, so ist der Vertheilungsplan den betreffenden Interessenten zuzustellen.

Außer in dem in Absatz 2 gedachten Falle findet eine Zustellung des Vertheilungsplans nicht statt.

Der Vertheilungsplan unterliegt in Betreff der in demselben vorkommenden Schreibfehler, Rechnungsfehler und ähnlichen offenbaren Unrichtigkeiten den Vorschriften in § 290 der Civilproceßordnung.

Die im Entwurfe fehlenden Schlußworte von Abs. 1 „am Terminstage" sind auf Antrag der Dep. der I. Kammer hinzugefügt worden.

Bemerkungen.

1. Der Verkündungstermin ist der Regel nach derjenige, welcher gemäß §§ 89. 97 bezw. 108 Abs. 3. § 135 Abs. 2. § 174 Abs. 1 gleichzeitig mit dem Versteigerungstermine anberaumt worden ist. Derselbe ist nur für den Fall festgesetzt, daß es in dem gleichzeitig anberaumten Versteigerungstermin zum Zuschlag kommt. Erfolgt der letztere erst später durch das Beschwerdegericht (§ 129 Abs. 3), so ist neuer Verkündungstermin mit höchstens zweiwöchiger Frist (§ 93 Abs. 3) anzuberaumen und die Ladung dazu (welche der öffentlichen Bekanntmachung nicht bedarf)

allen Interessenten zuzustellen, welche nach §§ 147 flg. gegen den Vertheilungsplan die sofortige Beschwerde würden erheben können, also außer dem Schuldner, dem Ersteher und den Realberechtigten auch den Bietern, welche ein höheres Gebot als der Ersteher gethan hatten. Eine solche besondere Anberaumung des Verkündungstermins kann auch dann nothwendig werden, wenn das Gericht aus erheblichen Gründen gezwungen ist, den in der Versteigerungsbekanntmachung anberaumten Verkündungstermin zu verlegen.

2. Nach Abs. 4 in Verb. mit § 290 der C.P.O. können Schreibfehler, Rechnungsfehler uud ähnliche offenbare Unrichtigkeiten, welche im Vertheilungsplane untergelaufen sind, vom Gericht, einschließlich des Beschwerdegerichts, jederzeit und zwar auch von Amtswegen berichtigt werden. Ueber die Berichtigung kann ohne vorgängige mündliche Verhandlung entschieden werden. Der Beschluß, welcher eine Berichtigung ausspricht, wird auf dem Vertheilungsplan bemerkt. Gegen den Beschluß, durch welchen der Antrag auf Berichtigung zurückgewiesen wird, findet kein Rechtsmittel; gegen den Beschluß, welcher eine Berichtigung ausspricht, findet sofortige Beschwerde statt. — Da die Berichtigung jederzeit statthaft ist, so kann sie auch nach Eintritt der Rechtskraft oder in Folge eingewendeter sofortiger Beschwerde gegen den Vertheilungsplan vom Versteigerungsgericht bewirkt werden, § 540 Abs. 3 der C.P.O. steht nicht entgegen. — Die Berichtigung des bei dem einen Ansatze untergelaufenen Rechnungsfehlers wird zuweilen die Berichtigung weiterer Ansätze nothwendig machen. Diese ist, sobald sie eben nur die Folge eines Rechnungsfehlers ist, zulässig und zwar selbst dann, wenn die Berichtigung darin bestehen müßte, daß der einem Realberechtigten ursprünglich zugetheilte Betrag reducirt wird. — Der Berichtigungsbeschluß ist allen denen, die davon berührt werden, zuzustellen.

§ 146.

Der Vertheilungsplan unterliegt der sofortigen Beschwerde.

Die Nothfrist, innerhalb deren die Beschwerde einzulegen ist, beginnt für die Betheiligten im Falle des § 145 Absatz 2 mit der Zustellung, in allen anderen Fällen mit der Verkündung des Vertheilungsplans.

Entwurf gleichlautend.

§ 147.

Mittelst der sofortigen Beschwerde gegen den Vertheilungsplan können angefochten werden:

1. die Ertheilung des Zuschlags;
2. die nach §§ 139. 140. 141. 144 in dem Vertheilungsplan enthaltenen Festsetzungen.

Entwurf gleichlautend. (Motive s. zu § 138.)

Bemerkungen.

Auf Punkt 1 beziehen sich die §§ 148—150. 153, auf Punkt 2 die §§ 151. 154, auf beide Punkte die §§ 152. 155. 156.

§ 148.

Die gegen Ertheilung des Zuschlags gerichtete sofortige Beschwerde kann nur darauf gestützt werden:

1. daß zur Zeit desselben die Voraussetzungen der Einstellung des Verfahrens vorgelegen haben;
2. daß dem Beschwerdeführer die Bekanntmachung des Versteigerungstermins nicht oder nicht wenigstens zwei Wochen vor dem Versteigerungstermin zugestellt worden ist;
3. daß die Bestimmungen über den nothwendigen Inhalt und die Veröffentlichung der Bekanntmachung des Versteigerungstermins verletzt worden sind;
4. daß der Zuschlag unzulässiger Weise auf ein den gesetzlichen Mindestbetrag nicht erreichendes Gebot ertheilt worden ist;
5. daß eine den gesetzlichen Bestimmungen oder den getroffenen Vereinbarungen zuwiderlaufende Kaufsbedingung gestellt und dadurch ein das Gebot, auf welches der Zuschlag erfolgt ist, übersteigendes Gebot verhindert worden, sofern ein Bieter ohne diese Bedingung ein höheres Gebot als das mit derselben erlangte Meistgebot thun zu wollen erklärt hat;
6. daß ein Gebot ohne gesetzlichen Grund zurückgewiesen worden, sofern nicht der Zuschlag auf ein dasselbe übersteigendes Gebot erfolgt ist;
7. daß durch die Ertheilung des Zuschlags die Bestimmungen in §§ 116. 117. 119. 123. 125. 126. 127. 130 verletzt worden sind;
8. im Falle der Versteigerung einer Mehrzahl von Grundstücken, daß ein Grundstück versteigert worden, obgleich der durch die vorangegangene Versteigerung anderer Grundstücke erlangte Erlös zur vollständigen Deckung der Forderung des betreibenden Gläubigers ausreicht;
9. daß der Beschluß auf Ertheilung des Zuschlags in Betreff

der Bezeichnung des Grundstücks, des Erstehers und des Kaufpreises den im Terminsprotokoll festgestellten Vorgängen nicht entspricht.

Das Rechtsmittel kann im Falle 2 nur von Realberechtigten, deren Ansprüche durch das Meistgebot nicht gedeckt sind, im Falle 7 vom Schuldner und von allen Realberechtigten, wenn eine Verletzung des § 116 oder des § 117 vorliegt, in den übrigen Fällen von dem Schuldner und den Realberechtigten, deren Ansprüche durch das Meistgebot nicht gedeckt sind, in dem Falle 6 auch von dem Bieter, dessen Gebot zurückgewiesen worden ist, und in dem Falle 9 auch von der im Beschluß auf Ertheilung des Zuschlags als Ersteher bezeichneten Person eingelegt werden.

Das Rechtsmittel ist zu verwerfen, wenn es auf solche Gründe, welche der Beschwerdeführer bis zum Termin oder im Termin bis zum Zuschlag geltend machen konnte und nicht geltend gemacht hat, gestützt und nicht deshalb Widerspruch gegen die Abhaltung des Termins oder gegen Ertheilung des Zuschlags erhoben worden ist.

Im Entwurf lautete Punkt 1: „daß einem nach §§ 81. 82 begründeten Antrag des Schuldners entgegen oder der erfolgten Zurücknahme des Versteigerungsantrags ungeachtet das Verfahren nicht eingestellt worden ist." Die Abänderung ist auf Antrag der Dep. der I. Kammer erfolgt.

Ebenso ist auf Antrag dieser Dep. der im Entwurf enthaltene Absatz 4:

> „In dem Falle unter 2 übernimmt der Beschwerdeführer durch die Einlegung des Rechtsmittels die Haftung für die Wiedererreichung des Meistgebots zuzüglich des Betrags der bis zum anderweiten Versteigerungstermin fällig werdenden öffentlichen Abgaben und Reallastenbeiträge, sowie der auf die Zeit bis dahin zu rechnenden Zinsen von den durch das Meistgebot gedeckten Stammforderungen und der entstehenden Mehrkosten"

in Wegfall gestellt worden.

Von der II. Kammer wurde bei der ersten Berathung beschlossen, die sofortige Beschwerde gegen den Zuschlag auch dann zuzulassen,

> „wenn der Beschwerdeführer durch Naturereignisse oder andre unabwendbare Zufälle verhindert worden ist, im Versteigerungstermine zu erscheinen."

Dieser Beschluß wurde jedoch, nachdem die Staatsregierung denselben als unannehmbar bezeichnet, auch die I. Kammer den Beitritt zu demselben abgelehnt hatte, wieder zurückgezogen.

Motive. „Eine gesetzliche Regelung des Zwangsversteigerungsverfahrens kann nicht auf eine Zusammenstellung derjenigen Normen beschränkt werden, deren Beobachtung von solcher Bedeutung erscheint, daß davon die Gültigkeit des zu Stande gebrachten Zwangsverkaufs abhängig gemacht werden muß. Das Interesse an gleichmäßiger und sicherer Gestaltung des Verfahrens erheischt vielmehr auch die Aufnahme einer Reihe von Bestimmungen, deren strikte Befolgung zwar zweckmäßig, jedoch für die Erzielung eines günstigen Erfolgs von minderer Bedeutung ist. Mit Rücksicht auf die Verschiedenheit der Umstände des konkreten Falls muß auch dem freien Ermessen des das Verfahren leitenden Richters vielfach Raum gelassen werden. Durch die nachträgliche Anfechtung des Resultats des durchgeführten Versteigerungsverfahrens werden ferner zahlreiche Interessen nach verschiedenen Richtungen hin geschädigt oder in Frage gestellt. Es ist daher nothwendig, in ausschließender Weise die Fälle zu bezeichnen, in denen wegen Verletzung einer Vorschrift des Gesetzes der erfolgte Zuschlag der Anfechtung unterworfen sein soll.

Die in § 148 anerkannten Beschwerdefälle sind einerseits diejenigen, in denen der erfolgte Zuschlag gegen ein auf Seiten des Beschwerdeführers begründetes Recht verstößt, andererseits die Fälle der Verletzung solcher Vorschriften über das Verfahren, denen mit Rücksicht auf das Interesse an Erlangung angemessener Gebote, sowie auf das Interesse der Gläubiger an Eröffnung der Möglichkeit einer Abwendung des Verkaufs um einen ihre Forderung nicht deckenden Preis eine solche Bedeutung beizulegen ist, daß sie als essentiell gelten müssen. Zweckmäßig wäre es allerdings, in allen Fällen der letzteren Art die Anfechtung des Zuschlags nur unter der Voraussetzung des Nachweises zuzulassen, daß der Verstoß gegen eine formale Vorschrift die Erzielung eines günstigeren Erfolgs, als des erreichten, in der That verhindert habe. Der Kausalzusammenhang zwischen dem vorgekommenen Fehler und dem Erfolge des Verfahrens ist indessen in der Regel nicht nachweisbar, und es muß daher wegen Verletzung gewisser essentieller Vorschriften, welche eine Garantie für das Zusammentreffen der gewöhnlichen Voraussetzungen eines angemessenen Ergebnisses zu gewähren bestimmt sind, das Recht auf Anfechtung auch ohne solchen Nachweis eingeräumt werden. Dies gilt insbesondere von den Fällen, in denen die Bestimmungen über den Inhalt der Versteigerungsbekanntmachung, sowie über die Art und Weise und über die Zeit ihrer Veröffentlichung verletzt worden sind.

Daß nach § 148 unter 2 der Zuschlag aus dem Grunde anfechtbar sein soll, weil dem Beschwerdeführer die Versteigerungsbekanntmachung nicht innerhalb der dort bezeichneten Frist zugestellt worden ist, beruht auf der Erwägung, daß der Gläubiger die Gelegenheit erhalten soll, sich zur Verhütung eines Verlusts an seiner Forderung am Bieten zu betheiligen, und daß er einige Zeit vor dem Versteigerungstermin von der bevorstehenden Versteigerung Kenntniß erlangen muß, um die für den Fall des Erstehens nöthigen Vorbereitungen treffen zu können. Will indessen der betreffende Gläubiger in diesem Falle die im letzten Absatz des § 148 gedachte Haftung nicht übernehmen, so erscheint die Annahme genügend gerechtfertigt, daß er weder begründete Aussicht auf Vermittelung eines besseren Gebots, noch die Absicht hat, nöthigenfalls das Grundstück selbst zu erstehen, und bei solcher Sachlage wäre die Aufhebung des Zuschlags auf das erlangte Meistgebot eine Unbilligkeit gegen diejenigen Interessenten, deren Ansprüche dadurch gedeckt sind.

In dem Fall unter 7 verb. mit §§ 116. 117 fehlt es an der erforderlichen Gewißheit in Betreff der Person des durch den Zuschlag Verpflichteten oder in Betreff der Wirksamkeit des in seinem Namen eröffneten Gebots und daher an der wesentlichsten Voraussetzung, unter welcher zur zwangsweisen Ausführung des Kaufsgeschäfts gelangt werden kann. Die Aufhebung des Zuschlags soll jedoch nach § 149 durch nachträgliche Beibringung des erforderlichen Nachweises abzuwenden sein.

Ueber die Bestimmung unter 4 ist das Nöthige bereits zu § 144 bemerkt.

Die Voraussetzungen der Aufhebung des Zuschlags auf Grund der Bestimmungen unter 5 bis 9 müssen nach § 136 Absatz 3 durch das Protokoll über den Versteigerungstermin bewiesen sein. Die Bestimmung unter 6 insbesondere findet ihre Begründung in § 819 des B.G.B., wonach ein erfolgtes Gebot als die Acceptation der im Ausgebot liegenden Offerte zu betrachten ist und dem Bieter ein Recht auf den Zuschlag giebt, sofern nicht die Verweigerung in besonderen gesetzlichen Vorschriften ihren Grund hat."

Bemerkungen.

(Hier sind zu jedem einzelnen Punkte diejenigen angegeben, welche nach Abs. 2 die sofortige Beschwerde erheben können.)

Zu 1. (Schuldner, nicht gedeckte Realberechtigte.)

1. Dieser Fall kann nur dann vorkommen, wenn der Beschwerdeführer vor dem Zuschlage ausdrücklichen Einstellungsantrag nicht gestellt, vielmehr

sich begnügt hatte, unter Hinweis auf das Vorhandensein der Voraussetzungen zu Einstellung des Verfahrens der Abhaltung des Versteigerungstermins oder der Zuschlagsertheilung zu widersprechen (Abs. 3); oder wenn das Versteigerungsgericht auf den Einstellungsantrag ausdrücklichen Ablehnungsbeschluß dem Antragsteller nicht ertheilt hatte. Denn war Letzteres geschehen und der Ablehnungsbeschluß zur Zeit der Zuschlagsertheilung noch nicht in Rechtskraft übergegangen, so erreicht der Antragsteller seinen Zweck schon mit der sofortigen Beschwerde gegen diesen Beschluß. Bei vorsichtiger Behandlung der Sache kommt es überhaupt solchenfalls vor rechtskräftiger Erledigung des Einstellungspunktes gar nicht zu Verkündung eines Vertheilungsplanes. — Vergl. Bem. 2 zu § 128.

Zu 2. (Nicht gedeckte Realberechtigte.)

2. Vergl. § 100 Abs. 1. § 108 Abs. 3. § 135 Abs. 2. § 174 Abs. 1. — Hiernach kann der Schuldner, deshalb, weil ihm die Bekanntmachung nicht oder nicht rechtzeitig zugestellt worden, den Zuschlag nicht anfechten.

3. Darauf, ob der Beschwerdeführer durch die Nichtkenntniß vom Versteigerungstermin benachtheiligt worden, ob also anzunehmen, er würde das Grundstück selbst erstanden, oder von dem Eintretungs= oder Ablösungsrechte Gebrauch gemacht haben, kommt nichts an (vergl. die Motiven).

4. Der Ersteher hat es auch hier in der Hand, durch Erhöhung des Gebots bis zu der zu Befriedigung des Beschwerdeführers erforderlichen Höhe, die Beschwerdeberechtigung des letzteren (in gleicher Weise wie im Falle des § 150) zu beseitigen.

Zu 3. (Schuldner, nicht gedeckte Realberechtigte.)

5. Vergl. §§ 90—95. 97 Abs. 1. §§ 98. 108 Abs. 3. § 135 Abs. 2. § 174 Abs. 1. Auch hier gilt, wenn die Beschwerde von einem nicht gedeckten Realberechtigten erhoben wird, das in Bem. 3 und 4 Gesagte.

Zu 4. (Schuldner, nicht gedeckte Realberechtigte.)

6. Auf Grund dieses Punktes kann der Zuschlag angefochten werden, wenn die Ertheilung des Zuschlags auf ein den gesetzlichen Mindestbetrag nicht erreichendes Gebot erfolgte, weil entweder dieser Mindestbetrag den Bestimmungen dieses Gesetzes (§§ 4—12. 29. 42. 63 Abs. 2 und 3. § 101 Abs. 2. §§ 108. 109 Abs. 2. § 180) zuwider zu niedrig bemessen worden war, oder weil das Gericht die Bestimmung in § 10 bezw. § 45 Abs. 3 übersehen, oder irrthümlich das Vorhandensein einer der Voraussetzungen angenommen hatte, unter denen von der letzteren Bestimmung abgewichen werden kann (§§ 39. 111. 179 Abs. 4. §§ 181. 182).

7. Die Außerkraftsetzung des Zuschlags wegen zn niedriger Bemessung des zulässigen Mindestgebots kann nach Befinden auch mit der Beschwerde auf Grund §§ 139. 151. 154 Abs. 1 erreicht werden.

8. Wegen des hier einzuschlagenden Verfahrens enthält § 150 besondere Vorschriften.

9. Nach Abs. 2 können zwar auf Grund dieses Punktes auch der Schuldner und die dem betreibenden Gläubiger im Range gleich= oder nachstehenden Realberechtigten Beschwerde erheben. Doch kann eine von diesen

Personen lediglich auf Grund des Punktes 4 erhobene Beschwerde, abgesehen von § 150, auch dadurch hinfällig werden, daß der betreibende Gläubiger und die demselben vorgehenden benachtheiligten Gläubiger ihrerseits den Zuschlag nicht anfechten. Hierin würde — wenn sonst die Voraussetzungen zu Annahme einer stillschweigenden Willenserklärung vorliegen, vergl. Bem. 16 — nach dem in Abs. 3 angewendeten Grundsatze, wer wissentlich schweigt, willigt ein, die gemäß § 111 zu einem solchen Zuschlage ausreichende Einwilligung derselben erblickt werden müssen.

Zu 5. (Schuldner, nicht gedeckte Realberechtigte.)

10. Vergl. hierzu §§ 109 flg. und wegen der Beschwerde des nicht gedeckten Realberechtigten Bem. 4.

Zu 6. (Schuldner, nicht gedeckte Realberechtigte, zurückgewiesener Bieter.)

11. Die gesetzlichen Bestimmungen, deren Verletzung hier in Frage kommen kann, ergeben sich aus §§ 111. 115—119. 121. 123. 124. 130. — Die Beschwerde des Schuldners und der nicht gedeckten Realberechtigten kann in ähnlicher Weise, wie nach § 150, beseitigt werden, wenn der Ersteher sein Gebot bis zum Betrage des zurückgewiesenen Gebots erhöht.

Zu 7. (Schuldner, nicht gedeckte, im Falle der Verletzung von §§ 116 oder 117 alle Realberechtigte.)

12. Die in Punkt 7 aufgeführten Bestimmungen befinden sich zum Theil unter den schon in Bem. 11 zu Punkt 6 erwähnten. Die Verletzung derselben muß bei Punkt 6 durch Zurückweisung eines Gebots, bei Punkt 7 durch Ertheilung des Zuschlags erfolgt sein.

13. Für den Fall der Verletzung von § 116 oder § 117 enthält § 149 besondere Bestimmungen.

Zu 8. (Schuldner, nicht gedeckte Realberechtigte.)

14. Die Mitversteigerung des Grundstücks kann selbstverständlich dann nicht angefochten werden, wenn sie gemäß § 34 Abs. 2 zu geschehen hatte (vergl. Bem. 3 zu § 34).

Zu 9. (Schuldner, nicht gedeckte Realberechtigte, Ersteher.)

15. Das Wort „und" hat hier disjunktive, also die Bedeutung von „oder".

Zu Abs. 3.

16. Durch diese Bestimmung wird der Kreis der zulässigen Beschwerdefälle erheblich eingeschränkt. Dieselbe bezieht sich der Natur der Sache nach nicht auf Punkt 9. In den übrigen Fällen wird davon auszugehen sein, daß derjenige, welcher von dem bevorstehenden Versteigerungstermin Kenntniß erlangt hatte, und zwar so zeitig, daß er

a) in demselben persönlich oder durch einen geeigneten Bevollmächtigten erscheinen,

b) noch vor demselben über den Inhalt und die Veröffentlichung der Versteigerungsbekanntmachung Erörterungen anstellen konnte,

in der Lage war, zu a von den im Termine, zu b von den bei der Terminsanberaumung vorgekommenen Gesetzesverletzungen sich zu unterrichten.

Doch kommt es hierbei auf die wirklich erlangte Kenntniß vom Versteigerungstermine an. Wer die Versteigerungsbekanntmachung zwar auf eine nach den einschlagenden Vorschriften genügende Weise, jedoch nicht persönlich zugestellt erhalten hat, braucht nicht nothwendigerweise wirkliche Kenntniß von derselben erlangt zu haben. Andererseits braucht die erlangte Kenntniß nicht nothwendig aus der für den Betreffenden selbst ausgefertigten Bekanntmachung hervorgegangen zu sein. Der wirklich erlangten Kenntniß wird vom Gesichtspunkt des Abs. 3 aus die vom Betreffenden durch eigene Nachlässigkeit (z. B. durch Nichtlesen der in seine Hände gelangten Zufertigung) verschuldete Nichtkenntniß gleichzustellen sein. Es ist in jedem einzelnen Falle der freien Würdigung des Beschwerdegerichts überlassen, ob die Voraussetzungen des Abs. 3 vorliegen. Dasselbe kann Termin zur mündlichen Verhandlung zwischen den Betheiligten (§ 152) anberaumen, oder eine Befragung des Einen oder Anderen anordnen.

17. Nach § 128 Abs. 2 kann der Widerspruch nicht auf Gründe gestützt werden, welche die Rechte eines anderen Betheiligten als des Widersprechenden betreffen.

18. Der nach Abs. 3 erforderliche Widerspruch muß auch dann erhoben werden, und zwar spätestens im Versteigerungstermin, wenn es in dem letzteren zu einem Zuschlage nicht kommt und in Folge dessen der in § 129 Abs. 1 erwähnte Beschluß verkündet wird. Zu einer Entscheidung des in § 129 Abs. 3 gedachten Inhalts vermag daher das Beschwerdegericht nur dann zu gelangen, wenn es die sämmtlichen gegen den Zuschlag erhobenen Widersprüche unbeachtlich findet.

§ 149.

Das wegen Verletzung des § 116 oder des § 117 eingelegte Rechtsmittel ist zu verwerfen, wenn bis zur Entscheidung über dasselbe der mangelnde Nachweis oder die Genehmigung des Zuschlags seitens des Erstehers in einer den Vorschriften des § 116 entsprechenden Urkunde beigebracht wird. Die Kosten des Rechtsmittels hat solchenfalls der Ersteher zu tragen.

Entwurf gleichlautend.

§ 150.

Im Falle des § 148 unter 4 ist vor Ertheilung der Entscheidung über das Rechtsmittel der Ersteher von dem Beschwerdegericht oder auf dessen Anordnung vom Vollstreckungsgericht aufzufordern, sich innerhalb einer Frist von einer Woche zum Protokoll des Gerichtsschreibers oder in einer den Vorschriften in § 116 entsprechenden Urkunde darüber zu erklären, ob er außer dem Kaufpreise, um welchen der Zuschlag ertheilt worden ist, den Betrag zu gewähren Willens sei, welcher zur Ergänzung der dem Mindestgebot entsprechenden Summe erforderlich ist.

Das Vollstreckungsgericht kann unerwartet betreffender Anordnung des Beschwerdegerichts eine solche Aufforderung an den Ersteher erlassen.

Erfolgt eine Erklärung nicht fristgemäß, so ist die Gewährung des Fehlbetrags für abgelehnt zu achten.

Die Uebernahme der Verbindlichkeit zu dessen Gewährung kann vom Ersteher bis zur Entscheidung über das Rechtsmittel nachgeholt werden und hat dessen Verwerfung zur Folge.

Die Erklärung des Erstehers, daß er die Verbindlichkeit übernehme, ist für ihn bindend und bildet einen von Amtswegen vollstreckbaren Schuldtitel.

Die Worte in Absatz 1 „zum Protokoll des Gerichtsschreibers oder in einer den Vorschriften in § 116 entsprechenden Urkunde", sowie Absatz 5 sind auf Antrag der Dep. der I. Kammer aufgenommen worden.

Bemerkungen.

1. Der zu gewährende Fehlbetrag ist, je nachdem er unter § 13 oder § 16 Abs. 1 fällt, durch Zahlung oder Schuldübernahme zu leisten. Die Zahlung hat sofort nach Verkündung der die Beschwerde verwerfenden Entscheidung zu erfolgen. Auch ist der gesammte Mehrbetrag, da durch dessen Gewährung die Wirkungen eines im Versteigerungstermin erfolgten entsprechend höheren Gebotes herbeigeführt werden sollen, vom Versteigerungstermine an je nach § 132 Abs. 1 oder § 15 bezw. § 18 Abs. 1 durch Zinszahlung oder Zinsenübernahme zu verzinsen.

2. Der in § 134 Abs. 1 bestimmte Rechtsnachtheil tritt im Falle des Zahlungsverzugs nicht ein. Es erfolgt solchenfalls nur die Zwangsvollstreckung, und zwar nach den Bestimmungen in § 158. Die Erklärung des Erstehers bildet zwar nach Abs. 5 einen von Amtswegen vollstreckbaren Schuldtitel, d. h. die Vollstreckung wird nach Außen, also dem Ersteher und den Vollstreckungsorganen gegenüber, vom Versteigerungsgericht betrieben und verfügt, doch bedarf es zu dieser Verfügung im Verhältniß des betreffenden Gläubigers zum Versteigerungsgericht des in § 158 Abs. 1 erwähnten Antrags. — Vergl. die Bemerkungen zu § 158.

§ 151.

Gegen die in §§ 139. 140. 141. 144 gedachten Feststellungen kann die sofortige Beschwerde von dem dadurch benachtheiligten Interessenten eingelegt und nur darauf gestützt werden, daß die Feststellungen den Bestimmungen des gegenwärtigen Gesetzes nicht entsprechen, ingleichen, sofern es sich um einen der Anmeldung bedürftigen Anspruch des Beschwerdeführers handelt, der wegen nicht oder nicht rechtzeitig erfolgter Anmeldung unberücksichtigt geblieben ist, darauf, daß die Zustellung der Bekanntmachung des Versteigerungstermins an den Beschwerdeführer nicht oder nicht rechtzeitig erfolgt ist.

Entwurf gleichlautend.

Bemerkungen.

1. Diese Beschwerde kann erhoben werden von jedem durch die fragliche Feststellung benachtheiligten Interessenten, demnach von einem Forderungsberechtigten, dessen Forderung in Folge Uebergehung derselben oder ihres Vorrangs oder in Folge Berücksichtigung der Forderung eines Anderen, in Folge unrichtiger Repartition des Kaufpreises oder in Folge unrichtiger Berechnung der vom Ersteher nach § 18 Abs. 2 bezw. § 132 Abs. 1 zu zahlenden Zinsen nicht oder nicht vollständig oder nicht mit dem gehörigen Rang in Ansatz gekommen; ferner vom Schuldner, sobald der Ansatz bezw. die Uebergehung einer Forderung oder die unrichtige Berechnung der erwähnten Zinsen oder die unrichtige Repartition des Kaufpreises die gänzliche oder theilweise Vereitelung seines Anspruchs auf den Ueberschuß (§ 167) bezw. die Nichtbefreiung von einer auch nach der Versteigerung ihm verbleibenden Verpflichtung zur Folge hat; endlich vom Ersteher bezüglich der Festsetzung der Zahlungszeit und der Verzinsungspflicht (§ 139 unter 1 und 2).

2. Die Feststellung kann, abgesehen von dem im Schlußsatze angegebenen Falle (§ 101 Abs. 2), nur dann angefochten werden, wenn sie auf einer Verletzung der Bestimmungen des gegenwärtigen Gesetzes beruht. Zu diesen Bestimmungen gehört unter Anderem die in § 21 Abs. 3 und § 22, wonach auch eine hinsichtlich ihres Bestehens oder Vorrangs bestrittene Forderung, solange nicht eine Einigung zwischen den Betheiligten erzielt oder ein entgegenstehendes rechtskräftiges Urtheil beigebracht wird, sowohl bei Berechnung des zulässigen Mindestgebots, als auch bei Vertheilung des Kaufpreises in derselben Maße, und zwar auch hinsichtlich ihres Ranges, zu berücksichtigen ist, wie wenn sie nicht bestritten wäre. Daß hierdurch die Herbeiführung rechtlicher Entscheidung über das Bestehen oder Nichtbestehen der Forderung bezw. des Vorranges im Wege der Klagerhebung nicht ausgeschlossen wird, ist in § 21 Abs. 3 ausdrücklich ausgesprochen.

3. Zu den auf die Feststellung bezüglichen Bestimmungen des gegenwärtigen Gesetzes gehören unter Anderem ferner die in § 6 wegen Berechnung des Geldäquivalents für einen zur Erlöschung kommenden Auszug oder eine Leibrente. Dabei ist jedoch, dafern es sich um einen Auszug handelt, zu berücksichtigen, daß die Höhe des für Naturalleistungen in Rechnung zu bringenden Geldbetrags durch das Versteigerungsgericht festzustellen ist und daß diese Feststellung im Zwangsversteigerungsverfahren selbst nicht

angefochten werden kann (vergl. § 104 und die Bem. zu § 105). Daher kann die Feststellung des Aequivalents für einen Auszug mit der sofortigen Beschwerde gegen den Vertheilungsplan nur dann angegriffen werden, wenn behauptet zu werden vermag, daß selbst bei Zugrundelegung des vom Vollstreckungsgericht festgestellten Geldwerthes für die einzelne im Auszug begriffene Naturalleistung das Aequivalent für das gesammte Auszugsrecht in Folge unrichtiger Anwendung der bezüglichen Vorschriften im § 6 zu hoch bezw. zu niedrig berechnet worden sei.

§ 152.

Gegner des Beschwerdeführers sind diejenigen Interessenten, welche durch eine der Beschwerde entsprechende Entscheidung des Beschwerdegerichts benachtheiligt werden würden.

Entwurf gleichlautend.

Bemerkungen.

Die Beantwortung der Frage, wer als Gegner des Beschwerdeführers anzusehen sei, macht sich nöthig für die Entscheidung über die Kosten der Beschwerdeinstanz und für den Fall, daß das Beschwerdegericht eine mündliche Verhandlung zwischen den Betheiligten oder die schriftliche Erklärung Eines derselben für erforderlich erachten sollte, sowie für die Verkündung der Entscheidung. Bei Beantwortung jener Frage ist nicht schlechthin der Beschwerdeantrag, sondern die Folge maßgebend, welche bei einer dem Antrage entsprechenden Entscheidung eintreten würde. Eine dem bloßen Antrag auf Berücksichtigung eines Anspruchs entsprechende Entscheidung kann nach Befinden (§ 154 Abs. 1) die Außerkraftsetzung des Zuschlags zur Folge haben. Durch die Außerkraftsetzung des Zuschlags wird nur der Ersteher sowie der nicht beschwerdeführende, betreibende bezw. beigetretene Gläubiger, nicht aber ein anderer Gläubiger, auch wenn dessen Forderung durch den Kaufpreis gedeckt sein sollte, benachtheiligt. Ein derartiger Gläubiger behält solchenfalls seinen Anspruch unverkürzt bei, während ihm ein Recht darauf, daß zum Behuf seiner Befriedigung die Versteigerung des Grundstücks im gegenwärtigen Verfahren herbeigeführt bezw. aufrecht erhalten werde, nicht zusteht.

§ 153.

Das Beschwerdegericht hat, dafern das gegen den Zuschlag gerichtete Rechtsmittel nicht zu verwerfen ist, die Außerkraftsetzung des Zuschlags auszusprechen und zugleich zu bestimmen, ob das Versteigerungsverfahren fortzusetzen oder einzustellen sei.

Die zulässige Fortsetzung erfolgt auf Antrag des betreibenden Gläubigers.

Wird der Antrag nicht binnen 3 Monaten nach Eintritt

der Rechtskraft der den Zuschlag außer Kraft setzenden Entscheidung gestellt, so ist der Antrag auf Versteigerung für zurückgenommen zu achten.

Erfolgt die Außerkraftsetzung des Zuschlags nach § 148 Absatz 1 unter 6, so gelangen die Bestimmungen in § 129 Absatz 3 und 4 entsprechend zur Anwendung.

Im Entwurf lautete Absatz 4: „Erfolgt die Außerkraftsetzung des Zuschlags nach § 148 Absatz 1 unter 6 auf das Rechtsmittel des Bieters, dessen Gebot zurückgewiesen worden war, so kann das Beschwerdegericht die Ertheilung des Zuschlags auf dieses Gebot aussprechen." Die Abänderung ist auf Antrag der Dep. der I. Kammer erfolgt.

Bemerkungen.

1. Einzustellen ist das Verfahren, wenn die auf § 148 Abs. 1 unter 1 gestützte Beschwerde begründet ist. Dasselbe gilt im Falle des Abs. 1 unter 8 in Bezug auf das unnöthigerweise versteigerte Grundstück. In allen übrigen Fällen ist die Fortsetzung anzuordnen. — Zu Abs. 3 vergl. Bem. 2 und 4 zu § 82.

2. Das weitere Versteigerungsverfahren erfolgt kostenfrei (§ 12 Abs. 2 des Kostengesetzes).

§ 154.

Im Falle des § 151 hat das Beschwerdegericht, wenn das Rechtsmittel begründet ist, den Vertheilungsplan entsprechend abzuändern, sofern nicht die Abänderung zur Folge haben würde, daß ein Anspruch unberücksichtigt bleibt, welcher nach § 10 durch den Kaufpreis gedeckt sein muß. Letzteren Falls ist der Zuschlag außer Kraft zu setzen, wenn nicht der Ersteher innerhalb einer ihm zu setzenden Frist von mindestens einer Woche zu Protokoll des Gerichtsschreibers oder in einem den Vorschriften in § 116 entsprechenden Schriftstück sich verbindlich erklärt, den Betrag zu gewähren, der zur Ergänzung der dem Mindestgebot entsprechenden Summe erforderlich ist. Die Erklärung unterliegt der Bestimmung in § 150 Absatz 5.

Ist durch die Abänderung eine Erhöhung des Gesammtbetrags der aus dem Kaufpreise durch Zahlung zu tilgenden Ansprüche bedingt und der Kaufpreis theilweise durch Schuldübernahme zu berichtigen, so ist die Bestimmung des Zeitpunkts, zu welchem der Mehrbetrag nebst den Zinsen davon zu bezahlen ist, dem Vollstreckungsgericht vorzubehalten.

Das Vollstreckungsgericht hat diese Bestimmung mittelst Beschlusses zu treffen, der unanfechtbar und sofort vollstreckbar ist.

Im Uebrigen findet die Bestimmung in § 538 der Civilproceßordnung Anwendung.

Die Worte in Absatz 1 „zu Protokoll rc. — Schriftstück" sowie der letzte Satz von Absatz 1 sind auf Antrag der Dep. der I. Kammer eingefügt worden.

Motive. „Im ersten Absatz ist auch der Fall berücksichtigt, wenn aus dem im Schlußsatz des § 151 angegebenen Grunde von einem Gläubiger wegen unterbliebener Berücksichtigung eines Anspruchs remedirt worden ist, welcher bei Berechnung des Mindestgebots hätte in Ansatz kommen sollen. Die Vorschriften in § 148 unter 4 und in § 150 machen die betreffende Bestimmung in § 154 Absatz 1 nicht entbehrlich, denn die Beschwerde nach dem Schlußsatz des § 151 kann auch von einem Gläubiger eingelegt werden, dessen Forderung einschließlich des beanspruchten Mehrbetrags durch das erlangte Gebot gedeckt ist und der daher den Zuschlag auf Grund § 148 unter 4 anzufechten kein Recht hat, während durch Berücksichtigung der nach § 151 eingelegten Beschwerde ein Gläubiger benachtheiligt werden kann, der nach dem Vertheilungsplan keinen Anlaß hatte, auf Grund § 148 unter 4 zu remediren.

Demnächst kann die Abänderung des Vertheilungsplans zur Folge haben, daß ein größerer Theil des Kaufpreises baar zu zahlen ist, als es nach den Feststellungen des Gerichts erster Instanz zu geschehen hätte. In diesem Fall, auf den sich § 154 Absatz 2 bezieht, reducirt sich selbstverständlich der Betrag der in Anrechnung auf den Kaufpreis zu übernehmenden Hypotheken in entsprechendem Umfange.

Im einzelnen Fall kann in Folge der Entscheidung des Beschwerdegerichts ein complicirtes Rechnungswerk in seinen einzelnen Ansätzen eine Umgestaltung erfahren müssen. Nach dem Schlußsatz des § 154 ist das Beschwerdegericht in der Lage, die erforderliche Umrechnung dem Vollstreckungsgerichte zu übertragen."

Bemerkungen.

1. Das Beschwerdegericht kann zwar, wenn eine nach § 151 eingelegte Beschwerde für begründet zu erachten und in Folge dessen eine Abänderung mehrfacher Ansätze im Vertheilungsplan sich nothwendig macht, gemäß der in Abs. 4 angezogenen Bestimmung des § 538 der C.P.O. die erforderliche Umrechnung dem Versteigerungsgericht überlassen. Auf jeden Fall muß es aber das Rechnungswerk insoweit selbst vornehmen, als erforderlich ist zur Beantwortung der Frage, ob durch die Aenderung eine Erhöhung des zulässigen Mindestgebotes über den Betrag des mit dem Zuschlage versehenen Meistgebotes hinaus bedingt werde, da hiervon das weitere Verfahren bezw. die weitere Entscheidung abhängt.

2. Muß der Zuschlag außer Kraft gesetzt werden, so ist zugleich die Fortsetzung des Verfahrens anzuordnen, auf welche § 153 Abs. 2 und 3 Anwendung finden. Das weitere Versteigerungsverfahren erfolgt kostenfrei (§ 12 Abs. 2 des Kostengesetzes).

3. Wegen der vom Ersteher abzugebenden Erklärung vergl. die Bemerkungen zu § 150.

4. Abs. 2 bezieht sich nur auf den Fall, daß ohne Erhöhung des Meistgebotes eine Erhöhung des baar zu zahlenden Kaufpreistheiles sich nöthig macht. Ein so gestalteter Fall kann nur vorkommen, wenn der Kaufpreis theils baar, theils durch Schuldübernahme zu gewähren ist.

5. Die zu bestimmende Zahlungszeit wird sich darnach zu richten haben, ob der in Folge der Beschwerde zu berücksichtigende Anspruch unter § 14 Abs. 1 oder 2 fällt. Im ersteren Falle wird nur eine kurze Frist zu setzen sein, während im letzteren Falle die nach § 114 erfolgten Fristbestimmungen zum Anhalt dienen werden.

6. Zu Abs. 3 vergl. § 158.

§ 155.

Die Entscheidung des Beschwerdegerichts ist zu verkünden. Dasselbe kann die Verkündung dem Vollstreckungsgericht übertragen. Das Vollstreckungsgericht hat solchenfalls einen besonderen Termin dazu anzuberaumen. Die Bestimmung in § 145 Absatz 1 findet auch in diesem Falle Anwendung.

Zu dem Termin sind diejenigen Betheiligten vorzuladen, deren Rechte durch die Entscheidung berührt werden.

Entwurf gleichlautend.

Motive. „Die Verkündung der Entscheidung des Beschwerdegerichts ist auch in dem Fall vortheilhaft, wenn die Entscheidung ohne vorgängige mündliche Verhandlung erfolgt, weil die Zustellung derselben einen großen Aufwand an Schreibwerk verursachen würde, dessen Herstellung das Verfahren vertheuert und aufhält."

Bemerkungen.

1. Zu den Betheiligten im Sinne von Abs. 2 gehören stets: der Beschwerdeführer und dessen Gegner (Bem. zu § 152), außerdem diejenigen, welche durch die abändernde Entscheidung des Beschwerdegerichts berührt werden.

2. Alle die Feststellungen im Vertheilungsplane, welche auf der Voraussetzung beruhen, daß derselbe nicht zur Anfechtung gelange, werden schon durch die letztere selbst hinfällig. In der Regel wird jeder Vertheilungsplan derartige Feststellungen enthalten. Es wird daher auch in der Regel selbst nach einer die Beschwerde verwerfenden Entscheidung die Abfassung und Verkündung eines anderweiten Vertheilungsplanes sich nöthig machen. Vergl. Bem. zu § 139.

§ 156.

Wird der nach Maßgabe der Entscheidung zulässige Antrag auf Anberaumung anderweiten Versteigerungstermins nicht innerhalb dreimonatiger Frist gestellt, so ist der Versteigerungsantrag für zurückgenommen zu achten.

Ist anderweiter Versteigerungstermin anzuberaumen, so kommen die Vorschriften in § 108 entsprechend zur Anwendung.

Dieser Paragraph ist auf Antrag der Dep. der I. Kammer eingefügt worden. Vergl. das zu § 108 unmittelbar hinter dem Text Gesagte.

Bemerkungen.

Vergl. § 153 Abs. 1, sowie Bem. 2 und 4 zu § 82. Die dreimonatige Frist beginnt mit der Rechtskraft der Entscheidung des Beschwerdegerichts.

VII. Ausführung des Verkaufs.

§ 157.

Das Vollstreckungsgericht hat nach Ablauf von 2 Wochen nach Verkündung des Vertheilungsplans, wenn bis dahin der erfolgte Zuschlag nicht angefochten ist, im Fall der erfolgten Anfechtung des Zuschlags dagegen nach Erledigung des Rechtsmittels wegen Auszahlung der nach § 14 Absatz 1 erlegten Gelder, ingleichen, wenn deren Einzahlung gestundet war und bis dahin nicht erfolgt ist, wegen Veräußerung der als Sicherheit hinterlegten Werthpapiere zum Courswerth und Auszahlung des Erlöses an die Forderungsberechtigten von Amtswegen Verfügung zu treffen.

Reicht der Erlös zur Deckung des in § 14 Absatz 1 gedachten Theils des Kaufpreises und der Zinsen davon nicht aus, so ist der Ersteher zu benachrichtigen und die Einzahlung des Fehlbetrags binnen einer vom Gericht zu bestimmenden kurzen Frist mittelst Beschlusses, sowie die Vollstreckung des Beschlusses von Amtswegen zu verfügen.

Ist der Vertheilungsplan auf Grund des § 151 angefochten, so hemmt das Rechtsmittel die vorstehend gedachten Verfügungen in Ansehung derjenigen Ansprüche, deren Tilgung aus dem zu zahlenden Theil des Kaufpreises dadurch in Frage gestellt ist, sofern nicht deren Betrag sichergestellt wird.

Entwurf gleichlautend.

Bemerkungen.

1. Das Gesetz hat im Eingange des 1. Abs. den Normalfall im Auge, daß die Verkündung des Vertheilungsplanes im Verkündungstermine rücksichtlich aller Betheiligten als geschehen zu erachten. In dem Ausnahmefall von § 145 Abs. 2 ist — wie in der Dep.-Sitzung der II. Kammer seitens der Regierung auf Anfrage ausdrücklich erklärt worden — die zweiwöchige Frist erst von der Zustellung des Vertheilungsplanes an zu rechnen.

2. Der Veräußerung der hinterlegten Werthpapiere braucht eine vorgängige Androhung an den Ersteher nicht nothwendig vorauszugehen, auch

ist dieselbe nicht an die im B.G.B. für die Verwerthung von Faustpfändern vorgeschriebenen Formen gebunden.

3. Die Vollstreckung des Beschlusses in Abs. 2 ist in derselben Weise, wie im Falle des § 134 Abs. 2, von Amtswegen zu verfügen. Das Versteigerungsgericht braucht daher zur Anordnung der Vollstreckung den Antrag des interessirten Gläubigers nicht abzuwarten, muß aber auf Widerspruch des letzteren die Vollstreckung unterlassen. Es schlagen hier die in Bem. 3. 4 und 6 zu § 134 entwickelten Grundsätze, sowie eventuell die Vorschriften in §§ 169. 170. 175 ein.

4. Eine theilweise Ausführung des Vertheilungsplanes im Sinne von Abs. 3 kann nur dann vorgenommen werden, wenn mit Sicherheit zu übersehen, daß durch die auf Grund § 151 eingelegte Beschwerde der Zuschlag nach § 154 Abs. 1 nicht in Frage gestellt ist.

§ 158.

Werden die dem Ersteher nach den Feststellungen des Vertheilungsplanes obliegenden Zahlungen nicht rechtzeitig geleistet, so findet auf Antrag der Gläubiger, deren Forderungen aus den rückständigen Beträgen zu befriedigen sind, wegen deren Einziehung die Zwangsvollstreckung gegen den Ersteher statt.

Ist die Ertheilung des Zuschlags (§ 147 unter 1) oder eine im Vertheilungsplan enthaltene Festsetzung (§ 147 unter 2) angefochten worden, deren Abänderung nach § 154 Absatz 1 die Außerkraftsetzung des Zuschlags zur Folge haben kann, so sind die nach § 114 bestimmten Zahlungsfristen von Rechtskraft der Entscheidung des Beschwerdegerichts zu rechnen.

Die Verfügung der Zwangsvollstreckung, sowie die zu deren Ausführung erforderliche Beauftragung des Gerichtsvollziehers erfolgt ohne Unterschied, ob dem Ersteher die in Rückstand gebliebene Zahlung nach § 142 an einen Forderungsberechtigten unmittelbar abzuführen gestattet war oder nicht, durch das Vollstreckungsgericht mittelst Beschlusses, dessen Ausfertigung dem Ersteher zuzustellen ist.

Absatz 2 ist auf Antrag der Dep. der II. Kammer eingefügt worden.

Motive. „An sich schuldet der Ersteher den Kaufpreis dem Gericht. An diesem Verhältniß soll dadurch, daß ihm zur Vermeidung unnöthiger Weiterungen gestattet wird, bestimmte Theile des Kaufpreises an die darauf angewiesenen Gläubiger unmittelbar abzuführen, Etwas nicht geändert werden. Dem entspricht es, wenn § 158 die zwangsweise Beitreibung der in Rückstand gelassenen Kaufgelder nicht den daraus zu befriedigenden Gläubigern überläßt, sondern dem Gericht vorbehält. Es empfiehlt sich dies aus praktischen Rücksichten. Wenn der Ersteher mit den schuldigen Zahlungen in Verzug kommt, so liegt auch die Gefahr nahe, daß eine anderweite Zwangsversteigerung im fortgesetzten Verfahren nöthig werden könne, und das anderweite Versteigerungsverfahren läßt sich in der § 174 vorgeschriebenen vereinfachten Weise nur dann bewerkstelligen, wenn die Ergebnisse vorausgegangener Zwangsvollstreckungen in das bewegliche Vermögen des Erstehers gerichtskundig sind."

Bemerkungen.

1. Zu den Feststellungen des (rechtskräftigen) Vertheilungsplans im Sinne von Abs. 1 gehören auch die in § 150 Abs. 5 und § 154 Abs. 1 u. 2 erwähnten Verpflichtungserklärungen bezw. Beschlüsse, da virtuell durch diese nur nachgeholt wird, was eigentlich schon im Vertheilungsplan hätte festgestellt werden sollen.

2. Die dem Ersteher obliegenden Zahlungen bestehen theils im Kaufpreise selbst, theils in den Zinsen davon. Wer auf die letzteren Anspruch hat, ergiebt sich aus Bem. 3 zu § 15, Bem. 4 zu § 18, Bem. 4 zu § 132, Bem. 1 zu § 139. Die nach § 18 Abs. 2 zu entrichtenden Zinsen können auch noch nach der Eintragung des Erstehers zu zahlen sein. Daher ist wegen dieser Zinsen die hier geordnete Zwangsvollstreckung auch noch nach dem letzteren Zeitpunkte denkbar. Dies jedoch nur gegenüber dem Ersteher bezw. dessen Cessionar (§ 168 Satz 2), und zwar gleichviel, ob derselbe als Eigenthümer noch eingetragen ist oder nicht; nicht aber gegen den bloßen Nachbesitzer des Erstehers. Gegen diesen muß, soweit er überhaupt nach dem in Bem. 4 zu § 18 Ausgeführten haftpflichtig ist, durch einen vom Versteigerungsgericht zu bestellenden Vertreter oder durch den Gläubiger, welchem diese Zinsen überwiesen worden, förmliche Klage angestellt werden.

3. Zu den dem Ersteher nach den Feststellungen des Vertheilungsplans obliegenden Zahlungen gehören nicht diejenigen, welche auf die nach § 16 in Anrechnung auf den Kaufpreis übernommenen Schulden zu leisten sind, und zwar selbst dann nicht, wenn hinsichtlich derselben die Zahlungszeit gemäß § 114 Abs. 2 vom Versteigerungsgericht bestimmt worden war. Insoweit bedarf es stets der Klaganstellung (Bem. 12 zu § 16).

4. Die Zwangsvollstreckung wird nach Innen vom interessirten Gläubiger beantragt, nach Außen aber lediglich vom Vollstreckungsgericht betrieben. Der vollstreckbare Schuldtitel besteht in dem vom Vollstreckungsgericht ausgefertigten, nach § 51 unanfechtbaren Beschlusse des Abs. 3. Von diesem Beschlusse, sowie überhaupt vom Verhältniß des Versteigerungsgerichts nach Innen und Außen gilt das in Bem. 3. 4. 6 zu § 134 Gesagte.

5. Zum Antrage auf Zwangsvollstreckung ist nur der auf den betreffenden Betrag direkt angewiesene Gläubiger (als welcher im Falle des § 167 insoweit auch der Schuldner erscheinen kann), nicht auch der im Falle des § 140 eventuell angewiesene. Der letztere tritt in die Rechte des direkt angewiesenen Gläubigers erst dann ein, wenn der Eintritt der in § 140 erwähnten Eventualität festgestellt ist. Es ist dies eine Konsequenz des in § 21 Abs. 3 aufgestellten Grundsatzes sowie der Vorschrift in §§ 173. 175.

6. Aus dem vorher Gesagten folgt, daß der Ersteher zur Einzahlung des Betrags, welcher zu Deckung einer eigenen Forderung an die Erstehungsgeldermasse bestimmt ist, nicht gezwungen werden kann, und zwar

selbst dann nicht, wenn diese Forderung zu den in § 140 aufgeführten gehört. So lange er der direkt angewiesene Gläubiger im Sinne der Bem. 5 ist, würde nur er den nach Abs. 1 erforderlichen Antrag auf zwangsweise Betreibung des fraglichen Betrags stellen können. Als getilgt im Sinne von § 169 kann freilich die betr. Kaufpreisschuld erst dann angesehen werden, wenn der Ersteher die Aufrechnung dem Gericht gegenüber erklärt hat. Diese Erklärung kann auch Tilgungswirkung nur dann haben, wenn der betr. Betrag, wäre er eingezahlt, nach §§ 159. 160 an den Ersteher auszuzahlen sein würde.

7. Zu Abs. 2 vergl. Bem. 5 zu § 114.

§ 159.

Befindet sich unter den Forderungen, welche aus den an die Gerichtskasse eingezahlten Kaufgeldern zu befriedigen sind, eine solche, für welche das Grundstück in Folge eines in Kraft vorläufiger Vollstreckung oder auf Grund eines Arrestbefehls erfolgten Eintrags im Hypothekenbuch haftet, so ist der darauf zu rechnende Theil der eingezahlten Kaufgelder auf die Zeit bis zum Nachweise der Rechtskraft der Entscheidung, welche für den Bestand der Forderung maßgebend ist, von dem Vollstreckungsgericht zurückzubehalten.

Soweit die aus eingezahlten Kaufgeldern zu befriedigenden Ansprüche bei dem Vollstreckungsgericht bestritten worden sind, ist deren Betrag bis zum Ablauf eines Monats nach dem Tage zurückzubehalten, an welchem bei dem Vollstreckungsgericht erklärt worden ist, daß der Anspruch bestritten werde. Nach Ablauf dieser Frist findet eine Zurückbehaltung oder weitere Zurückbehaltung nur auf Grund bezüglicher Anordnung des Proceßgerichts statt, bei welchem wegen Herbeiführung rechtlicher Entscheidung über den Bestand oder den Nichtbestand des Anspruchs Klage zu erheben ist.

Entwurf gleichlautend.

Bemerkungen.

1. Wie es zu Abs. 1 für den Fall zu halten, wenn die vorläufige Vollstreckbarkeit oder der Arrest nach § 655 bezw. §§ 805—807 der C.P.O. außer Kraft tritt, ist durch § 140 geregelt.

2. Aus Abs. 2 folgt, daß, wenn die aus eingezahlten Kaufgeldern zu befriedigende Forderung länger als einen Monat vor dem Auszahlungstage zurück bestritten worden ist, die Auszahlung an den Gläubiger blos auf jenes

Bestreiten hin nicht beanstandet werden darf. Der bestreitende Gläubiger wird daher auf Herbeischaffung der zur Zurückbehaltung erforderlichen Anordnung des Proceßgerichts in Zeiten Bedacht zu nehmen haben.

§ 160.

In dem § 140 angegebenen Falle kann die Auszahlung des Forderungsbetrags an den Berechtigten, dafern sie nicht auf Grund eines beigebrachten rechtskräftigen Urtheils zu bewerkstelligen ist, nur mit Zustimmung des anderen Interessenten erfolgen.

Im Entwurfe bildete die Bestimmung dieses Paragraphen (mit einer lediglich redaktionellen Aenderung) den 2. Absatz des nächstfolgenden Paragraphen (159). Der letztere enthielt außerdem nachfolgende Vorschriften:

(Abs. 3.) „Das Gericht hat, wenn die Auszahlung von dem einen Interessenten beantragt und die erforderliche Zustimmung des anderen Interessenten nicht beigebracht wird, den letzteren zur Erklärung über Ertheilung seiner Zustimmung innerhalb einer zu bestimmenden Frist, welche mindestens 2 Wochen betragen muß, mit dem Eröffnen aufzufordern, daß, falls eine Erklärung darüber nicht fristgemäß erfolge, die Zustimmung für ertheilt werde angesehen werden.

(Abs. 4.) Wird die Zustimmung verweigert, so sind die Betheiligten wegen Ausführung ihrer Ansprüche zur Klagerhebung zu verweisen."

Auf Antrag der Dep. der I. Kammer ist aus Abs. 2 ein besonderer Paragraph gebildet, und Abs. 3 ebenso wie Abs. 4 in Wegfall gestellt worden. Der Bericht lautet hierzu:

„Die Bestimmung in Absatz 2, welche sich auf unbestimmte Hypotheken bezieht, die in Anrechnung auf den Kaufpreis vom Ersteher zu übernehmen sind, schließt sich sachlich besser an § 158 (§ 159 des Ges.) an.

Die weiteren dazu gehörigen Vorschriften in Absatz 3 und 4 wurden beanstandet. Wenn auch, wie von den Herren Regierungsvertretern auf Anfrage erklärt wurde, dem Absatz 3 nicht die Absicht zu Grunde liegt, die eventuell anzunehmende Zustimmung über die Bewilligung der Auszahlung als solcher hinaus zu erstrecken, das betreffende Forderungsverhältniß selbst also nicht berührt werden soll, die Tendenz vielmehr dahin gehe, die Füglichkeit einer möglichst baldigen Entlastung des Gerichts von der Aufbewahrung der bezüglichen Beträge zu gewähren, so blieben immerhin prinzipielle Bedenken bestehen. Nach Maßgabe von § 17 (§ 16 des Ges.) Absatz 2 und nach den Feststellungen des Vertheilungsplans hat ein jeder der Interessenten das wohlerworbene Recht auf den Fortbestand des bezüglichen Verhältnisses, der Inhaber der übernommenen unbestimmten Hypothek bis dahin, wo Existenz oder Umfang des unterliegenden Anspruchs in Gewißheit gesetzt ist, der eventuell berechtigte nachstehende Hypothekengläubiger bis dahin, wo sein eventuelles Recht realisirbar wird. Man hatte deshalb die rechtliche Basis zu vermissen, auf welche die in Absatz 2 angedrohte Rechtsverwirkung gestützt werden könnte, und es kam die Ansicht zur Geltung, daß insoweit nur im Wege der Klage, nach Befinden der Feststellungsklage auf Seiten des einen oder anderen Interessenten (§ 231 der Civilprozeßordnung) Wandel zu schaffen sei."

Bemerkungen.

1. In § 140 in Verb. mit § 16 Abs. 2 sind Fälle aufgeführt, für welche bereits in § 159 besondere Bestimmungen getroffen worden. Die letzteren werden durch die allgemeine Vorschrift des § 160 selbstverständlich nicht berührt.

2. Aus der Entstehungsgeschichte des § 160 ergiebt sich, daß im Falle des § 140 die Auszahlung des vom Ersteher (auf Grund § 14 oder § 19) eingezahlten Forderungsbetrags an den darauf angewiesenen Berechtigten nur mit ausdrücklicher, nicht auch mit fingirter Einwilligung der eventuell darauf angewiesenen Personen (§ 39 der A.V. zu § 140) erfolgen darf.

§ 161.

Den an die Gerichtskasse eingezahlten Theil des Kaufpreises, über welchen voraussetzlich nicht alsbald zu Gunsten der Forderungsberechtigten verfügt werden kann, hat das Gericht in Werthpapieren der in § 133 angegebenen Gattungen zinsbar anzulegen.

Das im Entwurf stehende Wort „Creditpapieren" ist auf Antrag der Dep. der II. Kammer mit „Werthpapieren" vertauscht worden, „damit darunter auch Sparkasseneinlagebücher verstanden werden können".

Bemerkungen.

Aus § 133 Abs. 2 folgt, daß Schuldverschreibungen, bei deren Erkaufung mehr als der Nennwerth gezahlt werden müßte, ausgeschlossen sind, sofern nicht sämmtliche Betheiligte einwilligen.

Ausf.-Verordn. § 41 (zu § 161). Steht der Verfügung über den an die Gerichtskasse eingezahlten Theil des Kaufpreises ein Hinderniß nicht entgegen, so ist, zu Vermeidung persönlicher Haftbarkeit des Beamten, welcher eine Säumniß verschuldet, für den dadurch entstandenen Schaden die Auszahlung an den Empfangsberechtigten ohne Verzug zu bewerkstelligen.

§ 162.

Die nach § 16 Absatz 2. § 140 erfolgte bedingte Uebernahme einer auf dem Grundstück lastenden Schuld ist im Hypothekenbuch zu verlautbaren.

Entwurf gleichlautend.

Ausf.-Verordn. § 42 (zu § 162). Die in § 162 des Gesetzes angeordnete Verlautbarung im Hypothekenbuche erfolgt durch einen Eintrag des Inhalts:

Für den Fall, daß der unter Nr. . . . eingetragene Anspruch aus einem anderen Grunde als in Folge Befriedigung seiten des Eigenthümers des Grundstücks ganz oder zum Theil in Wegfall kommt, tritt an Stelle des hinwegfallenden Betrags bis zu dessen Höhe ein im Vertheilungsplane bedingt angewiesener Anspruch mit dem dem Zeitpunkte des gegenwärtigen Eintrags entsprechenden Range.

Dieser Eintrag erhält eine besondere Hypothekennummer. Er hat unmittelbar auf den die Löschung der durch den Kaufpreis nicht gedeckten

Hypotheken verlautbarenden Eintrag (§ 171 des Gesetzes) zu folgen. In der Anmerkungsspalte ist eintragen

Bedingte Anweisung bis zur Höhe von . . .

Ferner ist in der Anmerkungsspalte sowohl bei dem den ungewissen Anspruch betreffenden Eintrage, als auch bei dem nach § 171 des Gesetzes bewirkten Löschungseintrage auf den die bedingte Anweisung verlautbarenden Eintrag durch Eintragung der Worte: „Bedingte Anweisung Nr. . . .“ zu verweisen.

Die Löschung dieser Verlautbarungen oder deren Beschränkung auf eine geringere Summe ist in dem Nachtrage zu dem Vertheilungsplane anzuordnen.

Hat der Ersteher mehrere ungewisse Ansprüche in Anrechnung auf den Kaufpreis übernommen, so ist die Fassung des in Abs. 1 vorgeschriebenen Eintrags entsprechend abzuändern.

Bemerkungen.

1. Der nach § 162 des Ges. und § 42 der A.V. zu bewirkende Eintrag hat in gewisser Beziehung die Natur der Vormerkung einer relativ bestimmten Forderung. Seine Wirkungen sind jedoch insofern weitergehende, wie bei der gewöhnlichen Vormerkung (§ 406 des B.G.B.), als auch im Falle der Zwangsversteigerung der Erwerber des Grundstücks die nachträgliche Eintragung des bedingt angewiesenen Anspruchs sich gefallen lassen muß.

2. Wird die Eintragung des bedingt angewiesenen Anspruchs verlangt, so ist zunächst mittelst des in § 40 der A.V. (zu § 140) erwähnten Nachtrags zum Vertheilungsplan festzustellen, welcher Anspruch und nach welcher Höhe derselbe einzutragen sei. Es ist dies derjenige Anspruch, der im Range unmittelbar hinter den durch den Kaufpreis gedeckten Ansprüchen folgt. Dieser Anspruch ist in der gesammten, zur Zeit der Abfassung des Nachtrags zum Vertheilungsplan noch bestehenden Höhe einzustellen, also unter Mitberücksichtigung der früher angemeldeten Zinsen und Kosten, soweit die ersteren nicht auf eine weiter zurückliegende Zeit bezw. nach einem höheren Zinsfuß gefordert werden, als in § 4 unter 4a bestimmt ist und soweit dieselben (eventuell der Stammbetrag selbst) nicht etwa durch die vom Ersteher nach § 18 Abs. 2 und § 132 Abs. 1 zur Erstehungsgeldermasse abgeführten Zinsen bereits getilgt sind (Bem. 4 zu § 18 und Bem. 1 zu § 139). Die mit zu berücksichtigenden Zinsen sind bis zum Tage des anderweiten Eintrags des Anspruchs zu berechnen und ist ihr Betrag sowie der der etwaigen Kosten vom Betrage der Stammforderung im Eintrage getrennt zu halten. Ein solcher Eintrag würde, wenn der weggefallene ungewisse Anspruch z. B. 2000 ℳ beträgt, etwa folgendermaßen zu lauten haben:

a. 1920 ℳ — ₰ Darlehn sammt Zinsen zu 4 v. H. und Kosten,
b. 80 ℳ — ₰ rückständige Zinsen davon,

für N. N., mit dem durch den Eintrag No. . . bezeich-

neten Range, lt. Schuld- und Pfandverschreibung vom . . .
und Nachtrags zum Vertheilungsplane vom . . .

In diesem Falle würde der Ersteher vom Eintragstage ab bis zur Zahlung den Betrag von 1920 ℳ gemäß § 18 Abs. 1 mit 4 Prozent an den Forderungsberechtigten, den Betrag von 80 ℳ aber gemäß § 18 Abs. 2 mit 5 Prozent zur Erstehungsgeldermasse zu verzinsen haben und würden die letzteren Zinsen nach dem in Bem. 4 zu § 18 angegebenen Grundsatze zu vertheilen sein.

Der einzutragende, im früheren Vertheilungsplan bedingt angewiesene Anspruch kann — wie bereits in Bem. 1 zu § 140 hervorgehoben worden — wiederum ein solcher sein, welcher unter § 16 Abs. 2 fällt, z. B. dann, wenn er bestritten ist, da dieser Umstand gemäß § 21 Abs. 3 die Berücksichtigung, d. i. hier die Eintragung, des Anspruchs nicht hindert. In diesem Falle würde der in § 42 der A.V. vorgeschriebene Eintrag, in Folge dessen auch ein etwaiger Cessionar die Ungewißheit des Anspruchs gegen sich gelten zu lassen haben würde, zu wiederholen sein, selbstverständlich mit der Maßgabe, daß der Schluß des Eintrags zu lauten hat: „mit dem dem Zeitpunkte des Eintrags Nr. . . (früherer Vormerkungseintrag) entsprechenden Range“. Solchenfalls kann später der weitere Eintrag eines einrückenden, früher nur bedingt angewiesenen Anspruchs vorkommen.

Noch verwickelter wird die Sache, wenn es sich um mehrere ungewisse, oder mehrere bedingt angewiesene Ansprüche handelt.

Hiernach wird es im Interesse aller Betheiligten, ganz besonders auch des Erstehers bezw. dessen Besitznachfolgers liegen, wenn der letztere, sobald derartige Verwickelungen in Aussicht stehen, den zu Deckung des ungewissen Anspruchs erforderlichen Betrag gemäß § 19 zur Gerichtskasse einzahlt. Er ist solchenfalls nach § 166 in der Lage, eine andere Hypothek mit dem Range der abgestoßenen aufzunehmen.

Ausf.-Verordn. § 43. Macht der Ersteher von dem ihm nach § 19 des Gesetzes zustehenden Rechte der Zahlung an die Kasse des Vollstreckungsgerichts Gebrauch, so hat das letztere mittelst Beschlusses auszusprechen, daß sowohl die wegen des ungewissen Anspruchs bestehende Hypothek, als auch der die bedingte Anweisung verlautbarende Eintrag zu löschen, bezw. auf Antrag des Erstehers die ersterwähnte Hypothek auf dessen Namen umzuschreiben sei, auch in einem Nachtrage zum Vertheilungsplane über die Verwendung des Eingezahlten Bestimmung zu treffen. Der Nachtrag zu dem Vertheilungsplane ist in einem durch Beschluß anzuberaumenden Termin, von welchem der Inhaber der ungewissen Forderung, sowie die in § 40 dieser Verordnung bezeichneten Betheiligten durch Zustellung des Beschlusses in Kenntniß zu setzen sind, zu verkünden.

Bemerkungen.

3. Wegen der Löschung bezw. Umschreibung, welche selbstverständlich nur dann erfolgen kann, wenn der Ersteher auch der ihm nach § 18 Abs. 1 bezw. 2 obliegenden Zinsverpflichtung nachgekommen, vergl. § 166 des Ges.

und § 44 der A.V. — Die Verwendung des Eingezahlten richtet sich nach §§ 159—161. — Hinsichtlich der Anfechtbarkeit des Nachtrags zum Vertheilungsplane gelten die Bestimmungen §§ 146. 147 unter 2. §§ 151. 152. 154 Abs. 4. § 155.

§ 163.

Der Ersteher kann die bis zur Rechtskraft des Vertheilungsplans fällig werdenden Zinsen, welche er von den in Anrechnung auf den Kaufpreis zu übernehmenden Hypotheken nach § 18 Absatz 1 an den Forderungsberechtigten abzuführen hat, bis zum Eintritt der Rechtskraft zurückbehalten, insoweit die Verpflichtung zur Uebernahme der betreffenden Hypothek durch das Rechtsmittel in Frage gestellt ist.

Entwurf gleichlautend.

Bemerkungen.

Der im Schlußsatz erwähnte Fall liegt vor, sobald durch das Rechtsmittel entweder der Zuschlag selbst oder der Umstand in Frage gestellt wird, ob und inwieweit die betr. Hypothek vom Ersteher zu übernehmen sei. Der Paragraph ist eine Konsequenz des Grundsatzes in § 143 Abs. 1 (vergl. die zugehörige Bem.). — Wegen der nach § 18 Abs. 2 an die Erstehungsgeldermasse abzuführenden Zinsen vergl. Bem. 3 und 6 zu § 114.

§ 164.

Die vereinbarte Uebernahme der Schuld, wegen deren die Versteigerung des Grundstücks erfolgt ist, in Anrechnung auf den Kaufpreis wirkt dem ursprünglichen Schuldner gegenüber als Schuldtilgung.

Entwurf gleichlautend.

Motive. „Da der Zweck der Zwangsversteigerung die Befriedigung des betreibenden Gläubigers wegen seiner Forderung ist, würde es eine Unbilligkeit gegen den ursprünglichen Schuldner enthalten, seine persönliche Verbindlichkeit auch insoweit, als der Kaufpreis die Forderung des betreibenden Gläubigers deckt und dieser von dem Ersteher Zahlung hätte erhalten können, in Folge eines zwischen demselben und dem Ersteher eingegangenen Creditvertrags fortbestehen zu lassen, obgleich der Schuldner Behufs Befriedigung des Ersteren um sein Grundstück gebracht worden ist."

Bemerkungen.

1. Die Bestimmung bezieht sich nur auf diejenige Schuld bezw. diejenigen Schulden, wegen deren die Versteigerung (auf Antrag des betreibenden bezw. beigetretenen Gläubigers) erfolgt ist. Die Uebernahme einer solchen Schuld kann der Vorschrift in §§ 13 und 16 Abs. 1 gegenüber nur auf besonderer Vereinbarung beruhen und letztere entweder indirekt durch ent-

sprechende Abänderung der gesetzlichen Kaufsbedingungen vor der Versteigerung (§ 109), oder direkt durch Abkommen zwischen Gläubiger und Ersteher nach der Versteigerung erfolgen. Das Letztere wiederum kann ein ausdrückliches (§ 170), oder fingirtes (§ 175) sein.

2. Wie aus dem in den Motiven angegebenen Grunde dieser Bestimmung entnommen werden muß, soll die Sache so angesehen werden, als sei die Forderung aus den eingezahlten Kaufgeldern, also aus dem Vermögen des Eigenthümers des versteigerten Grundstücks getilgt worden. Hieraus folgt

a. daß zwar durch die Schuldübernahme auch der etwa neben dem Eigenthümer des versteigerten Grundstücks noch vorhandene persönliche Schuldner liberirt wird, daß jedoch der Erstere, je nach dem Rechtsverhältnisse, in welchem er zum persönlichen Schuldner steht (z. B. wenn er sich für den letztern verbürgt hatte), die Befriedigung des Gläubigers als eine von ihm bewirkte geltend machen darf;

b. daß der Eigenthümer des versteigerten Grundstücks, wenn die Forderung ungetheilt noch auf einem andern ihm zugehörigen, jedoch nicht mit versteigerten Grundstücke haftet, nach § 442 des B.G B. verlangen kann, daß dieselbe zwar nicht auf dem Folium des versteigerten, wohl aber auf dem des andern Grundstücks gelöscht oder nach Löschung der Mitverpfändungsbemerkung auf seinen Namen umgeschrieben werde. Dasselbe Recht würde ihm gemäß § 441 des B.G.B. selbst dann zustehen, wenn das mitverpfändete, jedoch nicht mit versteigerte Grundstück einer andern Person zugehörte und die letztere bei Erwerbung des Grundstücks die fragliche Schuld vom Eigenthümer des versteigerten Grundstücks als persönlichen Schuldner zur Berichtigung überwiesen erhalten hätte (Siegmann, Das K. Sächs. Hypothekenrecht, S. 127 flg.).

§ 165.

Vor der für die zu zahlende Kapitalforderung durch die Kaufsbedingungen festgesetzten Zahlungszeit die Zahlung anzunehmen ist der Gläubiger nur dann verbunden, wenn der Ersteher zugleich die laufenden Zinsen bis zum Verfalltage berichtigt.

Entwurf gleichlautend.

Motive. „Nach dem jetzigen Rech: kann der Ersteher das Erstehungsgeld nach einseitigem Belieben auch vor den vom Gericht bestimmten Zahlungsterminen und ohne vorausgegangene Kündigung zum vollen Betrage oder auch nach und nach in willkürlichen Beträgen mit der Wirkung einzahlen, daß mit dem Einzahlungstage die Verbindlichkeit zur Verzinsung hinwegfällt. Dieser in der Praxis festgehaltene Grundsatz hat zu begründeten Klagen Anlaß gegeben, da die Gläubiger nicht immer in der Lage sind, wegen alsbaldiger nutzbarer Wiederanlegung ihres Kapitals rechtzeitig Vorkehrung zu treffen. Die Gestundung des an den betreibenden Gläubiger zur Befriedigung der lange vor dem Versteigerungstermin fällig gewordenen Forderung zu zahlenden Theils der Erstehungsgelder erfolgt lediglich im Interesse des Erstehers. Die Feststellung bestimmter Zahlungstermine dagegen berührt auch das Interesse des Gläubigers, und Vorauszahlungen müssen daher der allgemeinen Bestimmung in § 718 des B.G.B. unterliegen."

Bemerkungen.

Die Bestimmung gilt von allen Kapitalforderungen, hinsichtlich deren durch die Kaufsbedingungen die Zahlungszeit festgesetzt worden, also nicht blos von den Forderungen § 13 unter 4 und 5, sondern auch von den zu übernehmenden Forderungen, auf welche § 114 Abs. 4 Anwendung leidet. Auch gilt die Bestimmung, soviel die Forderungen § 13 unter 4 und 5 anlangt, nicht blos (wie es nach dem Wortlaut den Anschein haben könnte) von denjenigen, welche gemäß § 142 unmittelbar an Gläubiger gezahlt werden können, sondern von allen durch Baarzahlung zu tilgenden. Das Versteigerungsgericht darf daher (der Bestimmung in § 143 Abs. 2 gegenüber), wenn es sich nicht einem Schädenanspruche seitens des betreffenden Gläubigers aussetzen will, eine vorzeitige Zahlung seitens des Erstehers nur dann annehmen, wenn zugleich die bis zum ursprünglich bestimmten Zahlungstage zu berechnenden Zinsen mit abgeführt werden, oder der darauf angewiesene Gläubiger auf diese Zinsen vorher verzichtet hat.

§ 166.

In Bezug auf die nach den Kaufsbedingungen zur Bezahlung gelangten Forderungen steht dem Ersteher der in § 442 des Bürgerlichen Gesetzbuchs bezeichnete Anspruch zu.

Durch die erfolgte Einzahlung des Betrags, bis zu welchem das Grundstück zur Sicherstellung ungewisser Forderungen verpfändet ist, erwirbt der Ersteher das Recht, in dem Range der betreffenden Hypothek bis zu deren Höhe für eine andere Schuld ein Pfandrecht an dem Grundstücke zu bestellen und zu diesem Behufe die Umschreibung der bestehenden Hypothek auf seinen Namen zu verlangen.

Die nach Absatz 1 und 2 zulässigen Umschreibungen sind durch die vorherige Eintragung des Erstehers im Grundbuche nicht bedingt.

Der im Entwurf fehlende Abs. 3 ist auf Antrag der Dep. der II. Kammer aufgenommen worden.

Ausf.-Verordn. § 44 (zu § 166). Verlangt der Ersteher nach Maßgabe von § 166 Abs. 2 des Gesetzes die Umschreibung einer wegen eines ungewissen Anspruchs bestehenden Hypothek auf seinen Namen, so ist einzutragen:

> Die unter Nr. ... verlautbarte Hypothek wird in Folge Einzahlung auf den Ersteher (den Eigenthümer des Grundstücks) N. N. umgeschrieben.

Wird die Hypothek an einen Anderen abgetreten, so ist dies in der Weise zu verlautbaren:

N. N. hat die unter Nr. ... eingetragene Hypothek in Höhe von .... Mark zu Sicherstellung einer .... Forderung von ... Mark an X. (Name des Dritten) abgetreten.

Bemerkungen.

1. Die Bestimmungen des § 166 sind eine weitere Ausführung des neuen Grundsatzes, daß die auf dem versteigerten Grundstücke haftenden Hypotheken nicht schon durch die Versteigerung selbst erlöschen. Vergl. Motive zu § 114.

2. Abs. 1 des Gesetzes bezieht sich auf diejenigen Forderungen, welche auf den baar zu gewährenden Kaufpreistheil angewiesen sind. Das Recht des Erstehers zu dem Verlangen, daß diese Forderungen entweder gelöscht oder auf seinen Namen umgeschrieben werden (§ 442 des B.G.B.), entsteht sofort mit der Einzahlung des betreffenden Betrags zur Gerichtskasse oder im Falle des § 142 mit der Zahlung an den Gläubiger (§ 143 Abs. 2), kann aber selbstverständlich nur bezüglich solcher Forderungen geltend gemacht werden, bei denen eine Löschung oder Umschreibung denkbar ist, also nicht hinsichtlich der Rückstände von Zinsen, Kosten und Reallasten, wohl aber hinsichtlich der mit der Hauptforderung zugleich eingetragenen künftigen Zinsen und Kosten. Bezüglich der vom Ersteher in Anrechnung auf den Kaufpreis übernommenen Forderungen ergiebt sich jenes Recht direkt aus § 442 des B.G.B. Insoweit bedurfte es daher hier nicht einer besonderen Bestimmung.

3. Die Vorschrift in Abs. 2 des Ges. und § 44 der A.V. bezieht sich nur auf Kautionshypotheken (zu denen auch die Arresthypotheken gehören). Der Begriff „ungewisse Forderung" in Abs. 2 des Ges. und „ungewisser Anspruch" in § 44 des A.V. deckt sich daher nicht mit dem „ungewissen Anspruch" im Sinne von §§ 39 und 40 der A.V. (zu § 140). Die unter die letzteren Paragraphen fallenden übrigen ungewissen Ansprüche (auf vorläufiger Vollstreckung beruhende Hülfshypotheken, Korrealhypotheken und bestrittene Forderungen) werden durch Abs. 1 gedeckt. Dagegen ist für die Anwendung des Abs. 2 gleichgültig, ob die Einzahlung auf Grund § 14 oder § 19 erfolgt ist. — Daß im Falle des Abs. 2 der Ersteher auch die Löschung der Hypothek verlangen kann, ist selbstverständlich.

4. Die Hypothek, deren Umschreibung nach Abs. 1 oder 2 in Frage kommt, kann nach Befinden auch ein bloßer Theil einer Hypothek sein. Die Bedenken, welche im Falle des § 442 des B.G.B. der nur theilweisen Umschreibung einer Forderung sonst entgegenstehen (Siegmann, Das K. Sächs. Hypothekenrecht, S. 124 flg.), fallen hier weg, da die Forderung, soweit sie durch den Kaufpreis nicht gedeckt wird und daher nach Abs. 1 und 2 nicht umgeschrieben werden kann, zu löschen ist (§ 171).

§ 167.

Uebersteigt der Kaufpreis den Gesammtbetrag der daraus zu bezahlenden oder in Anrechnung auf denselben zu übernehmenden Schulden, so ist der Mehrbetrag nebst den davon zu entrichtenden Zinsen an den bisherigen Eigenthümer des Grundstücks zu dem vom Gericht zu bestimmenden Termin zu bezahlen.

Der Zahlungstermin soll auf mindestens zwei Wochen und höchstens zwei Monate nach der Verfallzeit der letzten Rate der nach § 114 vom Ersteher zu leistenden Zahlung festgestellt werden.

Entwurf gleichlautend.

Bemerkungen.

Von einem Ueberschusse kann erst dann die Rede sein, wenn auch die in Classe 5 von § 4 in Ansatz zu bringen gewesenen Rückstände vollständig gedeckt sind. Hinsichtlich eines solchen Ueberschusses kommen dem Schuldner die Rechte eines an letzter Stelle eingetragenen Gläubigers zu. Hierauf beruhen die Vorschriften in §§ 39. 40. 43 der A.V.

§ 168.

Der Ersteher kann bis zu seiner Eintragung als Eigenthümer im Grundbuch die durch den Zuschlag erworbenen Rechte abtreten, haftet jedoch für die Erfüllung der ihm durch den Zuschlag entstandenen Verbindlichkeiten, soweit dieselben vor der Eintragung im Grundbuch erfüllt sein müssen, neben seinem Rechtsnachfolger als Selbstschuldner. Letzterer tritt in alle Verbindlichkeiten des Erstehers ein und unterliegt den Bestimmungen in § 158, sofern die Rechtsnachfolge bei dem Vollstreckungsgericht durch öffentliche Urkunde nachgewiesen ist.

Entwurf gleichlautend.

Ausf.-Verordn. § 45 (zu § 168). Im Falle des § 168 des Gesetzes bedarf es Behufs Eintragung des Rechtsnachfolgers des Erstehers des Zwischeneintrags des letzteren nicht.

Bemerkungen.

1. Die Abtretung kann gültigerweise auch an die Personen erfolgen, von denen nach § 119 Gebote nicht zugelassen werden dürfen. Eine solche Abtretung würde vom Vollstreckungsgericht selbst dann zu respektiren sein, wenn die Verbindlichkeit zu ihr auf einem bereits vor der Versteigerung zwischen Ersteher und Cessionar zu Umgehung jenes Verbots abgeschlossenen Vertrage beruhte. Solchenfalls würde zwar dieser letztere Vertrag nichtig sein und demgemäß der Ersteher die Erfüllung desselben verweigern bezw. die bereits bewirkte Abtretung condiciren können (§§ 793. 1547 des B.G.B.); die Abtretung selbst aber würde ebenso wirksam sein wie es die auf einem

nichtigen Rechtsgeschäfte beruhende Uebergabe einer Sache ist (§ 253 des B.G.B.). Dies gilt insbesondere auch von der Abtretung des Erstehungsrechtes an den Schuldner. Die Bestimmung in § 795 des B.G.B. kann hier nicht in Betracht kommen, da der Schuldner durch die an ihn bewirkte Abtretung nicht in ein Vertragsverhältniß zum Gericht, sondern nur in einzelne Forderungen und Verbindlichkeiten des Erstehers eintritt. Ebensowenig würde der Gültigkeit einer solchen Abtretung der Umstand entgegenstehen, daß durch dieselbe der Schuldner die Forderung auf Uebertragung des ihm bereits zustehenden Eigenthums am versteigerten Grundstücke erwirbt und die Erfüllung dieser Forderung unmöglich ist. Denn die Erfüllungsunmöglichkeit bildet nur einen Erlöschungsgrund für die Forderung (§§ 1009. 1010 des B.G.B.) und hindert, wenn sie von vornherein vorhanden ist, nur die Entstehung der betr. Forderung, macht daher nur Rechtsgeschäfte ungültig, welche die Entstehung einer solchen Forderung bezwecken (§§ 90. 793. 795 des B.G.B.). Dagegen ist der Uebergang einer bereits entstandenen Forderung auf einen Anderen nicht dadurch ausgeschlossen, daß erst dem Letzteren gegenüber die Erfüllung unmöglich wird, weil er schon hat, was Gegenstand der Forderung ist. Insbesondere ist die Abtretung solcher Forderungen in den einschlagenden §§ 964 flg. des B.G.B. nicht für unzulässig erklärt. Die Geltendmachung der Forderung aus dem Kaufe setzt nicht eine besondere, der Uebertragung auf Andere nicht fähige Eigenschaft des Berechtigten im Sinne von § 966 des B.G.B. voraus. — Die Nichterfüllbarkeit der Forderung auf Eigenthumsübertragung dem Schuldner gegenüber berührt ausschließlich das Interesse des letzteren. Läßt derselbe trotzdem die Forderung sich abtreten, so werden dadurch andere Personen nicht verletzt. Abgesehen hiervon besteht aber auch das aus dem Zuschlage für den Ersteher entstandene Recht nicht blos in der Forderung auf Eigenthumsübertragung, sondern auch in der Forderung auf Löschung der durch den Kaufpreis nicht gedeckten Hypotheken. Diese Forderung ist auch dem Schuldner gegenüber erfüllbar. Werden in Erfüllung dieser Forderung die nicht gedeckten Hypotheken gelöscht, so erlangt zwar dadurch der Schuldner zum Nachtheil der betreffenden Gläubiger einen Vortheil. Doch ist jener Nachtheil nicht eine Folge der Abtretung des Erstehungsrechts, sondern lediglich eine Folge des ungünstigen Ergebnisses der Versteigerung. Die leer ausgehenden Gläubiger würden daher die Abtretung selbst dann nicht anzufechten vermögen, wenn der derselben zu Grunde liegende Vertrag nur zu Umgehung des Verbots in § 119 abgeschlossen worden wäre. Eine andere, in Folge der Aufhebung des § 452 des B.G.B. nicht mehr ohne Weiteres ausgeschlossene Frage ist, ob nicht die Gläubiger, deren Hypotheken an sich zu löschen sein würden, dem Schuldner gegenüber, welchem das Erstehungsrecht abgetreten worden, zu dem Verlangen auf Nichtlöschung der Hypothek berechtigt seien. Dieses Recht würde äußersten Falls für den Gläubiger, dessen Hypothek in Folge eines mit dem gegenwärtigen Schuldner abgeschlossenen Pfandvertrags eingetragen worden, aus dem letzteren, nicht aber für jeden Hypothekengläubiger schon aus dem Pfandrechte selbst sich ableiten lassen.

2. Zu den in Satz 1 erwähnten Verbindlichkeiten, welche von der

grundbücherlichen Eintragung des Erstehers erfüllt sein müssen, gehört nicht die Verpflichtung zur Zahlung der nach § 16 Abs. 1 übernommenen Hypotheken, und zwar auch dann nicht, wenn der hierzu gemäß § 114 Abs. 4 gesetzte Termin bereits vor der Eintragung des Erstehers abgelaufen sein sollte. Hiernach kann eine, neben der Haftpflicht des Rechtsnachfolgers laufende selbstschuldnerische Haftpflicht des Erstehers für derartige übernommene Hypotheken aus den Bestimmungen dieses Paragraphen nicht abgeleitet werden. Aus den hierfür maßgebenden Vorschriften in § 16 Abs. 3 dieses Gesetzes und § 432 des B.G.B aber muß entnommen werden, daß die persönliche Haftpflicht des Erstehers für jene Hypotheken, abgesehen von den bis zur Eintragung seines Rechtsnachfolgers aufgelaufenen Zinsen, mit dieser Eintragung in Wegfall kommt, ausgenommen, wenn der Gläubiger vor diesem Zeitpunkte die persönliche Klage gegen ihn angestellt und den Rechtsstreit nicht über 3 Monate liegen gelassen hatte.

§ 169.

Die Eintragung des Erstehers als Eigenthümer im Grundbuch ist von Amtswegen vom Vollstreckungsgericht zu veranlassen, sobald der Betrag der Schulden, welche nach den Kaufsbedingungen aus den Kaufgeldern zu bezahlen sind, zur Einzahlung gekommen oder deren unmittelbar an die Forderungsberechtigten bewirkte Zahlung oder sonstige Tilgung in der Weise dargethan ist, wie es nach den Gesetzen zur Begründung des Antrags auf Löschung eingetragener Forderungen im Hypothekenbuch erfordert wird.

Im Entwurf standen an Stelle der Worte „von Amtswegen" die Worte „auf seinen Antrag." Die Aenderung ist auf Antrag der Dep. der I. Kammer erfolgt „mit Rücksicht auf die Ordnung des Grund- und Hypothekenbuchs und um willkürliche Verzögerungen der Besitztitelberichtigung zu verhindern".

Bemerkungen.

1. Zu den Schulden, welche nach den Kaufsbedingungen aus den Kaufgeldern zu bezahlen sind, gehört auch der etwaige, nach § 167 dem Schuldner gebührende Ueberschuß.

2. Die über eine Forderung ausgestellte Quittung kann dieselbe Wirkung, wie die Einzahlung des betr. Schuldbetrags nur dann haben, wenn der Aussteller nach dem Vertheilungsplan und nach den Bestimmungen in §§ 159 und 160 berechtigt gewesen sein würde, die Auszahlung des eingezahlten Betrags zu beanspruchen. Hiernach beantwortet sich auch die Frage, unter welchen Voraussetzungen der Ersteher verlangen kann, daß eine ihm selbst zustehende Forderung als durch Aufrechnung getilgt angesehen werde.

3. Wie es mit der Eintragung zu halten, wenn die Einzahlung bezw. der Tilgungsnachweis verzögert wird, ist in § 175 bestimmt.

§ 170.

Die Eintragung des Erstehers kann mit Zustimmung der Realberechtigten, welche nach dem Vertheilungsplan Zahlung ihrer Forderungen aus dem Kaufpreise zu beanspruchen haben, unerwartet der Tilgung derselben erfolgen, wenn die Realberechtigten zugleich ihr Einverständniß damit erklären, daß die betreffenden Schulden von dem Ersteher nach Maßgabe des § 16 in Anrechnung auf die Kaufgelder übernommen werden.

Durch den auf Grund einer solchen Erklärung vom Ersteher gestellten Antrag auf seine Eintragung im Grundbuch erfolgt die Schuldübernahme.

Entwurf gleichlautend.

Bemerkungen.

1. Die in Abs. 1 erwähnte Zustimmungs- und Einverständnißerklärung kann (im Gegensatz zu § 169) wirksamer Weise auch bezüglich solcher Forderungen abgegeben werden, bezüglich deren das Verfügungsrecht des betreffenden Gläubigers noch zweifelhaft ist, da durch den Eintrag des Erstehers ohne Löschung der übernommenen Hypothek die eventuell angewiesenen Gläubiger nicht geschädigt werden können. Solchenfalls treten die Vorschriften in § 16 Abs. 2. §§ 140 und 162 des Gesetzes und in den zugehörigen Paragraphen der A.V. ein, insbesondere ist der in § 42 der A.V. (zu § 162) vorgeschriebene Eintrag zu bewirken. Ist die zu übernehmende Forderung diejenige, wegen deren die Versteigerung erfolgt ist, so findet zugleich § 164 Anwendung. Auch hinsichtlich dieser Forderung kann der in § 42 der A.V. vorgeschriebene Eintrag sich nöthig machen, wenn sie unter § 16 Abs. 2 fällt, insbesondere von Nachhypothekariern bestritten worden ist.

2. Durch die Schuldübernahme tritt der Ersteher, und zwar auch in Ansehung der Fälligkeit der Forderung und der davon seit dem Versteigerungstermine laufenden Zinsen, in das zwischen dem Gläubiger und Schuldner bestehende Schuldverhältniß ein, dafern und insoweit nicht bei der Schuldübernahme besondere Bestimmungen zwischen Ersteher und Gläubiger vereinbart worden. Dem Gericht gegenüber gilt die Schuldübernahme als Tilgung des entsprechenden Kaufpreisbetrags und der davon gemäß § 15 zu entrichten gewesenen Zinsen (vergl. Bem. 4 zu § 15).

§ 171.

Gleichzeitig mit der Eintragung des Erstehers erfolgt, außer den der bewirkten Schuldentilgung entsprechenden Löschungen, auch die Löschung derjenigen auf das Grundstück eingetragenen Hypotheken, welche durch den Kaufpreis nicht gedeckt sind.

Entwurf gleichlautend.

Ausf.-Verordn. § 46 (zu § 171). Die durch den Kaufpreis nicht gedeckten Hypotheken sind auch dann zu löschen, wenn in Ansehung der betreffenden Forderungen eine bedingte Anweisung erfolgt (zu vergl. § 42 dieser Verordnung).

Die Löschung der durch den Kaufpreis nicht gedeckten Hypotheken geschieht nach der Formel:

In Folge der Zwangsversteigerung des Grundstücks werden die unter Nr. . . . eingetragenen Forderungen gelöscht.

Erfolgt dagegen die Löschung einer durch den Kaufpreis gedeckten Hypothek nach Zahlung der betreffenden Forderung, so ist die Formel zu brauchen:

In Folge Zahlung nach der Zwangsversteigerung wird die unter Nr. . . . eingetragene Forderung gelöscht.

Bemerkungen.

1. Die Bestimmung in § 452 des B.G.B., daß mit der Eintragung der Zwangsversteigerung sämmtliche auf dem Grundstücke haftende Hypotheken von selbst erlöschen, ist aufgehoben. Es bildet vielmehr die Zwangsversteigerung nur noch einen Rechtsgrund zur Löschung im Sinne von § 453 des B.G.B., dies auch nur hinsichtlich der durch den Kaufpreis nicht gedeckten Hypotheken. Die Löschung der übrigen Hypotheken kann nur auf Grund entsprechender Schuldtilgung gefordert werden. Als getilgt im Sinne dieses Paragraphen gilt jedoch eine Forderung, welche nach dem Vertheilungsplan aus dem baar zu zahlenden Kaufpreise zu decken ist, sowie eine Forderung der in § 16 Abs. 2 bezeichneten Art schon dann, wenn der entsprechende Betrag beim Versteigerungsgericht eingezahlt worden ist (§ 143 Abs. 2 bezw. § 19). Die Löschung der zuletzt gedachten Forderungen erfolgt nur insoweit, als nicht der Ersteher von dem ihm nach § 166 zustehenden Umschreibungsrechte Gebrauch macht. — Wird durch den Kaufpreis eine Forderung nur theilweise gedeckt, so finden die Bestimmungen in § 46 der A.V. entsprechend Anwendung (vergl. die angefügten Beispiele).

2. Mit den Hypotheken ist auch die etwa nach § 519 des B.G.B. in Wegfall kommende Reallast zu löschen und eventuell (vergl. § 50 der A.V. zu §§ 181. 182) das an deren Stelle tretende, vom Ersteher nach § 16 zu übernehmende Aequivalent einzutragen.

3. Veränderungen an Forderungen, welche sich nach deren Löschung ereignen, können nicht mehr Gegenstand einer Verlautbarung im Hypothekenbuche sein, dies selbst dann nicht, wenn in Ansehung jener Forderungen eine bedingte Anweisung im Vertheilungsplane erfolgt ist. Derartige Veränderungen, namentlich durch Abtretung oder Zwangsvollstreckung erlangte Rechte an solchen bedingt angewiesenen Forderungen, sind vielmehr, wenn sie in einem eventuellen Nachtrage zum Vertheilungsplan Berücksichtigung finden sollen, zu den Versteigerungsakten anzuzeigen.

4. Alle vorstehends erwähnten Löschungen und Eintragungen werden vom Versteigerungsgericht veranlaßt.

§ 172.

Der betreibende Gläubiger kann nach Ablauf der Frist, innerhalb deren seine Forderung zu bezahlen ist, wegen unterbliebener Zahlung Fortsetzung des Verfahrens durch anderweite Versteigerung des Grundstücks beantragen.

Der Antrag ist bei dessen Verlust binnen drei Monaten nach dem Verfalltage der letzten auf den Kaufpreis zu leistenden Zahlung zu stellen.

Der Beschluß auf Ablehnung des Antrags und der Beschluß auf anderweite Versteigerung im fortgesetzten Verfahren unterliegt der sofortigen Beschwerde. Die gegen den letzteren Beschluß eingelegte sofortige Beschwerde kann nur auf solche Gründe gestützt werden, aus denen nach §§ 81. 82 die Einstellung des Verfahrens stattfindet.

Mit der Rechtskraft des Beschlusses auf anderweite Versteigerung tritt der Verlust des Erstehungsrechtes ein. Auch bleibt der Ersteher für den Fall, daß bei der anderweiten Versteigerung der bei der ersten erlangte Kaufpreis zuzüglich des Betrags der in der Zeit bis zur anderweiten Versteigerung fällig gewordenen, bezw. auf diese Zeit zu rechnenden wiederkehrenden Leistungen und des verschuldeten Kostenaufwandes nicht erreicht wird, den dadurch benachtheiligten Realberechtigten sowie dem Schuldner in Ansehung des erlittenen Schadens ersatzpflichtig.

Der Ersteher kann den Theil des Kaufpreises, welcher zur Befriedigung der in § 14 Absatz 1 gedachten Ansprüche bestimmt ist, in keinem Falle, die auf den Rest des Kaufpreises geleisteten Zahlungen dagegen insoweit zurückfordern, als dieselben den Betrag übersteigen, wegen dessen er nach Abs. 4 ersatzpflichtig ist.

Entwurf gleichlautend.

Motive. „Da die Hypotheken derjenigen Gläubiger, deren Forderungen aus dem Kaufpreise zu bezahlen sind, nicht, wie nach jetzigem Recht, mit der Zwangsversteigerung von selbst erlöschen, sondern erst nach erfolgter Zahlung zur Löschung gebracht werden können, bis dahin also auch diese Gläubiger Inhaber der betreffenden Hypotheken bleiben, bedarf es, um im Fall unterbleibender Zahlung der Kaufgelder zur anderweiten Versteigerung zu gelangen, künftig nicht mehr der vorherigen Einklagung der Erstehungsgelderforderung durch einen Aktor des Gerichts, sondern die Wiederversteigerung kann in dem gedachten Fall ohne Weiteres auf Grund der fortbestehenden Pfandrechte erfolgen. Die Haftbarkeit des ersten Erstehers für die Wiedererreichung des bei der ersten Versteigerung erlangten Kaufpreises, zuzüglich der ferner hinzukommenden Zinsen und anderen wiederkehrenden Leistungen sowie des Mehraufwands an Kosten, entspricht allgemeinen Rechtsgrundsätzen. Dagegen liegt andererseits kein Grund vor, den Gläubigern oder dem Schuldner den Mehrbetrag zu Gute kommen zu lassen, um welchen der bei der anderweiten Versteigerung erlangte Kaufpreis den Betrag übersteigt, für welchen der erste Ersteher zu haften hat. Für den Fall, daß er auf den Kaufpreis bereits Zahlungen geleistet hatte, muß ihm dafür ein Rückforderungsrecht eingeräumt werden. Nur die im Versteigerungstermin geleistete Anzahlung bleibt, wie im Fall des § 134, als Reugeld verfallen."

Bemerkungen.

1. Der Antrag auf anderweite Versteigerung im fortgesetzten Verfahren setzt voraus, daß der Ersteher mit Zahlung des Theiles des Kaufpreises zögert, aus welchem nach dem Vertheilungsplan die Forderung des betreibenden (im Falle von § 173 die Forderung des betreffenden nachstehenden) Gläubigers zu decken ist. Daher kann dieser Antrag nicht gestellt werden wegen Verzugs des Erstehers in Abführung der nach § 18 Abs. 2 zu zahlenden Zinsen, ebensowenig von Gläubigern, deren Forderungen nach § 16 gleich von vornherein, oder nach § 170. 175 in Folge späterer ausdrücklicher bezw. fingirter Vereinbarung vom Ersteher in Anrechnung auf den Kaufpreis, also mit der Wirkung der entsprechenden Kaufpreistilgung übernommen worden sind. Diese Gläubiger müssen, wenn sie befriedigt sein wollen, klagen (Bem. 12 zu § 16 und Bem. 3 zu § 158). Hieraus, sowie aus den Bestimmungen in §§ 169. 170. 175 folgt zugleich, daß der erwähnte Antrag nur so lange denkbar ist, als der Ersteher noch nicht eingetragen worden. Auch kann der Antrag nicht vom Inhaber eines nur bedingt angewiesenen Anspruchs gestellt werden (Bem. 5 zu § 158).

2. Der in Abs. 1 erwähnte Antrag ist — wie auf Anfrage der Dep. der I. Kammer seitens der Regierung ausdrücklich erklärt worden — nicht an die Voraussetzung geknüpft, daß die nach § 158 erfolgte Zwangsvollstreckung ganz oder zum Theil erfolglos geblieben sei. Die Forderungsberechtigten haben vielmehr freie Wahl. Vergl. jedoch Bem. 4.

3. Wegen der Gründe, aus denen nach §§ 81. 82 die Einstellung des Verfahrens stattfindet, vergl. die Bemerkungen zu diesen Paragraphen. Bei der entsprechenden Anwendung der letzteren gilt der Ersteher als Schuldner, der die anderweite Versteigerung beantragende Gläubiger als betreibender Gläubiger.

4. Da nach Abs. 4 mit der Rechtskraft des Beschlusses auf anderweite Versteigerung der Verlust des Erstehungsrechts eintritt, so läuft jener Beschluß vom materiellrechtlichen Gesichtspunkte aus auf die Erklärung des Vollstreckungsgerichts als Vertragskontrahenten hinaus, daß von der durch das Gesetz bestimmten Vertragsklausel der Rechtsverwirkung Gebrauch gemacht werde. Die in §§ 1436 und 1437 des B.G.B. für den Fall der Verabredung der Rechtsverwirkung getroffenen Bestimmungen sind indessen für den hier vorliegenden Fall wesentlich modificirt theils durch den Umstand, daß das (als Vertragskontrahent betheiligte) Vollstreckungsgericht hinsichtlich seiner Entschließung nicht, wie in jenen Paragraphen des B.G.B. ange-

nommen ist, freien Willen hat, sondern von den Anträgen der Gläubiger abhängig ist, theils durch den Umstand, daß das Recht der Gläubiger, die anderweite Versteigerung des Grundstücks, d. i. den Ausspruch des Erstehungsrechts-Verlustes, zu verlangen, in §§ 172 bezw. 173 nur an Beschränkungen geknüpft ist, welche sich mit den in §§ 1436 und 1437 des B.G.B. enthaltenen nicht decken. Diese letzteren Beschränkungen treten daher hier nur insoweit ein, als sie aus der Natur der Sache selbst sich ergeben. Hiernach kann zwar das Gericht, sobald es auf Antrag eines Gläubigers den Beschluß auf anderweite Versteigerung gefaßt hat, nicht mehr (sei es auf Antrag des nämlichen, oder eines anderen Gläubigers) die Zwangsvollstreckung gegen den Ersteher verfügen, da der Vertrag, dessen Erfüllung durch die Zwangsvollstreckung erzwungen werden soll, durch jenen Beschluß (unbeschadet der in Abs. 4 und 5 normirten Nachwirkungen des Vertrags) für aufgehoben erklärt wird. Aus diesem Grunde bestimmt auch

Ausf.-Verordn. § 47 (zu §§ 172. 173). Wird die anderweite Versteigerung im fortgesetzten Verfahren beschlossen, so ist die Einstellung der nach § 158 des Gesetzes gegen den Ersteher etwa eingeleiteten Zwangsvollstreckung und, wenn der Beschluß Rechtskraft erlangt hat, die Aufhebung der bereits erfolgten Vollstreckungsmaßregeln anzuordnen.

Dagegen ist das Gericht nicht gehindert, auch nach Einleitung der Zwangsvollstreckung, solange durch dieselbe nicht die betreffende Forderung gedeckt und die in Abs. 2 gesetzte dreimonatige Frist nicht abgelaufen ist, die anderweite Versteigerung zu beschließen. Ebenso kann das Gericht, wenn der Kaufpreisbetrag zur festgesetzten Zeit nur theilweise eingezahlt worden, auf Antrag der nicht oder nicht vollständig befriedigten Gläubiger den Beschluß auf anderweite Versteigerung fassen.

5. Was in Abs. 4 und 5 bezüglich der Nachwirkungen bestimmt ist, läßt sich am besten an einem Beispiel klar machen. Der Ersteher hat das Grundstück um 6000 ℳ zugeschlagen erhalten und zu Befriedigung der in § 14 Abs. 1 erwähnten Ansprüche 300 ℳ eingezahlt. Wird bei der anderweiten Versteigerung, bis zu welcher an wiederkehrenden Leistungen einschließlich der Kosten der anderweiten Versteigerung 200 ℳ aufgelaufen, nur ein Meistgebot von 5000 ℳ erlangt, so besteht der Schaden der Realberechtigten und bezw. des Schuldners in 1000 + 200 ℳ, abzüglich der bereits früher gezahlten 300 ℳ, welche den Realberechtigten zugefallen sind und in Folge dessen deren Schaden um soviel gemindert haben. Der Ersteher haftet daher den Realberechtigten bezw. dem Schuldner nach Höhe von noch 900 ℳ und kann nur das, was er über 1200 ℳ auf den Kaufpreis gezahlt hatte, mit den vom Mehrbetrag gezahlten Zinsen zurückfordern. Wird dagegen bei der anderweiten Versteigerung ein Meistgebot von wenigstens 5900 ℳ erlangt, so kann er zurückfordern, was er über 300 ℳ auf den Kaufpreis gezahlt hatte, und zwar auch hier mit dem vom Mehrbetrage von ihm abgeführten Zinsen. Die Geltendmachung des Schädenanspruchs gegen den Ersteher und eventuell des dem letzteren zustehenden Rückforderungsrechts bildet nicht mehr einen Theil des Versteigerungsverfahrens, sondern erfolgt im besonderen Prozeßwege.

§ 173.

Der Antrag auf anderweite Versteigerung im fortgesetzten Verfahren kann von jedem hypothekarischen Gläubiger, dessen Stammforderung aus dem Kaufpreise zu bezahlen ist, innerhalb der in § 172 Absatz 2 bestimmten Frist gestellt werden.

Die Bestimmungen in § 172 Absatz 3 bis 5 kommen auch in diesem Falle zur Anwendung.

Entwurf gleichlautend.

Motive. „Der Antrag, den ein anderer als der betreibende Gläubiger auf anderweite Versteigerung stellt, enthält den nachträglichen Beitritt zum Verfahren. Der Beibringung eines auf den ursprünglichen Forderungsgrund bezüglichen vollstreckbaren Schuldtitels bedarf es in diesem Fall nicht."

Vergl. die Bemerkungen sowie die A.V. zu § 172.

§ 174.

Die in den Fällen der §§ 172. 173 stattfindende Versteigerung im fortgesetzten Verfahren richtet sich nach den Vorschriften für das erstmalige Versteigerungsverfahren.

Die Hypothekengläubiger, deren Forderungen bei der ersten Versteigerung leer ausgegangen sind, können dem fortgesetzten Verfahren nicht beitreten. Es fällt ihnen jedoch der bei der anderweiten Versteigerung erlangte Kaufpreis zu, soweit er den ihren Ansprüchen vorgehenden Forderungsbetrag übersteigt.

Im Falle des Beitritts anderer Gläubiger zu dem fortgesetzten Verfahren kommen die Bestimmungen in § 108 Absatz 4 und 5 entsprechend zur Anwendung.

An dieser Stelle befanden sich im Entwurf die Bestimmungen, welche jetzt den Inhalt von § 108 bilden. Die Bestimmungen des § 174 fehlten im Entwurf. Ihre Aufnahme ist auf Antrag der Dep. der I. Kammer erfolgt und dieser Antrag im Bericht folgendermaßen begründet worden:

„Der Inhalt dieser Bestimmungen hat bereits zu § 109a (§ 108 des Ges.) Berücksichtigung gefunden und würde insoweit § 172 (§ 174 des Ges.) sich erledigen, wenn nicht auch die Vorschriften in §§ 170. 171 (§§ 172. 173 des Ges.) Anordnungen hinsichtlich des fortgesetzten Versteigerungsverfahrens erheischten.

In dieser Beziehung warf sich die Frage auf, ob auch hier das nach § 109a abgekürzte Verfahren einzutreten habe. Zur Verneinung derselben führte jedoch die Erwägung, daß in den Fällen der §§ 170. 171 thatsächlich ein selbstständiges Verfahren sich abwickelt, bei welchem der unmittelbare Zweck in der Befriedigung derjenigen Forderungsberechtigten besteht, welche nach § 15 (§ 14 des Ges.) Absatz 2 auf Zahlung des Erstehers angewiesen waren. Es wurde daher beschlossen, insoweit das erstmalige Versteigerungsverfahren unverändert eintreten zu lassen.

Aus dem nämlichen Grunde erachtete man es für geboten, denjenigen Hypothekengläubigern, welche im ersten Verfahren leer ausgegangen sind und deren Forderungen daher sich als uneinbringlich erwiesen haben, den Beitritt zu dem fortgesetzten Verfahren zu versagen und ihnen nur das Recht auf den nach Befriedigung der vorgehenden Forderungsbeträge verbleibenden Ueberschuß zu wahren, während bezüglich des Beitritts anderer Gläubiger es bei den Bestimmungen in § 109a Absatz 4. 5 verbleiben kann."

Bemerkungen.

Zufolge Abs. 1 ist in allen Beziehungen so zu verfahren, als ob eine Versteigerung noch nicht stattgefunden hätte. Die für das frühere Verfahren bewirkten Anmeldungen gelten nicht für das anderweite Verfahren (die hierbei in Betracht kommenden Ansprüche werden im Wesentlichen ohnehin schon durch den früher eingezahlten und als verfallen zu erachtenden Kaufpreistheil des § 14 Abs. 1 getilgt sein). Andererseits steht das früher verhangene Versäumniß an der Anmeldung der Wirksamkeit der nunmehrigen Anmeldung nicht entgegen. Der Beschluß auf anderweite Zwangsversteigerung ist, sobald er rechtskräftig geworden, ebenso wie der anderweite Zuschlag nach § 84 bezw. § 137 im Grundbuche zu verlautbaren. Der Beschluß auf anderweite Versteigerung gilt im Sinne von §§ 4. 9. 11 als Beschluß auf Zwangsversteigerung. Der die anderweite Versteigerung beantragende Gläubiger gilt im Sinne des § 10 als betreibender Gläubiger und hat nach § 86 Kostenvorschuß zu bestellen. Der erste Ersteher kann anderweit mitbieten (vergl. Bem. 10 a. E. zu § 16).

§ 175.

Eine aus dem Kaufpreise zu bezahlende Schuld, wegen deren bis zum Ablauf der in § 172 Absatz 2 bestimmten Frist ein Antrag auf anderweite Versteigerung nicht gestellt und deren Tilgung dem Vollstreckungsgericht bis dahin nicht nachgewiesen ist, hat als nach Maßgabe der §§ 16. 170 in Anrechnung auf den Kaufpreis übernommen zu gelten.

Ist innerhalb der gedachten Frist die anderweite Versteigerung nicht beantragt, so hat das Vollstreckungsgericht die Eintragung des Erstehers als Eigenthümer, sowie die sonst in Folge der Versteigerung erforderlichen Verlautbarungen im Grund- und Hypothekenbuch von Amtswegen zu veranlassen.

Entwurf gleichlautend.

Bemerkungen.

Durch die Fiktion der Schuldübernahme wird eine in Gemäßheit § 158 Abs. 1 wegen der nämlichen Schuld etwa bereits eingeleitete Zwangsvollstreckung in ihrem Fortgange nicht gehindert. Denn der betreffende Gläubiger hat durch den Antrag auf Zwangsvollstreckung zu erkennen gegeben, daß er Befriedigung aus den baar einzuzahlenden Kaufgeldern haben wolle. Aus der Nichtstellung des Antrags auf anderweite Versteigerung kann daher nicht der in der vertragsmäßigen Schuldübernahme liegende Verzicht auf das nach § 158 erworbene Recht gefolgert werden. Soweit die übernommene Schuld in Folge der Zwangsvollstreckung getilgt wird, kann der Ersteher die Löschung, und dafern die Schuld in ihrem vollen übernommenen Umfange getilgt wird, auch die Umschreibung auf seinen Namen verlangen. Vergl. die Bemerkungen zu § 166.

Im Uebrigen gilt von der fingirten Schuldübernahme das Nämliche, wie von der ausdrücklichen. Vergl. die Bemerkungen zu § 170.

§ 176.

Die Uebergabe des Grundstücks an den Ersteher erfolgt nach dessen Eintragung im Grundbuch durch Zustellung des Beschlusses an den Schuldner, daß dem Ersteher die Besitzergreifung gestattet sei. Der Beschluß ist nach Maßgabe des § 771 Absatz 1 der Civilproceßordnung zu vollstrecken.

Das Recht auf Bezug der Nutzungen des Grundstücks, sowie die Pflicht zur Erfüllung der darauf lastenden und durch die Versteigerung nicht berührten öffentlichrechtlichen und privatrechtlichen Obliegenheiten gehen mit dem Tage der Versteigerung auf den Ersteher über. Das Grundstück wird jedoch bis zur Uebergabe an den Ersteher für Rechnung desselben von einem ihm vom Gericht dazu zu bestellenden Vertreter verwaltet. Das Gericht kann nach Ermessen dem Ersteher die Befugniß zu Anordnungen in Betreff der Art der Verwaltung einräumen.

Die vor der Versteigerung vertragsmäßig bewirkte Vorausbezahlung von Pacht- oder Miethzinsen befreit den Pachter oder Miether dem Ersteher gegenüber in Ansehung des auf die Zeit bis zum nächsten gesetzlichen Zahlungstermin zu rechnenden Betrags.

Mit Zustimmung sämmtlicher Realberechtigter, deren Forderungen aus den Kaufgeldern noch zu bezahlen sind, kann die Uebergabe des Grundstücks an den Ersteher vor seiner Eintragung stattfinden.

Entwurf gleichlautend.

Motive. „Die Bestimmung in Absatz 3 beseitigt den Uebelstand, daß der Pachter oder Miether des versteigerten Grundstücks vorausbezahlte Pacht- oder Miethzinsen an den Ersteher noch einmal bezahlen muß. Zur Verhütung fraudulöser Manipulationen ist es jedoch erforderlich, die Befreiung der Pächter und Miether von der Verbindlichkeit nochmaliger Zahlung auf diejenigen Beträge zu beschränken, welche auf die in § 1204 des B.G.B. bestimmten Jahresabschnitte vorausbezahlt worden sind.

Bemerkungen.

1. Das Vollstreckungsgericht hat in seiner Eigenschaft als Verkäufer dem Ersteher gegenüber außer der Eintrags- und Löschungspflicht (§§ 169. 170. 171. 175) keine weitere Verbindlichkeit als die zur Erlassung des in Abs. 1 erwähnten Beschlusses an den Schuldner. Es ist dann Sache des Erstehers, den Besitz des Grundstücks und damit zugleich den Besitz der in demselben befindlichen beweglichen Zubehörungen und der etwa nach § 45 mitversteigerten beweglichen Sachen, da nöthig im Wege der Vollstreckung des (nach § 706 der C.P.O. als vollstreckbarer Schuldtitel anzusehenden) Beschlusses, sich selbst zu verschaffen. Die Vollstreckung geschieht auf unmittelbares Betreiben des Erstehers auf Grund einer vollstreckbaren Ausfertigung des (nach § 51 unanfechtbaren) Beschlusses. Sie ist selbstverständlich nur insoweit zulässig, als das Grundstück im Gewahrsam des Schuldners selbst sich befindet. Von einer dritten Person kann der Ersteher die Uebertragung des Gewahrsams nur im Klagwege (auf Grund seines Eigenthumsrechts) erzwingen.

2. Hinsichtlich der Mängelgewähr und der Entwährung gelten die Vorschriften in § 950 des B.G.B. Reklamationen von Zubehörungen seitens dritter Personen sind, wenn sie erst nach der Uebergabe erhoben werden, gegen den Ersteher, wenn sie vorher, jedoch nach der Versteigerung erhoben werden, gegen den Schuldner und gegen den Ersteher, wenn sie vor der Versteigerung selbst erhoben werden, gegen den Schuldner und die Hypothekengläubiger zu richten. Im letzteren Falle kann durch einen noch im Gange befindlichen Reklamationsstreit das Versteigerungsverfahren nicht aufgehalten, insbesondere die einstweilige Einstellung des letzteren vom Reklamanten nicht verlangt werden. Denn der letztere wird durch die Fortstellung des Verfahrens nicht benachtheiligt. Siegt er ob, so ist nach § 236 der C.P.O. das Urtheil auch gegen den Ersteher wirksam und vollstreckbar. Dagegen kann es in einem solchen Falle im Interesse des Betreibenden und eventuell der nachstehenden Gläubiger liegen, die Versteigerung bis zum Ausgange des Reklamationsstreites zu sistiren, da die Ungewißheit über die Zubehörigkeit eines Gegenstandes, namentlich wenn derselbe ein verhältnißmäßig werthvoller ist, nachtheiligen Einfluß auf die Höhe der Gebote ausüben wird. — Wegen des Widerspruchs dritter Personen gegen die Mitversteigerung beweglicher Sachen, welche nicht als Zubehörungen anzusehen, vergl. Bem. 4c zu § 45.

3. Die Bestimmung in Abs. 2 entspricht den Vorschriften §§ 869. 1091 des B.G.B. Als Tag der Versteigerung gilt auch in den Fällen, in welchen der Zuschlag erst später erfolgt (§ 129 Abs. 3. § 153 Abs. 4), derjenige Versteigerungstermin, in welchem das betreffende Gebot gethan worden ist.

4. Zur Bestellung des Vertreters bedarf es zwar nicht eines Antrags des Erstehers; doch kann dieselbe nicht gegen den Willen desselben geschehen, da die vom Vertreter zu bewirkende Verwaltung für Rechnung des Erstehers erfolgt und der letztere nicht gezwungen werden kann, die hierdurch entstehenden Kosten zu tragen bezw. vorzuschießen. — Die recht-

liche Stellung des Vertreters zum Ersteher sowie zum Gericht ergiebt sich aus der Natur des Rechtsverhältnisses, in welchem der Ersteher in der Zeit zwischen Zuschlag und Eintragung zum Schuldner und Grundstücke steht. Dem Ersteher gebühren zwar schon während dieses Zeitraumes die Nutzungen des Grundstücks. Dieses Recht wird jedoch erst mit der Eintragung des Erstehers zu einem endgültigen. In der Zwischenzeit bildet jenes Nutzungsrecht nur einen (resolutiv) bedingten Theil seines Vermögens, über welchen er in Folge dessen noch nicht selbstständig verfügen darf. Er steht insoweit einer Person gleich, die wegen Mangels der Verfügungsfähigkeit ihr Vermögen nicht selbst, sondern nur durch einen ihr vom Gericht zu bestellenden Vertreter verwalten kann. Wie der letztere, als vom Gericht kraft des Gesetzes bestellter Vertreter, nicht vom Willen des Vertretenen, sondern von seinem eigenen bezw. vom Willen des Gerichts abhängt, ebenso hat der gemäß Abs. 2 vom Gericht zu stellende Vertreter bei der Verwaltung des Grundstücks nach seinem eigenen pflichtmäßigen Ermessen, eventuell nach den Weisungen des Versteigerungsgerichts, nicht aber (abgesehen vom Ausnahmefall des Schlußsatzes von Abs. 2) nach den Anordnungen des Erstehers zu verfahren. Seine Stellung ist im Wesentlichen der des Vormundes in Betreff der Vermögensverwaltung vergleichbar. Auch darf er den Erlös aus der Verwaltung vor der Eintragung des Erstehers an den letzteren nicht abführen. Er ist berechtigt, diesen Erlös beim Versteigerungsgericht niederzulegen. — Im Verhältniß zum Schuldner, sowie zu dritten Personen nimmt der durch den Verwalter vertretene Ersteher im Wesentlichen dieselbe Stellung ein, wie der nach § 186 bestellte Zwangsverwalter. Insbesondere gilt von ihm das in § 190 Abs. 1 Bestimmte (vergl. die zugehörigen Bemerkungen). In Ansehung der hiernach unter Anderem zur Anwendung gelangenden Bestimmung in § 1225 des B.G.B. ist der nach § 137 bewirkte Eintrag der Versteigerung zugleich als Verlautbarung des dem Ersteher zustehenden Nutzungsrechts anzusehen. — Wegen der Wahl des Vertreters im Fall einer vorausgegangenen Zwangsverwaltung vergl. Bem. 2 zu § 198.

5. Die in Abs. 3 geordnete Befreiung setzt voraus, daß die Vorausbezahlung an den Forderungsberechtigten geschehen ist vor dem nach Abs. 2 Satz 1 maßgebenden Versteigerungstermine und in Gemäßheit des Pacht- oder Miethvertrags, wie er zur Zeit der Zustellung des Zwangsversteigerungsbeschlusses an den Schuldner bestand (Bem. 2a zu § 83). Eine erst nach dem letzteren Zeitpunkte (gleichviel, ob in Abänderung eines schon bestehenden Vertrags oder in einem erst neu zum Abschlusse gelangenden Vertrag) vereinbarte Vorauszahlung ist den hypothekarischen Gläubigern und damit indirekt dem Ersteher gegenüber unwirksam. Die Befreiung tritt auch nur in Ansehung des bis zum nächsten gesetzlichen (§ 1204 des B.G.B.) Zinstermine auflaufenden Betrags ein.

§ 177.

Wenn aus Anlaß eines Antrags auf Zwangsversteigerung ein Vor- oder Wiederkaufsrecht zur Ausübung gelangt, kommen

die Bestimmungen in §§ 114. 132 bis 134. 139 bis 147. 148 unter 1 und 4. §§ 150 bis 172. 175. 176 grundsätzlich in der Weise zur Anwendung, wie es den Vorschriften in §§ 72. 76 entspricht.

Auf Antrag der Dep. der I. Kammer ist das Citat „§ 114" eingefügt, das am Schlusse des Paragraphen im Entwurf enthaltene Citat „§ 73" aber in Wegfall gestellt worden.

Vergl. hierzu die Bemerkungen zu § 26 sowie Bem. 6 zu § 67.

§ 178.

Die gerichtlichen Kosten des Zwangsversteigerungsverfahrens gehören zu den Kosten der Einklagung der Forderung, wegen deren das Verfahren stattfindet, und kommen bei Vertheilung des Kaufpreises nach der Rangfolge der Hypothek des betreibenden Gläubigers, und zwar selbst dann in Ansatz, wenn die Hypothek sich auf Kosten nicht erstreckt oder zur Deckung der entstandenen Kostenforderung nicht ausreicht.

Die Bestimmungen in § 418 des Bürgerlichen Gesetzbuchs, welche sich auf die Kosten der Kündigung und auf die bis zum Antrag auf Zwangsversteigerung entstandenen Einklagungskosten beziehen, bleiben unberührt.

Ist das Verfahren in Folge einer Beitrittserklärung fortzustellen, so fallen auch die Kosten des vorangegangenen Verfahrens, vorbehältlich des Anspruchs auf Erstattung aus dem Kaufpreise, dem Beitretenden zur Last.

Der Gläubiger, dem gegenüber das Verfahren eingestellt worden ist, bleibt wegen der durch seinen Versteigerungsantrag verursachten Kosten dem Gericht haftbar.

Der Mehr-Aufwand, welcher durch den Beitritt zu dem anhängigen Verfahren oder durch dessen Fortsetzung nach einstweiliger Einstellung veranlaßt wird, ist aus dem Kaufpreise in keinem Fall zu erstatten.

Entwurf gleichlautend.

Motive. „Daß nach geltendem Rechte (§ 418 Satz 3 des B.G.B.) die Kosten der Zwangsversteigerung vom Erlöse vorwegzunehmen sind, entspricht der Behandlung des Zwangsversteigerungsverfahrens als Partikular-Konkurs. Nach § 4 unter 4 des Entwurfs werden diese Kosten als Nebenforderung der Forderung des betreibenden Gläubigers in gleichem Range mit dieser locirt. Der Unterschied ist nur ein formeller, da der Zwangsverkauf überhaupt nicht stattfindet, wenn der Betrag dieser Kosten durch den Kaufpreis nicht gedeckt ist. Bleibt das Verfahren erfolglos, so hat der betreibende Gläubiger deshalb nur einen persönlichen Anspruch auf Erstattung gegen den Schuldner.

An den Bestimmungen in § 418 des B.G.B., nach denen die ohne Angabe einer bestimmten Summe eingetragene Kostenhypothek bis zum Betrage von 150 Mark für die Kosten der Kündigung und für die bis zum Antrag auf Zwangsversteigerung entstehenden Einklagungskosten haftet, will der Entwurf Nichts ändern. Diese Kosten kommen daher bis zum Betrage von 150 Mark auch fernerhin neben den Kosten des Zwangsversteigerungsverfahrens bei Vertheilung der Kaufgelder in Ansatz.

Eine Erhöhung des Betrags, bis zu welchem eine solche Kautionshypothek für Kosten der Kündigung und Einklagung zu haften habe, ist mehrseitig als wünschenswerth bezeichnet worden, weil dadurch die vielfach vorkommende Eintragung von Kostenkautionshypotheken mit bestimmter Summe verüberflüssigt werde. Der Entwurf sieht davon ab, in diesem Punkt eine Aenderung des bestehenden Rechts eintreten zu lassen, weil die fraglichen Kosten in zahlreichen Fällen den Betrag von 150 Mark in der That nicht erreichen und weil auf einen ziemlich hohen Betrag gegriffen werden müßte, um den angegebenen Zweck für die Fälle zu erreichen, in denen auf Sicherstellung einer höheren bestimmten Summe Bedacht genommen wird, dadurch aber die Beleihungsfähigkeit der Grundstücke durchschnittlich über das richtige Maß hinaus geschmälert werden würde."

Bemerkungen.

1. Durch Abs. 1 und die entsprechenden Vorschriften in § 4 Abs. 1 unter 4. b hat die Bestimmung in § 418 Satz 3 des B.G.B., wonach die Kosten der Zwangsversteigerung vom Erlöse im Voraus wegzunehmen sind, nur hinsichtlich der formellen Behandlung, nicht aber der Sache nach abgeändert werden sollen. Die Versteigerungskosten sollen zwar im Verhältniß des betreibenden Gläubigers zum Gericht als eine Schuld des Ersteren angesehen werden; dem betreibenden Gläubiger aber soll, sobald die Versteigerung zu einem Erlöse führt, auch künftig noch die Sicherheit gewährt sein, daß er aus dem letzteren zum Mindesten den Betrag der Versteigerungskosten erhält. Dieser Erfolg wird (und zwar auch in dem in der Bem. 7 Abs. 2 zu § 4 erwähnten besonderen Falle) dadurch erreicht, daß nach § 10 der Zuschlag nur auf ein solches Gebot erfolgen darf, durch welches außer den der Forderung des betreibenden Gläubigers im Range vorangehenden Ansprüchen auch der Betrag der Versteigerungskosten gedeckt wird. Geht dennoch der betreibende Gläubiger mit diesen Kosten leer aus, so kann dies nur auf seine ausdrückliche (§ 111) oder stillschweigende Zustimmung (vergl. § 144 nebst Motiven) zurückgeführt werden. Die Anwendung des in § 4 Abs. 1 unter 4. b, sowie § 178 Abs. 1 rücksichtlich der Versteigerungskosten aufgestellten Grundsatzes setzt hiernach ein Versteigerungsverfahren voraus, für welches an sich die Bestimmung in § 10 maßgebend ist. Daher leidet dieser Grundsatz in den im 5. Titel des I. Abschnittes aufgeführten „besonderen Fällen", in denen die Zulässigkeit des Zuschlags auf ein Gebot durch die Höhe des letzteren nicht bedingt ist (§§ 181. 182), keine Anwendung. Für diese Fälle ist die Vorschrift in § 418 Satz 3 des B.G.B. auch hinsichtlich der formellen Behandlung noch in Kraft verblieben, daher der Betrag der gerichtlichen Versteigerungskosten vom Erlöse im Voraus wegzunehmen.

2. Zu Abs. 5. Mit der einstweiligen Einstellung ist hier lediglich diejenige gemeint, welche auf Grund der Einwilligung des betreibenden Gläubigers verfügt worden.

Fünfter Titel.

Bestimmungen für besondere Fälle.

§ 179.

Ist zu dem Vermögen oder zum Nachlaß des Schuldners das Konkursverfahren anhängig, so stehen in dem auf Antrag eines Hypothekengläubigers eröffneten Zwangsversteigerungsverfahren die in diesem Gesetz dem Schuldner beigelegten Rechte dem Konkursverwalter zu.

Nach Eröffnung des Konkurses zu dem Vermögen des Schuldners oder zu dessen Nachlaß kann von jedem Hypothekengläubiger, für dessen Forderung eine persönliche Haftung des Schuldners oder dessen Erben begründet ist, die Zwangsversteigerung des verpfändeten Grundstücks beantragt oder Beitritt zu dem anhängigen Zwangsversteigerungsverfahren erklärt werden, sofern der Konkursverwalter zum Protokoll des Gerichtsschreibers die Anerkennung der Forderung erklärt hat. Das Protokoll bildet in Bezug auf die Zwangsversteigerung des Grundstücks den nach § 64 Absatz 1 unter 2 beizubringenden vollstreckbaren Schuldtitel.

Ist bei der auf Antrag eines Hypothekengläubigers oder in Folge des Beitritts eines solchen erfolgten Versteigerung das zulässige Mindestgebot nicht erreicht und deshalb der Zuschlag nicht ertheilt worden, so gelten die Ansprüche des betreffenden Gläubigers und der ihm im Range nachstehenden Gläubiger als bei der abgesonderten Befriedigung aus dem Grundstück ausgefallen.

Findet die Zwangsversteigerung auf Antrag des Konkursverwalters statt, so darf, sofern nicht ein Hypothekengläubiger dem Verfahren beigetreten ist, der Zuschlag nur auf ein Gebot erfolgen, welches den Betrag der auf dem Grundstücke lastenden Ansprüche übersteigt.

An Stelle der Worte in Absatz 2 „der Konkursverwalter zum Protokoll ɩc — vollstreckbaren Schuldtitel“ befanden sich im Entwurf die Worte: „die Forderung von dem Konkursverwalter anerkannt ist“. Die Aenderung ist auf Antrag der Dep. der I. Kammer erfolgt.

Motive. „Dem Verwalter ist im § 116 der Konkursordnung das Recht beigelegt, die Zwangsversteigerung und die Zwangsverwaltung der zur Masse gehörigen unbeweglichen Gegenstände zu betreiben. Hierdurch wird das Betreibungsrecht der nach § 39 der Konkursordnung absonderungsberechtigten Hypothekengläubiger nicht berührt, da die abgesonderte Befriedigung unabhängig vom Konkursverfahren erfolgt.

Ein Interesse daran, ein dem Gemeinschuldner gehöriges Grundstück zur Zwangsversteigerung zu bringen, hat der Konkursverwalter nur in dem Falle, wenn ein höherer Erlös zu erwarten steht, als der Gesammtbetrag der Kraft dinglichen Rechts daraus zu befriedigenden Ansprüche ausmacht, weil nur der Ueberschuß der freien Masse zufällt. Die Hypothekengläubiger dagegen haben ein rechtliches Interesse an der Zwangsversteigerung, wenn das Grundstück für ihre Forderungen genügende Sicherheit nicht bietet oder wenn es zweifelhaft erscheint, ob dies der Fall sei, weil nach § 57 der Konkursordnung ihre Forderungen bei der Konkursmasse nicht geltend gemacht werden können, wenn nicht auf abgesonderte Befriedigung aus dem Grundstück verzichtet wird oder durch die vorausgegangene Zwangsversteigerung festgestellt ist, daß aus dem Grundstück Befriedigung nicht erlangt werden kann. Es muß daher jeder hypothekarische Gläubiger, für dessen Forderung der Schuldner persönlich haftet, alsbald nach Eröffnung des Konkursverfahrens die Zwangsversteigerung herbeizuführen in der Lage sein, um eintretenden Falls an der Konkursmasse participiren zu können.

In dem auf Antrag des Konkursverwalters stattfindenden Versteigerungsverfahren kann der Zuschlag nach dem Grundsatz des § 10 nur auf ein Gebot erfolgen, welches den Gesammtbetrag aller auf dem Grundstück lastenden Ansprüche übersteigt, weil andernfalls die Konkursgläubigerschaft kein Interesse an der Veräußerung hat. Auch für den Fall, daß ein hypothekarischer Gläubiger die Zwangsversteigerung beantragt hat, kommt § 10 unverändert zur Anwendung.

Kann darnach die Zwangsveräußerung nicht erfolgen, weil das zulässige Mindestgebot nicht erreicht wird, so ist die Voraussetzung begründet, unter welcher der betreibende Gläubiger und die Nachhypothekarier ihre Forderungen bei der Konkursmasse geltend machen können. Den Gemeinschuldner seines Grundbesitzes auch in dem Falle zu entsetzen, wenn die übrigen Hypothekarier sich noch fernerhin mit ihrer Hypothek begnügen und an der Konkursmasse nicht participiren wollen, liegt kein Grund vor. Weder die Konkursgläubigerschaft noch ein sonstiger Interessent wird dadurch benachtheiligt, wenn der Schuldner unter solchen Verhältnissen im Besitz bleibt und mit demselben einen Stützpunkt behält, an den er sich bei der Gestaltung seiner Zukunft anlehnen kann."

Dep.=Ber. der I. Kammer. „Wie nach bisherigem Rechte können die hypothekarischen Gläubiger aus der Eröffnung des Konkursverfahrens zum Vermögen des Schuldners auch nach den Bestimmungen der Konkursordnung kein Recht zum Antrage auf Versteigerung des unbeweglichen Vermögens des Schuldners entnehmen. Ein solches Recht steht nach § 116 der Konkursordnung nur dem Konkursverwalter zu.

Das Preußische Gesetz berücksichtigt demgemäß nur dieses Recht (§ 180), räumt jedoch für den Fall, daß der Antrag vom Konkursverwalter gestellt wird, einem Realberechtigten, dessen Anspruch vom Konkursverwalter anerkannt wird, das Befugniß ein, zu verlangen, daß bei Feststellung des geringsten Gebotes nur diejenigen Realansprüche berücksichtigt werden, welche seinem Realanspruche vorgehen (§ 183).

Der Entwurf greift weiter, indem er dem Hypothekengläubiger, für dessen Forderung der Gemeinschuldner bezw. die Erben desselben persönlich haften, sowie unter der Voraussetzung, daß die Forderung vom Konkursverwalter anerkannt wird, ein selbstständiges Antragsrecht giebt zu dem Zwecke, um mit Rücksicht auf § 57 der Konkursordnung festzustellen, ob und wie weit aus der Pfandmasse keine Befriedigung erlangt werden kann.

Die Zweckmäßigkeit dieser Bestimmung, welche selbstverständlich dann nicht Anwendung finden kann, wenn der Hypothekengläubiger auf die abgesonderte Befriedigung aus dem Pfandgrundstücke verzichtet hat, wird nicht zu bezweifeln sein.

Aber auch ihrer Zulässigkeit gegenüber dem reichsrechtlich geordneten Konkursrecht stehen nach Ansicht der Deputation Bedenken nicht entgegen. Nach den Motiven zu §§ 116. 117 der Konkursordnung — Deutscher Reichstag, II. Legislatur=Periode, II. Session 1874/75, Anlagen 4. Band, Aktenstück zu Nr. 200, S. 1514 — ist durch die Vorschriften dieser Paragraphen nur beabsichtigt, die Rechte der Konkursgläubiger und des zur Wahrnehmung ihrer Rechte berufenen Verwalters außer Zweifel zu setzen, während die Pfandgläubiger in der Geltendmachung ihres Realrechts durch die Eröffnung des Konkursverfahrens in keiner Weise gehemmt werden und nur der Anspruch der Konkursgläubiger auf den der Konkursmasse zufließenden Ueberschuß nicht vereiteln dürfen sollen, weshalb nach den außerhalb des Konkurses geltenden allgemeinen Vorschriften die Frage sich beantworte, ob die Pfandgläubiger nur auf Grund eines exekutorischen Titels oder schon auf Grund des bloßen Verzugs, ob gerichtlich oder außergerichtlich, ob sofort oder erst nach Ablauf bestimmter Fristen ihre abgesonderte Befriedigung zu suchen haben, was Alles sich mit Nothwendigkeit aus dem Rechte auf abgesonderte Befriedigung und aus der Befreiung der Absonderungsgläubiger von der Einlassung in den Konkurs ergebe (vergl. noch Hullmann, Die Konkursordnung, S. 64. 255. 256).

Das Landesrecht kann daher nicht behindert sein, für die abgesonderte Befriedigung außerhalb des Konkurses Bestimmungen zu treffen für das Verfahren zu jenem Zwecke. Die vorliegenden Bestimmungen greifen über den letzteren nicht hinaus, die Feststellung des Ausfalls in der abgesonderten Befriedigung ist nur mittelbares Ergebniß des Befriedigungsverfahrens.

Ueberdies ist nach § 706 der Civilproceßordnung die Landesgesetzgebung ebenso wenig behindert, auf Grund anderer als der in §§ 644. 702 der Civilproceßordnung bezeichneten Schuldtitel die Zwangsvollstreckung zuzulassen und insoweit abweichende Vorschriften von den Bestimmungen der Civilproceßordnung über die Zwangsvollstreckung zu treffen.

War hiernach Absatz 2 des § 177 nicht zu beanstanden, so mußte es andererseits angemessen erscheinen, für den Antrag des Hypothekengläubigers auf Zwangsversteigerung eine den Bestimmungen in § 64 entsprechende Unterlage zu schaffen."

Bemerkungen.

1. Vergl. hierzu im Allgemeinen den Schluß der Einleitung. — Die nach § 50 des Gesetzes und den einschlagenden Bestimmungen der A.V. dem Schuldner obliegenden Verpflichtungen werden durch Abs. 1 nicht berührt.

2. Die in Abs. 2 erwähnte Erklärung des Konkursverwalters bildet selbstverständlich nur einen wahlweisen, nicht den ausschließlichen Ersatz für den nach § 64 Abs. 1 unter 2 erforderlichen Schuldtitel.

3. Auch der Konkursverwalter ist der beschränkenden Vorschrift in § 40 unterworfen. Er kann daher die Zwangsversteigerung eines dem Gemeinschuldner gehörigen ideellen Grundstückstheils nur dann verlangen, wenn der letztere mit mindestens einer besonderen Hypothek belastet ist. Außerdem bleibt ihm nur die Theilungsklage gegen die anderen Miteigenthümer übrig (§ 14 der Konk.-Ordn.).

4. Ist die Zwangsversteigerung lediglich vom Konkursverwalter beantragt, so kann der Zwangsversteigerungsbeschluß § 83 Abs. 1 die Feststellung des Schuldbetrags der Natur der Sache nach nicht enthalten. Dagegen ist — wie in Abs. 4 sowie in den Motiven zur Anerkennung gelangt ist — bei der Anwendung der übrigen Bestimmungen dieses Gesetzes solchenfalls so zu verfahren, als stehe der Konkursmasse nach Höhe der aus ihr zu befriedigenden Schulden eine an letzter Stelle eingetragene Hypothek zu und als sei der Konkursverwalter der wegen dieser Hypothek die Zwangsversteigerung betreibende Gläubiger. Daher ist auch der Schuldner in diesem Falle von der Betheiligung am Verfahren nicht ausgeschlossen; es sind ihm die vorgeschriebenen Bekanntmachungen und Entscheidungen zuzustellen und es stehen ihm die dem Schuldner nachgelassenen Rechtsmittel zu. Abs. 1 bezieht sich nur auf den Fall, wenn das Versteigerungsverfahren auf

Antrag eines Hypothekengläubigers (im Gegensatz zum Konkursverwalter) eröffnet worden ist.

§ 180.

In dem Fall einer Zwangsversteigerung, auf welchen die Bestimmung in § 144 Absatz 2 des Gesetzes, die Landes-Immobiliar-Brandversicherungsanstalt betreffend, vom 25. August 1876 (Gesetz- und Verordnungsblatt 1876, S. 377 flg.) zur Anwendung gelangt, ist bei der Entscheidung, ob das erlangte Meistgebot den zulässigen Mindestbetrag erreicht, dem gebotenen Kaufpreise die Summe der Brandschädenvergütung hinzuzurechnen, auf deren Ueberlassung die dem betreibenden Gläubiger vorgehenden hypothekarischen Gläubiger und der betreibende Gläubiger selbst nach der gedachten Bestimmung Anspruch haben.

Entwurf gleichlautend.

Motive. „Nach § 111 des Gesetzes, die Landes-Immobiliar-Brandversicherungsanstalt betr., vom 25. August 1876 sind die Brandschädenvergütungsgelder Zubehör des Grundstücks, zu welchem die durch Brand zerstörten oder beschädigten Gebäude gehören, und bei dem Zwangsverkauf des Grundstücks geht daher mit demselben der Anspruch auf jene Entschädigungsgelder auf den Ersteher über. Der Anspruch ist, wie alle anderen Zubehörungen des Grundstücks, mit Gegenstand der Veräußerung, sein Werth ersetzt den abgehenden Werth der abgebrannten Gebäude, der für das Grundstück mit dem Anspruch erlangte Kaufpreis ist daher präsumtiv derselbe, der für das Grundstück mit den unversehrten Gebäuden erlangt worden wäre, und die rechtlichen Interessen der hypothekarischen Gläubiger sind mithin durch den entstandenen Brandschaden nicht beeinträchtigt. Wohl aber ist dies der Fall, wenn der Brandschaden vom Eigenthümer des Grundstücks verschuldet war und dieser daher einen Anspruch auf Schädenvergütung gegen die Brandversicherungsanstalt nach § 143 jenes Gesetzes nicht erheben kann. Der bei der Zwangsversteigerung des Grundstücks zu erlangende Kaufpreis wird in diesem Fall präsumtiv um so viel geringer sein, als der Anspruch betragen haben würde. § 144 des erwähnten Gesetzes bestimmt deshalb, daß unter der in § 143 angegebenen Voraussetzung die Brandentschädigungsgelder den hypothekarischen Gläubigern überlassen werden sollen, soweit es zur Befriedigung ihrer Forderungen noch nöthig ist. Der betreibende Gläubiger erreicht daher den Zweck der Zwangsversteigerung, wenn der erlangte Kaufpreis zuzüglich der den leer ausgehenden Gläubigern zufallenden Entschädigungsgelder die Forderung der ihm vorangehenden Gläubiger und einen Theil seiner eigenen Forderung deckt. Der Grundsatz des § 10 bedarf daher in diesem Falle einer entsprechenden Modifikation."

Ausf.-Verordn. § 48 (zu § 180). Wenn ein durch Brand beschädigtes Grundstück den Gegenstand des Versteigerungsverfahrens bildet, so kann, ist der Brandschaden vor Anberaumung des Versteigerungstermins entstanden, mit der Terminsanberaumung bis nach Feststellung der Brandschädenvergütung Anstand genommen werden.

Wird ein Grundstück von Brandschaden betroffen, welches den Gegenstand eines bereits eingeleiteten Versteigerungsverfahrens bildet, so ist die Verwaltungsbehörde von den anberaumten Terminen mit dem Ersuchen in Kenntniß zu setzen, dem Vollstreckungsgerichte von dem Ergebnisse der Feststellung der Brandschädenvergütung alsbald Mittheilung zu machen.

Ist eine solche Mittheilung bis zu dem Versteigerungstermine nicht eingegangen, so kann das Gericht diesen Termin nach seinem Ermessen aufheben.

Bemerkungen.

Schon in dem Immobiliar-Brandversicherungsgesetz vom 23. August 1862, §§ 121 bezw. 124 (Ges.Bl. S. 364) war die Bestimmung enthalten, daß derjenige, welcher den Brandunfall selbst verschuldet habe, jeden Anspruch auf Schädenvergütung gegen die Landesanstalt verliere, daß jedoch den am Verbrechen nicht betheiligten hypothekarischen Gläubigern der Anspruch an die Brandschädenvergütungsgelder ungeschmälert bleibe, insoweit nicht der außerdem verbleibende Werth des Grundstücks die Forderungen dieser Gläubiger decke.

In einer unter der Herrschaft dieses Gesetzes erlassenen Generalverordnung vom 18. December 1868 (Just.-Min.-Bl. 1869 S. 3 flg.) ist als übereinstimmende Ansicht der Ministerien des Innern und der Justiz ausgesprochen, daß in Gemäßheit obiger Bestimmungen und des in § 92 enthaltenen Grundsatzes in einem Falle der gedachten Art das Grundstück zunächst ohne den Anspruch auf die Vergütungsgelder, wenn aber durch das hierbei erlangte Meistgebot die zur Zeit des Brandes eingetragen gewesenen Forderungen nicht gedeckt würden, mit dem Anspruch auf jene Gelder, und zwar mit dem Anspruch auf deren Gesammtbetrag, auszubieten und nur ein nach Deckung jener Forderungen etwa verbleibender Ueberschuß von den Erstehungsgeldern der Brandversicherungskasse zu überlassen sei. Hiernach sollte der Anspruch auf die Vergütungsgelder, wie in der Regel, so auch im gedachten Ausnahmefall eine mit dem Grundstück zu veräußernde Zubehörung desselben bilden.

Dieses Prinzip ist (entsprechend den Motiven zu § 31 des dem Landtage 1867/68 mittelst Dekrets v. 24. Januar 1868 vorgelegten Gesetzentwurfs, Landtagsakten 1867/68, I. Abth. 3. Band S. 582) in dem neuen Brandversicherungsgesetz vom 25. August 1868 verlassen worden. Das letztere enthält in § 143 eine ähnliche Bestimmung wie § 121 des früheren Gesetzes, bestimmt aber in § 144:

> Der nach § 143 eingetretene Verlust der Brandschädenvergütung ist den hypothekarischen Gläubigern des brandbeschädigten Grundstücks durch die Grund- und Hypothekenbehörde bekannt zu machen.
>
> Es soll derselbe jedoch denjenigen Hypothekengläubigern, denen keine Verschuldung an den diesen Verlust nach sich ziehenden strafbaren Handlungen zur Last fällt, in Ansehung ihrer zur Zeit des Brandes auf das Folium des Grundstücks bereits eingetragenen Forderungen nicht zum Nachtheile gereichen. Vielmehr bleibt denselben in dem Falle, daß das Vermögen des Schuldners zur Deckung dieser hypothekarischen Forderungen nicht ausreicht und das brandbeschädigte Grundstück zur nothwendigen Versteigerung kommt, ausnahmsweise das Recht vorbehalten, zu verlangen, daß ihnen von den Brandschädenvergütungsgeldern soviel,

als zur Befriedigung jener Forderungen noch erforderlich ist, selbst bis zum vollen Betrage der Brandschädenvergütung verabfolgt werde.

Die hiernach den Hypothekengläubigern zu überlassende Summe der Brandschädenvergütung ist von der Brandversicherungs-Commission an die betreffende Grund- und Hypothekenbehörde zur weiter nöthigen Verfügung wegen Befriedigung der Hypothekengläubiger abzuführen.

Nach dieser neueren Bestimmung bilden in einem Falle der gedachten Art die Vergütungsgelder nicht mehr einen Theil des Versteigerungsobjektes, sondern sie werden den hypothekarischen Gläubigern direkt ausgezahlt. Die Versicherungsanstalt gewährt auch nicht mehr ohne Weiteres den gesammten, sondern nur den zur Befriedigung jener Gläubiger erforderlichen Betrag. Dem Wortlaut der neuen Bestimmungen gegenüber konnte schon bisher als zweifelhaft angesehen werden, ob — wie nach dem auf den vorstehends wiedergegebenen § 144 bezüglichen § 88 der Ausf.-Verordn. v. 18. November 1876 (Ges.-Bl. S. 539) angenommen worden zu sein scheint — in einem Falle der hier in Rede stehenden Art auch dermalen noch in der durch die oben erwähnte Generalverordn. v. 18. December 1868 angegebenen Weise zu verfahren sei. Auf jeden Fall kann die Unanwendbarkeit dieses Verfahrens nunmehr einem Zweifel nicht unterliegen, nachdem die angegebne Auffassung des mehrgedachten § 144 durch § 180 des gegenwärtigen Gesetzes einen erneuten Ausdruck erlangt hat.

Da nach dem erwähnten § 144 der betreibende Gläubiger und die ihm im Range vorgehenden Gläubiger (sobald dieselben bereits zur Zeit des Brandfalles eingetragen waren) da nöthig auf den gesammten Betrag der Vergütungsgelder Anspruch haben, so hängt die Frage, ob das bei einer Versteigerung der hier fraglichen Art erlangte Meistgebot dem Erfordernisse des § 10 entspreche, in Wirklichkeit davon ab, ob der Betrag des Meistgebots unter Hinzurechnung des gesammten, gemäß § 144 von der Brandversicherungs-Commission der Grund- und Hypothekenbehörde zur Verfügung gestellten Betrags der Vergütungsgelder den Betrag des zulässigen Mindestgebotes erreiche. Zur Verwendung dürfen natürlich jene Vergütungsgelder nur insoweit gelangen, als dies zur Deckung der nach § 144 berechtigten Gläubiger erforderlich ist. Doch hat hierüber nicht das Versteigerungsgericht als solches, sondern lediglich die Grund- und Hypothekenbehörde — wenn auch in Anlehnung an das im Vertheilungsplan Festgestellte — Entschließung zu fassen.

§ 181.

Ist ein Grundstück Bestandtheil einer erblosen Verlassenschaft oder nach § 294 des Bürgerlichen Gesetzbuchs als erbloses Gut zu behandeln, so kann der Verkauf desselben auf Antrag der hypothekarischen Gläubiger, sowie auf Antrag des Staatsfiskus nach den Bestimmungen des gegenwärtigen Gesetzes, jedoch mit der Maßgabe stattfinden, daß die Zulässigkeit des Zuschlags auf ein Gebot durch die Höhe desselben nicht bedingt ist.

Entwurf gleichlautend.

Motive. „In den Fällen des § 181 fehlt es an einem Rechtssubjekt, welchem das mit Schulden überlastete Grundstück erhalten bleibt, wenn der Zwangsverkauf an dem Grundsatz des § 10 scheitert. In diesen Fällen kann daher die Durchführung der Zwangsversteigerung von der Höhe des dabei erlangten Kaufpreises nicht abhängen."

Bemerkungen.

1. Der Paragraph behandelt nur den Fall, wenn der Staatsfiskus den ihm nach § 2618 des B.G.B. angefallenen Nachlaß bezw. das nach § 294 in Verbindung mit § 2618 des B.G.B. ihm angefallene Grundstück nicht annimmt. Solchenfalls bedarf es weder hinsichtlich des antragstellenden Hypothekengläubigers, noch hinsichtlich des Staatsfiskus der Beibringung des in § 64 Abs. 1 unter 2 erwähnten Schuldtitels. — Nimmt der Staatsfiskus den Nachlaß bezw. das Grundstück an, so wird er in allen Beziehungen, insbesondere auch in Ansehung der Zwangsversteigerung, wie jeder andere Grundstückseigenthümer behandelt.

2. Im Uebrigen vergl. die nachstehenden §§ 49 und 50 der A.V., sowie Bem. 1 zu § 182.

§ 182.

Der Zuschlag auf ein Gebot ohne Rücksicht auf die Höhe desselben findet ferner statt:

1. wenn das zu versteigernde Grundstück zu der Konkursmasse einer Aktiengesellschaft, einer eingetragenen Genossenschaft, eines anderen mit der Fähigkeit, Vermögensrechte zu haben, ausgestatteten Personenvereins, einer solchen Anstalt oder einer solchen Vermögensmasse, oder zu einer Erbschaft gehört, welche die Erben ausgeschlagen haben;
2. wenn eine Zwangsversteigerung auf Grund der Bestimmung in § 169 des mittelst Verordnung vom 16. Juni 1868 bekannt gemachten Allgemeinen Berggesetzes (Gesetz- und Verordnungsblatt, S. 404) oder auf Grund der nach § 121 desselben Gesetzes noch in Kraft stehenden Bestimmung in § 204 des Gesetzes, den Regalbergbau betreffend, vom 22. Mai 1851 (Gesetz- und Verordnungsblatt, S. 238) erfolgt;
3. wenn die Einziehung der auf dem Grundstück lastenden öffentlichen Abgaben, oder die Erfüllung sonstiger auf dem öffentlichen Recht beruhender Verbindlichkeiten des Eigenthümers durch Zwangsvollstreckung in das bewegliche Ver-

mögen des Schuldners nicht zu erlangen ist und das zuständige Verwaltungsministerium es beantragt.

In dem Falle unter 3 ist der Antrag auf Ertheilung des Zuschlags ohne Rücksicht auf die Höhe des Meistgebots dem Schuldner und den hypothekarischen Gläubigern zuzustellen und kommen die Bestimmungen in § 63 Absatz 1 und 3 entsprechend zur Anwendung.

Im Entwurf lautete Abs. 1 Punkt 3: „wenn es nach der Entscheidung des zuständigen Verwaltungsministeriums im öffentlichen Interesse liegt. Ein öffentliches Interesse am Zwangsverkauf liegt insbesondere vor, wenn die Einziehung 2c (wie oben unter 3) — nicht zu erlangen ist". Abs. 2 fehlte. — Die Aenderungen sind auf Antrag der Dep. der I. Kammer beschlossen worden.

Motive. „Den Fällen des § 181 stehen die in § 182 unter 1 erwähnten gleich, und gleich zu behandeln sind auch die unter 2 gedachten, in denen das den Gegenstand des Versteigerungsverfahrens bildende Bergbaurecht erlischt, wenn es nicht zum Verkauf kommt.

Endlich ist zu berücksichtigen, daß es Fälle geben kann, in denen der Zwangsverkauf ohne Rücksicht auf die Höhe des erlangten Kaufpreises von einem öffentlichen Interesse gefordert wird. Durch außergewöhnliche Naturereignisse oder sonstige annormale Vorkommnisse kann ein einzelner Grundbesitz, aber auch der Grund und Boden einen ganzen Distrikts in solcher Weise unbenutzbar und ertragsunfähig gemacht werden, daß eine vollständige Entwerthung die Folge und ohne Aufwendung bedeutender, die Kräfte der Eigenthümer übersteigender Mittel die allmälige Wiederherstellung der Ertragsfähigkeit ausgeschlossen ist. Zu dem wirthschaftlichen Ruin der von dem Unglück betroffenen Eigenthümer und der darin liegenden unmittelbaren Schädigung des öffentlichen Interesses würde dann noch eine weitere Benachtheiligung des letzteren hinzutreten, wenn der formell noch bestehenden, jedoch werthlos gewordenen dinglichen Rechte halber die zwangsweise Herbeiführung eines Uebergangs des betreffenden Areals in leistungsfähige Hände abgeschnitten bleiben sollte. Auch den eigenen Interessen der bisherigen Eigenthümer würde dadurch Abbruch geschehen können.

Eine wahre Caducität, deren Fortbestand öffentliche Interessen beeinträchtigen würde, kann auch in Folge der Persönlichkeit und der äußeren Verhältnisse des Eigenthümers eines einzelnen Grundstücks entstehen. Durch schlechte oder unterbliebene Bewirthschaftung und Devastation kann eine völlige Ertragsunfähigkeit, durch Verfallenlassen der Baulichkeiten eine gemeingefährliche Beschaffenheit derselben eingetreten sein, und bei sonstiger Mittellosigkeit des Eigenthümers kann das einzige Mittel zu einer, auch den Interessen der Realberechtigten förderlichen Aenderung des Verhältnisses in der zwangsweisen Herbeiführung eines Besitzwechsels liegen.

In der Regel wird bei solcher Sachlage ein Interesse an einem Besitzwechsel auch der erste Hypothekarier haben, der den Zwangsverkauf um jeden, oder doch um den geringen Preis herbeiführen kann, der zur Deckung der in § 4 unter 2. 3 gedachten Rückstände ausreicht. Besondere Verhältnisse können indessen obwalten, welche den ersten Hypothekarier abhalten, die Zwangsversteigerung zu betreiben, und es ist daher erforderlich, für solche Fälle den Zwangsverkauf um jeden Preis stattfinden zu lassen, wenn die zur Wahrung der berührten öffentlichen Interessen berufene oberste Verwaltungsbehörde ein solches Interesse daran konstatirt hat."

Dep. Ber. der I. Kammer. „Wie zu § 179 (181 des Ges.) so war auch hier zu Punkt 1 und 2 anzuerkennen, daß in den bezeichneten Fällen die Festhaltung des Grundsatzes des zulässigen Mindestgebots keinen rationellen Zweck haben würde.

Dagegen stieß Punkt 3 auf Einwendungen insofern, als darnach die Rechte der hypothekarischen Gläubiger, auf deren staatlichen Schutz sie Kraft des Gesetzes rechnen dürfen, dem Verwaltungsinteresse ganz im Allgemeinen nach dem Ermessen der obersten

Verwaltungsbehörde untergeordnet werden würden. Man hat davon auszugehen, daß das Eingreifen in Privatrechte im öffentlichen Interesse thunlich beschränkt bleiben müsse.

Inzwischen war man der Meinung, daß der Fall ausgenommen werden müsse, dessen der Schlußsatz gedenkt. Hier wird die Zwangsversteigerung nur auf Grund einer im Wege der Zwangsvollstreckung in das Grundstück des Schuldners eingetragenen Hilfshypothek betrieben werden können, wodurch der Forderungsberechtigte in die Reihe der hypothekarischen Gläubiger eintritt. Der Zuschlag auf ein Gebot ohne Rücksicht auf die Höhe desselben läßt sich dann durch die im öffentlichen Interesse begründete Verhinderung des Eintritts einer thatsächlichen Abgabenfreiheit rechtfertigen.

Auch in diesem Falle aber solle die Versteigerung um jeden Preis nur auf Antrag des zuständigen Verwaltungsministerium vor sich gehen und der Antrag dem Schuldner und den hypothekarischen Gläubigern zur Wahrnehmung ihrer Interessen zugestellt werden, sowie rücksichtlich des Beitritts zum Zwangsversteigerungsverfahren die Bestimmungen in § 65 (§ 63 des Ges.) Absatz 1 und 3 entsprechend zur Anwendung gelangen."

Ausf.=Verordn. § 49 (zu §§ 181. 182). Ob die Voraussetzungen vorhanden sind, unter denen der Zuschlag auf ein Gebot ohne Rücksicht auf dessen Höhe erfolgen kann, ist durch Beschluß des Vollstreckungsgerichts festzustellen. Von diesem Beschlusse sind die Realberechtigten, bezw. der Schuldner bei Zustellung der Bekanntmachung (§§ 97. 100 des Gesetzes) und, sofern dieselbe bereits stattgefunden hat, durch besondere Zustellung zu benachrichtigen.

Ausf.=Verordn. § 50. Kann der Zuschlag auf ein Gebot ohne Rücksicht auf dessen Höhe erfolgen und hat die Versteigerung nach Maßgabe von § 519 des B.G.B. wegen einer mit dem Range vor der Forderung des betreibenden Gläubigers eingetragenen Reallast unter Annahme doppelter Gebote stattzufinden, so ist, wenn der Zuschlag auf ein Gebot erfolgt, durch welches eine der in § 519 des B.G.B. bezeichneten Reallasten zwar für die Zukunft in Wegfall kommt, dessen Höhe aber die Gewährung einer von dem Ersteher zu übernehmenden Entschädigung des Reallastengläubigers bedingt, für den Letzteren wegen dieser Entschädigung eine von dem Ersteher in Anrechnung auf den Kaufpreis zu übernehmende Hypothek mit dem Range der hinwegfallenden Reallast einzutragen.

Bemerkungen.

1. In den Fällen unter 1 und 2 kommt darauf, von wem die Versteigerung beantragt worden, nichts an. Ebenso ist im Falle unter 1 der Zuschlag auf jedes Gebot dann zu ertheilen, wenn der Konkurs zur Zeit der Beschlußfassung über die Zuschlagsertheilung rechtskräftig eröffnet ist, gleichviel ob diese Eröffnung vor oder nach dem Zwangsversteigerungsbeschluß erfolgt war.

2. Zu den mit der Fähigkeit, Vermögensrechte zu haben, ausgestatteten Personenvereinen im Sinne von Punkt 1 gehören nicht — wie es dem Wortlaute nach und gegenüber Art. 111. 164 des H.G.B. scheinen könnte — die offenen Handelsgesellschaften und die Kommanditgesellschaften. Denn Punkt 1 hat nur solche Fälle vor Augen, in denen es an einem Rechtssubjekt fehlt, dem das Eigenthum verbleiben kann, wenn die Zwangsver=

steigerung wegen § 10 unmöglich ist, vergl. die allgemeinen Motiven (S. 5 sowie die Motiven zu § 181). Diese Voraussetzung trifft bei jenen Gesellschaften nicht zu, da, wenn auch die letzteren selbst mit der Konkurseröffnung aufgelöst sind, doch in den Personen der Socien bezw. des oder der persönlich haftenden Gesellschafter immer noch Jemand vorhanden ist, dem das Grundstück verbleiben kann. Uebrigens schließt sich die Fassung der hier in Betracht kommenden Bestimmung in Punkt 1 wörtlich an die Vorschrift in § 52 des B.G.B. über die juristischen Personen an. Zu diesen können jene Gesellschaften nicht gerechnet werden.

3. Zu Punkt 2 vergl. Bem. 1 zu § 1.

4. Punkt 3 setzt einen entweder gleichzeitig oder schon vorher von einem Hypothekengläubiger oder vom Konkursverwalter gestellten zulässigen Antrag auf Zwangsversteigerung voraus. Das Verwaltungsministerium kann daher auf Grund dieses Punktes niemals die Einleitung des Zwangsversteigerungsverfahrens beantragen. Dagegen ist gleichgültig, wer der antragstellende Hypothekengläubiger ist, insbesondere ob dies eine öffentliche Kasse, welche wegen eines in § 4 Abs. 1 unter 2 aufgeführten Anspruchs Hülfshypothek erlangt hat, oder ein anderer Gläubiger ist. — Das antragstellende Verwaltungsministerium hat das Vorhandensein der in Punkt 3 angegebenen Voraussetzungen darzuthun. Das Versteigerungsgericht hat hierüber selbstständig Entschließung zu fassen. — Auch nach der von den Kammern beschlossenen Abänderung des Entwurfs besteht die der Bestimmung in Punkt 3 zu Grunde liegende Absicht nicht blos in der Erlangung der bereits verfallenen Leistungen, sondern auch in der Verhütung des Entstehens weiterer Rückstände. Hiernach kommt darauf, ob die „sonstigen auf dem öffentlichen Recht beruhenden Verbindlichkeiten" solche sind, welche gemäß § 4 Abs. 1 unter 2 bei der Versteigerung des Grundstücks vorzugsweise zu decken sein würden, nichts an. Auch insoweit dies nicht der Fall sein sollte, würde der Zweck der Versteigerung um jeden Preis mindestens nach der Richtung hin erreicht, daß nunmehr an Stelle des Schuldners Jemand in das Eigenthum des Grundstücks tritt, welcher die den Eigenthümer als solchen treffenden öffentlichrechtlichen Verbindlichkeiten zu erfüllen, voraussichtlich im Stande ist. — Processual soll, wie nach Abs. 2 des Gesetzes und dem Dep. Ber. der I. Kammer anzunehmen, der „Antrag" als Beitritt zum Versteigerungsverfahren behandelt werden. Es leiden daher auf den Beschluß, welchen das Gericht auf diesen Antrag faßt, die Bestimmungen in § 61 Anwendung. Das in § 64 Abs. 2 aufgestellte Erforderniß des Beitritts fällt hier selbstverständlich weg. Der Antrag kann geeigneten Falls mit der in gewissen Fällen (Bem. 2 zu § 1) zur Einleitung des Versteigerungsverfahrens erforderlichen Genehmigung des Finanzministeriums verbunden werden.

5. Nach § 49 der A.V. ist in jedem der in §§ 181 und 182 des Gesetzes aufgeführten Fälle darüber, ob die Voraussetzungen des Zuschlags auf ein Gebot ohne Rücksicht auf dessen Höhe vorliegen ausdrücklicher Beschluß zu fassen und der letztere dem Schuldner und den Realberechtigten zuzustellen. Durch diese Zustellung erfolgt im Falle des § 182 unter 3 zugleich die in Abs. 2 des letzteren vorgeschriebene Zustellung des Antrags. Dieser Beschluß ist nur im zuletzt gedachten Falle (vergl. das am Schlusse

von Bem. 4 Gesagte) mittelst selbstständiger (sofortiger) Beschwerde, in allen übrigen Fällen nur mit der sofortigen Beschwerde gegen den Vertheilungsplan (§ 148 Abs. 1 unter 4) anfechtbar.

6. Wie es in den Fällen der §§ 181. 182 mit den gerichtlichen Kosten des Versteigerungsverfahrens zu halten, ist in Bem. 1 zu § 178 ausgeführt.

7. Zu § 50 der A.V. vergl. Bem. 3 zu § 16.

Zweiter Abschnitt.

Zwangsverwaltung.

§ 183.

Auf die Zwangsverwaltung finden die Vorschriften in §§ 44. 46 bis 59. § 60 Absatz 1. §§ 61. 62. 64. 80. 81. 83 Absatz 1. 2. §§ 84. 85. 155 entsprechend Anwendung.

Der im Entwurfe fehlende „§ 44" ist auf Antrag der Dep. der I. Kammer eingefügt worden.

Motive. „Bezüglich des bei der Zwangsverwaltung eines Grundstücks einzuhaltenden Verfahrens enthalten die bestehenden Landesgesetze keine speziellen Bestimmungen. Auch die Gerichte haben nur in verhältnißmäßig seltenen Fällen Veranlassung gehabt, Streitfragen auf diesem Gebiete zu entscheiden. Der Grund hiervon ist darin zu suchen, daß Pfandgläubiger, welche Behufs ihrer Befriedigung nicht ausschließlich auf die Früchte des verpfändeten Grundstücks angewiesen sind, entweder die Zwangsvollstreckung in die dem Schuldner zustehenden Forderungen aus Mieth- und Pachtverträgen, oder die Zwangsversteigerung beantragen. Gelangt das in § 10 des Gesetzentwurfs für die Zwangsversteigerung aufgestellte Prinzip zur gesetzlichen Geltung, so werden sich aller Wahrscheinlichkeit nach die Anträge auf Zwangsverwaltung mehren. Auf die Ausübung des Rechts, Befriedigung aus den Früchten des Pfandgrundstücks zu suchen, werden namentlich die Inhaber solcher Hypotheken sich hingedrängt sehen, die nach dem Werthe des Grundstücks und den für die Verwerthung maßgebenden äußeren Verhältnissen nicht mit Sicherheit darauf rechnen können, daß im Versteigerungsverfahren ein zulässiges Gebot erreicht werde. Durch die Aussicht auf eine Vermehrung der Zwangsverwaltungen — welche übrigens, bei gleichzeitiger Verminderung der Zwangsversteigerungen, vom wirthschaftlichen Standpunkte betrachtet nur erwünscht sein kann, sofern die Durchführung der Zwangsverwaltung dem Gläubiger Befriedigung verschafft, ohne dem Schuldner dauernd den Besitz zu entziehen — wird es gerechtfertigt, wenn das Gesetz über die Zwangsversteigerung zugleich auf die Regelung des Verfahrens bei Zwangsverwaltungen erstreckt wird,

Welche speziellen Maßregeln geeignet seien, die dem Gläubiger und dem Schuldner vortheilhafteste Fruchtziehung herbeizuführen, ist eine Frage, die immer nur für jeden einzelnen Fall nach den obwaltenden Verhältnissen beantwortet werden kann. Bei der großen Mannigfaltigkeit der dabei zu berücksichtigenden Verhältnisse muß sich deshalb die gesetzliche Regelung auf einige wenige Normen beschränken und jeder Kasuistik enthalten. Selbst darauf muß Verzicht geleistet werden, eine besondere Vorschrift für den Fall zu erlassen, wenn der Schuldner nur zu einem ideellen Theile Eigenthümer des Grundstücks ist und die Zwangsverwaltung auf diesen ideellen Theil beschränkt ist. Es liegt am nächsten, unter solchen Umständen dem Mitbesitzer oder einem von mehreren Mitbesitzern, oder auch der dritten Person, welcher von allen Besitzern wegen der Verwaltung der gemeinschaftlichen Sache Auftrag und Vollmacht ertheilt ist, die Funktion des Sequesters zu übertragen. Gleichwohl muß es bedenklich fallen, dies als die Regel gesetzlich vorzuschreiben, weil, wollte man dies thun, entweder für eine Menge von Fällen Ausnahmen zuzulassen wären, oder die Regel einer so allgemein gehaltenen Einschränkung unterworfen werden müßte, daß sie dadurch ihres Charakters als Regel virtuell wieder entkleidet werden würde.

Die in § 183 aufgeführten Paragraphen enthalten processuale Bestimmungen, denen im Zwangsverwaltungsverfahren, soweit dies für die unmittelbare Anwendung Gelegenheit bietet, Geltung beizulegen ist."

Bemerkungen.

1. Hinsichtlich der Zwangsverwaltung im Allgemeinen ist auf die bezüglichen Stellen der Einleitung, auf §§ 1—3 des Gesetzes sowie auf Bem. 1. 3. 5 zu § 1 zu verweisen.

2. Bei der entsprechenden Anwendung von § 62 bedarf es natürlich nicht des in § 100 Abs. 2 vorgeschriebenen Hinweises. — Zu § 64 vergl. § 5 der A.V. und zu § 84: §§ 6 und 7 der A.V.

3. Unter den entsprechend anzuwendenden Bestimmungen ist § 65 nicht mit aufgeführt. Die Frage, ob nach § 402 des B.G.B. der Zwangsverwaltung ein bereits vor der Hypothek des betreibenden Gläubigers eingetragenes Nießbrauchsrecht entgegenstehe, ist daher vom Vollstreckungsgericht zu prüfen.

4. Auch zum Antrage auf Zwangsverwaltung ist nur ein Hypothekengläubiger, und zwar nur dann, wenn er vollstreckbaren Schuldtitel erlangt hat, und außerdem der Konkursverwalter berechtigt (vergl. § 1 nebst zugehörigen Bemerkungen sowie § 183 in Verb. mit § 64). Der Konkursverwalter kann, aber muß nicht die Zwangsverwaltung betreiben, wenn er die Früchte des dem Gemeinschuldner zugehörigen Grundstücks zur Konkursmasse ziehen will (§ 116 der Konk. Ordn.). Denn an sich gehört auch das Grundstück zur Konkursmasse. Der Konkursverwalter kann daher gemäß § 5 der K.O. das Grundstück ohne Weiteres selbst in Verwaltung nehmen und gemäß § 107 selbst verwerthen. Diese Verwerthung kann ebenso durch freihändigen Verkauf, wie durch eigene Fortbewirthschaftung erfolgen. Was er hierbei erlöst, fällt der Konkursmasse zu. Dies gilt namentlich auch vom Erlös aus den Früchten. Die Bestimmung in §§ 414. 415 des B.G.B., wonach die Früchte von der Zeit der Konkurseröffnung an von der Hypothek ergriffen werden, ist nach dem in Bem. 4 zu § 2 Ausgeführten für erledigt zu erachten. Erst dann, wenn die Hypothek geltend gemacht, d. h. vom Gläubiger die Zwangsversteigerung oder Zwangsverwaltung beantragt wird, kommen jene Vorschriften des B.G.B. zur Geltung. — Die vom Konkursverwalter auf Grund §§ 5 und 107 der K.O. ausgeführte eigene Verwaltung des Grundstücks richtet sich ausschließlich nach den Bestimmungen der K.O. Insbesondere ist der Konkursverwalter, wie in allen übrigen Beziehungen, auch insoweit nur Vertreter des Gemeinschuldners. Er übt die dem Letzteren zustehenden Nutzungsrechte aus, tritt daher auch (im Gegensatz zu dem in Bem. 2 zu § 185 und Bem. zu § 190 Ausgeführten) in die hinsichtlich dieser Nutzungsrechte zwischen dem Gemein-

schuldner und dritten Personen bestehenden Rechtsverhältnisse ein, soweit nicht die letzteren nach den einschlagenden Bestimmungen der K.O. durch die Konkurseröffnung eine Aenderung erleiden. — Nur dann, wenn der Konkursverwalter gemäß § 116 der K.O. die Einleitung der Zwangsverwaltung beantragt — wozu er aus verschiedenen Gründen Veranlassung haben kann — treten die Vorschriften dieses Gesetzes ein. Solchenfalls nimmt der Konkursverwalter sowohl dem Schuldner, als auch den Realberechtigten gegenüber die Stellung eines an letzter Stelle eingetragenen Hypothekengläubigers ein (Bem 4 zu § 179). Der Konkursverwalter hat beim Antrage auf Zwangsverwaltung den Betrag anzugeben, wegen dessen die letztere stattfinden soll (§ 64 Abs. 1 unter 1). Eine Feststellung dieses Betrags durch das Vollstreckungsgericht (§ 83 Abs. 1) kann der Natur der Sache nach nicht stattfinden. Etwaige Einwendungen gegen diesen Betrag würden nach den Vorschriften der Konkursordnung über Einwendungen gegen die Maßnahmen des Konkursverwalters zu erledigen sein.

5. Die entsprechende Anwendung von § 179 Abs. 2 auf den Fall der Zwangsverwaltung ist in § 183 nicht angeordnet, würde sich auch mit der jener Bestimmung zu Grunde liegenden Absicht des Gesetzgebers (vergl. die Motiven zu § 179) nicht vereinigen lassen.

§ 184.

Der betreibende Gläubiger hat einen Kostenvorschuß nach Maßgabe der Taxordnung zu bestellen. Ueberdies hat derselbe wegen der Auslagen, welche der Verwalter zu bestreiten hat, in der vom Gericht nach Ermessen zu bestimmenden Höhe dem Verwalter Vorschuß zu leisten.

Unterbleibt die Leistung des erforderlichen Vorschusses an den Verwalter, so ist die Einleitung der Zwangsverwaltung abzulehnen oder die eingeleitete Zwangsverwaltung einzustellen.

Entwurf gleichlautend.

Motive. „Von der Bestellung des Kostenvorschusses die Einleitung bezw. Feststellung der Zwangsverwaltung abhängig zu machen, erscheint zwar nach § 757 der Civilproceßordnung zulässig, jedoch gegenüber der Bestimmung in § 3 des Gerichtskostengesetzes vom 18. Juni 1878 nicht zweckmäßig. Erhebliche Verluste können der Staatskasse dadurch, daß das Gericht die Zwangsverwaltung beschließt, ohne auf die Erfüllung der Vorschußpflicht betreffs der Gerichtskosten seitens des Antragstellers Rücksicht zu nehmen, kaum entstehen. Dagegen liegt kein Grund vor, die für die Durchführung der Verwaltung erforderlichen, oft nicht unerheblichen Auslagen ohne genügende Sicherstellung aus der Staatskasse vorschießen zu lassen. Die Funktion des Verwalters, welcher die vom Gericht beschlossene Maßregel auszuführen und die dazu erforderlichen Ausgaben zu bestreiten hat, ist insoweit der des Gerichtsvollziehers gleichzustellen, welcher nach § 18 der Gebührenordnung für Gerichtsvollzieher vom 24. Juni 1878 in der Regel befugt ist, die Uebernahme eines Geschäftes von der Zahlung eines zur Deckung der baaren Auslagen (und des vermuthlichen Betrags der Gebühren) hinreichenden Vorschusses abhängig zu machen. Eine direkte Anwendung dieser Bestimmung auf den

Verwalter verbietet sich schon dadurch, daß der Letztere mit dem betreibenden Gläubiger zunächst nicht in unmittelbare Beziehung tritt, seinen Auftrag nicht von diesem, sondern von dem Vollstreckungsgerichte erhält und überhaupt nur mit dem Letzteren in Verkehr steht. Selbstverständlich wird es dem Gerichte unbenommen sein, wegen Bemessung der Höhe des zu erfordernden Auslagenvorschusses den Verwalter zu hören, auch demselben den erhobenen Betrag nach jeweiligem Bedarf in einzelnen Zahlungen zukommen zu lassen. Alles dies bedarf aber nicht gesetzlicher Regelung, ist vielmehr, soweit erforderlich, im Verordnungswege zu ordnen."

Bemerkungen.

Mit Rücksicht auf Abs. 2 und die Bedeutung des Zwangsverwaltungsbeschlusses wird es angemessen sein, den letzteren erst nach Einzahlung des Auslagenvorschusses zu fasseu nnd daher auf den Zwangsverwaltungsantrag, dafern derselbe an sich statthaft, zunächst die Einforderung des Auslagenvorschusses zu beschließen.

§ 185.

In dem Beschluß auf Zwangsverwaltung hat das Gericht dem Schuldner jede Einmischung in die Geschäftsführung des zu bestellenden Verwalters, sowie unter Androhung der Nichtigkeit jede Verfügung über die Einkünfte des Grundstücks zu untersagen, auch dritten Personen, in deren Leistungen Einkünfte des Grundstücks bestehen, unter Verbot fernerer Leistung an den Schuldner die fernere Leistung an den Verwalter aufzugeben. Der Beschluß ist dem Schuldner und den bezeichneten dritten Personen zuzustellen, dem betreibenden Gläubiger mitzutheilen und im Grundbuch zu verlautbaren.

Vorzugsrechte, welche von einem dem betreibenden Gläubiger im Range nachstehenden hypothekarischen Gläubiger oder von einem mit Hypothek nicht versehenen Gläubiger durch Zwangsvollstreckung in die Einkünfte des Grundstücks erworben worden sind, verlieren mit dem Beschluß auf Zwangsverwaltung für deren Dauer ihre Wirksamkeit.

Der im Entwurf fehlende Abs. 2 ist auf Antrag der Dep. der I. Kammer angefügt worden.

Motive. „Selbstverständlich soll nicht ausgeschlossen sein, daß das Gericht, wenn es erst nachträglich von der Existenz dritter Leistungspflichtiger Kenntniß erlangt, an diese und an den Schuldner die entsprechenden Verfügungen mittelst besonderen Beschlusses erlasse und dem Gläubiger Nachricht gebe."

Ausf.=Verordn. § 51 (zu § 185). Wird die Zwangsverwaltung beendet, oder tritt in der Person des Verwalters ein Wechsel ein, so ist dies den in § 185 Abs. 1 des Gesetzes bezeichneten Personen mitzutheilen.

Bemerkungen.

1. Der vollständige Inhalt des Beschlusses ergiebt sich theils aus Abs. 1, theils aus § 83 Abs. 1 und 2. — Wegen des Eintrags vergl. §§ 6 und 7 der A.V. zu § 84, wegen der Anfechtbarkeit § 80.

2. Der in Abs. 2 ausgesprochene Grundsatz — dessen Aufnahme in das Gesetz auch nur für „räthlich" befunden worden — ergiebt sich schon aus der rechtlichen Natur der Zwangsverwaltung und den Bestimmungen in §§ 414. 415 des B.G.B. Durch die Anlegung der Zwangsverwaltung verliert der Schuldner auf die Dauer derselben das Nutzungsrecht. Dasselbe bildet während dieser Zeit nicht mehr einen Theil seines Vermögens. Die Zwangsvollstreckung in das Recht, künftige Nutzungen zu ziehen, hat zur selbstverständlichen Voraussetzung, daß dieses Recht zur Zeit, zu welcher die Nutzung gezogen werden kann, noch einen Bestandtheil des Vermögens des Schuldners bildet. Mit der Anlegung der Zwangsverwaltung fällt diese Voraussetzung und damit das durch die Zwangsvollstreckung erlangte, vom Vorhandensein dieser Voraussetzung abhängige Recht weg. Aus dem Gesagten folgt zugleich, daß Abs. 2 auch von Rechten gilt, welche durch frühere freiwillige Abtretung oder — soweit dies überhaupt nach den einschlagenden Bestimmungen des B.G.B. ausführbar — durch freiwillige Verpfändung an den während der Zwangsverwaltung zu ziehenden Nutzungen erworben worden.

3. Zu den in Abs. 2 erwähnten Einkünften gehören unter Anderem auch die natürlichen Früchte. Der Gläubiger, welcher dieselben nach § 7714 der C.P.O. noch vor ihrer Trennung vom Boden hat pfänden lassen, muß daher dem die Zwangsverwaltung betreibenden Gläubiger weichen, sobald zur Zeit des Beschlusses auf Zwangsverwaltung die Früchte noch nicht erhoben sind (§ 414 des B.G.B.). Hierbei ist es auch gleichgültig, ob die noch nicht erhobenen Früchte gemäß § 725 der C.P.O. bereits versteigert worden. — Vergl. hierzu § 757 Abs. 2 der C.P.O.

4. Die in § 51 angeordnete Notifikation von der Erledigung des dem Zwangsverwalter ertheilt gewesenen Auftrags an die Personen, denen früher die Ertheilung dieses Auftrags bekannt gemacht worden war, ist nothwendig wegen der Bestimmung in § 1327 des B.G.B.

§ 186.

Das Gericht ernennt den Verwalter. Derselbe ist nach Ermessen des Gerichts eidlich zu verpflichten.

Der Verwalter kann zur Bestellung einer Sicherheit angehalten werden. Die Höhe der zu leistenden Sicherheit und die Art ihrer Bestellung bestimmt das Gericht nach Ermessen.

Der Verwalter ist bei Ausübung seiner Funktion an die Weisungen des Gerichts gebunden und steht unter dessen Aufsicht. Dasselbe kann gegen ihn Ordnungsstrafen bis zu 200 ℳ festsetzen und ihn seiner Funktion entheben.

Entwurf gleichlautend.

Motive. „Mit Rücksicht darauf, daß eine eidliche Verpflichtung des Konkursverwalters in der Konkursordnung nicht vorgesehen ist, könnte in Frage gestellt werden, ob nicht auch die eidliche Verpflichtung des Sequesters gänzlich zu entbehren sei. In der Regel wird davon abgesehen werden können. Dagegen erscheint es zweckmäßig, daß das Gericht die Befugniß habe, in einzelnen Fällen eine Vereidung eintreten zu lassen. Der Konkursverwalter wird in der Regel aus den am Sitz des Gerichts wohnenden Personen genommen; wer sich einmal in dieser Funktion bewährt hat, wird öfters damit betraut; das Gericht hat es mit ihm bekannten Persönlichkeiten zu thun, die Beaufsichtigung ihrer Geschäftsführung bietet keine Schwierigkeit. Bei der Auswahl des Sequesters dagegen ist das Gericht häufig auf eine kleine Anzahl von Personen beschränkt und ebenso häufig, gleich dem Gläubiger, nicht in der Lage, die einzelnen Verwaltungsakte nach ihrer Nothwendigkeit und Zweckmäßigkeit zu beurtheilen, beispielsweise bei der Sequestration eines größeren Landgutes, welches sich in einer vom Sitze des Gerichts und dem Wohnorte des Gläubigers entfernteren Ortschaft befindet, oder bei der Sequestration eines gewerblichen Etablissements, dessen zweckmäßige Leitung besondere technische Kenntnisse voraussetzt. Für solche und ähnliche Fälle kann es einer besonderen Garantie bedürfen.

Da übrigens die eidliche Verpflichtung nur nach Ermessen des Gerichts stattfinden soll, ist dasselbe auch nicht behindert, in geeigneten Fällen an Stelle der förmlichen Vereidung eine Verpflichtung an Eidesstatt vorzunehmen.

Zu Absatz 3 sind die Bestimmungen in §§ 75. 76 Satz 1 der Konkursordnung zu vergleichen. Wenn das unter Zwangsverwaltung zu stellende Grundstück einer Person gehört, zu deren Vermögen das Konkursverfahren eröffnet worden ist, wird der Konkursverwalter auch mit der Funktion des Sequesters betraut werden können. Allein das Gericht soll, wie im Allgemeinen, so auch in diesem Fall bei der Auswahl der mit Ausführung der Zwangsverwaltung zu beauftragenden Person freie Hand haben, insbesondere auch darin durch Anträge Betheiligter nicht beschränkt sein. Daß deren etwaige Vorschläge in Erwägung zu ziehen sein würden, ist selbstverständlich."

Bemerkungen.

1. Zum Verwalter kann nach Befinden der Schuldner selbst, oder wenn es sich nur um einen ideellen Grundstückstheil handelt, Einer der Miteigenthümer (vergl. Motive zu § 183) ernannt werden.

2. Die eidliche Verpflichtung erfolgt, wenn sie nach dem Ermessen des Gerichts für nöthig erachtet wird, nach den Vorschriften der Verordnung vom 20. Februar 1879 (Ges.-Bl. S. 53 flg.), §§ 2. b) bezw. § 5 Abs. 2, nach Befinden § 7 Abs. 3.

3. Das Verhältniß zwischen Gericht und Verwalter ist im Allgemeinen und soweit nicht Abweichungen aus dem Gesetze oder aus der Natur der Zwangsverwaltung sich ergeben, nach den Grundsätzen über den Auftragsvertrag (§§ 1295 flg. des B.G.B.) zu beurtheilen. Auf dieser Auffassung beruhen nicht nur die Bestimmungen in diesem Paragraphen, sondern auch die Vorschriften in § 190 Abs. 2 und § 192. Daher kann insbesondere der Verwalter den ihm ertheilten Auftrag jederzeit zurückgeben, vorbehältlich jedoch der Vorschrift in § 1322 des B.G.B.

§ 187.

Ueber Anträge, Einwendungen und Erinnerungen, welche die Art und Weise der Zwangsverwaltung oder das bei derselben vom Verwalter zu beobachtende Verfahren betreffen, entscheidet das Gericht.

Entwurf gleichlautend.

Motive. „Zu §§ 187. 188 ist auf die entsprechenden Bestimmungen in §§ 685. 701 der Civilproceßordnung zu verweisen."

Bemerkungen.

Die hier in Frage kommenden Anträge, Einwendungen und Erinnerungen können nicht blos von dem Schuldner, dem betreibenden Gläubiger und dem Gericht selbst, sondern auch von dritten Personen ausgehen und letzteren Falls sogar eigentliche Rechtsverletzungen zum Gegenstande haben. Die hierauf bezüglichen Entscheidungen regeln jedoch lediglich die Frage, ob das Gericht dem Verwalter eine Handlung zu gebieten oder zu verbieten habe. Sie vermögen daher auch lediglich zwischen Gericht und Verwalter oder zwischen Gericht und Antragsteller, nicht aber zwischen Verwalter und Antragsteller Rechtskraft (in dem hier nur denkbaren weiteren Sinne) zu erzeugen. Hiernach kann zwar z. B. ein Nachbar des Schuldners, oder ein im verwalteten Grundstück wohnender Miether, oder irgend ein Anderer, der in dem Gebahren des Verwalters einen unberechtigten Eingriff in seine Rechtssphäre erblickt, zunächst beim Vollstreckungsgericht gegen dieses Gebahren Einwendung erheben. Er ist jedoch, wenn das Gericht die letztere für unerheblich erachtet, durch die Rechtskraft der bezüglichen Entscheidung nicht behindert, gegen den Verwalter im Klagwege vorzugehen.

§ 188.

Die auf Antrag oder von Amtswegen erfolgenden gerichtlichen Entscheidungen der in § 187 bezeichneten Art unterliegen der sofortigen Beschwerde.

Entwurf gleichlautend.

§ 189.

Der Verwalter hat das Grundstück in Besitz zu nehmen. Die Uebergabe erfolgt nach den Bestimmungen in § 176 Absatz 1.

Entwurf gleichlautend.

Motive zu §§ 189. 191. „Der Zweck der Sequestration eines Grundstücks erfordert nicht unbedingt, daß der Schuldner von der Mitbenutzung desselben, insbesondere von dem Gebrauch der Wohnungsräume, gänzlich ausgeschlossen werde. Nur insoweit muß er dem Sequester weichen, als dies zu möglichst beschleunigter und ungestörter Herbeiführung der Befriedigung des Gläubigers aus den Erträgnissen des Grundstücks erforderlich ist. Darnach würde allerdings verlangt werden können, daß der Schuldner die von ihm bis zur Anlegung der Sequestration benutzten Wohnräume zu verlassen habe, wenn durch deren Vermiethung die Erträgnisse des Grundstücks würden erhöht werden können. Dies würde indessen zu Härten gegen den Schuldner führen und unter Umständen in Betreff der wirthschaftlichen Lage desselben von Folgen begleitet sein, welche außer Verhältniß zu dem Gewinne stehen, der etwa auf Seite des Gläubigers aus der Vermiethung gezogen werden möchte. Nach dem Entwurf soll aus diesem Grunde allein eine Exmission des Schuldners nicht stattfinden."

Ausf.-Verordn. § 52 (zu § 189). Erstreckt sich die Zwangsverwaltung auf bewegliche Gegenstände (§ 193 Abs. 2 des Gesetzes), so sind dieselben bei Vollstreckung des Beschlusses auf Uebergabe des Grundstücks von dem Gerichtsvollzieher zu Protokoll zu verzeichnen.

Bedarf es der Vollstreckung des Beschlusses nicht, so hat der Verwalter für die Verzeichnung der in seinen Besitz gelangenden beweglichen Sachen zu sorgen.

Der Verwalter kann verlangen, daß eine Abschätzung des Werths der in seinen Besitz gelangenden Sachen durch einen von dem Vollstreckungsgerichte zu beauftragenden Sachverständigen erfolge.

In gleicher Weise sind auf Antrag des Verwalters nach Beendigung seiner Funktion der Bestand und der Werth der von ihm zurückgegebenen Gegenstände und zugleich die Ursachen etwaiger Werthsminderungen festzustellen.

Bemerkungen.

Das in Bem. 1 zu § 176 hinsichtlich des Erstehers Gesagte leidet auf den Verwalter entsprechend Anwendung. Insbesondere kann auch der Verwalter das Grundstück ohne Weiteres nur dann in Besitz nehmen bezw. den Besitzergreifungsbeschluß nur dann vollstrecken lassen, wenn das Grundstück im Gewahrsam des Schuldners sich befindet. Gegen dritte Personen muß er (auf Grund seines Benutzungsrechts) im Klagwege vorgehen. Dem Miether und Pachter gegenüber ist dieses Recht durch §§ 1225. 1226 des B.G.B. beschränkt.

§ 190.

Alle Rechte des Schuldners in Bezug auf die Verwaltung des Grundstücks und die Fruchtziehung aus demselben werden auf die Zeit der Zwangsverwaltung von dem Verwalter ausgeübt. Er hat insbesondere alle Einkünfte aus dem Grundstück einzuziehen, die deshalb erforderlichen Klagen zu erheben und die zur Erhaltung und wirthschaftlichen Benutzung des Grundstücks erforderlichen Maßregeln zu treffen. Er kann Pacht- und Miethverträge eingehen und kündigen, auch in Bezug auf bestehende Pacht- und Miethverträge die Rechte ausüben, welche nach § 1225 des Bürgerlichen Gesetzbuchs dem Erwerber des Benutzungsrechts an einer fremden Sache durch die Eintragung im Grundbuch zufallen.

Das Gericht kann anordnen, daß einzelne im Voraus bestimmte Verwaltungsmaßregeln nur mit seiner Genehmigung

getroffen werden sollen. Dritten Personen gegenüber hat eine solche Beschränkung des Auftrags keine Wirksamkeit.

Im Entwurf lautete der 1. Satz: „In Betreff der Verwaltung des Grundstücks und der Fruchtziehung aus demselben vertritt der Verwalter den Schuldner dritten Personen gegenüber." Die Aenderung ist auf Antrag der Dep. der I. Kammer erfolgt und dieser Antrag im Bericht folgendermaßen begründet worden:

„Für die Begrenzung der Stellung des Verwalters gegenüber Dritten ist die Norm in dem Uebergange der Verwaltung des Grundstücks und der Fruchtziehung aus demselben von der Person des Schuldners auf die des Verwalters zu suchen. Nur insoweit hat der letztere den ersteren zu vertreten. Die Fassung des ersten Satzes könnte Anstoß zu weitergehenden Folgerungen geben und erachtete man deshalb die Wahl eines bestimmteren Ausdrucks für angemessen. Dagegen hielt man die besondere Hervorhebung des in § 129 des B.G.B. ausgesprochenen Grundsatzes entbehrlich, daß, wer die Vortheile eines Rechts genießt, in der Regel den mit demselben verbundenen Aufwand trägt."

Bemerkungen.

Die Stellung des Verwalters ist nach dem neuen Gesetz die nämliche, wie nach dem zeitherigen Recht. Er übt die Verwaltungs- und Nutzungsrechte aus, welche dem Eigenthümer des Grundstücks als solchem zustehen. Dies thut er nach Innen als Vertreter des Gerichts, nach Außen aber im eigenen Namen. Der Schuldner, als gegenwärtiger Eigenthümer des Grundstücks, wird von ihm in Ansehung der Verwaltung und Nutznießung verdrängt, aber nicht vertreten. Sein Verhältniß zum Schuldner ist in dieser Beziehung im Wesentlichen das nämliche, wie das Verhältniß des Fideicommissars, auf welchen das Fideicommißgrundstück übergegangen ist, zum Fiduciar oder dessen Erben. Er tritt daher in die vom Schuldner in Ausübung des Verwaltungs- und Nutzungsrechts mit Dritten abgeschlossenen Verträge nicht ein (Bem. 2 zu § 185), braucht daher dieselben, soweit nicht besondere gesetzliche Bestimmungen entgegenstehen, nicht zu respektiren. Solche Bestimmungen bestehen nur rücksichtlich des Pacht- und Miethvertrags (§§ 1225. 1226 des B.G.B.). Dem Pachter oder Miether gegenüber nimmt der Verwalter — wie am Schlusse des Abs. 1 ausdrücklich ausgesprochen worden — die nämliche Stellung ein, wie der Dritte, welcher das Benutzungsrecht an der Sache erworben hat und als Nutzungsberechtigter in das Grundbuch eingetragen worden ist. Dieser Eintrag erfolgt beim Verwalter durch die Verlautbarung des Beschlusses auf Zwangsverwaltung (§ 183 in Verb. mit § 84). — Ganz in der nämlichen Weise, wie der Verwalter einem vom Schuldner abgeschlossenen Pacht- oder Miethvertrage beim Beginn der Verwaltung gegenübersteht, steht bei Beendigung der letzteren einem vom Verwalter abgeschlossenen derartigen Vertrage der Schuldner bezw. der zu dieser Zeit eingetragene weitere Eigenthümer, insbesondere der Ersteher, gegenüber. — Gegen den in § 1222 des B.G.B. erwähnten Schädenanspruch ist solchenfalls der Verwalter geschützt, sobald er beim Abschlusse des Pacht- oder Miethvertrags sich als Zwangsverwalter zu erkennen gegeben hat, da hierdurch der Pachter bezw. Miether von dem, wenn auch nur relativ bestimmten, Zeitpunkt der Erlöschung des Rechts des Verwalters Kenntniß erlangt hat (§ 1223 des B.G.B.).

§ 191.

Wohnt der Schuldner zur Zeit des Beschlusses auf Zwangsverwaltung in dem Grundstück, so sind ihm auf die Dauer der Verwaltung die für ihn und seinen bisherigen Hausstand unentbehrlichen, für die Verwaltung nicht erforderlichen Wohnungsräume zu belassen. Das Gericht hat jedoch dem Schuldner die Räumung des Grundstücks mittelst Beschlusses aufzugeben, wenn es zur Abwendung einer Verschlechterung des Grundstücks oder einer Beeinträchtigung der Verwaltung Seiten des Schuldners oder der Angehörigen seines Hausstandes nothwendig ist.

Entwurf gleichlautend. Motive s. zu § 189.

Bemerkungen.

1. Das Recht auf Einräumung einer Wohnung, welche der Schuldner zur Zeit des Zwangsvollstreckungsbeschlusses noch nicht oder nicht mehr inne hatte, steht dem Schuldner nicht zu. Der Verwalter ist jedoch nicht behindert, leerstehende Wohnungsräume, welche sich überhaupt nicht oder wenigstens nicht sofort vermiethen lassen, dem Schuldner unentgeltlich bis auf Widerruf zu überlassen. Auch in diesem Falle kann das Gericht in entsprechender Anwendung dieses Paragraphen dem Schuldner die Räumung des Grundstücks mittelst Beschlusses aufgeben, wenn der Verwalter dies beantragt.

2. Der in Satz 2 erwähnte (nach §§ 183. 51 unanfechtbare) Beschluß ist der vollstreckbare Schuldtitel (§ 706 der C.P.O.) zu der nach den Bestimmungen in § 771 der C.P.O. auf Betreiben des Verwalters zu bewirkenden Heraussetzung des Schuldners.

§ 192.

Der Verwalter hat über seine Einnahmen und Ausgaben in gewissen, von dem Gericht zu bestimmenden Zeitabschnitten, ingleichen alsbald nach Beendigung der Zwangsverwaltung, oder, wenn sich aus einem anderen Grunde seine Funktion erledigt, Rechnung abzulegen.

Die Rechnung ist bei dem Gericht einzureichen und von demselben auf Verlangen dem betreibenden Gläubiger und dem Schuldner zur Kenntnißnahme vorzulegen.

Entwurf gleichlautend.

Bemerkungen.

1. Der Verwalter steht nur zum Gericht, nicht aber zu dem betreibenden Gläubiger oder dem Schuldner in einem Vertrags- und zwar Auftrags-

verhältnisse. Daher hat der Verwalter lediglich dem Gericht Rechnung zu legen und ist lediglich das Letztere berechtigt, Erinnerungen gegen die Rechnung zu ziehen und deren Beantwortung vom Verwalter zu fordern. Im Verhältniß zum betreibenden Gläubiger und zum Schuldner ist das Gericht der Verwalter ihres Vermögens. Dasselbe steht ihnen jedoch nicht als Beauftragter, sondern kraft eigenen gesetzlichen Rechts gegenüber. Es stehen ihnen daher auch die Rechte, die sonst dem Vermögensinhaber gegen den Vermögensverwalter eingeräumt sind, dem Gericht gegenüber nicht zu. Sie können hiernach dem letzteren gegenüber nicht eigentliche Erinnerungen gegen die Rechnung ziehen, ebensowenig Ansprüche aus der Verwaltung selbst gegen das Gericht im Klagwege verfolgen. Sie sind vielmehr nur in der Lage, ihre Ausstellungen gegen die Rechnung dem Gericht als Material zu der von diesem zu bewirkenden Monirung der Rechnung anzuzeigen (Wengler's Archiv Bd. 2 S. 312 flg.). Etwaige Schäden, die sie durch das Verfahren des Richters bei der Prüfung und Justifikation der Rechnung und überhaupt bei der Zwangsverwaltung erlitten zu haben vermeinen, können sie nur unter den Voraussetzungen und auf Grnnd der Bestimmungen in § 1506 des B.G.B. geltend machen.

2. Da der Verwalter nach § 186 Abs. 3 unter der Disciplinargewalt des Gerichts steht, so bedarf es weder wegen der Rechnungslegung noch wegen der Beantwortung der gezogenen Erinnerungen der Klaganstellung. Das Gericht kann vielmehr beides durch Strafauflagen vom Verwalter erzwingen. Dies freilich nur so lange, als der Verwalter als solcher noch fungirt. Nach dieser Zeit hört die Disciplinargewalt des Gerichts auf und bedarf es daher der Klaganstellung. Die letztere ist auch dann nöthig, wenn und soweit die vom Gericht gezogenen Erinnerungen durch die Beantwortung des Verwalters nicht ihre Erledigung finden und demgemäß die Geltendmachung eines Anspruchs gegen den Verwalter in Frage kommt. Das Gericht kann solchenfalls die Klaganstellung demjenigen überlassen, welchem der den Erinnerungen entsprechende Forderungsbetrag zufallen würde, und ihm zu diesem Behufe den Anspruch abtreten.

§ 193.

Die Zwangsverwaltung erstreckt sich auf die natürlichen und bürgerlichen Früchte des Grundstücks, welche nach §§ 414. 415 des Bürgerlichen Gesetzbuchs von der Hypothek ergriffen werden. In Bezug auf die vor Zustellung des Beschlusses auf Einleitung der Zwangsverwaltung an den Schuldner vertragsgemäß bewirkte Vorauszahlung von Pacht- oder Miethzinsen greift die Bestimmung in § 176 Absatz 3 Platz.

Die Zwangsverwaltung umfaßt alle Gegenstände, welche zur Zeit der Anlegung der ersteren dem Fruchtbezuge dienen.

Im Entwurf lautete Absatz 2 folgendermaßen:

„Ist das unter Zwangsverwaltung gestellte Grundstück zu einem Fabrikgeschäft oder zu einem anderen Gewerbe oder zur Landwirthschaft bestimmt und eingerichtet, so unterliegen der Zwangsverwaltung auch diejenigen Gegenstände, welche, falls das Grundstück in dieser Eigenschaft Gegenstand eines Rechtsgeschäfts ist, nach §§ 69. 70 des B.G.B. dazu gehören."

Die Abänderung ist auf Antrag der Dep. der I. Kammer erfolgt, um den im Entwurf ausgesprochenen Grundsatz auf alle dem Fruchtbezug dienenden Gegenstände auszudehnen.

Bemerkungen.

1. Nach § 414 des B.G.B. werden die natürlichen Früchte des verpfändeten Grundstücks durch die Hypothek ergriffen, sofern sie zur Zeit der Sequestrationsanlegung noch nicht erhoben sind. Der Verwalter kann daher die noch unerhobenen Früchte erheben, auch wenn sie nach § 714 der C.P.O. bereits gepfändet sein sollten, es müßte denn die Pfändung auf Antrag eines dem betreibenden Gläubiger im Range vorgehenden Gläubigers erfolgt sein, vergl. § 185 Abs. 2 und Bem. 3 zu § 185. Dieses Recht ist dem Pachter gegenüber hinsichtlich der auf dem Pachtgrundstücke anstehenden Früchte durch § 1225 des B.G.B. beschränkt. Auf einem solchen Grundstücke kann der Verwalter erst dann Früchte ernten, wenn das Pachtverhältniß nach der erwähnten Bestimmung seine Endschaft erreicht hat. An die Stelle der natürlichen Früchte tritt solchenfalls der nach § 1226 des B.G.B. dem Verwalter gebührende Pachtzins als eine bürgerliche Frucht des Grundstücks (vergl. Wengler's Archiv, Bd. 4 S. 664 flg.).

2. Zum 2. Satz von Abs. 1, vergl. Bem. 5 zu § 176.

3. Die in Abs. 2 erwähnten Gegenstände unterliegen der Zwangsverwaltung selbstverständlich nur insoweit, als sie dem Schuldner gehören und zur freien Verfügung desselben stehen, also insbesondere nicht Gegenstand eines bestehenden Pacht- oder Miethvertrags sind.

§ 194.

Aus den Erträgnissen der Zwangsverwaltung sind vorweg die Kosten und Ausgaben der Verwaltung zu bestreiten, sodann die nach deren Beginn fällig werdenden Abgaben und Reallastenbeträge, sowie, nach Maßgabe des Rangverhältnisses der Hypotheken, die auf die Zeit nach dem Beginn der Verwaltung zu rechnenden Zinsen von den der Forderung des betreibenden Gläubigers im Range vorangehenden hypothekarischen Forderungen zu berichtigen. Der Höchstbetrag der zu gewährenden Zinsen ist auf Sechs vom Hundert jährlich beschränkt. Der etwaige Mehrbetrag kommt erst nach Befriedigung des betreibenden Gläubigers zur Vertheilung.

Der verbleibende Ueberschuß ist zur Befriedigung des betreibenden Gläubigers zu verwenden.

Im Entwurf lautete Satz 2: „Der Höchstbetrag der zu gewährenden Zinsen ist auf das im Hypothekenbuch eingetragene Maß beschränkt"; Satz 3 fehlte. Die Aenderung ist auf Antrag der Dep. der I. Kammer erfolgt.

Motive. „Daß der Sequester die Zinsen derjenigen hypothekarischen Forderungen, welche der Forderung des betreibenden Gläubigers im Range vorangehen, bezahlt haben muß, ehe von einem zu Gunsten des betreibenden Gläubigers zu verwendenden Ueberschusse die Rede sein kann, steht mit den bei Kollision der Pfandrechte in Betracht gelangenden Prinzipien im Einklange und rechtfertigt sich überdies durch die Erwägung, daß dem Inhaber einer solchen Forderung, deren Realisirung durch Zwangsversteigerung wegen des in § 10 ausgesprochenen Grundsatzes unausführbar erscheint, überhaupt jede Möglichkeit, zu seiner Befriedigung zu gelangen, faktisch abgeschnitten sein würde, wenn die Erträgnisse des Grundstücks nach Abzug der Verwaltungskosten lediglich zu seinem Besten verwendet werden dürften. Denn solchenfalls würden die in dem Zinsbezuge gestörten, mit besserem Rechte versehenen Pfandgläubiger alsbald Veranlassung haben und die Füglichkeit erlangen, entweder durch Beitrittserklärung den betreibenden Gläubiger zu verdrängen (§ 197) oder die Zwangsversteigerung des Grundstücks herbeizuführen.

Selbstverständlich bleibt es dem Verwalter unbenommen, die Ueberschüsse behufs Befriedigung des betreibenden Gläubigers an das Gericht abzuliefern. Er wird hierzu spezielle Veranlassung haben, wenn theilweise Tilgung der Forderung erfolgt, ihm aber der Restbestand nicht genau bekannt ist, ingleichen in dem Falle des Beitritts eines anderen Gläubigers. Das Gericht aber wird bei dem Vorhandensein mehrerer betreibender Gläubiger in die Lage kommen können, wegen der Vertheilung der eingelieferten Ueberschüsse einen Plan aufzustellen und denselben vor der Ausführnng den betheiligten Gläubigern vorzulegen."

Bemerkungen.

1. Zu den vorweg zu berichtigenden „Reallastenbeträgen" gehören auch Auszugsleistungen und Leibrenten, sobald die betr. Reallast vor der Forderung des betreibenden Gläubigers eingetragen ist. Leistungen aus einem Naturalauszuge sind in Natur zu bewirken.

2. Zur gerichtlichen Niederlegung eines Betrags wird der Verwalter auch dann Veranlassung haben, wenn der betr. Anspruch bestritten ist. Entstehen über die Vertheilung eines vom Verwalter abgelieferten Betrags Streitigkeiten, so treten gemäß § 757 Abs. 3 der C.P.O. die §§ 765—768 der letzteren ein.

§ 195.

Ist zu einer Forderung der Empfangsberechtigte nicht bekannt, oder der die Leistung Beanspruchende nicht legitimirt, so ist der entsprechende Betrag gerichtlich niederzulegen.

Entwurf gleichlautend.

§ 196.

Der Verwalter haftet für Verschuldung nach Maßgabe von § 728 des Bürgerlichen Gesetzbuchs.

Er hat Anspruch auf Vergütung für seine Thätigkeit. Die Höhe der Vergütung setzt das Gericht nach Ermessen fest.

Entwurf gleichlautend.

Ausf.=Verordn. § 53 (zu § 196). Wegen der dem Verwalter zu gewährenden Vergütung ist mit demselben bei seiner Bestellung Ver=

einbarung zu treffen, vorbehältlich einer etwaigen Erhöhung für den Fall, daß Mühewaltungen entstehen, deren Nothwendigkeit nicht vorausgesehen werden konnte.

Dabei ist vorzugsweise die Gewährung einer Quote des Reinertrages des Grundstücks in das Auge zu fassen.

Bemerkungen.

Zufolge § 728 des B.G.B. und mit Rücksicht auf die Bestimmung in Abs. 2 des Gesetzes haftet der Verwalter auch für geringe Fahrlässigkeit.

§ 197.

Tritt ein anderer Gläubiger dem Antrag auf Zwangsverwaltung bei und beschließt das Gericht, den Beitritt zuzulassen, so wird, wenn die Forderung des beigetretenen Gläubigers der Forderung des betreibenden Gläubigers im Range nachsteht, nach Befriedigung des letzteren die Zwangsverwaltung für den beigetretenen Gläubiger fortgesetzt. Geht die Forderung des beigetretenen Gläubigers der des betreibenden Gläubigers im Range vor, so wird von Zustellung des Beschlusses auf Zulassung des Beitritts an die Zwangsverwaltung für den beigetretenen Gläubiger, nach dessen Befriedigung aber wiederum für den ersten betreibenden Gläubiger fortgesetzt.

Entwurf gleichlautend.

Ausf.-Verordn. § 54 (zu § 197). Von jedem Beitritte eines anderen Gläubigers ist der Verwalter in Kenntniß zu setzen. Dabei ist ihm unter Ertheilung der erforderlichen besonderen Anweisung zu eröffnen, ob und unter welchen Voraussetzungen der nach den Bestimmungen in § 194 des Gesetzes verbleibende Ueberschuß zu Befriedigung des beigetretenen Gläubigers zu verwenden sei.

Bemerkungen.

1. Wegen des Beitritts vergl. § 183 in Verbindung mit §§ 59. 60 Abs. 1. §§ 61. 62. 64 Abs. 2.

2. Vom materiellrechtlichen Gesichtspunkte aus erscheint eine zu Gunsten des älteren hypothekarischen Gläubigers fortgesetzte Zwangsverwaltung (§ 436 des B.G.B.) als eine neu angelegte. Daher fallen die am Tage, an welchem der Beschluß auf Zulassung des Beitritts des älteren Gläubigers dem Schuldner zugestellt wird, noch nicht erhobenen natürlichen Früchte gemäß § 414 des B.G.B. dem beigetretenen Gläubiger zu. Die auf die natürlichen Früchte bezüglichen Bestimmungen in § 76 des B.G.B. finden

solchenfalls nicht Anwendung. Vergl. Siegmann in den Annalen des K. Ob.App.Ger., Neue Folge, Bd. 3 S. 171 flg., sowie Urtheil des K. S. Oberlandesgerichts vom 21. Dec. 1880 in dessen Annalen Bd. 3 S. 351 flg. Die nämlichen Grundsätze treten ein im Verhältniß des Zwangsverwalters zum Ersteher hinsichtlich der am Versteigerungstage noch nicht erhobenen natürlichen Früchte. Auf dieser Auffassung beruht die Bestimmung in § 4 Abs. 1 unter 1 des gegenwärtigen Gesetzes.

§ 198.

Die Zwangsverwaltung wird beendet, sobald im Zwangsversteigerungsverfahren in Bezug auf das Grundstück der Zuschlag ertheilt ist.

Entwurf gleichlautend.

Bemerkungen.

1. Der Paragraph giebt nur einen der Gründe an, aus welchen die Zwangsverwaltung ihre Endschaft erreicht. Die anderen Gründe sind: Einstellung der Zwangsverwaltung nach §§ 183. 81 und Befriedigung des oder der Gläubiger, zu deren Gunsten sie eingeleitet worden, aus den Erträgnissen.

2. Der Zuschlag erfolgt in der Regel im Versteigerungstermine (§ 131), ausnahmsweise später durch das Beschwerdegericht (§ 129 Abs. 3. § 153 Abs. 4). Durch die Anfechtung des Zuschlagsbeschlusses wird die Beendigung der Zwangsverwaltung nicht aufgehalten. Es tritt sodann die Verwaltung des Grundstückes durch den nach § 176 Abs. 2 dem Ersteher bestellten Vertreter ein. Auch dann, wenn der Zuschlag erst nach dem Versteigerungstermine durch das Beschwerdegericht ertheilt wird, gehen die Lasten und Nutzungen bereits vom Versteigerungstermine an auf den Ersteher über. Solchenfalls ist die vom Zwangsverwalter über diesen Termin hinaus bis zur Zuschlagsertheilung geführte Verwaltung während dieses Zeitraums thatsächlich für den Ersteher geführt worden. Aus allen diesen Gründen dürfte es sich im Interesse der leichteren Auseinandersetzung zwischen dem Zwangsverwalter und dem Vertreter des Erstehers empfehlen, bei vorausgegangener Zwangsverwaltung zum Vertreter des Erstehers womöglich den zeitherigen Verwalter zu bestellen.

3. Durch den gemäß § 137 nach dem Zuschlage zu bewirkenden Eintrag der stattgehabten Versteigerung erfolgt mit Rücksicht auf die Bestimmung in § 198 zugleich indirekt die Verlautbarung, daß die Zwangsverwaltung beendigt sei. In diesem Falle bedarf es daher nicht eines besonderen Löschungseintrages, wie er in § 7 der A.V. (zu § 84) für den Fall der Einstellung der Zwangsverwaltung vorgeschrieben ist.

Schlußbestimmungen.

§ 199.

Die Zwangsversteigerung von Bergbaurechten, für welche kein Folium im Grundbuch angelegt ist, ingleichen die vor dem Inkrafttreten des Gesetzes beschlossenen Zwangsversteigerungen anderer unbeweglicher Sachen werden nach den bisherigen Vorschriften erledigt.

Auf Zwangsverwaltungen, welche vor dem Inkrafttreten des Gesetzes verfügt worden sind, kommen dessen Bestimmungen entsprechend zur Anwendung, insoweit nicht erworbene Rechte dadurch beeinträchtigt werden.

Entwurf gleichlautend.

Bemerkungen.

1. Der Fall, daß für ein Bergbaurecht kein Folium im Grundbuch angelegt ist, kann deshalb noch vorkommen, weil nach § 48 Abs. 1 des Allg. Berggesetzes vom 16. Juni 1868 (Ges.Bl. S. 366) die Folienanlegung nur auf Antrag des Berechtigten zu geschehen hat. Vergl. auch § 46 der zugehörigen Ausf.=Verordn. vom 2. Dec. 1868 (Ges.Bl. S. 1304). Nach der Versteigerung eines solchen Bergbaurechts muß die Anlegung eines Foliums erfolgen. Vergl. § 48 Abs. 2 des gedachten Gesetzes, sowie § 45 der gedachten Ausf.=Verordnung.

2. Zu der in Abs. 2 angeordneten entsprechenden Anwendung eignen sich im Wesentlichen die das Verfahren betreffenden Vorschriften (weshalb insbesondere gemäß § 183 in Verbindung mit §§ 84 und 185 Abs. 1 nachträglich der Beschluß auf Zwangsverwaltung einzutragen sein wird), sowie diejenigen materiellrechtlichen Bestimmungen, welche schon nach dem zeitherigen Rechte gelten. Das letztere kann von den Bestimmungen in § 193 Satz 2 und 3, sowie § 194 nicht allenthalben angenommen werden.

§ 200.

Das Justizministerium hat den Zeitpunkt zu bestimmen, zu welchem das Gesetz in Kraft tritt, auch Zweifel zu entscheiden, welche bei der Ausführung desselben entstehen. Solche Entscheidungen sind im Gesetz= und Verordnungsblatt bekannt zu machen und dienen zur Norm in anderen Fällen, bis eine Abänderung durch Gesetz erfolgt.

Urkundlich haben Wir dieses Gesetz eigenhändig vollzogen und Unser Königliches Siegel beidrucken lassen.

Gegeben zu Dresden, am 15. August 1884.

(L. S.) **Albert.**

Ludwig von Abeken.

Die im Entwurf hinter „Ausführung“ stehenden Worte „und Anwendung“ sind auf Antrag der Dep. der I. Kammer gestrichen worden.

Ausf.-Verordn. § 1. Das Gesetz, betreffend die Zwangsversteigerung und die Zwangsverwaltung unbeweglicher Sachen vom 15. August 1884 tritt

am 1. December 1884

in Kraft.

Ausf.-Verordn. § 55. Wegen der Verwendung von Druckformularen ergeht besondere Anweisung.

Dresden, am 16. August 1884.

Ministerium der Justiz.
von Abeken.

Bemerkung.

Die auf die Zwangsversteigerung bezüglichen Druckformulare ergeben sich aus den angefügten Beispielen. Für die Zwangsverwaltung ist nur Ein Formular (der Beschluß auf Zwangsverwaltung) herausgegeben worden.

Gesetz,

betreffend

die Kosten der Zwangsversteigerung und der Zwangsverwaltung unbeweglicher Sachen,

vom 18. August 1884.

Einleitung.

Der Entwurf zum vorstehenden Gesetze wurde dem Landtage 1883/84 vorgelegt mit folgenden

Allgemeinen Motiven:

„Die Neugestaltung des Verfahrens bei Zwangsversteigerungen und Zwangsverwaltungen bedingt besondere Vorschriften wegen der in diesem Verfahren entstehenden Kosten. Die auf die Zwangsversteigerung bezüglichen Positionen der Taxordnung vom 26. November 1840 (Cap. 1 Tit. 2 Nr. 106—119) würden nur zum Theil auf das neue Verfahren angewendet werden können, in verschiedener Beziehung aber in Betreff ihrer Verwendung zu Zweifeln Anlaß geben. Hierzu kommt, daß die bestehenden Taxbestimmungen auf dem Prinzipe der Vergütung der einzelnen gerichtlichen Handlungen beruhen und daß nach diesem Prinzipe die Höhe der Kosten erst nach Abschluß des Verfahrens mit Sicherheit übersehen werden kann, während die für die gesammte Konstruktion des neuen Verfahrens wesentliche Vorschrift der Ermittelung des zulässigen Mindestgebots fordert, daß bereits in dem Versteigerungstermine der Betrag derjenigen Kosten genau zur Ziffer gebracht werden könne, welcher bei regelmäßiger Durchführung des Verfahrens aus den Kaufgeldern zu decken ist. Diesem Bedürfnisse kann nur durch Einführung von Aversionalquanten Genüge geschehen.

Als der Werth, nach dessen Höhe sich die Gebührensätze abzustufen haben, muß der des Grundstücks dienen, welches zur Versteigerung steht, und wenn die Feststellung des Kostenbetrags vor der Versteigerung möglich sein soll, so kann nur der Schätzungswerth zum Maßstab genommen werden.

Die Gebührensätze des § 9 des Gerichtskostengesetzes Platz greifen zu lassen, empfiehlt sich nicht. Man würde dabei in der Mehrzahl der Fälle zu nicht unbeträchtlich höheren Beträgen kommen als denjenigen, auf welche sich nach den angestellten Erörterungen die Gesammtsumme der jetzt im Versteigerungsverfahren zur Erhebung kommenden Gebühren durchschnittlich beläuft. Ist einerseits auch anzuerkennen, daß das Verfahren, wie es künftig gestaltet sein soll, an den Richter in manchen Beziehungen größere Anforderungen stellt als das bisherige, so kommt doch andererseits in Betracht, daß die zwangsweise Versteigerung eines Immobiliarbesitzthums immer nur dann erfolgt, wenn sich der Schuldner in einem äußersten Nothstande befindet, außerdem aber, daß in der Mehrzahl der Fälle bei der Zwangsversteigerung ein so hoher Kaufpreis, daß aus demselben ohne Benachtheiligung von Gläubigern die Kosten des Verfahrens gedeckt werden könnten, nicht erlangt wird. Der Regel nach gestaltet sich die Sachlage so, daß um den Betrag der Versteigerungskosten sich die unter die Gläubiger zu vertheilende Masse mindert, so daß der erste nicht oder nicht vollständig mit seinem Anspruche zur Befriedigung gelangende Gläubiger durch die Kostenlast getroffen wird. Eine Steigerung der bisherigen Kosten des Subhastationsverfahrens ist deshalb zu vermeiden. Insbesondere erscheint es zweckmäßig, die Kosten nicht über ein bestimmtes mäßiges Maximum ansteigen zu lassen.

Auf diesen Erwägungen beruhen der in § 1 Abs. 1 des Entwurfs enthaltene Grundsatz und die Normirung der Gebührensätze in dessen § 3. Die Möglichkeit, auch den Gesammtbetrag der bei normaler Abwickelung des Verfahrens nothwendigen Auslagen schon vor der Versteigerung zur Ziffer zu bringen, gewähren die Bestimmungen in § 17 des Entwurfs."

Die Berathung erfolgte in beiden Kammern auf Grund mündlicher Deputationsberichte. Die von den Kammern beschlossenen wenigen Abänderungen sind im Wesentlichen redaktioneller Natur. Nur zu § 14, betreffend die bei Ausübung eines Vor- oder Wiederkaufsrechts zu erhebenden Kosten, beschloß man, die Gebühr nach der Höhe der Vor- oder Wiederkaufssumme, anstatt, wie im Entwurfe vorgesehen war, nach der Höhe des Schätzungswerthes berechnen zu lassen.

Das Kostengesetz ist zwar der Natur der Sache nach zunächst den Eigenthümlichkeiten des Gesetzes über die Zwangsversteigerung u. s. w. angepaßt, jedoch auf der Grundlage der entsprechenden Reichs-Kostengesetze (a. Gerichtskostengesetz vom 18. Juni 1878; b. Gebührenordnung für Gerichtsvollzieher vom 24. Juni 1878; c. Gebührenordnung für Zeugen und Sachverständige vom 30. Juni 1878; d. Gebührenordnung für Rechtsanwälte vom 7. Juli 1879) errichtet. Nach §§ 27. 28 finden sogar die unter b und c aufgeführten Gebührenordnungen, soweit sie überhaupt im Zwangsversteigerungs- und Zwangsverwaltungsverfahren in Betracht kommen können, in ihrem vollen Umfange Anwendung, während in § 15 Abs. 2. § 19 Abs. 3. §§ 26. 29. 30 auf einen Theil der Gesetze unter a und d Bezug genommen ist. Hieraus folgt, daß auftauchende Zweifelsfragen zwar zunächst und in erster Linie nach den Bestimmungen des gegenwärtigen Gesetzes und bezw. nach dem Zwangsversteigerungsgesetze selbst zu entscheiden sind, daß jedoch, insoweit diese Auslegungsmittel als unzulänglich sich erweisen, auf jene Reichs-Kostengesetze zurückzugehen ist.

Das Gesagte bezieht sich, soviel die Gerichtskosten anlangt, selbstverständlich nur auf die bei den Vollstreckungsgerichten als solchen und den denselben vorgesetzten Beschwerdegerichten auflaufenden Kosten, da nur diese letzteren durch das gegenwärtige Gesetz geregelt werden. Hinsichtlich der aus Anlaß des Zwangsversteigerungs- und Zwangsverwaltungsverfahrens bei den Grund- und Hypothekenbehörden entstehenden Kosten enthält das Gesetz in §§ 16. 18 Abs. 4. § 19 Abs. 2 nur Verweisungen auf die hierunter bestehenden Bestimmungen bezw. Abänderungen derselben. Insoweit verbleibt es daher bezw. mit den nur gedachten Aenderungen bei den zeitherigen Vorschriften, insbesondere auch hinsichtlich der Beschwerden gegen Kostenansätze und der hierfür geordneten Instanzen.

Von den Bestimmungen des Reichs-Gerichtskostengesetzes werden insbesondere zur entsprechenden Anwendung gelangen können:

> § 3. „In einem weiteren Umfange, als die Proceßordnungen und dieses Gesetz es gestatten, darf die Thätigkeit der Gerichte von der Sicherstellung oder Zahlung der Gebühren oder Auslagen nicht abhängig gemacht werden."

Eine Bestimmung, nach welcher im Zwangsversteigerungs- und Zwangsverwaltungsverfahren die Vornahme einer Handlung von der Einzahlung des Vorschusses abhängig gemacht werden dürfte, ist im gegenwärtigen Kostengesetze überhaupt nicht, im Zwangsversteigerungsgesetze selbst aber nur hinsichtlich des dem Verwalter zu leistenden Vorschusses enthalten, vergl. § 184 Abs. 2 und die zugehörigen Motiven.

> § 4. „Ueber Erinnerungen des Zahlungspflichtigen oder der Staatskasse gegen den Ansatz von Gebühren oder Auslagen entscheidet das Gericht der Instanz gebührenfrei. Die Entscheidung kann von dem Gerichte, welches dieselbe getroffen hat, sowie von dem Gerichte der höheren Instanz von Amtswegen geändert werden.
>
> Gegen die Entscheidung findet Beschwerde nach Maßgabe der §§ 531 bis 538 der C.P.O. statt.
>
> Die Einlegung von Erinnerungen oder Beschwerden kann durch Erklärung zum Protokolle des Gerichtsschreibers oder schriftlich ohne Mitwirkung eines Anwaltes erfolgen."

Bei der Einfachheit der Bestimmungen des gegenwärtigen Gesetzes werden zwar Zweifel und Irrthümer beim Kostenansetzen seltener vorkommen; gleichwohl ist die Möglichkeit ihres Vorkommens nicht ausgeschlossen. Der Zulässigkeit einer Beschwerde gegen den Kostenansatz steht die Vorschrift in § 51 des Zwangsversteigerungsgesetzes nicht entgegen, da unter den dort erwähnten Entscheidungen nur solche zu verstehen sind, welche auf Grund des Zwangsversteigerungsgesetzes ertheilt werden. — Durch den Kostenansatz können im Zwangsversteigerungs- und Zwangsverwaltungsverfahren nicht blos diejenigen beschwert sein, welche der Gerichtskasse gegenüber als Schuldner der Kosten anzusehen, sondern auch diejenigen, deren Interessen und Rechte durch die Höhe der Kosten indirekt berührt werden. Denn von der Kostenhöhe hängt nicht nur der

Umfang ab, in welchem die auf dem versteigerten Grundstück lastenden Schulden durch den Kaufpreis gedeckt werden, sondern auch die Höhe des zulässigen Mindestgebots. Daher wird die (einfache) Beschwerde gegen den Kostenansatz mit der sofortigen Beschwerde gegen den Vertheilungsplan bezw. gegen die Verweigerung des Zuschlags (§ 147 bezw. § 129 des Zwangsversteigerungsgesetzes) verbunden werden können. Es wird diese Verbindung geeigneten Falls sogar räthlich sein, da auf eine rechtskräftige Entscheidung bezüglich der Ertheilung oder Verweigerung des Zuschlags die nachträgliche Aenderung des Kostenansatzes der Natur der Sache nach keinen Einfluß ausüben kann.

§ 5. „Eine Nachforderung von Gerichtskosten wegen irrigen Ansatzes ist nur zulässig, wenn der berichtigte Ansatz vor Ablauf des nächsten Kalenderjahres nach rechtskräftiger oder endgültiger Erledigung des Verfahrens dem Zahlungspflichtigen eröffnet ist."

§ 6. „Die Gerichte sind befugt, Gebühren, welche durch eine unrichtige Behandlung der Sache ohne Schuld der Betheiligten entstanden sind, niederzuschlagen, und für abweisende Bescheide, wenn der Antrag auf nicht anzurechnender Unkenntniß der Verhältnisse oder auf Unwissenheit beruht, Gebührenfreiheit zu gewähren."

Auf einer Anwendung des im vorstehenden Paragraphen an erster Stelle ausgesprochenen Grundsatzes beruht die Vorschrift § 12 Abs. 2 des gegenwärtigen Gesetzes.

Wie das Zwangsversteigerungsgesetz selbst auch auf die Zwangsversteigerung und Zwangsverwaltung von Grundstücken Anwendung leidet, welche Gegenstand einer Konkursmasse sind, so kommt auch das gegenwärtige Gesetz in derartigen Fällen zur Anwendung und zwar auch dann, wenn die Zwangsversteigerung bezw. Zwangsverwaltung auf Betreiben des Konkursverwalters erfolgt. Denn das vorliegende Gesetz enthält die „Vorschriften über die Gebührenerhebung für Zwangsvollstreckungen," nach denen in einem Falle der gedachten Art gemäß § 55 des Reichs-Gerichtskostengesetzes die Gebühr erhoben werden soll.

Gesetz,

betreffend die Kosten der Zwangsversteigerung und der Zwangsverwaltung unbeweglicher Sachen,

vom 18. August 1884.

Wir, Albert, von Gottes Gnaden König von Sachsen rc. rc. verordnen mit Zustimmung Unserer getreuen Stände, was folgt:

§ 1.

In den Rechtsangelegenheiten, auf welche das Gesetz, betreffend die Zwangsversteigerung und Zwangsverwaltung unbeweglicher Sachen, vom 15. August 1884 Anwendung findet, werden die Gebühren und Auslagen der Gerichte und Rechtsanwälte, sowie die Gebühren der Sachverständigen nach Maßgabe der folgenden Vorschriften erhoben.

Die Bestimmungen des Gesetzes über den Urkundenstempel vom 13. November 1876 bleiben unberührt.

Bemerkungen.

1. Entstehen ans Anlaß des Zwangsversteigerungs- oder Zwangsverwaltungsverfahrens zwischen den Betheiligten Rechtsstreitigkeiten, so sind für die in Ansatz zu bringenden Kosten ausschließlich die Bestimmungen der einschlagenden Reichsgesetze maßgebend.

2. Besonderer Erwähnung bedürfen folgende, auf den Urkundenstempel bezügliche Bestimmungen:

a. Quittungen (Pos. 24 des Tarifs). Die Zahlungen, welche der Ersteher vor seiner Eintragung zur Gerichtskasse bewirkt, erfolgen, auch insoweit sie auf Grund § 19 des Zwangsversteigerungsgesetzes geschehen, zur Erfüllung der aus dem, mit dem Gericht abgeschlossenen stempelpflichtigen Kaufvertrage entspringenden Verpflichtung zur Kaufpreiszahlung. Auch muß, da über diesen Kaufvertrag eine besondere Urkunde nicht ausgefertigt wird, der gesammte auf dieses Vertragsverhältniß bezügliche, bis zur Eintragung des Erstehers sich erstreckende Inhalt der Versteigerungsakten als die über den Kaufvertrag errichtete Urkunde und hiernach das über eine solche Einzahlung zu den Versteigerungsakten aufgenommene Protokoll als eine „in der Vertragsurkunde“ erklärte Quittung angesehen werden. Dieselbe ist somit gemäß Nr. 1 der zur Pos. 24 aufgeführten Stempelbefreiungen vom Quittungsstempel befreit. Dem letzteren unterliegen erst die Quittungen über die aus den eingezahlten Geldern befriedigten Forderungen, soweit nicht auch diese Quittungen vom Stempel befreit sind.

b. Versteigerungsprotokolle (Pos. 33 des Tarifs). Wenn auch die Mitversteigerung beweglicher Gegenstände im Sinne von § 45 des Zwangsversteigerungsgesetzes an sich nur auf einer Vereinbarung der Betheiligten beruht, so geschieht doch ihre Ausführung nach den Grundsätzen über die Zwangsversteigerung. Gemäß Punkt a der bei Pos. 33 aufgeführten Befreiungen ist daher das über den Versteigerungstermin aufgenommene Protokoll auch insoweit vom Stempel befreit, als es die Mitversteigerung jener beweglichen Sachen betrifft.

c. Verträge (Pos. 34 des Tarifs). Eine besondere „Adjudication“ findet im neuen Zwangsversteigerungsverfahren nicht mehr statt. Ihre Stelle vertritt der Beschluß, durch welchen die Grund- und Hypothekenbehörde zur Eintragung des Erstehers veranlaßt wird (§§ 169—171. 175 Abs. 2 des Zwangsversteigerungsgesetzes). Gemäß Punkt a Abs. 3 der Anmerkungen zu Pos. 34 ist daher der Kaufvertragsstempel zu jenem Beschlusse zu verwenden. Derselbe ist für den Fall der Mitversteigerung beweglicher Sachen (§ 45 des Zw.-Verst.-Ges.) nach dem gesammten Kaufpreise zu berechnen, da die Vorschrift in § 2 Abs. 4 des gegenwärtigen Gesetzes sich nur auf die Berechnung der Gerichtsgebühren bezieht.

d. Vollmachten (Pos. 35 des Tarifs). Nach § 2 Abs. 1 des Reichs-Gerichtskostengesetzes findet eine Erhebung von Stempeln und anderen Abgaben neben den in jenem Gesetze geordneten Gebühren nicht statt. Die entsprechende Anwendung dieser Bestimmung ist durch die ausdrückliche Vorschrift in Abs. 2 des obigen Paragraphen ausgeschlossen. Daher unterliegen Vertretungsvollmachten im Zwangsversteigerungs- oder Zwangsverwaltungsverfahren dem gesetzlichen Stempel, sofern sie nicht nach dem weiteren Inhalte der Pos. 35 aus einem anderen Grunde vom Stempel befreit sind. Selbstverständlich bezieht sich dies nicht auf Vollmachten, welche vom betreibenden oder beigetretenen Gläubiger oder vom Schuldner bereits für das vorausgegangene Proceß- oder Zwangsvollstreckungsverfahren ausgestellt worden waren. Für diese bleibt § 2 Abs. 1 des Reichs-Gerichtskostengesetzes maßgebend.

I. Kosten der Zwangsversteigerung.

§ 2.

Im Zwangsversteigerungsverfahren werden die in den §§ 3 bis 13 des gegenwärtigen Gesetzes geordneten Gebühren nach dem Schätzungswerthe der zur Versteigerung ausgesetzten unbeweglichen Sachen erhoben.

Ist die Versteigerung mehrerer unbeweglicher Sachen in demselben Verfahren vorzunehmen, so werden die Gebühren nach der Summe der Schätzungswerthe der einzelnen Sachen erhoben. Bei einer Gesammtheit von Grundstücken der in § 28 des Gesetzes vom 15. August 1884 bezeichneten Art ist der Werth maßgebend, welchen die Grundstücke als zusammengehöriges Besitzthum haben.

Sind ideelle Theile eines Grundstücks Gegenstand des Versteigerungsverfahrens, so wird die Gebühr nach dem Schätzungswerthe dieser ideellen Theile erhoben.

Erstreckt sich die Versteigerung nach § 45 des Gesetzes vom 15. August 1884 auf bewegliche Sachen, so bleibt deren Werth bei Berechnung der Gebühr außer Ansatz.

Motive. „Die Auswerfung besonderer Gebührensätze für jedes einzelne der in demselben Verfahren zur Versteigerung kommenden mehreren Grundstücke würde einen zu hohen Gesammtkostenbetrag ergeben, der zu der Mehrarbeit, welche die Erstreckung des Verfahrens auf eine Mehrzahl von Grundstücken verursacht, außer Verhältniß stände.

Es sollen deshalb die Taxen für die einzelnen Grundstücke, bezw. für die als Gesammtheit im Sinne des § 28 des Versteigerungsgesetzes zu behandelnden Komplexe zusammen gerechnet und von dem Gesammtbetrag der Gebührensatz nach § 3 ausgeworfen werden.“

Bemerkungen.

1. Der in Abs. 1 erwähnte Schätzungswerth ist derjenige, welchen das Gericht festgesetzt hat, vergl. Bem. 7 zu § 88 des Verst.-Ges. Diese Feststellung ist unanfechtbar, so daß eine entsprechende Anwendung von § 16 Abs. 2 des Reichs-Gerichtskostengesetzes, sowie von § 12 der Gebührenordnung für Rechtsanwälte ausgeschlossen ist. Vergl. Bem. 4 zu §§ 5—9.

2. Es kann vorkommen, daß die Versteigerung mehrerer Grundstücke beantragt und beschlossen, das Verfahren jedoch nur bezüglich einzelner derselben vollständig durchgeführt und bezüglich der anderen in einem der in §§ 5—9 aufgeführten Stadien eingestellt wird. Beispiel: Der Versteigerungsbeschluß ist gerichtet auf die für die Forderung des betreibenden Gläubigers ungetheilt verpfändeten Grundstücke A, B, C; dieselben werden

auf 30 000, 15 000 bezw. 6000 ℳ geschätzt; noch vor Eröffnung des Anmeldetermins, jedoch nach Bekanntmachung der Termine wird der Antrag bezüglich des Grundstücks B zurückgenommen und demgemäß insoweit das Verfahren eingestellt; im Versteigerungstermin wird auf das zunächst ausgebotene Grundstück A ein so hohes Gebot erlangt, daß dadurch die Forderung des betreibenden Gläubigers vollständig gedeckt und demzufolge gemäß § 33 der Zuschlag ertheilt, die Versteigerung des Grundstücks C aber unterlassen wird. In diesem Falle würden an sich als Gebühren anzusetzen sein:

für A	gemäß	§§ 3^{11}. 4:	140 ℳ
„ B	„	§§ 3^{9}. 7:	40 „
„ C	„	§§ 3^{6}. 5:	56 „
		Sa.	236 ℳ

Da jedoch die Gebühr für vollständige Durchführung des Verfahrens bezüglich aller drei Grundstücke gemäß §§ 3^{13}. 4 nur 180 ℳ betragen haben würde, so können nach dem Grundsatze des Abs. 2 nur diese 180 ℳ in Ansatz kommen. Als gerichtliche Kosten des Versteigerungsverfahrens, welche nach § 4 unter 4. b) des Verst.-Ges. dem betreibenden Gläubiger aus dem Kaufpreise zu erstatten sind, würde solchenfalls nur der Betrag anzusehen sein, welcher anzusetzen gewesen wäre, wenn von Haus aus nur die Versteigerung von A und C beantragt worden wäre, das sind 160 ℳ.

3. Nach dem Werthe der mehreren Grundstücke als zusammengehöriges Besitzthum können gemäß Abs. 2 Satz 2 die Gebühren nur für den Fall berechnet werden, daß die mehreren Grundstücke als Gesammtheit ausgeboten und als solche zugeschlagen werden. In allen übrigen Fällen, namentlich auch in den Fällen §§ 5—10. 11 Abs. 3, ist die Summe der Einzel-Schätzungswerthe maßgebend. Es ist dies eine Folge der Bestimmungen in § 28 des Verst.-Ges.

4. Im Falle des Abs. 2 kann sich die Repartition der Gebühr wie überhaupt der gesammten Versteigerungskosten auf die einzelnen Grundstücke nöthig machen, und zwar sowohl

a. zum Behuf der Feststellung des zulässigen Mindestgebots für den Fall, daß der Zuschlag auf die Einzelgebote für die mehreren Grundstücke in Frage kommen sollte (§§ 33 und 35 Abs. 2 a. E. des Verst.-Ges.), als auch

b. zur Berechnung des gemäß § 14 Abs. 1 des Verst.-Ges. im Versteigerungstermin zu erlegenden Kaufpreistheils, dafern die einzelnen Grundstücke verschiedenen Bietern zugeschlagen werden.

Für diese Repartition ist in beiden Fällen nach dem Grundsatze des § 37 des Verst.-Ges. das Verhältniß der erlangten Einzel-Kaufpreise maßgebend. Hiernach ist zwar, wenn mehrere Grundstücke einzeln ausgeboten werden, bei Feststellung des zulässigen Mindestgebots zunächst für jedes einzelne Grundstück der gesammte Betrag der Versteigerungskosten in Ansatz zu bringen. Bleibt jedoch das für das einzelne Grundstück erlangte Meistgebot nur um einen so geringen Betrag hinter dem Mindestgebote zurück, daß zweifelhaft erscheint, ob nicht das Meistgebot bei Repartition der

Versteigerungskosten auf die einzelnen Grundstücke das dem entsprechend herabzusetzende Mindestgebot erreichen würde, so ist die Zurückweisung des Meistgebots zu suspendiren und hierunter erst dann definitive Entschließung zu fassen, wenn sämmtliche in Frage kommenden Grundstücke ausgeboten worden sind.

§ 3.

Die volle Gebühr beträgt bei einem Schätzungswerthe

1.	bis 500 ℳ einschließlich					. . . .	20 ℳ,
2.	von mehr als	500 ℳ	bis	1000 ℳ	einschließl.		30 „
3.	„ „ „	1000 „	„	2000 „	„		40 „
4.	„ „ „	2000 „	„	3000 „	„		50 „
5.	„ „ „	3000 „	„	4000 „	„		60 „
6.	„ „ „	4000 „	„	6000 „	„		70 „
7.	„ „ „	6000 „	„	8000 „	„		80 „
8.	„ „ „	8000 „	„	10 000 „	„		90 „
9.	„ „ „	10 000 „	„	15 000 „	„		100 „
10.	„ „ „	15 000 „	„	20 000 „	„		120 „
11.	„ „ „	20 000 „	„	30 000 „	„		140 „
12.	„ „ „	30 000 „	„	50 000 „	„		160 „
13.	„ „ „	50 000 „	„	75 000 „	„		180 „
14.	„ „ „	75 000 „	„	100 000 „	„		200 „

Die ferneren Werthsklassen steigen um je 50 000 ℳ und die Gebühren um je 30 ℳ. Der Höchstbetrag der vollen Gebühr ist 500 ℳ.

§ 4.

Die volle Gebühr wird für die Durchführung des gesammten Versteigerungsverfahrens, einschließlich der Annahme, Verwahrung und Auszahlung der bei dem Vollstreckungsgericht eingezahlten oder hinterlegten Gelder und der Veräußerung hinterlegter Werthpapiere, erhoben.

Bemerkungen.

1. Aus § 4 in Verb. mit §§ 5—9 folgt, daß die volle Gebühr schon dann verdient ist, wenn der Zuschlag erfolgt, also auch dann, wenn es zu Abfassung und Verkündung eines Vertheilungsplanes nicht kommt (§ 134 des Verst.=Ges.).

2. Zu dem Versteigerungsverfahren im Sinne dieses und der nachfolgenden Paragraphen gehört jede Thätigkeit, zu welcher das Versteigerungsgericht nach den Bestimmungen des Versteigerungsgesetzes verpflichtet ist, also insbesondere auch der Beschluß auf Zwangsvollstreckung in den Fällen der §§ 134 und 158 (vergl. hierunter Bem. 4 zu § 134 und Bem. 4 zu § 158), ferner das die Ertheilung eines Nachtrags zum Vertheilungsplane betreffende Verfahren (vergl. §§ 40 und 43 der A.V. zu § 140 bezw. § 162).

§ 5.

Acht Zehntheile der Gebühr werden erhoben, wenn das Verfahren nach Eröffnung des Versteigerungstermins, jedoch vor Ertheilung des Zuschlags auf ein Gebot eingestellt wird.

§ 6.

Sechs Zehntheile der Gebühr werden erhoben, wenn das Verfahren nach Eröffnung des Anmeldetermins, jedoch vor Eröffnung des Versteigerungstermins eingestellt wird.

§ 7.

Vier Zehntheile der Gebühr werden erhoben, wenn das Verfahren nach Bekanntmachung, jedoch vor Eröffnung des Anmeldetermins eingestellt wird.

Die Bekanntmachung des Termins gilt als erfolgt, wenn sie zur Veröffentlichung abgesendet und mindestens einem der in § 100 des Gesetzes vom 15. August 1884 bezeichneten Interessenten zugestellt worden ist.

§ 8.

Drei Zehntheile der Gebühr werden erhoben, wenn das Verfahren vor Bekanntmachung des Versteigerungstermins, jedoch nach Verfügung einer von den in § 80 verbunden mit § 52 Absatz 1. § 83 Absatz 2. 3. § 84 und § 87 des Gesetzes vom 15. August 1884 vorgeschriebenen Maßnahmen eingestellt wird.

§ 9.

Zwei Zehntheile der Gebühr werden erhoben,

1. wenn das Verfahren vor Verfügung einer von den in § 8 gedachten Amtshandlungen eingestellt wird,
2. wenn der Antrag auf Zwangsversteigerung abgelehnt wird.

Die in Absatz 1 geordnete Gebühr kommt nicht zur Erhebung, wenn eine Vollstreckungshandlung nach §§ 10. 11 des Gesetzes, einige mit der Civilproceßordnung ꝛc zusammenhängende Bestimmungen enthaltend, vom 4. März 1879 [1] vorausgegangen war.

Motive zu §§ 5—9. „Die Bestimmungen in §§ 5 bis 9 knüpfen die Abgrenzung der einzelnen Stadien des Verfahrens, für welche im Fall der Einstellung desselben Quoten der vollen Gebühr zu erheben sind, an bestimmte einzelne Proceßakte, so daß Zweifel und Streitigkeiten darüber, ob ein gewisses Stadium beendigt sei, überhaupt nicht entstehen können.

Die Höhe der in § 5 bestimmten Quote findet darin ihre Rechtfertigung, daß nach der Konstruktion des Verfahrens der Vertheilungsplan in der Hauptsache nur eine Zusammenstellung der durch das Vorverfahren bereits gewonnenen Uebersicht der bei Vertheilung des Kaufpreises zu berücksichtigenden Schuldverhältnisse ist, die Ausführung des stattgehabten Verkaufs aber in der Mehrzahl der Fälle sich ohne alle Schwierigkeiten und Weiterungen abwickeln lassen wird, wenn das Gericht bei Aufstellung des Verzeichnisses nach § 107 des Versteigerungsgesetzes und sonst bei Vorbereitung des Versteigerungsgeschäfts mit Sorgfalt zu Werke geht.

Im Falle des § 6 ist die Feststellung des Mindestgebots und der Kaufsbedingungen im Versteigerungstermin sowie das Ausgebotsverfahren erspart.

Die in § 7 festgesetzte Quote umfaßt die Vergütung für die nach § 100 des Versteigerungsgesetzes zu bewirkende Benachrichtigung der Realberechtigten und die Mühwaltung der Gewinnung der dazu nothwendigen Unterlagen aus dem Hypothekenbuch und den Grundakten, die in § 8 normirte dagegen die Vergütung für die nach § 83 bis 88 desselben Gesetzes nothwendigen Amtshandlungen.

Für den Fall, daß der in der Eintragung einer Hilfshypothek liegende, nach § 35 des Gerichtskostengesetzes zu liquidirende Vollstreckungsakt vorausgegangen war, kann eine Gebühr für den bloßen Beschluß auf Zwangsversteigerung nach der gedachten Bestimmung im Gerichtskostengesetz verbunden mit § 755 der Civilproceßordnung nicht erhoben werden. Dies rechtfertigt die Vorschrift in § 9 Absatz 2."

Bemerkungen zu §§ 5—9.

1. Unter Einstellung im Sinne der §§ 5—9 ist die Einstellung des gesammten Verfahrens, nicht die bei einer Mehrheit von betreibenden Gläubigern nur dem Einen gegenüber erfolgende zu verstehen.

2. Eine Einstellung, welche unter Abänderung des ablehnenden Beschlusses der ersten Instanz erst in der Beschwerdeinstanz erfolgt und nicht auf neu vorgebrachten Thatsachen, sondern lediglich auf einer abweichenden Beurtheilung der früheren Thatsachen beruht, wird hinsichtlich des Gebührenansatzes so angesehen, als sei sie bereits zur Zeit des ablehnenden Beschlusses der ersten Instanz beschlossen worden. Wird z. B. nach Bekanntmachung, jedoch vor Eröffnung des Anmeldetermins die Einstellung des Verfahrens beantragt, dieser Antrag abgelehnt und in Folge dessen der Anmeldetermin abgehalten, hierauf aber auf die gegen jenen ablehnenden Beschluß rechtzeitig erhobene sofortige Beschwerde vom Beschwerdegericht in Folge abweichender Beurtheilung die Einstellung des Verfahrens beschlossen, so ist die Gebühr nicht nach § 6, sondern nach § 7 anzusetzen.

---

[1] Abgedruckt S. 27. 28.

3. Die Grenzscheide zwischen § 8 und § 9 unter 1 bildet die Zustellung des Zwangsversteigerungsbeschlusses an den Schuldner. Wird daher das Verfahren eingestellt, bevor der gefaßte Zwangsversteigerungsbeschluß dem Schuldner zugestellt worden, so tritt § 9 ein.

4. Wird der Antrag auf Zwangsversteigerung zurückgenommen, bevor auf denselben überhaupt Beschluß gefaßt worden, so kommen Gebühren nicht in Ansatz. Die Bestimmung in § 46 des Reichs-Gerichtskostengesetzes findet nach § 15 Abs. 2 des gegenwärtigen Gesetzes nur in der Beschwerdeinstanz entsprechende Anwendung.

5. Macht sich die Feststellung des Schätzungswerthes — wie in den Fällen der §§ 8. 9, nach Befinden auch §§ 10. 14 Absatz 1 a. E. — lediglich zum Zwecke des Gebührenansatzes nöthig, so genügt die Einschätzung in eine der Werthsklassen des § 3. Diese Einschätzung ist auf die kürzeste Weise und unter Vermeidung aller unnöthigen Sachverständigengebühren auszuführen. Nach Befinden kann schon der letzte Kaufpreis für das Grundstück zum Anhalt dienen, dafern der Verkauf nicht zulange vorher stattgefunden hatte. Auch diese Einschätzung ist unanfechtbar. Die etwaigen Sachverständigengebühren sind vom Schuldner der Kosten mitzutragen.

§ 10.

Für die Entscheidung über Zulassung eines Beitritts zu dem Versteigerungsverfahren werden zwei Zehntheile der Gebühr erhoben, wenn eine Vollstreckungshandlung nach §§ 10. 11 des Gesetzes, einige mit der Civilproceßordnung ꝛc zusammenhängende Bestimmungen enthaltend, vom 4. März 1879[1] nicht vorausgegangen war.

Motive. „Die Entscheidung über Zulassung des Beitritts muß in Betreff der Zulässigkeit einer Gebührenerhebung gleichen Normen unterliegen wie die Entscheidung über den Antrag auf Zwangsvollstreckung."

§ 11.

Sechs Zehntheile der Gebühr kommen für das anderweite Versteigerungsverfahren in den Fällen der §§ 63. 82. 126. 127. 134 des Gesetzes vom 15. August 1884 zur Erhebung.

Wird das anderweite Versteigerungsverfahren vor dem Zuschlag auf ein Gebot eingestellt, so finden die Bestimmungen in §§ 5. 7. 8 entsprechend Anwendung, jedoch mit der Maßgabe, daß die Theilgebühr von dem nach Absatz 1 auszuwerfenden Betrage zu berechnen ist.

---

[1] Abgedruckt S. 27. 28.

Für die Entscheidung über den Antrag auf Anberaumung eines anderweiten Versteigerungstermins oder auf Wiederversteigerung eines versteigerten Grundstücks ist, dafern der Antrag abgelehnt wird, oder die Einstellung des Verfahrens vor Anberaumung des Termins erfolgt, ein Zehntheil der Gebühr zu erheben.

Motive. „Bei der anderweiten Versteigerung ist in den § 11 bezeichneten Fällen ein Theil der Ergebnisse des ersten Verfahrens wiederum benutzbar; deshalb kann man sich, obschon auch in diesen Fällen das anderweite Versteigerungsverfahren als ein neues Verfahren sich darstellt, mit einer Quote der vollen Gebühr begnügen."

Bemerkungen.

In den Fällen des Abs. 1 wird gemäß § 108 Abs. 3 des Verst. Ges. ein besonderer Anmeldetermin nicht anberaumt, derselbe fällt vielmehr mit dem Versteigerungstermin zusammen. Darauf beruht es, daß in Abs. 2 unter den entsprechend anzuwendenden Bestimmungen § 6 nicht mit aufgeführt ist. Infolge dessen ist auch § 7 entsprechend anzuwenden, wenn die Einstellung nach Bekanntmachung, jedoch vor Eröffnung des Versteigerungstermins erfolgt. — § 9 wird hier durch die Bestimmung in Abs. 3 ersetzt; das darin erwähnte ein Zehntheil wird nach der vollen Gebühr berechnet.

§ 12.

Für das nach §§ 172. 173 des Gesetzes vom 15. August 1884 stattfindende anderweite Versteigerungsverfahren kommt die Gebühr nach §§ 3 bis 9 zur Erhebung.

In den Fällen der §§ 99. 128. 129. 153. 154 des Gesetzes vom 15. August 1884 erfolgt das anderweite Versteigerungsverfahren kostenfrei.

Motive. „In den Fällen des Absatz 1 ist das Verfahren in allen seinen Theilen zu wiederholen, da sich durch die vorangegangene Versteigerung und die theilweise Ausführung des Verkaufs die Schuldenverhältnisse geändert haben. In diesen Fällen ist daher die volle Gebühr anderweit zu erheben.

In den Fällen des Absatz 2 dagegen ist die Nothwendigkeit des anderweiten Versteigerungsverfahrens durch eine Inkorrektheit des vorangegangenen Verfahrens veranlaßt, und in solchen Fällen muß der entstehende Mehraufwand aus der Staatskasse übertragen werden."

Bemerkungen.

In den Fällen des Abs. 2 sind auch die Auslagen aus der Staatskasse zu übertragen. Die Frage, ob und inwieweit der Beamte, durch dessen Schuld das anderweite Verfahren veranlaßt worden, der Staatskasse gegenüber ersatzpflichtig sei, wird hierdurch selbstverständlich nicht berührt.

§ 13.

Ein Zehntheil der Gebühr (§ 3), jedoch nicht mehr als der Betrag von 20 *M*, wird für die Abtretung des Erstehungsrechts erhoben.

Bemerkungen.

Wird das Erstehungsrecht nur bezüglich eines der mehreren versteigerten Grundstücke abgetreten, so ist die Gebühr nur von dem auf das betreffende Grundstück nach Bem. 4 zu § 3 repartirten Gebührenbetrage zu erheben.

§ 14.

Für das Verfahren wegen Ausübung eines Vor- oder Wiederkaufsrechts werden von dem in § 3 geordneten, nach der Vor- oder Wiederkaufssumme zu berechnenden Gebührensatze erhoben:

1. acht Zehntheile, wenn der Berechtigte das Grundstück übernimmt (§§ 72. 76 des Gesetzes vom 15. August 1884),
2. fünf Zehntheile, wenn sich ergiebt, daß der Fall der Ausübung des Rechtes nicht vorliegt (§ 73 des Gesetzes vom 15. August 1884),
3. ein Zehntheil, wenn die in §§ 68 Absatz 2. 74 des Gesetzes vom 15. August 1884 vorgeschriebene Aufforderung an den Berechtigten erlassen worden ist und die fernere Berücksichtigung des Rechts sich nach §§ 69. 75 jenes Gesetzes erledigt hat.

Motive. „Die Ausübung eines geltend gemachten Vor- oder Wiederkaufsrechtes erfordert, wenn in demselben die Uebernahme des Grundstücks seitens des Berechtigten erfolgt, mit Ausnahme des Erlasses der Bekanntmachung und des Versteigerungsaktes nahezu dieselbe Thätigkeit des Gerichtes, wie die Durchführung der Zwangsversteigerung. Es erscheint daher die Theilgebühr von acht Zehntheilen in diesem Falle angemessen. Aber auch dann, wenn sich ergeben hat, daß das Recht nicht ausgeübt werden kann, ist der Umfang der Mühwaltungen des Gerichts ein beträchtlicher, da das zulässige Mindestgebot festgestellt werden muß und die dazu erforderliche Aufforderung der Realberechtigten zur Anmeldung ihrer Forderungen und deren Berechnung nicht umgangen werden kann."

Bemerkungen.

Wird im Falle von Punkt 1 der Vor- oder Wiederkaufsberechtigte seines Rechtes für verlustig erklärt, weil er den in § 72 Abs. 2 des Verst.-Ges. erwähnten Betrag nicht rechtzeitig erlegt oder sichergestellt hat, so kommt gemäß § 177 die Bestimmung in § 134 entsprechend zur Anwendung. Es sind daher auch für das solchenfalls eintretende anderweite Verfahren die

Gebühren nach § 11 dieses Gesetzes zu berechnen. Dagegen erfolgt im Falle von Punkt 3 die Gebührenberechnung für das weitere Verfahren so, als ob ein Vorverfahren nicht stattgefunden hätte.

§ 15.

Für die Entscheidung in der Beschwerdeinstanz werden drei Zehntheile der in § 3 geordneten Gebühr nach dem Satz erhoben, welcher dem Gegenstande des Rechtsmittels entspricht. Gegenstand des Rechtsmittels ist, wenn dasselbe von einem Gläubiger gegen die Ertheilung des Zuschlags gerichtet ist (§ 147 unter 1 des Gesetzes vom 15. August 1884), der durch den Kaufpreis nicht gedeckte Anspruch des Beschwerdeführers; wenn dasselbe gegen die nach §§ 139. 140. 141. 144 des Gesetzes vom 15. August 1884 im Vertheilungsplan enthaltenen Festsetzungen gerichtet ist, der durch das Rechtsmittel in Frage gestellte Anspruch des Beschwerdeführers; in allen anderen Fällen der ganze auf dem betreffenden Grundstücke lastende Anspruch des beschwerdeführenden Gläubigers und, wenn der Schuldner oder ein Bieter Beschwerdeführer ist, der Schätzungswerth des Grundstückes.

Im Uebrigen kommen die Bestimmungen in §§ 45. 46 des Gerichtskostengesetzes, bezw. in der Fassung des Gesetzes vom 29. Juni 1881 entsprechend zur Anwendung.

Motive. „Als Gegenstand des Rechtsmittels gegen den Zuschlag oder die Festsetzungen im Vertheilungsplan läßt sich, wenn ein Gläubiger der Beschwerdeführer ist, nur der Betrag seiner Forderungen betrachten, wegen dessen er in seinem Recht verletzt ist. An und für sich würde in diesen Fällen die Berechnung der Gebühr nach den Sätzen des § 9 des Gerichtskostengesetzes als eine Unbilligkeit sich nicht bezeichnen lassen. Allein die Zugrundelegung verschiedener Gebührensätze bei Bemessung der Kosten der einzelnen Amtshandlungen würde das Liquidiren zu sehr kompliziren und die korrekte Handhabung des Gesetzes erschweren. Es ist daher als zulässig erschienen, die geringeren Gebührensätze des § 3 auch hier Platz greifen zu lassen. Remedirt der Schuldner oder der Bieter gegen den Zuschlag, so muß der Werth des Grundstücks maßgebend sein. Ob die Gebühr nach dem letzteren Maßstabe oder nach dem Forderungswerth zu berechnen sei, wenn der Beschwerdeführer zugleich als Bieter und als Gläubiger betheiligt war, entscheidet sich im konkreten Fall nach der Richtung der Beschwerde."

Bemerkungen.

1. In den Fällen, in welchen für die Gebührenberechnung der Anspruch des Beschwerdeführers maßgebend ist, sind in entsprechender Anwendung von § 13 Abs. 2 des Reichs-Gerichtskostengesetzes auch die Zinsen mit zu berücksichtigen.

2. Die in Abs. 2 angezogenen Bestimmungen lauten:

§ 45. Drei Zehntheile der Gebühr werden erhoben für die Entscheidung einschließlich des vorangegangenen Verfahrens, in der Beschwerdeinstanz, soweit die Beschwerde als unzulässig verworfen oder zurückgewiesen wird oder die Kosten des Verfahrens einem Gegner zur Last fallen. Insoweit dies nicht der Fall ist, werden Gebühren nicht erhoben.

(Abs. 2 kommt hier nicht in Betracht.)

§ 46. Wird eine Klage, ein Antrag, ein Einspruch oder ein Rechtsmittel zurückgenommen, bevor ein gebührenpflichtiger Akt stattgefunden hat, so wird ein Zehntheil der Gebühr erhoben, welche für die beantragte Entscheidung zu erheben sein würde.

(Abs. 2 kommt hier nicht in Betracht.)

Betrifft die Zurücknahme nur einen Theil des Streitgegenstandes, während über einen andern Theil verhandelt, entschieden oder ein Vergleich aufgenommen wird, so ist die Gebühr für die Zurücknahme nur insoweit zu erheben, als die Verhandlungsgebühr oder die Entscheidungsgebühr sich erhöht haben würde, wenn die Verhandlung, die Entscheidung oder der Vergleich auf den zurückgenommenen Theil erstreckt worden wäre.

3. In den Fällen des § 15 erfolgt nicht eine eigentliche Festsetzung des Streitgegenstandswerthes im Sinne §§ 15. 16 des Reichs-Gerichtskostengesetzes, sodaß auch hier (vergl. Bem. 1 zu § 2) eine Beschwerde nach § 16 des gedachten Gesetzes und § 12 der Gebührenordnung für Rechtsanwälte ausgeschlossen ist. Einwendungen gegen die Höhe des bei der Berechnung der Gebühr zu Grunde gelegten Forderungsbetrags können vielmehr nur mit der Beschwerde gegen den Kostenansatz (vergl. die Einleitung) geltend gemacht werden.

4. Ist die Beschwerde gegen die nach §§ 139. 140. 141. 144 des Versteigerungsgesetzes im Vertheilungsplan enthaltenen Festsetzungen gerichtet, so ist für die Gebührenberechnung nach § 15 des gegenwärtigen Gesetzes der durch das Rechtsmittel in Frage gestellte Anspruch des Beschwerdeführers maßgebend. Diese Vorschrift ist ganz allgemein, gilt daher auch dann, wenn diese Beschwerde vom Schuldner erhoben worden und somit dessen Anspruch auf Tilgung der Forderung eines anderen Realberechtigten, eventuell auf Gewährung des Ueberschusses (§ 167) in Frage kommt. — Die Vorschrift am Ende des Abs. 1 trifft nur die übrigen Fälle der vom Schuldner eingelegten Beschwerde.

5. Wie die Gebühren dann zu berechnen, wenn zum Vermögen des Schuldners der Konkurs eröffnet und die Beschwerde vom Konkursverwalter erhoben worden, richtet sich darnach, was zu erheben sein würde, wenn die Beschwerde vom Schuldner selbst ausginge.

§ 16.

Für die Eintragung des Erstehers, sowie für die Löschung oder Umschreibung der aus dem Kaufpreise bezahlten Hypothekenforderungen und abgelösten Reallasten im Grund- und Hypothekenbuch werden die für Grund- und Hypothekensachen geordneten Gebühren erhoben.

Sonstige Verlautbarungen im Grund- und Hypothekenbuch, welche im Zwangsversteigerungsverfahren stattfinden, erfolgen kostenfrei.

Motive. „Zu den kostenfrei zu bewirkenden Eintragungen gehören z. B. die Verlautbarung des Beschlusses auf Zwangsversteigerung nach § 84, des Erfolgs derselben nach § 137, der bedingten Schuldübernahme nach § 162, der Löschung der Hypotheken, welche leer ausgehen, nach § 171 des Versteigerungsgesetzes, der Reallasten, welche nach § 6 desselben in Wegfall kommen."

Bemerkungen.

1. Die nach § 65 des Verst.-Ges. durch Ertheilung oder Verweigerung des Zeugnisses Abs. 1, durch die Eröffnung Abs. 3, sowie durch die Beschwerden Abs. 2 und 4 entstehenden Kosten werden nach den zeitherigen Vorschriften berechnet.

2. Der in Abs. 1 des § 16 erwähnte Fall der Löschung oder Umschreibung der aus dem Kaufpreise abgelösten Reallasten kann nur beim eisernen Kapital vorkommen, wenn und soweit die Voraussetzungen von § 6 Abs. 1 und 3 des Verst.-Ges. vorliegen. Handelt es sich im Falle des § 6 um einen Auszug oder eine Leibrente, so erfolgt die Löschung dieser Reallast, und im Falle des § 50 der A.V. zu § 182 die Eintragung des an deren Stelle tretenden Geldbetrags gemäß Abs. 2 kostenfrei. Für Verlautbarungen, welche bezüglich dieses Geldbetrags nach dessen Eintragung vorkommen, sind die für Grund- und Hypothekensachen geordneten Gebühren zu erheben.

3. Außer den in den Motiven und der vorstehenden Bemerkung angeführten Verlautbarungen sind auch die in § 7 der A.V bezeichneten, sowie die Eintragung der bedingt angewiesenen Ansprüche kostenfrei zu bewirken.

§ 17.

Als Auslagen werden im Zwangsversteigerungsverfahren erhoben:

1. die Schreibgebühren in der § 80 des Gerichtskostengesetzes bestimmten Höhe,
2. die Postgebühren,
3. die durch Einrückung von Bekanntmachungen in öffentliche Blätter entstehenden Kosten,
4. die an Sachverständige zu zahlenden Gebühren,
5. die bei Geschäften außerhalb der Gerichtsstelle den Gerichtsbeamten zu zahlenden Tagegelder und Reisekosten,

6. die an andere Behörden oder Beamte, oder an andere vom Gerichte beauftragte Personen für deren Thätigkeit zu zahlenden Beträge.

Für die von Amtswegen zu bewirkenden Zustellungen und Mittheilungen werden Auslagen nicht erhoben.

Schreibgebühren werden nach Maßgabe der Vorschrift in Absatz 1 unter 1 für solche Abschriften und Ausfertigungen, welche in Folge eines besonderen Antrags ertheilt werden, sowie im Falle des § 15 erhoben.

Für das gesammte übrige im Zwangsversteigerungsverfahren erforderliche Schreibwerk wird die Summe von 20 ℳ, und außerdem wegen eines jeden hypothekarischen Gläubigers und in der dritten Rubrik des Grundbuchsfoliums eingetragenen Reallastenberechtigten der Betrag von 1 ℳ erhoben. Für das Schreibwerk im anderweiten Versteigerungsverfahren kommen im Falle des § 12 Absatz 1 dieselben Beträge, im Falle des § 11 Absatz 1 die Hälfte zur Erhebung.

Findet die Versteigerung nicht statt, so erfolgt die specielle Berechnung der entstandenen Schreibgebühren nach Absatz 1 unter 1.

Die vorstehenden Bestimmungen kommen auch im Falle des 14 entsprechend zur Anwendung.

Motive. „Die Bestimmung in Absatz 4 beruht auf der Nothwendigkeit, auch die der Regel nach entstehenden Auslagen vor dem Versteigerungstermin zur Ziffer zu bringen. Der dem bisherigen durchschnittlichen Aufwand für Schreibwerk entsprechend normirte Satz umfaßt auch die nach dem Zuschlag für den Vertheilungsplan und im Ausführungsverfahren zu bewirkenden Schreibereien.

Die sonstigen in § 17 Absatz 1 bezeichneten Auslagen bedürfen einer gleichen Behandlung nicht. Die betreffenden Amtshandlungen liegen der Zeit nach regelmäßig vor dem Versteigerungstermin, und es wird möglich sein, die erforderlichen speziellen Berechnungen rechtzeitig herbeizuziehen."

Bemerkungen.

1. Zu Abs. 1 unter 1. — § 80 des Gerichtskostengesetzes lautet:

Die Schreibgebühr beträgt für die Seite, welche mindestens 20 Zeilen von durchschnittlich 12 Silben enthält, 10 Pfennig, auch wenn die Herstellung auf mechanischem Wege stattgefunden hat.

Jede angefangene Seite wird voll berechnet.

2. Zu Abs. 1 unter 6. — Die hier erwähnten Auslagen können insbesondere vorkommen in den Fällen von §§ 50. 57. 83 Abs. 3. § 134 Abs. 2. § 158 Abs. 3 des Verst.-Ges. und § 3 der A.V. zu § 56.

3. Zu Abs. 2. — Unter den Auslagen sind hier nur die Gebühren zu verstehen, welche der beim Versteigerungs- bezw. Beschwerdegericht angestellte Gerichtsvollzieher an sich zu beanspruchen haben würde, nicht auch die Postgebühren und die in den Fällen des § 77 des Verst.-Ges. in Verb. mit § 182. 183. 186. 187 der C.P.O. entstehenden Auslagen.

4. Zu Abs. 3 vergl. § 19 Abs. 3 des gegenwärtigen Ges. in Verb. mit § 97 Abs. 2 des Reichs-Gerichtskostengesetzes.

5. Zu Abs. 4. — Ein Realberechtigter, welcher an mehreren Stellen desselben Foliums oder auf mehreren Folien eingetragen ist, kommt hier nur Ein Mal in Ansatz.

6. Zu Abs. 6. — Im Falle von § 14 unter 1 findet Abs. 4 des gegenwärtigen Paragraphen entsprechend Anwendung.

§ 18.

Schuldner der Kosten ist der Gerichtskasse gegenüber der Antragsteller.

Mehrere Antragsteller haften zu ungetheilter Hand.

Der dem Zwangsversteigerungsverfahren beitretende Gläubiger haftet auch für die vor dem Beitritt auf Seiten des betreibenden Gläubigers erwachsenen Kosten.

Die Kosten der Uebergabe des erstandenen Grundstücks, sowie die nach § 16 Absatz 1 zu erhebenden Kosten für Eintragungen und Löschungen im Grund- und Hypothekenbuch trägt der Ersteher, und zwar die letzteren auch insoweit, als die Verlautbarungen von Amtswegen bewerkstelligt worden sind.

Die Postgebühr für die Seiten des Vollstreckungsgerichts bewirkte Zusendung von Geldern, sowie die Auslagen, welche durch das behufs der Auszahlung erfolgte Ersuchen anderer Behörden bei diesen verursacht werden, trägt der Empfänger.

Bemerkungen.

1. Mehrere Antragsteller sind insbesondere im Falle des Beitritts vorhanden. Erfolgt der Beitritt erst nach dem Antrage auf anderweiten Versteigerungstermin oder anderweite Versteigerung im fortgesetzten Verfahren, so haftet der beitretende Gläubiger selbstverständlich nur für die Kosten des *laufenden* Verfahrens. Andererseits haftet der betreibende Gläubiger, wenn das Verfahren ihm gegenüber eingestellt und nur zu Gunsten des beigetretenen Gläubigers fortgestellt wird, nur für denjenigen Kostenbetrag, welcher zu berechnen gewesen sein würde, wenn die ihm gegenüber erfolgte Einstellung die Beendigung des ganzen Verfahrens zur Folge gehabt hätte.

2. Mehrere Erben einer Person, welche den Antrag bereits selbst gestellt hatte, können, so lange sie nicht selbst wieder Anträge stellen, nicht als mehrere Antragsteller angesehen werden.

§ 19.

Die entstandenen Kosten werden fällig:

falls der Zuschlag auf ein Gebot ertheilt ist, sowie im Falle des § 72 Absatz 1 des Gesetzes vom 15. August 1884 zu dem Zeitpunkte, zu welchem über die von dem Ersteher oder dem Vor- oder Wiederkaufsberechtigten nach § 14 Absatz 1. § 72 Absatz 2 desselben Gesetzes geleistete Zahlung oder Sicherheit verfügt wird,

falls im Versteigerungstermin der Zuschlag auf ein erfolgtes Gebot nicht ertheilt wird, mit Eintritt der Rechtskraft des betreffenden Beschlusses,

falls das Verfahren eingestellt wird, mit Eintritt der Rechtskraft des Beschlusses auf Einstellung,

in anderen Fällen nach Erledigung des Verfahrens.

Von den nach § 15 und nach §§ 13. 16 zu erhebenden Kosten werden die ersteren nach Erledigung des Rechtsmittels, die letzteren nach dem Erfolg der betreffenden Verlautbarungen im Grund- und Hypothekenbuch fällig.

Die nach § 17 unter 1 zu erhebenden Schreibgebühren unterliegen den Bestimmungen in § 97 des Gerichtskostengesetzes.

Bemerkungen.

1. Hinsichtlich des ersten Falles von Abs. 1 vergl. § 157 bezw. § 177 des Verst.-Ges. — Wird der in § 14 Abs. 1 des Verst.-Ges. bezeichnete Kaufpreistheil vom Ersteher rechtzeitig weder erlegt noch sichergestellt, so ist das Verfahren mit Rechtskraft des gemäß § 134 Abs. 2 bezw. § 177 zu erlassenden Beschlusses als erledigt zu erachten und tritt demzufolge Satz 4 von Abs. 1 ein.

2. Zu Satz 2 und 3 von Abs. 1 vergl. § 129 bezw. 81 des Verst.-Ges.

3. Der in Abs. 3 angezogene § 97 des Gerichtskostengesetzes lautet:

> Die Schreibgebühr für Abschriften und Ausfertigungen, welche nicht von Amtswegen zu ertheilen sind, wird sofort nach Anfertigung der Schriftstücke fällig.
>
> Die Anfertigung kann von vorgängiger Zahlung eines die Gebühr deckenden Betrags abhängig gemacht werden.

II. Kosten der Zwangsverwaltung.

§ 20.

Für die Entscheidung über den Antrag auf Zwangsverwaltung werden zwei Zehntheile der in § 3 geordneten Gebühr nach dem Satze erhoben, welcher der Forderung des betreibenden Gläubigers entspricht.

Diese Gebühr kommt nicht zur Erhebung, wenn eine Vollstreckungshandlung nach §§ 10. 11 des Gesetzes vom 4. März 1879[1] vorausgegangen war.

Motive. „In Bezug auf die Gebühr für die Entscheidung über den Antrag auf Zwangsverwaltung gilt das oben zu § 9 Bemerkte."

Bemerkungen.

1. Auch hier (vergl. Bem. 1 zu § 15) sind in entsprechender Anwendung von § 13 Abs. 2 des Reichs-Gerichtskostengesetzes die Zinsen, und zwar soweit sie bis zum Tage der Entscheidung aufgelaufen, mit zu berücksichtigen.

2. Wird der Antrag vom Konkursverwalter bezüglich eines zur Konkursmasse gehörigen Grundstücks gestellt, so ist der Betrag maßgebend, welcher nach der Angabe des Konkursverwalters durch die Zwangsverwaltung eingebracht werden soll (Bem. 4 zu § 183 des Verst.-Ges.).

§ 21.

In dem Zwangsverwaltungsverfahren wird für jedes Jahr eine Gebühr nach den Sätzen des § 3 von dem Betrage der Einnahmen berechnet, welche der Verwalter im Laufe des betreffenden Verwaltungsjahres erhebt. Ist während der Dauer eines Verwaltungsjahres etwas nicht vereinnahmt worden, so beträgt die Gebühr 20 *M.*

Der Tag des Beschlusses auf Zwangsverwaltung gilt als der erste Tag eines jeden Verwaltungsjahres.

Die Fortsetzung der Zwangsverwaltung für einen beigetretenen Gläubiger gilt als besonderes Verfahren.

Motive. „Für die Bemessung der Gebühr für die gerichtlichen Mühwaltungen im Zwangsverwaltungsverfahren muß der in § 2 Absatz 1 enthaltene Grundsatz verlassen werden, da behufs der Zwangsverwaltung eine Werthsermittelung des Grundstückes nicht stattfindet. Den verhältnißmäßig richtigsten Maßstab für den Kostenansatz bietet der Betrag der Einnahmen des Verwalters dar, deren Höhe der Regel nach auf

---

[1] Abgedruckt S. 27. 28.

den Umfang der Verwaltung zu schließen gestattet, von welchem voraussetzlich auch der Umfang der Thätigkeit des Gerichts abhängt. Es entspricht auch dieser Maßstab dem für die Kostenberechnung im Allgemeinen geltenden Werthsprinzip."

Bemerkungen.

1. Maßgebend ist der Betrag der wirklich vereinnahmten Gelder. — Ein bei Beendigung der Zwangsverwaltung für den einzelnen Gläubiger noch nicht abgelaufenes Verwaltungsjahr ist, wie aus § 23 Abs. 2 sich ergiebt, für voll zu rechnen.

2. Durch die in Abs. 1 geordnete Gebühr wird jede Mühwaltung vergütet, welcher sich das Vollstreckungsgericht auf Grund §§ 183—198 des Verst.-Ges. zu unterziehen hat. Hierzu gehören insbesondere auch die Entscheidungen über die in § 187 erwähnten Anträge, Einwendungen und Erinnerungen, gleichviel, von wem sie ausgehen. Wird gegen eine solche Entscheidung gemäß § 188 sofortige Beschwerde erhoben, so tritt § 22 des gegenwärtigen Gesetzes ein. — Die Kosten, welche der Verwalter durch Klagen und Vollstreckungsanträge (insbesondere auch in den Fällen des § 189 Satz 2 und § 191) veranlaßt, werden nach den Reichskostengesetzen berechnet. Solche Kosten gehören ebenso, wie die etwa in den Fällen des § 188 dem Verwalter durch das Beschwerdegericht auferlegten Kosten im Verhältniß zwischen Vollstreckungsgericht und Verwalter zu den Ausgaben der Verwaltung im Sinne § 194. Ob und inwieweit der Verwalter in dieser Beziehung aus seinem eigenen Vermögen Ersatz zu leisten habe, bestimmt sich nach § 196 des Verst.-Ges. in Verb. mit § 728 des B.G.B.

3. Der Eintrag und die Löschung des Zwangsverwaltungsbeschlusses erfolgt nach der entsprechend anzuwendenden Bestimmung in § 16 Abs. 2 dieses Gesetzes kostenfrei.

§ 22.

Die Gebühr für die Entscheidung über eine eingelegte sofortige Beschwerde wird nach § 15 in der Weise berechnet, daß, dafern das Rechtsmittel einen bestimmten Theil des Anspruchs des betreibenden Gläubigers betrifft, dieser Theil, in anderen Fällen der ganze Anspruch des betreibenden Gläubigers als Gegenstand des Rechtsmittels anzusehen ist.

Bemerkungen.

1. Daß hier nur von der sofortigen Beschwerde die Rede ist, hat seinen Grund darin, daß der Entwurf zum Verst.-Ges. als Rechtsmittel im Zwangsversteigerungs- und Zwangsverwaltungsverfahren nur die sofortige Beschwerde zuließ und daß nach der hierunter von den Kammern beschlossenen Abänderung des Entwurfs (vergl. Bem. 3 zu § 51 des Verst.-Ges.) übersehen worden ist, außer dem § 15 auch den § 22 entsprechend zu modificiren. Der Paragraph ist daher auch auf die einfache Beschwerde entsprechend anzuwenden.

2. Betrifft die Beschwerde den beitretenden bezw. beigetretenen Gläubiger oder geht sie von diesem aus, so ist dessen Forderung die maßgebende.

3. Jede Beschwerde im Zwangsverwaltungsverfahren, deren Gegenstand überhaupt schätzbar ist, betrifft direkt oder indirekt die Forderung des betreibenden Gläubigers. Das erstere ist der Fall, wenn die Beschwerde auf die Einleitung oder Beendigung der Zwangsverwaltung, das letztere, wenn sie auf die Art und Weise derselben sowie auf das bei derselben vom Verwalter zu beobachtende Verfahren (§§ 187. 188) sich bezieht. Denn, ob und wie der Verwalter die auf eine Einnahme abzielende oder die mit einer Ausgabe verbundene Verwaltungsmaßregel auszuführen habe, läuft in Ansehung des wirthschaftlichen Erfolgs immer nur auf die Frage hinaus, ob ein der Einnahme bezw. der Ausgabe entsprechender Betrag der Forderung des betreibenden Gläubigers werde gedeckt werden oder nicht. Jede Beschwerde, deren Gegenstand überhaupt schätzbar ist, betrifft daher (direkt oder indirekt) entweder den ganzen Betrag oder einen bestimmten Theilbetrag der Forderung des betreibenden Gläubigers. Der Paragraph besagt hiernach mit anderen Worten so viel: Für die Berechnung der Gebühr ist in der Regel die Forderung des betreibenden Gläubigers maßgebend, wie sie zur Zeit der Entscheidung besteht (vergl. Bem. zu § 20) bezw. noch besteht; ist jedoch der Gegenstand der Beschwerde schätzbar und der Werthsbetrag geringer als jener Forderungsbetrag, so ist der gedachte Werthsbetrag maßgebend.

4. Bei der auf Antrag des Konkursverwalters eingeleiteten Zwangsverwaltung eines zur Konkursmasse gehörigen Grundstücks ist als „Anspruch des betreibenden Gläubigers" derjenige Betrag anzusehen, welcher nach der Angabe des Konkursverwalters durch die Zwangsverwaltung aufgebracht werden soll (Bem. 4 a. E. zu § 183 des Verst.-Ges.).

§ 23.

Die Bestimmungen in §§ 17. 19 Absatz 2. 3 kommen beziehungsweise mit der Maßgabe zur Anwendung, daß die Schreibgebühren durchgängig speciell zu berechnen sind.

Die nach § 21 zu erhebenden Kosten werden mit Ablauf jedes Verwaltungsjahres, beziehungsweise mit Beendigung der Zwangsverwaltung für einen Gläubiger fällig.

III. Kostenvorschuß.

§ 24.

Der im Zwangsversteigerungsverfahren vom betreibenden Gläubiger zu leistende Gebührenvorschuß beträgt fünf vom Hundert der Hauptforderung desselben, jedoch nicht weniger als 30 und nicht mehr als 200 *M*.

Derselbe Betrag ist im Falle des nach §§ 172. 173 des Gesetzes vom 15. August 1884 stattfindenden anderweiten Versteigerungsverfahrens vorschußweise zu erlegen.

Motive. „Die Bemessung der Höhe des Gebührenvorschusses im Zwangsversteigerungsverfahren muß zu einer Zeit erfolgen, zu welcher die Ermittelung des Werths des Grundstücks noch nicht stattgefunden hat. Den einfachsten Maßstab gewährt der Betrag der Hauptforderung des betreibenden Gläubigers.

Die Annahme des nämlichen Maßstabes ließe sich auch für die Zwangsverwaltung rechtfertigen. Indessen kommt in Betracht, daß in diesem Falle der Regel nach auch noch ein Auslagenvorschuß dem Verwalter zu bestellen sein wird. Deshalb sind für die Zwangsverwaltung ein niedrigerer Mindest- und Meistbetrag des Vorschusses bestimmt, innerhalb welcher Grenzen das Gericht, dem die Verhältnisse bekannt sind, den angemessenen Betrag zu finden in der Lage sein wird."

Bemerkungen.

1. Ein eingetragenes Schuldliquidum gilt im Zwangsversteigerungsverfahren in Ansehung des ganzen Betrags als Hauptforderung. Ebenso ist, wenn die Versteigerung nur wegen eines Zinsen- und Kostenbetrags beschlossen wird, dieser Betrag für die Vorschußberechnung als Hauptforderung anzusehen.

2. Nach denselben Grundsätzen ist der gemäß § 60 Abs. 1 in Verbindung mit § 86 des Verst.-Ges. vom beitretenden Gläubiger zu bestellende Vorschuß zu berechnen.

3. Als „Hauptforderung des betreibenden Gläubigers" kann bei der vom Konkursverwalter beantragten Zwangsversteigerung eines zur Konkursmasse gehörigen Grundstücks nur der nach Befriedigung aller Realberechtigten muthmaßlich verbleibende Ueberschuß von den Kaufgeldern angesehen, dieser aber erst nach der Würderung des Grundstücks veranschlagt werden.

§ 25.

Der Betrag des im Zwangsverwaltungsverfahren zu leistenden Gebührenvorschusses wird vom Gericht bestimmt.

Der Gebührenvorschuß soll nicht weniger als 20 ℳ und nicht mehr als 100 ℳ betragen.

Motive s. zu § 24.

§ 26.

Im Zwangsversteigerungs- und im Zwangsverwaltungsverfahren findet die Bestimmung in 84 Absatz 1 des Gerichtskostengesetzes entsprechende Anwendung.

Bemerkungen.

Der angezogene § 84 Abs. 1 des Gerichtskostengesetzes lautet:

Außer dem Gebührenvorschuß ist bei jedem Antrag auf Vornahme einer Handlung, mit welcher baare Auslagen verbunden sind, ein zur Deckung derselben hinreichender Vorschuß von dem Antragsteller zu zahlen.

Hiernach ist bei dem Antrage auf Zwangsversteigerung außer dem Gebührenvorschusse ein zu Deckung der nach § 17 Abs. 1 unter 2. 3. 4 eventuell 5 entstehenden baaren Auslagen hinreichender Vorschuß zu erheben. Beim Antrage auf Zwangsverwaltung wird der Auslagenvorschuß in der Regel nur aus dem nach § 184 Abs. 1 des Verst.-Ges. dem Verwalter zu leistenden Vorschusse bestehen. — Im Uebrigen vergl. wegen des Vorschusses das hierüber in der Einleitung zum gegenwärtigen Gesetz Bemerkte.

IV. Kosten des Gerichtsvollziehers und Sachverständiger.

§ 27.

Die Bestimmungen der Gebührenordnung für Gerichtsvollzieher vom 24. Juni 1878, beziehungsweise in der Fassung des Gesetzes vom 29. Juni 1881, finden Anwendung:

1. bei der Zwangsvollstreckung in das bewegliche Vermögen des Erstehers (§ 134 Absatz 2. § 157 Absatz 2. § 158 des Gesetzes vom 15. August 1884),
2. bei der Vollstreckung des Beschlusses auf Uebergabe des Grundstücks (§ 176 Absatz 1. §§ 189 und 191 des Gesetzes vom 15. August 1884).

§ 28.

Die im Zwangsversteigerungsverfahren zugezogenen Sachverständigen, Taxatoren zc erhalten Gebühren nach den Vorschriften der Gebührenordnung für Zeugen und Sachverständige vom 30. Juni 1878.

V. Kosten der Rechtsanwälte.

§ 29.

Der Rechtsanwalt hat zu fordern:

1. für den Antrag auf Zwangsversteigerung oder Zwangsverwaltung, sowie auf Zulassung des Beitritts zu dem anhängigen Verfahren
   a) wenn eine Vollstreckungshandlung nach §§ 10. 11 des Gesetzes, einige mit der Civilproceßordnung zc zusammen-

hängende Bestimmungen enthaltend, vom 4. März 1879[1] nicht vorausgegangen war, drei Zehntheile,

b) wenn eine solche Vollstreckungshandlung vorausgegangen war, zwei Zehntheile,

2. für den Antrag auf anderweites Versteigerungsverfahren
   a) in den Fällen der §§ 172. 173 des Gesetzes vom 15. August 1884 zwei Zehntheile,
   b) in anderen Fällen ein Zehntheil,
3. für die Anmeldung einer derselben bedürfenden Forderung in dem anhängigen Zwangsversteigerungsverfahren zwei Zehntheile,
4. für die Vertretung eines Gläubigers im Versteigerungstermin drei Zehntheile,
5. für die Vertretung des Schuldners im Zwangsversteigerungsverfahren vor dem Vollstreckungsgerichte fünf Zehntheile,
6. in der Beschwerdeinstanz drei Zehntheile

der in § 9 Absatz 2 der Gebührenordnung für Rechtsanwälte vom 7. Juli 1879 geordneten Gebührensätze.

Die Gebühr ist in den Fällen unter 1 bis 4 nach dem betreffenden Forderungsbetrage, in dem Falle unter 5 nach der Forderung des betreibenden Gläubigers, in der Beschwerdeinstanz nach § 15 des gegenwärtigen Gesetzes zu berechnen.

Motive zu §§ 29—31. „Die Bestimmungen in Absatz 1 unter 1. 3. 6 und in Abs. 2 des § 29 entsprechen den Bestimmungen in §§ 10. 23 Abs. 1. 41 Abs. 1. 57 der Gebührenordnung für Rechtsanwälte. Die Absatz 1 unter 2 bestimmte Gebühr ist eine der dort gedachten Thätigkeit entsprechende Erhöhung der unter 1 geordneten Gebühr. Die Normirung in Absatz 1 unter 4 entspricht der correspondirenden Bestimmung in § 2 Absatz 2 des Preußischen Ausführungsgesetzes zur Gebührenordnung für Rechtsanwälte vom 2. Februar 1880. Die auf die Schreibelöhne bezügliche Bestimmung in § 31 rechtfertigt die in § 30 ausgesprochene Erhöhung des in § 8 der gedachten Gebührenordnung normirten Minimalbetrags einer Gebühr auf 2 ℳ für die in § 29 unter 1 bis 4. 6 gedachten Mühwaltungen."

Bemerkungen.

1. Im Falle des Abs. 1 unter 1 kommt darauf nichts an, ob die vorausgegangene Vollstreckungshandlung im Sinne der §§ 10. 11 des Gesetzes vom 4. März 1879 vom nämlichen oder von einem anderen Rechtsanwalt beantragt worden war.

2. Zu Abs. 1 unter 3. — Welche Forderungen der Anmeldung bedürfen, ergiebt sich aus § 12 in Verbindung mit § 64 Abs. 1 unter 1

[1] Abgedruckt S. 27. 28.

und § 108 des Verst.=Ges. — Ob die Anmeldung mündlich oder schriftlich geschieht, ist gleichgültig.

3. Zu Abs. 1 unter 4. — Unter dem „Gläubiger“ ist hier auch der in der III. Rubrik eingetragene Reallastenberechtigte zu verstehen. Als für die Gebührenberechnung maßgebender Forderungsbetrag ist solchenfalls der nach § 6 des Verst.=Ges. zu berechnende Werth der Reallast anzusehen.

4. Zu Abs. 1 unter 5. — Darüber, was bei der vom Konkursverwalter betriebenen Zwangsversteigerung eines zur Konkursmasse gehörigen Grundstücks als Forderung des betreibenden Gläubigers anzusehen, vergl. Bem. 3 zu § 24.

5. Zu Abs. 1 unter 6 vergl. die Bemerkungen zu § 15.

6. Der angezogene § 9 Abs. 2 der Gebührenordnung für Rechtsanwälte lautet:

Der Gebührensatz beträgt bei Gegegenständen im Werthe:

1.	bis 20 *M* einschließlich						2	*M*.
2.	von mehr als	20	bis	60	*M*	einschließlich	3	„
3.	„ „ „	60	„	120	„	„	4	„
4.	„ „ „	120	„	200	„	„	7	„
5.	„ „ „	200	„	300	„	„	10	„
6.	„ „ „	300	„	450	„	„	14	„
7.	„ „ „	450	„	650	„	„	19	„
8.	„ „ „	650	„	900	„	„	24	„
9.	„ „ „	900	„	1200	„	„	28	„
10.	„ „ „	1200	„	1600	„	„	32	„
11.	„ „ „	1600	„	2100	„	„	36	„
12.	„ „ „	2100	„	2700	„	„	40	„
13.	„ „ „	2700	„	3400	„	„	44	„
14.	„ „ „	3400	„	4300	„	„	48	„
15.	„ „ „	4300	„	5400	„	„	52	„
16.	„ „ „	5400	„	6700	„	„	56	„
17.	„ „ „	6700	„	8200	„	„	60	„
18.	„ „ „	8200	„	10000	„	„	64	„

Die ferneren Werthklassen steigen um je 2000 *M* und die Gebührensätze in den Klassen bis 50000 *M* einschließlich um je 4 *M*, bis 100000 *M* einschließlich um je 3 *M* und darüber hinaus um je 2 *M*.

§ 30.

Der Mindestbetrag wird für jede der in § 29 Absatz 1 unter 1 bis 4. 6 geordneten Gebühr auf 2 *M*, für die daselbst unter 5 gedachte Gebühr auf 6 *M* bestimmt.

Im Uebrigen kommen die Vorschriften in §§ 2 bis 7. 11. 31 Absatz 1. 77 bis 87. 93. 94 der Gebührenordnung für Rechtsanwälte entsprechend zur Anwendung.

Motive s. zu § 29.

Bemerkungen.

Die angezogenen Bestimmungen der Gebührenordnung für Rechtsanwälte lauten:

§ 2. Für die Ausführung eines Auftrags, dessen gemeinschaftliche Erledigung mehreren Rechtsanwälten übertragen ist, steht jedem derselben die volle Vergütung zu.

§ 3. Bei Ausführung von Aufträgen mehrerer Auftraggeber durch dieselbe Thätigkeit haftet jeder Auftraggeber dem Rechtsanwalte für denjenigen Betrag an Gebühren und Auslagen, welcher bei abgesonderter Ausführung seines Auftrags erwachsen sein würde. Die Mitverhaftung der anderen Auftraggeber kann dem Rechtsanwalte gegenüber nicht geltend gemacht werden.

§ 4. Für die Thätigkeit als Beistand stehen dem Rechtsanwalte die gleichen Gebühren zu wie für die Vertretung.

§ 5. Für Unterzeichnung eines Schriftsatzes erhält der Rechtsanwalt die gleichen Gebühren wie für Anfertigung desselben.

§ 6. Für Anfertigung und Uebersendung von Rechnungen über Gebühren und Auslagen und für Zahlungsaufforderungen wegen derselben kann der Rechtsanwalt eine Gebühr nicht beanspruchen.

§ 7. Bei dem Betrieb eigener Angelegenheiten kann der Rechtsanwalt von dem zur Erstattung der Kosten des Verfahrens verpflichteten Gegner Gebühren und Auslagen bis zu dem Betrage fordern, in welchem er Gebühren und Auslagen eines bevollmächtigten Rechtsanwalts erstattet verlangen könnte.

§ 11. Die für die Berechnung der Gerichtsgebühren maßgebende Festsetzung des Werthes ist für die Berechnung der Gebühren der Rechtsanwälte maßgebend.

§ 31 Abs. 1. In der Zwangsvollstreckung bildet eine jede Vollstreckungsmaßregel zusammen mit den durch dieselbe vorbereiteten weiteren Vollstreckungshandlungen bis zu der durch die Maßregel zu erlangenden Befriedigung des Gläubigers Eine Instanz.

§ 77. Für Verpackung von Briefen und Akten dürfen Auslagen nicht berechnet werden.

§ 78. Bei Geschäftsreisen erhält der Rechtsanwalt, vorbehaltlich der Bestimmungen in den §§ 18. 37. 39 Abs. 2 der Rechtsanwaltsordnung:

I. an Tagegeldern	12	*M*	— *Pf*;
II. für ein Nachtquartier	5	„	— „
III. an Fuhrkosten einschließlich der Kosten der Gepäckbeförderung:			
1. wenn die Reise auf Eisenbahnen oder Dampfschiffen gemacht werden kann, für das Kilometer	—	„	13 „
und für jeden Zu- und Abgang . .	3	„	— „
2. andernfalls	—	„	60 „

für das Kilometer der nächsten fahrbaren Straßenverbindung.

Haben höhere Fuhrkosten aufgewendet werden müssen, so werden diese erstattet.

§ 79. Die Fuhrkosten werden für die Hin- und Rückreise besonders berechnet.

Hat ein Rechtsanwalt Geschäfte an verschiedenen Orten unmittelbar nacheinander ausgerichtet, so ist der von Ort zu Ort zurückgelegte Weg ungetheilt der Berechnung der Fuhrkosten zu Grunde zu legen.

Bei einer Reise zur Ausführung der Aufträge mehrerer Auftraggeber findet die Vorschrift des § 3 entsprechende Anwendung.

§ 80. Für Geschäfte am Wohnorte stehen dem Rechtsanwalte weder Tagegelder noch Fuhrkosten zu; dasselbe gilt von Geschäften außerhalb des Wohnortes in geringerer Entfernung als zwei Kilometer von demselben.

War der Rechtsanwalt durch außergewöhnliche Umstände genöthigt, sich eines Fuhrwerks zu bedienen, oder waren sonstige nothwendige Unkosten, wie Brücken- oder Fährgeld, aufzuwenden, so sind die Auslagen zu erstatten.

Für einzelne Ortschaften kann durch die Landesjustizverwaltung bestimmt werden, daß den Rechtsanwälten bei den nicht an der Gerichtsstelle vorzunehmenden Geschäften die verauslagten Fuhrkosten zu erstatten sind.

§ 81. Bei Berechnung der Entfernungen wird jedes angefangene Kilometer für ein volles Kilometer gerechnet.

§ 82. Der Rechtsanwalt, welcher seinen Wohnsitz verlegt, kann bei Fortführung eines ihm vorher ertheilten Auftrags Tagegelder und Reisekosten nur insoweit verlangen, als sie ihm auch bei Beibehaltung seines Wohnsitzes zugestanden haben würden.

§ 83. Hat ein Rechtsanwalt seinen Wohnsitz an einem Orte, an welchem sich kein Gericht befindet, so kann die Landesjustizverwaltung bestimmen, daß ihm Tagegelder und Reisekosten nur insoweit zustehen, als er solche auch verlangen könnte, wenn er seinen Wohnsitz an dem Orte des Amtsgerichts, in dessen Bezirk er wohnt, genommen hätte.

§ 84. Der Rechtsanwalt kann von seinem Auftraggeber angemessenen Vorschuß fordern.

§ 85. Dem Auftraggeber gegenüber werden die Gebühren des Rechtsanwalts fällig, sobald über die Verpflichtung, dieselben zu tragen, eine Entscheidung ergangen ist, sowie bei Beendigung der Instanz oder bei Erledigung des Auftrags.

§ 86. Die Einforderung der Gebühren und Auslagen ist nur zulässig, wenn vorher oder gleichzeitig eine von dem Rechtsanwalt unterschriebene Berechnung derselben mit Angabe des Werthes des Streitgegenstandes, sofern der Werth maßgebend, und unter Bezeichnung der zur Anwendung kommenden Bestimmungen dieses Gesetzes mitgetheilt wird.

Die Mittheilung dieser Berechnung kann auch nach erfolgter Zahlung verlangt werden, so lange nicht die Handakten zurückgenommen sind oder die Verpflichtung des Rechtsanwalts zur Aufbewahrung derselben erloschen ist (Rechtsanwaltsordnung § 32).

§ 87. Für Erhebung und Ablieferung von Geldern erhält der Rechtsanwalt eine Gebühr:

von 1 ℳ für jedes angefangene Hundert des Betrags bis 1000 ℳ;

von 50 ₰ für jedes angefangene Hundert des weiteren Betrags bis 10 000 ℳ;

von 25 ₰ für jedes angefangene Hundert des Mehrbetrags.

Für Erhebung und Ablieferung von Werthpapieren erhält der Rechtsanwalt nach Maßgabe des Werthes die Hälfte der vorstehenden Gebühren.

Die Gebühr für Erhebung und Ablieferung von Geldern kann von diesen bei der Ablieferung entnommen werden.

§ 93. Sofern der Rechtsanwalt nicht einer Partei zur Wahrnehmung ihrer Rechte beigeordnet oder als Vertheidiger bestellt ist, kann der Betrag der Vergütung durch Vertrag abweichend von den Vorschriften dieses Gesetzes festgesetzt werden. Die Festsetzung durch Bezugnahme auf das Ermessen eines Dritten ist ausgeschlossen.

Der Auftraggeber ist an den Vertrag nur gebunden, soweit er denselben schriftlich abgeschlossen hat.

Der Auftraggeber kann eine Berechnung der gesetzlichen Vergütung nach Maßgabe des § 86 erlangen.

Hat der Rechtsanwalt durch den Vertragsschluß die Grenze der Mäßigung überschritten, so kann die durch Vertrag festgesetzte Vergütung im Processwege, nach eingeholtem Gutachten des Vorstandes der Anwaltskammer, bis auf den in diesem Gesetze bestimmten Betrag herabgesetzt werden.

§ 94. Für das Verhältniß des Auftraggebers oder des Rechtsanwalts zu dem Erstattungspflichtigen kommt die vertragsmäßige Festsetzung der Vergütung (§ 93) nicht in Betracht.

§ 31.

Neben den in §§ 29. 30 bestimmten Beträgen, welche die Entschädigung für Schreiblohn mit umfassen, sind für die im Zwangsversteigerungs- und Zwangsverwaltungsverfahren vorkommenden Mühwaltungen, die Erhebung und Ablieferung von Geldern ausgenommen, Gebühren nicht zu fordern.

Schlußbestimmung.

§ 32.

Gegenwärtiges Gesetz tritt gleichzeitig mit dem Gesetz, betreffend die Zwangsversteigerung und die Zwangsverwaltung unbeweglicher Sachen vom 15. August 1884 in Kraft.

Das Justizministerium hat Zweifel zu entscheiden, welche bei der Ausführung desselben entstehen. Solche Entscheidungen sind im Gesetz- und Verordnungsblatt bekannt zu machen und dienen zur Norm in anderen Fällen, bis eine Abänderung durch Gesetz erfolgt.

Urkundlich haben Wir dieses Gesetz eigenhändig vollzogen und Unser Königliches Siegel beidrucken lassen.

Gegeben zu Dresden, am 18. August 1884.

Albert.

(L. S.) Ludwig von Abeken.

Bemerkungen.

Nach § 199 Abs. 2 des Verst.-Ges. kommen zwar auf Zwangsverwaltungen, welche vor dem Inkrafttreten dieses Gesetzes verfügt worden, dessen Bestimmungen entsprechend zur Anwendung, insoweit nicht erworbene Rechte dadurch beeinträchtigt werden. Doch bleiben hinsichtlich der Kosten für solche Zwangsverwaltungen die zeitherigen Vorschriften maßgebend.

Beispiele.

Die folgenden Beispiele beruhen auf der Annahme, daß der Schuldner Eigenthümer zweier Grundstücke sei, deren Bestand und Belastung aus den nachstehenden Folien des Grund- und Hypothekenbuchs, — bei denen die Eintragsnummern und Allegate hinweggelassen sind, — ersichtlich ist.

Die Beispiele sollen nicht den gesammten Akteninhalt, sondern nur die wesentlichen Vorgänge des Verfahrens veranschaulichen.

In dem Beispiele I ist angenommen, daß der betreibende Gläubiger die Zwangsversteigerung des einen dem Schuldner gehörenden Grundstücks beantragt habe und daß das auf diesem Grundstücke ruhende Vorkaufsrecht ausgeübt werde.

In dem Beispiele II ist angenommen, der betreibende Gläubiger habe die Zwangsversteigerung beider Grundstücke beantragt und bei dem Antrage die Erklärung des Vorkaufsberechtigten beigebracht, daß er auf Ausübung des Vorkaufsrechts, welches ihm an dem einen Grundstücke zusteht, Verzicht leiste.

Auszug aus dem Grund- und Hypothekenbuche für Heinrichsdorf.

Nr.	17.	Anmerkungen.
	Haus mit Garten. Nr. 5 des Brandkatasters. Hierzu gehört ein Wohngebäude Nr. 2a sammt Garten Nr. 2b und Nr. 15 des Flurbuchs. Hiervon sind zu entrichten: 1 Thlr. 6 Ngr. 4 Pf. jährliche Ablösungsrente an die Landrentenbank, — „ 6 „ 4 „ jährliche Rente an das Rittergut Ruhethal.	

Nummer.	Besitzer.	Anmerkungen.
	10. October 1879. Der Oekonom Johann Gottfried Müller kaufte das Grundstück von dem Gutsbesitzer Albin Theodor Schmidt um 12 500 Mark	
	10. Octpber 1879. Der Gutsbesitzer Albin Theodor Schmidt in Heinrichsdorf hat ein Vorkaufsrecht an dem Grundstücke um den Preis von 12 500 Mark	

Nr.	Schulden.	ℳ	₰	Anmerkungen.
I.	1. October 1874. Achttausend Mark nebst Zinsen zu vier vom Hundert jährlich und Kosten der Wiedereinhebung, Darlehn der Sparkasse zu M. . . .	8000	—	
II. Leibrente. Auszug.	10. Mai 1876. a. Einhundert und Fünfzig Mark jährlich Leibrente, b. Naturalauszug, Beaten verw. Schüler in Heinrichsdorf.			
III.	15. October 1879. Zweitausend Mark nebst Zinsen zu fünf vom Hundert jährlich und Kosten der Wiedereinhebung, Darlehn, dem Kaufmann Wilhelm Hering in A.	2000	—	Haftet auch auf Nr. 26 dieses Grund- und Hypothekenbuchs.
IV.	6. Juli 1882. Fünftausend Mark nebst Zinsen zu fünf vom Hundert jährlich und Kosten der Wiedereinhebung, Darlehn, dem Rentner Eduard Kläger in Dresden	5000	—	Haftet auch auf Nr. 26 dieses Grund- und Hypothekenbuchs.
V.	17. December 1883. Eintausendeinhundertundachtundzwanzig Mark 78 Pf., worunter 1000 Mark Stammforderung, Liquidum des Brauereibesitzers Adolf Bier in S.	1128	78	Haftet auch auf Nr. 26 dieses Grund- und Hypothekenbuchs.

Auszug aus dem Grund- und Hypothekenbuche für Heinrichsdorf.

Nummer.	26.	Anmerkungen.
	Feld und Wiese. Nr. 64. 129. 160. 165 des Flurbuchs. Hiervon sind zu entrichten: 8 Thlr. 16 Ngr. — Pf. jährliche Ablösungsrente der Landrentenbank, 1/30 zu den Reallasten des Gutes Nr. 3 dieses Grundbuchs von der Parzelle Nr. 160.	

Nummer.	Besitzer.	Anmerkungen.
	10. October 1879. Der Oekonom Johann Gottfried Müller kaufte das Grundstück von Heinrich Bauer um 20 000 Mark . . .	
	15. December 1884. Die Zwangsverwaltung ist eingeleitet, zufolge Beschlusses	

Nr.	Schulden.	M	Pf	Anmerkungen.
I.	2. April 1875. Dreitausend Mark nebst Zinsen zu vier vom Hundert jährlich und Kosten der Wiedereinhebung, Darlehn, dem Bauergutsbesitzer Peter Noack in A.	3000	—	
II.	6. Juni 1876. Fünftausend Mark Creditcaution dem Spar- und Vorschußvereine zu B., eingetragene Genossenschaft	5000	—	
III.	10. December 1878. Dreitausend Mark nebst Zinsen zu vier vom Hundert jährlich und Kosten der Wiedereinhebung, Darlehn, dem Fleischer Albrecht Hase in F.	3000	—	

Nr.	Schulden.	ℳ	₰	Anmerkungen.
IV.	10. October 1879. Dreitausendfünfhundert Mark nebst Zinsen zu vier einhalb vom Hundert jährlich und Kosten der Einhebung, rückständige Kaufgelder, dem Privatmann Heinrich Bauer in O.....	3500	—	
V.	15. October 1879. Zweitausend Mark nebst Zinsen zu fünf vom Hundert jährlich und Kosten der Einhebung, Darlehn, dem Kaufmann Wilhelm Hering in A.....	2000	—	Haftet auch auf Nr. 17 dieses Grund- und Hypothekenbuchs.
VI.	12. Januar 1880. Viertausend Mark nebst Zinsen zu fünf vom Hundert jährlich und Kosten der Einhebung, Darlehn, dem Getreidehändler Max Dietrich in N.....	4000	—	
VII.	6. Juli 1882. Fünftausend Mark nebst Zinsen zu fünf vom Hundert jährlich und Kosten der Wiedereinhebung, Darlehn, dem Rentner Eduard Kläger in Dresden....	5000	—	Haftet auch auf Nr. 17 dieses Grund- und Hypothekenbuchs.
VIII.	13. April 1883. Zweitausendfünfhundert Mark Einbringen Amalien Ernestinen verehel. Müller in Heinrichsdorf zufolge Antrags derselben vom 12. April 1883.	2500	—	
IX.	28. November 1883. Dreitausend Mark nebst Zinsen zu fünf vom Hundert jährlich und Kosten der Einhebung, durch Vergleich festgestellte Forderung des Zimmermeisters Ehrenreich Sicher in D.....	3000	—	
X.	17. December 1883. Eintausendeinhundertundachtundzwanzig Mark 78 Pf., worunter 1000 Mark Stammforderung, Liquidum des Brauereibesitzers Adolf Bier in S.....	1128	78	Haftet auch auf Nr. 17 dieses Grund- und Hypothekenbuchs.

I. Beispiel.

(Vorkaufsrecht.)

1.

Beschluß.

Auf den von dem Rentner Eduard Kläger in Dresden gestellten Antrag wird wegen eines hiermit auf

Fünftausendvierhundertfünfzig Mark

festgestellten Schuldbetrags nebst ferneren Zinsen zu 5 v. H. von 5000 ℳ Stammforderung, vom 1. Januar 1885 an gerechnet, die Einleitung des Verfahrens zur Zwangsversteigerung in Ansehung des dem Schuldner

Johann Gottfried Müller, Oekonom in Heinrichsdorf

gehörigen Grundstücks, Folium 17 des Grundbuchs für Heinrichsdorf, beschlossen, auch die Beschlagnahme des Grundstücks ausgesprochen.

Dem Schuldner wird unter Androhung der Nichtigkeit die Veräußerung von Zubehörungen des Grundstücks verboten, auf welche sich die Hypothek erstreckt.

Dieser Beschluß ist

dem Schuldner Müller und
dem betreibenden Gläubiger Kläger

zuzustellen,

auch ist nach erfolgter Zustellung an den Schuldner wegen Erklärung über Ausübung des Vorkaufsrechts an den Vorkaufsberechtigten Albin Theodor Schmidt Aufforderung zu erlassen.

. . . . ., am 17. Januar 1885.

Königliches Amtsgericht.

Anweisung an den Gerichtsschreiber:

Nach Eingang der Urkunde über die an den Schuldner bewirkte Zustellung mit dieser Urkunde wieder vorzulegen.

Vorgelegt am 21. Januar 1885
mit Zustellungsurkunde vom 20. d. Mts.

2.

An

den Gutsbesitzer Herrn Albin
Theodor Schmidt
in
Heinrichsdorf.

Auf Antrag des Rentners Eduard Kläger in Dresden ist die Einleitung des Zwangsversteigerungsverfahrens in Betreff des dem Oekonom Johann Gottfried Müller in Heinrichsdorf gehörigen Grundstücks, Folium 17 des Grundbuchs für Heinrichsdorf, beschlossen worden.

Auf dem Grundbuchsfolium ist für Sie ein Vorkaufsrecht um den Preis von 12500 ℳ eingetragen. Die der Forderung des betreibenden Gläubigers im Range vorangehenden und ohne Anmeldung zu berücksichtigenden Ansprüche, die Zinsen bis zum 1. April d. J. berechnet, betragen [1]

8000,00	ℳ	Stammforderung
80,00	„	Zinsen vom 1. Januar 1885 der Sparkasse zu M.
37,50	„	am 1. Februar fällig werdende Rate der Leibrente der Wittwe Schüler
2000,00	„	Stammforderung
50,00	„	Zinsen vom 1. October 1884 dem Kaufmann Hering in A.
10167,50	ℳ.	

Sie werden hiermit aufgefordert, innerhalb der Frist von dreißig Tagen von Zustellung der gegenwärtigen Verfügung gerechnet, bei dem unterzeichneten Gerichte zu erklären, ob Sie das Ihnen zustehende Vorkaufsrecht ausüben wollen.

Wird innerhalb der Frist eine Erklärung von Ihnen nicht abgegeben, so wird mit der Versteigerung des Grundstücks verfahren werden.

Die auf Ausübung des Vorkaufsrechts gerichtete Erklärung tritt in Wirksamkeit, sobald Ihnen amtlich mitgetheilt wird, daß der noch zu ermittelnde Schuldenbetrag, welcher durch den Kaufpreis gedeckt sein muß, geringer ist, als die Vorkaufssumme, und bleiben Sie auch für den entgegengesetzten Fall an die Erklärung bis zum Erfolg einer bezüglichen amtlichen Mittheilung gebunden.

. . . ., am 22. Januar 1885.

Königliches Amtsgericht.

Anweisung an den Gerichtsschreiber:

a) für Zustellung an den Adressaten zu sorgen,
b) wenn bis dahin eine Erklärung nicht eingegangen, am 31. Tage nach der Zustellung wieder vorzulegen.

3.

am 20. Februar 1885

erscheint vor dem Amtsrichter Herrn . . . . . ., diesem von Person bekannt,

Herr Gutsbesitzer Albin Theodor Schmidt
aus Heinrichsdorf

und erklärt, er mache aus Anlaß der beantragten Zwangsversteigerung des

---

[1] Bei dem Vorhandensein einer größeren Anzahl von Forderungen oder unter anderen Umständen wird es sich empfehlen, lediglich den Gesammtbetrag in die Ausfertigung selbst einzustellen und die Specialisirung der Ansprüche in eine Beilage zu verweisen.

Grundstücks Folium 17 des Grundbuchs für Heinrichsdorf von dem ihm an diesem Grundstücke zustehenden Vorkaufsrechte Gebrauch.

Auf Vorlesen genehmigt und mitvollzogen.
(Unterschrift des Schmidt)

. . . .

Amtsrichter. Gerichtsschreiber.

4.

Beschluß.

In Verfolg des von dem Rentner Eduard Kläger in Dresden auf Zwangsversteigerung des dem Oekonom Johann Gottfried Müller gehörigen Grundstücks, Folium 17 des Grundbuchs für Heinrichsdorf, gestellten Antrags hat der Gutsbesitzer Albin Theodor Schmidt in Heinrichsdorf erklärt, daß er das um den Preis von 12 500 ℳ für ihn auf dem bezeichneten Folium eingetragene Vorkaufsrecht ausüben wolle.

Die nachbenannten Realberechtigten sind daher durch Zustellung dieses Beschlusses aufzufordern, die auf dem Grundstücke lastenden Ansprüche, soweit dieselben der Anmeldung bedürfen, auf die Zeit bis zu

dem 1. April 1885

zu berechnen und die berechneten Beträge spätestens

am 16. März 1885

bei dem unterzeichneten Amtsgerichte anzumelden.

Nicht fristgemäß angemeldete Ansprüche bleiben bei Berechnung des Mindestgebots und im Falle der Ueberlassung des Grundstücks an den Vorkaufsberechtigten bei Vertheilung der Kaufssumme, sofern diese nicht den Betrag aller sonstigen aus ihr zu befriedigenden Forderungen übersteigt, unberücksichtigt.

. . . ., am 22. Februar 1885.

Königliches Amtsgericht.

Je eine Ausfertigung dieses Beschlusses ist zuzustellen:

1. der Königl. Amtshauptmannschaft zu . . . . .
2. dem Ortssteuereinnehmer zu Heinrichsdorf,
3. dem Gemeindevorstand zu Heinrichsdorf,
4. dem Vorsitzenden des Kirchenvorstandes zu X, Herrn Pfarrer . . .
5. dem Besitzer des Ritterguts Ruhethal, Herrn . . . .
6. dem Stadtrathe zu M. in Vertretung der Sparkasse zu M.,
7. Frau Beate verw. Schüler in Heinrichsdorf,
8. dem Kaufmann Herrn Wilhelm Hering in A.,
9. dem Brauereibesitzer Herrn Adolf Bier in S.[1]

---

[1] Die Erstreckung der Verfügung auf diese Forderung ist nothwendig, weil die Forderung unter Nr. 8 eine ungewisse ist.

Zu Nr. 7 ist in der Ausfertigung dem Beschlusse noch beizufügen:

Frau Beate verw. Schüler ist aufzufordern, sofern sie rückständige Auszugsleistungen beanspruche, den Geldbetrag anzuzeigen, welcher an deren Stelle gefordert werde.

5. a.

. . . .

am 1. März 1885.

An Gerichtsstelle erscheint

Frau Beate verw. Schüler

und meldet zur Befriedigung aus den Kaufgeldern an:

187	ℳ	50	₰	rückständige, im vorigen Jahre und am 1. Februar 1885 fällig gewordene Leibrente,
15	„	50	„	Geldwerth der auf das vorige Jahr in Rückstand gebliebenen Auszugsleistungen (1 Scheffel Aepfel und 1 Scheffel Kartoffeln).

Auf Vorlesen genehmigt.

. . . .

Gerichtsschreiber.

b.

. . . .

am 10. März 1885.

Der in anderen Angelegenheiten an Gerichtsstelle anwesende

Herr Ortsrichter Weise aus Heinrichsdorf

hat heute nach Verweisung auf seinen Pflichteid versichert, daß die von der verw. Schüler angemeldete Entschädigung von 15 ℳ 50 ₰ für 1 Scheffel Aepfel und 1 Scheffel Kartoffeln den gegenwärtigen Marktpreisen dieser Fruchtsorten entspreche.

Herr Weise hat auf Sachverständigengebühr verzichtet.

Auf Vorlesen genehmigt.

. . . .

Amtsrichter.   Gerichtsschreiber.

c.

In Schriften sind angemeldet:

4	ℳ	70	₰	Grundsteuer	im vorigen Jahre fällig geworden,
6	„	20	„	Gemeindeabgaben	im vorigen Jahre fällig geworden,
—	„	91	„	Landrente	im vorigen Jahre fällig geworden,
2000	„	—	„	Darlehn des Kaufmann Wihelm Hering,	
100	„	—	„	Zinsen davon auf die Zeit vom 1. April 1884 ab.	

6.

Der Betrag, welchen nach § 72 Abs. 1 das Mindestgebot übersteigen muß, berechnet sich auf

10,90 *M*	rückständige Abgaben		
0,91 „	„ Landrente		
8000,00 „	Stammforderung	der Sparkasse zu M.	
80,00 „	Zinsen		
187,50 „	Leibrente	der Wittwe Schüler	
15,50 „	Werth der rückständigen Auszugsleistungen		
2000,00 „	Stammforderung	dem Kaufmann Hering	
100,00 „	Zinsen		
80,00 „	Gebühren (§ 14. § 39 des Kostenges.)		
25,00 „	Schreibgebühren		
1,60 „	Postgebühren.		
10 501,41 *M*			

7.

Beschluß.

In dem auf Antrag des Rentners Eduard Kläger eingeleiteten, die Zwangsversteigerung des dem Oekonom Johann Gottfried Müller gehörigen Grundstücks, Folium 17 des Grundbuchs für Heinrichsdorf, betreffenden Verfahren ist der Betrag, welchen das Mindestgebot übersteigen muß, auf

Zehntausendfünfhundert und eine Mark 41 Pfennig,
(10 501,41 *M*)

ermittelt worden, während die eingetragene Vorkaufssumme

Zwölftausend Fünfhundert Mark

beträgt.

Der Vorkaufsberechtigte Albin Theodor Schmidt hat daher zufolge seiner Erklärung vom 20. Februar d. J. das bezeichnete Grundstück zu übernehmen.

Der Termin, bis zu welchem die baare Erlegung oder Sicherstellung des nach § 71 verb. § 13 alsbald zu berichtigenden, auf

Eintausendunddreizehn Mark 91 *Pf*[1]

festgestellten Theils des Kaufpreises stattzufinden hat, ist auf

den 1. April 1885, Vormittags 11 Uhr

anberaumt worden.

Der Vorkaufsberechtigte wird zu rechtzeitiger Erlegung oder Sicherstellung dieses Betrages mit dem Bemerken aufgefordert, daß er im Unter-

---

[1] Dieser Betrag setzt sich zusammen aus:

501,41 *M*	unter Nr. 6 aufgeführte Rückstände und Kosten,
450,00 „	Nebenforderungen des betreibenden Gläubigers, darunter Zinsen bis zum 31. December 1884,
62,50 „	Zinsen des betreibenden Gläubigers vom 1. Januar bis mit 31. März 1885.
1013,91 *M*.	

lassungsfalle des Vorkaufsrechts verlustig geht, den gedachten Betrag jedoch dessen ungeachtet nachzuzahlen hat.

In demselben Termine wird ein Vertheilungsplan verkündet werden.

Dieser Beschluß ist

dem Vorkaufsberechtigten Schmidt,
dem betreibenden Gläubiger Kläger,
dem Schuldner Müller und
den bei dem Beschlusse vom 22. Februar d. J. bezeichneten Realberechtigten zuzustellen.

. . . ., am 17. März 1885.

Königliches Amtsgericht.

8.

. . . .

am 1. April 1855.

Der Gutsbesitzer Albin Theodor Schmidt aus Heinrichsdorf

hat heute in dem 11 Uhr 30 Minuten Vormittags eröffneten Termine in Ausübung des ihm an dem Grundstücke Folium 17 des Grundbuchs für Heinrichsdorf zustehenden Vorkaufsrechts den Betrag von

Eintausendunddreizehn Mark 91 Pf.

zur Gerichtskasse eingezahlt und wegen des Restes von 1486 ℳ 9 ₰ nebst den davon mit fünf v. H. jährlich vom heutigen Tage an zu berechnenden Zinsen auf einen Monat, von Rechtskraft des Zuschlags an gerechnet, Gestundung erhalten. Da bei Eröffnung des Termins von den betheiligten Gläubigern Niemand erschienen war, ist der abgefaßte Vertheilungsplan in der Gerichtsschreiberei zur Einsicht ausgelegt worden.

. . . .

Amtsrichter. Gerichtsschreiber.

9.

Vertheilungsplan.

In Verfolg des von Eduard Kläger gestellten Antrags auf Zwangsversteigerung des dem Oekonom Johann Gottfried Müller gehörigen Haus- und Gartengrundstücks, Folium 17 des Grundbuchs für Heinrichsdorf, und zufolge der von dem Gutsbesitzer Albin Theodor Schmidt abgegebenen Erklärung, das ihm an dem Grundstücke um den Preis von 12 500 ℳ zustehende, auf dem bezeichneten Folium eingetragene Vorkaufsrecht ausüben zu wollen, sowie des Ergebnisses der nach § 71 des Gesetzes vom 15. August 1884 bewirkten Ermittelungen ist das vorbezeichnete Grundstück durch Beschluß vom 17. März 1885 dem Vorkaufsberechtigten

Albin Theodor Schmidt in Heinrichsdorf

um den Preis von

Zwölftausendfünfhundert Mark

überlassen worden.

Die Kaufssumme wird gewährt

a) durch die mit Rechtskraft dieses Vertheilungsplans in Wirksamkeit tretende Uebernahme der auf dem Grundstücke eingetragenen, der Forderung des betreibenden Gläubigers im Range vorangehenden Forderungen an

1 Achttausend Mark mit Zinsen zu vier vom Hnndert jährlich, vom 1. April 1885 an gerechnet, und Kosten der Wiedereinhebung, Darlehnsforderung der Sparkasse zu M.,

eingetragen unter Hypothekennummer I,

2. Zweitausend Mark mit Zinsen zu fünf vom Hundert jährlich, vom 1. April 1885 an gerechnet, und Kosten der Wiedereinhebung, Darlehnsforderung des Kaufmanns Wilhelm Hering in A.,

eingetragen unter Hypothekennummer III,

neben welchen hypothekarischen Schulden der Käufer noch die unter Hypothekennummer II für Beate verw. Schüler eingetragene Reallast, bestehend in

einer Leibrente von jährlich Einhundertundfünfzig Mark, zahlbar in Raten, die am 1. Februar, 1. Mai, 1. August und 1. November jeden Jahres mit je 37,50 *M* fällig sind, und in einem Naturalauszuge,

zu übernehmen hat, sowie

b) durch Zahlung des Betrages von Zweitausendfünfhundert Mark.

Von der letzteren Summe sind eingezahlt 1013 *M* 91 *Pf*, welche folgendergestalt zu vertheilen sind:

5,61	*M*	rückständige Grundsteuer und Landrente dem Lokalsteuereinnehmer zu Heinrichsdorf,
6,20	„	rückständige Gemeindeabgaben dem Gemeindevorstande daselbst,
80,00	„	bis zum 1. April 1885 rückständige Zinsen der Sparkasse zu M.,
187,50	„	rückständige Leibrente } Beaten verw.
15,50	„	für rückst. Auszugsleistungen } Schüler,
100,00	„	bis zum 1. April 1885 rückständige Zinsen dem Kaufmann Hering,
80,00	„	Gebühren } der Sportelkasse des Amts-
26,60	„	Auslagen } gerichts ....,
512,50	„	rückständige Zinsen und Kosten dem betreibenden Gläubiger Eduard Kläger.

Der Rest von 1486 *M* 9 *Pf* nebst Zinsen zu jährlich fünf vom Hundert, vom 1. April 1885 an gerechnet, ist unter der Voraussetzung, daß der Zuschlag nicht angefochten wird, am 15. Mai 1885 einzuzahlen und dem betreibenden Gläubiger zu gewähren.

Es gehen hiernach

der betreibende Gläubiger mit	3513	*M*	91 *Pf*,
sowie der Brauereibesitzer Adolf Bier, mit seiner unter Hypothekennummer V eingetragenen Forderung an	1128	„	78 „

leer aus.

Dafern und soweit jedoch die unter Hypothekennummer III eingetragene Schuld, welche auch auf dem Grundstücke Folium 26 dieses Grundbuchs ungetheilt lastet, aus einem anderen Grunde, als in Folge Befriedigung durch den Erwerber Schmidt oder durch dessen Rechtsnachfolger im Eigenthume des Grundstücks in Wegfall kommt, hat der Käufer, bezw. dessen Rechtsnachfolger in Höhe des hinwegfallenden Betrags eine der auf dem Grundstück lastenden Forderungen, soweit dieselben durch den gewährten Kaufpreis nicht gedeckt sind und bei dem Hinwegfallen des ungewissen Anspruchs noch bestehen, nach Maßgabe des Rangverhältnisses, welches jene Forderungen gegenwärtig haben, in Anrechnung auf den Kaufpreis zu übernehmen und zwar,

1. den Forderungsrest des betreibenden Gläubigers Eduard Kläger an 3513 ℳ 91 ₰ sammt Zinsen zu fünf vom Hundert vom 1. April 1885 ab und Kosten der Einhebung, und sodann

2. die Forderung Adolf Bier's an 1128 ℳ 78 ₰.

Besteht zur Zeit des Hinwegfallens des ungewissen Anspruchs keine dieser Forderungen, so kommt der entsprechende Theil des Kaufpreises dem Schuldner Johann Gottfried Müller zu.

am 1. April 1885.

Königliches Amtsgericht.

10.

Beschluß.

am 16. Mai 1885.

Nach eingetretener Rechtskraft des Vertheilungsplanes und nachdem der Erwerber des Grundstücks die ihm auferlegte Zahlung an die Gerichtskasse geleistet hat, sind auf dem Folium 17 des Grund- und Hypothekenbuchs für Heinrichsdorf folgende Einträge zu bewirken:

I. in Rubrik II:

Der Gutsbesitzer Albin Theodor Schmidt in Heinrichsdorf erwarb nach Einleitung des Zwangsversteigerungsverfahrens in Ausübung des ihm zustehenden Vorkaufsrechts das Grundstück um 12 500 ℳ,

II. in Rubrik III:

1. In Folge der im Zwangsversteigerungsverfahren geschehenen Ausübung des Vorkaufsrechtes wird von der Forderung unter Nr. IV. der Betrag von 3513 ℳ 91 ₰ abgeschrieben und die Forderung unter Nr. V. gelöscht, auch wird in Folge Zahlung der Rest der Forderung unter Nr. IV. im Betrage von 1486 ℳ 91 ₰ gelöscht.

2. unter neuer Hypothekennummer, unmittelbar dem Eintrage unter 1 folgend;

Für den Fall, daß der unter Nr. III. eingetragene Anspruch aus einem anderen Grunde, als in Folge Befriedigung seitens des Eigenthümers des Grundstücks ganz oder zum Theil in Wegfall kommt, tritt an Stelle des hinwegfallenden Betrags bis zu dessen Höhe ein im Vertheilungsplane bedingt angewiesener Anspruch mit dem dem Zeitpunkte dieses Eintrags entsprechenden Range.

Amtsrichter.

II. Beispiel.

1.

Beschluss.[1]

Auf den von dem Rentner Eduard Kläger in Dresden gestellten Antrag wird wegen eines hiermit auf

Fünftausendeinhundertfünfzig Mark — Pf.

festgestellten Schuldbetrags nebst weiteren Verzugszinsen von 5000 Mark Stammforderung vom 1. Januar 1885 ab, die Einleitung des Verfahrens zur Zwangsversteigerung in Ansehung der dem Schuldner

Johann Gottfried Müller, Oekonom in Heinrichsdorf

gehörigen Grundstücke, Folium 17 und Folium 26 des Grundbuchs für Heinrichsdorf . . . . . . beschlossen, auch die Beschlagnahme der bezeichneten Grundstücke ausgesprochen.

Dem Schuldner wird unter Androhung der Nichtigkeit die Veräusserung von Zubehörungen der Grundstücke verboten, auf welche sich die Hypothek erstreckt.

Dieser Beschluss ist dem Schuldner Müller und dem betreibenden Gläubiger Kläger zuzustellen, auch ist beglaubigte Abschrift des Beschlusses behufs Bewirkung der erforderlichen Einträge des Amtsgerichts Hypothekenabtheilung (als Grund- und Hypothekenbehörde) mitzutheilen.

Derselben ist hierbei die von dem betreibenden Gläubiger überreichte Abschrift der Folien 17 und 26 des Grundbuchs für Heinrichsdorf mit dem Ersuchen zu übersenden, die Abschrift durch Hinzufügung beglaubigter Abschrift etwaiger neuerer Einträge zu vervollständigen, oder durch amtlichen Vermerk zu bestätigen, dass weitere Einträge auf den Folien nicht bewirkt worden sind.

. . . . ., am 17. Januar 1885.

Königliches Amtsgericht.

2.

An
den Ortsrichter Herrn Daniel Weise
in Heinrichsdorf.

Auf Antrag ist die Zwangsversteigerung der dem Oekonom Johann Gottfried Müller gehörigen, in der Flur Heinrichsdorf gelegenen Grundstücke,

1. des Hauses mit Garten, Folium 17 des Grundbuchs, Nr. 5 des Brandkatasters, Nr. 2a. 2b und 15 des Flurbuchs,
2. des Feld- und Wiesengrundstücks Folium 26 des Grundbuchs, Nr. 64. 129. 160 und 165 des Flurbuchs

beschlossen worden.

[1] Das hier sowie unter 6. 7. 8. 13 mit lateinischer Schrift Gedruckte stellt den Vordruck der Formulare dar.

Als bei dem unterzeichneten Amtsgerichte in Pflicht stehender Sachverständiger werden Sie veranlaßt, sobald als möglich und längstens bis

zum 3. Februar d. J.

den Werth eines jeden dieser Grundstücke, jedoch mit Ausschluß des Hauses, dessen Schätzung dem Amtsmaurermeister Loth übertragen wird, zu ermitteln, auch zu erörtern, ob die Grundstücke in Folge ihrer Lage und Beschaffenheit, ihrer Belastung mit Dienstbarkeiten oder sonstiger Verhältnisse dergestalt in einem wirthschaftlichen Zusammenhange stehen, daß der Gesammtbetrag des Werthes der einzelnen Grundstücke bei Trennung des etwa bestehenden Verbandes durch Veräußerung an verschiedene Personen geringer sein würde, wie der Werth derselben als zusammengehöriges Besitzthum. Sollte dies der Fall sein, so ist außer den Werthsbeträgen der einzelnen Grundstücke auch der Werth anzugeben, welchen dieselben als Gesammtheit haben.

Ferner wollen Sie anzeigen, ob bewegliche Gegenstände vorhanden sind, welche mit den Grundstücken oder mit einem derselben zu veräußern zweckmäßig sein würde.

Ihrem Gutachten, welches Sie schriftlich oder zu Protokoll des Gerichtsschreibers erklären können, ist eine kurze Beschreibung der Grundstücke beizufügen.

Im Uebrigen ist Ihnen zu eröffnen, daß der Anspruch auf Ihre Gebühr hinwegfällt, wenn deren Berechnung dem unterzeichneten Amtsgerichte nicht vor Schluß des anzuberaumenden Anmeldetermins zugeht, welchen Sie aus der öffentlichen Bekanntmachung der Zwangsversteigernng ersehen werden.

am 17. Jannar 1885.

Königliches Amtsgericht.

An
Herrn Amtsmaurermeister Loth
in

Auf Antrag ist die Zwangsversteigerung der dem Oekonom Johann Gottfried Müller gehörigen, in der Flur Heinrichsdorf gelegenen Grundstücke, darunter

des Hauses Nr. 5 des Brandkatasters

beschlossen worden.

Als bei dem unterzeichneten Amtsgerichte in Pflicht stehender Sachverständiger werden Sie veranlaßt, sobald als möglich und längstens bis

zum 3. Februar d. J.

den gegenwärtigen Werth dieses Hauses zu ermitteln, auch anzuzeigen, ob bewegliche Gegenstände vorhanden sind, welche mit dem Hause zn veräußern zweckmäßig sein würde.

Ihrem Gutachten, welches Sie schriftlich oder zu Protokoll des Gerichtsschreibers erklären können, ist eine kurze Beschreibung des Hauses beizufügen.

Im Uebrigen ist Ihnen zu eröffnen, daß der Anspruch auf Ihre Gebühr hinwegfällt, wenn deren Berechnung dem unterzeichneten Amtsgerichte nicht vor Schluß des anzuberaumenden Anmeldetermins zugeht, welchen Sie aus der öffentlichen Bekanntmachung der Zwangsversteigerung ersehen werden.

. . . . ., am 17. Januar 1885.

Königliches Amtsgericht.

3.

. . . .

am 1. Februar 1885

erscheint an Gerichtsstelle der verpflichtete Sachverständige

Herr Ortsrichter Daniel Weise aus Heinrichsdorf

und erklärt:

Der zu dem Hause gehörige Garten, in welchem der Besitzer eine Rosenschule eingerichtet habe, — aus welchem Grunde das Besitzthum in der näheren und weiteren Umgebung allgemein unter dem Namen „der Rosengarten" bekannt sei — umfaße 1 ha 10 a, sei mit 40 Steuereinheiten belegt und habe einen Werth von 2200 Mark. Von den vier auf Folium 26 eingetragenen Flurstücken seien nur benachbart Nr. 160 Feld, 2 ha 20 a mit 123 Steuereinheiten, 5500 ℳ werth, und Nr. 165 Wiese, 1 ha 66 a, mit 104 Steuereinheiten, 5200 ℳ werth. Die Wiese sei nach den Regeln der Kunst zur rationellen Bewässerung hergerichtet; das erforderliche Wasser werde aus dem Flusse mittelst eines über das Grundstück des Gutsbesitzers Schmidt führenden Grabens zugeleitet. Er wisse jedoch nicht, ob deshalb eine Dienstbarkeit bestehe.

Das Feld Nr. 129, 4 ha 91 a groß, mit 249 Steuereinheiten belegt, schätze er auf 10000 ℳ. Ueber dasselbe führe aus der sogenannten Aktienziegelei ein Fußweg in der Richtung nach dem Communicationswege, welcher Fußweg auch über andere Grundstücke hinweggehe.

Das Feld Nr. 64. 41, 50 a groß mit 16, 40 Steuereinheiten, liege in unmittelbarer Nähe des Ortes Heinrichsdorf an der Chaussee nach X. und eigne sich zur Erbauung einer Villa, wie deren schon mehrere auf Grundstücken ähnlicher Lage errichtet worden seien. Er schätze deshalb den Werth dieses Feldes auf 1000 ℳ, somit

das Grundstücksfolium 17 ohne das Haus auf 2200 ℳ
das Grundstücksfolium 26 auf 21700 ℳ

Die Grundstücke stehen in keinem wirthschaftlichen Verbande.

Herr Weise versichert nach Hinweis auf den von ihm geleisteten Pflichteid, daß das abgegebene Gutachten seiner Ueberzeugung entspreche und berechnet seine Gebühr auf

Zehn Mark.

Vorgelesen, genehmigt, mitvollzogen.

. . . .

Gerichtsschreiber.

Schriftliches Gutachten des andren Sachverständigen mit Beschreibung. Werth des Hauses 10300 Mark. — Gebühr 10 Mark.

4.

. . . .

am 5. Februar 1885.

An Gerichtsstelle erscheint auf mündliche Bestellung der Schuldner,

Herr Johann Gottfried Müller,

und erklärt bei Durchgehung der auf den Folien der zu versteigernden Grundstücke eingetragenen Reallasten und Forderungen, daß er gegen keine derselben einen Widerspruch zu erheben jetzt in der Lage sei, bezüglich der auf Folium 26 unter Nr. IX für Sicher eingetragene Hypothek an 3000 ℳ. aber bemerken müsse, daß ihm der Gläubiger die Forderung für den 1. April d. J. gekündigt habe.

Außer den Einträgen komme noch in Betracht, daß die Gemeinde vermöge Ortsstatuts aus Anlaß eines vor Kurzem beendeten Schleußenbaues von dem Eigenthümer des Grundstückes Fol. 17 einen Adjacenzbeitrag, dessen Höhe ihm noch nicht bekannt sei, fordern könne.

Mit dem Gutachten des Sachverständigen bekannt gemacht, erklärt Herr Müller, es bestehe für sein Wiesengrundstück Nr. 165 an dem zwischen diesem und dem Flusse liegenden Wiesengrundstücke Schmidt's vermöge Vertrags vom Jahre 1858 eine Grunddienstbarkeit der Wasserzuleitung, deren Ausübung an bestimmte, in dem Vertrage festgestellte Regeln gebunden sei. Herr Müller überreicht die betreffende Vertragsurkunde.

Ferner bemerkt derselbe, daß der in dem Gutachten erwähnte Fußweg über das Feld Nr. 129 eine der Ziegelei zustehende Dienstbarkeit bilde, sowie daß das an sein Haus nach West angrenzende Grundstück die Dachtraufe des Hauses zu dulden habe.

In diesem Hause sei gegenwärtig das erste Stockwerk um 300 ℳ jährlich vermiethet. Ueberdies versichert Herr Müller, daß für Gemeinde-Schul- und Armenzwecke zwar von den Grundstücken Abgaben erhoben würden, deren Betrag jedoch nach dem Bedürfniß von Jahr zu Jahr festgestellt werde.

Vorgelesen, genehmigt pp.

5.

. . . .

am 6. Februar 1885.

Nach Anzeige des Gerichtsvollziehers haben Mobiliarpfändungen gegen Müller zwar stattgefunden, es sind jedoch die Pfandstücke bereits versteigert.

Nachrichtlich

. . . .

Gerichtsschreiber.

6.

(A.)

Zwangsversteigerung.

Die im Grundbuche auf den Namen Johann Gottfried Müller eingetragenen Grundstücke,

1. Haus mit Garten „der Rosengarten“ genannt, Folium 17 des Grundbuchs für Heinrichsdorf, bestehend aus den Flurstücken Nr. 2a. 2b und 15, nach dem Flurbuche 1 ha 10 a groß, mit 417,50 Steuereinheiten belegt, geschätzt auf 12 500 ℳ,

2. Feld und Wiese, Folium 26 desselben Grundbuchs, bestehend aus den Flurstücken Nr. 64. 129. 160. 165, nach dem Flurbuche zusammen 9 ha 28,5 a groß, mit 492,40 Steuereinheiten belegt und auf 21 700 ℳ geschätzt,

sollen im hiesigen Amtsgericht, Zimmer 12, zwangsweise versteigert werden und ist

der 22. März 1885
Vormittags 10 Uhr
als Anmeldetermin,

ferner

der 19. April 1885
Vormittags 10 Uhr
als Versteigerungstermin,

sowie

der 26. April 1885
mittags 12 Uhr

als Termin zu Verkündung des Vertheilungsplans anberaumt worden.

Die Realberechtigten werden aufgefordert, die auf den Grundstücken lastenden Rückstände an wiederkehrenden Leistungen, sowie Kostenforderungen, spätestens im Anmeldetermine anzumelden.

Eine Uebersicht der auf den Grundstücken lastenden Ansprüche und ihres Rangverhältnisses kann nach dem Anmeldetermine in der Gerichtsschreiberei des unterzeichneten Amtsgerichts eingesehen werden.

. . . ., am Februar 1885.

Königliches Amtsgericht.

(B.)

Zwangsversteigerung.

Die im Grundbuche auf den Namen Johann Gottfried Müller eingetragenen Grundstücke,

1. Haus mit Garten „der Rosengarten“ genannt, Folium 17 des Grundbuchs für Heinrichsdorf, bestehend aus den Flurstücken Nr. 2a. 2b und 15, nach dem Flurbuche 1 ha 10 a groß, mit 417,50 Steuereinheiten belegt, geschätzt auf 12 500 ℳ,

2. Feld und Wiese, Folium 26 desselben Grundbuchs, bestehend aus den Flurstücken Nr. 64. 129. 160. 165, nach dem Flurbuche zusammen 9 ha 28,5 a groß, mit 492,40 Steuereinheiten belegt und auf 21 700 ℳ geschätzt,

sollen im hiesigen Amtsgerichte Zimmer 12 zwangsweise versteigert werden und ist

der 19. April 1885
Vormittags 10 Uhr
als Versteigerungstermin

sowie

der 26. April 1885
mittags 12 Uhr

als Termin zu Verkündung des Vertheilungsplans anberaumt worden.

Eine Uebersicht der auf den Grundstücken lastenden Ansprüche und ihres Rangverhältnisses kann in der Gerichtsschreiberei des unterzeichneten Amtsgerichts eingesehen werden.

. . . ., am 6. Februar 1885.

Königliches Amtsgericht.

An die
1. Expedition der Leipziger Zeitung.
2. Redaktion des Amtsblattes.

Die {Expedition / Redaktion} de{r Leipziger Zeitung / s Amtsblattes}

wird ersucht, von den hier beiliegenden Bekanntmachungen

die mit A bezeichnete in einer der nächst erscheinenden Nummern ihres Blattes,[1]

die mit B bezeichnete aber in einer zwischen

dem 10. April 1885
und dem 17. April 1885[2]

erscheinenden Nummer an üblicher Stelle einzurücken, auch ein Belegexemplar mit Berechnung der Insertionskosten in Betreff der ersten Bekanntmachung

vor dem 22. März 1885

in Betreff der anderen Bekanntmachung

vor dem 19. April 1885

in Gerichtshand gelangen zu lassen.

. . . ., am 6. Februar 1885.

Königliches Amtsgericht.

---

[1] Soll zweimalige Bekanntmachung vor dem Anmeldetermine erfolgen, so wird hier einzuschalten sein:
„sowie in einer kurz vor dem . . . . . (inf. den Anmeldeterminstag) erscheinenden Nummer".

[2] Soll zweimalige Bekanntmachung nach dem Anmeldetermine erfolgen, so wird zu schreiben sein:
„die mit B bezeichnete aber zweimal, und zwar in einer zwischen,
dem . . . . .
und dem . . . . .
und sodann in einer zwischen
dem
und dem
erscheinenden Nummer" ꝛc.

7. a.

Beschluss.

Vorstehende Bekanntmachung ist nebst diesem Beschlusse dem Schuldner,

Herrn Johann Gottfried Müller in Heinrichsdorf,

mit der Aufforderung zuzustellen, in dem Anmeldetermine an Gerichtsstelle zu erscheinen, um über die zur Anmeldung gelangenden Ansprüche und über die zur Anzeige kommende Fälligkeit von Stammforderungen Erklärung abzugeben.

. . . . . ., am 6 Februar 1885.

Königliches Amtsgericht.

7. b.

Beschluss.

Vorstehende Bekanntmachung ist nebst diesem Beschlusse den nachgenannten Realberechtigten mit dem Eröffnen zuzustellen, dass Rückstände von den auf den Grundstücken lastenden öffentlichen Abgaben, von den zur Landes-Immobiliarbrandversicherungsanstalt zu entrichtenden Beiträgen, von den an die Landrentenbank und an die Landeskulturrentenbank zu zahlenden Landrenten und Landeskulturrenten sowie von Reallasten, sofern sie aus dem Kaufpreise des belasteten Grundstücks bezahlt werden sollen, bis zum Schlusse des anberaumten Anmeldetermins anzumelden sind, später angemeldete Ansprüche dieser Art aber der Regel nach bei Vertheilung des Kaufpreises ausser Berücksichtigung bleiben.

. . . ., am 6. Februar 1885.

Königliches Amtsgericht.

Je eine Ausfertigung dieses Beschlusses ist zuzustellen:

1. dem Ortssteuereinnehmer zu Heinrichsdorf,
2. der Königl. Amtshauptmannschaft zu . . ,
3. dem Gemeindevorstande zu Heinrichsdorf,
4. dem Vorsitzenden des Kirchenvorstandes zu X, Herrn Pfarrer . . . ,
5. dem Besitzer des Ritterguts Ruhethal, Herrn . . . . .,
6. dem Besitzer des Gutes Nr. 3 des Grundbuchs für Heinrichsdorf, Herrn . . . . .

(Beigedruckt § 101 des Gesetzes.)

7 c.

Beschluss.

Vorstehende Bekanntmachung ist nebst diesem Beschlusse den nachbenannten Inhabern der in der dritten Rubrik der bezeichneten Grundstücks-Folien eingetragenen Forderungen zuzustellen und zwar einem Jedem derselben

a. unter der Angabe des zwischen seiner Forderung und der des betreibenden Gläubigers bestehenden Rangverhältnisses und

b. mit dem Eröffnen, dass die nach den beigedruckten §§ 11 und 12 des Gesetzes vom 15. August 1884 nothwendige Anmeldung rückständiger Leibrenten, Termingelder, Zinsen und Kosten, sowie des Geldwerthes rückständiger Naturalleistungen, sofern die Tilgung solcher Ansprüche aus dem Kaufpreise erfolgen soll, bis zum Schlusse des anberaumten Anmeldetermins zu bewerkstelligen ist, später angemeldete Ansprüche dieser Art aber der Regel nach bei Vertheilung des Kaufpreises ohne Berücksichtigung bleiben, ferner

c. mit dem Hinweise darauf, dass der Verkauf jedes der Grundstücke um einen die Forderung des betreibenden Gläubigers theilweise deckenden Preis zulässig ist, und

d. mit der Aufforderung, in dem Anmeldetermine in Person oder durch einen Bevollmächtigten zu erscheinen, sofern der Gläubiger an der Feststellung der seinem Anspruche im Range vorangehenden Forderungen oder an Vereinbarung von Kaufsbedingungen Interesse hat.

. . . ., am 6. Februar 1885.

Königliches Amtsgericht.

Je eine Ausfertigung dieses Beschlusses [1] ist zuzustellen den in der 3. Rubrik von Folium 17 eingetragenen Gläubigern,

1. dem Stadtrathe zu M. in Vertretung der Sparkasse zu M., deren Forderung des betreibenden Gläubigers im Range vorangeht,

2. Frau Beaten verw. Schüler in Heinrichsdorf, deren Forderung der Forderung des betreibenden Gläubigers im Range vorangeht,

3. dem Kaufmann Herrn Wilhelm Hering in A., dessen Forderung der Forderung des betreibenden Gläubigers im Range vorangeht, (auch nachstehend Nr. 10),

4. dem Rentner Herrn Eduard Kläger in Dresden, als betreibendem Gläubiger (auch nachstehend Nr. 12),

5. dem Brauereibesitzer Herrn Adolf Bier in S., dessen Forderung der Forderung des betreibenden Gläubigers im Range nachsteht (auch nachstehend Nr. 15),

den in der 3. Rubrik des Folium 26 eingetragenen Gläubigern,

[1] Dem bei den Akten befindlichen Beschlusse ist, bei mehreren Grundstücken von Folium zu Folium fortschreitend, eine vollständige Uebersicht aller in der 3. Rubrik eingetragenen Forderungen beigefügt. Dabei ist zu jeder Forderung bemerkt, in welchem Rangverhältnisse sie zur Forderung des betreib. Gläubigers steht. In jede der Ausfertigungen ist aus dieser Uebersicht lediglich dasjenige zu übertragen, was die Forderung oder die Forderungen des Gläubigers betrifft, für welchen die Ausfertigung bestimmt ist.

6. dem Bauergutsbesitzer Herrn Peter Noack in A., dessen Forderung der Forderung des betreibenden Gläubigers im Range vorangeht,

7. dem Spar- und Vorschußvereine zu B., dessen Forderung der Forderung des betreibenden Gläubigers im Range vorangeht,

8. dem Fleischer Herrn Albrecht Hase in F., dessen Forderung der Forderung des betreibenden Gläubigers im Range vorangeht,

9. Herrn Heinrich Bauer in O., dessen Forderung der Forderung des betreibenden Gläubigers im Range vorangeht,

10. dem Kaufmann Herrn Wilhelm Hering in A., dessen Forderung der Forderung des betreibenden Gläubigers im Range vorangeht (auch vorstehend Nr. 3),

11. dem Getreidehändler Herrn Max Dietrich in N., dessen Forderung der Forderung des betreibenden Gläubigers im Range vorangeht,

12. dem Rentner Herrn Eduard Kläger in Dresden als betreibendem Gläubiger (auch vorstehend Nr. 4),

13. Frau Amalien Ernestinen verehel. Müller in Heinrichsdorf, deren Forderung der Forderung des betreibenden Gläubigers im Range nachsteht,

14. dem Zimmermeister Herrn Ehrenreich Sicher in D., dessen Forderung der Forderung des betreibenden Gläubigers im Range nachsteht,

15. dem Brauereibesitzer Herrn Adolf Bier in S., dessen Forderung der Forderung des betreibenden Gläubigers im Range nachsteht (auch vorstehend Nr. 5).[1]

Ueberdies ist als Schlußsatz einzuschalten:

a. in der für Beaten verw. Schüler (Nr. 2) bestimmten Ausfertigung des Beschlusses:

„Frau Beate verw. Schüler ist aufzufordern, sofern sie rückständige Naturalleistungen beansprucht, den Geldbetrag anzuzeigen, welcher an deren Stelle gefordert wird.“[2]

b. in der für Ehrenreich Sicher bestimmten Ausfertigung des Beschlusses:

„Sollte Herr Ehrenreich Sicher aus Anlaß der von ihm betriebenen Zwangsverwaltung des Grundstücks Fol. 26 nothwendige

---

[1] Zu Nr. 3 und 10, 4 und 12, 5 und 15 bedarf es nur der Zustellung je einer Ausfertigung des Beschlusses.

[2] Befände sich die in der 3. Rubrik von Fol. 17 eingetragene Reallast in einem solchen Rangverhältnisse zur Forderung des betreib. Gläubigers, daß die Anwendung der Bestimmung in § 6 im regelmäßigen Verfahren nicht ausgeschlossen erschiene, so würde in der für die Reallastenberechtigte bestimmten Ausfertigung als Schlußsatz eingeschaltet werden können:

Frau Beate verw. Schüler ist aufzufordern, den Geldwerth, welcher dem ihr zu gewährenden Naturalleistungen nach dem Jahresdurchschnitte entspricht, ingleichen, sofern sie rückständige Naturalleistungen beansprucht, den Geldbetrag anzuzeigen, welcher an deren Stelle gefordert wird, auch ihr gegenwärtiges Alter nachzuweisen.

Verwendungen auf das Hausgrundstück gemacht haben, die aus den Erträgnissen der Zwangsverwaltung nicht erstattet werden können, so hat deren Anmeldung bis zum Schlusse des Anmeldetermins und deren Glaubhaftmachung zu erfolgen.

(Beigedruckt §§ 11, 12, 101 des Gesetzes.)

8.

(Beitritt des dem betreibenden Gläubiger im Range vorangehenden Gläubigers Fol. 17. Nr. III. Fol. 26. Nr. V.)

Beschluss.

Der von dem Kaufmann Wilhelm Hering in A., wegen einer hiermit auf

Zweitausendeinhundertsiebenzig Mark

festgestellten Forderung nebst weiteren Verzugszinsen von 2000 ℳ Stammforderung vom 1. März 1885 ab erklärte Beitritt zu dem auf Antrag Eduard Klägers eingeleiteten Zwangsversteigerungsverfahren, betreffend die dem Oekonom Johann Gottfried Müller gehörigen Grundstücke Folium 17 und Folium 26 des Grundbuchs für Heinrichsdorf wird zugelassen.

Je eine Ausfertigung des Beschlusses ist

dem Beigetretenen Hering,
dem betreibenden Gläubiger Kläger
und dem Schuldner Müller

ingleichen

dem Getreidehändler Herrn Max Dietrich in N.

. . . .
. . . .
. . . .
. . . .

diesem mit dem Bemerken zuzustellen, dass seine Forderung zwar der des betreibenden Gläubigers im Range vorangeht, dagegen

der Forderung des Beigetretenen im Range nachsteht

und dass in Folge des Beitritts der Verkauf jedes Grundstücks um einen die Forderung des beigetretenen Gläubigers theilweis deckenden Preis zulässig ist.

. . . ., am 10. März 1885.

Königliches Amtsgericht.

9.

(Vorbereitung für den Anmeldetermin — Berechnung der ohne Anmeldung in das Verzeichniß einzustellenden Beträge an Zinsen 2c., sowie der ferneren Zinsen des betreibenden und des beigetretenen Gläubigers.)

Ohne Anmeldung kommt in Ansatz:

(Endpunkt für die Berechnung: Versteigerungstermin 19. April 1885.)

Hypotheken-nummer	Gläubiger	Stamm-forderung	Zinsfuß	Fälligkeits-termine nach den Grundakten	Anfangs-punkt für die Be-rechnung	Zeitraum Monate	Zeitraum Tage	Betrag
				Folium 17.				ℳ
I.	Sparkasse zu M.	8000	4	31./3., 30./9.	1./10. 1884	6	19	176.89
II.	verw. Schüler	Leibrente	—	1./2., 1./5., 1./8., 1./11.	1./2. 1885	—	—	37.50
III.	Hering, beigetr. Gl. fernere Zinsen	2000	5	nicht ersichtlich	1./3. 1885	1	19	13.61
IV.	Kläger, betr. Gl. fernere Zinsen	5000	5	31./3., 30./9.	1./1. 1885	3	19	75.70
				Folium 26.				
I.	Noack	3000	4	nicht ersichtlich	19./1. 1885	3	—	30.00
III.	Hase	3000	4	30./6., 31./12.	1./1. 1885	3	19	36.33
IV.	Bauer	3500	$4^1/_2$	31./3., 30./6., 30./9., 31./12.	1./1. 1885	3	19	47.69
V.	Hering, beigetr. Gl. fernere Zinsen	2000	5	nicht ersichtlich	1./3. 1885	1	19	13.61
VI.	Dietrich	4000	5	30./6., 31./12.	1./1. 1885	3	19	60.55
VII.	Kläger, betr. Gl. fernere Zinsen	5000	5	31./3., 30./9.	1./1. 1885	3	19	75.70
IX.	Sicher	3000	5	30./6.	1./7. 1884	9	19	120.42

10.

(Anmeldetermin.)

. . . .

am 22. März 1885.

Gegenwärtig:
Herr Amtsrichter . . . . .
als Vorsitzender.
. . . .
als Gerichtsschreiber.

In Sachen, die Zwangsversteigerung der Grundstücke Folium 17 und Folium 26 des Grundbuchs für Heinrichsdorf betreffend, wurde der auf den heutigen Tag anberaumte Anmeldetermin um

10 Uhr 15 Minuten

Vormittags eröffnet.

Der Schuldner

Herr Müller

war erschienen.

Es meldete an

1. Herr Albrecht Hase zur Befriedigung aus dem Kaufpreise des Grundstücks Folium 26

Dreitausend Mark Stammforderung nebst Zinsen zu vier vom Hundert vom 1. Oktober 1884 an gerechnet,

erklärte auch, daß er wegen des auf Seite des Schuldners eingetretenen Verzugs die vereinbarte Rechtsverwirkung geltend gemacht habe, und daß daher die Forderung fällig sei.

Der Schuldner erklärte, daß er dem letzteren Anführen des Gläubigers nicht zu widersprechen vermöge;

2. Frau Beate verw. Schüler zur Befriedigung aus dem Kaufpreise des Grundstücks Folium 17

Einhundertsiebenundachtzig Mark 50 Pf. rückständige, im vorigen Jahre und am 1. Februar d. J. fällig gewordene Leibrente,

Fünfzehn Mark 50 Pf. Geldwerth der in Rückstand gebliebenen Auszugsleistungen (1 Scheffel Kartoffeln und 1 Scheffel Aepfel).

3. Herr Getreidehändler Dietrich behauptete, daß die seiner Forderung im Range vorangehende Kapitalforderung des Herrn Hase sich um 750 ℳ mindere. Es sei ihm an Herrn Hase im vorigen Jahre eine Forderung in dem angegebenen Betrage entstanden, diese habe er dem Schuldner, Herrn Müller, abgetreten und der Letztere habe Herrn Hase gegenüber, nachdem derselbe von der Abtretung in Kenntniß gesetzt worden, erklärt, daß er, Herr Müller, aufrechne.

Der Schuldner trat dem allenthalben bei, Herr Hase bestritt, daß durch die Aufrechnung die von ihm angemeldete Forderung betroffen werde, es einigten sich aber nach Verhandlung die Betheiligten dahin, daß Herr Hase in Ansehung von 600 M Kapital auf Befriedigung aus den Kaufgeldern verzichtete, im Uebrigen seine Anmeldung aufrecht erhielt und sich die Geltendmachung der ihm zustehenden persönlichen Forderung im vollen Umfange vorbehielt.

4. Auf Mittheilung der eingegangenen schriftlichen Anmeldungen wurden gegen die angemeldeten Beträge von keiner Seite Einwendungen erhoben.

5. Der betreibende Gläubiger, Herr Kläger, beantragte, daß mit dem Grundstücke Folium 17 dasjenige Mobiliar versteigert werde, mit welchem die im Erdgeschosse des Hauses befindliche, von dem Schuldner betriebene Schankwirthschaft und ein Theil des Gartens ausgestattet sei.

Der Schuldner war mit diesem Antrage einverstanden.

Der Werth des Mobiliars wurde auf etwa 900 M angegeben, es beantragte jedoch der Schuldner, das Gericht möge wegen Aufnahme eines speciellen Verzeichnisses und sachverständiger Würderung Anordnung ertheilen.

6. Herr Ehrenreich Sicher, für den die Zwangsverwaltung des Grundstücks Fol. 26 seit dem 15. December 1884 eingeleitet ist, meldete unter dem Anführen, daß zur Zeit aus dem Grundstücke noch keine Einnahmen zu machen gewesen seien, daß die Feldflur Nr. 129 in der nächsten Zeit zu bestellen und das Lohn für diese Arbeit vom bestellten Verwalter mit 54 M veranschlagt sei, diesen Betrag zur Befriedigung aus dem Kaufpreise des Grundstücks Fol. 26 an, überreichte auch schriftliches Gutachten des Ortsrichters Weise über die Angemessenheit des aufzuwendenden Betrags.

Das Protokoll wurde dem Schuldner und den anwesend gebliebenen Gläubigern Hase, Dietrich und Kläger vorgelesen und von diesen genehmigt.

Der Anmeldetermin wurde um

12 Uhr 15 Minuten

geschlossen.

. . . .

Amtsrichter. Gerichtsschreiber.

11.

Schriftlich angemeldet sind

a. Folium 17 betreffend

8 M	35 Pf	Grundsteuer	in dem vorigen und in diesem Jahre fällig gewesen.
6 „	27 „	Gemeindeabgaben	
6 „	27 „	Abgaben zur Schul- und Armenkasse	
1 „	82 „	Landrente	

Ueberdies beansprucht die Gemeinde unter Vorbehalt definitiver Feststellung 125 M Adjacenzbeitrag zu einem Schleußenbau.

b. Folium 26 betreffend

9 M	85 Pf	Grundsteuer	in dem vorigen und in diesem Jahre fällig gewesen.
7 „	39 „	Gemeindeabgaben	
7 „	39 „	Abgaben zur Schul- und Armenkasse	
12 „	80 „	Landrente	
— „	33 „	Reallastenbeitrag	

3000 M Hypothekenforderung III mit Zinsen vom 1. Januar dieses Jahres ab.

An Auslagen ꝛc sind aktenkundig geworden:

28	ℳ	45	₰	Insertionsgebühren
1	„	60	„	Postgebühren
20	„	—	„	Sachverständigengebühren.

12.

am 10. April 1885

erschien an Gerichtsstelle der beigetretene Gläubiger

Herr Wilhelm Hering aus A.

und erklärte, er sei rücksichtlich seiner Kosten= und Zinsenforderung, die Zinsen bis zu dem anstehenden Versteigerungstermine gerechnet, durch den betreibenden Gläubiger Herrn Eduard Kläger befriedigt, trete deshalb dem Genannten von seiner (Hering's) angemeldeten und in den Verzeichnissen unter Nr. 8 bezw. Nr. 12 angesetzten Forderung den Betrag von

Einhundertdreiundachtzig Mark 61 Pf.

hiermit ab und

nehme seine Beitrittserklärung zurück.

Vorgelesen ꝛc.

13. a.

Verzeichniss

betreffend

das Grundstück Folium 17 des Grund- und Hypothekenbuchs

für Heinrichsdorf.

Flurbuch Nr. 2a, 2b, 15.

Brandkataster Nr. 5

417,50 Steuereinheiten

10100 ℳ Einschätzung f. d. Immolibiar-Brandversicherung

12500 ℳ Schätzungswerth

Auf dem Grundstücke lasten

a) Abgaben — ausser der Grundsteuer und den Brandversicherungsbeiträgen —

Gemeindeabgaben
Abgaben an die Schulgemeinde
Abgaben an den Ortsarmenverband
} in wechselnden, nach dem Bedürfniß festgestellten Beträgen,
Abgaben an die Kirchengemeinde —

b) Reallasten, — welche in der I. Rubrik eingetragen sind, —

3,64 ℳ Landrente jährlich

— Landeskulturrente jährlich

0,64 ℳ Rente jährlich an das Rittergut Ruhethal

Beschluss auf Zwangsversteigerung:	den 17. Januar 1885
Zustellung des Beschlusses an den Schuldner:	den 19. Januar 1885
Anmeldetermin:	den 22. März 1885
Versteigerungstermin:	den 19. April 1885

Der dem Anspruche des betreibenden Gläubigers vorgehende, nach § 10 des Gesetzes zu deckende Forderungsbetrag ist vorläufig festgestellt auf 8673,10 ℳ. — Nach Rücknahme des Beitritts erhöht sich der Betrag auf 10856,71 ℳ.

Aktenblatt d. Anmeldung	Fortlaufende Nummer	Gläubiger	Gegenstand der Forderung	Betrag	
a	b	c	d	e	
	1.		Versteigerungskosten: Gebühren Insertionskosten Postgebühren Schreibgebühren Gebühren d. Sachverst.	cf. Verz. zu Fol. 26. 270	50
	2.	Behörde	Grundsteuer-Rest	8	35
	3.	"	Gemeindeabgaben-Rest	6	27
	4.	"	Schul- und Armenkassen-Abgaben-Rest	6	27
	5.	"	Landrenten-Rest	1	82
	6.	Sparkasse zu M.	Darlehn	8000	—
			Zinsen	176	89
	7.	Beate verw. Schüler in H.	Leibrente 150 *M* jährlich, Auszug		
			a. Leibrentenrückstand	187	50
			b. Geldwerth von Auszugsrückständen	15	50
			vorläufig festgestellt	8673	10
			ab	2	40
			endgültig festgestellt	8670	70
	8.	Wilhelm Hering in A.	Darlehn	2000	—
			Zinsen und Kosten	170	—
			fernere Zinsen	13	61
				10854	31
	9.	Eduard Kläger in Dresden	Darlehn	5000	—
			Zinsen und Kosten	150	—
			fernere Zinsen	75	70
				16080	01
	10.	Adolf Bier in S.	Liquidum	1128	78
				17208	79

Feststellung im Versteigerungstermine: mehr		Feststellung im Versteigerungstermine: weniger		Zu bezahlen: im Termine		Zu bezahlen: in Fristen		Zu übernehmen		Zinsfuss	
f		g		h		i		k		l	m
		2	40	268	10						
				8	35						
				6	27						
				6	27						
				1	82						
								8000	—	4	
				176	89						
								Leibrente u. Auszug			
				187	50						
				15	50						
								2000	—	5	Die Forderung lastet auch auf Fol. 26 beigetret. Beitritt zurückg.
				170	—						abgetreten an den betr. Gläubiger.
				13	61						
				854	31						
						5000	—				Die Forderung lastet auch auf Fol. 26 betreib. Gläubiger.
				150	—						
				75	70						
				1080	01						Die Forderung lastet auch auf Fol. 26.

Bemerkungen.

1. Nach Angabe des Eigenthümers hat das nach West an das Haus angrenzende Grundstück die Dachtraufe des Hauses zu dulden.

2. Die Gemeinde beansprucht — vorbehältlich definitiver Feststellung 125 *M* Adjacenzbeitrag wegen eines Schleußenbaues.

Vorläufige Entschliessung,

die Bedingungen des Zwangsverkaufs pp. betreffend.

Dem Ersteher wird in Ansehung der Forderung des betreibenden Gläubigers ein Monat, in Ansehung der Forderung Adolf Bier's drei Monate Frist zur Bezahlung gewährt, sofern und soweit das Gebot zur Deckung dieser Forderungen ausreicht.

13 b.

Verzeichniss

betreffend

das Grundstück Folium 26 des Grund- und Hypothekenbuchs

für Heinrichsdorf.

Flurbuch Nr. 64, 129, 160, 165.
Brandkataster Nr. —
492,50 Steuereinheiten
— Einschätzung f. d. Immobiliar-Brandversicherung

21700 *M* Schätzungwerth.

Auf dem Grundstücke lasten:

a. Abgaben — ausser der Grundsteuer und den Brandversicherungsbeiträgen —

Gemeindeabgaben
Abgaben an die Schulgemeinde } in wechselnden, nach dem Bedürfniß festgestellten Beträgen.
Abgaben an den Ortsarmenverband
Abgaben an die Kirchengemeinde —

b. Reallasten —, welche in der I. Rubrik eingetragen sind;

25,60 *M* Landrente jährlich
— Landeskulturrente jährlich
$^{1}/_{30}$ zu den Reallasten des Gutes Fol. 3 Heinrichsdorf von der Parzelle Nr. 160.

Beschluss auf Zwangsversteigerung:	den 17. Januar 1885.
Zustellung des Beschlusses an den Schuldner:	den 19. Januar 1885.
Anmeldetermin:	den 22. März 1885.
Versteigerungstermin:	den 19. April 1885.

Der dem Anspruche des betreibenden Gläubigers vorgehende, nach § 10 des Gesetzes zu deckende Forderungsbetrag ist vorläufig festgestellt auf 14 436,28 *M*. Nach Rücknahme des Beitritts erhöht sich der Betrag auf 20 647,61 *M*.

Aktenblatt d. Anmeldung	Fortlaufende Nummer	Gläubiger	Gegenstand der Forderung	Betrag	
a	b	c	d	e	
	1.		Versteigerungskosten:		
			Gebühren	160	—
			Insertionskosten	56	90
			Postgebühren	1	60
			Schreibgebühren	32	—
			Gebühren d. Sachverst.	20	—
	2.	Ehrenreich Sicher	Verwendungen b. d. Zwangsverw.	54	—
	3.	Behörde	Grundsteuer-Rest	9	85
	4.	"	Gemeindeabgaben-Rest	7	39
	5.	"	Schul- und Armenkassen-Abgaben-Rest	7	39
	6.	"	Landrenten-Rest	12	80
	7.	Der Besitzer des Gutes Nr. 3, Schmidt	Reallastenbeitrag	—	33
	8.	Peter Noack in A.	Darlehn	3000	—
			Zinsen-Rest	60	—
	9.	Spar- und Vorschußverein zu B. e. G.	Kreditkaution	5000	—
	10.	Albrecht Hase in F.	Darlehn	2400	—
			Zinsen-Rest	66	33
	11.	Heinrich Bauer in O.	Kaufgelder	3500	—
			Zinsen-Rest	47	69
			vorläufig festgestellt	14436	28
			mehr	76	35
			endgültig festgestellt	14512	63
	12.	Wilhelm Hering in A.	Darlehn	2000	—
			Zinsen und Kosten	170	—
			fernere Zinsen	13	61
				16696	24
	13.	Max Dietrich in N.	Darlehn	4000	—
			Zinsenrest	60	55
				20756	79
	14.	Eduard Kläger in Dresden	Darlehn	5000	—
			Zinsen und Kosten	150	—
			fernere Zinsen	75	70
				25982	49
	15.	Amalie Ernestine verehel. Müller	Einbringen	2500	—
				28482	49
	16.	Ehrenreich Sicher in D.	Forderung aus einem Vergleich	3000	—
			Zinsen	120	42
				31602	91
	17.	Adolf Bier in S.	Liquidum	1128	78
				32731	69

Feststellung im Versteigerungstermine mehr		Feststellung im Versteigerungstermine weniger		Zu bezahlen im Termine		Zu bezahlen in Fristen		Zu übernehmen		Zinsfuss	
f		g		h		i		k		l	m
		2	40								
				268	10						
				54	—						
				9	85						
				7	39						
				7	39						
				12	80						
				—	33						
								3000	—	4	
				60	—						
								5000	—		
								2400	—	4	Fälligkeit angemeldet.
				66	33						
								3500	—	$4^1/_2$	
78	75			78	75						
				47	69						
78	75	2	40	612	63						
						2000	—	2000	—	5	Die Forderung lastet auch auf Fol.17. beigetreten. Beitritt zurückg.
				170	—						an den betr. Gläubiger abgetreten.
				13	61						
				796	24						
						4000	—	4000	—	5	
				60	55						
				856	79			19900	—		
						5000	—			5	Die Forderung lastet auch auf Fol.17. betreib. Gläubiger.
				150	—						
				75	70						
				1082	49						
				1082	49						
										5	Kündigung angem.
				120	42						
				1202	91						Die Forderung lastet auch auf Fol.17.

Bemerkungen.

1. Nach Angabe des Eigenthümers und der von demselben überreichten Urkunde ist zu Gunsten des Flurstücks Nr. 165 an dem zwischen dem-selben und dem Flusse liegenden Grundstücke Schmidts eine Grund-dienstbarkeit der Wasserzuleitung bestellt, deren Ausübung an bestimmte Regeln gebunden ist.
2. Das Flurstück Nr. 129 hat zu Gunsten der in der Nähe liegenden Ziegelei einen Fußweg als Dienstbarkeit zu dulden.

Vorläufige Entschliessung,

die Bedingungen des Zwangsverkaufs pp. betreffend.

Dem Ersteher wird in Ansehung der Forderung des betreibenden Gläubigers ein Monat, in Ansehung der Forderungen der verehel. Müller zwei Monate, in Ansehung der Forderungen Sichers und Adolf Biers drei Monate Frist zur Bezahlung gewährt, sofern und soweit das Gebot zur Deckung dieser Forderungen ausreicht und soweit dieselben nicht im Termine selbst zu bezahlen sind.

Dieses Grundstück, sowie das gleichzeitig zur Versteigerung kommende Grundstück Fol. 17 sollen zunächst einzeln ausgeboten werden.

Es ist mit der Versteigerung des Grundstücks Fol. 17 zu beginnen, da, wenn die Höchstgebote den Schätzungssummen gleichkommen, der betreibende Gläubiger aus dem Grundstücke Fol. 17 weitergehend befriedigt wird, wie aus Fol. 26. —

Wird die Versteigerung beider Grundstücke nothwendig und erfolgt der Zuschlag an zwei verschiedene Ersteher, so sind die, beiden Verzeichnissen gemeinsamen Posten der Spalte h (Kosten, Nebenforderungen Herings und des betr. Gläubigers), welche nur einmal zu bezahlen sind, zwischen den beiden Erstehern zu repartiren, und zwar nach Verhältniß der Einzelkauf-preise, jedoch unbeschadet des Gesammtschuldverhältnisses.

14.

(Versteigerungstermin.)

am 19. April 1885.

In Sachen, die Zwangsversteigerung der Grundstücke Folium 17 und Folium 26 des Grundbuchs für Heinrichsdorf betreffend, wurde der auf den heutigen Tag anberaumte Versteigerungstermin in dem Zimmer Nr. 12 des hiesigen Amtsgerichtsgebäudes um

10 Uhr 20 Min.

eröffnet.

Von den im Geschäftszimmer anwesenden Personen meldeten sich an

die Gläubiger

Herr Albrecht Hase,
„ Heinrich Bauer,
„ Max Dietrich,
„ Eduard Kläger und
„ Ehrenreich Sicher,

außerdem als Bieter

Herr Rechtsanwalt Klare für den Rentner Karl Michael in P., beglaubigte Vollmacht überreichend,
„ Gutsbesitzer Gabriel Landmann aus Heinrichsdorf,
„ Baumeister Hermann Strack aus O.,

auch hatte sich der Schuldner

Herr Müller

zum Termin eingefunden.

Zum Protokoll:
Nach Eröffnung des Termins haben sich noch angemeldet: Gastwirth Spät aus P., Handelsmann Leer aus R.
. . . . . .
Gerichtsschreiber.

Den Erschienenen wurde eröffnet, daß der von dem Gläubiger Hering erklärte Beitritt zurückgenommen worden sei.

Herr Kläger nahm die in dem Protokolle vom 10. d. Mts. enthaltene Abtretung an.

Herr Heinrich Bauer

meldete nachträglich zur Befriedigung aus dem Kaufpreise des Grundstücks Folium 26 an

von dem für ihn eingetragenen Kapitale der 3500 *M* Zinsen zu $4\frac{1}{2}$ vom Hundert auf die Zeit vom 1. Juli 1884 ab,

versichernd, daß ihm die Bekanntmachung nicht zugestellt worden sei. Auf Einhalt, daß nach der Zustellungsurkunde Bl. 14 die Ausfertigung der Bekanntmachung am 8. Februar seiner Ehefrau zugestellt worden, entgegnete Herr Bauer, es müsse eine Verwechselung mit einer anderen Person gleichen Namens vorliegen, da er schon seit mehreren Jahren Wittwer sei.

Der herbeigerufene Gerichtsvollzieher versicherte, er habe die Ausfertigung einer Dame übergeben, welche sich auf Befragen als die Ehefrau des Herrn Bauer ausgegeben habe, und zwar in dem ihm als Wohnung dieses Herren bezeichneten ersten Stockwerke eines Hauses der Bahnhofstraße. Herr Bauer versicherte, er wohne schon seit langer Zeit am Markte in O; dies bestätigte sowohl der Schuldner, als auch der anwesende Baumeister Strack aus O. Von keiner Seite erfolgte ein Widerspruch. Es wurde die nachträgliche Anmeldung zuzulassen beschlossen und das Verzeichniß entsprechend abgeändert. Letzteres geschah auch in Betreff des Kostenansatzes, da die eingegangenen Rechnungen über den zweiten Abdruck der Bekanntmachung eine Minderung des bisher eingestellten Betrags um 2,40 ℳ ergaben.

Der betreibende Gläubiger und der Schuldner erkannten an, daß das in dem Verzeichnisse Bl. . . aufgeführte und auf 960 ℳ geschätzte Mobiliar nach der früheren Vereinbarung mit dem Grundstücke Folium 17 zusammen versteigert werde, einigten sich auch dahin, daß der 14. Theil des Erlöses auf das Mobiliar gerechnet werde. Bezüglich des nicht anwesenden Nachhypothekariers Bier wurde die Zustimmung zu dem vorstehenden Abkommen von dem Vollstreckungsgerichte ergänzt.

Es wurde beschlossen:

die Versteigerung des Grundstücks Folium 17 auf das vorstehend gedachte Mobiliar zu erstrecken,

beide Grundstücke zunächst einzeln auszubieten und mit der Versteigerung des Grundstücks Folium 17 zu beginnen.

Das Mindestgebot wurde festgestellt:

für das Grundstück Folium 17 (mit Mobiliar) auf 11 689 ℳ 26 ₰ [1] und
für das Grundstück Folium 26 auf 20 756 ℳ 80 ₰

Die gesetzlichen Kaufsbedingungen wurden den Anwesenden unter Mittheilung des Inhalts des Verzeichnisses Bl. . . dargelegt und erläutert. Die Festsetzung der Zahlungszeiten für die von den Erstehern zu leistenden Kapitalzahlungen wurde im Einverständniß mit den Anwesenden bis nach erfolgtem Zuschlag vorbehalten. Die angemeldeten Bieter wiesen den Besitz ausreichender Baarmittel nach.

Demnächst wurde das Grundstück Fol. 17 nebst dem erwähnten Mobiliar ausgeboten.

Ein vor dem Termine eingegangenes schriftliches Gebot im Betrage von 10 500 ℳ wurde, weil es den Betrag des zulässigen Mindestgebots nicht erreicht, nicht ausgerufen.

Es wurde geboten

11 800	ℳ	von	Herrn	Kläger,	
12 000	"	"	"	R.A. Klare,	
12 700	"	"	"	Strack,	
12 800	"	"	"	R.A. Klare,	
13 000	"	"	"	Gastwirth Spät aus S.,	
13 500	"	"	"	Strack,	
13 700	"	"	"	Spät,	
14 000	"	"	"	Strack.	

[1] Das nach dem Verzeichnisse sich ergebende zulässige Mindestgebot (10 854,32 ℳ) erhöht sich wegen der Mitversteigerung der Mobilien im Verhältnisse 13 : 14.

Das von dem Handelsmann Leer eröffnete Gebot von 14 500 ℳ wurde nicht zugelassen, weil Leer nicht im Besitze der nach § 118 des Gesetzes vom 15. August 1884 erforderlichen Mittel war.

Das Gebot Stracks von 14 000 ℳ wurde dreimal ausgerufen, ein höheres zulässiges Gebot aber nicht gethan. Das Gericht eröffnete, daß das bezeichnete Gebot das Höchstgebot sei und daß der Bieter an dasselbe bis zum Erfolg des Zuschlags gebunden bliebe, und verschritt zu dem Ausgebote des Grundstücks Fol. 26.

Es boten

20 000	ℳ	Herr	Landmann,
22 000	"	"	Hase,
22 500	"	"	Kläger,
23 000	"	"	Hase,
24 000	"	"	Kläger,
24 500	"	"	Landmann.

Hierauf erklärte Herr Ehrenreich Sicher seine Bereitwilligkeit, 25 000 ℳ zu bieten, wenn der betreibende Gläubiger und die verehel. Müller gewillt seien, ihre Forderungen auf dem Grundstücke stehen zu lassen. Der betreibende Gläubiger lehnte dies ab.

Bei dem hiernach erfolgten dreimaligen Ausrufe des von Herrn Landmann auf das Grundstück Fol. 26 eröffneten Gebots von 24500 ℳ ward kein weiteres Gebot gethan und daher vom Gericht eröffnet, daß dieses Gebot das Höchstgebot sei und der Bieter an dasselbe gebunden bleibe.

Das Gesammtausgebot beider Grundstücke wurde nicht beantragt.

Nachdem die Bieter zur Eröffnung der etwa beabsichtigten höheren Gebote mit dem Bemerken aufgefordert worden, daß anderen Falls wegen Ertheilung des Zuschlags Entscheidung erfolgen werde, ein weiteres Gebot aber nicht gethan worden, verkündete das Gericht den

Beschluß:

Das Grundstück Folium 17 des Grundbuchs für Heinrichsdorf mit beweglichen Gegenständen wird Herrn Baumeister Hermann Strack aus O. um das Höchstgebot von

Vierzehntausend Mark,

das Grundstück Folium 26 des Grundbuchs für Heinrichsdorf wird Herrn Gutsbesitzer Gabriel Landmann aus Heinrichsdorf um das Höchstgebot von

Vierundzwanzigtausendfünfhundert Mark

zugeschlagen.

Die Verkündung dieses Beschlußes erfolgte um 1 Uhr 15 Minuten.

Nach bezüglichen Verhandlungen zwischen den Erstehern und den anwesenden betheiligten Gläubigern wurde noch festgestellt,

daß jeder der Ersteher den, unbeschadet der Fortdauer des Gesammtschuldverhältnisses, nach Verhältniß der Kaufpreise auf das von ihm erstandene Grundstück zu repartirenden Theil der Forderung des betreibenden Gläubigers nebst Zinsen zu 5 v. H. vom Versteigerungstermine ab, mit Ablauf eines Monats von Rechtskraft des Zuschlags gerechnet, zu zahlen habe, sowie

A. in Betreff des Grundstücks Folium 17,

daß a) die Forderung Adolf Bier's, soweit der Kaufpreis zu deren Deckung ausreiche, nebst Zinsen zu 5 v. H. vom Versteigerungstermine ab, mit Ablauf dreier Monate von Rechtskraft des Zuschlags gerechnet, und

b) der auf das Mobiliar ausfallende Theil des Kaufpreises nebst Zinsen zu 5 v. H. vom Versteigerungstermine ab, drei Wochen nach der Verfallzeit des unter a. gedachten Betrages zu bezahlen sei;

B. in Betreff des Grundstücks Folium 26,

daß a) die Zahlung der auf 2400 ℳ abgeminderten Stammforderung Albrecht Hase's, deren Fälligkeit angemeldet worden, nebst Zinsen zu 5 v. H. vom Versteigerungstermine ab, mit Ablauf eines Monats von Rechtskraft des Zuschlags gerechnet, und

b) die Zahlung der Forderung der verehel. Müller, soweit der Kaufpreis zu deren Deckung ausreiche, mit Ablauf zweier Monate von Rechtskraft des Zuschlags gerechnet, zu erfolgen habe.

Dieser Theil des Protokolls wurde den Erstehern und den anwesend gebliebenen Gläubigern Hase und Kläger vorgelesen und von denselben genehmigt.

Hierauf

haben zur Gerichtskasse bar eingezahlt:

Herr Baumeister Strack

Sechshundertsiebenunddreißig Mark 43 Pf.

und

Herr Gutsbesitzer Landmann

Achthundertsiebenundvierzig Mark 66 Pf.[1]

Beide erhielten Empfangsbescheinigung.

Auf Vorlesen ist das Protokoll genehmigt worden

Amtsrichter Gerichtsschreiber.

---

[1] Bei Folium 17 sind in Spalte h des Verzeichnisses aufgerechnet 1080,01 ℳ, darunter die auch bei Folium 26 angesetzten Beträge

Kosten	268,10 ℳ		
Zinsen 2c. Herings	183,61 „		
Zinsen 2c. Klägers	225,70 „ ,	zusammen	677,41 „
		bleibt	402,60 ℳ

Bei Folium 26. sind unter Ausschluß der durch das Gebot nicht berührten letzten Post in Spalte h aufgerechnet 1082,49 ℳ
darunter die vorstehenden gemeinsamen Posten an 677,41 „
bleibt 405,08 ℳ.

Werden die gemeinsamen Beträge nach Verhältniß der Kaufpreise repartirt (§ 37 des Gesetzes), wobei zu Fol. 17 der auf das Grundstück ausfallende Betrag an 13000 ℳ. in Betracht kommt, so entfällt auf Fol. 17: 234,83 ℳ, auf Fol. 26: 442,58 ℳ.

Es hat also zu zahlen: der Ersteher von Fol. 17.

den auf diesem Grundstücke allein haftenden Betrag	402,60 ℳ
den Beitrag	234,83 „

Der Ersteher von Fol. 26.

den auf diesem Grundstücke allein haftenden Betrag	405,08 ℳ
den Beitrag	442,58 „

Bemerkung.

In weniger einfachen Fällen, besonders auch wenn nach verschiedenen Richtungen Abänderungen der gesetzlichen Kaufsbedingungen erfolgen (§ 109 des Gesetzes), oder wenn die Bietungslustigen vor Eröffnung der Gebote die Feststellung der Zahlungszeiten herbeigeführt zu sehen wünschen, wird es zweckmäßig sein, das auf die Modalität der Versteigerung und auf die Abänderung gesetzlicher Kaufsbedingungen Bezügliche, nach Befinden der größeren Uebersichtlichkeit wegen auch das den gesetzlichen Kaufsbedingungen Entsprechende in einem besonderen Schriftstücke zusammenzustellen, dieses als Anlage dem Protokolle beizugeben und in dem letzteren auf diese Anlage Bezug zu nehmen. In Anlehnung an das gewählte Beispiel könnte diese Anlage etwa folgendermaßen sich gestalten:

„1. Jedes der Grundstücke wird für sich versteigert; ist die Versteigerung beider Grundstücke nothwendig, so bleibt die Ertheilung des Zuschlags rücksichtlich eines Jeden bis nach Beendigung des Ausgebotes ausgesetzt; die Bieter bleiben bis zur Ertheilung des Zuschlags an die Meistgebote gebunden.

2. Die Versteigerung beginnt mit dem Grundstücke Fol. 17; dasselbe wird mit dem in dem vorliegenden Verzeichnisse zusammengestellten Mobiliare versteigert. Von dem Kaufpreise wird der 14. Theil auf das Mobiliar gerechnet.

3. Der auf das Grundstück ausfallende Theil des Kaufpreises ist zu decken

a) rücksichtlich der Stammforderungen bei Hypothekennummer I und III nebst Zinsen vom Versteigerungstermine ab durch Uebernahme in Anrechnung auf den Kaufpreis;

b) rücksichtlich der Stammforderung des betreibenden Gläubigers nebst Zinsen vom Versteigerungstermine ab, wenn und soweit der Kaufpreis zu deren Deckung ausreicht, durch Zahlung, welche mit Ablauf eines Monats,

c) rücksichtlich der Forderung unter Nr. V nebst Zinsen vom Versteigerungstermine ab, soweit der Kaufpreis zu deren Deckung ausreicht, durch Zahlung, welche mit Ablauf dreier Monate, gerechnet von Rechtskraft des Zuschlags, zu leisten ist,

d) die Reallast der Leibrente und des Auszugs — Hypotheken Nr. II — hat der Ersteher zu übernehmen.

e) Der übrige Theil des Kaufpreises ist im heutigen Termine zu erlegen oder sicherzustellen; die Feststellung der Höhe des Betrags bleibt bis nach Ertheilung des Zuschlags vorbehalten.

4. Der auf das Mobiliar ausfallende Theil des Kaufpreises ist drei Wochen nach der Verfallzeit der letzten, auf den Grundstückskaufpreis zu leistenden Zahlung zu gewähren und bis dahin mit fünf vom Hundert zu verzinsen.

5. Das zulässige Mindestgebot für dieses Grundstück mit Mobiliar wird auf

11 689 *M* 26 *Pf*

festgestellt.

6. Bezüglich des Grundstücksfolium 26 erfolgt die Deckung des Kaufpreises

a) in Ansehung der unter Nr. I, II, III, IV, V, VI eingetragenen Stammforderungen nebst Zinsen vom Versteigerungstermine ab durch Uebernahme in Anrechnung auf den Kaufpreis,

b) in Ansehung der auf 2400 *M* abgeminderten Stammforderung unter III, deren Fälligkeit angemeldet ist, wird die Zahlungszeit auf einen Monat nach Rechtskraft des Zuschlags festgestellt,

c) in Ansehung der übrigen Stammforderungen, soweit dieselben verzinslich sind, nebst Zinsen vom Versteigerungstermine ab, sofern und soweit der Kaufpreis zu deren Deckung ausreicht, durch Baarzahlung und zwar:

mit Frist eines Monats rücksichtlich der Forderung des betreibenden Gläubigers,

mit Frist zweier Monate rücksichtlich der Forderung der verehel. Müller,

mit Frist dreier Monate rücksichtlich der Forderung Sichers und Biers,

die Fristen von Rechtskraft des Zuschlags gerechnet,

d) im Uebrigen durch Baarzahlung, ev. Sicherstellung im heutigen Termine; überdies hat
e) in Ansehung des der Kredithypothek unter Nr. V, — welche von dem Ersteher als eine unverzinsliche Schuld zu übernehmen ist, — entsprechenden Theiles des Kaufpreises der Ersteher vom Versteigerungstermine ab Zinsen zu fünf vom Hundert jährlich für die Kaufgeldermasse in einvierteljährigen Raten an die Gerichtskasse zu zahlen.

7. Das zulässige Mindestgebot für das Grundstück Folium 26 wird auf

20 756 ℳ 80 ₰

festgestellt."

15.

. . . .,

am 26. April 1885.

In dem auf heute anberaumten, um 12 Uhr mittags eröffneten Verkündungstermine, zu welchen von den Betheiligten nur die Ersteher

Herr Baumeister Strack und
Herr Gutsbesitzer Landmann

erschienen sind, ist, da die Genannten auf Vorlesung verzichteten, der abgefaßte Vertheilungsplan durch Auslegung zur Einsicht in der Gerichtsschreiberei verkündet worden.

. . . .

Gerichtsschreiber.

16.

Vertheilungsplan.

In Sachen, die Zwangsversteigerung der dem Oekonom Johann Gottfried Müller in Heinrichsdorf gehörigen Grundstücke Folium 17 und Folium 26 des Grundbuchs für Heinrichsdorf, betreffend, ist in dem am 19. April 1885 abgehaltenen Versteigerungstermine, nachdem vereinbart worden, daß mit dem Grundstücke Folium 17 das in dem Bl. . . ersichtlichen Verzeichnisse aufgeführte Mobiliar mitversteigert und von dem Höchstgebote der 14. Theil als Kaufpreis auf die beweglichen Gegenstände gerechnet werde, unter den gesetzlichen bezw. den in dem Protokolle über den Versteigerungstermin erwähnten Bedingungen durch verkündeten Beschluß

1. in Betreff des Grundstücks Folium 17 nebst beweglichen Sachen dem Baumeister Hermann Strack aus O. um das Höchstgebot von Vierzehntausend Mark,

2. in Betreff des Grundstücks Folium 26 dem Gutsbesitzer Gabriel Landmann aus Heinrichsdorf um das Höchstgebot von Vierundzwanzigtausendfünfhundert Mark

der Zuschlag ertheilt worden; es haben auch die Ersteher in dem Termine, und zwar:

Strack	637	ℳ	43	₰
u. Landmann	847	ℳ	66	₰
zusammen	1485	ℳ	9	₰

zur Gerichtskasse eingezahlt.

Wegen Feststellung der aus den Kaufgeldern zu bezahlenden Forderungen und der Zeitpunkte der Zahlungsleistungen, sowie wegen der in Anrechnung auf den Kaufpreis zu übernehmenden Forderungen wird Folgendes bestimmt.

I. Das Grundstück Folium 17 betreffend.

Der Kaufpreis ist zu gewähren

a. durch die mit Rechtskraft dieses Vertheilungsplanes in Wirksamkeit tretende Uebernahme der auf dem Grundstücke eingetragenen, der Forderung des betreibenden Gläubigers im Range vorgehenden Forderungen an

1. 8000 ℳ (Achttausend Mark) mit Zinsen zu vier vom Hundert und Kosten der Wiedereinhebung, Darlehnsforderung der Sparkasse zu M,
eingetragen unter Hypothekennumer I,

2. 2000 ℳ (Zweitausend Mark) mit Zinsen zu fünf vom Hundert und Kosten der Wiedereinhebung, Darlehnsforderung des Kaufmanns Wilhelm Hering in A.,
eingetragen unter Hypothekennummmer III,
bei beiden Forderungen mit der Maßgabe, daß die Zinsen von dem Versteigerungstermine ab zu gewähren sind.

Ueberdies hat der Ersteher die unter Hypothekennummer II für Beate verw. Schüler eingetragene Reallast, bestehend in einer Leibrente von Einhundertfünfzig Mark jährlich, zahlbar in Raten, die am 1 Februar, 1. Mai, 1. August und 1. November mit je 37 ℳ 50 ₰ fällig sind, und
in einem Naturalauszuge
zu übernehmen und von dem Versteigerungstermine ab der Berechtigten zu gewähren;

b. durch Zahlung des Betrages von
4000 ℳ (Viertausend Mark)

Sa. 14000 ℳ

Von den unter I. b gedachten

Viertausend Mark

sind eingezahlt

637 ℳ 43 ₰,

welcher Betrag folgendergestalt zu vertheilen ist:

1. 8 ℳ 35 ₰ rückständige Grundsteuer,
2. 1 „ 82 „ „ Landrente,
dem Lokalsteuereinnehmer zu Heinrichsdorf,
3. 6 „ 27 „ rückständige Gemeindeabgaben, dem Gemeindevorstande zu Heinrichsdorf,

637 ℳ 43 ₰ 16 ℳ 44 ₰ Seiten.

637 ℳ 43 ₰ 16 ℳ 44 ₰ Uebertrag.

4.	6 „	27 „	rückständ. Abgaben an die Schul- und die Armenkasse dem Einnehmer Besser in Heinrichsdorf,
5.	176 „	89 „	rückständige Zinsen an die Sparkassenverwaltnng zu M.,
6.	187 „	50 „	rückständige Leibrente und
7.	15 „	50 „	Aequivalent rückständiger Auszugsleist. Beaten verw. Schüler,
8.	63 „	65 „	antheilig rückständige Kosten und Zinsen, Forderung des Kaufmanns Hering, zufolge Abtretungserklärung an den betreibenden Gläubiger Eduard Kläger,
9.	92 „	94 „	antheilige Kosten des Verfahrens zur Sportelkasse d. Amtsgerichts,
10.	78 „	24 „	antheil. rückständige Kosten und Zinsen dem betreibenden Gläubiger Eduard Kläger.

637 ℳ 43 ₰

Von dem Reste nebst Zinsen davon zu fünf vom Hundert jährlich, von dem Versteigerungstermine, dem 19. April 1885, ab gerechnet, sind unter der Voraussetzung, daß der Vertheilungsplan in Rechtskraft übergeht,

11. 1733 ℳ 33 ₰ (Eintausend siebenhundert drei und dreißig Mark 33 Pf.) als der nach Verhältniß der erlangten Kaufpreise, unbeschadet der Fortdauer des Gesammtschuldverhältnisses, auf das Grundstück Fol. 17 ausgeworfene Antheil der Forderung des betreibenden Gläubigers

am 10. Juni 1885

12. 629 ℳ 24 ₰ (Sechshundert neunundzwanzig Mark 24 Pf.) auf die Forderung Adolf Biers

am 10. August 1885 und

13. 1000 ℳ — ₰ (Eintausend Mark) als der auf das mitversteigerte Mobiliar ausfallende Kaufpreisantheil

am 31. August 1885

an die Gerichtskasse einzuzahlen. Es wird jedoch dem Ersteher gestattet, den unter 12. gedachten Betrag nebst Zinsen an den Gläubiger Bier unmittelbar zu zahlen.

4000 ℳ — ₰

Dafern und soweit die oben unter I. a. 2 aufgeführte Schuld, welche auch auf dem Grundstücke Folium 26 dieses Grundbuchs lastet, aus einem anderen Grunde, als infolge Befriedigung durch den Ersteher oder den späteren Eigenthümer des Grundstücks Folium 17 in Wegfall kommt, hat derselbe nach Höhe des hinwegfallenden Betrags die Forderung Adolf Bier's, soweit dieselbe durch das Ergebniß der Versteigerung nicht gedeckt ist und bei dem Hinwegfallen des ungewissen Anspruchs noch besteht, in Anrechnung auf den Kaufpreis zu übernehmen. Sofern aber diese bedingt zu übernehmende Forderung nicht mehr besteht, oder dieselbe niedriger ist, als der hinwegfallende Betrag des ungewissen Anspruchs, fällt der frei werdende Theil des Kaupreises dem Schuldner Johann Gottfried Müller zu.

II. Das Grundstück Folium 26 betreffend.

Der Kaufpreis ist zu gewähren:

a. durch die mit Rechtskraft dieses Vertheilungsplans in Wirksamkeit tretende Uebernahme der auf dem Grundstücke eingetragenen, der Forderung des betreibenden Gläubigers im Range vorangehenden Forderungen an

1. 3000 M — Pf (Dreitausend Mark) mit Zinsen zu vier vom Hundert und Kosten der Wiedereinhebung, Darlehnsforderung Peter Strack's in A., eingetragen unter Hypothekennummer I,

2. 5000 M — Pf (Fünftausend Mark) Kreditkaution für den Spar- und Vorschußverein zu B., Hypothekennummer II,

3. 2400 M — Pf (Zweitausendvierhundert Mark) nebst Zinsen zu vier vom Hundert und Kosten der Einhebung, Darlehnsforderung Abrecht Hase's in F., zahlbar einen Monat nach Eintritt der Rechtskraft des Vertheilungsplans, Hypothekennummer III,

4. 3500 M — Pf (Dreitausendfünfhundert Mark) nebst Zinsen zu vier einhalb vom Hundert und Kosten der Einhebung, Kaufgelderforderung Heinrich Bauer's in O., Hypothekennummer IV,

5. 2000 M — Pf (Zweitausend Mark) mit Zinsen zu fünf vom Hundert und Kosten der Einhebung, Darlehn Wilhelm Hering's, Hypothekennummer V,

6. 4000 M — Pf (Viertausend Mark) mit Zinsen zu fünf vom Hundert und Kosten der Wiedereinhebung, Darlehn Max Dietrich's in N. Hypothekennummer VI,

bei allen diesen Forderungen, soweit sie verzinslich sind, mit der Maßgabe, daß die Zinsen vom Versteigerungstermine ab zu gewähren sind.

b. Durch Zahlung des Betrages von

4600 M — Pf (Viertausendsechshundert Mark.)

Sa. 24500 M — Pf

Von der letzteren Summe sind bereits eingezahlt:

847 M 66 Pf

welcher Betrag folgendergestalt zu vertheilen ist:

1.	54 M	— Pf	Verwaltungsaufwand dem Ehrenreich Sicher,
2.	9 „	85 „	rückst. Grundsteuer und
3.	12 „	80 „	rückst. Landrente, dem Localsteuereinnehmer zu Heinrichsdorf,
4.	7 „	39 „	rückst. Gemeindeabgaben, dem Gemeindevorstande zu Heinrichsdorf,
5.	7 „	39 „	rückst. Abgaben an die Schul- und die Armenkasse, dem Einnehmer Besser in Heinrichsdorf,
6.	— „	33 „	Reallastenbeitrag dem Gutsbesitzer Schmidt in Heinrichsdorf,
7.	60 „	— „	rückst. Zinsen dem Peter Noack in A.
8.	66 „	33 „	rückst. Zinsen dem Albrecht Hase in F.
9.	126 „	44 „	rückst. Zinsen dem Heinrich Bauer in O.,
10.	119 „	96 „	rückst. Zinsen und Kosten antheilig, Forderung des Kaufmanns Hering, zufolge Abtretungserklärung dem betreibenden Gläubiger Eduard Kläger,
11.	60 „	55 „	rückst. Zinsen dem Max Dietrich in N.,
12.	175 „	16 „	antheilige Kosten des Verfahrens zur Sportelkasse des Amtsgerichts,
13.	147 „	46 „	antheil. rückst. Kosten und Zinsen dem betreibenden Gläubiger Eduard Kläger.

Sa. 847 M 66 Pf.

Von dem Reste nebst Zinsen davon zu fünf vom Hundert jährlich von dem Versteigerungstermine, dem 19. April 1885 ab gerechnet, sind unter der Voraussetzung, daß der Vertheilungsplan in Rechtskraft übergeht,

14. 3266 M 67 Pf (Dreitausendzweihundertsechsundsechzig Mark 67 Pf.)
nach Verhältniß der erlangten Kaufpreise unbeschadet der Fortdauer des Gesammtschuldverhältnisses ausgeworfener Antheil der Forderung des betreibenden Gläubigers,
am 10. Juni 1885

15. 465 „ 70 „ (Vierhundertfünfundsechzig Mark 70 Pf.),

welcher Betrag auf die Einbringensforderung der verehel. Müller auszuwerfen ist,

am 10. Juli 1885

zur Gerichtskasse zur Befriedigung der vorbenannten Gläubiger einzuzahlen.

Von dem oben unter II. a. 2 aufgeführten Betrag von 5000 ℳ hat der Ersteher, da die von ihm in gleicher Höhe in Anrechnung auf den Kaufpreis zu übernehmende Kreditkaution nicht verzinslich ist, bis zu deren Zahlung vom Versteigerungstermine an mit fünf vom Hundert jährlich zu verzinsen. Die Zinsen wachsen der Kaufgeldermasse zu, sind in vierteljährigen Raten zur Gerichtskasse einzuzahlen und zur weiteren Deckung der Einbringensforderung der verehel. Müller zu verwenden.

Dafern und soweit die oben unter II. a. 2 gedachte Kredithypothek oder die unter II. a. 5 aufgeführte Schuld, welche letztere auch auf dem Grundstücke Folium 17 dieses Grundbuchs lastet, aus einem anderen Grunde, als in Folge Befriedigung durch den Ersteher oder den späteren Eigenthümer des Grundstücks in Wegfall kommt, hat derselbe in Höhe des hinwegfallenden Betrags eine von den auf dem Grundstücke lastenden Forderungen, soweit dieselben durch den Kaufpreis nicht gedeckt sind und bei dem Hinwegfallen des ungewissen Anspruchs noch bestehen, nach Maßgabe des Rangverhältnisses, welches jene Forderungen gegenwärtig haben, in Anrechnung auf den Kaufpreis zu übernehmen, und zwar

1. die Einbringensforderung der verehel. Müller an 2500 ℳ, soweit sich dieselbe nicht durch die oben angewiesenen Zahlungen aus den Erstehungsgeldern und aus den für die Kaufgeldermasse zu vereinnahmenden Zinsen mindert, sodann

2. die Forderung Ehrenreich Sicher's an 3000 ℳ nebst Zinsen zu fünf vom Hundert seit dem 1. Juli 1884 und Kosten der Einhebung, in weiterer Folge

3. die Forderung Adolf Bier's an 1128 ℳ 78 ₰, soweit dieselbe nicht durch Zahlung aus den für das Grundstück Fol. 17 erlangten Erstehungsgeldern gemindert ist.

Kommt die wegen der Einbringensforderung der verehel. Müller bestehende Hypothek in anderer Weise, als durch Befriedigung der Gläubigerin ganz oder zum Theil in Wegfall, so sind eintretenden Falls an deren Stelle die vorstehend unter 2 und 3 bedingt angewiesenen Forderungen nach Maßgabe ihres Rangverhältnisses in Anrechnung auf den Kaufpreis zu übernehmen; auch sind die für die Einbringensforderung der verehel. Müller ausgeworfenen Beträge derselben nur mit Zustimmung der übrigen bedingt angewiesenen Gläubiger auszuzahlen.

Besteht zur Zeit des Hinwegfallens des einen oder anderen ungewissen Anspruchs keine der bedingt angewiesenen Forderungen, so kommt der entsprechende Theil des Kaufpreises dem Schuldner Johann Gottfried Müller zu.

. . . ., am 24. April 1885.

Königliches Amtsgericht.

17. a.

Beschluß.

am 11. Juli 1885.

Nachdem der Vertheilungsplan rechtskräftig geworden ist, auch der Ersteher des Grundstücks Folium 26 des Grundbuchs für Heinrichsdorf die von ihm zu bewirkenden Zahlungen an die Gerichtskasse geleistet hat, nicht minder von dem Ersteher des Grundsstücks Folium 17 desselben Grundbuchs die zur Auszahlung an den betreibenden Gläubiger bestimmte Summe gezahlt worden ist, sind auf Folium 26 des Grund- und Hypothekenbuchs für Heinrichsdorf folgende Einträge zu bewirken

A. in Rubrik II

der Gutsbesitzer Gabriel Landmann in Heinrichsdorf erstand das Grundstück im Zwangsversteigerungsverfahren um 24 500 Mark,

B. in Rubrik III

1a. In Folge der Zwangsversteigerung werden von der unter Nr. VIII eingetragenen Forderung 2034 ℳ 30 ₰ abgeschrieben und die unter Nr. IX und X eingetragenen Forderungen gelöscht,

b. In Folge Zahlung nach der Zwangsversteigerung wird die unter Nr. VII eingetragene Forderung, sowie von der unter Nr. VIII eingetragenen Forderung der nach Abschreibung von 2034 ℳ 30 ₰ verbliebene Theil an 465 ℳ 70 ₰ gelöscht,

2. unter neuer Hypothekennummer in unmittelbarer Folge nach dem Eintrage unter 1

für den Fall, daß der unter Nr. II oder der unter Nr. V eingetragene Anspruch aus einem anderen Grunde, als in Folge Befriedigung seitens des Eigenthümers des Grundstücks ganz oder zum Theil in Wegfall kommt, tritt an Stelle des hinwegfallenden Betrags bis zu dessen Höhe ein im Vertheilungsplane bedingt angewiesener Anspruch mit dem dem Zeitpunkte dieses Eintrags entsprechenden Range.

Vermöge Beschlusses des Amtsgerichts . . . . . . vom 11. Juli 1885.

b.

Beschluß

am 1. September 1885.

Nachdem der Vertheilungsplan rechtskräftig geworden ist, der Ersteher des Grundstücks Folium 17 des Grundbuchs für Heinrichsdorf die von ihm zu bewirkenden Zahlungen geleistet, auch die Befriedigung Adolf Bier's wegen des auf dessen Forderung ausgefallenen Betrags nachgewiesen hat, sind auf Folium 17 des Grund= und Hypothekenbuchs für Heinrichsdorf folgende Einträge zu bewirken:

A. in Rubrik II.

Der Baumeister Hermann Strack aus O. erstand das Grundstück nebst beweglichen Gegenständen im Zwangsversteigerungsverfahren um 14 000 ℳ, wovon 13 000 ℳ den Kaufpreis des Grundstücks bilden.

B. in Rubrik III,

1a. In Folge der Zwangsversteigerung werden von der unter Nr. V eingetragenen Forderung 499 ℳ 54 ₰ abgeschrieben,

b. In Folge Zahlung nach der Zwangsversteigerung wird die unter Nr. IV eingetragene Forderung, sowie der nach der Abschreibung von 499 ℳ 54 ₰ verbliebene Theil der unter Nr. V eingetragenen Forderung in Höhe von 629 ℳ 24 ₰ gelöscht;

2. unter neuer Hypothekennummer in unmittelbarer Folge nach dem Eintrage unter 1

für den Fall, daß der unter Nr. III eingetragene Anspruch aus einem anderen Grunde als in Folge Befriedigung seitens des Eigenthümers des Grundstücks ganz oder zum Theil in Wegfall kommt, tritt an Stelle des hinwegfallenden Betrages bis zu dessen Höhe ein im Vertheilungsplane bedingt angewiesener Anspruch mit dem dem Zeitpunkte des gegenwärtigen Eintrags entsprechenden Range.

Vermöge Beschlusses des Amtsgerichts . . . . . vom 1. September 1885.

18.

. . . .

am 2. November 1886.

An Gerichtsstelle erschien

Herr Ehrenreich Sicher aus D.

und beantragte unter Bezugnahme darauf, daß seine bei der Zwangsversteigerung ausgefallene Forderung bedingt angewiesen sei, die Abfassung eines Nachtrags zum Vertheilungsplane,

indem er auf das in den Grundakten zu dem Folium 26 des Grundbuchs für Heinrichsdorf befindliche Protokoll vom 16. August d. J. verwies, Inhalts dessen von dem Vorstande des Spar= und Vorschußvereins zu B., eingetragene Genossenschaft, erklärt worden sei, das zwischen dem früheren Eigenthümer des Grundstücks, Heinrich Bauer, und dem genannten Vereine bestehend gewesene Kreditverhältniß sei aufgelöst worden, es stehe dem Vereine aus diesem Verhältnisse ein Anspruch nicht weiter zu und es werde daher auf die eingetragene Kredithypothek unter Bewilligung der Löschung derselben Verzicht geleistet.

Vorgelesen ꝛc.

19.

Beschluß.

Je eine Ausfertigung des Protokolles vom 2. November d. J. ist

1. Amalien Ernestinen verehel. Müller,
2. dem Zimmermeister Ehrenreich Sicher,
3. dem Brauereibesitzer Adolf Bier,
4. dem Oekonom Johann Gottfried Müller,
5. dem Gutsbesitzer Gabriel Landmann

mit dem Eröffnen zuzustellen, daß in Verfolg des gestellten Antrags

am 23. November d. J. mittags 12 Uhr

ein Nachtrag zu dem Vertheilungsplane werde verkündet werden und daß die Genannten ihre etwaigen Rechte bis zu

dem 16. d. Mts.

zu Protokoll des Gerichtsschreibers oder in Schriften geltend zu machen haben.

. . . ., am 3. November 1886.

Königliches Amtsgericht.

20.

Nachtrag zum Vertheilungsplane.

In Sachen, die Zwangsversteigerung des Grundstücks Folium 26 des Grundbuchs für Heinrichsdorf betreffend, ist Inhalts der Erklärung des Vorstandes des Spar- und Vorschußvereins zu B., eingetragene Genossenschaft, der für diesen Verein auf dem bezeichneten Folium bis zur Höhe von 5000 ℳ eingetragene Anspruch in anderer Weise, als in Folge Befriedigung durch den Eigenthümer des Grundstücks in Wegfall gelangt. Es hat daher der Ersteher an Stelle der bezeichneten Forderung eine andere Forderung in Anrechnung auf den Kaufpreis nach Maßgabe des Folgenden zu übernehmen. Als Tag der mit der Eintragung erfolgenden Uebernahme ist unter der Voraussetzung, daß der gegenwärtige Nachtrag zum Vertheilungsplane unangefochten bleibt,

der 10. December 1886

in Aussicht genommen.

1) Der Inhaber der in dem Vertheilungsplane vom 24. April 1885 unter den bedingt angewiesenen Ansprüchen an zweiter Stelle aufgeführten Forderung, Ehrenreich Sicher, hat durch Vorlegung rechtskräftigen, in dem wegen Feststellung der Einbringensforderung der verehel. Müller zwischen dieser und ihm unter Beitritt des Gläubigers Adolf Bier geführten Rechtsstreite ergangenen Urtheils nachgewiesen, daß die in dem vorerwähnten Vertheilungsplane unter den bediugt angewiesenen Forderungen an erster Stelle erwähnte Einbringensforderung nur Eintausendfünfhundert Mark betrage.

2) Auf ihre den genannten Gläubigern Sicher und Bier gegenüber nur mit 1500 ℳ in Ansatz kommende Forderung hat die verehel. Müller sich abrechnen zu lassen

519 Mark —,

welche in Ausführung des Vertheilungsplans aus den Kaufgeldern des Grundstücks, und

375 Mark —.,

welche nach Vereinnahmung der von dem Ersteher zu gewährenden, bis zum 19. Oktober d. J. abgeführten Zinsen mit Genehmigung der übrigen bedingt angewiesenen Gläubiger sie bereits empfangen hat.

3) Der Ersteher hat daher an Stelle der in Wegfall gelangten Kredithypothek in Anrechnung auf den Kaufpreis zu übernehmen

a. 606 *M* — *Pf* Einbringensforderung der verehel. Müller,

b. 3366 „ 67 „ Forderung des Baumeisters Ehrenreich Sicher, nämlich

- 3000 *M* — *Pf* Stammforderung nebst Zinsen zu 5 v. H. vom 10. December 1886 ab, und Kosten der Einhebung,
- 366 „ 67 „ bis zum 10. December 1886 berechnete rückständige Zinsen davon, nämlich
  - 120 *M* — *Pf* bis zum Versteigerungstermine (19. April 1885),
  - 246 „ 25 „ weiter bis zum 10. December 1886 berechnet,

c. 499 *M* 54 *Pf*, den nach Abzug des aus den Erstehungsgeldern des Grundstücks Folium 17 bereits mit 629 *M* 24 *Pf* gewährten Betrags verbliebenen Rest der Forderung Adolf Bier's[1],

d. 527 *M* 79 *Pf*, den, wie hiermit festgestellt wird, binnen vier Monaten von Rechtskraft dieses Nachtrags zum Vertheilungsplane zu bezahlenden, vom 10. December d. J. bis zur Zahlung mit 5 vom Hundert zu verzinsenden Betrag, welcher dem Schuldner, Johann Gottfried Müller, zu gewähren ist.

Sa. 5000 *M* — *Pf*.

Die von dem Ersteher an die Kaufgeldermasse noch zu zahlenden fünfprocentigen Zinsen, nämlich

von 5000 *M* — *Pf* auf die Zeit vom 19. Okt. bis 10. Dec. 1886

von 606 „ — „ } und von 366 „ 67 „ } auf die Zeit vom 10. December 1886 ab, sind

ebenfalls seiner Zeit dem Schuldner Müller zu verabfolgen.

[1] Zinsen von dieser Forderung sind deshalb nicht in Rechnung zu stellen, weil solche weder eingetragen, noch angemeldet sind. Die Verpflichtung des Erstehers, die vom übernommenen Reste jener Forderung (eines Schuldliquidums) laufenden Verzugszinsen, vom Tage der Eintragung der Schuldübernahme an, dem Forderungsberechtigten zu gewähren, ergiebt sich aus § 16 des Versteigerungsgesetzes in Verbindung mit §§ 416. 432 des B.G.B.

Auf Folium 26 des Hypothekenbuchs für Heinrichsdorf sind am 10. December 1886 die Rubrik III unter II für den Spar- und Vorschuß-verein zu B. eingetragenen 5000 *M* (Kreditkaution) zu löschen und gleichzeitig mit dem Range des die bedingte Anweisung verlautbarenden Eintrags

a.	606 *M*	— *Pf*	Einbringen Amalien Ernestinen verehel. Müller in Heinrichsdorf,
b.	3000 „	— „	nebst Zinsen zu fünf vom Hundert jährlich und Kosten der Einhebung, durch Vergleich festgestellte Forderung,
	366 „	67 „	rückständige Zinsen davon, dem Zimmermeister Sicher in D.
c.	499 „	54 „	Kapitalrest des Liquidum, dem Brauereibesitzer Adolf Bier in S.,
d.	527 „	79 „	nebst Zinsen zu fünf vom Hundert jährlich, Kaufpreisrest dem Johann Gottfried Müller in Heinrichsdorf,

einzutragen.

. . . ., am 20. November 1886.

Königliches Amtsgericht.

. . . .,

am 23. November 1886.

In dem auf heute anberaumten Termine zu Verkündung des Nachtrags zum Vertheilungsplane ist, da bei dessen Eröffnung, mittags 12 Uhr, von den Betheiligten Niemand erschienen war, der Nachtrag durch Auslegem zur Einsicht in der Gerichtsschreiberei verkündet worden.

Nachrichtlich bemerkt von

. . . .

Gerichtsschreiber.

21.

Beschluß.

. . . .,

am 8. December 1886.

Nach eingetretener Rechtskraft des vorersichtlichen Nachtrags zum Vertheilungsplane sind

am 10. December d. J.

die am Schlusse des Nachtrags angegebenen Einträge auf Folium 26 des Hypothekenbuchs für Heinrichsdorf zu bewirken.

. . . .

Amtsrichter.

Register.

(Die Zahlen bedeuten die Seitenzahlen.)

FSC
www.fsc.org
MIX
Papier | Fördert gute Waldnutzung
FSC® C083411

Kolibri 360 GmbH
Ferdinand-Jühlke-Straße 7
99095 Erfurt, Deutschland
produktsicherheit@kolibri360.de